本书获联合国难民署资助（UNHCR，2019年8月）

国籍法研究

A STUDY OF NATIONALITY LAW

（上册）

（Volume I）

刘国福◎著

LIU Guofu

World Affairs Press

图书在版编目（CIP）数据

国籍法研究.上/刘国福著.—北京：世界知识出版社，2021.1
　　ISBN 978-7-5012-6361-5

　　Ⅰ.①国… Ⅱ.①刘… Ⅲ.①国籍法—研究
Ⅳ.①D998.8

中国版本图书馆CIP数据核字（2023）第091969号

书　　名	**国籍法研究（上册）** Guojifa Yanjiu (Shang Ce)
作　　者	刘国福
责任编辑	王晓娟
责任出版	赵　玥
责任校对	陈可望
出版发行	世界知识出版社
地址邮编	北京市东城区干面胡同51号（100010）
网　　址	www.ishizhi.cn
电　　话	010-65265923（发行）　010-85119023（邮购）
经　　销	新华书店
印　　刷	北京虎彩文化传播有限公司
开本印张	710×1000毫米　1/16　27⅜印张
字　　数	390千字
版次印次	2023年6月第一版　2023年6月第一次印刷
标准书号	ISBN 978-7-5012-6361-5
定　　价	189.00元（上、下册）

版权所有　侵权必究

目 录

第一编 国籍法导论

第一章 国家、国籍和国籍权辨析 ... 3
第一节 国家辨析 ... 3
一、马列主义中的国家 ... 3
二、汉语中的国家 ... 4
三、西方法哲学中的国家 ... 6
四、国际法学中的国家 ... 8
五、民族政治学中的国家 ... 9
六、国家主权在民 ... 11
七、民族国家、民族团结和保护少数民族权益 ... 18
八、国家遵守国际法 ... 23
九、促进国家间融合 ... 26
十、我国的民族团结、民族国家政策法律 ... 30

第二节 国籍辨析 ... 35
一、汉语中的国籍 ... 35
二、英语中的国籍 ... 36
三、国籍的历史发展 ... 36
四、国际公法学中的国籍 ... 37
五、国际私法学中的国籍 ... 38

六、国籍的法律意义 39
第三节　国籍权辨析 41
　　一、国籍权的概念 41
　　二、国籍权的内容 42
　　三、国籍权是一项基本人权 43
　　四、国籍主权限制国籍权 50
第四节　结　论 52

第二章　公民、外国人和移民辨析 54
第一节　公民概念的历史发展 54
　　一、西方公民概念的历史发展 54
　　二、中国公民概念的历史发展 58
第二节　公民辨析 62
　　一、公民 62
　　二、荣誉公民 65
　　三、欧盟公民 67
　　四、公民资格与国籍的关系 68
　　五、公民与国民的关系 69
　　六、国民与人民的关系 71
　　七、公民有权获得国家保护、有义务对国家效忠 72
　　八、国家保持与海外同胞的联系 77
　　九、限制归化入籍公民的权利 82
　　十、限制双重国籍人的权利 84
　　十一、权利型公民 85
第三节　外国人辨析 87
　　一、国际法学中的外国人 87
　　二、外国人的法律定义 88
　　三、平等保护外国人权利 89

四、有限保护外国人权利 89

   五、对等保护外国人权利 91

   六、主动保护外国人权利 92

   七、特别保护外国人权利 93

   八、外交、领事特权与豁免 96

   九、义务型外国人 97

  第四节 移民辨析 98

   一、汉语、英语、日语中的移民 98

   二、国际机构关于移民的定义 98

   三、移民和移民国家 99

   四、社会学中的移民 101

   五、法学中的移民 102

   六、移民法中的移民 103

   七、移民法与出入境管理法的关系 104

  第五节 结　论 106

第三章 国籍法辨析 108

  第一节 国籍法的概念、性质和立法模式 108

   一、国籍法的概念 108

   二、国籍法的性质 109

   三、国籍法的立法模式 110

  第二节 国籍法的基本原则 115

   一、国籍自由 115

   二、国籍平等 116

   三、国家国籍主权 126

   四、防止和减少国籍冲突、解决国籍冲突问题 128

   五、国籍法律保留 131

  第三节 国籍标准 136

一、形式国籍标准 137
　　二、真实国籍标准 138
　　三、居留国籍标准 140
第四节　结　论 142

第二编　国际国籍法研究

第四章　国际法上的取得国籍 145
第一节　出生国籍 145
　　一、血统原则 145
　　二、出生地原则 150
　　三、血统和出生地相结合原则 157
　　四、优待因出生地取得国籍人 162
第二节　归化国籍 164
　　一、依婚姻取得国籍 164
　　二、依被收养取得国籍 168
　　三、依国家继承取得国籍 171
　　四、依居留取得国籍 175
　　五、依重大贡献取得国籍 182
　　六、年龄、经济、认知、语言、品行等归化国籍条件 184
　　七、入籍考试和入籍仪式 189
第三节　结　论 192

第五章　国际法上的取得国籍权 194
第一节　取得至少一国国籍权与取得特定国家国籍权 194
　　一、取得至少一国国籍权概述 194
　　二、因出生取得至少一国国籍 196
　　三、因国家继承取得至少一国国籍 200

四、人人，特别是依出生、婚姻、国家继承的人员，
　　　　取得多个国籍 201
　　五、取得特定国家国籍权 202
第二节　出生登记权 203
　　一、出生登记权的含义 203
　　二、出生登记权的意义 204
　　三、联合国推动出生登记权保护 206
　　四、亚洲及太平洋地区组织推动出生登记权保护 208
第三节　平等取得国籍权 209
　　一、人人平等取得国籍 209
　　二、妻子丈夫取得国籍平等 211
　　三、婚生与非婚生子女出生取得国籍平等 212
　　四、妇女与男子传给子女国籍平等 215
第四节　禁止任意拒绝国籍申请 220
　　一、不因任意拒绝国籍申请产生无国籍人 220
　　二、任意 221
第五节　取得公民身份证件权 222
　　一、取得公民身份证件权的定义 222
　　二、取得公民身份证件权的意义 223
　　三、保护取得公民身份证件权的国家实践 223
第六节　结　论 225

第六章　国际法上的变更国籍权 227
第一节　自愿变更国籍权 227
　　一、自愿变更国籍权概述 227
　　二、不因婚姻变更国籍 228
　　三、不因父母国籍变更国籍 230
　　四、自愿变更国籍引发人力资源流失 230

第二节　放弃（退出）国籍权 232
  一、放弃（退出）国籍权概述 232
  二、自动丧失（退出）国籍 234
  三、申明放弃（退出）国籍 236
  四、申请放弃（退出）国籍 237

第三节　便利外籍妻子入籍 240
  一、便利入籍概述 240
  二、外籍妻子保留国籍 240
  三、1957年《已婚妇女国籍公约》关于便利外籍妻子入籍的
      规定和不足 241
  四、便利外籍妻子入籍的国家实践 242

第四节　便利处于困境人员入籍 249
  一、便利难民、无国籍人、因国家继承中取得或者丧失国籍
      而不能家庭团聚的人员入籍 249
  二、便利被收养儿童入籍 250

第五节　便利长期居留人员入籍 250

第六节　恢复国籍 251
  一、允许恢复国籍 252
  二、限制恢复国籍 255

第七节　便利海外族裔入籍和复籍 256
  一、便利海外族裔入籍和复籍概述 256
  二、韩国便利海外族裔入籍和复籍 257
  三、土耳其便利海外族裔入籍和复籍 261
  四、印度便利海外族裔入籍和复籍 266
  五、德国便利海外族裔入籍和复籍 267

第八节　结　论 273

第七章　国际法上的保留国籍权 ... 274

第一节　禁止任意剥夺国籍 ... 274
一、禁止任意剥夺国籍的人权基础和国际社会共识 ... 274
二、任意 ... 278
三、任意剥夺国籍的危害 ... 279

第二节　国籍被任意剥夺的情形 ... 280
一、以歧视性理由剥夺国籍 ... 280
二、剥夺儿童国籍 ... 282
三、集体剥夺国籍 ... 283
四、剥夺少数群体国籍 ... 284
五、以剥夺国籍作为处罚 ... 288
六、因被剥夺国籍成为无国籍人 ... 290
七、剥夺依出生取得的国籍 ... 291
八、其他任意剥夺国籍的情形 ... 291

第三节　回国权与不驱逐公民 ... 292
一、回国权是国籍权的重要衍生权利 ... 292
二、回国权是国际社会普遍认可的基本人权 ... 293
三、回国权是宪法性权利 ... 295
四、在本国领土停留、居留和永久居留 ... 297
五、"其本国" ... 297
六、不驱逐公民 ... 302

第四节　被任意剥夺国籍的补救 ... 306
一、恢复国籍 ... 306
二、剥夺国籍不适用于被剥夺者的配偶和子女 ... 307
三、剥夺国籍的保障措施 ... 308

第五节　允许非任意剥夺国籍 ... 310
一、允许非任意剥夺国籍的国际文件规定 ... 310

二、允许非任意剥夺国籍的国家实践 311

第六节 结 论 318

第八章 国际法上的双重国籍 319

第一节 双重国籍的定义、产生原因和双重国籍人的现状 319
一、双重国籍的定义 319
二、双重国籍产生的原因 320
三、双重国籍人的现状 321

第二节 减少双重国籍状态 323
一、通过国内法减少双重国籍状态 323
二、通过双边条约减少双重国籍状态 326
三、通过多边公约减少双重国籍状态 328

第三节 明确双重国籍人的管辖 329
一、本国国籍优先 329
二、最密切联系国籍优先 330
三、后取得国籍兼住所地国籍优先 330

第四节 解决双重国籍产生的冲突 331
一、因双重国籍产生的效忠冲突 331
二、解决担任公职冲突 332
三、解决服兵役义务冲突和为敌国服务问题 333
四、解决领事保护与协助、外交保护冲突 334
五、解决向国家求偿冲突 336
六、解决因国籍国与住在国分离产生的权利义务背离 338
七、解决管辖权冲突 339

第五节 驱逐双重国籍人 340
一、不驱逐主要国籍国为本国的双重国籍人 340
二、驱逐双重国籍人 341

第六节 容忍和承认双重国籍 343

一、国际文件容忍和承认双重国籍...................................343
二、国家容忍和承认双重国籍.......................................345
三、完全承认双重国籍...347
四、对等承认双重国籍...351
五、有限承认双重国籍...352
六、容忍和承认双重国籍的原因.....................................357
七、容忍和承认双重国籍的影响.....................................362
第七节 结 论..363

第九章 国际法上的无国籍...365
第一节 无国籍人的现状、原因和困境...............................365
一、无国籍人的定义...365
二、无国籍人的现状...366
三、无国籍人与难民...368
四、产生无国籍状态的原因...369
五、无国籍人的困境...371
第二节 认定无国籍人...373
一、认定无国籍人的条件...373
二、认定无国籍人的程序...374
第三节 无国籍人的地位...376
一、至少享有与外国人同等的权利，并不被歧视.......................376
二、一般外国人待遇...377
三、国民待遇...379
四、可能国民待遇...381
五、低国民待遇...382
六、专门待遇...383
七、可能专门待遇...385
八、参照待遇...385

第四节　防止、减少无国籍状态……387
一、防止、减少无国籍状态的方式……387
二、防止、减少因出生产生的无国籍状态的国际法规定……388
三、防止、减少因出生产生的无国籍状态的国家实践……391
四、防止、减少因变更国籍产生的无国籍状态的国际法规定……397
五、防止、减少因变更国籍产生的无国籍状态的国家实践……398
六、防止、减少因国家继承产生的无国籍状态的国际法规定……399
七、防止、减少因国家继承产生的无国籍状态的国家实践……403

第五节　保护无国籍人……404
一、解决无国籍人管辖权问题……404
二、保护无国籍人的方案……404

第六节　联合国难民署等国际组织推动解决无国籍问题……409
一、国际组织推动解决无国籍问题的倡议……409
二、联合国难民署推动解决无国籍问题的依据……411
三、联合国难民署推动解决无国籍问题的努力……413

第七节　结　论……418

图表目录

图1—1　国籍权的主要内容..42

表1—1　部分国家宪法关于国家主权在公民的规定..............................11
表1—2　部分国家宪法关于主权在人民的规定......................................13
表1—3　部分国家宪法关于保护公民（人民）利益与维护国家主权
　　　　并重的规定..17
表1—4　部分国家宪法关于各民族的人都是公民的规定......................19
表1—5　部分国家宪法关于多民族国家的规定......................................20
表1—6　部分国家宪法关于民族团结、民族多样性的规定..................21
表1—7　部分国家宪法关于保护少数民族、民族区域自治的规定......22
表1—8　部分国家宪法关于国家遵守国际法的规定..............................23
表1—9　部分国家宪法关于国际法是国内法组成部分的规定..............25
表1—10　部分国家宪法关于国际法优于国内法的规定........................26
表1—11　部分国家宪法关于促进国家间融合的规定............................27
表1—12　国际人权文件关于国籍权的规定..44
表1—13　区域人权文件关于国籍权的规定..47
表1—14　主要的国籍、难民问题专项国际文件关于国籍权的规定....49
表1—15　部分国家宪法关于国际法限制国家国籍主权的规定............52
表2—1　部分国家宪法关于公民是拥有公民资格（国籍）的人的规定........62
表2—2　部分国家宪法关于公民是本国人的规定..................................63

表2—3	部分国家宪法关于荣誉公民的规定	65
表2—4	部分国家宪法、法律关于国民的规定	70
表2—5	部分国家宪法关于保护境外公民的规定	73
表2—6	部分国家宪法关于保护定居境外公民的规定	76
表2—7	部分国家宪法关于保持与海外同胞联系的规定	78
表2—8	部分国家宪法关于限制、保护归化入籍公民权利的规定	83
表2—9	部分国家宪法关于限制双重国籍人权利的规定	85
表2—9	部分国家宪法关于保护外国人权利的规定	90
表2—10	部分国家宪法关于外国人权利范围的规定	91
表2—11	部分国家宪法关于根据国际法或者按照国际互惠对等原则保护外国人权利的规定	93
表2—12	部分国家宪法关于根据本国法或者本国法、国际法保护外国人权利的规定	94
表3—1	部分国家宪法以专章、专节规定国籍（公民身份、公民资格）	113
表3—2	部分国家宪法关于国籍统一和平等的规定	117
表3—3	部分国家宪法关于实行单一国籍的规定	130
表3—4	部分国家宪法关于给予无国籍人本国国籍的规定	131
表3—5	部分国家宪法关于全部国籍事项法律保留的规定	133
表3—6	部分国家宪法关于国籍国家法律保留的规定	134
表3—7	部分国家宪法关于取得国籍法律保留的规定	134
表3—8	部分国家宪法关于取得、丧失国籍法律保留的规定	135
表3—9	部分国家宪法关于取得、丧失和恢复国籍法律保留的规定	136
表4—1	部分国家宪法关于父母单系血统原则的规定	147
表4—2	部分国家宪法关于限制出生地取得国籍的规定	155
表4—3	部分国家宪法关于出生国籍以血统原则为主，出生地原则为辅的规定	158
表4—4	部分国家宪法关于固有国籍以出生地原则为主，血统原则为辅的规定	162

表4—5	部分国家宪法关于优待因出生地取得国籍人的规定	163
表4—6	部分国家宪法关于依婚姻取得国籍的规定	167
表4—7	部分国家宪法关于依居留取得国籍的规定	178
表4—8	部分国家宪法关于依重大贡献取得国籍的规定	183
表5—1	国际人权文件关于取得国籍权的规定	196
表5—2	区域人权文件关于取得国籍权的规定	197
表6—1	部分国家宪法关于变更国籍权的规定	229
表6—2	部分国家宪法关于放弃国籍权的规定	233
表7—1	部分国际文件关于禁止任意剥夺国籍的规定	276
表7—2	部分国家宪法关于禁止任意剥夺国籍的规定	277
表7—3	部分国家宪法关于禁止任意剥夺依出生取得的国籍的规定	292
表7—4	部分国家宪法关于回国权的规定	295
表7—5	部分国家宪法关于不被驱逐出境、流放的规定	303
表8—1	部分国家宪法关于不承认双重国籍的规定	324
表8—2	部分国家宪法、国籍法关于取得他国国籍丧失原国籍的规定	327
表8—3	部分国家宪法、国籍法关于减少、避免因双重国籍产生服兵役冲突、担任公职冲突和为敌国服务问题的规定	335
表8—4	部分国家宪法关于完全承认双重国籍的规定	350
表8—5	部分国家宪法关于对等承认双重国籍的规定	352
表8—6	部分国家宪法关于有限承认双重国籍的规定	354
表9—1	无国籍人的一般外国人待遇	378
表9—2	无国籍人的国民待遇	380
表9—3	无国籍人的可能国民待遇	382
表9—4	无国籍人的专门待遇	384
表9—5	无国籍人的可能专门待遇	386
表9—6	部分国家宪法关于给予弃儿国籍的规定	395

第一编　国籍法导论（第一至三章）

　　国家、国籍、国籍权、公民、外国和移民是国籍法基础词汇，国籍法的概念、性质、立法模式、基本原则和国籍标准等是国籍法基础问题，有关方面对这些基础词汇、基础问题的理解不尽一致。研究国籍法，要辨析这些基础词汇，厘清这些基础问题，明晰国籍法的基本情况。

第一章

国家、国籍和国籍权辨析

国籍与国家紧密相连。国家建立在国籍之上。国籍是国家对公民资格的认定和对个人行使管辖权的依据。在国籍方面，国家和个人都享有相应的权益。① 国家在国籍方面的权益主要是国籍主权，个人在国籍方面的权益主要是国籍权。2000年联合国大会决议《国家继承涉及的个人国籍问题》序言指出：在有关国籍问题的事项上，应该适当兼顾国家和个人的正当权益。研究国籍法，要辨析国家、国籍和国籍权，理清国家、国籍、个人国籍权和国家国籍主权之间的关系。

第一节 国家辨析

一、马列主义中的国家

马列主义者认为，国家是镇压被压迫、被剥削阶级的机器，本质属性是阶级性。恩格斯指出：国家在一切典型的时期，毫无例外地都是统治阶级的国家，并且在一切场合，在本质上都是镇压被压迫、被剥削阶级的机器。② 恩格斯还指出："有产阶级，即土地贵族和资产者，使劳动人民处于被奴役的地位，这不仅靠他们的财富的力量，靠资本对劳动的剥削，而且还靠国家的力

---

① 莫里斯·卡姆托.关于驱逐外国人问题的第四次报告[R].联合国大会国际法委员会第60届会议.2008年5月5日至6月6日和7月7日至8月8日，A/CN.4/594.
② 孙国华.法学基础理论[C].北京：中国人民大学出版社，1987，38.

量,靠军队、官僚和法庭"。① 列宁指出:国家一直是从社会中分化出来的一种机构,一直是由一批专门、几乎专门或者和主要从事管理的人组成的。武装部队、监狱及其他强迫他人意志服从暴力的手段构成了国家实质。② 我们需要国家,但不是资产阶级所需要的国家,因为它的权力机关同人民分离并且同人民对立。③ 1940年1月,毛泽东在《新民主主义论》中集中论述了新民主主义国家的国体问题。他明确指出:"现在所要建立的中华民主共和国,只能是在无产阶级领导下的一切反帝反封建的人们联合专政的民主共和国"④。1949年6月,毛泽东发表《论人民民主专政》。在这一奠定中华人民共和国政治制度基础的重要著作中,毛泽东指出:"总结我们的经验,集中到一点,就是工人阶级(经过共产党)领导的以工农联盟为基础的人民民主专政。"

党的十九届四中全会强调:"我国是工人阶级领导的、以工农联盟为基础的人民民主专政的社会主义国家",鲜明表达了坚持人民民主专政这一国家根本制度的坚定意志。全会强调坚持人民主体地位,坚定不移走中国特色社会主义政治发展道路,使各方面制度和国家治理更好体现人民意志、保障人民权益、激发人民创造,确保人民依法通过各种途径和形式管理国家事务,管理经济文化事业,管理社会事务,并且明确提出了坚持和完善人民民主专政根本制度的重要任务。从一定意义上说,全会对坚持和完善中国特色社会主义制度、推进国家治理体系和治理能力现代化作出的全部制度安排和部署,都是对人民民主专政根本制度的坚持和完善。⑤

二、汉语中的国家

在汉语中,"国"原作"或"。按照古人的理解,国家应该由人口"口"、疆土"一"和军队"戈"组成的,这三者组合起来就是"或",代表着有军队

---

① 恩格斯.致国际工人协会西班牙联合委员会.马克思恩格斯选举第2卷[C].北京:人民出版社,1995,321.
② 列宁.论国家.列宁选集第4卷[M].北京:人民出版社,1960,45,48.
③ 列宁.远方来信.列宁全集第23卷[M].北京:人民出版社,1985,333-334.
④ 毛泽东.毛泽东选集第2卷[M].北京:人民出版社,1991,675,677.
⑤ 何毅亭.坚持和完善中国特色社会主义根本制度[J].学习时报2019年11月29日.

保卫的城邦。后来，为了表示土地对国家的重要性，在"或"旁边加上"土"变成了"域"。在小篆字体中，"或"被写成"國"，像是包围着的疆土的边界线。现在的"国"，饱含着国家希望人们像珍爱宝玉一样珍爱自己祖国的希冀之情。①

国家，又称国，至少有以下七种含义。

1. 帝王。古代社会普遍信奉天道，国家的权力来自天命，把帝王称为天子，天子即国家。《后汉书》祭祀志上"二月，上至奉高"注引应劭汉官马第伯《封禅议记》："国家居太守府舍，诸王居府中。""国家"指光武帝。《晋书》陶侃传："侃厉色曰：'国家年少，不出胸怀。'""国家"指成帝。

2. 天子国和诸侯国。《书》立政："其惟吉士，用劢相中国家。""国家"指西周。《韩非子》爱臣："社稷将危，国家偏威。""国家"指诸侯国。

3. 公家。《梁书》贺琛传："我自除公宴，不食国家之食，多历年稔，乃至宫人亦不食国家之食，积累岁月。""国家"指公家。

4. 阶级统治的工具。诸多辞典从政治角度解释国家。《现代汉语词典》提出：国家，阶级统治的工具，同是兼有社会管理的职能。国家是阶级矛盾不可调和的产物和表现，随着阶级的产生而产生，也将随着阶级的消灭而自行消灭。②《辞海》提出：国家是阶级统治的机关，掌握在经济上占统治地位的阶级手中。③《法律辞典》指出：国家指社会发展一定历史阶段上产生的政治组织形式。从起源看，国家是维护阶级统治的工具。随着社会的发展进步，阶级或者阶层矛盾的解决方式逐渐趋向平和，国家的阶级统治尤其是镇压职能将逐渐减弱，而社会公共职能将逐渐加强，国家将逐渐从少数特权阶级的工具向全体国民的工具转化。④

---

① （东汉）许慎原著，《图解经典》编辑部编著.图解《说文解字》，北京：北京联合出版公司.2014，129。
② 中国社会科学院语言研究所词典编辑部.现代汉语词典[G].北京：商务印书馆，2016，497.
③ 陈至立.辞海[G].上海：上海辞书出版社，2020，1540-1541。
④ 中国社会科学院法学研究所《法律辞典》编委会.法律辞典[G]，北京：法律出版社，2003，581.

5. 领土。《现代汉语词典》提出：国家是指一个国家的整个区域。① 我国1982年《宪法》（2018年修正）序言第9段规定：台湾是中华人民共和国的神圣领土的一部分。完成统一祖国的大业是包括台湾同胞在内的全中国人民的神圣职责。

6. 政治实体。《辞源》提出：国家是世界上各个有疆域、人民、独立地位和主权的不同地区的政治实体。现代国家一般为联合国承认。② 1982年《宪法》（2018年修正）第1条规定：中华人民共和国是工人阶级领导的、以工农联盟为基础的人民民主专政的社会主义国家。

7. 民族国家。中国是统一的多民族国家，中华民族是各民族的集合体。1982年《宪法》（2018年修正）序言第11自然段规定：中华人民共和国是全国各族人民共同缔造的统一的多民族国家。

三、西方法哲学中的国家

在奴隶社会和封建社会，西方法哲学家普遍持神权国家观点，认为国家是根据神的意志建立的，国家的权力来源于神，君权神授，皇帝、国王即国家。在欧洲中世纪，基督教的势力支配了整个思想界，一切权力来自神，除上帝外，别无权力。西欧中世纪最伟大的神学家、经院主义哲学家托马斯·阿奎那认为，上帝是国家的最终决定因素。③

文艺复兴时期，西方法哲学家提出了主权国家观点。让·博丹摆脱了神权国家观点，在西方政治、法律思想史上，第一个系统地论述了国家主权的概念。他认为：国家是拥有最高主权的由若干家庭及其财产组成的合法政府。主权是对公民和臣民的不受法律限制的最高权力，归属于国家的一种不可摧毁的抽象物，可以由某一君主行使，不因君主去世而消亡。格劳秀斯发展了

---

① 中国社会科学院语言研究所词典编辑部.现代汉语词典(汉英双语)[G].北京：外语教学与研究出版社，2002，741.

② 广东、广西、湖南、河南辞源修订组、商务印书馆编辑部.辞源[G].北京：商务印书馆，2010，668.

③ 沈宗灵.现代西方法理学[M].北京：北京大学出版社，1992.16.

主权学说，使之成为真正近代国际法和国际关系意义上的主权学。他认为：国家是人们为享受法律利益和谋求共同福利而组成的最完善的联盟。主权是国家存在的基础，国家作为国际法主体的条件，来源于社会契约，人们订立社会契约后应该绝对地服从主权者。他反对人民主权，主张君主主权。

资本主义发展以来，西方法哲学家对于国家，存在国家主义和个人主义两种认识倾向。国家主义的核心观点是公民通过契约授权政府管理国家事务，法律是公民和政府之间的契约，公民维护国家利益，国家维护公民利益，共同约束。国家在对外主权方面高于国际共同体，具有对于国际共同体的绝对独立性，没有能约束各国的国际法，无法指望国家加入一个更大的世界政府。[①] 国家主义的代表人物主要有霍布斯、黑格尔等。霍布斯认为：国家本身就是目的，个人必须绝对地服从国家及其制定的法律。黑格尔用哲学的思辨从国家的内部特征，反对社会契约论从国家的外部特征揭示国家的本质，不认为国家是契约的产物。国家先于并高于家庭、市民社会，是它们存在的前提、决定的力量，人类生活的最高形式，自我与他人、个人与社会、特殊利益与普遍利益的统一。个人是国家的一些环节，生活在国家中，才能获得人格、自由和价值。

个人主义的核心观点是个人本身就是目的，社会是达到个人目的的手段，一切个人在道义上是平等的。个人主义高度重视个人自由，广泛强调自我支配、自我控制、不受外来约束。个人主义普遍认同人权国家，认为权利先于权力，国家的权力来源于人民，是公民权利的产物，为公民权利服务，质疑君主对基于法律的公共权力机关——国家的权力的垄断。个人主义的代表人物主要有卢梭、马里旦、康德等。卢梭的社会契约论包含主权在民等民主观念，人生而自由，但却无所不在枷锁之中，这个枷锁就是国家。人们通过订立契约建立国家，国家是人民契约的结合体。国家的主权在人民，政府只是人民的受托方、法律的执行者。主权在民而不是朕即国家才是政府存在的法

---

① 沈宗灵.现代西方法理学[M].北京：北京大学出版社，1992.101.

理基础。① 马里旦发展了个人主义国家学说，提出工具主义国家学说。他认为：在上帝是国家最终决定因素这一大前提下，人民在构建国家方面具有重要地位和作用。国家是人民建立的，目的在于人民的共同福利；统治者的权威来自人民；人民控制着国家和行政官员；国家和政府官员都要对人民负责；国家是一个为人民服务的工具。② 康德先验地提出：国际社会应制定约束国家的国际宪法，坚持世界公民、世界联邦、不干涉内政等原则。

四、国际法学中的国家

《奥本海国际法》提出，当人们在他们自己的主权政府下定居在一块土地之上，一个国家——区别于殖民地——就存在了。国家的存在必须满足四个条件：人民，土地，政府，主权。一个国家只有经过承认，才是而且成为一个国际人格者。③ 1933年《美洲国家间关于国家权力和义务的公约》开创了将主权国家的定义写入国际条约的先例。该公约第1条规定："国家作为一个国际人格者必须具备下列条件：（1）永久的人口；（2）确定的领土；（3）政府；（4）与他国交往的能力。"上述国际法关于国家的定义为各界广泛接受，成为主流观点。国际法学者Friedmann认为，国家是指对人民和领土进行合法管辖的集合体（States are the repositories of legitimated authority over peoples and territories）。④ 萨姆·布雷（Sam Blay）等国际法学者都认同该观点。⑤

尽管中国国际法论著关于国家的定义的表述略有不同，但是都与《奥本海国际法》等西方国家国际法著作、1933年《美洲国家间关于国家权力和义务的公约》等国际文件关于国家的定义一脉相通，认为国家必须满足居民、领土、政府和主权等条件，其根本属性是主权。1981年，高等学校法学试用教材《国际法》提出：从国际法观点看，国家必须具有定居的居民、确定的

---

① 卢梭.杨国政译.社会契约论[M].西安：陕西人民出版社，2004.
② 沈宗灵.现代西方法理学[M].北京：北京大学出版社，1992.99.
③〔英〕劳特派特修订.奥本海国际法（上卷第一分册）[M].北京：商务印书馆，1971，96.
④ Friedmann, W.G., *The Changing Structure of International Law*[M].Stevens, London. 1964, 213-214.
⑤ Sam Blay. *Public International Law: An Australian Perspective*[G], Oxford University Press. 2005, 40.

领土、一定的政权组织、主权等要素。主权是一个国家独立自主地处理对内对外事务的最高权力，是国家的根本属性。在一个地域之内，尽管有定居的居民、一定的政权组织，如果没有主权，只能是一个国家的地方行政单位，不能成为一个国家。①1991年，高等学校法学教材《法学概论》提出："从国际法的角度看，国家是国际法的基本主体，它应具备如下四个要素：（1）有定居的居民；（2）有确定的领土；（3）有一定的政权组织；（4）具有主权。只有具备这些要素，才能构成国际法上的国家。"②2011年，21世纪普通高等教育法学教材《国际法》提出：国际法上的国家是指定居在特定的领土之上，并结合在一个独立自主的权力之下的人的集合体。构成国际法上的国家应具备永久的人口、确定的领土、政府和主权等条件或者要素。国家没有主权，就没有与别国交往的能力，不能承担国际法上的权利和义务。③

五、民族政治学中的国家

在民族政治学中，民族是对具有类似血统或者相近肤色、文化和语言同一类人的共同体认同，以民族国家指代国家。民族国家是指政体的一种形式，最早是指17世纪西欧为摆脱中世纪教权控制创立的现代主权国家，始自1648年欧洲各国达成《威斯特伐里亚公约》。民族国家常常与主权国家通用，被抽象为形容现代国家的概念。西方学者提及的民族国家在多数情况下是指一般意义的主权国家，习惯性地用作表达建立在一定地域和人群上的以主权为核心特征的主权国家。联合国实质上是主权国家的联合体（united states），而非如它的名称表明的那样，是民族国家的联合体（united nations）。

理想的民族国家是由单一民族组成的国家，一个民族一个国家，一个国家一个民族。④民族国家建立在可以区别谁不属于本共同体的基础之上，其所有的政治安排和法律制度都是在具有排斥性的民族主义意识形态基础前提下

---

① 王铁崖.国际法[G].北京：法律出版社，1981，86-87.
② 吴祖谋.法学概论[G].北京：法律出版社，1991，389.
③ 梁淑英.国际法[G].北京：中国政法大学出版社，2011，52.
④ 陈永龄.民族辞典[M].上海：上海人民出版社，1987，351.

建构的，没有为外来民族移民的政治权利留下空间。① 1917年《墨西哥合众国政治宪法》（2013年修正）第2条规定：墨西哥民族是单一的不可分割的民族。1971年《阿拉伯联合酋长共和国宪法》（2003年修正）第6条第2款规定："联邦的人民是一个民族，亦是阿拉伯民族的一部分。"

在全球化背景下，由于人口国际迁徙等原因，很难建立理想的单一民族国家，当代民族国家常为多民族国家。全球化是以经济全球化为核心，包含各国、各民族、各地区在政治、文化、科技、军事、安全、意识形态、生活方式、价值观念等多层次、多领域的相互联系、影响、制约的多元概念，主要体现为市场经济体系在全世界的扩张，由此带来的全球化效应。② 1993年《俄罗斯联邦宪法》（2008年修订）第3条规定：俄罗斯联邦各族人民是国家主权的载体和国家权力的唯一来源。2004年《阿富汗伊斯兰共和国宪法》第4条第3款规定：阿富汗人由多民族组成。③

民族国家是民族和国家两个不同事物的结合体，两种不同原则和结构的融合，一种是历史和文化的，另一种是政治和领土的，两种原则和结构之间出现矛盾和张力的情况不在少数。④ 如何实现与国家边界相一致的民族建设是困扰民族国家的重要问题。提升国内各民族对国家的一致认同是解决上述问题的有效方法。提升各民族对国家的一致认同的最有效方式是把国内各民族塑造为一个具有高度凝聚性的国家民族，促进民族团结，这需要促进各民族之间的融合，打造各民族公民身份的同质性。⑤ 民族团结是多民族国家的基础，民族国家建设应该使所有民族有归属感，不应该对其有排斥性。为维护民族团结，坚持各民族都具有同一国籍，必要时，特殊保护少数民族、土著民族，

---

① 王建娥.移民地位和权利：对现代民族国家及其政治制度的严峻挑战[J].民族研究，2002(5).

② 广东、广西、湖南、河南辞源修订组、商务印书馆编辑部.辞源[G].北京：商务印书馆，2010，1540.

③ Article 4, The Constitution of Afghanistan: The nation of Afghanistan shall be comprised of Pashtun, Tajik, Hazara, Uzbek, Turkman, Baluch, Pachaie, Nuristani, Aymaq, Arab, Qirghiz, Qizilbash, Gujur, Brahwui, and other tribes.

④〔英〕戴维·米勒，〔英〕韦农·波格丹诺编.中国国际问题研究所等译.布莱克维尔政治学百科全书[G].中国政法大学出版社.1992.，490.

⑤ 周平.对民族国家的再认识[J].政治学研究，2009(4)，89-99.

建立民族自治地方政府。民族自治地方是指一个或者多个少数民族在其聚居地方依法实行区域自治的行政区域。2008年《阿尔巴尼亚共和国宪法》第3条规定：多元主义、民族认同和民族文化、宗教并存、阿尔巴尼亚族与少数民族的共存和理解等构成国家的基础。1988年《越南国籍法》第1条规定：越南社会主义共和国是一个由各民族在越南领土上共同生活的统一国家，各民族的所有成员都具有越南国籍。1993年《俄罗斯联邦宪法》（2008年修正）第12条规定："俄罗斯联邦承认和保障地方自治。地方在自己的职权范围内自主行使自治权。地方自治机关不属于国家机关体系。"

六、国家主权在民

（一）国家主权在公民

主权在公民，主权无条件地、毫无保留地属于全体公民。如表1—1，国家成立的目的是保护公民利益。取得国籍，成为公民，就能获得国家的保护。2010年《土耳其共和国宪法》第6条第1款规定：主权无条件地、毫无保留地属于全体国民。1789年《法国人权和公民权宣言》第3条规定：整个主权的本原根本上在于国民。1980年《智利共和国宪法》（2014年修订）第5条第1款：主权在民。1999年《委内瑞拉玻利瓦尔共和国宪法》（2009年修订）第5条规定：主权属于人民且不可让与，人民依宪法和法律规定的方式直接行使主权。国家机关源于并从属于人民主权。

表1—1　部分国家宪法关于国家主权在公民的规定

序号	宪法	内容
1	2010年《土耳其共和国宪法》第6条第1款	主权无条件地、毫无保留地属于全体国民。
2	2004年《印度尼西亚共和国宪法》第1条第2款	主权在民，主权依本宪法行使。
3	2010年《比利时宪法》第33条	国家的所有权力源于国民。
4	1789年《法国人权和公民权宣言》第3条	整个主权的本原根本上在于国民。
5	2007年《黑山共和国宪法》第2条	主权的载体为具有黑山国籍的公民。
6	1868年《卢森堡大公国宪法》（2009年修正）第32条第1款	主权在民。 大公依据宪法和法律行使主权。

续表

序号	宪法	内容
7	1991年《马其顿共和国宪法》（2011年修订）第2条	马其顿共和国的主权来自公民并属于公民
8	1981年《安提瓜和巴布达1981年宪法法令》第3条	公民人人享有基本权利和个人自由。
9	1972年《巴拿马共和国宪法》（2004年修订）第2条	国家权力只能来自民众。
10	1949年《哥斯达达黎加共和国宪法》（2011年修订）第2条	主权专属于国民。
11	1987年《海地共和国宪法》（2012年修正）第58条	国家主权赋予全体公民。
12	1966年《乌拉圭东岸共和国宪法》（2004年修订）第4条	主权从根本上完全属于国民。
13	1980年《智利共和国宪法》（2014年修订）第5条第1款	主权在民。
14	2013年《斐济共和国宪法》第1章第1条	斐济共和国是一个主权民主国家，其建立在下列价值之上，（1）普遍且平等的公民身份……

资料来源：作者整理

（二）国家主权在人民

主权在人民，国家主权属于人民，一切权力来源于人民，由人民直接或者通过其代表间接行使。如表1—2，国家成立的目的从保护公民利益扩展到了保护人民利益。人民行使权利的最直接方式是全面公决和自由选举。1988年《大韩民国宪法》第1条第2款规定：大韩民国主权属于全体人民和国家。1937年《爱尔兰宪法》第6条规定：在上帝之下政府所享有的一切权力，包括立法权、行政权、司法权，均源于人民。1982年《德意志联邦共和国基本法》第20条规定：所有国家权力来自人民。1991年《哥伦比亚共和国宪法》（2013年修正）第3条：主权专属于人民，人民是公权力的来源。1993年《俄罗斯联邦宪法》（2008年修正）第3条第1—3款规定："1. 俄罗斯联邦各族人民是国家主权的载体和国家权力的唯一来源。2. 人民通过国家机关和地方自治机关直接行使权利。3. 全面公决和自由选举是人民权利的最直接体现。"

表1—2 部分国家宪法关于主权在人民的规定

序号	宪法	内容
1	2004年《阿富汗伊斯兰共和国宪法》第4条第1款	阿富汗的国家主权属于阿富汗人民并由人民直接或者通过其代表间接行使。
2	2009年《阿塞拜疆共和国宪法》第1条第1款	阿塞拜疆共和国国家权力的唯一来源是阿塞拜疆人民。
3	2005年《巴勒斯坦基本法》第2条	权力来自人民,并将以分权原则为基础,以本《基本法》所规定的方式通过立法、行政及司法机关行使之。
4	2002年《巴林王国宪法》第1条第4款	巴林王国实行民主制度,主权属于人民,一切权力来源于人民。
5	2008年《不丹王国宪法》第1条第1款	不丹是一个拥有独立主权的王国,主权属于不丹人民。
6	2009年《朝鲜民主主义人民共和国宪法》第4条第1款	朝鲜民主主义人民共和国的权力属于工人、农民、劳动知识分子等所有劳动人民。
7	1988年《大韩民国宪法》第1条第2款	大韩民国主权属于全体人民和国家。
8	2002年《东帝汶民主共和国宪法》第2条第1款	主权属于人民,由人民依本宪法确定的方式及形式。
9	1987年《菲律宾共和国宪法》原则1	人民拥有主权,政府的权力来源于人民。
10	2007年《哈萨克斯坦共和国宪法》第3条第1款	人民是国家权力的唯一源泉。
11	2010年《吉尔吉斯共和国宪法》第2条	主权属于吉尔吉斯斯坦人民,人民是吉尔吉斯国家权力的唯一来源。
12	2003年《老挝人民民主共和国宪法》第2条	国家的一切权力属于人民、由人民行使并为以工人、农民和知识分子为主体的社会各民族、各阶级的利益服务。
13	2004年《黎巴嫩共和国宪法》序言4	人民是一切权力和主权的来源,他们应通过宪法机构行使这些权力。
14	2000年《蒙古国宪法》第1条第1款	蒙古国的国家权力属于人民。
15	2007年《尼泊尔临时宪法》第2条	尼泊尔的主权和国家权力属于尼泊尔人民。
16	2010年《斯里兰卡民主社会主义共和国宪法》第3条	斯里兰卡共和国主权属于人民且不可分割,主权包括政府权力、基本权利以及公民权。
17	2003年《塔吉克斯坦宪法》第6条	塔吉克斯坦人民是国家主权的体现者和国家权力的唯一来源,他们直接或者通过选举的代表行使国家权力。
18	2007年《泰王国宪法》第1条第1款	主权权力属于泰王国人民。
19	2008年《土库曼斯宪法》第2条第1款	人民是土库曼斯坦主权的载体和的唯一源泉。

续表

序号	宪法	内容
20	2008年《乌兹别克斯坦宪法》第7条第1款	人民是国家权力的唯一来源。
21	2000年《阿拉伯叙利亚共和国宪法》第2条第2款	主权属于人民,由人民依照本宪法的规定行使。
22	2005年《亚美尼亚共和国宪法》第2条第1款	亚美尼亚共和国的主权属于人民。
23	2001年《也门共和国宪法》第4条	也门人民是权力的主体和来源。
24	2001年《越南社会主义共和国宪法》第2条	越南社会主义共和国的一切权利属于人民,越南社会主义共和国以工人阶级、农民阶级和知识分子联盟为基础。
25	2008年《阿尔巴尼亚共和国宪法》第2条	阿尔巴尼亚共和国的主权属于人民。
26	1937年《爱尔兰宪法》第6条	在上帝之下政府所享有的一切权力,包括立法权、行政权、司法权,均源于人民,人民的权力是选定国家的统治者,在需要由其作出最终决断时,依公共福利之需要决定与国家政策有关的所有问题。
27	1992年《爱沙尼亚共和国新宪法》第1条	爱沙尼亚系独立自主的民主共和国,人民是最高权力的载体。
28	1993年《安道尔宪法》第1条	主权授予安道尔人民,由人民通过不同的参与方式并通过本宪法设立的机构行使之。
29	2009年《奥地利联邦宪法》第1条	奥地利是民主共和国,法律源自人民。
30	2004年《白俄罗斯共和国宪法》第3条	人民是白俄罗斯共和国国家权力的唯一源泉和国家主权的载体。
31	2007年《保加利亚共和国宪法》第1条	国家的全部权利来自人民,由人民直接地或者通过依本宪法建立的机构间接行使。
32	1997年《波兰共和国宪法》第4条	波兰共和国的最高权力属于人民。
33	1982年《德意志联邦共和国基本法》第20条	所有国家权力来自人民。
34	1993年《俄罗斯联邦宪法》(2008年修正)第3条	俄罗斯联邦各族人民是国家主权的载体和国家权力的唯一来源。
35	1958年法国《第五共和国宪法》第3条	主权属于人民,由人民通过其代表和全民公决方式行使之。
36	1999年《芬兰共和国宪法》第2条	芬兰的主权属于全体人民,议会议员是全体人民的代表。
37	1992年《捷克共和国宪法》(2012年修正)第2条	全部国家权利源自人民;人民通过立法、行政及司法机关行使权利。

续表

序号	宪法	内容
38	2012年《克罗地亚共和国宪法》第1条	克罗地亚共和国的权力源于自由和平等之公民组成的共同体并属于该共同体。
39	1922年《拉脱维亚共和国宪法》（2009年修正）第2条	拉脱维亚的国家主权属于人民。
40	1992年《立陶宛共和国宪法》第2条	立陶宛国由人民缔造。主权属于立陶宛人民。
41	1921年《列支敦士登公国宪法》（2011年修正）第2条	列支敦士登公国是建立在民主和议会基础上的君主立宪制国家；国家权利属于公爵和国民，并由其按照本宪法所规定的方式行使。
42	1991年《罗马尼亚共和国宪法》（2003年修正）第2条	国家主权属于罗马尼亚人民，人民通过自由、周期性和公平的选举产生的代表机构及全民公决行使主权。
43	1981年《安提瓜和巴布达宪法法令》序言	赋予了全体人民个人基本权利与自由。
44	2011年《巴拉圭共和国宪法》第2条	主权属于人民
45	1980年《圭亚那合作共和国宪法》（2007年修正）第9条	主权属于人民
46	1988年《巴西联邦共和国宪法》（2012年修正）序言	组建民主国家以确保社会和个人权利的实施。
47	2008年《玻利维亚共和国新宪法》（2013年修正）序言第3款	一个国家是建立在尊重且平等对待所有公民，主权原则，尊严，互相依赖，团结一致，和睦相处，公正对社会财富进行初次分配和再分配，以寻求一个好的生活支配的基础之上的。
48	1981年《伯利兹宪法》序言第3段	确信国民的意志应成为在民主社会组建政府的基石。
49	2010年《多米尼加共和国宪法》第2条	主权专属于人民，一切权力来自人民。
50	2011年《厄瓜多尔共和国宪法》第1条	主权属于人民，人民的意志是所有权利的基础。
51	1991年《哥伦比亚共和国宪法》（2013年修正）第3条	主权专属于人民，人民是公权力的来源。
52	2003年《古巴共和国宪法》第3条	主权属于人民，国家的一切权力来自人民。
53	1982年《洪都拉斯共和国宪法》（2012年修正）第2条	主权来自人民，国家的所有权力源自人民，并通过代表行使。
54	1983年《萨尔瓦多宪法》（2014年修订）第83条	主权归属于人民。
55	1987年《苏里南共和国宪法》（2002年修正）第1条	苏里南共和国为人民主权的且尊重和保障基本权利和自由的民主国家。

续表

序号	宪法	内容
56	1983年《危地马拉共和国政治宪法》（1993年修正）第141条	主权来源于人民，人民授权立法、行政及司法机关行使主权。
57	1999年《委内瑞拉玻利瓦尔共和国宪法》（2009年修正）第5条	主权属于人民且不可让与，人民依宪法和法律规定的方式直接行使主权。国家机关源于并从属于人民主权。
58	1979年《基里巴斯国宪法》（1995年修正）序言第1段	人民的意志为基里巴斯国政府之至上准则。
59	1978年《密克罗尼西亚联邦宪法》（1990年修正）第2条	本宪法是人民主权之表达且为密克罗尼西亚联邦之最高法律。
60	2013年《瑙鲁共和国宪法》序言第9段	我们坚持声明民主的价值，明确一切权力属于人民。
61	1978年《所罗门群岛宪法》（2014年修正）序言第1段	所罗门群岛所有权利属于其人民
62	1988年《瓦努阿图共和国宪法》第4条	国家主权属于瓦努阿图人民。

资料来源：作者整理

社会主义国家宪法通常规定主权属于人民，并强调属于工人、农民、知识分子，为以工人、农民、知识分子为主体的社会服务。2009年《朝鲜民主主义人民共和国宪法》第4条第1款规定：朝鲜民主主义人民共和国的权力属于工人、农民、劳动知识分子等所有劳动人民。2003年《老挝人民民主共和国宪法》第2条规定：国家的一切权力属于人民，由人民行使并为以工人、农民和知识分子为主体的社会各民族、各阶级的利益服务。2001年《越南社会主义共和国宪法》第2条规定：越南社会主义共和国的一切权利属于人民，越南社会主义共和国以工人阶级、农民阶级和知识分子联盟为基础。

（三）保护公民（人民）利益与维护国家主权

保护公民（人民）利益与维护国家主权互动平衡。成立国家的目的，如表1—3，从只强调保护公民（人民）利益调整为并重保护公民（人民）利益与维护国家主权。1999年《瑞士联邦宪法》（2012年修正）第2条第1款规定：瑞士联邦共和国成立的首要目的是保障人民的自由和权利，并维护国家的独立与安全。2004年《阿拉伯联合酋长国宪法》第10条规定：阿拉伯联合酋长国的目标是保持独立和主权，保护其安全和稳定，防御对联邦或者各成员国的生存的任何侵略，保卫联邦人民的权利和自由，实现各酋长国为了共同利益而紧密合作、以便实现上述目的并促进各领域繁荣和进步，改善全体公民的生活，以及各酋长国在本宪法的框架内尊重其他酋长国在内部事务方面的独立和主权。1997年《波兰共和国宪法》第5条规定：波兰共和国应保卫其领土独立和完整，确保个人和公民的自由和权利，确保公民的安全，保护民族遗产，并且应依照可持续发展原则保护自然环境。

表1—3 部分国家宪法关于保护公民（人民）利益与维护国家主权并重的规定

序号	宪法	内容
1	2004年《阿拉伯联合酋长国宪法》第10条	阿拉伯联合酋长国的目标是保持独立和主权，保护其安全和稳定，防御对联邦或者各成员国的生存的任何侵略，保卫联邦人民的权利和自由，实现各酋长国为了共同利益而紧密合作、以便实现上述目的并促进各领域繁荣和进步，改善全体公民的生活，以及各酋长国在本宪法的框架内尊重其他酋长国在内部事务方面的独立和主权。
2	2008年《不丹王国宪法》序言第2段	我们庄严宣誓：维护不丹王国主权完整，保障人民的自由，维护公正与和平，增进人民的永久团结和幸福。
3	2008年《阿尔巴尼亚共和国宪法》第3条	国家独立、领土完整、人的尊严、人的权利和自由、社会公正、宪法秩序、多元主义、民族认同和民族文化、宗教并存、阿尔巴尼亚族与少数民族的共存和理解构成国家的基础。
4	1997年《波兰共和国宪法》第5条	波兰共和国应保卫其领土独立和完整，确保个人和公民的自由和权利，确保公民的安全，保护民族遗产，并且应依照可持续发展原则保护自然环境。
5	1991年《马其顿共和国宪法》修正案四第1条	马其顿共和国公民、马其顿人民以及生活在边界内的部分阿尔巴尼亚人、土耳其人、瓦拉几人、塞尔维亚人、吉卜赛人、波斯尼亚人以及其他对其祖国的现在和未来承担责任的人，决定把马其顿共和国建立为一个独立的主权国家，并力图确立和加强法治，保障人权和公民自由，为个人和集体生活提供和平共处、社会正义、经济福利和繁荣。

续表

序号	宪法	内容
6	1994年《摩尔多瓦共和国宪法》（2006年修订）第1条	（1）摩尔多瓦共和国是一个主权的、独立的、单一制的和不可分割的国家。（2）摩尔多瓦共和国是一个以民主和法治为原则的国家，人的尊严、人的权利、人格的自由发展、正义和政治多元主义是本国至高无上的价值观并由国家予以保障。
7	1976年《葡萄牙共和国宪法》第2条	葡萄牙共和国是建立在法治、人民主权、多元民主的表达和组织的民主国家，尊重并保障基本权利与自由，确立国家权力的分立和独立，目的在于通过实现社会、文化与经济的民主从而强化民主参与。
8	1999年《瑞士联邦宪法》（2012年修正）第2条第1款	瑞士联邦共和国成立的首要目的是保障人民的自由和权利，并确保国家的独立与安全。
9	1789年《美利坚合众国宪法》序言	为了组织一个更完善的联邦，树立正义，保障国内的安宁，建立共同的国防，增进全民福利和确保我们自己及我们后代能安享自由带来的幸福，乃为美利坚合众国制定和确立这一部宪法。
10	1982年《洪都拉斯共和国宪法》（2012年修订）第1条	洪都拉斯是法治、主权、自由、民主、独立的共和国，以此确保其居民享受正义，自由文化及社会和经济福利。
11	1979年《基里巴斯宪法》（1995年修订）序言第1段	人民的意志为基里巴斯国政府之至上准则。
12	1986年《尼加拉瓜共和国宪法》（2014年修正）第1章第1条	独立、主权及国家自主决定权，是人民不可放弃的权力和尼加拉瓜共和国的基础。

资料来源：作者整理

七、民族国家、民族团结和保护少数民族权益

（一）各民族的人都是公民

一国的各民族的人都是公民，平等具有公民资格，如表1—4，公民资格不因民族不同而有差异。这对于维护国家民族团结，树立国家民族共同体意识有重要作用。2007年《尼泊尔临时宪法》第3条规定：具有多民族、多语言、多宗教和多文化特点的尼泊尔人民共同构成尼泊尔民族。2008年《玻利维亚宪法》（2013年修订）第3条规定："所有的玻利维亚人民组成了玻利维亚民族，原始的土著部落以及跨文化的非裔玻利维亚团体共同组成了玻利维亚人民。"1994年《塔吉克斯坦共和国宪法》第6条第3款规定："凡塔吉克斯坦

人民,不论民族,都是塔吉克斯坦公民。"

表1—4 部分国家宪法关于各民族的人都是公民的规定

序号	宪法	内容
1	2004年《阿富汗伊斯兰共和国宪法》第4条第3款	阿富汗人由下列各民族组成:Tajik, Hazara, Uzbek, Turkman, Baluch, Pachaie, Nuristani, Aymaq, Arab, Qirghiz, Qizilbash, Gujur, Brahwui和其他部落人员。
2	2007年《尼泊尔临时宪法》第3条	有共同愿望并拥戴民族独立、完整、民族利益和尼泊尔繁荣,具有多民族、多语言、多宗教和多文化特点的尼泊尔人民共同构成尼泊尔民族。
3	1994年《塔吉克斯坦共和国宪法》第6条第3款	凡塔吉克斯坦人民,不论民族,都是塔吉克斯坦公民。
4	1992年《乌兹别克斯坦共和国宪法》(2008年修正)第8条	乌兹别克斯坦共和国公民,不论其民族属性,都为乌兹别克斯坦共和国人民。
5	2008年《玻利维亚宪法》(2013年修订)第3条	所有的玻利维亚人民组成了玻利维亚民族,原始的土著部落以及跨文化的非裔玻利维亚团体共同组成了玻利维亚人民。
6	1983年《危地马拉共和国政治宪法》(1993年修正)第66条	危地马拉由多民族组成,其中包括玛雅后裔土著群体。国家承认、尊重并改善他们的生活方式、习惯、传统、社会组织形式、男性和女性的土著装束,以及语言和方言。

资料来源:作者整理

(二)多民族国家

世界上绝大多数国家多民族聚居,与多民族相伴而生的是多宗教、多文化。如表1—5,一些国家在宪法中规定本国是多民族国家,确立多民族国家的宪法地位。2003年《罗马尼亚共和国宪法》第1条第1款规定:罗马尼亚是一个主权的、独立、统一的和不可分割的多民族国家。2005年《伊拉克共和国宪法》第3条规定:伊拉克是一个多民族、多宗教和多教派国家。

表1—5 部分国家宪法关于多民族国家的规定

序号	宪法	内容
1	2008年《缅甸联邦共和国宪法》第3条	缅甸联邦共和国是多民族聚居的国家。
2	2005年《伊拉克共和国宪法》第3条	伊拉克是一个多民族、多宗教和多教派国家。
3	1993年《俄罗斯联邦宪法》（2008年修订）第3条	俄罗斯联邦各族人民是国家主权的载体和国家权力的唯一来源。
4	2003年《罗马尼亚共和国宪法》第1条第1款	罗马尼亚是一个主权的、独立的、统一的和不可分割的多民族国家。
5	2008年《玻利维亚宪法》（2013年修订）第1条	玻利维亚是一个在多民族的社群法律之下的单一的社会国家。

资料来源：作者整理

（三）民族团结

对于多民族国家，承认和保持民族及其文化多样性，促进民族团结和民族融合是提升各民族对国家一致认同的有效方式，有利于把各民族塑造为一个具有高度凝聚性的国家民族，树立国家民族共同体意识，打造各民族公民身份的同质性。如表1—6，1994年《摩尔多瓦共和国宪法》第10条第1款规定：民族团结是摩尔多瓦共和国的国家基础。1992年《立陶宛共和国宪法》序言规定：促进立陶宛境内的民族融合。2013年《斐济共和国宪法》第1条规定：斐济共和国是一个主权民主国家，建立在普遍、平等的公民身份及民族团结等价值之上。

保持民族多样性体现了对各民族的尊重，是促进民族团结和民族融合的重要手段。2008年《玻利维亚宪法》（2013年修订）第9条规定："玻利维亚保护作为历史和人类的遗产的多民族国家的多样性。" 1991年《哥伦比亚共和国政治宪法》（2013年修正）第7条规定："国家承认和保护哥伦比亚共和国的民族、文化的多样性。"

（四）保护少数民族权益

由于歧视、历史、规模、素质等因素，少数民族常处于不利的竞争地位。

只有保护少数民族权益，才能真正消除由于歧视等产生的不平等，实现社会民主与实质平等。2006年《塞尔维亚共和国宪法》第14条规定："塞尔维亚共和国应当保护少数民族的权利。国家应当为实现完全平等、保留少数民族的特性，向少数民族提供特殊保护。"1965年《新加坡共和国宪法》第152条第2款规定："政府应当以承认马来人具有特殊地位的方式行使权力，马来人系新加坡的土著民族，因此，政府有责任保护、保证、支持、促进及提升他们的政治、教育、宗教、经济、社会、文化方面的利益以及马来语言。"

表1—6 部分国家宪法关于民族团结、民族多样性的规定

序号	宪法	内容
1	2008年《阿尔巴尼亚宪法》第3条	民族认同和民族文化、阿尔巴尼亚族与少数民族的共存和理解等构成了国家的基础，阿尔巴尼亚人有义务尊重和保护这些价值。
2	1992年《立陶宛共和国宪法》序言	促进立陶宛境内的民族融合。
3	1994年《摩尔多瓦共和国宪法》第10条第1款	民族团结是摩尔多瓦共和国的国家基础。摩尔多瓦共和国是一切公民共同的、不可分割的祖国。
4	1960年《塞浦路斯共和国宪法》第1条	塞浦路斯是一个独立和主权的总统制共和国，希腊族人担任总统，土耳其人担任副总统，分别由塞浦路斯希腊族、土耳其族选举产生。
5	2008年《玻利维亚宪法》（2013年修订）第9条	玻利维亚保护作为历史和人类的遗产的多民族国家的多样性。
6	2008年《厄瓜多尔共和国宪法》（2011年修正）第3条	国家的首要责任之一是建立多元化的民族团结。
7	1991年《哥伦比亚共和国政治宪法》（2013年修正）第7条	国家承认和保护哥伦比亚共和国的民族、文化的多样性。
8	2013年《斐济共和国宪法》第1条	斐济共和国是一个主权民主国家，建立在普遍、平等的公民身份及民族团结等价值之上。

资料来源：作者整理

民族区域自治是在国家统一领导下，各少数民族聚居的地方实行区域自治，设立自治机关，行使自治权。如表1—7，实施民族区域自治是保护少数民族权益的重要手段。1948年、1972年，意大利颁布第一部、第二部《自治

法》，授予特伦蒂诺省、博尔扎诺省自治省地位，在地方管理、经济、社会保障、教育、文化等重要领域享有自治立法权，尊重和保障当地民族的语言使用和文化发展，促进了当地德语、意大利语、拉迪恩语民族的融合团结。2011年《匈牙利基本法》自由与责任第29条第2款规定："居住在匈牙利的各个民族都有权建立地方民族自治政府。"

表1—7　部分国家宪法关于保护少数民族、民族区域自治的规定

序号	宪法	内容
1	1994年《塔吉克斯坦共和国宪法》第2条第3款	居住在塔吉克斯坦领土的各族人民都有权只有使用本民族语言。
2	1965年《新加坡共和国宪法》第152条第2款	政府应当以承认马来人具有特殊地位的方式行使权力，马来人系新加坡的土著民族，因此，政府有责任保护、保证、支持、促进及提升他们的政治、教育、宗教、经济、社会、文化方面的利益以及马来语言。
3	2008年《阿尔巴尼亚共和国宪法》第3条	民族认同和民众文化、阿尔巴尼亚族与少数民族的共存和理解等构成国家的基础，阿尔巴尼亚人有义务尊重和保护这些价值。
4	2006年《塞尔维亚共和国宪法》第14条	塞尔维亚共和国应当保护少数民族的权利。国家应当为实现完全平等、保留少数民族的特性，向少数民族提供特殊保护。
5	2011年《匈牙利基本法》自由与责任第29条第2款	居住在匈牙利的各个民族都有权建立地方民族自治政府。
6	1986年《尼加拉瓜共和国宪法》第5条第6款	国家认识到土著居民和非裔人民的存在，他们享有宪法赋予的权利、责任和担保，且根据法律的规定，有权特别地保持和发展他们自己的身份与文化，以其自身的社会组织形式管理当地事务，与此同时保持他们土地所有权的公有制，对土地收益权、土地使用权和土地出让权同等保护。此款针对本宪法制定的自治区条例所确定的加勒比海海岸社区。
7	1983年《危地马拉共和国政治宪法》（1993年修正）第66条	危地马拉由多民族组成，其中包括玛雅后裔土著群体。国家承认、尊重并改善他们的生活方式、习惯、传统、社会组织形式、男性和女性的土著装束，以及语言和方言。
8	1999年《委内瑞拉玻利瓦尔共和国宪法》第126条专章	土著居民具备祖先根基的文化传统，是统一、主权和不可分割的国家、州、委内瑞拉人民的一部分。

资料来源：作者整理

八、国家遵守国际法

（一）尊重国际法，履行国际法上的义务

国家应当尊重国际法，履行国际法上的义务，如表1—8，受国际法约束。在国际社会中，国际法是规范国家行为的重要依据，是全球治理的重要工具和载体。国际法的基本原则及规则是构建和维系现代国际社会基本秩序的基石，是实施全球治理并推动国际社会实现善治的制度保障。1999年《瑞士联邦宪法》（2012年修正）第5条第4款规定：瑞士联邦、各州应当尊重国际法。2004年《卡塔尔国永久宪法》第6条规定：国家应遵守国际协定，执行其缔结的所有国际协定、宪章与公约。2004年《巴拿马共和国宪法》第4条规定：巴拿马共和国遵守国际法准则。1992年《捷克共和国宪法》（2012年修订）第2条规定：捷克共和国应当履行国际法上的义务。

表1—8　部分国家宪法关于国家遵守国际法的规定

序号	宪法	内容
1	2004年《阿富汗伊斯兰共和国宪法》第7条第1款	国家必须遵守《联合国宪章》、阿富汗所签订的国际条约和国际协定以及《世界人权宣言》。
2	1988年《大韩民国宪法》第6条第1款	一切其他条约的缔结和颁布都应在宪法的指导下完成，国际法的普遍规则和大韩民国国内法具有同等效力。
3	2004年《卡塔尔国永久宪法》第6条	国家应遵守国际协定，执行其缔结的所有国际协定、宪章与公约。
4	1992年《捷克共和国宪法》（2012年修订）第2条	捷克共和国应当履行国际法上的义务。
5	1999年《瑞士联邦宪法》（2012年修正）第5条第4款	瑞士联邦、各州应当尊重国际法。
6	2011年《巴拉圭共和国宪法》第143条	巴拉圭共和国承认国际法律并调整适应一些原则。
7	2004年《巴拿马共和国宪法》第4条	巴拿马共和国遵守国际法准则。
8	1981年《伯利兹宪法》序言第5段	伯利兹需要在国家间的交往中遵守国际法和条约义务，促进国际和平安全及国家间的合作。
9	2010年《多米尼加共和国宪法》第6章第1节第26条	多米尼加是国际共同体的成员，开放合作，并服从国际法准则。

续表

序号	宪法	内容
10	2011年《厄瓜多尔共和国宪法》第416条第1款第9项	厄瓜多尔承认国际法作为行为准则，呼吁国际机构的民主化，以及国际机构内部的国家平等参与。
11	1982年《洪都拉斯共和国宪法》（2012年修订）第15条	洪都拉斯支持国际法的原则和实践，民族团结和自决，不干涉并加强普遍和平与民主。洪都拉斯宣布必然合法及负责任的履行国际主体的司法和仲裁裁决。
12	1986年《尼加拉瓜共和国宪法》（2014年修正）第5条	尼加拉瓜坚持美洲国际法原则，主权性地承认并批准该原则，根据国际法中的国际争端和平解决原则，禁止核武器和大规模杀伤性武器，在国内外冲突中的使用，承认庇护政治避难者，拒绝承认国家间的附属关系。
13	1983年《危地马拉共和国政治宪法》(1993年修订)第149条	为促进和平与自由之维护，人权之尊严和保障以及保证国家间平等互利的民主程序和国际组织之巩固，危地马拉将根据国际原则、规则和惯例，就与其他国家的关系制定规范。
14	1979年《帕劳共和国宪法》	政府的主要权利，包括但不限于国防、安全或者外交事务，均可通过帕劳共和国和其他主权国家、国际组织间的条约、协议、协定授权行使。

资料来源：作者整理

（二）国际法是国内法的组成部分

目前，以《联合国宪章》宗旨和原则为基础的国际法的权威性遭到破坏，个别西方国家奉行单边主义立场，将国内法凌驾于国际法之上，诉诸经济制裁和武力干预解决纠纷，严重减损以国际法为基础的全球治理的权威性，冲击国际法治体系，对国际法治的权威性造成了极大的危害。如表1—9，一些国家宪法规定，国际法是国内法的组成部分。这对于维护国际法权威，切实履行尊重，乃至遵守国际法义务有积极意义。2003年《塔吉克斯坦宪法》第10条第3款规定：塔吉克斯坦承认的国际法律文件是共和国法律体系的组成部分。2002年《东帝汶民主共和国宪法》第9条规定：东帝汶法律制度吸收国际法中的一般原则或者习惯法的原则。

（三）国际法与国内法具有同等法律效力

国际法与国内法不一致时，一些国家宪法规定，国际法与国内法具有同等法律效力。如果签署的国际条约中确定的准则在本国法律中没有规定，应当适用国际条约的准则,但不得与宪法抵触。1988年《大韩民国宪法》第6条第1款规定:一切其他条约的缔结和颁布都应在宪法的指导下完成,国际法的普遍规则和大韩民国国内法具有同等效力。2005年《亚美尼亚共和国宪法》第6条第4款规定:如果签署的国际条约中确定的准则在本国法律中没有规定,应当适用国际条约的准则。不得签署与宪法相抵触的国际条约。

表1—9 部分国家宪法关于国际法是国内法组成部分的规定

序号	宪法	内容
1	2002年《东帝汶民主共和国宪法》第9条	东帝汶法律制度吸收国际法中的一般原则或者习惯法的原则。
2	2003年《塔吉克斯坦宪法》第10条第3款	塔吉克斯坦承认的国际法律文件是共和国法律体系的组成部分。
3	2005年《亚美尼亚共和国宪法》第6条第4款	国际条约在承认和批准后生效。国际条约是亚美尼亚共和国法律体系的组成部分。如果签署的国际条约中确定的准则在本国法律中没有规定,应当适用国际条约的准则。不得签署与宪法相抵触的国际条约。

资料来源:作者整理

(四)国际法优于国内法

国际法与国内法不一致时,如表1—10,一些国家宪法规定,国际法优于国内法,优先适用国际条约的规则,甚至优先适用宪法。1958年《法兰西共和国宪法》(2004年修正)第55条:经正式批准或者认可的国际条约或者协定经缔结之他方付诸实施者,自公布起具有优于法律之效力。2007年《哈萨克斯坦共和国宪法》第4条第3款规定:哈萨克斯坦共和国批准的国际条约优先于共和国的法律并直接适用,但为实施国际条约需另行颁布法律的情况除外。2013年《玻利维亚共和国新宪法》第256条规定:已经签署的,或者批准的涉及人权的国际条约与文书,或者那些国家已经加入的宣告其权力更优于那些宪法规定的权力的涉及人权的国际条约与文书,应当优于宪法的规定适用。

表1—10 部分国家宪法关于国际法优于国内法的规定

序号	宪法	内容
1	2009年《格鲁吉亚宪法》第6条第2款	格鲁吉亚的立法应当与公认的国际法原则和规则相一致。格鲁吉亚签订的国际条约或者协议,除非与格鲁吉亚宪法或者宪法性协议相抵触,否则应当优先适用。
2	2007年《哈萨克斯坦共和国宪法》第4条第3款	哈萨克斯坦共和国批准的国际条约优先于共和国的法律并直接适用,但为实施国际条约需另行颁布法律的情况除外。
3	2010年《吉尔吉斯共和国宪法》第6条第3款	经吉尔吉斯共和国批准并通过立法程序确认生效的国际条约、国际法公认的原则和准则是吉尔吉斯共和国法律体系的组成部分。国际人权条约具有直接法律效力并优先于其他国际条约。
4	2008年《土库曼斯坦宪法》第6条第2款	土库曼斯坦承认公认的国际法准则的优先地位,如果土库曼斯坦签署的国际条约或者其他国际法规则与土库曼斯坦制定的法律不一致,应当优先适用国际条约的规则。
5	1958年《法兰西共和国宪法》(2004年修正)第53乙条	法兰西共和国按照1998年7月18日签署的条约自规定承认国际刑事法院的管辖权。
	1958年《法兰西共和国宪法》(2004年修正)第55条	经正式批准或者认可的国际条约或者协定经缔结之他方付诸实施者,自公布起具有优于法律之效力。
	1958年《法兰西共和国宪法》(2004年修正)第84甲条	法兰西共和国应参加国家间自由组成的欧洲联盟,通过2007年12月13日里斯本条约产生的欧洲联盟条约和欧洲联盟运作条约,共同行使其特定权利。
6	2013年《玻利维亚共和国新宪法》第256条	已经签署的,或者批准的涉及人权的国际条约与文书,或者那些国家已经加入的宣告其权力更优于那些宪法规定的权力的涉及人权的国际条约与文书,应当优于宪法的规定适用。

资料来源:作者整理

九、促进国家间融合

为加强国家之间的联合与合作,一些历史、文化、语言相近,在政治、经济上又有共同目标的国家建立了国家联盟,密切合作关系,建设一体化国家组织,推动地区一体化,共同促进各自的发展和进步。1945年,阿拉伯国家联盟成立,密切成员国间的合作关系,协调彼此间的政治活动,捍卫阿拉伯国家的独立和主权,促进阿拉伯国家的整体利益,推动各成员国在经济、财政、交通、文化、卫生、社会福利、国籍、护照、签证、司法等方面进行密切合作。1967年，东南亚国家联盟成立，本着平等与合作精神，共同促进本地区经济增长、社会进步和文化发展，为建立一个繁荣、和平的东南亚国家共同体奠定基础，以促进本地区的和平与稳定。1993年，欧洲联盟成立，通过建立无内部边界的空间，加强经济、社会的协调发展和建立最终实行统一货币的经济货币联盟，促进成员国经济和社会的均衡发展，通过实行共同外交和安全政策，在国际舞台上弘扬联盟的个性。2001年，非洲联盟成立，非盟是集政治、经济、军事等为一体的全洲性政治实体，主要任务是维护和促进非洲大陆的和平、稳定，推行改革与减贫战略，实现发展与复兴，致力于建设一个团结合作的非洲，创造条件使非洲在全球事务中发挥应有作用。

一些国家将促进国家间融合写进宪法，如表1—11，努力推动与其他国家的经济、政治、社会和文化统一，推动地区一体化。1993年《秘鲁共和国政治宪法》（2009年修正）第44条第2款规定：国家有义务建立和实施边防政策，并特别促进同拉丁美洲国家的融合，以及依据外交政策发展和团结边境地区。2003年《古巴共和国宪法》第12条规定：为了提高政治和经济一体化，以获得真正的独立，再次声明希望与具有共同特征和历史需要的拉丁美洲、加勒比海国家的合作和一体化。1988年《巴西联邦共和国宪法》第4条第2款规定：巴西联邦共和国为形成拉丁美洲国家社区，应寻求拉丁美洲人民的经济、政治、社会和文化统一。

表1—11 部分国家宪法关于促进国家间融合的规定

序号	宪法	内容
1	1988年《巴西联邦共和国宪法》第4条第2款	巴西联邦共和国为形成拉丁美洲国家社区，应寻求拉丁美洲人民的经济、政治、社会和文化统一。
2	1993年《秘鲁共和国政治宪法》（2009年修正）第44条第2款	国家有义务建立和实施边防政策，并特别促进同拉丁美洲国家的融合，以及依据外交政策发展和团结边境地区。

续表

序号	宪法	内容
3	2010年《多米尼加共和国宪法》第26条	多米尼加共和国将促进和支持美洲国家的整合，为了加强保卫地方利益的国家共同体；有利于各国之间的经济融合以及支持他们捍卫基本原材料和生物多样性的所有行为。
4	2011年《厄瓜多尔共和国宪法》第416条	通过积极参与地区经济和政治集团促进多极化全球秩序的建立，优先促进安第斯地区、南美洲和拉丁美洲的政治文化和经济一体化，促进地球和生物圈的生命周期的保护和再生的国际文书的创建和执行。
5	2003年《古巴共和国宪法》第12条	为了提高政治和经济一体化，以获得真正的独立，再次声明希望与具有共同特征和历史需要的拉丁美洲、加勒比海国家的合作和一体化。
6	1986年《尼加拉瓜共和国宪法》（2014年修正）第5条	尼加拉瓜支持地区统一并拥护重建伟大的中美洲祖国。
7	1983年《萨尔瓦多宪法》（2014年修订）第89条	萨尔瓦多鼓励并推动与中美洲国家，尤其是中美洲地峡国家的人文、经济、社会和文化统一。相关国家可以订立条约或协定设立拥有超国家职权的机关来推动统一进程。萨尔瓦多还应支持中美洲共和国整体或者部分重建。
8	1979年《圣卢西亚宪法法令》序言第1段	承诺对国际和平与安全，国家间的友好关系予以支持，并推动普遍尊重人权和自由；并在以和平方式解决国际经济、社会以及政治问题上进行合作。
9	1987年《苏里南共和国宪法》（2002年修订）第7条	推动反对殖民主义，新殖民主义，种族主义，种族灭绝，即争取民族解放，和平和社会进步民族间的团结协作；鼓励加入，旨在建立人类和平共处，和平与进步的国际组织。
10	1985年《危地马拉共和国政治宪法》(1993年修订)第150条	危地马拉，作为中美洲共同体的组成部分，将维持并发展与其他中美洲联邦成员国之间的团结协作关系，应当采取适当措施以实行部分或者全部形式的中美洲政治和经济联合。主管机关有义务加强以平等为基础的中美洲经济一体化。
10	1985年《危地马拉共和国政治宪法》(1993年修订)第151条	在经济社会及文化发展方面与危地马拉相似的国家，危地马拉将与之保持友好、团结和协作关系以寻找适合于各国共同问题的解决方案，并联合制定有利于各自的国家进步的政策。
11	1999年《委内瑞拉玻利瓦尔共和国宪法》（2009年修订）第153条	委内瑞拉玻利瓦尔共和国只在创立一个捍卫本地区经济社会文化政治和环境利益的国际社会，推动和激励拉美国家和加勒比海域国家统一。

续表

序号	宪法	内容
12	1966年《乌拉圭东岸共和国宪法》（2004年修订）第6条	乌拉圭东岸共和国应力求实现拉丁美洲国家社会与经济的一体化，特别是有关这些国家产品与原料的共同保护上。共和国也力求这些国家在公共事业上的有效互补。
13	1980年《智利共和国宪法》（2014年修订）第3条	国家机关将促进国家区域化的增强。
14	2013年《瑙鲁共和国宪法》序言	我们从其他民族和国家借鉴并在同其他民族和国家的交往中适用：和平、友爱、相互理解、尊重我们共同的人性和人的尊严。

资料来源：作者整理

国家联盟建设常常面临国家主权与国家联盟治理权矛盾的挑战。英国、巴西等国家退出所属的国家联盟，反映了国内的社会分化和政治竞争，加重了国家间融合的困境，使全球化和全球治理遭遇挫折。2016年6月，由于一直奉行对欧洲大陆事务不干预政策、经济发展从欧盟获利少、接受的大量移民挤占本国人就业和社保资源、缴纳高额会费等原因，英国经全民公投决定退出欧盟。2020年12月，欧盟与英国就包括贸易在内的一系列合作关系达成协议，为英国按照原计划在2020年结束"脱欧"过渡期扫清障碍。2008年，厄瓜多尔、委内瑞拉、玻利维亚、阿根廷和巴西发起成立了南美洲国家联盟，建设一个多方参与和地区公认的一体化机制，在文化、社会、经济和政治上谋求共同发展。这些国家有着共同的历史，积累了相似的经验，它们都从被外族侵占、被殖民，走向了国家独立。当地只有两大主要语言：西班牙语和葡萄牙语，同欧盟内的24种语言比较，拉美的语言环境单一而简洁。2019年4月，巴西退出南美洲国家联盟。此前，哥伦比亚、秘鲁、厄瓜多尔、巴拉圭、阿根廷已先后退出该组织，原因是在安全领域，许多南美国家对地区机构都深怀不信任，希望无论在什么情况下都必须维护国家主权。

十、我国的民族团结、民族国家政策法律

（一）国家领导人关于民族团结、民族国家的论述

毛泽东、邓小平、江泽民、胡锦涛、习近平等国家领导人关于民族团结、民族国家的论述，对民族国家建设有重要指导意义，是理解中国语境下国家、民族的重要依据。1957年2月，毛泽东在《关于正确处理人民内部矛盾的问题》中指出："汉族和少数民族的关系一定要搞好。这个问题的关键是克服大汉族主义。在存在有地方民族主义的少数民族中间，则应当同时克服地方民族主义。"[①]

1990年，邓小平强调："我们的民族政策是正确的，是真正的民族平等。"民族平等是民族团结的基础。真正的民族平等不仅要帮助少数民族享有平等的政治地位和权利，而且要使少数民族在经济、文化上得到改善和提高。邓小平同志还强调，在中国这个多民族国家，搞好民族团结才能真正形成中华民族美好的大家庭。搞好民族团结，必须处理好以下几个重要问题：消除民族隔阂，抛弃大汉族主义和地方民族主义，尊重少数民族的风俗习惯和宗教信仰，加强马克思主义民族观和党的民族政策教育。[②]

2009年9月，胡锦涛在国务院第五次全国民族团结进步表彰大会上指出，我国民族团结进步事业，是中国特色社会主义事业的重要组成部分。我国各民族团结进步是中华民族的生命所在、力量所在、希望所在。我国每一个民族都是祖国大家庭不可或缺的重要成员，我国每一个民族都为中华民族发展壮大作出了重要贡献，我国每一个民族都是全面建设小康社会、加快推进社会主义现代化、坚持和发展中国特色社会主义的重要力量。[③]

2014年5月，习近平在第二次中央新疆工作座谈会上发表重要讲话，指出要在各民族中牢固树立国家意识、公民意识、中华民族共同体意识。各民

---

① 毛泽东.毛泽东文集第七卷[M].北京：人民出版社，1999，227.
② 桑杰.反对民族分裂是中华民族的最高利益：学习邓小平民族理论的几点思考（2014年7月7日）.红旗文稿，2014年第12期，人民网，http://cpc.people.com.cn/n/2014/0707/c69113-25249048.html.
③ 胡锦涛.在国务院第五次全国民族团结进步表彰大会上的讲话[EB/OL]. (2009-09-29) [2020-12-08]. http://www.chinanews.com/gn/news/2009/09-29/1894001.shtml.

族要相互了解、相互尊重、相互包容、相互欣赏、相互学习、相互帮助，像石榴籽那样紧紧抱在一起。要加强民族交往交流交融，推动建立各民族相互嵌入式的社会结构和社区环境，促进各族群众在共同生产生活和工作学习中加深了解、增进感情。增强各族群众对伟大祖国的认同、对中华民族的认同、对中华文化的认同、对中国特色社会主义道路的认同。①

（二）我国关于民族成分、中华民族、中华儿女的主要政策法律

我国将民族的定义放在一个宽广的基础上，在宪法、法律和政策中使用"中华民族"定义各民族和所有人民，承认境内有一个主要民族——汉族、55个少数民族，平等地给予各民族的人国籍。中国共产党十九大报告《决胜全面建成小康社会，夺取新时代中国特色社会主义伟大胜利》中指出："中国共产党人的初心和使命，就是为中国人民谋幸福，为中华民族谋复兴。"

我国承认本土自称族群和外来民族。1986年《公安部、国家民委关于居民身份证使用民族文字和民族成分填写问题的通知》第3条第1项规定："国家认定的民族名称，本人有不同意见，经做工作仍坚持填写自称的，可在民族名称加注。如'纳西族（摩梭）''苗族（悝家）'。"第3条第2项规定："省、自治区、直辖市已认定为少数民族，但尚未明确是单一少数民族或者为某一少数民族成员的，可填写'××人'，如'僜人'。"第3条第4项规定："对于外国人加入中国籍的，如本人的民族名称与我国某一民族名称相同就填写某一民族，如'朝鲜族'；如没有相同民族的，本人是什么民族就填写什么民族，但应在民族名称后加注'入籍'二字，如'乌克兰（入籍）'。"

我国保持民族的稳定性，不允许公民变更民族成分，符合条件的未满18周岁的除外。2015年《中国公民民族成分登记管理办法》第7条规定："公民民族成分经确认登记后，一般不得变更。未满十八周岁的公民，有下列情况之一的，可以申请变更其民族成分一次。（一）父母婚姻关系发生变化，其民族成分与直接抚养的一方不同的；（二）父母婚姻关系发生变化，其民族成分

---

① 习近平在第二次中央新疆工作座谈会上发表重要讲话[EB/OL].（2014-05-29）[2020-12-08]. http://news.xinhuanet.com/photo/2014-05/29/c_126564529.htm.

与继父（母）的民族成分不同的；（三）其民族成分与养父（母）的民族成分不同的。年满十八周岁的公民，在其年满十八周岁之日起的两年内，可以依据其父或者其母的民族成分申请变更一次。"

我国鼓励外国人加入中国籍后认同和归属中华民族，允许申请填报为与中国相同或者特征相近的某一民族成分，也可以自愿申请填报为中国某一民族成分。1986年《公安部、国家民委关于居民身份证使用民族文字和民族成分填写问题的通知》第3条第4项规定：对于外国人加入中国籍的，如本人的民族名称与中国某一民族名称相同，就填写某一民族，如"朝鲜族"。加入中国籍的外国人自愿申请填报为中国某一民族成分的，持所在单位出具的证明，报省、自治区、直辖市民族工作部门批准。1990年《国家民委、国务院第四次人口普查领导小组、公安部关于中国公民确定民族成分的规定》第8条第1款第1项重申："加入中国籍的外国人，其民族成分如与中国现有某一民族成分相同或者特征相近的，可以申请填报为与中国相同或者特征相近的某一民族，但须在入籍后两年内申请办理。"第8条第1款第2项规定："加入中国籍的外国人自愿申请填报为中国某一民族成分的，持所在单位出具的证明，报省、自治区、直辖市民族工作部门批准。"

我国强化中国公民与外国人的子女对中华民族的认同和归属，要求他们的民族成分依据中国公民的民族成分确定。1990年《国家民委、国务院第四次人口普查领导小组、公安部关于中国公民确定民族成分的规定》第8条第1款第3项规定："父母一方为中国人，或者父母一方加入中国籍后已申请填报为中国某一民族成分的，其具有中国国籍的子女填报中国一方的民族成分。"2015年《中国公民民族成分登记管理办法》第20条第1款规定："中国公民同外国人结婚生育或者依法收养的子女取得中国国籍的，其民族成分应当依据中国公民的民族成分确定。"

我国是一个具有众多海外侨民和族裔的国家，使用"中华民族""中华儿女"阐释境内各民族和所有人民，以及港澳台同胞、境外侨民和华裔，加强海内外中华儿女大团结。中国共产党十九大报告《决胜全面建成小康社会，夺取新时代中国特色社会主义伟大胜利》指出："解决台湾问题、实现祖国完全统一，是全体中华儿女共同愿望，是中华民族根本利益所在。""只要包括港澳台同胞在内的全体中华儿女顺应历史大势、共担民族大义，把民族命运牢牢掌握在自己手中，就一定能够共创中华民族伟大复兴的美好未来！""巩固全国各族人民大团结，加强海内外中华儿女大团结，团结一切可以团结的力量，齐心协力走向中华民族伟大复兴的光明前景。"

（三）我国关于民族团结、民族国家的主要政策法律

我国是一个多民族国家，境内生活着56个民族。根据2010年第六次全国人口普查，汉族占总人口91.51%。1982年《宪法》（2018年修正）序言第11段规定：中华人民共和国是全国各族人民共同缔造的统一的多民族国家。国家尽一切努力，促进全国各民族的共同繁荣。1980年《国籍法》第2条规定："中华人民共和国是统一的多民族的国家，各民族的人都具有中国国籍。"1984年《民族区域自治法》（2018年修订）序言第1段规定：中华人民共和国是全国各族人民共同缔造的统一的多民族国家。

我国致力于促进民族团结，保护少数民族合法权益，保障各民族一律平等。1982年《宪法》（2018年修正）第4条规定："中华人民共和国各民族一律平等。国家保障各少数民族的合法的权利和利益，维护和发展各民族的平等团结互助和谐关系。禁止对任何民族的歧视和压迫，禁止破坏民族团结和制造民族分裂的行为。国家根据各少数民族的特点和需要，帮助各少数民族地区加速经济和文化的发展。各少数民族聚居的地方实行区域自治，设立自治机关，行使自治权。各民族自治地方都是中华人民共和国不可分离的部分。各民族都有使用和发展自己的语言文字的自由，都有保持或者改革自己的风俗习惯的自由。"2014年《中共中央关于全面推进依法治国若干重大问题的决定》规定：高举民族大团结旗帜，依法妥善处置涉及民族、宗教等因素的社会问题，促进民族关系、宗教关系和谐。

根据宪法关于民族平等、民族团结、保护少数民族权益的规定，有关法律法规对促进民族团结、保障各民族一律平等作出了一系列具体规定。例如，1979年《全国人民代表大会和地方各级人民代表大会选举法》（2010年修订）规定，每一聚居的少数民族都应有代表参加当地的人民代表大会，保障各少

数民族群众的选举权利；2001年《出版管理条例》（2011年修订）规定，国家扶持少数民族语言文字出版物出版发行，保障各少数民族群众的出版权利；诉讼法规定，各民族公民都有使用本民族语言、文字进行诉讼的权利，保障各少数民族群众的诉讼权利；1986年《义务教育法》（2006年修订）规定，适龄儿童、少年，不分性别、民族、种族、家庭财产状况、宗教信仰等，享有平等接受义务教育的权利，保障各少数民族群众的受教育权利；1994年《劳动法》（2018年修订）、2007年《就业促进法》规定，劳动者就业，不因民族、种族、性别、宗教信仰不同而受歧视，各民族劳动者享有平等的劳动权利，保障各少数民族群众的劳动权利等。

为了加快少数民族和民族地区经济社会发展，党和政府制定了一系列优惠政策，采取许多扶持措施，使广大少数民族群众共享改革发展的成果，形成了各民族共同团结奋斗、共同繁荣发展的局面。2008年《国务院办公厅关于严格执行党和国家民族政策有关问题的通知》规定："在财政方面，国家逐步加大对民族地区的转移支付力度，设立各种专项资金和少数民族发展资金；在教育方面，设立专门的民族学校和民族教育补助专款，对少数民族考生适当放宽录取标准和条件；在医疗卫生方面，着力解决民族地区缺医少药和少数民族群众看病难问题；在就业方面，切实保障少数民族在求职就业上的平等权利，民族自治地方录用聘用国家工作人员给予照顾；在生活方面，制定了保障少数民族群众生产生活特需用品的优惠政策；在干部培养使用方面，制定了配备少数民族领导干部的规定，等等。"

（四）我国关于民族区域自治的宪法法律

我国实施民族区域自治制度。民族区域自治是中国共产党运用马克思列宁主义解决我国民族问题的基本政策，是我国的一项基本政治制度。实行民族区域自治，体现了国家充分尊重和保障各少数民族管理本民族内部事务权利的精神，体现了国家坚持实行各民族平等、团结和共同繁荣的原则。1982年《宪法》（2018年修正）第112—122条规定了民族区域自治。1982年《宪法》（2018年修正）第112条规定："民族自治地方的自治机关是自治区、自治州、自治县的人民代表大会和人民政府。"第115条规定："自治区、自治州、自治县的自治机关行使宪法第三章第五节规定的地方国家机关的职权,同时依照宪法、民族区域自治法和其他法律规定的权限行使自治权,根据本地方实际情况贯彻执行国家的法律、政策。"第122条规定:"国家从财政、物资、技术等方面帮助各少数民族加速发展经济建设和文化建设事业。国家帮助民族自治地方从当地民族中大量培养各级干部、各种专业人才和技术工人。"

1984年,六届全国人大二次会议通过了《民族区域自治法》,以基本法的形式把民族区域自治制度固定了下来。1984年《民族区域自治法》(2018年修订)是实施宪法规定的民族区域自治制度的基本法律。该法序言第3段规定:实行民族区域自治,对发挥各族人民当家作主的积极性,发展平等、团结、互助的社会主义民族关系,巩固国家的统一,促进民族自治地方和全国社会主义建设事业的发展,都起了巨大的作用。

第二节 国籍辨析

一、汉语中的国籍

国籍是国籍法的调整对象,对确认个人身份,国家行使管辖权、建立起个人与法律的联系有重要意义。

从汉语看,国籍由国和籍组成,国指国家,籍指图书、书册、记名册,登记,个人对国家或者组织的隶属关系,出生地或者祖居地。① 在古代,国籍是指国家的典籍。《魏书》李彪传:"今求都下乞一静处,综理国籍,以终前志。"

目前,国籍是指个人对国家的隶属关系,基于这种隶属关系,个人与国家之间相互具有权利和义务。我国的辞典解释国籍时,偏重于身份,特别是单向身份——个人具有的属于某个国家的身份。《辞源》提出:"国籍是指个人所具有的属于某个国家的身份。"② 《近现代辞源》提出:"国籍是指个人具有的属于某个国家的身份。"③《现代汉语词典》提出:"国籍是指个人具有的属于某

---

① 夏征农、陈至立.辞海[G].上海:上海辞书出版社,2010,847.
② 广东、广西、湖南、河南辞源修订组、商务印书馆编辑部.辞源[G].北京:商务印书馆.2010,632.
③ 黄河清.近现代辞源[G].上海:上海辞书出版社,2010.296.

个国家的身份。"①《辞海》提出:"国籍是一个人属于一个国家的国民或者公民的法律资格。具有一国国籍的人,与其国籍所属国有稳固的法律联系,基于这种法律联系,他接受该国的法律管辖,享有和承担该国法律为本国人规定的权利和义务。同时,国籍也是国家对本国人实行外交保护的依据。"②

二、英语中的国籍

从英语看,国籍(nationality)源起于国家(nation),国家源于拉丁文 nascere,意指出生,故 nationality 带有与出生有关的含义。③ 西方国家的辞典解释国籍时,从身份延伸至身份的法律意义——权利和义务,兼顾双向身份的法律意义——个人与国家相互的权利和义务。英国《牛津法律大辞典》提出:国籍是一个表示个人与国家之间法律联系的概念,它意指个人效忠国家和国家得保护个人的相互关系。④ 美国《韦氏国际大词典》提出:国籍表示归属于或者具有该国之法律身份的地位或者状况(Condition or status of belonging to, or having legality with a nation or state)。根据我国《国际移民法双解法律词典》,国籍是指"个人和国家之间的法律契约。"⑤

三、国籍的历史发展

现代意义的国籍主要是一个法律概念,狭义的国籍是指个人的国籍。广义的国籍除个人的国籍外,还指拟制人——法人,物——船舶、航空器及某些财产的国籍。本文中的国籍是指狭义的国籍。从世界看,国籍始自法国大革命。⑥ 在封建时代,法国不存在国籍概念。法国大革命后,《拿破仑法典》赋

---

① 中国社会科学院语言研究所词典编辑部.现代汉语词典(汉英双语)[G].北京:外语教学与研究出版社,2002,739.
② 陈至立.辞海[G].上海:上海辞书出版社,2020,1562.
③ 萧成洽.我国国籍法制与实施现状之研究[D].中国台湾铭传大学公共事务学系硕士学位论文.2005.36.
④ 戴维·M.沃克(David M. Walker).李双元等译.牛津法律大辞典[G].法律出版社,2003,786.
⑤ 齐桂红.国际移民法英汉双解词典[G].北京:中国法制出版社,2018,400.
⑥〔荷〕理查德·普伦德(Richard Plender).翁里等译.国际移民法[M].中国人民公安大学出版社 2006,7.

予了国籍现代意义,进一步明确了法国国籍的概念。第9条规定:在法国领土上诞生的外国双亲的子女成年后,经过申请可以获得法国国籍。1790年一项法国法律规定,在法国居住5年以上的外国人自动入籍(naturalisation automatique)。从中国看,国籍始自1868年《蒲安臣条约》。第5条规定:"大清国与大美国切念人民前往各国,或者愿常住入籍,或者随时来往,总听其自便,不得禁阻。"这体现了缔约国双方对彼此臣民、公民取得国籍权、入籍自由的尊重。

四、国际公法学中的国籍

国际公法学者普遍认为,国籍是一个人作为一国公民的法律资格,一个人同某一特定国家的固定的法律联系,前者偏于静态,后者偏于动态,都伴随、外化为个人与国家之间的权利和义务。在先有法律资格还是先有法律联系的问题上,西方国家国际法学者解释国籍时,偏重先有法律联系,后有法律资格。德国学者奥本海认为:"国籍是个人和国际法的利益之间的主要联系,后有法律资格。""国籍是个人取得国际法的利益的唯一正常途径。""个人的国籍是他作为某一国家的人民的资格,所以是作为该国公民的资格。"① 英国学者斯塔克认为:"国籍是一个人同一个国家之间最经常的、有时是唯一的法律联系,以保证该个人在国际法上的权利和义务为有效。"② 韩国学者柳炳华认为:"国籍是指个人、法人及其某些财产与一国有特殊关系时,根据国际法原则,该国国内法为行使管辖权赋予的法律联系。"③ 1955年,国际刑事法院在诺特鲍姆(Nottebohm)案中提出,"国籍是一种法律联系(legal bond),其基础是一种依附的社会事实,一种真正的生存、利益和情感联系,并伴随着相互的权利和义务。"④ 拥有此种法律联系的个人,直接通过法律或者因当局行为的影响,事实上赋予其国籍的国家的人口比其他任何国家有更紧密的关

---

① 〔英〕劳特派特修订.奥本海国际法(上卷第二分册)[M].北京:商务印书馆,1971,142-144.
② 〔英〕J.G.斯塔克.赵维田译.国际法[G].法律出版社,1984,274.
③ 〔韩〕柳炳华.朴国哲等译.国际法(上册)[M].北京:中国政法大学出版社,1997.306.
④ 程晓霞.国际法[G].北京:中国人民大学出版社,1999,62.

系。苏联《国际法辞典》提出：国籍是个人与国家表示他们之间权利和义务的总和的稳定的法律上的联系。[①]

我国国际法学者解释国籍时，偏重先有法律资格，后有法律联系。王铁崖认为："国籍是指一个人属于某一个国家的国民或者公民的法律资格，是一个人同某一特定国家的固定的法律联系，也是国家实行外交保护权利的法律依据。"[②] 李浩培认为："国籍是指个人作为一个特定国家的成员而隶属于这个国家的一种法律上的身份。"[③] 梁淑英认为："国籍表示个人（个人）具有某个国家的公民或者国民资格或者身份，与该国保持着长久的法律联系，处于其属人优越权之下。"[④]

五、国际私法学中的国籍

西方国家国际私法学者认为国籍关系是个人与国家之间的权利义务关系之一。法国国际私法学者韦斯提出：国籍关系是由个人与国家之间的双务契约产生的。[⑤]

我国国际私法学者与国际法学者一样，普遍认为国籍是一个人作为一国公民的法律资格，进一步提出，国籍是判断某一民事法律关系是否为涉外民事法律关系的重要标志之一，指引涉外民事关系准据法的一个重要连结因素。李双元、蒋新苗认为："个人的国籍是指一个个人属于某一个国家的国民或者公民的法律资格，它体现了个人同国家的法律上的联系。"[⑥] "国籍在国际私法上的意义，首先，判断某一民事关系是否是涉外民事关系的根据之一，便是其中的当事人是否具有外国国籍；其次，国籍也是指引涉外民事关系准据法的一个重要连结因素；最后，国籍又是国家对于在外国的侨民的民事权益受

---

① 〔苏〕克利缅科.程晓霞译.国际法辞典[G]，北京：中国人民大学出版社，1987，197.
② 王铁崖.国际法[G].北京：法律出版社，1981，237.
③ 李浩培.国籍问题的比较研究[M].北京：商务印书馆，1979，5.
④ 梁淑英.国际法[G].北京：中国政法大学出版社，2011，99.
⑤ 〔法〕亨利·巴蒂福尔.保罗·拉加德.陈洪武等译.国际私法总论[G].北京：中国对外翻译出版公司，1989，85.
⑥ 李双元，蒋新苗.现代国籍法[G].武汉：武汉大学出版社.2016.41.

到侵害时，作为原告而回到祖国进行诉讼时行使管辖权的一种根据。"① "在冲突法中，国籍既是适用属人法的一个重要连接点，又是国家对于它在外国的侨民当民事权益受到侵害时，作为原告而回到祖国进行起诉时行使管辖权的一种根据。"② 黄进认为："国籍是指一个人属于某一个国家的国民或者公民的法律资格，是区别一个人是内国人还是外国人或者无国籍人的标志，也是判断某一民事法律关系是否为涉外民事法律关系的重要标志之一。"③

我国台湾地区国际私法学者认为，国籍是个人隶属于国家的法律地位，体现了个人对国家的忠诚。马汉宝认为："国籍系指个人由于忠顺关系而隶属于某一国家之法律地位。"④ 卢亚东认为："国籍者乃人民对其国家忠顺之关系也。"⑤

六、国籍的法律意义

国籍是国家的基础之一和国家主权的载体。离开国籍，国家不复存在，国家主权失去源头。1988年《巴西联邦共和国宪法》第1条规定：巴西是一个建立在主权、国籍、人的尊严、劳动和自由贸易的社会价值、政治多元等事项之上的民主国家。2007年《黑山共和国宪法》第2条第1款规定："主权的载体为具有黑山国籍的公民。"2013年《斐济共和国宪法》第1条规定：斐济是一个主权民主国家，建立在普遍且平等的公民身份等价值之上。

国籍属于国家主权事务，是区分公民、外国人及认定公民和对个人行使管辖权的依据。个人获得了一个国家的国籍后成为该国行使治理权力的客体。每一个公民，不论在哪里，都从属于所属国家主权。国家管辖权包括属地管辖权、属人管辖权、保护性管辖权和普遍性管辖，属人管辖权与保护性管辖权都需要通过国籍确认。1992年《罗马尼亚国际私法典》第12条规定：国籍

---

① 李双元.国际私法[G].北京：北京大学出版社，1991，167.
② 李双元.国际私法（冲突法篇）[M].武汉：武汉大学出版社2001，350.
③ 黄进.国际私法[G].法律出版社，2005，133.
④ 马汉宝.国际私法总论[M].台北市：自刊本1977，58.
⑤ 陆亚东.国际私法[M].台北：正中书局，1982，37.

的确定与证明依据当事人宣称具有该国国籍的国家的法律。罗马尼亚公民，即使外国法赋予其另一国国籍，其本国法仍然为罗马尼亚法。

国籍是个人从国家取得的法律资格，个人与国家之间建立的法律联系，相互有紧密的政治关系，彼此享有权利和履行义务。个人取得国籍成为公民，公民权利主要表现为获得国家保护，公民义务主要表现为对国家忠诚。2008年《厄瓜多尔共和国宪法》（2011年修正）第6条第2款规定："厄瓜多尔国籍是个人与国家之间的政治和法律纽带，不妨碍其属于共存于多民族厄瓜多尔的任何其他土著民族。"1995年《阿塞拜疆共和国宪法》（2009年宪法）第52条规定：阿塞拜疆共和国的公民是指与阿塞拜疆共和国有政治和法律关系，既有权利又履行义务的自然人。1988年《越南国籍法》序言规定：越南国籍是国家与公民之间法律关系的体现，由此产生越南公民的权利与义务。

国籍是个人同国际法联系的纽带。个人原则上不是国际法的主体，但是通过国籍可以享有国际法赋予其本国的权利进而给他带来权利，并承担国际法要求其本国承担的义务进而给他带来的义务。1997年《欧洲国籍公约》第2条规定：国籍是指"一个人与某国的法律隶属关系而非种族根源"。1948年《世界人权宣言》序言第8段规定："大会发布这一世界人权宣言，作为所有人民和所有国家努力实现的共同标准，以期每一个人和社会机构经常铭念本宣言，努力通过教诲和教育促进对权利和自由的尊重，并通过国家的和国际的渐进措施，使这些权利和自由在各会员国本身公民及在其管辖下领土的公民中得到普遍和有效的承认和遵行。"

国际法"侵入"国籍法。在国际层面消除国籍歧视、减少无国籍状态、解决双重国籍问题，加强各国负责国籍事务的主管机构的国际合作。2000年联合国大会决议《国家继承涉及的个人国籍问题》序言第2段指出：国籍事务基本上由国内法在国际法规定的限制范围内加以管辖。1966年《消除一切形式种族歧视国际公约》第1条第3款规定：缔约国关于国籍、公民身份或者归化的法律条款不得歧视任何特定的国籍。1997年《欧洲国籍条约》第1条规定："本公约旨在确立个人国籍的原则和规则，规定双重国籍情况下的兵役义务，并使各缔约国的国内法与其保持一致。"1966年《消除一切形式种族歧视国际公约》第1条第3款规定：本公约不适用于缔约国对公民与非公民间所作的区别、排斥、限制或者优惠。

在国际私法上，国籍的意义在于确定当事人的法律地位和其本国法。国籍体现的个人与国家的联系，特别是通过出生、血统或者居留建立的联系，应该是真实、有效的。如果个人与国家的联系不真实有效，伴随联系而生的权利和义务将发生变化。形式国籍是指以国籍作为区分公民和外国人以及确认其享有权利和承担义务的范围的唯一法律依据。真实国籍是指以国籍作为区分公民和外国人的唯一依据，但不是确认公民和外国人享有权利和承担义务的范围的唯一依据。各国日益容忍、接受个人通过国籍与多个国家建立法律联系，采取措施解决由此引起的多重权利义务之间的冲突。

第三节 国籍权辨析

一、国籍权的概念

国籍权是指个人取得、变更和保留国籍的权利，一项基本人权，享有权利的权利，个人享有人权的权利基础，对个人的生存和发展必不可少。[①] 国际社会普遍认可国籍权。1948年《世界人权宣言》第15条规定："（一）人人有权享有国籍。（二）任何人的国籍不得任意剥夺，亦不得否认其改变国籍的权利。"

很多国家在宪法中承认国籍权，人人有权依出生地或者血统取得国籍，获得公民身份，国籍不可侵犯。1787年《美利坚合众国宪法》第14条修正案第1款规定：出生于美国或者归化于美国并受美国管辖的人，均为美国和居住州的公民。2006年《塞尔维亚共和国宪法》第38条第3款规定："任何在塞尔维亚共和国出生的儿童都有权利取得塞尔维亚共和国国籍，除非满足获得某些其他国家国籍的条件。"1992年《爱沙尼亚共和国宪法》第8条第1款规定："父母一方为爱沙尼亚公民的儿童有权根据出生取得爱沙尼亚国籍。"2005年《伊拉克共和国宪法》第18条第1款规定："任何伊拉克人均得享有伊拉克公民身份，此乃其国籍的基础。"2010年《克罗地亚共和国宪法》第3条规定：国籍不可侵犯。

---

① 2009年联合国大会人权理事会《人权与任意剥夺国籍》第1条。

二、国籍权的内容

国籍权的主体是个人。作为一项基本人权,国籍权主体只能是个人,不能是法人、船舶和航空器等其他具有国籍的主体。国籍权的客体是国籍。国籍是个人具有公民资格,国家对个人进行管辖的法律依据,个人与国际法联系的纽带。具有国籍,就享有和履行国籍国宪法和法律规定的权利和义务,国籍权赋予公民选举、社会福利、出入境自由等权益,国籍义务要求公民对国家忠诚。

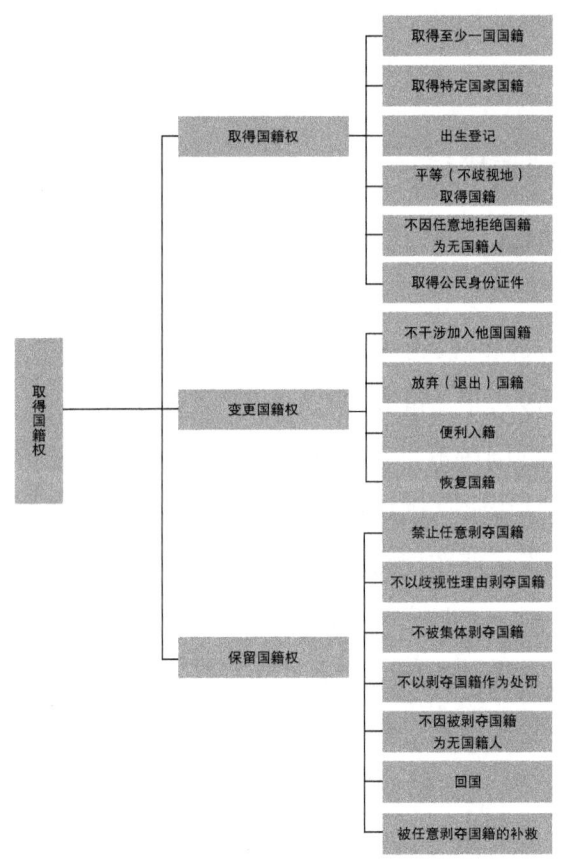

图1—1 国籍权的主要内容

资料来源:作者整理

国籍权包括取得国籍权、变更国籍权、保留国籍权等。取得国籍权是国籍权的核心和起点,体现了国籍权的静态,包括取得至少一国国籍、取得特定国家国籍、出生登记、平等（不歧视地）取得国籍、不任意拒绝国籍申请等方面的权利。变更国籍权是国籍权的重要部分，体现了国籍权的动态，包括不干涉加入他国国籍、放弃（退出）国籍、便利入籍、恢复国籍等方面的权利。保留国籍权是国籍权的底线，体现了对国籍权的最大尊重，对剥夺国籍的极大克制，包括禁止任意剥夺国籍、不以歧视性理由剥夺国籍、不被集体剥夺国籍、不以剥夺国籍作为处罚、不因被剥夺国籍为无国籍人、回国、被任意剥夺国籍的补救等方面的权利。

三、国籍权是一项基本人权

国籍权是国际人权文件、区域人权文件、国籍问题专项国际文件规定的一项基本人权。国际法上，国籍越来越被认为是一项基本人权，是享有其他权利的前提权利。[①]

（一）国际人权文件关于国籍权的规定

如表1—12，1948年《世界人权宣言》、1966年《公民权利和政治权利国际公约》、1966年《消除一切形式种族歧视国际公约》、1979年《消除对妇女一切形式歧视公约》、1989年《儿童权利公约》、1990年《保护所有迁徙劳工及其家庭成员权利国际公约》、2006年《残疾人权利公约》等国际人权文件确认国籍权是一项基本人权，人人平等地享有国籍权，妇女、儿童、残疾人、难民、无国籍人等弱势群体的国籍权应得到特别保障。

1948年《世界人权宣言》、1966年《消除一切形式种族歧视国际公约》规定了国籍权，国籍权在法律上一律平等，不得歧视具有任何国籍的人的国籍权。1948年《世界人权宣言》第15条规定："（一）人人有权享有国籍。（二）任何人的国籍不得任意剥夺，亦不得否认其改变国籍的权利。"1966年《消除一切形式种族歧视国际公约》第5条第4款第c项规定："人人有不分种族、肤色或者民族或者人种在法律上一律平等的权利，尤得享受享有国籍的权利。"

---

① Faist, Thomas, Jurgen Gerdes and Beate Rieple. Dual Citizenship as a Path-Dependent Process [J]. *The International Migration Review*. Fall 2004, 38, 3, 918.

第1条第3款规定：缔约国关于国籍、公民身份或者归化的法律条款不得歧视任何特定的国籍。

1979年《消除对妇女一切形式歧视公约》、2006年《残疾人权利公约》分别规定了妇女、残疾人等弱势群体的国籍权，他们在国籍权方面具有与其他人平等的法律地位。1979年《消除对妇女一切形式歧视公约》第9条规定：缔约国应给予妇女与男子取得、变更或者保留国籍的同等权利。缔约国在关于子女的国籍方面，应给予妇女与男子平等的权利。2006年《残疾人权利公约》第18条规定：缔约国应当确认残疾人在与其他人平等的基础上有权享有国籍，包括确保残疾人有权取得和变更国籍，国籍不被任意剥夺或者因残疾而被剥夺，不因残疾而被剥夺获得、拥有和使用国籍证件或者其他身份证件的能力。

1966年《公民权利和政治权利国际公约》、1989年《儿童权利公约》、1990年《保护所有迁徙劳工及其家庭成员权利国际公约》、2006年《残疾人权利公约》都规定了儿童国籍权，强调了依出生取得国籍对取得国籍权的重要性。1966年《公民权利和政治权利国际公约》第24条第3款规定：儿童自出生起享有国籍权。1989年《儿童权利公约》第7条第1款规定：儿童有取得国籍的权利。1990年《保护所有迁徙劳工及其家庭成员权利国际公约》第29条规定：迁徙劳工的每一名子女享有取得国籍的权利。2006年《残疾人权利公约》第18条第2款规定：残疾儿童从出生起即应当享有取得国籍的权利。

表1—12 国际人权文件关于国籍权的规定

序号	国际人权文件	关于国籍权的规定
1	1948年《世界人权宣言》第15条	（一）人人有权享有国籍。（二）任何人的国籍不得任意剥夺，亦不得否认其改变国籍的权利。
2	1966年《公民权利和政治权利国际公约》第24条第3款	每一儿童有权取得一个国籍。

续表

序号	国际人权文件	关于国籍权的规定
3	1966年《消除一切形式种族歧视国际公约》第5条第4款第c项	人人有不分种族、肤色或者民族或者人种在法律上一律平等的权利，尤得享受享有国籍的权利。
	1966年《消除一切形式种族歧视国际公约》第1条第3款	缔约国关于国籍、公民身份或者归化的法律条款不得歧视任何特定的国籍。
	2005年《消除种族歧视委员会一般性建议三十：歧视非公民问题》第13—16段	13. 确保非公民特定群体在取得公民身份或者归化的机会方面不受歧视，适当注意常住居民或者永久居民归化可能面临的障碍； 14. 确认根据种族、肤色、世系或者民族或者人种拒绝给予公民身份的做法是违反缔约国保证非歧视性享有加入国籍权的义务的行为；
3	2005年《消除种族歧视委员会一般性建议三十：歧视非公民问题》第13—16段	15. 要考虑到，在某些情况下，拒不给予常住居民或者永久居民以公民身份，有违《公约》的反歧视原则，可能会给他们在就业和享受社会福利的机会方面造成不利条件； 16. 减少无国籍现象，特别是儿童的无国籍现象，其办法有：鼓励他们的父母代表他们申请公民身份，允许父母将他们的公民身份传给其子女； ……
4	1979年《消除对妇女一切形式歧视公约》第9条	1. 缔约各国应给予妇女与男子有取得、改变或者保留国籍的同等权利。它们应特别保证，与外国人结婚或者于婚姻存续期间丈夫改变国籍均不当然改变妻子的国籍，使她成为无国籍人，或者把丈夫的国籍强加于她。 2. 缔约各方在关于子女的国籍方面，应给予妇女与男子平等的权利。
5	1989年《儿童权利公约》第7条	1. 儿童出生后应立即登记，并有自出生起获得姓名的权利，有取得国籍的权利，以及尽可能知道谁是其父母并受其父母照料的权利。 2. 缔约国应确保这些权利按照本国法律及其根据有关国际文书在这一领域承担的义务予以实施，尤应注意不如此儿童即无国籍之情形。
	1989年《儿童权利公约》第8条	1. 缔约国承担尊重儿童维护其身份包括法律所承认的国籍、姓名及家庭关系而不受非法干扰的权利。 2. 如有儿童被非法剥夺其身份方面的部分或者全部要素，缔约国应提供适当协助和保护，以便迅速重新确立其身份。

续表

序号	国际人权文件	关于国籍权的规定
6	1990年《保护所有迁徙劳工及其家庭成员权利国际公约》第29条	迁徙劳工的每一名子女均应享有具备姓名、进行出生登记和取得国籍的权利。
7	2006年《残疾人权利公约》第18条	一、缔约国应当确认残疾人在与其他人平等的基础上有权自由迁徙、自由选择居所和享有国籍,包括确保残疾人:(一)有权获得和变更国籍,国籍不被任意剥夺或者因残疾而被剥夺;(二)不因残疾而被剥夺获得、拥有和使用国籍证件或者其他身份证件的能力,或者利用相关程序,如移民程序的能力,这些能力可能是便利行使迁徙自由权所必要的;(三)可以自由离开任何国家,包括本国在内;(四)不被任意剥夺或者因残疾而被剥夺进入本国的权利。二、残疾儿童出生后应当立即予以登记,从出生起即应当享有姓名权利,享有取得国籍的权利,并尽可能享有知悉父母并得到父母照顾的权利。

资料来源:作者整理

1979年《消除对妇女一切形式歧视公约》第9条规定的"缔约各国应给予妇女与男子有取得、改变或者保留国籍的同等权利","缔约各方在关于子女的国籍方面,应给予妇女与男子平等的权利",国籍即公民资格。许多人权,特别是政治权利,由公民资格产生。第9条含有两项基本义务:(1)要求缔约国保障妇女与男子有取得、改变或者保留国籍的同等义务。(2)缔约国在关于妇女的国籍方面,应给予妇女与男子平等的权利。执行第9条,各国必须在法律上确定男女取得国籍、变更国籍方面的平等权利。一些国家歧视与外国人结婚的本国妇女。本国男子的外国妻子可以获准取得本国国籍,但本国妇女的外国丈夫没有相同的权利。结果是,本国男子的外国妻子一家同籍,本国妇女的外国丈夫却不是。在某些国家,子女自动取得父亲而不是母亲的国籍。这样的国籍法律规定有歧视性,应修改完善。

(二)区域人权文件关于国籍权的规定

如表1—13,1969年《美洲人权公约》、1994年《阿拉伯国家人权宪章》、1997年《欧洲国籍公约》等区域性国际人权文件重申1948年《世界人权宣言》、

1966年《公民权利和政治权利国际公约》、1966年《消除一切形式种族歧视国际公约》等国际人权文件关于国籍权是一项基本人权、人人平等地享有国籍权的规定，并结合本区域情况，进一步规定国籍权不得被克减、国籍法原则等，细化了国籍权，更有利于实现国籍权。1969年《美洲人权公约》高度重视国籍权，不仅重申国籍权是一项基本人权，而且创造性地规定国籍权不得被克减，突出了国籍权的极端重要性。第20条规定："1. 人人有权取得一国国籍。2. 人人享有他出生地所在国的国籍权利，如果他没有取得任何其他国籍权利的话。3. 不得任意剥夺任何人的国籍，或者剥夺他改变国籍的权利。"第27条规定：在战争、公共危险或者威胁到一个缔约国的独立和安全的其他紧急情况时，缔约国可以采取措施，在形势紧迫所严格需要的范围和时间内，减除其根据本公约承担的义务，如果这些措施同该国依照国际法所负有的其他义务并不抵触，并且不引起以种族、肤色、性别、语言、宗教或社会出身为理由的歧视的话。上述规定不许可暂时停止实施第20条（国籍的权利），或暂时停止实施为保护该权利所必要的司法保证。1997年《欧洲国籍公约》是世界上第一个区域性国籍公约，统一和协调了成员国关于国籍权的规定，提供了国籍权的模板。

表1—13　区域人权文件关于国籍权的规定

序号	区域人权文件	关于国籍权的规定
1	1969年《美洲人权公约》第20条	1. 人人有权取得一国国籍。2. 人人享有他出生地所在国的国籍权利，如果他没有取得任何其他国籍权利的话。3. 不得任意剥夺任何人的国籍，或者剥夺他改变国籍的权利。
2	1969年《美洲人权公约》第27条	在战争、公共危险或者威胁到一个缔约国的独立和安全的其他紧急情况时，该缔约国可以采取措施，在形势紧迫所严格需要的范围和时间内，减除其根据本公约承担的义务。上述规定不许可暂时停止实施第20条（国籍权利）。
3	1994年《阿拉伯国家人权宪章》第24条	不得剥夺任何人的原始国籍。没有法定的有效原因，不得否定任何人取得另一国籍的权利。

续表

序号	区域人权文件	关于国籍权的规定
4	1997年《欧洲国籍公约》第4条	各缔约国的国籍法应遵循下列原则：（a）人人都有权取得一国国籍；（b）应清除无国籍现象；（c）不得任意剥夺任何人的国籍；（d）缔约国国民与外国人之间的婚姻关系的成立或者消灭并不当然影响配偶一方的国籍，在婚姻关系存续期间，夫妻中任何一方变更国籍都不会自动影响配偶另一方的国籍。
5	1992年《欧洲联盟条约》第8条第1款	特此建立联盟的公民身份。具有成员国国籍的每一个人都是联盟的公民。

资料来源：作者整理

（三）国籍、难民问题专项国际文件关于国籍权的规定

除国际人权文件、区域人权文件外，如表1—14，1951年《关于难民地位的公约》、1954年《关于无国籍人地位的公约》、1957年《已婚妇女国籍公约》、1961年《关于取得国籍之任择议定书》、1961年《减少无国籍状态公约》等国籍、难民问题专项国际文件规定了国籍权，减少无国籍状态，便利无国籍人、难民入籍，确定男女国籍权平等，明确使馆人员不应取得住在国国籍等。1961年《减少无国籍状态公约》第1条规定：缔约国对于在其领土内出生且非经授予国籍即无国籍者，应授予该国国籍。1954年《关于无国籍人地位的公约》第23条规定："缔约各国应尽可能便利无国籍人的入籍和同化。它们应特别尽力加速办理入籍程序，并尽可能减低此项程序的费用。"1951年《关于难民地位的公约》第34条规定："缔约各国应尽可能便利难民的入籍和同化，它们应特别尽力加速办理入籍程序，并尽可能减低此项程序的费用。"1957年《已婚妇女国籍公约》第1条规定："缔约国同意其本国人与外国人结婚者，不因婚姻关系之成立或者消灭，或者婚姻关系存续中夫之国籍变更，而当然影响妻之国籍。"1961年《关于取得国籍之任择议定书》第2条规定："领馆人员非为接受国国民者及与其构成同一户口之家属不应专因接受国法律之适用而即取得该国国籍。"

表1—14 主要的国籍、难民问题专项国际文件关于国籍权的规定

序号	国籍、难民问题专项国际文件	关于国籍权的规定
1	1951年《关于难民地位的公约》第34条	缔约各国应尽可能便利难民的入籍和同化,它们应特别尽力加速办理入籍程序,并尽可能减低此项程序的费用。
2	1954年《关于无国籍人地位的公约》第23条	缔约各国应尽可能便利无国籍人的入籍和同化。它们应特别尽力加速办理入籍程序,并尽可能减低此项程序的费用。
3	1957年《已婚妇女国籍公约》第1条	缔约国同意其本国人与外国人结婚者,不因婚姻关系之成立或者消灭,或者婚姻关系存续中夫之国籍变更,而当然影响妻之国籍。
4	1957年《已婚妇女国籍公约》第2条	缔约国同意其本国人自愿取得他国国籍或者脱离其本国国籍时,不妨碍其妻保留该缔约国国籍。
5	1957年《已婚妇女国籍公约》第3条第1款	缔约国同意外国人为本国人之妻者,得依特殊优待之归化手续,声请取得其夫之国籍;前项国籍之授予,得因维护国家安全或者公共政策加以限制。
6	1961年《关于取得国籍之任择议定书》第2条	使馆人员非为接受国民者及与其构成同一户口之家属不应专因接受国法律之适用而即取得该国国籍。
7	1961年《减少无国籍状态公约》第1条	缔约国对于在其领土内出生且非经授予国籍即无国籍者,应授予该国国籍。
8	1961年《减少无国籍状态公约》第4条第1款	缔约国对非在一缔约国领土内出生且非经授予国籍即无国籍之人,如在该人出生时其父或者母系属该国国籍者,应授予该国国籍。
9	1961年《减少无国籍状态公约》第5条第1款	依缔约国之法律,因个人身份之变更,如结婚婚姻关系消减、追认、认知或者收养而丧失国籍者,其国籍之丧失应以具有或者取得另一国籍为条件。
10	1961年《减少无国籍状态公约》第6条	依缔约国之法律,因本人丧失或者被取消该国国籍致使其配偶或者子女丧失该国国籍时,配偶或者子女之国籍之丧失应以具有或者取得另一国籍为条件。
11	1961年《减少无国籍状态公约》第7条	依缔约国法律得放弃国籍时,放弃国籍者除具有或者取得另一国籍外,其国籍不因放弃而丧失。缔约国国民谋求归化外国者,非俟取得或者有保证确可取得该外国国籍不丧失其国籍。
12	1961年《减少无国籍状态公约》第8条	缔约国对国籍如被取消即无国籍者,不得取消其国籍。
	1961年《减少无国籍状态公约》第9条	缔约国不得以种族、民族、宗教或者政治理由取消任何人或者任何人群之国籍。

续表

序号	国籍、难民问题专项国际文件	关于国籍权的规定
13	1961年《关于取得国籍之任择议定书》第2条	领馆人员非为接受国国民者及与其构成同一户口之家属不应专因接受国法律之适用而即取得该国国籍。
14	2000年联合国大会决议《国家继承涉及的个人国籍问题》第1条	在国家继承之日具有先前国国籍的每一个人不论其取得该国籍的方式为何，均有权根据本条款取得至少一个有关国家的国籍。

资料来源：作者整理

四、国籍主权限制国籍权

国家具有国籍主权，有权制定国籍法律和管理国籍。国家主要根据血统原则（依父母）、出生地原则（依在本国领土出生）、血统和出生地相结合原则、归化原则（依居留、亲属、被收养、国家继承等）赋予个人国籍。1930年《关于国籍法冲突的几个问题的公约》反映了国家国籍主权，第1条规定：每一国家依照其本国法律断定谁是它的国民。第2条规定："关于某人是否具有某一特定国家国籍的问题，应依照该国的法律予以断定。"1997年《欧洲国籍公约》第3条第1款规定："各国依照其本国法律决定谁是其国民。"1787年《美国宪法》第14条修正案第1款规定：出生于美国或者归化于美国并受美国管辖的人，均为美国和居住州的公民。1948年《韩国宪法》（1987年修正）第2条第1款规定：韩国人民的国籍由国家法律规定。

国际法，如表1—15，要求国家制定国籍法律和管理国籍时充分保护包括国籍权在内的人权。随着人权观念深入人心，国籍权为一项基本人权被普遍接受。国家国籍主权至上逐步发展为国家国籍主权与个人国籍权互动平衡。1930年《关于国籍法冲突的几个问题的公约》第1条规定：国籍法"如符合国际公约、国际惯例以及一般承认关于国籍的法律原则，其他国家应予承认。"进而言之，国籍法不符合国际公约、国际惯例以及一般承认关于国籍的法律原则，其他国家可不承认。美洲人权法院曾经判决：国家对涉及国籍事项的管制方法现在不能再视为属其专有的管辖权，国家的权力由其确保充分保护人权的义务加以限定。

　　国际法允许在欺诈、虚伪表示等极少数情形下剥夺国籍，即使会产生无国籍状态。1961年《减少无国籍状态公约》允许依法、有规定情形时剥夺国籍，即使产生无国籍状态。第8条规定："1. 缔约国不应剥夺个人的国籍，如果这种剥夺使他成为无国籍人的话。2. 虽有本条第1款的规定，在下列情况下，缔约国可剥夺个人所享有的国籍：（一）第7条第4款、第5款所规定个人可丧失其国籍的情况；（二）国籍是用虚伪的陈述或欺诈方法而取得的。3. 虽有本条第1款的规定，缔约国得保留剥夺个人国籍的权利，如果在签字、批准或加入的时候说明按下列各理由中一个或一个以上理由（其国内法当时规定的理由）保留此项权利的话：（一）关系人违背其对缔约国尽忠的义务；（1）曾经不管缔约国的明白禁令，对另一国家提供或继续提供服务，或接受或继续接受另一国家发给的薪俸，或（2）曾经以严重损害该国重大利益的方式行事；（二）关系人曾宣誓或发表正式声明效忠另一国家，或明确地表明他决心不对缔约国效忠。4. 缔约国除按法律的规定外，不应行使本条第2款、第3款所准许的剥夺国籍权力；法律应规定关系人有权出席由法院或其他独立机构主持的公平审理。"在作出任何这种剥夺时应充分注意到程序性和实质性保障措施，包括向独立的法庭起诉的权利。1997年《欧洲国籍公约》也允许依法、在规定情形下剥夺国籍，即使产生无国籍状态。第7条第1款规定："各缔约国的国内法只应在下列情形下允许丧失国籍或者依法剥夺国籍：（1）自愿取得外国国籍；（2）由于欺诈、虚伪表示或者隐瞒任何主要事实而申请取得该缔约国的国籍；（3）自愿加入外国军队；（4）有严重侵害国籍国重大利益的行为；（5）惯常居所在国外且与原国籍国没有实质联系的该国国民；（6）由国内法规定的未成年人取得国籍的条件已不存在；（7）儿童因收养而取得外国养父母的国籍。"第7条第3款规定：除非由于欺诈、虚伪表示或者隐瞒任何主要事实而申请取得该缔约国的国籍，只要有可能导致关系人处于无国籍状态，各缔约国不得依国内法剥夺该关系人的国籍。

　　一些国家批准的国际条约的国籍方面规定，可以作为取得国籍的依据。批准的国际条约的国籍方面规定、双边互惠规定与本国国籍法的规定不一致时，常常被作为后者的例外情形，优先适用前者。1994年《塔吉克斯坦共和国宪法》第15条第2款规定："禁止拥有塔吉克斯坦国籍的人同时具有其他国家的国籍，但塔吉克斯坦法律和国家间条约另有规定的除外。"1991年《哥伦比亚共和国宪法》（2013年修正）第96条第1款规定："出生在拉丁美洲和加勒比海的人定居在哥伦比亚，经过政府批准，根据法律和互惠原则，向他们确定的地方的市政当局申请登记为哥伦比亚人。"

表1—15　部分国家宪法关于国际法限制国家国籍主权的规定

序号	宪法	关于限制国籍主权的规定
1	2010年《吉尔吉斯共和国宪法》第50条第2款	具有吉尔吉斯共和国国籍的公民可以依照法律、吉尔吉斯共和国批准参加的国际条约获得其他国家的国籍。
2	1994年《塔吉克斯坦共和国宪法》第15条第2款	禁止拥有塔吉克斯坦国籍的人同时具有其他国家的国籍，但塔吉克斯坦法律和国家间条约另有规定的除外。
3	1976年《葡萄牙共和国宪法》第4条	凡依法取得或者根据国际协定视为取得葡萄牙公民资格者，均为葡萄牙公民。
4	1991年《哥伦比亚共和国宪法》（2013年修正）第96条第1款	出生在拉丁美洲和加勒比海的人定居在哥伦比亚，经过政府批准，根据法律和互惠原则，向他们确定的地方的市政当局申请登记为哥伦比亚人。

资料来源：作者整理

第四节　结　论

国家是国籍的客观基础。在汉语中，国家是国的通称，有帝王、天子国和诸侯国、公家、阶级统治的工具、领土、政治实体、民族国家等含义。西方法哲学中的国家经历了奴隶和封建社会的神权国家，文艺复兴时期的初期主权国家，资本主义发展以来的国家主义、绝对主义和个人主义、自由主义等。在马列主义者看来，国家的本质属性是阶级性，是镇压被压迫、被剥削阶级的机器。西方国际法学者认为，国家的存在必须满足四个条件：人民；土地；政府；主权。我国国际法学者关于国家的观点，除阶级统治的工具外，与西方国家国际法学者关于国家的观点基本相同。在民族政治学中，民族国家是指政体的一种形式。在全球化背景下，当代民族国家常为多民族国家。西方学者提及的民族国家在多数情况下是指一般意义的主权国家。在我国的宪法和法律中，中国被确定为一个多民族国家，一个具有众多海外侨民和族裔的国家。

国籍是国籍法的调整对象。在汉语中，国籍是指个人对国家的隶属关系，基于这种隶属关系，个人与国家之间相互具有权利和义务。在英语中，国籍（nationality）源起于国家（nation）。现代意义的国籍主要是一个法律概念，从世界看，始自法国大革命。从中国看，始自1868年《蒲安臣条约》。我国与西方国家的国际法学者普遍认为国籍是一个人作为一国公民的法律资格，是一个人同某一特定国家的固定的法律联系。我国国际私法学者普遍认为国籍是判断某一民事法律关系是否为涉外民事法律关系的重要标志之一。对国家而言，国籍是主权事务，对公民事实的认定和对个人行使管辖权的依据。对个人而言，国籍是个人从国家取得的法律资格。国际法以各种形式"侵入"国籍法。

国籍权是指个人取得、变更和保留国籍的权利，一项基本人权，被称为享有权利的权利，是个人享有人权的权利基础，对个人的生存和发展必不可少。国籍权包括取得国籍权、变更国籍权、保留国籍权等。取得国籍权是国籍权的核心和起点，体现了国籍权的静态。变更国籍权是国籍权的重要部分，体现了国籍权的动态。保留国籍权是国籍权的底线，体现了国籍主权对国籍权的最大尊重。国籍权是国际人权文件、区域人权文件、国籍问题专项国际文件规定的一项基本人权。国籍主权限制国籍权。国家具有国籍主权，有权制定国籍法律和管理国籍。国际法要求国家制定国籍法律和管理国籍时充分保护包括国籍权在内的人权。

第二章

公民、外国人和移民辨析

公民、外国人都是国籍法的规范对象，因国籍不同而区别，具有不同的法律地位。移民，就国际人口迁徙而言，常与公民、外国人混用。外国人持不同出入境证件而具有不同的移民身份。

第一节 公民概念的历史发展

一、西方公民概念的历史发展

(一) 氏族社会的公民概念

随着私有制的出现，商品贸易和社会分工的发展，原有的氏族社会组织逐渐解体，城邦逐渐形成，属于城邦的人才能享有城邦的公共生活。"属于城邦的人"——"公民"产生了。离开了城邦，公民就有可能沦为"奴隶"。由于城邦是具有共同祖先的原始家族和部落的联合，公民被假定为属于同一血统、同一原始家庭，使得其自我封闭和排外，也产生了强烈归属感。[①]

(二) 古希腊的公民概念

古希腊城邦国家形成之初，公民是指征服了其他城邦并以此为基础建立了自己的统治的征服者，即自然公民。他们的后代天然地享有公民权，能够参加公民大会，尤其是能够担任城邦的所有公职，享有和运用城邦所有的政治权力。归化公民是指特许入籍的公民，具体是指依据入籍或者归化规定将外邦人及外邦奴隶编入各部族中。柏拉图认为：公民作为履行国家职责的自

---

① 馨元.公民概念之演变[J].当代法学2004（4）.

由人,应该具备节制、勇敢、大度、高尚等美德。护卫者是最好的公民。[①]古希腊人口由公民、外邦人、奴隶组成,绝大多数人口是奴隶,外邦人和妇女不是公民。

古希腊的公民是拥有政治权利的特权阶层,成为统治阶级一员的重要条件。公民都不愿意丧失自己的公民资格,其他阶层的成员都将获得公民资格作为人生奋斗的重要目标。公元前621年,古希腊颁布《德拉古法》(Dracors Laws),规定自备武装的人才有公民权,下层农民因为无法自备武装而被剥夺公民权。官吏由贵族会议选拔改为公民抽签选举,公民选举出一个401人的议事会。公元前451年,古希腊通过《公民法》,规定只有父母都为雅典人的人,才有资格获得雅典公民权。没有公民权,不能担任国家的行政职务和占有土地。根据拥有财富多少,确定公民等级及享有的权利和义务。伯里克利执政期间,公民大会是最高权力机关,每9天召开一次,20岁以上的雅典公民都可以参加。取消所有官员等级,一律实行津贴,使下层公民有了当官的可能。除十将军委员会外,官吏基本上都是一年一任制,保证公民广泛当选,以及防止有人专权。

(三)古罗马的公民概念

古罗马沿承古希腊的公民制度,公民是特权阶层,主要是指拥有某些法律、财产和政治权力特权的社会身份的人,最初指出生以后就享有并且从来没有丧失过自由身份的人。公民有资格选举或者被选举为国家官吏,通过元老院、库里亚会议、森都里亚会议及公民大会来行使国家的权力。古罗马的公民包括罗马公民(Cives Romani optimo Iure)、女性罗马公民(Cives Romani non optimo Iure)、拉丁公民(Latini)、友邦公民(Socii)、省民(Provinciales)等,享有的权利逐层递减。罗马公民权的获得或者由于出生(civies nati)或者由于授予(cives facti)。罗马公民的婚生子女自动获得充分的罗马公民权。只有罗马公民可以应征入伍并在军团中服役。辅助部队的士兵在服役期满后可因被奖励而获得充分的罗马公民权,他们的子女自动获得

---

① [古希腊]柏拉图.郭斌和,张竹明译.理想国[M].北京:商务印书馆,1995,41.

充分的罗马公民权。为罗马作出杰出服务的自然人可被授予充分的罗马公民权。充分的罗马公民权包括：参加政治集会和投票权，竞选和担任公职权，有土地、财产和订立契约权，通婚权和传给子女公民资格权，迁徙权，免税权，诉讼权，被审理权，刑事豁免权等。公民和平民合称自由民。古罗马平民大都是外来的移民以及脱离古罗马血统群体的社会成员，具有政治和经济上的无权性、经济上的私有性和对罗马贵族和氏族部落的依附性。

公民权是古罗马实现被征服地区罗马化，建立幅员辽阔和稳定帝国的非常重要的外交和政治措施。公元前90年，古罗马颁布《关于授予拉丁公民罗马公民权的尤里乌斯法》(Lex Iulia de Civitate Latinis Danda)，将不充分的公民权逐渐向盟友及被占领地居民开放，完成周边领地的罗马化。公元前31年，屋大维获得"奥古斯都"的称号，成为罗马"第一公民"，事实上的皇帝。在罗马帝国晚期，罗马公民人数有很大增加，罗马公民权不断贬值，依公民权凝聚广泛的被征服地区的作用大大衰减，公民资格带来的荣誉和尊严渐渐消失。随着政治腐败，在罗马帝国后期，公民地位趋于虚无，参与政治常常使一个人堕落，变得无耻。公元212年，卡拉卡拉皇帝颁布《安东尼敕令》(Constitutio Antoniniana)，宣布除降服者和奴隶之外，凡属罗马帝国范围内的自由民，均享有罗马公民权（Cives Romani optimo Iure, Cives Romani non optimo Iure），特别是被释放的奴隶，如果获得完全自由，也享有公民权。

（四）中世纪的臣民概念

在中世纪，反映平等的公民概念被反映不平等的臣民概念取代。教会和封建君主成为国家和人民的主宰，个人只是上帝的子民和封建君主的臣仆，而不是公民。君主主宰一切，其他社会成员只能对君主尽义务，不能同君主分享国家权力。11世纪末，商品经济和海外贸易开始发展，出现了市民（civis），包括商人、自由民、手工业者以及律师和学徒。他们主张经济活动、私人自由活动和居住的权利，特别是私有财产不受侵犯、与他人订立契约、从事自由贸易活动的权利。他们拥有一定私人财产，以追逐私人利益的实现为基本目的，摆脱了土地的束缚，对领主的依附程度减少。对于市民生活的城邦而言，市民即公民，是政治生活中贵族和僧侣以外的第三种力量，反映了与生活的城邦的关系。

（五）现代意义的公民概念

现代意义的公民概念始于17—18世纪欧洲资产阶级革命时期，确立了人与人之间的平等地位，使所有人权利义务在起点上都处于同一起跑线上。① 16世纪英语citizen一词被理解为享有公民权利的共和国公民。18世纪法语citoyen获得国家公民的含义。资产阶级思想家洛克、孟德斯鸠、卢梭等人，在阐明"主权在民"主张时，强调一切人都是公民，公民之间是平等的。1776年7月，美利坚合众国十三个州一致通过《独立宣言》，规定"我们认为这些真理是不言而喻的：人人生而平等，造物者赋予他们若干不可剥夺的权利，其中包括生命权、自由权和追求幸福的权利。为了保障这些权利，人类才在他们之间建立政府，而政府之正当权力，是经被治理者的同意而产生的。" 1789年8月，法国制宪国民会议颁布《人权和公民权宣言》（Déclaration des Droits de l'Homme et du Citoyen）。第6条规定："法律是公意（la volonté générale）的表达。每一个公民皆有权亲自或者由其代表去参与法律的制订。法律对于所有的人，无论是施行保护或者是惩罚都是一样的。在法律的眼里一律平等的所有公民皆能按照他们的能力平等地担任一切公共官职、职位与职务，除他们的德行和才能以外不受任何其他差别。"

由于平等观念深入人心，不断摒弃确定公民资格中的一些不公平的差别资格或者歧视资格，赋予一国全体社会成员公民资格。由于公民资格的宽泛，使公民阶层早先的地位优越性不复存在。② 绝大多数人都是特定国家的公民，但是，由于国籍法律差异，一些人无国籍，不具有任何一国的国籍。对于具有一国国籍的人，中国等多数国家称之为公民。日本等少数国家称之为国民。美国等少数国家称之为公民和国民。

---

① 夏征农、陈至立.辞海[G].上海：上海辞书出版社，2010，595-596.
② 馨元.公民概念之演变[J].当代法学2004（4）.

二、中国公民概念的历史发展

（一）古代中国的民概念

在古代中国，没有公民的概念，使用的类似词是民、子民、臣民、庶人、百姓等。古代的"民"和"人"的含义不同，"人"主要指统治阶级，"民"一般指百姓。①

（二）康有为、梁启超的公民观

康有为吸收西方自由主义的民权观，较为系统地提出了自己的民权观，强调公民自治。1888年，康有为在《万身公法书籍目录提要及实理公法全书》中提出，人生来平等，同时又充满差异性，这些充满差异性的人是独立的，有自主权，应当"以平等之意，用人立之法"，对此进行规范。他不但主张长幼平等、朋友平等（治事门、论人公法），甚至认为君民之间也是平等的。"民之立君者，以为己之保卫者也。盖又如两人有相交之事，而另觅一人以作中保也。故凡民皆臣，而一命之士以上，皆可统称为君。"

康有为较早提出了现代意义的公民概念。1902年4月，康有为发表《公民自治篇》，提出"公民者，担荷一国之责任，共其利害，谋其公益，任其国税之事，以共维持其国者也。"通过深入观察欧美、日本各国的政教与历史，认识到欧美、日本各国制度之特点，国家富强的根本原因在于其"以民为国"，"人人有议政之权，人人有忧国之责，故命之曰公民。""凡住居经年，年20以上，家世清白，身无犯罪，能施贫民，能纳十元之公民税者，可许为公民矣。凡为公民者，一切得署衔曰公民，一切得与齐民异。既为公民，得举其乡、县之议员，得充其乡、县、府、省之议员，得举为其乡、市、县、府之官。"

梁启超赞赏康有为的公民概念。同时，梁启超对康有为的公民自治思想有自己的理解，在为康有为《公民自治篇》所作按语中，对其以立公民之事，

---
① （东汉）许慎原著，《图解经典》编辑部编著.图解《说文解字》，北京：北京联合出版公司.2014，241.

寄希望于政府，又以立公民为筹款之要途等理论认识，表示不同意见。他说："公民者，自立者也，非立于人者也，苟立于人，必非真公民，征诸各国历史，有明验矣。至公民之负担国税，则权利义务之关系，固当如是，非捐得此名以为荣也。若以是为劝民之一术，则自由权必不能固明矣。于此诸义，未敢苟同。"梁启超撰《新民说》，要求培育国民独立自由之人格，从人的文明属性上推进社会的进步。

（三）清朝宪法文件中的臣民概念和国民概念

1908年（光绪三十四年）8月，要求立宪和反对立宪的不同势力角逐中，清政府通过了《钦定宪法大纲》，广泛借鉴日本《明治宪法》。《钦定宪法大纲》在中国法律史上第一次明确规定"臣民"享有一定的政治自由与财产权利。虽然微不足道和缺乏有效保障，但是形式上接近了西方近代宪法关于"人""公民"的规定。1908年《钦定宪法大纲》，包括："一、臣民中有合于法律命令所定资格者，得为文武官吏及议员。二、臣民于法律范围以内，所有言论、著作、出版及集会、结社等事，均准其自由。三、臣民非按照法律所定，不加以逮捕、监禁、处罚。四、臣民可以请法官审判其呈诉之案件。五、臣民应专受法律所定审判衙门之审判。六、臣民之财产及居住，无故不加侵扰。七、臣民按照法律所定，有纳税、当兵之义务。八、臣民现完之赋税，非经新定法律更改，悉仍照旧输纳。九、臣民有遵守国家法律之义务。"其细目当于宪法起草时酌定。除了独尊的"君上"之外，臣民之间具有平等性。

1911年（宣统三年）11月，在辛亥革命起义的压力下，清政府通过了《重大十九信条》，确立了宪法的19项基本原则，给君主留下了毫无实质意义的权力，使人民成为国家真正的主人，尽管要接受严格的临时立宪政府管理。《重大十九信条》在中国法律上第一次使用"国民"，代替了"臣民"，接受了国民概念，重视平等的重要性。第7条规定："上院议员，由国民于法定特别资格公选之。"

（四）中华民国宪法文件中的国民概念

1912年《中华民国临时约法》规定"国民""人民"享有一定的政治自由

与财产权利,"人民"权利具有比较强烈的现代色彩,使民主、共和、平等的思想深入人心,树立帝制非法,民主、共和、平等合法的观念。第2条规定:"中华民国之主权属于国民全体。"在规定基本权利和义务的时候,使用"人民"一词。第5条规定:"中华民国人民一律平等,无种族、阶级、宗教之区别。"第6条规定:"人民得享有左列各项之自由权。一、人民之身体非依法律,不得逮捕、拘禁、审问、处罚。二、人民之家宅非依法律不得侵入或者搜索。三、人民有保有财产及营业之自由。四、人民有言论、著作、刊行及集会结社之自由。五、人民有书信秘密之自由。六、人民有居住迁徙之自由。七、人民有信教之自由。"第7条规定:"人民有请愿于议会之权。"第8条规定:"人民有陈诉于行政官署之权。"第9条规定:"人民有诉讼于法院受其审判之权。"第10条规定:"人民对于官吏违法损害权利之行为,有陈诉于平政院之权。"第11条规定:"人民有应任官考试之权。"第12条规定:"人民有选举及被选举之权。"第15条规定:"本章所载民之权利,有认为增进公益、维持治安或者非常紧急必要时,得依法律限制之。"

1946年《中华民国宪法》规定了主权属于国民全体,人民享有人身自由、居住迁徙、表现、秘密通讯等权利,履行纳税、兵役、受教育等义务。第2条规定:"中华民国之主权属于国民全体。"第3条规定:"具有中华民国国籍者为中华民国国民。"第7条规定:"中华民国人民,无分男女、宗教、种族、阶级、党派,在法律上一律平等。"第22条规定:"凡人民之其他自由及权利,不妨害社会秩序公共利益者,均受宪法之保障。"

(五)新民主主义时期宪法文件中的公民概念

新民主主义时期,中国共产党领导的政权在不同历史时期,用公民不用国民、用人民而不用公民、国民。1931年11月,中华苏维埃第一次全国代表大会通过了第一个宪法文件《中华苏维埃共和国宪法大纲》,其中使用"公民",不用"国民",规定工农劳动群众享有言论、出版、集会、结社等政治民主权利,并用政权的力量"保障他们取得这些自由的物质基础"。序言第5段规定:"在苏维埃政权领域内的工人,农民,红军兵士及一切劳苦民众和他们的家属,不分男女,种族(汉,满,蒙,回,藏,苗,黎和在中国的台湾,高丽,安南人等),宗教,在苏维埃法律前一律平等,皆为苏维埃共和国的公民,"1941年《陕甘宁边区施政纲领》是抗日战争时期陕甘宁边区的宪法性文件,使用"人民"而不用"公民""国民",保证一切抗日人民的人权、政权、财权及言论、出版、集会、结社、信仰等各项自由民主权利。第6条规定:"保证一切抗日人民(地主、资本家、农民、工人等)的人权,政权,财权及言论、出版、集会、结社、信仰、居住、迁徙之自由权。除司法系统及公安机关依法执行其职务外,任何机关、部队、团体不得对任何人加以逮捕、审问或者处罚,而人民则有用无论何种方式控告任何公务人员非法行为之权利。"

(六)中华人民共和国宪法文件中的公民概念

1949年9月,中国人民政治协商会议第一届全体会议通过了《中国人民政治协商会议共同纲领》,其中使用"人民""国民",不用"公民"。序言规定:中国人民政治协商会议代表全国人民的意志,宣告中华人民共和国的成立,组织人民自己的中央政府。第12条规定:中华人民共和国的国家政权属于人民。人民行使国家政权的机关为各级人民代表大会和各级人民政府。各级人民代表大会由人民用普选方法产生之。第8条规定:"中华人民共和国国民均有保卫祖国、遵守法律、遵守劳动纪律、爱护公共财产、应征公役兵役和缴纳赋税的义务。"第48条规定:提倡国民体育。

中华人民共和国成立后,最早使用"公民"的规范性文件是1953年公布的《全国人民代表大会及地方各级人民代表大会选举法》。第4条规定:"凡年满十八岁之中华人民共和国公民,不分民族和种族、性别、职业、社会出身、宗教信仰、教育程度、财产状况和居住期限,均有选举权和被选举权。妇女有与男子同等的选举权和被选举权。"这一"公民"是在参政权主体的原意上沿用作为选举权和被选举权的主体。"人民"仅仅适用于表明主权归属者的身份,同时"国民"这一概念不再独立使用。

1982年《宪法》(2018年修正)使用了"公民",指代具有我国国籍并有权参与国家权力行使与监督的人。公民是法律概念,代表个体,是个人。第23条规定:"凡具有中华人民共和国国籍的人都是中华人民共和国公民。中华人民共和国公民在法律面前一律平等。国家尊重和保障人权。任何公民享有宪法和法律规定的权利，同时必须履行宪法和法律规定的义务。"公民的核心是国籍，公民资格与国籍等同。1980年《国籍法》使用了"公民"，指代具有中国国籍的人。第3条规定："中华人民共和国不承认中国公民具有双重国籍。"

1982年《宪法》（2018年修正）还使用了"人民"。人民是政治概念，代表整体，任何个人都不能称为人民。第2条规定："中华人民共和国的一切权力属于人民。人民行使国家权力的机关是全国人民代表大会和地方各级人民代表大会。人民依照法律规定，通过各种途径和形式，管理国家事务，管理经济和文化事业，管理社会事务。"

第二节 公民辨析

一、公民

（一）公民是具有一国公民资格（国籍）的自然人

公民是指具有一国公民资格（国籍）的自然人，如表2—1，拥有公民资格（国籍）使自然人成为公民，放弃（退出）公民资格（国籍）的人不再是该国公民。

表2—1 部分国家宪法关于公民是拥有公民资格（国籍）的人的规定

序号	宪法	内容
1	1991年《老挝人民民主共和国宪法》（2003年修正）第34条	老挝公民是指依法具有老挝国籍的人。
2	1992年《越南社会主义共和国宪法》（2001年修正）第49条	越南社会主义共和国的公民是具有越南国籍的自然人。
3	1965年《新加坡共和国宪法》第2条	新加坡公民是指根据宪法具有新加坡公民资格的人。
4	1991年《马其顿共和国宪法》（2011年修正）第4条第1款	马其顿共和国公民拥有马其顿共和国国籍。
5	1976年《葡萄牙共和国宪法》第4条	凡依法取得或者根据国际协定视为取得葡萄牙公民资格者，均为葡萄牙公民。

资料来源：作者整理

公民，又称本国人。公民必然是本国人。如表2—2，1972年《孟加拉人民共和国宪法》（2004年修正）第6条第2款规定："孟加拉国公民通称孟加拉人。"1917年《墨西哥合众国宪法》（2013年修正）第34条规定："具有墨西哥人身份，且满足下列条件的男性和女性为墨西哥公民：（1）年满18岁；（2）具有诚实的生活方式。"1982年《洪都拉斯宪法》（2012年修正）第36条规定："所有年满18岁的洪都拉斯人都具有公民资格。"

（二）本国人不都是公民

本国人不都是公民，只有符合年龄、无犯罪等条件的本国人才是公民。成为本国公民的年龄常常是18岁、16岁等成年年龄。如表2—2，1993年《秘鲁共和国政治宪法》（2009年修正）第30条规定：所有年满18岁的秘鲁人是国家的公民。第52条规定："凡在秘鲁共和国领土上出生的人是天生的秘鲁人。秘鲁父母在国外所生的子女，只要在未成年时期在有关户籍上登记的人也是天生的秘鲁人。通过归化或者选择而取得国籍的人是秘鲁人，只要其保持在秘鲁定居。"2010年《多米尼加共和国宪法》第21条规定："所有已满18岁的多米尼加人以及虽然未满18岁，但是已经结婚或者曾经结婚的多米尼加人，都具有公民资格。"一些国家将本国人成为公民的条件从年龄扩展到无犯罪记录。1980年《智利共和国宪法》（2014年修正）第13条规定："智利公民是年满18岁且未被判刑的智利人。"

表2—2　部分国家宪法关于公民是本国人的规定

序号	宪法	内容
1	1972年《孟加拉人民共和国宪法》（2004年修正）第6条第2款	孟加拉国公民通称孟加拉国人。
2	2005年《伊拉克共和国宪法》第18条第1款	任何伊拉克人均得享有伊拉克公民资格，此乃其国籍的基础。
3	1917年《墨西哥合众国宪法》（2013年修正）第34条	具有墨西哥人身份，且满足下列条件的男性和女性为墨西哥公民：（1）年满18岁；（2）具有诚实的生活方式。
4	1982年《洪都拉斯宪法》（2012年修正）第36条	所有年满18岁的洪都拉斯人都具有公民资格。

续表

序号	宪法	内容
5	1986年《尼加拉瓜共和国宪法》（2014年修正）第47条第1款、第2款	年满16岁的尼加拉瓜人为公民。只有公民享有宪法和法律规定的政治权利，除年龄外不作任何限制。
6	1980年《智利共和国宪法》（2014年修正）第13条	智利公民是年满18岁且未被判刑的智利人。
7	1993年《秘鲁共和国政治宪法》（2009年修正）第30条、第52条	所有年满18岁的秘鲁人是国家的公民。凡在秘鲁共和国领土上出生的人是天生的秘鲁人。秘鲁父母在国外所生的子女，只要在未成年时期在有关户籍上登记的人也是天生的秘鲁人。通过归化或者选择而取得国籍的人是秘鲁人，只要其保持在秘鲁定居。

资料来源：作者整理

（三）公民资格证书

公民资格证书（certificate of citizenship），又称国籍证书（certificate of nationality）、公民证书（certificate of citizen），是证明具有国籍的重要法律文件，但不是唯一法律文件。国家可以向公民，特别是归化公民颁发公民资格证书，作为其取得公民资格（国籍）的证明，消除对归化入籍和公民资格的疑问。1957年《马来西亚联邦宪法》第30条第1款规定："联邦政府得依任何公民资格存在事实上或者法律上的疑问者之申请，向其颁发公民证书。"

美国向归化公民签发入籍证书（certificate of naturalization），1952年《美国移民与国籍法》第310条第b款第4项规定：在执行入籍宣誓时签发入籍证书。1952年《美国移民与国籍法》第338条规定：入籍证书的内容包括：入籍申请编号；入籍证明编号；入籍日期；姓名，签名，居住地点，亲笔签名的照片，年龄、性别、婚姻状况、原国籍等个人信息；接受入籍申请的公民和移民服务局地点、主持宣誓的官员姓名或者法院名称；入籍行政命令；移民官员的证明；国土安全部印章。如果入籍证书丢失、破损或者损坏，那么持有人可以申请补发。第310条规定：国土安全部长是有权授予外国人国籍使其成为美国公民。

成为澳大利亚公民，必须宣读入籍誓词作出对澳大利亚及其人民的承诺，并获得公民资格证书。2007年《澳大利亚公民资格法》第29条规定：被要求参加入籍仪式的,自宣读入籍誓词日取得公民资格。不参加入籍仪式的,自公民资格申请被批准日取得公民资格。除公民资格证书外,新公民还可能收到一份所在地区赠送的小礼物。在入籍仪式的最后,所有人齐唱澳大利亚国歌《前进澳大利亚之歌》(Advance Australia Fair)。移民部门领导人于每年6月30日后的适当时期向参议院和众议院提交新公民报告,汇报截至当年6月30日由于被授予公民资格证书而成为澳大利亚公民的人数、这些新公民的前国籍或者公民资格,以及他们入境前通常居住的国家。

二、荣誉公民

(一)一些国家的荣誉公民制度

荣誉公民称号,又称荣誉公民资格、荣誉国籍,表2—3,表彰为该国作出了巨大贡献的外国人,具有一定的政治性。荣誉公民是象征性身份,获此身份者不需经过公民宣誓、不享有该国公民享有的权利。1963年4月,美国国会通过决议,授予丘吉尔美国荣誉公民称号,这是美国首次颁赠美国荣誉公民称号。

表2—3 部分国家宪法关于荣誉公民的规定

序号	宪法	内容
1	2007年《尼泊尔临时宪法》第9条	尼泊尔政府可以根据法律给予归化或者荣誉公民。
2	2019年乌克兰《关于授予"荣誉公民"称号的执行条例》	对乌克兰经济、科学、文化、艺术、教育、卫生保健和社会发展及乌慈善事业作出杰出贡献或者进行大额投资的外国公民和无国籍人士将有机会被授予"荣誉公民"称号。
3	2011年《巴拉圭共和国宪法》第151条	为乌拉圭共和国提供服务的外国人,根据国会的法律,享有荣誉国籍。
4	1949年《哥斯达黎加共和国宪法》(2011年修正)第14条	议会授予荣誉国籍,成为哥斯达黎加公民。

资料来源:作者整理

获得荣誉公民称号的人士有与荣誉公民称号不相称的行为时,将被取消称号。2007年,加拿大国会授予昂山素季荣誉公民称号。2018年10月,加拿大国会取消了昂山素季的荣誉公民称号,原因是昂山素季在处理罗兴亚难民问题上态度消极。[①] 2007年9月,以色列驻华大使安泰毅代表以色列政府授予何凤山荣誉公民称号,表彰他在1938年向犹太人发放了2000多张到中国上海的签证和救助犹太人的重大贡献。

(二)我国荣誉公民称号制度

我国建立了荣誉公民称号制度,荣誉公民是授予外国人的最高荣誉友谊奖项,面向促进经济建设和社会事业发展等方面做出突出贡献的国际友人,鼓励和争取更多的国际友人进一步关心和支持改革开放、社会发展。

2010年4月,为了进一步密切山东与世界的联系,加深山东人民与世界各国人民的友谊,鼓励更多的外国友人为山东省经济建设和社会发展作出贡献,规范授予外国友人荣誉公民称号,山东省政府制定《授予外国友人荣誉公民称号的规定》。2010年山东省《授予外国友人荣誉公民称号的规定》第4条规定:"具备下列条件的外国友人可授予'山东省荣誉公民'称号:(一)遵守中华人民共和国宪法、法律、法规,长期坚持对华友好;(二)对我省经济社会发展和对外交流与合作做出突出贡献;(三)已获得省内'荣誉市民''齐鲁友谊奖''山东省人民友好使者'称号中的一项。"

获得荣誉公民称号的外国人享有相关礼遇,但是不享有、不承担中国法律规定的有关中国公民的各项权利和义务。2017年《大连市荣誉公民称号授予办法》第7条规定:获得"荣誉公民"称号者享受《大连市荣誉公民待遇》。2010年山东省《授予外国友人荣誉公民称号的规定》第6条规定:"获得'山东省荣誉公民'称号的外国友人,不享有也不承担中国法律规定的有关中国公民的各项权利和义务。"

获得荣誉公民称号的外国人有与荣誉公民称号不相称行为时,将被取消称号。2017年《大连市荣誉公民称号授予办法》第8条规定:被授予"大连市荣誉公民"称号者,因违反中华人民共和国法律、法规以及有与"荣誉公

[①] 东博社.西方国家接连取消昂山素季荣誉头衔,昂山素季:不在乎奖项和荣誉[EB/OL]. (2018-11-14) [2020-12-04]. http://mini.eastday.com/a/181114205732831.html.

民"称号不相称行为的，经市政府批准，取消其"大连市荣誉公民"称号。

我国不断完善荣誉公民称号制度，不允许地方政府设立荣誉公民称号，已经设立的，应为荣誉市民称号、荣誉居民称号。我国荣誉公民称号由省、市、县政府授予，条件、程序不一。2017年，人力资源和社会保障部对全国范围内的授予荣誉称号工作进行了清查和规范。关于江苏省授予外国人荣誉公民称号，全国评比达标表彰工作协调小组给江苏省委、省政府《关于江苏省申报项目的复函》〔国评组函（2018）10号〕，明确提出"经中央批准，不同意设立江苏省'荣誉公民'称号；可设立江苏省'荣誉居民'称号。"根据全国评比达标表彰工作协调小组复函，将《江苏省授予"荣誉公民"称号条例》修改为《江苏省授予荣誉居民称号条例》，对原条例条款中出现的"荣誉公民"称号的名称，均相应修改为"荣誉居民"。面向中国公民的荣誉公民称号，应为"优秀公民"称号。

三、欧盟公民

欧盟公民是指具有欧盟成员国公民资格的自然人。欧盟成员国公民都是欧盟公民。欧盟成员国根据国内法设立国籍，不存在脱离欧盟成员国国籍的欧盟公民。[①] 1992年《马斯特里赫特条约》（《欧洲联盟条约》）建立了欧盟公民制度。第8条第1款规定："特此建立联盟的公民资格。具有成员国国籍的每一个人都是联盟的公民。"1997年《阿姆斯特丹条约》明确了欧盟成员国公民与欧盟公民之间的关系。第17条第1款规定："具有成员国国籍的任何一个人都应该是欧盟公民。欧盟公民资格应该补充而不是取代国家的公民资格。"1997年《欧洲国籍公约》第3条规定："1. 各国依照其本国法律决定谁是其公民。2. 此项法律只要不违背国际公约、习惯国际法以及一般公认的国籍法律原则，其他国家应予以承认。"2007年《欧盟宪法条约》进一步明确了国家公民与欧盟公民之间的关系："成员国的任何公民都应该是欧盟的公民。

---

① Anderson, B.R.O.G. Imagined Communities: Reflections on the Origin and Spread of Nationalism. London, New York. 1991, Verso.5-6.

欧盟公民资格应该是国家公民资格的补充；不应该取代它。所有的欧盟公民，无论男女，在法律面前一律平等。"

欧盟公民与欧盟的法律联系比较松散，欧盟公民的欧盟法律身份的形式意义大于实质意义。1992年《欧洲联盟条约》原则性地规定了欧盟公民权利，没有明确规定欧盟公民必须承担的义务。1992年《欧洲联盟条约》第8条第A款规定了迁徙权和居住权。第8条第B款规定了选举权和被选举权。第8条第C款规定了在第三国（非欧盟成员国）的受保护权。第8条第D款规定了向欧洲议会的请愿权和起诉权。第8条第E款规定：不损及本条约的其他条款前提下，欧洲理事会可就委员会提议并同欧洲议会协商后，以一致同意行动通过加强或者增加本部分所赋予的权利的条款，并建议成员国根据各自的宪法要求予以采纳。

四、公民资格与国籍的关系

在绝大多数国家，公民资格和国籍的含义相同，公民资格即国籍。1957年《加纳国籍和公民籍法》第3条规定：一个加纳公民在加纳可以为任何目的，用加纳公民指称他的国籍。根据1996年《爱尔兰国籍和公民资格法》，公民资格和国籍的含义相同。

在少数国家，公民资格和国籍的含义不同，具有国籍的人不一定是公民和享有完全的公民权利，丧失公民资格不一定丧失国籍。1917年《墨西哥宪法》第34条规定："具有墨西哥人资格，并符合以下条件的男人和妇女为共和国公民：（一）年满十八岁；（二）有正当生活方式。"1945年《玻利维亚宪法》第142条、第144条，1991年《哥伦比亚宪法》（2013年修订）第96条、第98条都规定：在某些情形下丧失国籍，在某些其他情形下丧失或者停止公民资格。1934年《墨西哥国籍法》第34条、第35条规定了丧失公民资格，以别于丧失国籍。

五、公民与国民的关系

（一）汉语中的国民

国民，在古代、近代中国，是指本国的人民，一国之民。《左传·昭公十3年》："先神命之，国民信之。"汉代诸侯国内之民也称国民。《汉书·诸侯王表》藉阳侯显："坐恐猲国民取财物，免。"清秋瑾《赠语溪女士徐寄尘和原韵》："今日舞台新世界，国民责任总应分。"

（二）一些国家公民与国民的关系

不论一国是否规定个人的国籍和公民资格、公民和国民同义，都不影响具有公民资格、国民资格的人具有该国国籍，也不影响该人在国际上享有国籍国保护权，以及其他国家法律视其为外国人。如表2—4，日本、土耳其、缅甸、加纳、奥地利、哥伦比亚等国家称具有一国国籍的人为国民，国民与公民同义。1985年《日本国籍法》第1条规定："日本国民的构成要件依本法律的规定。"2008年《缅甸联邦共和国宪法》第4条规定："国家主权属于国民，其范围及于全国疆域。"1982年《土耳其共和国宪法》（2010年修正）第6条第1款规定：主权无条件地、毫不保留地属于全体国民。1957年《加纳国籍和公民籍法》第3条规定：一个加纳公民在加纳可以为任何目的，用加纳国民指称他的国籍。

1935年，德国制定法律区别德国公民和德国国籍。德国公民限于日耳曼或者相近血统、成年、履行服兵役义务的人，享有完全的公民权利。德国出生的为犹太人等其他人种的人具有德国国籍，但几乎被剥夺了所有的政治权利和民事权利。这种区别是错误的，给有关人士带来了灾难。

在美国、法国等国家的法律中，公民和国民的含义不同，国民的适用群体广于公民的适用群体。法国在历史上将本土的人作为法国公民，法国殖民地的人具有法国国籍是法国国民，但不是法国公民。法国公民享有完全的政治权利，而国民只享有部分政治权利。在美国和美国领地、英国和英联邦也有类似的情况。①1952年《美国移民和国籍法》第101条第a款第21项规定："国民是指对一国应该永久效忠的个人。"第101条第a款第22项规定："美国公民是指：（A）美国公民，或者虽然不是美国公民，但应该永久效忠美国的个人。"1952年《美国移民与国籍法》第308条规定了在出生时获得美国国民身份，但不具备美国公民资格的情形。公民是指因为出生在美国、血统、归化而取得美国国籍的人，国民是指在美属萨摩亚（American Samoa）等边远领地出生，或者在美国及其边远领地以外出生，其父母双方或者一方为美国国民，但不具备美国公民资格，而取得美国国籍的人。国民没有总统投票权，只接受本地税法管辖，不属于美国税法管辖范畴，除非此国民在美国本土工作，不可以在美国本土做陪审员、服兵役等。公民有总统投票权，接受美国税法的全球管辖，可以在美国本土做陪审员、服兵役等。不给予美属萨摩亚人公民资格是因为1903年美国最高法院裁定美属萨摩亚虽是美国领土，却不是"法定政治领土"（Unincorporated political territories）。2012年，美属萨摩亚居民莱努狄（Leneuoti）起诉美国政府，希望扩大宪法十四条修正案关于出生权规定的范围，涵盖美属萨摩亚，将公民含义引入到美属萨摩亚居民。2015年，哥伦比亚特区巡回法庭裁定东萨摩亚居民莱努狄（Leneuoti）败诉。2016年，最高法院驳回上诉。

表2—4　部分国家宪法、法律关于国民的规定

序号	宪法	内容
1	2008年《缅甸联邦共和国宪法》第4条	国家主权属于国民，其范围及于全国疆域。
2	1985年《日本国籍法》第1条	日本国民的构成要件依本法律的规定。
3	1982年《土耳其共和国宪法》（2010年修正）第6条第1款	主权无条件地、毫不保留地属于全体国民。
4	1876年《奥地利联邦宪法》（2009年修正）第6条第2款	奥地利国民为该国享有永久居留权的公民；根据州法规定，在国内不享有永久居留权，但拥有固定住所的公民也为奥地利国民。

---

① 〔英〕劳特派特修订.奥本海国际法（上卷第二分册）[M].北京：商务印书馆，1971，141.

续表

序号	宪法	内容
5	1952年《美国移民和国籍法》第101条第a款第21项	国民是指对一国应该永久效忠的个人。
6	1991年《哥伦比亚共和国宪法》（2013年修正）第4条	我国国民和境内的外国人有义务遵守国家宪法和法律，尊重和服从国家权威。
7	1957年《加纳国籍和公民籍法》第3条	一个加纳公民在加纳可以为任何目的，用加纳国民指称他的国籍。

资料来源：作者整理

1935年，德国制定法律区别德国公民和德国国民。德国公民限于日耳曼或者相近血统、成年、履行服兵役义务的人，享有完全的公民权利。德国国民限于日耳曼或者相近血统，未成年、未履行服兵役义务的人，享有有限的公民权利。

（三）清朝、中华民国南京政府公民与国民的关系

清朝、中华民国南京政府使用"国民"指代具有中国国籍的人，未使用"公民"。1911年（宣统三年）《宪法重大信条十九条》开始使用国民，第7条规定："上院议员，由国民于有法定特别资格者公选之。"1912年《中华民国临时约法》第2条规定："中华民国之主权，属于国民全体。"1947年《中华民国宪法》第3条规定："具有中华民国国籍者，为中华民国国民。"《法律辞典》介绍了在学理上区别国民、公民的情况。国民是指构成特定国家的自然人；公民是指享有国家公法上权利和负担公法上义务的国民。[①]

六、国民与人民的关系

中华民国政府将"国民"与"人民"通用。1912年《中华民国临时约法》通用"国民"与"人民"，第2条规定："中华民国之主权，属于国民全体。"第二章"人民"，在权利、义务前都用人民。第12条规定："人民有选举和被选举权。"第13条规定："人民依法律有纳税之义务。"1947年《中华民国宪法》

---

① 中国社会科学院法学研究所《法律辞典》编委会.法律辞典[G]，北京：法律出版社，2003，454.

通用"国民"与"人民",不用"公民",第2条规定:"中华民国之主权属于国民全体。"第3条规定:"具中华民国国籍者为中华民国国民。"第二章"人民之权利义务",其第7条规定:"中华民国人民,无分男女、宗教、种族、阶级、党派,在法律上一律平等。"第24条规定:"凡公务员违法侵害人民之自由或者权利者,除依法接受惩戒外,应负刑事及民事责任。被害人民就其所受损害,并得依法律向国家请求赔偿。"《法律辞典》介绍了法理上区别国民和人民的情况。国民是指构成特定国家的自然人;人民为国家构成要素之一,包括国民和公民及居住在该国未取得该国国籍的人。①

1949年9月,中国人民政治协商会议第一届全体会议通过了《中国人民政治协商会议共同纲领》,用"人民""国民",不用"公民"。第4条规定:"中华人民共和国人民依法有选举权和被选举权。"第5条规定:"中华人民共和国人民有思想、言论、集会、结社、通讯、人身、居住、迁徙、宗教信仰及示威游行的自由权。"第8条规定:"中华人民共和国国民均有保卫祖国、遵守法律、遵守劳动纪律、爱护公共财产、应征公役兵役和缴纳赋税的义务。"第42条规定:"提倡爱祖国、爱人民、爱劳动、爱科学、爱护公共财物为中华人民共和国全体国民的公德。"

七、公民有权获得国家保护、有义务对国家效忠

(一)保护公民

保护公民是国家的最基本义务。成立国家的最重要目的就是保护公民,确保个人权利的行使,增进公民的福利。1948年《韩国宪法》(1987年修正)序言规定:永远确保每个国民和其后代的安全、自由和幸福。1988年《巴西联邦共和国宪法》(2012年修正)序言规定:我们,巴西人民的代表,召集国民制宪会议,组建民主国家以确保社会和个人权利的行使。1999年《瑞士联邦宪法》(2012年修正)第2条第1款规定:瑞士联邦应当保障人民的自由和权利。2011年《匈牙利基本法》第G条第2款规定:"匈牙利应当保护其公

---

① 中国社会科学院法学研究所《法律辞典》编委会.法律辞典[G],北京:法律出版社,2003,454.

民。"2007年《黑山共和国宪法》第12条第2款规定:"黑山共和国负有保障黑山共和国公民权利和利益的义务。"

（二）特别保护境外公民

境外公民是本国公民的组成部分，与其他公民在适用法律上一律平等，有权获得平等保护，并因为在境外而面临比其他公民更多的困难和风险，在一些情况下，需要特别保护，例如领事保护和协助、外交保护等。保护境外公民，有利于维护国家主权、安全、发展利益及促进对外友好。境外公民由于在境外居留、生活、工作等原因，不便，甚至不易、不能行使作为公民享有的权利。如表2—5，国家机关负有在各自职权范围内平等保护公民权益的法律责任，通过境外公民权益保护实现境外公民与其他公民在适用法律上的平等。1993年《俄罗斯联邦宪法》（2008年修正）第61条第2款规定:"俄罗斯联邦有义务保护、庇护在国外的本国公民。"2011年《匈牙利宪法》第26条第2款规定:"所有匈牙利公民在国外居住期间，都享有得到匈牙利政府保护的权利。"1992年《乌兹别克斯坦共和国宪法》（2007年修正）第22条规定:"乌兹别克斯坦共和国保证，在乌兹别克斯坦共和国境内和境外为其公民提供法律保护和庇护。"

表2—5　部分国家宪法关于保护境外公民的规定

序号	宪法	内容
1	1971年《阿拉伯联合酋长国宪法》（2003年修正）第8条第1款	联邦公民在国外时受到联邦政府根据公认的国际准则所提供的保护。
2	1995年《哈萨克斯坦共和国宪法》（2007年修正）第11条第2款	哈萨克斯坦共和国保障公民在境外受到保护和优待。
3	2010年《吉尔吉斯共和国宪法》第50条第5款	吉尔吉斯共和国保护在国外的本国公民。
4	1993年《柬埔寨王国宪法》（2006年修正）第33条第2款	居住在国外的柬埔寨公民受柬埔寨王国保护。
5	1991年《老挝人民民主共和国宪法》（2003年修正）第50条	国家保护在国外的老挝人的合法权益。

续表

序号	宪法	内容
6	2008年《土库曼斯坦宪法》第7条第4款、第26条第1款	土库曼斯坦公民无论在国内还是在国外，都受到国家的保障和保护。 公民有在土库曼斯坦境外选择居住地点的权利。
7	1992年《乌兹别克斯坦共和国宪法》（2007年修正）第22条	乌兹别克斯坦共和国保证，在乌兹别克斯坦共和国境内和境外为其公民提供法律保护和庇护。
8	1995年《亚美尼亚共和国宪法》第11C条第1款	亚美尼亚共和国保护在其境内和境外居住的亚美尼亚公民。
9	1992年《爱沙尼亚共和国宪法》第13条第1款	爱沙尼亚共和国有义务保护在国外的本国公民。
10	1994年《白俄罗斯共和国宪法》（2004年修正）第10条第1款	白俄罗斯共和国有义务保护、庇护在国内、国外的本国公民。
11	1993年《俄罗斯联邦宪法》（2008年修正）第61条第2款	俄罗斯联邦有义务保护、庇护在国外的本国公民。
12	1995年《格鲁吉亚宪法》（2009年修正）第13条第1款	格鲁吉亚应当保护公民，无论其身处何处。
13	1991年《罗马尼亚共和国宪法》（2003年修正）第17条	罗马尼亚共和国有义务保护在国外的本国公民，在国外的本国公民必须履行义务，由于他们不在国内而导致不能履行的义务除外。
14	1997年《波兰共和国宪法》第36条	波兰共和国有义务保护在国外的本国公民。
15	1976年《葡萄牙共和国宪法》第14条	在国外访问、居住的葡萄牙公民，行使权利时受到国家的保护，并须履行与其不在国内的情况相适应的义务。
18	1999年《瑞士联邦宪法》（2012年修正）第40条	瑞士联邦应当增进瑞士侨民之间、瑞士侨民与瑞士本国之间的联系。联邦支持追求这一目标的组织。 瑞士联邦应当通过法律规定瑞士侨民的权利和义务，尤其是联邦层次政治权利的行使，兵役、替代役的履行，福利提供和社会保障。
19	2006年《塞尔维亚共和国宪法》第13条	塞尔维亚共和国应当保护境外塞尔维亚人的权利和利益。塞尔维亚共和国应发展、提升境外塞尔维亚人与亲属国家之间的关系。
20	1978年《西班牙宪法》第42条	国家应当特别注意保障在国外的西班牙劳工的经济、社会权利，并推进促其回国的政策。
21	1996年《乌克兰宪法》第25条第3款	乌克兰保证关心、保护境外的乌克兰公民。
22	2011年《匈牙利宪法》基于自由与责任第26条第2款	所有匈牙利公民在国外居住期间，都享有得到匈牙利政府保护的权利。

续表

序号	宪法	内容
23	1972年《巴拿马宪法》（2004年修正）第17条	巴拿马共和国政府的设立是为了保护无论处于何地的国民及处于其管辖之下的外国人的生命、荣誉和财产；确保个人和社会的权利和义务的有效实施；遵守和被要求遵守宪法和法律。
24	1980年《圭亚那合作共和国宪法》（2007年修正）第31条	国家有义务保护居住于海外的圭亚那公民的权利和利益。

资料来源：作者整理。

瑞士、老挝等国家保护境外公民权益时，注重境外权益的合法性，保护法律规定的权益。1999年《瑞士联邦宪法》（2012年修正）第40条第2款规定："瑞士联邦应当通过法律规定瑞士侨民的权利和义务，尤其是联邦层次政治权利的行使，兵役、替代役的履行，福利提供和社会保障。"1991年《老挝人民民主共和国宪法》（2003年修正）第50条规定："国家保护在国外的老挝人的合法权益。"

我国保护境外公民权益时，对于权益的性质，从强调权益的合法性、正当和合法性向正当性发展。《中国领事保护与协助指南》（2007年版）指出，领事保护的权益是合法权益，"领事保护，是指派遣国的外交、领事机关或者领事官员，在国际法允许的范围内，在接受国保护派遣国的国家利益、本国公民和法人的合法权益的行为。当本国公民、法人的合法权益在驻在国受到不法侵害时，中国驻外使（领）馆依据公认的国际法原则、有关国际公约、双边条约或者协定以及中国和驻在国的有关法律，反映有关要求，敦促驻在国当局依法公正、友好、妥善地处理。"《中国领事保护与协助指南》（2018年版）则指出领事保护的权益是正当与合法权益："中国驻外使（领）馆依法开展领事保护与协助工作，积极维护中国公民正当与合法权益。""对中国公民安全与合法权益受到侵害的，或者因不测事件遭遇困难和危险的，中国驻外使（领）馆依法依规，全力提供保护与协助。但有少数人在海外从事违法犯罪活动，中国驻外使（领）馆坚决支持有关国家依法严肃处理，坚决不为违法犯罪行为'买单'。"2019年《领事保护与协助条例》（征求意见稿）规定领事保护的权益是正当权益,第1条规定:"为了规范领事保护与协助工作,维护中国公民和法人在国外的正当权益,制定本条例。"第6条规定:"在国外的中国公民和法人为维护自身正当权益,可以向驻外外交机构请求提供领事保护与协助。"

(三)重点保护定居境外公民

国家保护境外公民权益时,如表2—6,重点保护定居境外公民权益,保持相互之间的联系,发挥在本国经济社会发展中的独特作用。定居境外公民由于定居的特点,与住在国联系紧密,深入融入住在国,对国籍国而言,是优质的境外公民资源。1992年《越南社会主义共和国宪法》(2001年修正)第75条规定:国家保护定居国外的越南人的正当权益。国家为定居在外国的越南人保存其文化传统,同其家庭、家乡保持密切联系创造条件,以便让他们为建设家乡、建设祖国作贡献。

表2—6 部分国家宪法关于保护定居境外公民的规定

序号	宪法	内容
1	1972年《朝鲜民主主义人民共和国宪法》(2009年修正)第15条	朝鲜民主主义人民共和国保护旅外侨胞的民主民族权利和国际法规定的合法权益。
2	1992年《越南社会主义共和国宪法》(2001年修正)第75条	海外越南同胞是越南民族共同体的一个组成部分。国家保护定居国外的越南人的正当权益。 国家为定居在外国的越南人保存其文化传统,同其家庭、家乡保持密切联系创造条件,以便让他们为建设家乡、建设祖国贡献。
3	1995年《阿塞拜疆共和国宪法》(2009年宪法)第53条第3款	阿塞拜疆共和国为临时或者永久居住在共和国境外的阿塞拜疆共和国公民提供法律保护和优惠待遇。
4	1991年《罗马尼亚共和国宪法》(2003年修正)第7条	国家加强与定居他国的罗马尼亚人的联系,并对他们的生存、发展、种族、文化、语言的表达及宗教认同采取相应的行动,但应尊重罗马尼亚人已成为其公民的国家的法律约束。
5	2008年《玻利维亚共和国宪法》(2013年修正)第27条第1款	定居国外的玻利维亚公民有权参加总统、副总统以及法律所规定的其他选举。投票权的行使由选举机构以登记和记录的方式进行。

资料来源:作者整理

（四）给予境外公民优惠待遇

国家给予境外公民优惠待遇。通过优惠待遇，实现实质上的境外公民、其他公民平等保护，增强向心力和凝聚力。1995年《哈萨克斯坦共和国宪法》（2007年修正）第11条第2款规定："哈萨克斯坦共和国保障公民在境外受到保护和优待。"1995年《阿塞拜疆共和国宪法》（2009年宪法）第53条第3款规定："阿塞拜疆共和国为临时或者永久居住在共和国境外的阿塞拜疆共和国公民提供法律保护和优惠待遇。"

（五）对国家效忠

对国家效忠是公民的最基本义务。国家依法赋予某人国籍，则该人与该国建立法律联系，获得公民资格，成为公民权利义务的主体，有义务对国家效忠。1973年《巴基斯坦伊斯兰共和国宪法》（1973年）第5条第1款规定："忠于国家是每个公民的基本义务。"一些国家将效忠义务从公民扩展到前公民。1991年《哥伦比亚共和国宪法》（2013年修正）第97条第1款规定："哥伦比亚人，甚至当他已经放弃成为一名国民的身份，其在针对哥伦比亚的外国战争中的行为反对国家利益，将会受到审判和被宣判为背叛者。"

八、国家保持与海外同胞的联系

（一）便利海外同胞出入境

采取措施便利海外同胞出入境，以积极保持与海外同胞的联系。海外同胞包括，不限于海外公民，通常还包括海外族裔等与本国紧密联系的人员。韩国、土耳其、德国、印度等国家便利海外同胞出入境，保持与海外同胞的联系，充分发挥海外同胞在本国发展中的独特作用。

（二）保持与海外同胞的联系

保持与海外同胞的联系，把本国优秀文化推向世界，增进文化交流互鉴共同发展，增强本国文化的亲和力、感召力和影响力，扩大对住在国主流社会影响，增强本国文化的凝聚力和国际影响力。境外公民、海外同胞是本国文化的重要承载者和传播者，是传播本国文化、增强国家软实力最直接、最自然、最持久重要的力量。境外公民、海外同胞在不同国度、不同层次、不同领域向世界直观传递本国文化气息,展示本国文化和国家形象。

如表2—7,爱尔兰、波兰、乌克兰等国家宪法规定了保持与海外同胞的联系,开展与海外侨胞合作。1937年《爱尔兰宪法》第2条规定:爱尔兰人民珍视与居留于海外的、与爱尔兰人民共享文化特征以及传统的爱尔兰后裔间的特别的亲密关系。1997年《波兰共和国宪法》第6条第2款规定:"波兰共和国应为居住在国外的波兰人民提供帮助以保持他们同民族文化遗产的联系。"1996年《乌克兰宪法》第12条规定:"乌克兰满足居住在国外的乌克兰人对民族文化和语言的需要。"

(三)我国便利外籍华人出入境、居留、永久居留和恢复国籍

根据2018年《国务院关于华侨权益保护工作情况的报告》,外籍华人通常意义上是指已加入外国国籍的原中国公民及其外国籍后裔。我国是侨务资源大国,5000多万外籍华人分布在世界近200个国家和地区。他们是中华民族的重要组成部分,是维护国家主权、安全、发展利益及促进中外友好的重要依靠力量,是我国不可替代的重要资源。[①]

表2—7　部分国家宪法关于保持与海外同胞联系的规定

序号	宪法	内容
1	1972年《朝鲜民主主义人民共和国宪法》(2009年修正)第15条	朝鲜民主主义人民共和国保护旅外侨胞的民主民族权利和国际法规定的合法权益。
2	1994年《塔吉克斯坦共和国宪法》第11条第4款	国家应与国外同胞开展合作。
3	1992年《越南社会主义共和国宪法》(2001年修正)第75条	海外越南同胞是越南民族共同体的一个组成部分。国家保护定居国外的越南人的正当权益。国家为定居在外国的越南人保存其文化传统,同其家庭、家乡保持密切联系创造条件,以便让他们为建设家乡、建设祖国作贡献。
4	1937年《爱尔兰宪法》第2条	成为爱尔兰民族的组成部分,是每一个出生于各岛屿、海域在内的爱尔兰岛的人所享有的、与生俱来的权利和特权。爱尔兰人民珍视与居留于海外的、与爱尔兰人民共享文化特征以及传统的爱尔兰后裔间的特别的亲密关系。

---

① 许又声.国务院关于华侨权益保护工作情况的报告[EB/OL].(2018-04-26)[2020-12-08] http://www.gqb.gov.cn/news/2018/0426/44797.shtml.

续表

序号	宪法	内容
5	1997年《波兰共和国宪法》第6条第2款	波兰共和国应为居住在国外的波兰人民提供帮助以保持他们同民族文化遗产的联系。
6	1996年《乌克兰宪法》第12条	乌克兰满足居住在国外的乌克兰人对民族文化和语言的需要。

资料来源：作者整理

我国回应外籍华人出入境、居留、永久居留和恢复国籍的合理需求，采取措施便利外籍华人出入境、回国探亲、投资、工作、永久居留和恢复国籍。2013年《外国人出境入境管理条例》第6条第1款第8项规定："Q1字签证，发给因家庭团聚申请入境居留的中国公民的家庭成员和具有中国永久居留资格的外国人的家庭成员，以及因寄养等原因申请入境居留的人员；Q2字签证，发给申请入境短期探亲的居住在中国境内的中国公民的亲属和具有中国永久居留资格的外国人的亲属。"2015年《中央全面深化改革领导小组关于加强外国人永久居留服务管理的意见》第12段规定："积极回应家庭团聚人员永久居留的合理需求。扩大家庭团聚人员申请永久居留类型，放宽居留年限要求，对长期在华居住、曾具有中国国籍的人员提供申请永久居留的渠道。"2019年7月，国家移民管理局在全国范围内推广复制促进服务自贸区建设12条移民与出入境便利政策[①]。其中第3条规定："在中国境内工作的外籍华人，具有博士研究生学历或者在国家重点发展区域连续工作满4年、每年实际居住不少于6个月，可向公安机关出入境管理部门申请在华永久居留。其外籍配偶和未成年子女可随同申请。"我国2008年《关于海外高层次引进人才享受特定生活待遇的若干规定》第2条规定，引进人才愿意放弃外国国籍而申请加入或者恢复中国国籍的，公安机关要根据《国籍法》有关规定优先办理。

---

① 国家移民管理局在全国范围内推广复制促进服务自贸区建设12条移民与出入境便利政策.（2019-07-17）[2020-12-08]. http://www.gov.cn/xinwen/2019-07/17/content_5410623.htm.

（四）我国维护海外侨胞权益和密切与海外侨胞联系[①]

我国《宪法》第50条规定，"中华人民共和国保护华侨的正当的权利和利益"。华侨是定居在国外的中国公民，外籍华人通常意义上是指已加入外国国籍的原中国公民及其外国籍后裔，华侨和外籍华人在开展侨务工作中通常密不可分，华侨和外籍华人统称侨胞。我国是侨务资源大国，有6000多万海外侨胞分布在世界近200个国家和地区，其中华侨约600多万，外籍华人约5000多万，他们是中华民族的重要组成部分，是维护国家主权、安全、发展利益及促进中外友好的重要依靠力量，是我国不可替代的重要资源。

2015年《中国共产党统一战线工作条例》（2020年修订）第5条规定，华侨、归侨及侨眷属于统一战线工作范围。该条例第38条规定："侨务工作的主要任务是：围绕凝心聚力同圆共享中国梦的主题，加强华侨、归侨、侨眷代表人士工作，凝聚侨心、汇集侨智、发挥侨力、维护侨益，为侨服务；统筹国内侨务和国外侨务工作，着力涵养侨务资源，引导华侨、归侨、侨眷致力于祖国现代化建设，维护和促进中国统一，实现中华民族伟大复兴，致力于增进中国人民与世界人民的友好合作交流，推动构建人类命运共同体。保护华侨正当权利和利益，关心华侨的生存和发展，推动和谐侨社建设，教育引导华侨遵守住在国法律，尊重当地文化习俗，更好融入主流社会，为住在国经济社会发展贡献智慧和力量，充分展现守法诚信、举止文明、关爱社会、团结和谐的大国侨民形象。保护归侨、侨眷合法权利和利益，适当照顾归侨、侨眷特点，积极发挥他们与海外联系广泛的优势作用。"2015年《中国共产党统一战线工作条例》（2020年修订）第9条规定，党委统战部统一领导海外统一战线工作，统一管理侨务工作，统筹协调有关部门和社会团体涉侨工作。

2014年《中共中央关于全面推进依法治国若干重大问题的决定》指出，"依法维护海外侨胞权益"。2017年中国共产党十九大报告《决胜全面建成小康社会，夺取新时代中国特色社会主义伟大胜利》指出，"广泛团结联系海外

[①] 国务院侨务办公室主任许又声.国务院关于华侨权益保护工作情况的报告：2018年4月25日在第十三届全国人民代表大会常务委员会第二次会议上[EB/OL].(2018-04-26)[2022-03-22]. http://www.gqb.gov.cn/news/2018/0426/44797.shtml.

侨胞和归侨侨眷，共同致力于中华民族伟大复兴。"

党的十八大以来，各有关地区和部门深入贯彻党中央、国务院决策部署，认真落实宪法关于华侨权益保护的规定，以凝聚侨心侨力同圆共享中国梦为主题，以侨务工作全面协调可持续发展为主线，扎实开展保护华侨权益各项工作，取得了积极成效。

首先，加强侨务法治建设，不断推动完善依法护侨的法律制度体系。深入贯彻全面依法治国战略部署，把侨务法治建设作为开展华侨权益保护工作的基础性长效性工作。健全法律法规体系，建立维护侨益工作机制，开展涉侨普法宣传。

其次，完善政策保障措施，着力推动海外侨胞关切的在华重点权益保护工作。为满足海外侨胞在华工作生活的实际需要，以海外侨胞切身关注的重点权益为着力点，不断制定和完善政策保障措施。保障华侨回国定居权益、教育权益、社会保险权益、婚姻收养权益、捐赠权益。实施便利外籍华人入出境政策。

第三，加大引进工作力度，鼓励和支持海外侨胞回国(来华)创新创业。把满足海外侨胞事业发展需求与服务国家创新驱动发展战略紧密结合，着力开展引进侨智侨资工作。设立了具有"侨"特色的试验区，发挥侨务渠道优势，为国家建设持续汇聚侨智侨资，积极营造创新创业环境，引导扶持已成功创业的"海归"高科技团队二次创业、协同创新。

第四，加强国内为侨公共服务，有效推进解决侨界民生问题。在国务院相关部门通力协作下，各级政府及其派出机构建立政策法律服务、涉侨事务服务、侨界民生服务和事业发展服务"四位一体"国内为侨公共服务体系，建立为侨综合信息服务网络。面向困难归侨侨眷，加大脱贫攻坚力度。全国84个华侨农场完成改制、融入地方。利用海外侨胞捐赠资金实施扶贫济困等项目深受欢迎。

第五，创新工作方式方法，建设长效性广覆盖海外为侨服务平台。持续推动全面构建海外和谐侨社，深入实施"海外惠侨工程"。引导海外侨团强化为侨服务功能，依托其在侨胞聚居城市设立"海外侨胞互助中心"。引领带动海外华文学校朝标准化、正规化、专业化方向发展。资助帮扶重点和困难华文学校及华文教育组织，开发推广华文教育多媒体远程培训，培养壮大植根海外的中华文化传播力量。推动建立起海外中医药、中餐业协会网络，推动世界范围内侨商组织网络建设。

九、限制归化入籍公民的权利

尽管归化入籍公民与出生入籍公民一样，都享有公民权利，但是，国家为了维护国家安全、充分利用资源，如表2—8，会限制归化入籍公民的权利，特别是担任公职、享有社会保障、参加选举、对原籍国作战、出入境，附加享有权利的居住期限等条件。归化入籍公民与出生入籍公民相比，前者与国籍国的联系度弱于后者，效忠度受质疑。1966年《乌拉圭东岸共和国宪法》（2004年修正）第75条第3款规定："因满足居留等条件取得法律承认的公民资格的外国人，应在取得公民证书3年后，方可行使法律承认的公民应有的权利。"

限制归化入籍公民担任公职。归化入籍后不在本国居住满一定期限不得担任公职，特别是高级公职和国家领导人。2010年《多米尼加共和国宪法》第20条规定：通过自愿行动或者通过出生地原则加入其他国籍的多米尼加人民，如果其在选举时申明放弃10年前的其他国籍，并且过去一直以公职身份居住在该国，则可以被选举为共和国总统和副总统。

限制社会保障。归化入籍后离境超过一定期间，不能获得有关社会保障。澳大利亚法律规定，正在申领婴幼儿补助的、失业补助的公民离开澳大利亚，必须向社会福利署申报，社会福利署将停止发放补助。

限制归化入籍公民参加选举。归化入籍后不居住满一定期限没有选民资格。1980年《智利共和国宪法》（2014年修正）第14条第2款规定："取得智利国籍的人，在入籍5年后，有权参加普选。"

不承担对原籍国作战的义务。避免归化入籍公民在原籍国与国籍国处于战争状态时陷入忠诚困境，以实现国家国籍主权与个人权利的平衡。1991年《哥伦比亚共和国宪法》（2013年修正）第97条第2款规定："通过归化取得哥伦比亚国籍的人和定居于哥伦比亚的外国人，没有义务拿起武器反对他们的原籍国。"1972年《巴拿马宪法》（2004年修正）第16条规定："加入国籍的巴拿马人不得被强制用武器反对其出生国。"

限制归化入籍公民的权利，应由宪法、法律做出。如表2—8，归化入籍公民是公民，任何限制公民的权利都不得任意为之，须遵守法律保留原则。1988年《巴西联邦共和国宪法》（2012年修正）第12条第2款规定："法律不得区别依出生取得、因归化取得巴西国籍之人，但本宪法作出例外规定的除外。"

国际体育组织限制与入籍国联系不够紧密者的归化入籍公民代表国籍国参赛。国际乒乓球协会2008年3月通过决议，为公平竞争，21岁以上入籍的运动员不能代表国籍国参加世界乒乓球锦标赛和世界杯。国际奥委会规定，曾经在奥运会、洲或者地区的运动会、被有关国际单项体育联合会承认的世界锦标赛或者地区锦标赛中代表一个国家的运动员，如果他改变了自己的国籍或者取得新国籍，必须在改变国籍或者取得新国籍3年以后，才能代表新国家参加奥运会。

表2—8 部分国家宪法关于限制、保护归化入籍公民权利的规定

序号	宪法	内容
1	1972年《巴拿马宪法》（2004年修正）第16条	加入国籍的巴拿马人不得被强制用武器反对其出生国。
	1972年《巴拿马宪法》（2004年修正）第153条	当选立法议员，因加入国籍而成为巴拿马人的人，在获得巴拿马国籍后，须在境内定居满15年。
2	1988年《巴西联邦共和国宪法》（2012年修正）第12条第2款	法律不得区别依出生取得、因归化取得巴西国籍之人，但本宪法作出例外规定的除外。
3	2010年《多米尼加共和国宪法》第20条	通过自愿行动或者通过出生地原则加入其他国籍的多米尼加人民，如果其在选举时申明放弃10年前的其他国籍，并且过去一直以公职身份居住在该国，则可以被选举为共和国总统和副总统。在没有申明放弃所取得的其他国籍的条件下，仍然可以担任其他选举官员、部长、外国和国际组织的外交代表。

续表

序号	宪法	内容
4	1991年《哥伦比亚共和国宪法》（2013年修正）第97条第2款	通过归化取得哥伦比亚国籍的人和定居于哥伦比亚的外国人，没有义务拿起武器反对他们的原籍国。
5	1982年《洪都拉斯宪法》（2012年修正）第26条	任何归化的洪都拉斯人不得在其出生国代表洪都拉斯担任官职。
6	1966年《乌拉圭东岸共和国宪法》（2004年修正）第75条第3款	因满足居留等条件取得法律承认的公民资格的外国人，应在取得公民证书3年后，方可行使法律承认的公民应有的权利。
	1966年《乌拉圭东岸共和国宪法》（2004年修正）第76条	任何公民均可担任公职，但通过法律承认取得公民资格的公民在取得公民证书3年后，才可担任公职。
7	1980年《智利共和国宪法》（2014年修正）第14条第2款	取得智利国籍的人，在入籍5年后，有权参与普选。

资料来源：作者整理

十、限制双重国籍人的权利

为了维护国家利益，保护国家安全，国家限制双重国籍人的权利，特别是担任高级公职。双重国籍人与单一国籍人相比，前者与国籍国的联系度弱于后者，前者在理论上效忠于多个国家，效忠度更受质疑。如表2—9，1999年《委内瑞拉玻利瓦尔共和国宪法》（2009年修正）第41条第1款规定："国家总统及副总统，国民议会主席和副主席，最高法院法官，国家选举委员会主席，国家检察总长、国家审计总长，国家公诉人，人民护卫者，履行涉及国家安全、财政、能源、矿产或者教育职责的部长，边境州和市的州长、市长，以及关于国家军事组织法预设的职员，仅得由不具有双重国籍的出生于国内的委内瑞拉公民担任。"

为确保公民效忠和维护国家利益，澳大利亚宪法区分双重国籍人和单一国籍人，限制双重国籍人享有单一国籍人的权利。1901年《澳大利亚宪法》第44条第1款第1项规定：承认过忠诚、服从或者依附于外国，或者承认自己为外国的臣民或者公民，或者享受外国臣民或者公民权利或者特权的人，或者是外国公民……不得作为参议员或者众议员当选，或者作为参议员或者众议员出席会议。第42条规定："所有议会成员在就职前，均应以宪法附表规定的形式向总督或者总督授权之人作出并签署忠诚宣誓或者承诺。"1987年,澳大利亚联邦最高法院在尼尔诉伍德(Nile v. Wood)案解释1901年《澳大利亚宪法》第44条第1款第1项"忠诚、服从或者依附于外国",对友好国家船只的敌对行为表明效忠外国势力。2007年《澳大利亚公民资格法》序言规定:澳大利亚公民应忠诚于澳大利亚及其人民,分享共同的民主观念,尊重他们的权利和自由,遵守并维护澳大利亚的法律。

双重国籍人是公民,任何限制公民的权利都不得任意为之,遵守法律保留原则。1993年《俄罗斯联邦宪法》(2008年修正)第62条第2款、第3款规定:"如果联邦法律、联邦签署的国际条约没有作出例外规定,不得缩减具有外国国籍的俄罗斯公民的权利和自由,也不得免除其义务。"

十一、权利型公民

公民权是作为公民共同体中的一分子、国家的公民享有的一种权利,是国家规定的本国公民在国家和社会中所处地位的法律表现。狭义的公民权指公民参与国事、政治生活的权利,例如选举权和罢免权,广义的公民权还包括作为人而享有的人权。公民是人,享有人权,作为公民还享有公民权。相对于不是这个国家的公民来说,公民权是特权,是和公民身份(而不仅仅是人的身份)紧密相连的,是由公民身份而产生的资格权利。[①] 公民权面对国家是积极的,它主要通过参与国家事务影响、左右国家权力的运行。

表2—9 部分国家宪法关于限制双重国籍人权利的规定

序号	宪法	内容
1	2005年《伊拉克共和国宪法》第18条第4款	伊拉克人可以具有多重国籍,但若担任高级、安全或者元首职位则必须放弃其他国籍。上述事由由法律予以规定。
2	1993年《俄罗斯联邦宪法》(2008年修正)第62条第2款、第3款	如果联邦法律、联邦签署的国际条约没有作出例外规定,不得缩减具有外国国籍的俄罗斯公民的权利和自由,也不得免除其义务。

---

① 胡弘弘.简论人权与公民权之不同.中国法学会宪法学研究会2005年年会论文集(A卷)[C].502.

续表

序号	宪法	内容
3	1917年《墨西哥合众国宪法》（2013年修正）第32条第1款	法律应当对拥有他国国籍的墨西哥公民行使法律授予的权利的行为进行规制，并对避免双重国籍引发的冲突进行规定。
4	1999年《委内瑞拉玻利瓦尔共和国宪法》（2009年修正）第41条第1款	国家总统及副总统，国民议会主席和副主席，最高法院法官，国家选举委员会主席、国家检察总长、国家审计总长，国家公诉人，人民护卫者，履行涉及国家安全、财政、能源、矿产或者教育职责的部长，边境州和市的州长、市长，以及关于国家军事组织法预设的职员，仅得由不具有双重国籍的出生于国内的委内瑞拉公民担任。
5	1900年《澳大利亚联邦宪法》（1977年修正）第44条	任何人承诺忠诚于、顺从于、依附于外国政权、外国主体、外国公民，或者享有外国主体、外国公民享有的权利或者特权，则不得当选参议员、众议员。也不得作为参议员、众议员列席会议。
6	1973年《巴布亚新几内亚独立国宪法》第64条	拥有真正外国国籍的人不得作为或者成为本国公民，但是未满19岁的人除外。

资料来源：作者整理

权利型公民是指强调权利而不是义务的公民。公民在法律意义上体现为公民权，以政治权利为核心，以财产权利为保障，以正当法律程序确保公民人格的平等性。权利型公民以国籍为法律基础，[①] 以个人主义为哲学基础，通过制度性安排，在公民与国家之间确定一种互为制约的关系模式，实现对公共权利的制约和公民自由最大化。[②] 有关人权的宪法、国际文件中很少规定个人义务。1969年《美洲人权公约》第23条第1款规定："每个公民应享有下列各项权利和机会：（一）直接地或者通过自由选出的代表参加对公共事务的处理；（二）在真正的定期选举中投票和被选举，这种定期选举应通过普遍的和平等的投票以及保证投票人自由表达其愿望的秘密投票来进行；并且（三）在普遍平等的条件下，有机会担任国家的公职。"

权利型公民引发消极公民现象。由于个人权利的彰显和义务约束的缺失，

---

① 李艳霞.西方公民资格的历史演进与当代拓展[J]，厦门大学学报（哲学社会科学版）2006(3)，75.

② 张庆福.宪政论丛(第4卷)[G].北京：法律出版社.2004.89-102.

一些公民不主动地履行义务，只是被动地从国籍中获取利益，例如，选举中越来越高的弃权率，社会福利中越来越高的申请率，人口中越来越高的空壳率，成为消极公民。当公民不在国籍国居留时，消极公民或者空壳公民现象更为严重。由于消极公民不主动地行使权利和履行义务，其与国籍国的联系日渐松散，逐渐被国籍国主流社会排斥，成为社会的边缘阶层或者底层。被主流社会排斥的状态进一步削弱了消极公民行使权利和履行义务的意识和主动性，使其被边缘化程度加深或者继续在社会底层徘徊，与社会其他阶层发生冲突，导致社会不稳定等现象。

第三节　外国人辨析

一、国际法学中的外国人

外国人与公民一样，都是国籍法的规范对象。我国和其他国家的法律辞典都强调外国人是不具有本国国籍的人。《法律辞典》提出："外国人是指依据一国法律不具有该国国籍的人。同时具有本国国籍和外国国籍者，通常被视为本国人。无国籍人一般作为外国人对待。"[①]《牛津法律大词典》提出：外国人是指尽管可以在某国居住，但根据该国的国内法不是该国国民或者公民的人。[②]

国际法学者普遍认为，外国人是指不具有本国国籍而具有其他国家国籍的人。具有双重国籍的人，当他们处于所具有国籍的任一国家时，是该国人，不是外国人。尽管学者在定义外国人时，对于是否在本国居住、包括无国籍人有不同理解，但是，对于不具有本国国籍有着一致的认识。吴祖谋认为："外国人是指不具有所在国国籍而具有其他国家国籍的人。无国籍人一般也归入外国人的范畴。"[③] 周鲠生认为：外国人是指不属于所在国的国民而具有其

[①] 中国社会科学院法学研究所《法律辞典》编委会.法律辞典[G].北京：法律出版社，2003，1441.
[②] 〔英〕戴维·M.沃克.北京社会与科技发展研究所译.牛津法律大词典[G].光明日报出版社，1998，34.
[③] 吴祖谋.法学概论[G].北京：法律出版社，1991，396.

他国家国籍的人。① 韩德培认为：外国人是指不具有本国国籍而具有外国国籍的人，不包括无国籍人。② 梁淑英认为：对一个国家而言，凡不具有该国国籍，而具有外国国籍的人都是外国人。在国际实践中，把无国籍人视为外国人，给予他们外国人待遇，但他们不是法律意义上的外国人。③

二、外国人的法律定义

根据国籍判断谁是公民，谁是外国人。凡不具有本国国籍的人，包括无国籍人，都是外国人。2012年《出境入境管理法》第89条第3款规定："外国人是指不具有中国国籍的人。"根据第六次全国人口普查，截至2010年11月，59.4万名外籍人员居住在中国境内，占总人口13.75亿的0.04%。外籍人员是指在中国境内居住三个月以上或者能够确定将居住三个月以上的外国人。1952年《美国移民和国籍法》第101条第a款第3项规定："外国人是指不具有美国公民或者国民身份的任何人。"1985年《日本国籍法》第4条规定：外国人是指非日本国民的人。2004年《德国关于外国人在联邦领域居留、从事经济活动和融合法》第2条第1款规定："外国人是指不是《基本法》第116条第1款意义上的德国人。"1973年《阿联酋移民法》第1条规定："本法中的外国人指所有不拥有阿联酋国籍的人。"1992年《印度尼西亚共和国移民法》第1条第1款第6项规定："外国人是指不具有印度尼西亚共和国国籍的人。"

具有本国永久居留资格的外国人是公民，不是外国人。2001年《加拿大移民及难民保护法》第2条第1款规定：外国人是指非加拿大公民或者永久居民，并包括无国籍人员。2002年《南非移民法》第1条第1款第17项规定："外国人指非公民又非居民的个人，但非非法外国人。"第34项规定："居民指拥有本法第25条所规定的永久居民许可证的人。"

---

① 周鲠生.国际法[M].北京：商务印书馆，1976，274.
② 韩德培.国际私法[G].武汉：武汉大学出版社，1983，92.
③ 梁淑英.国际法[G].北京：中国政法大学出版社，2011，107-108.

三、平等保护外国人权利

国家平等保护外国人权利，不因国籍而有区别。对人的固有尊严及其平等的权利的承认，是世界自由、正义和和平的基础，不区别对待具有不同国籍的外国人。1966年《公民权利和政治权利国际公约》第2条规定：本公约每一缔约国承担尊重和保证在其领土内和受其管辖的一切个人享有本公约所承认的权利，不得因国籍而有任何区别。1966年《经济、社会、文化权利国际公约》第2条第2款规定：本公约缔约各国承担保证，本公约所宣布的权利应予普遍行使，不得因国籍而有任何区别。

一些国家平等地保护外国人与公民的权利，如表2—9，除非宪法、法律另有规定，才可以限制外国人的权利。2008年《厄瓜多尔共和国宪法》（2011年修正）第9条规定："依照宪法，在厄瓜多尔领土内的外国人拥有与厄瓜多尔人相同的权利和义务。"1997年《波兰共和国宪法》第37条规定："（一）任何在波兰共和国权威统治下的个人享有宪法保障的自由和权利。（二）出于尊重外国人的考虑，本原则的例外只能由法律规定。"

四、有限保护外国人权利

一些国家有限保护外国人权利，如表2—10，外国人因为不具有某国国籍，不能享有该国公民的专属权利，只能享受法律赋予的特定权利。1928年《关于外国人地位的公约》第1条规定："各国有权通过法律规定外国人入境和其在境内居住的条件。"第2—7条规定了外国人享有的权利和义务，外国人受当地法院管辖并服从当地法律，缴纳平常的和非常的摊派款项以及强制性借款，不得参加居留国公民的政治活动，没有服兵役的义务，享有一切当地居民所享有的个人保障，以及基本的民事权利。1966年《经济、社会、文化权利国际公约》第2条第3款规定：发展中国家，在适当顾到人权及它们的民族经济的情况下，得决定它们对非本国公民的享受本公约所承认的经济权利，给予什么程度的保证。

表2—9 部分国家宪法关于保护外国人权利的规定

序号	宪法	内容
1	1972年《朝鲜民主主义人民共和国宪法》（2009年修正）第16条	朝鲜民主主义人民共和国保障外国人在境内的合法权益。
2	1973年《巴基斯坦伊斯兰共和国宪法》（2011年修正）第4条第1款	无论巴基斯坦公民还是任何在巴基斯坦境内的人，都享有依法保护的不可剥夺的权利。
3	1992年《蒙古国宪法》第18条第3款	蒙古国对本国领土上的无国籍人士的权利、义务，以自己的法律规定之。
4	1994年《塔吉克斯坦共和国宪法》第16条第2款	外国公民和无国籍人享有宣告的权利和自由，并平等履行塔吉克斯坦公民的责任和义务，法律另有规定的除外。
5	1992年《爱沙尼亚共和国宪法》第9条第1款	凡居住在爱沙尼亚的外国人和外国人与爱沙尼亚公民一样平等地享有宪法权利和自由，平等地履行宪法义务。
6	1991年《罗马尼亚共和国宪法》（2003年修正）第18条第1款	居住在罗马尼亚的外国人和无国籍人，其宪法和其他法律保障的人身和财产权受到国家的普遍保护。
7	1997年《波兰共和国宪法》第37条	（一）任何在波兰共和国权威统治下的个人享有宪法保障的自由和权利。（二）出于尊重外国人的考虑，本原则的例外只能由法律规定。
8	2008年《厄瓜多尔共和国宪法》（2011年修正）第9条	依照宪法，在厄瓜多尔领土内的外国人拥有与厄瓜多尔人相同的权利和义务。

资料来源：作者整理

国家重点保护外国人基本人权，常常不保护政治权利。由于外国人义务范围小于公民义务范围，国家限制外国人权利范围。2008年《希腊宪法》第5条第2款规定："所有生活于希腊的人，不论国籍、种族、语言、宗教信仰以及政治信仰为何，其生命权、名誉权、自由都受到完全的保障，仅在国际法允许的情况下存在例外。"1980年《智利共和国宪法》（2014年修正）第14条第1款规定："在智利居住超过5年，年满18岁，未被判刑的外国人有权在法律规定的情况下依法定形式行使选举权。"

我国保护境内的外国人的合法权利和利益。我国1982年《宪法》（2018年修订）第32条规定："中华人民共和国保护在中国境内的外国人的合法权利和利益，在中国境内的外国人必须遵守中华人民共和国的法律。中华人民共和国对于因为政治原因要求避难的外国人,可以给予受庇护的权利。"第18条第2款规定:"在中国境内的外国企业和其他外国经济组织以及中外合资经营的企业,都必须遵守中华人民共和国的法律。它们的合法的权利和利益受中华人民共和国法律的保护。"2012年《出境入境管理法》第3条第2款规定:"在中国境内的外国人的合法权益受法律保护。在中国境内的外国人应当遵守中国法律,不得危害中国国家安全、损害社会公共利益、破坏社会公共秩序。"2014年《中共中央关于全面推进依法治国若干重大问题的决定》第7部分规定:强化涉外法律服务,维护外国公民在中国的正当权益。

五、对等保护外国人权利

一些国家对等保护外国人权利,如表2—11,遵守国际法或者按照国际互惠对等原则。住在国、国籍国分别根据本国法行使属地管辖权、属人管辖权保护一个人的权利,两者会出现冲突。1971年《阿拉伯联合酋长国宪法》(2004年修正)第41条规定:"外国人在联邦享有的权利与自由,依有效国际宪章和联邦签署的条约与协定而定。他们应尽相应的义务。"1976年《葡萄牙宪法》第15条第4款、第5款规定:"根据对等原则,依法可授予居住在葡萄牙的外国人投票权、参加地方议员选举的权利。根据对等原则,依法可授予居住在葡萄牙的欧盟成员国公民投票、参加欧洲议会议员选举的权利。"

表2—10 部分国家宪法关于外国人权利范围的规定

序号	宪法	内容
1	1972年《孟加拉人民共和国宪法》(2004年修正)第31条	享受法律保护和依法对待,是国内任何地区的每个公民不可剥夺的权利,也是侨居孟加拉国的每个外国人不可剥夺的权利,尤其是不得采取任何行动危害任何人的生命、自由、身体、名誉或者财产,依法采取的行动除外。
2	1991年《老挝人民民主共和国宪法》(2003年修正)第50条	外国人及无老挝国籍者的权利和自由,根据老挝人民民主共和国的法律得到保护。他们有向老挝人民民主共和国法庭和有关部门提出申诉的权利,有遵守老挝人民民主共和国宪法和法律的义务。

续表

序号	宪法	内容
3	1992年《越南社会主义共和国宪法》（2001年修正）第82条	在越南居住的外国人必须遵守越南社会主义共和国的宪法和法律，其生命、财产和正当权益受越南法律的保护。
4	1976年《葡萄牙宪法》第15条第1款、第2款	1.在葡萄牙访问或者居住的外国人与无国籍的人，享有并须履行葡萄牙公民的权利与义务。 2.前款规定不包括政治权利，也不包括属于法律意义上的公共义务之履行以及宪法与法律规定专为葡萄牙公民保留的权利与义务。
5	2008年《希腊宪法》第5条第2款	所有生活于希腊的人，不论国籍、种族、语言、宗教信仰以及政治信仰为何，其生命权、名誉权、自由都受到完全的保障，仅在国际法允许的情况下存在例外。
6	2011年《匈牙利宪法》自由与责任第23条第3款	所有被认定为难民、移民及定居在匈牙利的成年人在地方议员、市长选举中都享有选举权。
7	1980年《智利共和国宪法》（2014年修正）第14条第1款	在智利居住超过5年，年满18岁，未被判刑的外国人有权在法律规定的情况下依法定形式行使选举权。

资料来源：作者整理

六、主动保护外国人权利

一些国家主动保护外国人权利，如表2—12，按照本国法，更多地兼顾本国法律、国际法，避免在处理外国人事务时陷入被动。法律是由享有立法权的立法机关行使国家立法权，依照法定程序制定、修改并颁布，并由国家强制力保证实施的基本法律和普通法律的总称。法律规定的权利和义务，不同于其他社会规范的权利和义务，它是由国家确认或者认可和保障的一种关系。1982年《土耳其共和国宪法》（2010年修正）第16条规定："外国人的基本权利和自由，可以参照国际法由法律加以限制。"1976年《葡萄牙宪法》第15条第1款、第2款规定："1.在葡萄牙访问或者居住的外国人与无国籍的人，享有并须履行葡萄牙公民的权利与义务。2.前款规定不包括政治权利，也不包括属于法律意义上的公共义务之履行以及宪法与法律规定专为葡萄牙公民保留的权利与义务。"

七、特别保护外国人权利

一些国家特别保护与本国紧密联系、对本国有重要价值的外国人的权利，特别是在本国永久居留、长期居留的外国人及外国高层次人才。具有一国永久居留资格的外国人原则上和住在国公民享有相同权利，承担相同义务。外国人获得永久居留资格比获得其他移民资格要满足更高条件，履行更复杂的程序，与一国建立更紧密的联系，他们能够为一国发展作出更大的贡献。根据2001年《加拿大移民及难民保护法》第2条第1款，永久居民不是外国人。2012年《外国人在中国永久居留享有相关待遇的办法》第1条规定：凡持有中国《外国人永久居留证》的外籍人员"除政治权利和法律法规规定不可享有的特定权利和义务外，原则上和中国公民享有相同权利，承担相同义务"。

表2—11 部分国家宪法关于根据国际法或者按照国际互惠对等原则保护外国人权利的规定

序号	宪法	内容
1	1971年《阿拉伯联合酋长国宪法》（2004年修正）第41条	外国人在联邦享有的权利与自由，依有效国际宪章和联邦签署的条约与协定而定。他们应尽相应的义务。
2	1992年《蒙古国宪法》第18条第2款、第5款	蒙古国依据国际公约阐明外国公民的权利、义务时坚持同该公民所属国在此问题上相互一致的原则。 使蒙古国境内的外国公民、无国籍人士享有宪法第16条所述的公民基本权利和自由时，为保障国家和居民的安全，维护社会秩序，对于除蒙古国加入的国际公约规定的基本人权外的其他权利，可依法作出必要的限制。
3	1992年《乌兹别克斯坦共和国宪法》（2007年修正）第21条第4款	处于乌兹别克斯坦共和国境内的外国公民和无国籍人的权利和自由，根据国际法准则予以保障。他们承担乌兹别克斯坦共和国宪法、法律和国际条约规定的义务。

续表

序号	宪法	内容
4	1976年《葡萄牙宪法》第15条第3—5款	外国人无权担任总统、议长、总理、最高法院院长、服务于军队和外交使团的人员以及各部部长，但根据法律和互惠原则，这些职位可以由永久居住在葡萄牙的葡语国家人士担任。 根据对等原则，依法可授予居住在葡萄牙的外国人投票权、参加地方议员选举的权利。 根据对等原则，依法可授予居住在葡萄牙的欧盟成员国公民投票、参加欧洲议会议员选举的权利。
5	1978年《西班牙宪法》第13条第1款、第2款	根据国际条约、法律的规定，在西班牙的为外国人享有宪法规定的自由。仅西班牙公民享有参与公共事务的权利，根据对等原则，国际条约和有关市政选举中的选举权、被选举权的法律另有规定的除外。
6	2008年《希腊宪法》第5条第2款	所有生活于希腊的人，不论国籍、种族、语言、宗教信仰以及政治信仰为何，其生命权、名誉权、自由都受到完全的保障，仅在国际法允许的情况下存在例外。
7	2008年《玻利维亚共和国宪法》（2013年修正）第27条第2款	根据法律有关适用国际互惠原则的规定，居住在玻利维亚境内的外国人有权在地方选举中投票。

资料来源：作者整理

表2—12 部分国家宪法关于根据本国法或者本国法、国际法保护外国人权利的规定

序号	宪法	内容
1	1995年《阿塞拜疆共和国宪法》（2009年宪法）第69条	如果法律或者阿塞拜疆批准的国际条约没有其他规定，阿塞拜疆共和国境内的外国人和无国籍人与阿塞拜疆共和国公民平等地享有所有权利，并必须履行所有义务。 长期或者临时居住在阿塞拜疆共和国境内的外国人和无国籍人的权利和自由，只有根据国际法准则和阿塞拜疆共和国的法律才能予以限制。
2	2010年《吉尔吉斯共和国宪法》第19条第1款	除法律或者吉尔吉斯共和国加入的国际条约另有规定外，在吉尔吉斯共和国境内的外国人和无国籍人与吉尔吉斯共和国公民一样平等地享有权利并履行义务。
3	1995年《哈萨克斯坦共和国宪法》（2007年修正）第10条第4款	如果宪法、法律和国际条约没有另外作出规定，外国人和无国籍人在境内享有权利和自由，并履行规定的义务。
4	1992年《蒙古国宪法》第18条第1款	蒙古国境内，外国公民的权利和义务，由蒙古国法律及与该公民所属国缔结的条约规定。

续表

序号	宪法	内容
5	1982年《土耳其共和国宪法》（2010年修正）第16条	外国人的基本权利和自由，可以参照国际法由法律加以限制。
6	2008年《土库曼斯坦宪法》第8条第1款	外国人和无国籍人同土库曼斯坦公民一样依照法律和国际条约的规定享有权利、自由并履行义务。
7	1994年《白俄罗斯共和国宪法》（2004年修正）第11条	如果宪法、法律和国际条约没有作出其他规定，外国人和无国籍人在白俄罗斯共和国与白俄罗斯共和国公民同等地享有权利和履行义务。
8	1993年《俄罗斯联邦宪法》（2008年修正）第62条第2款、第3款	如果联邦法律、联邦签署的国际条约没有作出例外规定，外国人、无国籍人与俄罗斯平等地享有权利和履行义务。
9	1976年《葡萄牙宪法》第15条第1款、第2款	1. 在葡萄牙访问或者居住的外国人与无国籍的人，享有并须履行葡萄牙公民的权利与义务。 2. 前款规定不包括政治权利，也不包括属于法律意义上的公共义务之履行以及宪法与法律规定专为葡萄牙公民保留的权利与义务。
10	2006年《塞尔维亚共和国宪法》第17条	根据国际条约，塞尔维亚共和国境内的外国人享有宪法、法律保障的所有权利，但根据宪法、法律只有塞尔维亚公民才可以享有的权利除外。
11	1978年《西班牙宪法》第13条第1款、第2款	根据国际条约、法律的规定，在西班牙的外国人享有宪法规定的自由。 仅西班牙公民享有参与公共事务的权利，根据对等原则，国际条约和有关市政选举中的选举权、被选举权的法律另有规定的除外。

资料来源：作者整理

一些国家给予长期居住的外国人或者引进的外国高层次人才一定的公民专属权利，例如选举权和被选举权，促进外国人与本国公民的和谐关系，优化引进用好外国高层次人才的环境。韩国移民法规定，在韩国居住5年以上的外国人可参加地方选举。意大利移民法规定，在意大利合法居住5年以上的移民，在参与移民和地方事务方面有选举和被选举权。法国移民法规定，优秀人才可以享受和法国公民基本同等的权利。2011年《匈牙利宪法》第23条第3款规定："所有被认定为难民、移民及定居在匈牙利的成年外国人在地方议员、市长选举中都享有选举权。"1980年《智利共和国宪法》（2014年修正）

第14条第1款规定:"在智利居住超过5年,年满18岁,未被判刑的外国人有权在法律规定的情况下依法定形式行使选举权。"

八、外交、领事特权与豁免

履行外交、领事职能的代表享有外交、领事特权与豁免,比一般外国人享有更充分的保护。为确保肩负外交、领事职能的人员不受当地的干扰和压力,独立地代表其派遣国政府或者国际组织履行职能,自由地同其派遣国政府或者国际组织联系,接收国有义务赋予履行外交、领事职能的代表以一定的特权和豁免已经成为国际关系实践中的一项国际习惯法规则。[①] 外交、领事特权与豁免方面的国际文件有:1946年《联合国特权和豁免公约》、1948年《联合国专门机构特权和豁免公约》、1964年《维亚纳外交关系公约》、1967年《维亚纳领事关系公约》等。

我国给予履行外交、领事职能的代表外交、领事特权与豁免。1986年、1990年,国务院分别通过了《外交特权与豁免条例》《领事特权与豁免条例》,规范外国人的外交、领事特权与豁免。1986年《外交特权与豁免条例》第12条规定:"外交代表人身不受侵犯,不受逮捕或者拘留。中国有关机关应当采取适当措施,防止外交代表的人身自由和尊严受到侵犯。"第14条规定:外交代表享有刑事管辖豁免,外交代表享有民事管辖豁免和行政管辖豁免。1990年《领事特权与豁免条例》第13条规定:"领事官员的寓所不受侵犯。领事官员的文书和信件不受侵犯。领事官员的财产不受侵犯,但本条例第14条另有规定的除外。"

我国确立了享有外交、领事特权与豁免权的外国人出入境的一般法律原则和规则。2012年《出境入境管理法》第91条规定:"外国驻中国的外交代表机构、领事机构成员以及享有特权和豁免的其他外国人,其入境出境及停留居留管理,其他法律另有规定的,依照其规定。"

---

① 国务院法制办公室政法司,中国武警学院.《中华人民共和国出境入境管理法》释义[G].北京:中国人民公安大学出版社2012,251.

我国明确了办理享有外交、领事特权与豁免外国人行政案件的程序。2012年《公安机关办理行政案件程序规定》第214条规定："违法行为人为享有外交特权和豁免权的外国人的，办案公安机关应当将其身份、证件及违法行为等基本情况记录在案，保存有关证据，并尽快将有关情况呈报省级公安机关，由省级公安机关商请同级人民政府外事部门通过外交途径处理。对享有外交特权和豁免权的外国人，不得采取限制人身自由和查封、扣押的强制措施。"

九、义务型外国人

义务型外国人是指强调义务而不是权利的外国人，与权利型公民相对应。外国人身份主要体现为对住在国的义务和责任。义务型外国人以国籍为唯一法律基础，以个人主义为哲学基础，通过制度性安排，在外国人与国家之间确定一种互为制约的关系模式，实现对公共权利的制约和外国人义务最大化。根据1928年《关于外国人地位的公约》、1966年《公民权利和政治权利国际公约》第2条、1966年《经济、社会和文化权利国际公约》第2条、1985年《非居留国公民个人人权宣言》、1981年《非洲人权宣言》第2条，一国应该将本国公民享有的人权和基本自由赋予在其境内非该国公民的任何个人。但是，任何国家有权颁布关于外国人入境及其居留条件的法律，或者区别公民和外国人的权利。各国除非受条约约束，否则可以根据属地优越权，对外国人的权利和义务做作出自由裁量。

义务型外国人引发过客外国人现象。实践中，各国只在人身和财产安全方面，特别是人身安全方面给予外国人与本国人平等的权利。由于长期和永久居留的外国人比临时居留的外国人对居留国尽更多义务，一国会给予长期居留的外国人更多权利。通常，各国不赋予外国人选举权、被选举权、参加公务权、参加政治活动权等政治权利，并限制外国人的出入境、就业、教育、医疗、投资、福利等经济、社会权利。过客外国人不愿与住在国融合，不积极申请从临时居留转为永久居留、从永久居留转为公民，并转移在居留国的资产和其他利益，与居留国公民产生矛盾冲突。

第四节 移民辨析

一、汉语、英语、日语中的移民

就国际人口迁徙而言，移民常与公民、外国人混用。国籍是确认一个人具有移民身份的最重要依据，但不是唯一依据。通常来说，在本国的具有外国国籍的人，为移民，反之，则不是。关于移民，没有一个被各界一致接受的定义，往往取决于国家或者国际组织的各自规定。在汉语中，移民是指以永久居留为目的在国内或者跨国迁徙的个人、群体，也指跨国迁徙行为。《辞源》提出，"移民是指迁往某一地区永久定居的人。"[①]《现代汉语词典》提出，移民是"居民由一地或一国迁徙到另一地或者另一国落户"。[②] 在英语中，移民对应migrant，migration，emigration，immigration，指迁徙个体、群体、行为，不强调以永久居留为目的。在日语中，移民是指"迁徙到外地或者外国去落户的人"。[③]

二、国际机构关于移民的定义

国际机构界定移民时，重在国际迁徙的个人或者群体，强调国际迁徙的期间、目的和自愿性，但倾向不受这些因素的限制。联合国经济和社会事务部统计司《国际移民数据统计建议》提出，移民是指任何一位改变了常住国的人，但因为娱乐、度假、商务、医疗或者宗教等原因而短期出国者，不包括在内。长期移民系迁徙到其国籍国以外的另一个国家至少12个月以上，迁徙的目的国实际上成为其新的常住国。短期移民系迁徙到其国籍国以外的另一个国家至少3个月以上、12个月以下。如果出国的目的是休闲度假、探亲访问、经商公务、治病疗养或者宗教朝拜，则不包括在内。[④]

[①] 广东、广西、湖南、河南辞源修订组、商务印书馆编辑部.辞源[G].北京：商务印书馆.2010，1540.

[②] 中国社会科学院语言研究所词典编辑室编.现代汉语词典[G].商务印书馆，2016，1545.

[③] 日本国际学会编.国际法辞典[G].北京：世界知识出版社.1985，197.

[④] DESASD (Department of Economic and Social Affairs Statistics Division, UN), *Recommendation on Statistics of International Migration*, Statistical Papers Series M. No. 58, Rev.1, New York: UN, 1998, 95.

国际移民组织《国际移民法：移民词汇》提出：Migrant是指"在国际层面上，……为提高物质或者社会条件，改善本人或者其家庭成员的发展前景，而迁徙到其他国家或者地区的人员"。Migrant包括跨国移出人员（emigrant）和跨国移入人员（immigrant）。Migration是指"跨越国家边境或者在一国内部进行迁徙的过程"。Emigration是指"为在其他国家定居，离开或者从某国出境的行为"。Immigration是指"非公民为定居而迁徙至本国的行为"[①]。国际移民组织强调移民与发展在互动中影响着全球化时代的历史进程，在人类文明进程中发挥重要作用，当探讨移民与发展时，移民是指不受任何外在因素胁迫、由个人自主作出移民选择的人，不包括难民、流亡者或者被迫离开家园的人。

联合国经济和社会事务部人口司指出，移民的定义不拘泥于居留时间和国籍，移民是指在国外出生的人口或者外国公民，难民和寻求庇护者，以及基于填充算法估计的缺失的有关国家国外出生人口或者外国公民。[②]

三、移民和移民国家

移民是一个非常复杂的群体和社会现象，涉及政治、经济、社会和安全等问题，涉及很多不同生活方式和背景的人。国际人口迁徙已经成为国际趋势。移民总人数及其占世界人口比例不断上升，无论是主动延揽世界优秀人才、技能人员和劳工，还是被动接受难民和其他非常规移民，都已经不可阻挡和不可逆转。移民总人数从1970年8446万，增长到1980年1.02亿、1990年1.53亿、2000年1.73亿、2013年2.32亿、2015年2.44亿、2017年2.58亿，2019年2.72亿，预计2050年增至4.05亿。2017年，劳务移民（20—64岁），占移民总量2.32亿的74%。移民占世界总人口比例由1980年2.3%，上升到

[①] 国际移民组织.国际移民法-移民词汇[G].日内瓦：国际移民组织.2008，22，33，43-45.

[②] United Nations, Department of Economic and Social Affairs. Population Division. Trends in International Migrant Stock: The 2017 Revision, United Nations Database, POP/DB/MIG/Stock/Rev.2017.

2000年2.8%，2015年3.3%，2019年3.5%，①但仍然是世界总人口的极小比例。世界上绝大多数人都生活在一个国家，在该国内部迁徙。

在全球化深入发展的时代，移民比任何时候都更能联系国家和民众。移民与地缘政治、贸易和文化交流交织在一起，为国家、企业和社区提供了巨大的获益机会。移民在国际迁徙中增加了收入，提高了技能，脱离了贫困和困境。移民在国家间转移资金、技术、技能、知识和思想，促进了各类生产要素的最佳配置，不仅减少了来源国的失业和不充分就业，促进了来源国经济和社会发展，而且弥补住在国劳动力和人才的短缺，缓解老龄化产生的养老金体系的压力，比当地居民更能承担风险和拼搏，促进了住在国的创新创业。

狭义上，移民国家是指传统移民国家，即以移民为主体的国家，移民通过和平或者战争的方式，驱赶或者同化了土著民族，在土著民族的土地上建立起的国家。②广义上，移民国家包括移民国家和非传统移民国家。非传统移民国家是指以本土民族为主体的国家，因为迁入的移民越来越多和丰富，逐渐演变成的多民族、多种族、多文化国家。③除美国、加拿大、澳大利亚和新西兰等传统移民国家外，德国、英国、法国、意大利等发达国家成为非传统移民国家。欧洲、亚洲的发达国家实现了从移民输出国到移民输入国、从传统民族国家到非传统移民国家的转变。

移民是全球化世界的一个决定性特征，移民对所有人有益。2018年12月10日，来自150多个国家的政府代表在摩洛哥的马拉喀什举行的国际会议上通过了《安全、有序和正常移民全球契约》。④2018年《安全、有序和正常移民全球契约》第10段规定，"移民是全球化世界的一个决定性特征，将所有区域内和跨区域的各个社会联系起来，使各国都成为来源国、目的地国和过境

---

① McAuliffe, Marie and Binod Khadria. *World Migration Report 2020*[G].Geneva: International Organization for Migration, 2020.
② 宋全成.论德国移民的社会一体化进程[J].德国研究 2006(2)，43-47.
③ 杨乃乔.简析欧洲移民历史进程及移民类型[J].天津社会科学2006(4)，56-59，111.
④ 150国政府联署通过《安全、有序和正常移民全球契约》[N/OL]. (2018-12-10) [2020-12-08], https://www.un.org/development/desa/zh/news/population/global-migration-pact.html.

国。"各国都是移民国家，只是在国际人口迁徙中的环节、地位不同。第13段规定，"安全、有序和正常的移民如能以充分知情、妥善计划和协商一致的方式进行，对所有人都有益。"

移民对东道国和原籍国都作出了积极贡献，促进了这些国家经济、社会、文化的发展。2017年联合国秘书长报告《让迁徙对人人有益》第20段指出："在经济上，移民、包括非正常途径移民所作的贡献是缴纳税款和其收入的约85%纳入东道国社会的经济。其余的15%以汇款形式寄回原籍社区。2017年，估计全球有5960亿美元的汇款，其中4500亿美元流向发展中国家。总计汇款是官方发展援助总额的三倍。实证研究确认，移民常常从事当地劳动力人口不愿意做的工作，以此促进经济活动，创造更多的就业机会。移民较之总体人口往往更多处于工作年龄，因此通常他们对税收作出的贡献大于作为回报从东道国获得的服务的费用"。2017年联合国秘书长报告《让迁徙对人人有益》第21段指出："移民带来有益于东道国社会的专门知识和创业精神，移居与原籍国的技能和教育方面的改进有关联。移民和回返者提出想法并激励其他人在经济领域奋发向上。移民社群可以通过在原籍国开展慈善、投资和创新事业而成为国与国之间的桥梁"。2017年联合国秘书长报告《让迁徙对人人有益》第22段指出："移居带来的好处并不一定始终如一。与许多断言相反，移民的存在对东道国其他工人的工资不具有长期的负面影响。但是，如果大量移民迅速进入一个劳动力市场，他们可能会对就业和工资产生短期的破坏稳定的影响。国家移居政策应考虑本地社区和劳动者的需求。"

四、社会学中的移民

我国社会学学者关注移民，就国际人口迁徙而言，是一种国际人口迁徙现象，一个跨越国家政治边界生存的特殊群体，可能保持、改变原国籍。有学者认为：国际移民属于一种跨越边界的国际人口迁徙现象和运动，来自个人和群体的自由意志，没有政府的强制。[1] 还有学者认为："跨越主权国家边

---

[1] 吴前进.当代国际移民概念及其全球化特征[J].现代国际关系 2004(8).

界，以非官方身份在非本人出生国居住达一年以上，即为国际移民。他们可能在迁徙后加入新的国家的国籍；也可能仍然保持原来国家的国籍，仅持有有效居住证件在异国居住；还有些人则可能同时持有多个国家的国籍。这是一个跨越国家政治边界生存的特殊人群。"①

五、法学中的移民

我国法学学者关注移民，就国际人口迁徙而言，是指出入境（国际人口迁徙）行为，从法律身份角度，是指永久居民。有学者认为：国际移民是伴随着国家的出现而产生的国际现象，是指一国公民依据其国籍所属国和前往国法律以及有关条约、国际惯例，到前往国或者地区长期或者短期居留的出入境行为。②还有学者认为："作为特定法律身份的移民，是指依法获得在非国籍国或者原常住国境内永久居留权的外国人。通常将以定居为真实目的而进行国际迁徙的活动者规定为移民，以短期入出境为真实目的而进行国际迁徙的活动者规定为非移民。"③还有学者认为：国际移民是指以在国籍所属国或者出生国以外的国家或者地区作长期或者短期居留为目的而出入国境的自愿或者非自愿迁徙活动。④

法学上的移民，广义上，是指所有跨国迁徙人员，不受迁徙原因、迁徙时间和迁徙空间限制；中义上，是指在他国居留，并获得了合法居留资格的移民；狭义上，是指在他国居留，并获得了永久居留资格的移民。迁入的移民是指移入的外国人，迁出的移民是指出国的本国公民。

按照移民的居留资格不同，可以将移民分为永久移民和临时移民。永久移民是指获得了其他国家永久居留资格的移民，也是狭义上的移民。根据永久迁徙的目的，可以将永久居民分为经济移民、亲属团聚移民和人道主

---

① 李明欢.国际移民政策研究[M].厦门：厦门大学出版社，2011.7.
② 翁里.国际移民法理论与实践[M].北京：法律出版社，2001，20.
③ 马金旗，马勇，吴华.国际移民法律制度比较研究[G].北京：中国人民公安大学出版社，2004，2-3.
④ 郝鲁怡.国际移民法律体系构建之初探[J].太平洋学报，2008(2).

义移民等。根据经济移民永久迁徙的基础，可以将经济移民分为技术移民和投资移民，前者是以自己的技能为主要条件永久迁徙另一国，后者是以自己的资产为主要条件永久迁徙另一国。依照亲属团聚移民永久迁徙的基础，可以将亲属团聚移民分为配偶移民、父母移民、子女移民和其他亲属移民，分别以配偶关系、父母子女关系、子女父母关系、亲属关系为主要条件永久迁徙另一国。

临时移民是指获得了其他国家临时居留资格的移民。根据临时迁徙的目的，可以将临时移民分为商务活动、探亲访友、文化交流、旅游观光、留学访学和避难的移民等。临时居留包括长期居留、短期居留、停留三种。各个国家对这三种居留的期限划分不完全一致，许多国家认为停留是指居留时间不超过三个月，短期居留是指居留时间三个月以上一年以下，长期居留是指居留时间一年以上。中国2012年《出境入境管理法》第30条第3款规定："外国人工作类居留证件的有效期最短为九十日，最长为五年；非工作类居留证件的有效期最短为一百八十日，最长为五年。"

根据任何标准对移民的分类，是在某一时间、地域节点，对国际迁徙人口相对客观的分类，无法完全使移民在划分的类别中处于非此即彼的位置。国际迁徙是一种富含主观心理，以国际迁徙行为为表象的复杂社会活动。迁徙的时间、目的、意愿和方式等因素在迁徙者主观心理和所处客观环境的影响下，可能一直保持不变，也可能时刻处在变化之中。例如，永久移民抵达目的地国后，由于不喜欢目的地国而很快离开，成为实质上的临时移民。以亲属团聚为目的的定居者，可能在迁徙后，从事着与经济移民类似的经济活动，与经济移民无异。商务活动、探亲访友、文化交流、旅游观光、留学访学、永久迁徙之间相互交织和转换，是一件经常发生的事情。

六、移民法中的移民

在很多国家的移民法中，移民通常指出入境行为，特别是永久居留行为。1991年《印度尼西亚共和国移民法》第1条第1款第1项规定："移民事务是指有关入出印度尼西亚共和国过境的人们的一切来往事项，以及监督在境内的外国人。"2002年《南非移民法》序言第1段规定:"本法对外国人的进入、居留及离开南非及有关事项进行规定,旨在建立一个新型的移民管理体系。"有学者总结有关国家和地区的移民法后提出:"移民法律范畴的移民概念,分为法律名称范畴的移民和法律身份范畴的移民,具有两种不同的含义。作为法律名称的移民,泛指受法律规范的出入境行为。作为法律身份的移民,是指依法获得在非国籍国或者原常住国境内永久居留权的外国人。"[①]

移民与外国人,特别是取得永久居民资格的外国人同义。1979年《泰国移民法》第4条规定:移民是指进入泰国的外国人。2003年《澳大利亚移民法》第13条规定:移民是指合法非公民和非法非公民,在移民区持有有效签证的非公民具有合法的非公民资格,在移民区不具有合法的非公民资格的人是非法的非公民。1952年《美国移民和国籍法》第101条第a款第15项规定:移民是指不属于非移民类别的所有外国人。[②]

七、移民法与出入境管理法的关系[③]

虽然移民法和出入境管理法的调整对象都以国籍为依据,主要针对外国人,但是两者在立法目的、立法考虑因素和调整手段上有巨大差别。

在内容上,移民法比出入境管理法更全面。出入境管理法以出入境为核心,围绕人员和交通工具出入境,规范入境、出境和居留,主要解决出入境的条件、审批、检查和处罚等问题。移民法以移民为核心,将入境、出境和居留与国籍、护照、归化、融入、经济、文化等问题放在一起,通盘解决出

---

① 马金旗,马勇,吴华.国际移民法律制度比较研究[G].北京:中国人民公安大学出版社,2004, 2-3.

② 移民法名称、政府移民部门名称、移民报告题目的移民与移民项目、移民职业清单、移民配额中的移民的含义不尽一致。前者,例如美国和加拿大有关部门(U.S. Citizenship and Immigration Service, Department of Homeland Security, Office of Immigration Statistics, Yearbook of Immigration Statistics, U.S. Immigration and Nationality Act, Canada Immigrant and Refugee Protection Act),移民都是指所有跨国迁徙外国人。后者,例如美国移民项目、加拿大联邦技术移民综合排名系统(Comprehensive Ranking System)、澳大利亚紧缺移民职业清单(Migration on Demand List)等,移民都是指永久居留外国人。

③ 刘国福.移民法的最新发展:兼论中国出入境管理法的改造和重塑[J].河南财经政法大学学报 2008(5).

入境的条件、审批、检查和处罚，以及移民对本国的影响、移民政策与劳工市场的关系、移民对象、吸收移民方法、新移民融入、移民权益保护、非法移民以及移民各个环节衔接等问题。

在立法目的上，移民法旨在为国家利益，统筹管理即将入境和已经入境的非公民，甚至包括归化入籍公民。出入境管理法重在规范出境入境管理。2003年《澳大利亚移民法》第4条第1款规定："本法目的是在保护澳大利亚国家利益的基础上规定非澳大利亚公民入境和居留。"美国制定了《移民与国籍法》，统筹规范移民行为和国籍行为。出入境管理法一方面要维护国家主权、安全和社会秩序，另一方面要便利人员和交通运输工具出境入境，促进对外交往。许多国家都要求外国人在申请签证时，必须提供居住12个月以上国家的无犯罪记录证明。2000年《越南外国人入境、出境、居留、旅行管理法》第1条第1款规定：越南为入境、出境和过境的外国人提供方便。

在立法考虑因素上，政府制定出入境管理法，主要考虑国家安全和国际交往等因素；制定移民法，还同时考虑经济理性、人力资源和人道主义等因素。经济发展与合作组织（OECD）在2003年指出，移民法过多考虑经济理性，只选择需要的技能人才，会出现一些问题。例如仅适用于某些狭窄领域的技能，随着社会发展，其价值会降低。[①] 经济理性强调控制预算和提高效率，人力资源强调吸引需要的人才，特别是高层次人才。公民必须具有较高的教育背景和专业能力，才能在信息时代和智能时代创造更高的经济价值，应对不断变化的国际经济形势，与移民共同发展和成长。

调整手段上，出入境管理法主要通过行政手段进行直接管理。移民法除运用行政手段外，大量运用经济、社会、技术手段进行间接管理。移民管理的经济手段主要由劳动力市场测试、紧缺职业清单、保证金、收入等。移民管理的社会手段主要有成就、安居服务，政府购买社会组织服务等。移民管理的技术手段主要有积分评估、人才数据库、职业协会评估和入籍考试等。

---

① Richard, Bedford. Skilled Migration In and Out of New Zealand: Immigrants, Workers, Students and Emigrants [J]. Department of Immigration & Citizenship Commonwealth of Australia, 2006. 245.

新西兰移民局在2005年年报中指出：移民法最优先考虑满足竞争激烈的劳工市场对紧缺技能的需求，实现这一目的最有效的方式是永居、临居工作和学习签证混合的签证体系。[①] 移入国考虑平均收入、行业收入、职业收入的差异，确定国家认可的收入标准，减少和消除收入反映雇主认可的外国人自身价值的差异，鼓励雇主聘用紧缺职业的外国人才，支持收入达到标准的外国人才申请技术移民。澳大利亚、奥地利、新加坡、日本等发达国家及中国香港地区，重视成就在评估外国人技能、杰出表现中的地位和作用。由于成就具有滞后性、取得难度大等特点，对于专业人才，通常作为技术移民积分评估的基本因素之一或者奖励因素。对于杰出人才，成就作为评估杰出的最重要因素，以成就评估杰出，衡量作出的贡献。

第五节 结 论

公民，在一些国家又称国民，是国籍法的规范对象，是指具有一国国籍、公民资格或者国民资格的人。古希腊的公民是拥有政治权利的特权阶层。古罗马沿承古希腊的公民制度，公民是特权阶层，主要是指拥有某些法律、财产和政治权力特权的社会身份的人。在中世纪，反映平等的公民概念被反映不平等的臣民概念所取代。现代意义的公民概念始于17—18世纪欧洲资产阶级革命时期，确立了人与人之间的平等地位。古代中国无公民的概念，通常使用类似词是民、子民、臣民、庶人、百姓等。清朝用国民。中华民国将国民与人民通用。1949年《中国人民政治协商会议共同纲领》，用人民、国民，不用公民。中华人民共和国成立后，具有国籍的人都是公民，不用国民，同时使用人民。

国家给予外国人荣誉公民称号，表彰为该国作出了巨大贡献的外国人。欧盟公民是欧盟成员国公民，不存在脱离欧盟成员国国籍的欧盟公民。对于具有一国国籍的人，日本等少数国家称之为国民，美国等少数国家称之为公民和国民。一国有权规定个人的公民资格和国籍是否同义、公民和国民是否同义。公

---

① Richard, Bedford. Skilled Migration In and Out of New Zealand: Immigrants, Workers, Students and Emigrants [J].Department of Immigration & Citizenship Commonwealth of Australia, 2006. 241.

民有权获得国家保护，有义务对国家效忠。国家保持与境外公民、海外同胞的联系，发挥他们在经济社会发展中的独特作用。国家限制归化入籍公民的权利和双重国籍人的权利。权利型公民是指强调权利而不是义务的公民。

外国人与公民或者国民一样，都是国籍法的规范对象。国际法学者普遍认为，外国人是指不具有本国国籍而具有其他国家国籍的人。我国和其他国家的法律辞典都强调外国人是不具有本国国籍的人。凡不具有本国国籍的人，包括无国籍人，都是外国人。国家平等地保护外国人权利，不因国籍而有区别。国家有限保护外国人权利，外国人因为不具有某国国籍，不能享有该国公民的专属权利，国家对等保护外国人权利，遵守国际法或者按照国际互惠对等原则。国家主动保护外国人权利，按照本国法，更多地兼顾本国法、国际法，避免在处理外国人事务时陷入被动。国家特别保护与本国紧密联系、对本国有重要价值的外国人权利。履行外交、领事职能的代表享有外交、领事特权与豁免，比一般外国人享有更充分的保护。义务型外国人是指强调义务而不是权利的外国人。

移民，就国际人口迁徙而言，常与公民、外国人混用。关于移民，没有一个被各界一致接受的定义，往往取决于国家或者国际组织的各自规定。在汉语中，移民是指以永久居留为目的在国内或者跨国迁徙的个人、群体，也指跨国迁徙行为。国际组织界定移民时，重在国际迁徙的个人或者群体，强调国际迁徙的期间、目的和自愿性，但倾向不受这些因素的限制。狭义上，移民国家是指传统移民国家。广义上，移民国家包括移民国家和非传统移民国家。我国社会学学者大多认为移民是一种国际人口迁徙现象，一个跨越国家政治边界生存的特殊群体，可能保持、改变原国籍。我国法学学者多认为移民是指出入境（国际人口迁徙）行为，从法律身份角度，是指永久居民。移民法和出入境管理法的调整对象都以国籍为依据，主要针对外国人，但是两者在立法目的、立法考虑因素和调整手段上有较大差别。

第三章

国籍法辨析

研究国籍法,除辨析国家、国籍、国籍权、公民、外国人和移民外,还应辨析国籍法,分析国籍法的概念、性质、立法模式和基本原则,及国籍标准,厘清国籍法的基本情况。

第一节 国籍法的概念、性质和立法模式

一、国籍法的概念

随着现代国家的形成,世界各国纷纷制定国籍法。国籍法(nationality law),又称公民籍法、公民资格法(citizenship law),是指关于国籍的取得、变更、保留等问题的法律规范的总称。国家的存在以政府的存在为条件之一,政府是在一个特定的领土内对一群特定的人行使权力。各国通过国籍法规定国籍,将世界的全体人类分配给各个国家,这是国籍法的目的。[①] 通过国籍法规定国籍,要维护国籍主权,巩固国家统一,维护民族团结,还要保护国籍权,保护侨胞正当权益,正确处理国籍问题。所有自然人都应具有国籍,尽管一些人可能没有国籍,是无国籍人。国籍法既是国内法,又牵涉到国家关系和外交关系,是一部重要法律。[②] 国籍法以国内法为主要渊源,以国际法为次要渊源。

---

① 李双元,蒋新苗.现代国籍法[G].武汉:武汉大学出版社.2016.5.
② 武新宇.关于《中华人民共和国国籍法(草案)》的说明[R].1980年9月2日在第五届全国人民代表大会第三次会议上.

二、国籍法的性质

国籍法在本质上是国内法,具有行政法的属性。国籍涉及国家主权以及重要利益,属于国内法管辖事项。国籍法确定任何国家都不可或缺的构成要素之一——人口,即具有本国国籍者,谁具有本国国籍,与国家利益密切。卢塞法官(Russel J.)在史托克案(Stoeck v. Public Trustee)中认为:一个人属于何国的问题,最终必须由该个人所宣称属于或者被宣称属于的国家之国内法来决定。① 1930年《关于国籍法冲突的几个问题的公约》第1条规定:每一国家依照其本国法律决定谁是其国民。1997年《欧洲国籍公约》序言第8段规定:"各缔约国承认每一个国家可依其国内法决定公民取得或者拥有他国国籍的后果。"第3条第1款规定:"各国依照其本国法律决定谁是其国民。"

基于国籍法的国内法性质,许多国家通过国内法规定本国国籍的取得、变更、保留等,并涉及其他国家国籍。在未经其他国家同意的情况下,将本国国籍强行赋予其他国家公民,是侵犯这些国家的国籍主权,引起了这些国家的抗议。1910年《荷兰东印度籍民条例》规定,凡属当地出生的华侨一律成为荷兰国民。针对这个条例,清朝外务部向荷兰公使提出抗议:"各国通例,除人民自愿入籍外,断无以法强制强迫入籍之事。华侨在荷属相安已久,荷亦久已认为中国人民,乃忽颁新律,勒限入籍,实违公理。"② 吴庭琰在南越执政时,曾于1953年、1955年和1957年修改国籍法,强迫华侨加入越南国籍。结果,许多华侨被迫取得了越南国籍。③

国籍法具有国际法的属性,牵扯到国家关系和外交关系。国籍不是孤立的国内法、国际法事项,是连结国内法与国际法的纽带。各国普遍认识到国籍已经超越国内法律保留的范围,国籍立法应当受到国际法的限制,尊重国

---

① I.A.谢若(Sherrer, I.A.).陈锦华译.国际法[M].中国台北:五南图书出版公司.1999,432-433.
② 袁丁.近代侨政研究[M].香港:香港天马图书有限公司.2002,134.
③ 中华人民共和国国务院公报1957年22期.华侨事务委员会关于南越政府强迫华侨改变国籍事件的声明[DB/OL]. (2020-8-21) [2020-12-08]. https://pay.cnki.net/zscsdoc/download?filename=GWYB1957220000&dbtype=CJFD&plat=mall&flag=mall.

际法的原则和惯例。[①] 1997年《欧洲国籍公约》第3条规定："1. 各国依照其本国法律决定谁是其公民。2. 此项法律只要不违背国际公约、习惯国际法以及一般公认的国籍法律原则，其他国家应予以承认。"

国家间通过缔结条约、公约解决国籍冲突问题，在国籍问题上承担程度不等的国际义务。常设国际法院在1923年英国诉法国、突尼斯和摩洛哥国籍法案的咨询意见中指出：国家在国籍法问题上享有国内立法权，但是在立法时，应该考虑到受其国籍立法影响的其他国家和有关个人的利益。1961年《减少无国籍状态公约》第1条第1款规定："缔约国对于在其领土内出生且非经授予国籍即无国籍者，应授予该国国籍。……" 1958年《中国和印度尼西亚关于双重国籍问题的条约》第1条第1款规定："缔约双方同意：凡属同时具有中华人民共和国国籍和印度尼西亚共和国国籍的人，都应根据本人自愿的原则，就中华人民共和国国籍和印度尼西亚共和国国籍中选择一种国籍。"

国籍法正从排外性的单一国籍法律向包容和开放的双重国籍法律发展。双重国籍对于促进和方便合法定居外国人归化，实现移民深度融合非常重要。1993年《关于减少双重国籍与双重国籍下兵役义务公约》第二议定书和1997年《欧洲国籍公约》反对长期存在的避免双重国籍的原则，标志着对以往排外性的单一国籍法律的扬弃。推动国籍法从排外性的单一国籍法律向包容和开放的双重国籍法律发展的主要动力是大量国际移民的融合需求、因双重国籍产生的效忠冲突的概率极低，解决了因双重国籍产生的担任公职、服兵役义务、外交保护、求偿等冲突及因国籍国与住在国分离产生的权利义务背离等问题。

三、国籍法的立法模式

早期国籍法采用分散立法模式，关于国籍问题的规定散见于宪法、民法等法律，没有专门的国籍法。世界上第一次国籍立法始于1791年《法国宪

[①] 肖永平，郭明磊.论国籍观念的演进与国籍法的变革[J].法学评论2007(6)，69.

法》。① 1791年《法国宪法》是法国大革命初期通过的君主立宪制宪法，是法国历史上第一部成文宪法，是法国从传统的贵族社会跨入近代公民社会的法律标志，体现了启蒙思想家的政治学说，确立了三权分立的原则，保护公民的信仰、言论、出版、集会、结社等自由。很多国家效仿法国的国籍分散立法模式，在宪法、民法中规定国籍。通过宪法、民法规定国籍，内容比较简单和原则，政策引导性强，法律操作性弱。

1791年《法国宪法》比较全面地规定了国籍事务，包括出生取得公民资格、归化取得公民资格、入籍证书和誓言、丧失公民资格、承认外国人的外国国籍等，形成了国籍法的雏形。1791年《法国宪法》第二篇王国的区划及公民的资格第2条规定："下列之人为法国公民：凡出生于法国而其父亲为法国人者；凡出生于法国且在王国内有一定的居所，而其父亲为外国人者；凡出生于外国而其父亲为法国人，回来后定居于法国且已宣读公民誓言者；最后，凡出生于外国，且系因宗教信仰关系而离开祖国的法国男子或者女子的任何亲属的后裔，现在住在法国并已宣读公民誓言者。"第3条规定："凡出生于王国之外而其父母均为外国人，但现在住在法国且在王国内连续居住5年以上，如其在法国置有不动产或者娶法国女子为妻或者经营农业或者商业并且已经宣读公民誓言者，亦得成为法国公民。"第4条规定："立法权得因重大事由而对外国人发给入籍证书，但该外国人必须在法国确定其住所并宣读公民誓言。"第5条规定："公民誓言如下：'我宣誓忠于国家、忠于法律和忠于国王，并以我的一切能力来支持国民制宪议会于1789年、1790年和1791年所制定的王国宪法。'"第6条规定："法国公民的资格因下列事由而丧失：因入外国国籍；因被判处带有褫夺公权的刑罚，当被判罪者尚未获得复权之时；因被缺席判决，当该判决尚未被废弃之时；因加入外国的各种骑士团，或者因加入那些须凭贵族凭证、须根据出身门第或者需要宗教许愿的各种外国团体。"1791年《法国宪法》第六篇法国与外国的关系第3条规定："外国人无论定居于法国与否，均得继承其外国国籍的或者法国国籍的亲属。"

---

① 刘颖，吕国民.国籍法的现代发展趋势[J].中南民族大学学报(人文社会科学版)2003(6)，59-62.

20世纪后,由于交通技术的发展,国际人口迁徙日趋频繁,跨国婚姻、跨国收养不断增加,国籍关系日益复杂,涉及的关系及衍生的问题日益增多,特别是第二次世界大战后诞生了许多新兴的民族国家,分散立法模式的简单、原则规定满足不了调整国籍关系、解决国籍问题的实际需要。国籍法专门立法模式应运而生,并蔚然成风,成为通行立法模式。中国第一部国籍法是1909年清政府颁布的《大清国籍条例》。中华人民共和国第一部,也是唯一一部国籍法是1980年颁布的《国籍法》。

国籍法专门立法模式未取代分散立法模式,大部分国家两者并行。由于国籍对于个人和国家的极端重要性,国家在制定专门国籍法的同时,依然在宪法中,以条款,甚至依专章或者专节规定国籍。如表3—1,《世界各国宪法文本汇编》汇编了134个国家的宪法,其中50个国家的宪法依专章或者专节规定了国籍,占37%。[①] 其中,亚洲为马来西亚、尼泊尔、乌兹别克斯坦、印度4个国家,欧洲为马耳他、安道尔,北美洲为美国、墨西哥,南美洲为巴西、巴拉圭等35个国家,大洋洲为巴布亚新几内亚、瑙鲁等5个国家。例如,1957年《马来西亚联邦宪法》(2009年修正)第三部分公民资格,1949年《印度宪法》(2006年修正)第二篇公民资格,1988年《巴西联邦共和国宪法》(2012年修订)第三章国籍,1917年《墨西哥和众国政治宪法》(2013年修订)第二章墨西哥人和第四章墨西哥公民,1981年《安提瓜和巴布达1981年宪法法令》第八章公民身份等。

宪法以专章或者专节规定国籍权、国籍法律保留、丧失国籍等重要国籍事务的基本原则,为制定专门的国籍法提供宪法遵循。1957年《马来西亚联邦宪法》(2009年修正)第三部分公民资格用3章18条的篇幅规定了公民资格的取得、公民资格的终止、英联邦公民资格、公民资格证书等。1989年《乌兹别克斯坦宪法》(2008年修正)第6章国籍规定了国籍平等、双重国籍、国籍法律保留、保护外国人和无国籍人权利等。1917年《墨西哥和众国政治宪法》(2013年修订)第二章墨西哥人规定了以出生或者归化取得国籍的条件,

---

① 朱福惠,胡婧.世界各国宪法文本汇编[G].厦门:厦门大学出版社.2015.11.

限制双重国籍人权利,第四章墨西哥公民规定了成为公民的条件、国籍不被剥夺、丧失国籍等。1999年《委内瑞拉玻利瓦尔共和国宪法》(2009年修正)第二章专门规定了国籍和公民资格,规定了出生国籍、归化国籍、丧失国籍、剥夺国籍、放弃国籍、取得公民资格、丧失或者放弃公民资格等。

宪法以专章、专节规定复杂的国籍,凸显了国籍在国家事务中的重要地位,体现了国家对国籍事务的高度重视,从宪法角度解决复杂的国籍问题。国籍是个人从国家获得法律资格、与国家之间建立的法律联系,体现为其权利和义务的总和,对于个人的生存和发展必不可少。由于历史发展、领土变化、种族、民族、宗教等原因,一些国家面临复杂的国籍问题。1868年,美国国会通过1789年《美利坚合众国宪法》第14条修正案,确立了国籍的出生地原则。第1款规定:在合众国出生或者归化于合众国并受合众国管辖的人,均为合众国和他所居住的州的公民。1949年《印度宪法》(2006年修正)第二篇公民资格解决了由于独立、领土变化、海外裔等原因产生的复杂国籍问题,包括宪法生效时的公民资格,从巴基斯坦移居到印度的公民权,移往巴基斯坦者的公民权,现居印度境外的印度裔人的公民权,自愿取得外国国籍者不得成为印度公民等。2007年《尼泊尔临时宪法》第二章国籍解决了由于拥有永久住所、无父无母儿童、并入领土、外国妇女(不含外国男子)与尼泊尔公民结婚等原因产生的复杂国籍问题。

表3—1 部分国家宪法以专章、专节规定国籍(公民身份、公民资格)

序号	宪法	专章、专节
1	1957年《马来西亚联邦宪法》(2009年修正)	第三部分公民资格
2	2007年《尼泊尔临时宪法》	第二章国籍
3	1989年《乌兹别克斯坦宪法》(2008年修正)	第六章国籍
4	1949年《印度宪法》(2006年修正)	第二篇公民资格
4	1993年《安道尔宪法》	第二章国籍
5	1964年《马耳他宪法》(2007年修订)	第三章公民资格
6	1789年《美利坚合众国宪法》	第14条修正案
7	1917年《墨西哥和众国政治宪法》(2013年修订)	第二章墨西哥人 第四章墨西哥公民
8	1981年《安提瓜和巴布达1981年宪法法令》	第八章公民身份

续表

序号	宪法	专章、专节
9	2011年《巴拉圭共和国宪法》	第三章国籍和公民资格
10	1972年《巴拿马共和国宪法》(2004年修订)	第二章国籍与侨民
11	1988年《巴西联邦共和国宪法》（2012年修订）	第三章国籍
12	2008年《玻利维亚共和国新宪法》（2013年修订）	第五编国籍和公民身份
13	1981年《伯利兹宪法》	第三章公民资格
14	2010年《多米尼加共和国宪法》	第五章第一节国籍
15	2010年《多米尼克国宪法》	第七章国籍
16	2011年《厄瓜多尔共和国宪法》	第一编第二章女性和男性公民
17	1991年《哥伦比亚共和国宪法》（2013年修正）	第三章第一节国籍
19	1949年《哥斯达黎加共和国宪法》（2011年修订）	第二编哥斯达黎加公民
20	1973年《格林纳达宪法》（1992年7月修订）	第七章公民资格
21	1976年《古巴共和国宪法》（2003年修订）	第二章国籍
22	1980年《圭亚那合作共和国宪法》（2007修正）	第四章公民资格
23	1987年《海地共和国宪法》（2012年修正）	第二编国籍
24	1982年《洪都拉斯宪法》（2012年修正）	第二编国籍与公民
25	1979年《基里巴斯国宪法》（1995年修订）	第三章国籍
26	1986年《尼加拉瓜共和国宪法》（2014年修正）	第三章 尼加拉瓜国籍
27	1983年《萨尔瓦多宪法》（2014年修订）	第四编国籍
28	1983年《圣克里斯托弗和尼维斯宪法》	第八章国籍
29	1979年《圣卢西亚宪法法令》	第七章公民权
30	1979年《圣文森特和格林纳丁斯宪法》	第七章国籍
31	1987年《苏里南共和国宪法》（2002年修订）	第一章第三节国籍
32	1976年《特立尼达和多巴哥共和国宪法》（2013年修订）	第二章公民身份
33	1985年《危地马拉共和国政治宪法》(1993年修订)	第三篇第二章国籍和公民身份
35	1999年《委内瑞拉玻利瓦尔共和国宪法》（2009年修订）	第二章国籍和公民身份
36	1966年《乌拉圭东岸共和国宪法》（2004年修订）	第三编公民资格和选举权
40	1962年《牙买加宪法》（2011年修订）	第二章公民权
43	1980年《智利共和国宪法》（2014年修订）	第二章国籍与公民
45	1966年《巴巴多斯宪法》（2007年修订）	第二章公民资格
46	1975年《巴布亚新几内亚独立国宪法》（2006年修订）	第四编国籍
47	2013年《瑙鲁共和国宪法》	第八章国籍
48	1978年《所罗门群岛宪法》（2014年修订）	第三章公民身份
49	1978年《图鲁瓦宪法》（2010年修订）	第三章公民资格
50	1988年《瓦努阿图共和国宪法》	第三章公民

资料来源：作者整理

第二节 国籍法的基本原则

国籍立法是国内法的范畴,但是应符合国际法规定的国籍基本原则。自1930年《关于国籍法冲突的几个问题的公约》于1937年生效以来,10多个国籍方面的国际文件相继被签署和生效,衍生出国籍自由,国籍平等,国家国籍主权,防止和减少国籍冲突、解决国籍冲突问题,国籍法律保留等基本原则,并被遵守和实施。

一、国籍自由

(一)国籍自由

国籍自由原则,又称国籍自愿原则,指取得、变更和保留国籍是一个人固有的权利,一国应尊重个人意愿,允许选择国籍,不得强迫任何人取得国籍,也不得任意变更、剥夺任何人的国籍。"一为臣民、永为臣民"的永久效忠制度已经不存在。[1] 基于该制度的强制变更国籍原则被摒弃,取而代之的是国籍自由原则。国籍自由原则中的"国籍"往往指一国国籍。

国家是否允许外国人申请入籍,以及允许具备什么条件的申请入籍,属国内法管辖事项。外国人可以申请入籍,国家没有批准外国人入籍申请的义务,可以拒绝外国人的入籍申请。1997年《波兰共和国宪法》第34条第2款规定:"非经本人宣告,波兰公民不丧失波兰国籍。"1993年《俄罗斯联邦宪法》(2008年修正)第6条第3款规定:"不能剥夺俄罗斯公民的改变国籍的权利。"

(二)选择先前国国籍、继承国国籍

国家给予国家继承涉及的人国籍选择权,允许选择先前国国籍、继承国国籍。2000年《国家继承涉及的个人国籍问题》第26条规定,在国家继承时,由先前国和继承国给予国家继承涉及的人国籍选择权,先前国和继承国应将国籍选择权给予有权得到先前国和继承国国籍或者两个或者多个继承国国籍的有关的人。

---

[1] 李双元.现代国籍法[G].长沙:湖南人民出版社.1999.75.

（三）不因放弃、被剥夺国籍处于无国籍状态

国家尊重个人国籍自由时，应确保其不因为放弃、被剥夺国籍处于无国籍状态。1961年《减少无国籍状态公约》第7条第1款第1项、第7条第2款规定："（1）（a）依缔约国法律得放弃国籍时，放弃国籍者除具有或者取得另一国籍外，其国籍不因放弃而丧失……（2）依缔约国法律得放弃国籍时，放弃国籍者除具有或者取得另一国籍时，其国籍不因放弃而丧失。"1997年《欧洲国籍公约》第7条第3款规定：只要有可能导致关系人处于无国籍状态，各缔约国便不得依国内法剥夺该关系人的国籍。1949年《德意志联邦共和国基本法》第16条第1款规定："德国国籍的丧失仅可依据法律，违背公民意愿变更国籍，以不使其成为无国籍人为限。"

（四）取得多国国籍

取得多国国籍自由是取得一国国籍自由的延伸和发展。国籍自由不再限于一国国籍。1966年《公民权利和政治权利国际公约》第24条第3款规定，"每一儿童有权取得一个国籍。"1969年《美洲人权公约》第20条第1款和1997年《欧洲国籍公约》第4条规定，"人人都有权取得一国国籍。"基于对国籍是一个人固有权利的认可，取得一国国籍原则有了发展。一国不得否定其公民取得另一国籍的权利，亦即，一个人有取得多国国籍的自由。1994年《阿拉伯国家人权宪章》第24条规定，"不得剥夺任何人的原始国籍。没有法定的有效原因，不得否定任何人取得另一国籍的权利。"2006年《欧洲关于避免在国家继承方面出现无国籍状态的公约》第2条规定，拥有被继承国家国籍者因国家继承成为或者将成为无国籍者，有权获得有关国家的国籍。

二、国籍平等

国籍平等原则，又称国籍不歧视原则，是指人人平等地享有取得、变更、保留国籍的权利，不因性别、种族、宗教、肤色、财产、语言、政治观点、民族和是否婚生等，受到歧视。国籍平等原则主要表现在国籍统一和平等、妇女国籍平等权、不歧视国籍申请人等方面。国际文件规定了国籍平等原则。1999年《欧洲防止和减少无国籍人建议》第I条第a项规定："关于取得、持有、

丧失、恢复或者证明国籍的法律和行政惯例，不应该基于性别、宗教、种族、肤色或者民族，作导致歧视的区别性规定。"2000年《关于国家继承涉及的自然人国籍问题》（联合国大会第55/153号决议）第15条规定："有关国家不得以基于任何理由的歧视，剥夺有关的人在国家继承中保留或者取得国籍的权利或者作出选择的权利。"

（一）国籍统一和平等

国籍统一和平等是指不因取得国籍理由的不同而分割、区别对待国籍。如表3—2，一些国家宪法规定，国籍是统一和平等的，不论是依出生取得，还是因归化取得，都不应因取得的理由不同而分割、区别对待。分割、区别对待以不同理由取得的国籍会割裂公民群体，形成某类公民意识而不是公民共同体意识，使不同公民之间相互排斥，减少所有公民对国家的统一归属感，不利于建构民族国家，实现国家统一和民族团结。1995年《哈萨克斯坦共和国宪法》第10条第1款规定："国籍是统一和平等的，不因国籍取得的理由不同而有所区别。"1993年《俄罗斯联邦宪法》（2008年修正）第6条第1款规定：俄罗斯联邦国籍是统一和平等的，不因国籍取得的依据不同而有所区别。

表3—2 部分国家宪法关于国籍统一和平等的规定

序号	宪法	内容
1	1995年《哈萨克斯坦共和国宪法》第10条第1款	国籍是统一和平等的，不因国籍取得的理由不同而有所区别。
2	1978年《斯里兰卡民主社会主义共和国宪法》第26条第3款	无论基于何种目的，均不得基于公民资格的获得方式（无论是通过出生还是由登记获得）而区别对待斯里兰卡公民。
3	1992年《乌兹别克斯坦共和国宪法》（2007年修正）第21条第2款	乌兹别克斯坦共和国籍对所有人平等，不论其获得方式。
4	2005年《伊拉克共和国宪法》（2006年修订）第18条第1款	任何伊拉克人均得享有伊拉克公民资格，此乃其国籍的基础。
5	1993年《俄罗斯联邦宪法》（2008年修正）第6条第1款	俄罗斯联邦国籍是统一和平等的，不因国籍取得的依据不同而有所区别。
6	1988年《巴西联邦共和国宪法》（2012年修正）第12条第2款	法律不得区别依出生取得、因归化取得巴西国籍之人，但本宪法做出例外规定的除外。

资料来源：作者整理

区别对待国籍，限制归化入籍公民、双重国籍人的权利，应遵守国籍法律保留原则，由宪法或者法律作出规定。

（二）妇女国籍平等权

1. 妇女不享有国籍平等权的情况

妇女国籍平等权是指妇女与男子享有取得、变更、保留国籍，将国籍传给子女和配偶的平等权利。包括：（1）妇女取得、变更和保留国籍；（2）妇女平等传给子女国籍；（3）妇女平等传给配偶国籍。在国籍法中尊重性别平等，对保障妇女人权至关重要。妇女国籍平等权提高妇女参加政治和生活、就业、旅行和获得资源及财产的机会，增强经济和社会独立、逃离虐待和暴力的能力。

历史上，血统原则、出生地原则向父亲国籍倾斜，父亲血统优先，妇女更可能迁往丈夫国家，依婚姻取得丈夫国籍。在20世纪初，人们基于家长制理念普遍同意，依照从属国籍或者家庭国籍统一原则，同一家庭应具有同一国籍，否则可能产生不同效忠的问题，整个家庭的国籍以丈夫国籍为准。[①] 妇女在行使国籍平等权方面遇到障碍，包括：（1）不能平等和自主地领取用于证明国籍的护照、身份证、出生证、结婚证等证件；（2）无法出示国籍证明文件，或者由于流离失所或者被贩运等原因无法合理取得国籍证明文件；（3）无意中对妇女国籍平等权造成歧视性影响。[②]

一些国家存在妇女不享有国籍平等权的情况，歧视性国籍法不当地体现了从属国籍或者家庭国籍统一原则。2017年，联合国难民署指出：25个国家不承认妇女与男子传给子女国籍平等的权利，50多个国家不承认妇女享有与男子平等的取得、变更和保留国籍或者将国籍传给配偶的权利，包括布隆迪、

---

① International Law Association Committee on Feminism and International Law, *Final Report on Women's Equality and Nationality in International Law*[R], London, 2000, p. 17; Freeman, Marsha A., Christine Chinkin and Beate Rudolf, *The UN Convention on the Elimination of All Forms of Discrimination Against Women: A Commentary*[G], Oxford Commentaries on International Law 2012, 234.

② 2017年《联合国人权事务高级专员关于法律和实践中促进妇女平等国籍权方面最佳做法专家讲习班的纪要报告》第35段。

伊拉克、黎巴嫩、利比里亚、利比亚、索马里、苏丹和叙利亚等国家。①

妇女不享有国籍平等权表现在限制妇女取得、变更和保留国籍，将国籍传给子女、配偶的能力。家庭法、刑法和民事登记制度等法律、政策和制度歧视妇女会导致妇女及其家人在国籍权方面遭受歧视。《巴哈马国籍法》规定：巴哈马妇女与外国男子结婚，不能像巴哈马男子一样将国籍传给配偶。如果该外国配偶无国籍，则他将继续保持无国籍状态。《科威特国籍法》第5条规定：不允许同外国人结婚的科威特妇女在与科威特男子平等的基础上，将国籍传给配偶。

国籍法不宜根据从属国籍原则，不给予妇女国籍平等权，不允许妇女与男子平等地将国籍传给配偶，使已婚妇女国籍从属于丈夫。如果丈夫和妻子的国家都遵循从属国籍原则，不依妇女意愿，而是妇女自动取得丈夫国籍，妇女就会被动丧失国籍。如果只有妻子的国家遵循从属国籍原则，与外国人结婚时会被动丧失国籍，如果没有自动取得丈夫国籍，则成为无国籍人。如果丈夫的国家遵循从属国籍原则，则将丈夫的国籍强加给妻子，不论是否愿意取得这一国籍。在上述情况中，如果丈夫国籍在婚姻存续期间变更，则妻子的国籍会变更。如果因死亡或者离婚结束婚姻关系，则已婚妇女会丧失享有其丈夫国籍的权利。如果一对夫妇在妻子取得丈夫的国籍前离婚，只有当有关国家法律允许时，妇女才能恢复原国籍。妇女往往因为复杂程序不能及时和方便地恢复国籍，成为无国籍人。②

国籍法不宜不允许妇女将国籍传给丈夫，或者对丈夫取得妻子的国籍规定严格条件，使妇女不能依婚姻平等取得国籍。国籍法不宜歧视结婚的不同国籍的妇女和男子。例如，不允许外籍丈夫获得工作许可，迫使妇女接受不稳定和剥削性的工作条件，对其人权产生不利影响。由于无国籍丈夫无法取得妻子的国籍，无国籍问题持久化。阿联酋男子享有传给配偶国籍权，但是，

---

① 联合国难民署：2017年关于性别平等、国籍法和无国籍问题的背景说明[R]. (2017-08-17)[2020-02-27]. www.refworld.org/docid/58aff4d94.html.

② 联合国难民署：无丈夫，无国家[J]. 难民2007(3)，No.147.

阿联酋妇女不享有该权利。① 2007年《尼泊尔宪法》赋予了尼泊尔男子，但没有赋予尼泊尔妇女传给配偶国籍权。第8条第6款规定："外国妇女与尼泊尔公民具有婚姻关系的，依据其本人的意愿根据现行法律可获得尼泊尔国籍。"

妇女不享有国籍平等权可能是直接的或者间接的。表面看来不区分性别的法律条款可能在实践中对妇女取得国籍权产生过分和不利影响。入籍条件可能间接地歧视妇女，妇女和男子相同的归化条件往往在事实上是歧视妇女的。由于妇女比男子接受教育、工作的机会少，可能比男子更难符合掌握官方语言、经济能力、通过入籍考试等入籍条件。②

妇女可能因性别歧视无法获得护照、身份证、出生证、结婚证等身份文件，以证明或者申请国籍，成为无国籍人。由于歧视和排斥女童，女童可能没有进行出生登记，特别是来自贫困家庭、少数民族和外国人社区的女童或者残疾女童。因为丈夫不同意，或者出于缺乏意识及其他原因，可能没有进行结婚登记。作为一种人身控制手段，在妇女被贩运或者暴力和虐待的情况下，会没收或者销毁妇女的国籍证件。有些国家存在歧视性做法，要求妇女获得父亲等第三方男子批准才能取得国籍证件，这不利于妇女享有国籍平等。

不承认双重国籍在实践中可能限制妇女享有国籍平等权。在不允许双重国籍的情况下，妇女受影响更大，因为妇女比男子更有可能居住在配偶的国家。如果禁止双重国籍，那么妇女必须决定是保留自己的国籍还是取得丈夫的国籍。如果她们不取得丈夫的国籍，那么不能在丈夫的国家充分享受政治、公民、经济和社会权利。由于天然的弱势，妇女特别容易受到虐待。取得配偶国籍时丧失自己的国籍，在因死亡或者离婚而终结婚姻关系时，面临成为无国籍人的风险，并有可能被剥夺在原籍国享受的相关权利。在取得新的国籍前，妇女可能因官僚做法而成为无国籍人。③

---

① 《联合国人权事务高级专员办事处的报告：利益攸关方提交的关于阿拉伯联合酋长国的材料概述》第53段，A/HRC/WG.6/29/ARE/3，2017年11月3日。

② International Law Association Committee on Feminism and International Law, Final Report on Women's Equality and Nationality in International Law, London, 2000, p. 20.

③ 联合国难民署：《消除一切形式对妇女歧视公约》下的流离失所、无国籍和性别平等问题[R].法律和保护政策研究系列.日内瓦，2009，43.

2. 妇女国籍平等权的国际法规定

20世纪30年代，在国际联盟框架内，探索解决妇女国籍问题。最初将妇女国籍问题作为无国籍问题、双重国籍问题处理，认为这一问题的根源是不同国家在国籍法方面的冲突，不是性别歧视。

保障妇女国籍平等权，不歧视妇女及其子女。主要国际人权文件都规定了禁止基于性别进行歧视。1966年《公民权利和政治权利国际公约》及1966年《经济、社会、文化权利国际公约》都有保障男子和妇女平等享有权利的条款。1957年《已婚妇女国籍公约》是第一份呼吁各国消除"从属国籍"原则的国际文件，但未包含任何有关子女国籍问题的条款。第1条规定："缔约国同意其本国人与外国人结婚者，不论婚姻关系之成立或者消灭，或者婚姻关系存续中夫之国籍变更，而当然影响妻之国籍。"

1979年《消除对妇女一切形式歧视公约》是第一份承认妇女在国籍方面享有与男子平等权利的国际公约，解决妇女国籍问题的重点从无国籍、双重国籍转向国籍平等。1979年《消除对妇女一切形式歧视公约》第9条第1款规定："缔约各国应给予妇女与男子有取得、改变或者保留国籍的平等权利。缔约各国应特别保证，与外国人结婚或者于婚姻存续期间丈夫改变国籍均不当然改变妻子的国籍，使她成为无国籍人，或者把丈夫的国籍强加于她。"2014年《消除对妇女歧视委员会关于妇女的难民地位、庇护、国籍和无国籍状态与性别相关方面的第32号一般性建议》第60段解释第9条第1款时指出："妇女可能因歧视性法律和惯例成为无国籍人，例如，妇女在与外国人结婚但却无法以婚姻为由取得丈夫的国籍时自动丧失国籍；如果丈夫改变国籍、成为无国籍人或者死亡，或者是她的婚姻以离婚告终，她也会自动丧失国籍。"

1979年《消除对妇女一切形式歧视公约》第9条第2款要求缔约各国"在关于子女的国籍方面，应给予妇女与男子平等的权利"。这条规定适用于亲生和收养子女以及婚生和非婚生子女。2014年《消除对妇女歧视委员会关于妇女的难民地位、庇护、国籍和无国籍状态与性别相关方面的第32号一般性建议》第61段解释1979年《消除对妇女一切形式歧视公约》第9条第2款时指出："如果缔约国不履行第9条第2款规定的义务，儿童就有可能处于无国籍状态。

仅仅根据父系血统给予国籍的国籍法违反第9条第2款的规定，并可能使儿童在下述情况下成为无国籍人：（a）父亲是无国籍人；（b）父亲本国的法律不准他在子女出生于国外等某些情况下将国籍传给子女；（c）子女出生时生父身份不明或者父亲未与母亲结婚；（d）父亲未能完成将其国籍传给子女的行政步骤或者为子女取得国籍证明，例如因为他已死亡，被迫与家人分离，或者无法满足繁琐的文件要求或者其他要求；（e）父亲不愿意履行各种行政步骤将其国籍传给子女或者为子女取得国籍证明，例如因为他已经抛弃家庭。"

1979年《消除对妇女一切形式歧视公约》第2条（消除歧视的政策措施）、第3条（与男子平等）、第5条（性别角色成见和偏见）、第15条（法律面前人人平等）和第16条（婚姻和家庭生活）都与第9条有关，并具有相互巩固的作用。2014年《消除对妇女歧视委员会关于妇女的难民地位、庇护、国籍和无国籍状态与性别相关方面的第32号一般性建议》第62段解释了第2条、第3条：第2条和第3条支持妇女同男子平等地使本人及其配偶因入籍而获益的权利。在这方面歧视妇女有碍于减少无国籍状态。在妇女无法将国籍传给其无国籍配偶时会出现同样的情况，还可能对此种结合所生的子女进一步造成无国籍风险。许多国家对1979年《消除对妇女一切形式歧视公约》第9条以及有可能影响到妇女国籍权利的其他条款作出了保留。一些国家虽然未对公约作出任何保留，但国籍法存在歧视妇女现象。

1961年《减少无国籍状态公约》第1条、第4条、第5条，1954年《关于无国籍人地位的公约》第32条构成1980年《消除对妇女一切形式歧视公约》第9条的补充。1961年《减少无国籍状态公约》第1条和第4条，缔约国"对在其领土出生"或者其国民在国外非缔约国所生子女，"非取得该国国籍即无国籍者，应给予该国国籍"。第5条规定："缔约国的法律规定个人身份的变更，如结婚、婚姻关系消灭，其国籍的丧失应以具有或者取得另一国籍为条件。"1954年《关于无国籍人地位的公约》第32条规定：缔约各国应尽可能便利无国籍人的入籍和同化。

3. 国际组织推动保障妇女国籍平等权

人权事务高级专员办事处、难民署等联合国机构，以及消除对妇女歧视委员会等监督执行国际文件机构都认为，不允许妇女在与男子平等的基础上将国籍传给配偶、子女的法律是歧视性的，并提出了解决妇女国籍平等权存在问题的具体建议，推动保障妇女国籍平等权。

2013年，联合国人权事务高级专员办事处在《关于在涉及国籍问题上对妇女歧视包括对儿童影响的报告》中指出，要求妇女在取得丈夫同意的情况下才能将子女姓名添加在自己的护照上，或者才能拥有护照的国内法律规定，都违反了1979年《消除对妇女一切形式歧视公约》第9条。[①] 2017年，联合国人权事务高级专员在《关于在法律和实践中促进妇女国籍平等权方面最佳做法专家讲习班的纪要报告》中建议，各国采取以下积极措施解决妇女国籍平等权存在的问题：

（1）确保嫁给外国人或者在婚姻存续期间改为丈夫国籍，不会自动改变妻子国籍、迫使其接受丈夫国籍或者使其面临无国籍风险。

（2）确保通过嫁给一国公民而取得国籍的妇女在解除婚姻或者配偶死亡后不会丧失相应国籍，除非受影响的妇女本人提交具有其他国籍的证据，要求退出国籍。

（3）在国籍法中加入保障性条款，确保丧失国籍的所有情况都对男女平等适用，并以具有或者取得他国国籍为条件。

（4）男女结婚时自动丧失或者必须声明放弃本人国籍的，允许其在解除婚姻后通过一份简单的声明自动重新取得各自原国籍。

（5）确保妇女可与男子平等地将国籍传给子女和外籍配偶。

（6）不在出生登记和取得国籍方面区别对待婚生儿童和非婚生儿童，并使法律、政策互相一致。[②]

2013年，联合国难民署在《关于在涉及国籍问题上对妇女歧视包括对儿童影响的报告》中建议，各国采取以下积极措施解决妇女国籍平等权存在的

[①] 联合国人权事务高级专员办事处关于在涉及国籍问题上对妇女歧视包括对儿童影响的报告[R].联合国大会人权理事会第23届会议议程项目2和3，A/HRC/23/23，2013年3月15日.

[②] 2017年《联合国人权事务高级专员关于法律和实践中促进妇女平等国籍权方面最佳做法专家讲习班的纪要报告》第20段和第21段。

问题：

（1）撤销对1979年《消除对妇女一切形式歧视公约》中妨碍妇女在与男子平等的基础上取得国籍权的所有保留，特别是对第9条的保留，批准相关国际人权文件，包括允许个人申诉的任择议定书。

（2）消除本国宪法和法律中所有歧视妇女的条款，确保男子和妇女在取得、变更和保留国籍方面享有充分的平等。各国应确保与外国人结婚或者在婚姻期间，丈夫国籍的变更不会自动改变妻子的国籍，迫使其采取丈夫的国籍，或者使妻子处于无国籍的风险。各国应在国籍法中列入保障措施，确保任何丧失国籍的情况以具有或者取得另一国籍为条件。各国应确保妇女能够在与男子相同的基础上，将其国籍传给外国配偶，因与一国公民结婚取得国籍者在婚姻解体或者死亡时，不会丧失这一国籍。

（3）完善国籍法，对于妇女在结婚时自动丧失或者必须放弃自己国籍的情况，允许其在解除婚姻关系时可通过一个简单声明，自动恢复原国籍。各国应在妇女中间宣传恢复国籍。

（4）采取必要措施解决在国籍问题上歧视妇女的做法以及国籍法中的间接歧视问题，以便妇女和男子在国籍问题上实现实质性平等。各国应解决遭受多种形式歧视妇女面临的具体问题，特别是在取得国籍权方面的具体问题。

（5）保障作为非公民的家族成员充分享有人权，特别是受教育权、健康权、工作权、居留权和不受暴力侵害的自由，为其提供行政和司法救济途径。

（6）确保平等取得护照、身份文件、出生证和结婚证等证明国籍的文件。对于要求妇女取得丈夫、丈夫家人或者父亲同意和协助才能取得国籍文件的法律和实践，修改要求丈夫同意才能将子女姓名加在母亲护照上的法律。对于没有文件证据或者无法合理取得文件证据的情况，规定替代的身份证明制度。①

消除对妇女歧视委员会建议缔约国修改违反1979年《消除对妇女一切形

---

① 联合国人权事务高级专员办事处关于在涉及国籍问题上对妇女歧视包括对儿童影响的报告[R].联合国大会人权理事会第23届会议议程项目2和3，A/HRC/23/23，2013年3月15日。

式歧视公约》第9条的歧视性国籍条款。1994年，消除对妇女歧视委员会在《关于婚姻和家庭关系中的平等的第21号一般性建议》第6段建议：成年妇女应能改变国籍，不应由于结婚或者婚姻关系的解除或者由于丈夫或者父亲改变国籍，其国籍被专横地改变。2014年，消除对妇女歧视委员会在《关于妇女的难民地位、庇护、国籍和无国籍状态与性别相关方面的第32号一般性建议》中建议，各国采取以下积极措施解决妇女国籍平等权存在的问题：

（1）审查并撤销对1979年《消除对妇女一切形式歧视公约》第9条的保留。

（2）审查并改革国籍法，确保在取得、改变和保留国籍方面男女享有平等待遇，并使妇女能将其国籍传给子女及其外籍配偶，并确保充分按照1979年《消除对妇女一切形式歧视公约》第1—3条和第9条消除对切实实施此种法律的任何障碍。

（3）废除规定在婚后自动取得国籍或者因婚姻状况改变或者其丈夫国籍的改变而使妇女国籍自动丧失的法律。

（4）考虑准许与外籍男子结婚的妇女以及此种结合所生的子女拥有双重国籍，尤其是在规定单一国籍的法律制度可能产生无国籍现象状态的情况下。

（5）通过法律条款防止无国籍状态，规定丧失或者放弃国籍须以拥有或者取得另一国国籍为条件，并准许因没有此种保障而成为无国籍人的妇女重新取得国籍。

（6）宣传给予妇女与男子平等取得、改变或者保留国籍的权利或者使妇女能将国籍传给子女及其外籍配偶的法律和政策。

（7）解决国籍法中因入籍要求等产生的间接歧视问题。在实践中，妇女可能比男子更难满足这种要求。

（8）批准或者加入1954年《关于无国籍人地位的公约》和1961年《减少无国籍状态公约》。

（9）不采取和实施剥夺妇女国籍并使她们成为无国籍人的任何措施。[①]

---

① 2014年《消除对妇女歧视委员会关于妇女的难民地位、庇护、国籍和无国籍状态与性别相关方面的第32号一般性建议》第63段。

（三）不歧视国籍申请人

不歧视国籍申请人是指外国人在申请国籍方面一律平等，不因种族、肤色、世系或者民族或者人种受歧视。2005年，消除种族歧视委员会在《第30号一般性建议：对非公民的歧视》中建议，缔约国"确保非公民特定群体在取得公民资格或者归化的机会方面不受歧视，适当注意常住居民或者永久居民归化可能面临的障碍"，"确认根据种族、肤色、世系或者民族或者人种拒绝给予公民资格的做法是违反缔约国保证非歧视性享有加入国籍权的义务的行为"，并且"考虑到在某些情况下，拒不给予常住居民或者永久居民以公民资格，有违《公约》的反歧视原则，可能会给他们在就业和享受社会福利的机会方面造成不利条件"。[①]

三、国家国籍主权

（一）国家国籍主权

国家国籍主权是指国家有权根据本国的利益和需要，制定国籍法律和管理国籍，除非国际法另有规定，确定一个人是否具有国籍，成为公民。1930年《关于国籍法冲突的几个问题的公约》第一章"基本原则"第1条、第2条规定："各国在其本国法律下，自行决定谁为其国民。只要此法律与国际条约、国际习惯及在国际法方面普遍被承认的法律原则相符合，则他国便应加以承认。""任何关于某人是否拥有其特定国家之国籍的问题，都应根据该国之法律来确定。"1954年《关于无国籍人地位的公约》第12条第1款规定："无国籍人的个人身份，应受其住所地国家的法律支配，如无住所，则受其居住地国家的法律支配。"1997年《欧洲国籍公约》序言指出："各缔约国承认每一个国家可依其国内法决定公民取得或者拥有他国国籍的后果。"

（二）国家国籍主权受国际法限制

国籍超越了国内法律保留的范围，一国的国籍立法应当受到国际法限制，不与国际条约、国际习惯和国际法原则相悖。[②] 国家确保在行使有关国籍问题

[①] 消除种族歧视委员会：第30号一般性建议：对非公民的歧视，2005。

[②] 肖永平，郭明磊.论国籍观念的演进与国法的变革[J]，法学评论2007(6).

的自由裁量权时，其做法符合在人权方面的国际义务。国家有权通过法律确认其公民，前提是这种确认符合该国根据国际法所承担的义务。[①]

联合国国际法委员会、国际常设法院、美洲人权法院等国际组织都认为，国家国籍主权受国际法限制，国家只能在国际法范围内行使国家国籍主权。1999年，联合国国际法委员会在其关于国家继承所涉自然人国籍问题的条款草案中指出，"国家只能在国际法规定的范围内行使这方面的权限"。国际常设法院在其关于突尼斯和摩洛哥国籍法令问题的第4号咨询意见中指出，某个事项是否完全属于一个国家的管辖范围，基本上是一个相对的问题，取决于国际关系的发展情况。国际常设法院还认为，即使对原则上不受国际法管辖的事项，一个国家的自由裁量权可能会受到它对其他国家承担的义务的限制，因而其管辖权也受到国际法规则的限制。1997年，美洲人权法院在关于哥斯达黎加《宪法》归化条款拟议修正案的咨询意见中指出："国家对涉及国籍事项的管制方法现在不能再视为属其专有的管辖权；国家的这些权力也受到其确保充分保护人权的义务的限制。"[②]

国家国籍主权受国际法限制被1930年《关于国籍法冲突若干问题的公约》等国际文件承认。1930年《关于国籍法冲突若干问题的公约》第1条规定："每一国家依照其法律决定何人为其国民。此项法律如与国际公约、国际习惯及普遍承认关于国籍之法律原则不相冲突，其他国家应予承认。"1997年《欧洲国籍公约》第3条第2款规定，"只要成员国的国籍法不违背国际公约、国际法习惯以及一般公认的国籍法律原则，其他成员国应予承认。"

中国主张处理国籍问题是国家主权事务，但应受到一定限制。1997年10月，中国代表在联合国国际法委员会第49届会议上指出："国籍问题主要是由各国的国内法来调整的。世界局势变化很快，许多新兴国家出现，这就使处理在国家继承情形下有关国籍的问题具有一定的迫切和现实意义。确定谁是

[①] 联合国大会人权理事会第20/4号决议《国籍权：妇女和儿童》第2段，A/HRC/RES/20/4，2012年7月12日。

[②] 联合国秘书长的报告，人权与任意剥夺国籍[R].A/HRC/13/34.2009-12-14.5

或者不是自己的国民，仍是国家的主权权利。但是，这一权利也是有限制的。各国必须考虑到国际法和国际现实的需要，因此，妥善处理各国对国籍问题所拥有的主权权利和所受到的国际法的限制之间的适当平衡是十分必要的，这对稳定国际关系维护国际和平与安全具有重要意义。"①

四、防止和减少国籍冲突、解决国籍冲突问题

（一）防止和减少国籍冲突、解决国籍冲突问题的国际法规定

防止和减少国籍冲突、解决国籍冲突问题是指各国应采取措施，防止和减少无国籍、双重国籍状态，解决无国籍、双重国籍状态引发的问题，包括防止和减少无国籍、双重国籍状态，解决国籍冲突问题两个方面，前者重在国籍冲突的原因，后者重在国籍冲突的后果。由于各国根据国家国籍主权原则制定国内法性质的国籍法，国际人口迁徙日趋增多，一个人无国籍或者具有双重国籍的情况不可避免。防止和减少国籍冲突旨在防止和减少由于国籍冲突造成的权利和义务混乱，当事人适用法律和寻求外交保护的困难，国家管辖个人的松弛。防止和减少国籍冲突方面的国际文件主要有：1930年《关于国籍法冲突的几个问题的公约》，1930年《关于双重国籍某种情况下兵役义务的议定书》，1961年《减少无国籍状态公约》，1963年《欧洲减少双重国籍和双重国籍下兵役义务公约》，2006年《欧洲关于避免在国家继承方面出现无国籍状态的公约》等。

国际社会对国籍法冲突从理想化地消灭无国籍、双重国籍状态，向务实地防止和减少无国籍状态、双重国籍状态，解决国籍冲突问题发展。1930年《关于国籍法冲突的几个问题的公约》旨在消灭一切无国籍及双重国籍的现象。序言第1—3段规定："认为以国际协定解决各国国籍法冲突问题极为重要；深信使得各国公认无论何人应有国籍且应仅有一个国籍实为国际社会所共同关心；因此承认人类在这一领域内所应努力向往的理想是消灭一切无国籍及双重国籍的现象。"1930年《关于双重国籍某种情况下兵役义务的议定书》、

---

① 联合国大会第六委员会第19次会议简要记录，1997年10月31日。

1963年《欧洲减少双重国籍和双重国籍下兵役义务公约》都不再致力于消灭双重国籍状态，而是务实地减少和消除国籍冲突引发的服兵役问题。2006年《欧洲关于避免在国家继承方面出现无国籍状态的公约》规定了避免在国家继承方面出现无国籍状态的措施。第2条规定，拥有被继承国家国籍者因国家继承成为或者将成为无国籍者，有权获得有关国家的国籍。

（二）防止和减少国籍冲突

1. 实行单一国籍

一些国家实行单一国籍，如表3—3，不承认双重国籍，消除国籍积极冲突引发问题的根源。双重国籍不存在，国籍积极冲突随之不存在。1876年《奥地利联邦宪法》（2009年修正）第6条第1款规定："奥地利共和国适用单一国籍。"1971年《阿拉伯联合酋长共和国宪法》（2003年修正）第8条第1款规定："联邦公民具有法律所规定的单一国籍。"1976年《古巴共和国宪法》（2003年修正）第32条第2款规定："不承认双重国籍。因此，取得外国国籍，就丧失古巴国籍。"

2. 给予无国籍人本国国籍

很多国家给予无国籍人本国国籍，表3—4，消除国籍消极冲突引发问题的根源。给予无国籍人本国国籍包括给予出生儿童无国籍人国籍、成年无国籍人国籍两种情形。每个人都具有国籍，无国籍人问题随之不存在。1999年《瑞士联邦宪法》（2012年修正）第38条第3款规定："联邦应当制定设有较少限制条件的适用于无国籍儿童入籍的规定。"

3. 丧失、剥夺国籍以不成为无国籍人为前提

丧失、被剥夺国籍以不成为无国籍人为前提，消除国籍消极冲突引发问题的根源。任何人丧失、被剥夺国籍时，必须仍然具有国籍。1949年《德意志联邦共和国基本法》第16条第1款规定："德国国籍的丧失仅可依据法律，违背公民意愿变更国籍，以不使其成为无国籍人为限。"

(三)解决国籍冲突问题

由于各国根据国籍主权原则制定国内法性质的国籍法,人员跨境迁徙日趋增多,一个人无国籍或者同时拥有双重国籍不可避免。国际社会和各国通过多边条约、双边条约、国内法等积极采取措施解决国籍冲突引发的效忠冲突,特别是担任公职冲突、服兵役义务冲突和为敌国服务、领事保护与协助和外交保护冲突、向国家求偿冲突、国籍国与住在国分离产生的权利义务背离、管辖权冲突等问题,取得了成功。1917年《墨西哥合众国宪法》(2013年修正)第32条第1款规定:"法律应当对拥有他国国籍的墨西哥公民行使法律授予的权利的行为进行规制,并对避免双重国籍引发的冲突进行规定。"

表3—3 部分国家宪法关于实行单一国籍的规定

序号	宪法	内容
1	1971年《阿拉伯联合酋长国宪法》(2003年修正)第8条第1款	联邦公民具有法律所规定的单一国籍。
2	2008年《不丹王国宪法》第6条第3款、第5款	申请加入不丹国籍,应宣布放弃他国国籍。如果不丹公民取得外国国籍,其不丹国籍应终止。
3	1987年《菲律宾共和国宪法》第4条第5款	双重国籍不利于国家利益,应依法处置。
4	1995年《哈萨克斯坦共和国宪法》第10条第3款	不承认哈萨克斯坦共和国公民具有其他国家的国籍。
5	2008年《土库曼斯坦宪法》第7条第2款	土库曼斯坦不承认双重国籍。
6	1979年《伊朗伊斯兰共和国宪法》(1989年修正)第41条、第42条	每个伊朗公民都有权享有伊朗国籍,政府非因公民个人申请或者因其本人取得他国国籍,不得剥夺该公民的伊朗国籍。 外国人有权依法加入伊朗国籍。伊朗国籍唯有在取得他国国籍或者在本人申请下,方可被剥夺。
7	1876《奥地利联邦宪法》(2009年修正)第6条第1款	奥地利共和国适用单一国籍。
8	1996年《乌克兰宪法》第4条	乌克兰实行单一国籍。
9	1976年《古巴共和国宪法》(2003年修正)第32条第2款	不承认双重国籍。因此,取得外国国籍,就丧失古巴国籍。

资料来演:作者整理

表3—4 部分国家宪法关于给予无国籍人本国国籍的规定

序号	宪法	内容
1	2002年《东帝汶共和国宪法》第3条第2款	出生于东帝汶领土内，父母不详者，其父母为无国籍人或者国籍不明者，具有东帝汶公民资格。
2	2007年《尼泊尔临时宪法》第8条第3款	在尼泊尔领土的父母不详的儿童，在其找到父母之前被视为尼泊尔公民。
3	1999年《瑞士联邦宪法》（2012年修正）第38条第3款	联邦应当制定设有较少限制条件的适用于无国籍儿童入籍的规定。
4	1949年《哥斯达黎加共和国宪法》（2011年修正）第13条	在哥斯达黎加发现父母不详的婴儿，出生即为哥斯达黎加公民。
4	1949年《哥斯达黎加共和国宪法》（2011年修正）第14条	外国妇女与哥斯达黎加人结婚而失去国籍，通过入籍成为哥斯达黎加公民。
5	1976年《古巴共和国宪法》（2003年修正）第329条	因归化取得古巴国籍： （1）按法律规定程序取得国籍的外国人； （2）参加反对1959年1月1日推翻暴君的武装斗争的、按法律规定的形式证明无误的人； （3）被强迫剥夺了自己的国籍并根据国务委员会的决定取得古巴国籍的人。
6	1982年《洪都拉斯宪法》（2012年修正）第23条	在洪都拉斯领土内发现的、父母不详的婴儿，基于出生成为洪都拉斯人。
7	1986年《尼加拉瓜共和国宪法》（2014年修正）第16条	在尼加拉瓜领土的父母不详的儿童，其身份澄清之后所产生的效果不受影响。

资料来源：作者整理

五、国籍法律保留

（一）国籍法律保留

国籍法律保留原则是指国籍事项必须由立法机关通过法律规定，行政机关不得代为规定，行政机关实施任何行政行为皆必须有法律授权，否则，其合法性将受到质疑。国家立法机关决定国籍事务，是由国籍事务的极端重要性、涉及人民的基本权利，及国家立法机关具有最广泛的民意基础和至高无上的立法地位决定的。不同国家机关具有不同组成结构和决定程序，该组成结构与决定程序因质的高度差异性赋予各种做成的决定不同的分量和不同的正当性。国籍法律保留包括全部国籍事项法律保留和重要国籍事项法律保留。重要国籍事项法律保留包括取得国籍法律保留，取得、丧失国籍法律保留，取得、丧失和恢复国籍法律保留。

(二) 全部国籍事项法律保留

全部国籍事项法律保留，如表3—5，由法律一一作出具体规定。一些国家非法律不规范国籍任何事项，法律为规范国籍事项的唯一渊源。1949年《印度宪法》（2006年修正）第11条规定："议会有权对任何有关公民资格的取得与终止，或者一切其他有关公民资格事项作出规定。"1945年《印度尼西亚共和国宪法》（2004年修正）第26条第3款规定："有关印度尼西亚公民与居民的事务由法律规定。"1991年《马其顿宪法》（2011年修正）第4条第3款规定："马其顿共和国的国籍由法律规定。"

全部国籍事项法律保留中的法律是指国家法律，不是地方法律。国籍是国家事务，不是地方事务。如表3—6，一些国家由国家法律对全部国籍事项保留，地方法律不能规范国籍。1948年《韩国宪法》（1987年修正）第2条第1款规定："韩国人民的国籍由国家法律规定。"1949年《德意志联邦共和国基本法》第73条规定："联邦国籍、护照属于联邦专属立法的领域。"

法律对国籍作出的规定具有宪法效力，赋予国籍法律规定宪法地位，彰显国家高度重视国籍法律保留。2003年《卡塔尔王国永久宪法》第41条规定："卡塔尔国籍及其规则由法律规定，且这些规定具有宪法效力。"

(三) 取得国籍法律保留

重要国籍事项法律保留，由法律规范国籍取得。如表3—7，一些国家国籍法律保留只针对取得国籍，不针对其他国籍事项。取得国籍是最重要的一种国籍行为，是所有国籍行为的核心和起点。1946年《日本国宪法》第10条规定："日本国民应具备的条件由法律规定。"1999年《瑞士联邦宪法》（2012年修正）第38条第2款规定："联邦应当通过法律规定各州允许外国人入籍的最低要求，并给予入籍授权。"

表3—5 部分国家宪法关于全部国籍事项法律保留的规定

序号	宪法	内容
1	1996年《阿曼基本法》第15条	国籍由法律规定。
2	2004年《阿富汗伊斯兰共和国宪法》第4条第6款	国籍与庇护的相关事宜由法律规定。
3	2002年《巴勒斯坦基本法》（2005年修正）第7条	巴勒斯坦人的公民资格由法律规定之。
4	2002年《巴林王国宪法》第17条第1款	公民的国籍应由法律加以规定。
5	2008年《不丹王国宪法》第6条第6款	依据本条及国籍法令之规定，议会应以法律的形式规定有关国籍的其他事项。
7	1993年《柬埔寨王国宪法》第33条第3款	与柬埔寨王国相关的事项由法律规定。
8	2003年《卡塔尔王国永久宪法》第41条	卡塔尔国籍及其规则由法律规定，且这些规定具有宪法效力。
9	1962年《科威特国宪法》第27条	科威特国籍由法律规定。
10	1992年《沙特阿拉伯王国基本法》第35条	沙特阿拉伯的国籍有法律规定。
11	1991年《也门共和国宪法》（2001年修正）第44条	法律规定也门国籍。
12	2005年《伊拉克共和国宪法》第18条第6款	国籍规定由法律予以调整。应由有权法庭审理因这些规定而产生的诉讼。
13	1949年《印度宪法》（2006年修正）第11条	议会有权对任何有关公民资格的取得与终止，或者一切其他有关公民资格的事项作出规定。
14	1945年《印度尼西亚共和国宪法》（2004年修正）第26条第3款	有关印度尼西亚公民与居民的事务由法律规定。
15	1952年《约旦哈希姆王国宪法》（1984年修正）第5条	约旦国籍由法律确定。
16	1991年《马其顿宪法》（2011年修正）第4条第3款	马其顿共和国的国籍由法律规定。
18	1987年《海地共和国宪法》（2012年修正）第10条	规范海地国籍的规则由法律规定。

资料来源：作者整理

表3—6 部分国家宪法关于国籍国家法律保留的规定

序号	宪法	内容
1	1948年《韩国宪法》（1987年修正）第2条第1款	韩国人民的国籍由国家法律规定。
2	1876年《奥地利联邦宪法》（2009年修正）第11条	关于国籍事项，联邦享有立法权，州享有执行权。
3	1949年《德意志联邦共和国基本法》第73条	联邦国籍、护照属于联邦专属立法的领域。
4	2011年《匈牙利宪法》基本原则第G条第4款	关于国籍的具体规则，由基本法律规定。
5	2011年《匈牙利宪法》基本原则第T条第4款	基本法律是指其通过或者修改须经全体国会议员2/3以上同意的法律。
6	1988年《巴西联邦宪法》（2012年修正）第22条	联邦对国籍、公民资格、归化享有专属立法权。

资料来源：作者整理

表3—7 部分国家宪法关于取得国籍法律保留的规定

序号	宪法	内容
1	2010年《吉尔吉斯共和国宪法》第50条第3款	取得吉尔吉斯共和国国籍的程序与条件由法律规定。
2	1972年《孟加拉人民共和国宪法》（2004年修正）第6条第1款	孟加拉国公民资格的确定和规定应依据法律。
3	1946年《日本国宪法》第10条	日本国民应具备的条件由法律规定。
4	2005年《伊拉克共和国宪法》第18条第2款	任何伊拉克男子或者女子的子女均应认定为伊拉克人，上述事项由法律予以规定。
5	1999年《芬兰共和国宪法》第5条第2款	父母为芬兰公民的，出生即取得芬兰公民资格，具体内容由法律规定。
6	1999年《瑞士联邦宪法》（2012年修正）第38条第2款	联邦应当通过法律规定各州允许外国人入籍的最低要求，并给予入籍授权。
7	1972年《巴拿马宪法》（2004年修正）第12条	入籍事由由法律规定。

资料来源：作者整理

（四）取得、丧失国籍法律保留

一些国家将国籍法律保留的范围从取得国籍，如表3—8，扩展到取得、丧失国籍。丧失国籍可能使其成为无国籍人，必须严格限制。人人享有国籍不被任意地剥夺的权利，体现了对剥夺国籍的谨慎态度，有利于稳定已有国籍，减少和避免无国籍状态，实现个人国籍权与国家国籍主权的平衡。1937年《爱尔兰宪法》第9条第1款规定："取得、丧失爱尔兰国籍和公民资格，由法律规定。"1992年《捷克共和国宪法》（2012年修正）第12条第1款规定："捷克共和国国籍的取得、丧失的条件由法律规定。"1978年《西班牙宪法》第11条第1款规定："西班牙国籍的取得、保持、丧失，由法律规定。"

表3—8 部分国家宪法关于取得、丧失国籍法律保留的规定

序号	宪法	内容
1	1995年《哈萨克斯坦共和国宪法》第10条第1款	哈萨克斯坦共和国国籍的获得和终止须依法进行。
2	1926年《黎巴嫩共和国宪法》（2004年修正）第6条	黎巴嫩国籍及其获得、保持与丧失的方式应依照法律加以确定。
3	1992年《蒙古国宪法》（2000年修订）第15条第1款	蒙古国公民的国籍取得或者丧失的依据和规则，由法律规定。
4	2007年《尼泊尔临时宪法》第10条	公民的取得和丧失国籍等其他必要的国籍事项应由法律规定。
5	2008年《土库曼斯坦宪法》第7条第1款	国籍的取得、保持和丧失依据法律的规定。
6	1992年《乌兹别克斯坦共和国宪法》（2007年修正）第21条第4款	取得、丧失国籍的原因和程序由法律规定。
7	1937年《爱尔兰宪法》第9条第1款	取得、丧失爱尔兰国籍和公民资格，由法律规定。
8	1994年《白俄罗斯共和国宪法》（2004年修正）第10条第4款	国籍的取得和丧失根据法律的规定执行。
9	1993年《俄罗斯联邦宪法》（2008年修正）第6条第1款	俄罗斯联邦国籍的取得、丧失原因根据俄罗斯联邦法律。
10	1992年《捷克共和国宪法》（2012年修正）第12条第1款	捷克共和国国籍的取得、丧失的条件由法律规定。
11	1992年《立陶宛共和国宪法》第12条第3款	国籍的取得和丧失程序由法律规定。
12	2006年《塞尔维亚共和国宪法》第38条第1款	塞尔维亚共和国国籍的取得、终止由法律规定。

续表

序号	宪法	内容
13	1992年《斯洛伐克共和国宪法》（2006年修正）第5条第1款	取得、丧失斯洛伐克共和国国籍的条件由法律规定。
14	1996年《乌克兰宪法》第4条	取得、终止乌克兰国籍的条件由法律规定。
15	1978年《西班牙宪法》第11条第1款	西班牙国籍的取得、保持、丧失，由法律规定。

资料来源：作者整理

（五）取得、丧失和恢复国籍法律保留

一些国家将国籍法律保留的范围从取得国籍和丧失国籍，如表3—9，扩展到取得、丧失和恢复国籍，保持与前公民的紧密联系，防止和减少无国籍状态，避免前公民面临巨大的不利或者受到巨大的伤害。很多国家国籍法规定了恢复国籍，恢复国籍是变更国籍的一部分，具有兜底性保障变更国籍权的价值。1992年《爱沙尼亚共和国宪法》第8条第5款规定："取得、丧失或者恢复爱沙尼亚国籍的条件和程序由国籍法规定。"1986年《尼加拉瓜共和国宪法》（2014年修正）第21条规定："国籍的取得、丧失和恢复由法律规定。"

表3—9 部分国家宪法关于取得、丧失和恢复国籍法律保留的规定

序号	宪法	内容
1	2002年《东帝汶民主共和国宪法》第3条第4款	公民资格取得、丧失和重新取得，公民资格的登记和证明事项，由法律加以规定。
2	1992年《爱沙尼亚共和国宪法》第8条第5款	取得、丧失或者恢复爱沙尼亚国籍的条件和程序由国籍法规定。
3	2011年《巴拉圭共和国宪法》第154条第1款	法律规定有关国籍的取得、恢复、选择权，以及有关公民资格的暂停。
4	1993年《秘鲁共和国政治宪法》（2009年修正）第53条	取得或者恢复国籍的方式由法律进行规定。
5	1986年《尼加拉瓜共和国宪法》（2014年修正）第21条	国籍的取得、丧失和恢复由法律规定。

资料来源：作者整理

第三节 国籍标准

为了实现公民权利和义务、外国人权利和义务的平衡，解决公民国籍国

与住在国分离带来的权利与义务背离等问题，使国籍更有效地体现价值，许多国家和地区扬弃形式国籍标准，发展真实国籍标准，确立居留国籍标准，不单以国籍，而以国籍和居留为标准赋予公民权利和义务、外国人权利和义务。

一、形式国籍标准

形式国籍标准是指国家以国籍作为区分公民、外国人以及赋予公民、外国人权利义务的标准。国籍对于确定公民、外国人的法律身份及与国家的法律关系具有根本重要的意义。[1] 国家对本国公民有属人管辖权，对外国人有属地管辖权或者国际法上的其他管辖权。一国根据国籍将居留在一国领土内的自然人分为公民、外国人，并赋予相应法律地位。[2]

形式国籍标准在国家界定公民，巩固民族国家方面发挥了重要作用，产生了权利型公民。基于形式国籍标准，公民在法律意义上主要体现为国籍国权利，公民比外国人享有更多权利和履行更少义务。[3] 外国人在非国籍国不享有公民专属的权利，例如选举权、被选举权、担任公职、社会福利权、特定行业投资权、出入境权，不承担公民专属的义务，例如选举义务、服兵役义务等。[4] 国家宪法、法律规定公民权利义务的重点是公民权利，不是公民义务。权利型公民引发消极公民现象。消极公民与国籍国的联系日渐松散，逐渐被国籍国主流社会排斥，成为社会的边缘阶层或者底层。

除权利型公民外，形式国籍标准还产生了义务型外国人，外国人在法律意义上主要体现为住在国义务，外国人比住在国公民履行更多义务和享有更少权利。虽然，根据1928年《关于外国人地位的公约》、1966年《公民权利和政治权利国际公约》、1966年《经济、社会和文化权利国际公约》和1985年《非住在国公民个人人权宣言》等国际文件，国家有义务将本国公民享有

---

[1] 周鲠生.国际法[M].北京：商务印书馆，1976，248.
[2] 李艳霞.西方公民身份的历史演进与当代拓展[J].厦门大学学报(哲社版)2006(3)，75.
[3] 李艳霞.西方公民身份的历史演进与当代拓展[J].厦门大学学报(哲社版)2006(3)，75.
[4] 梁淑英.国际法[G].北京：中国政法大学出版社，2011，111-112.

的人权和基本自由赋予在其境内非公民的任何个人。但是，国家除非受国际法约束，否则可以根据主权区分公民和外国人，自由规定外国人出入境居留和享有其他权利的条件。

义务型外国人引发过客外国人现象。过客外国人不愿与住在国融合，不积极申请从临时居民转为永久居民、从永久居民转为公民，转移在住在国的资产和其他利益。截至2017年7月，在华居留外国人（在我国境内居住三个月以上或者能够确定将居住三个月以上）67.2万。截至2016年10月，中国给予10269名外国人永久居留资格。[①] 过客外国人现象致使外国人与住在国公民产生矛盾冲突，不利于住在国融入国际社会，引发社会不稳定。

二、真实国籍标准

真实国籍标准是指国家以国籍和与本国的真实有效联系作为赋予公民权利和义务、外国人权利和义务的标准。这更能实现公民和外国人的应有权利义务与实有权利义务的一致，避免消极公民现象和过客外国人现象，促进国籍国、住在国的社会稳定。根据真实国籍标准，除国籍外，个人与国家的真实有效联系对确认公民和外国人的权利和义务至关重要。不拥有一国国籍，但是与该国保持真实有效联系者可以享有传统上公民专属的权利，例如选举权。

为实现公民、外国人的应有权利义务与实有权利义务的一致，赋予公民、外国人权利义务取决于该人与国家的联系，此种联系应该是真实有效的，主要表现为与国家在资产、就业、家庭、子女、社会活动、公共生活等方面的紧密联系。根据形式国籍标准确认公民、外国人享有权利和承担义务的范围，导致权利型公民和义务型外国人，公民、外国人的应有权利义务与实有权利义务不一致。

在国际人口迁徙背景下，国籍可能是一个空壳形式而没有实质内容，不能反映公民与国籍国、外国人与住在国之间的真实有效联系，国籍国不能仅

---

① 刘国福.引进外国人才政策：严峻形势、重大挑战和未来发展[J]，国家行政学院学报2018(4).21.

依国籍赋予公民、外国人权利义务。国际法院的诺特鲍姆案决议对"真实有效联系"进行了定义。是否与本国保持真实有效的联系取决语言、长期居住、文化认同、参与公众生活以及家庭成员的联系等各种因素，每一因素的重要性因个案而不同，个人的习惯居住地可能是其利益和家庭联系的中心，个人对社会的参与可以是本人对社会作贡献的方式，也可以是和子女一起融入社会的方式。①

国际法院承认有密切联系的国家的国籍，只对与国籍国有密切联系的人员提供外交保护。1955年，国际法院在诺特鲍姆案中论述了自然人、国籍、国籍国之间的关系："国籍是一个法律上的纽带，其基础是关于联结的社会事实，关于生存、利益和情绪的实际连带关系，以及权利义务的相互性。国籍是以下事实在法律上的表现：由法律直接或者由行政行为赋予国籍的个人，事实上更为密切地同赋予他国籍的国家的人口结合在一起。一个国家赋予他国籍后，只有在这个国籍是把被赋予国籍的个人依附于赋予国籍的国家的事实用法律表现出来的条件下，才能使这个国家有权向另一个国家行使外交保护权。"

国际社会承认真正联系是确定自然人国籍、船舶国籍的最重要因素。1930年《关于国籍冲突的若干问题公约》第5条规定：第三国在不妨碍适用该国关于个人身份事件的法律以及任何有效条约的情况下，就该人所有的各国籍中，应在其领土内只承认该人经常及主要居所所在地国家的国籍，或者只承认在各种情况下似与该人实际上关系最密切的国家的国籍。1958年《公海公约》第5条第1款规定："每个国家应确定对船舶给予其国籍、船舶在其领土内登记以及船舶悬挂本国旗帜的权利的条件。船舶具有被授权悬挂其旗帜的国家的国籍。国家和船舶之间必须具有真正的联系，特别是，一国必须对悬挂其国旗的船舶有效地行使行政、技术和社会问题上的管辖和控制。"第91条第1款规定："每个国家应确定对船舶给予国籍。船舶在其领土内登记及船

---

① 诺特鲍姆案（Liechtenstein v. Guatemala）（Nottebohm Case）案例第二阶段，判决，国际法庭期刊，1955.

舶悬挂该国旗帜的权利的条件。船舶具有其有权悬挂的旗帜所属国家的国籍。国家和船舶之间必须有真正联系。"

三、居留国籍标准

居留国籍标准是指国家以国籍和居留作为共同标准赋予公民权利和义务、外国人权利和义务。居留与国籍、资产、就业、家庭、子女、社会活动、公共生活等自然人与国家的联系点相比,由于与这些联系点的共生性,更能反映与国家的真实有效联系,体现其对国籍国、住在国的贡献。考察居留反映的个人与国家的真实联系,重点考察居留许可性质和居留期间长短。符合居留国籍标准的公民不享有选举、被选举、担任公职、出入境、户籍、就业、教育、医疗、投资、福利等公民"专有"权利。

如果将居留分为永久居留、长期居留和临时居留,那么根据居留国籍标准,可以将公民分为三类,享有的国籍国权利依次递减:(1)在国籍国永久居留的公民;(2)在国籍国长期居留的公民;(3)在国籍国临时居留的公民。同时,可以将外国人分为七类,享有的住在国权利依次递减:(1)具有住在国永久居留许可并永久居留的外国人;(2)具有住在国永久居留许可并长期居留的外国人;(3)具有住在国永久居留许可并临时居留的外国人;(4)具有住在长期居留许可并长期居留的外国人;(5)具有住在长期居留许可并临时居留的外国人;(6)具有住在临时居留许可并临时居留的外国人;(7)没有住在国永久居留许可、长期居留许可、临时居留许可,但非法居留的外国人。

根据居留国籍标准分类公民、外国人,并赋予不同权利,古已有之。公元前3世纪,罗马将公民、外国人分为四类:(1)有选举权公民,包括在罗马定居的居民,被吞并的城邦及占领地的公民;(2)无选举权公民,即在有联盟条约的情况下仍然构成威胁而不能给予独立地位的城邦公民;(3)拉丁人;(4)介于拉丁人和无选举权公民的法律地位之间的同盟城邦的公民。公元前2世纪,雅典将公民、外国人分为三类：（1）公民；（2）混血后裔；（3）外城邦人。①

国际社会认可以居留国籍标准确定公民权利和义务、外国人权利和义务。1928年《关于外国人地位的公约》第3条规定："外国人没有服兵役的义务，但是设定住所的外国人，除非他们离开该国，否则可以强制其在与本国公民同样的条件下执行警察、消防或者民警任务，以保护其住所地免受非因战争而产生的自然灾害或危害。"1995年《欧洲保护少数族裔框架公约》序言指出：成员国要保护在本国领土内的少数族裔。国际奥委会规定：曾经在奥运会、洲或者地区的运动会、被有关国际单项体育联合会承认的世界锦标赛或者地区锦标赛中代表一个国家的运动员，如果他改变了自己的国籍或者取得新国籍，必须在改变国籍或者取得新国籍3年以后，才能代表新国家参加奥运会。很多国家根据在本国的居留期间，赋予境外公民不同的领取福利金权，给予出入境、居留、永久居留等国际迁徙方面的完全权利。公民回国后主张权利，必须证明具有本国国籍，否则视同外国人。证明具有本国国籍，可以提供本国护照或者国籍证书。如果不能提供护照或者国籍证书，可以提供出生证、父母的本国国籍证明文件或者永久居民证明文件、医保卡、社保机构发放补助证明等。

韩国、意大利、法国等国家给予临时居留外国人本国公民专有的部分权利。韩国移民法规定：在韩国居留5年以上的外国人可以参加地方选举。意大利移民法规定：在意大利合法居留5年以上的外国人，在参与移民和地方事务方面有选举和被选举权。法国移民法规定：移民至法国的优秀人才可以享受和法国公民基本同等的权利。

中国等国家给予永久居留外国人本国公民专有的绝大部分权利。2012年9月，为切实保障外籍人才在中国永久居留的合法权益和各项待遇，提高服务水平，为大力吸引海外人才来华创新创业营造良好环境，中共中央组织部、人力资源和社会保障部、公安部、外交部等25个部门联合印发《外国人在中国永

---

① Plender, Richard. *International Migration Law*[M]. Dordrecht, Netherlands: Martinus Nijhoff Publishers.1988, 8.

久居留享有相关待遇的办法》。第1条规定："除政治权利和法律法规规定不可享有的特定权利和义务外，原则上和中国公民享有相同权利，承担相同义务。"

第四节 结 论

国籍法是指关于国籍的取得、变更、保留等问题的法律规范的总称。各国通过国籍法规定国籍，将世界的全体人类分配给各个国家。国籍法以国内法为主要渊源，以国际法为次要渊源。国籍法具有国内法与国际法的双重属性，本质上是国内法。国籍法的国际法属性，直接影响国家关系和外交关系，国籍立法受到国际法规则的限制。国家间通过缔结条约、公约来解决国籍冲突问题。早期的国籍立法多规定于宪法与民法中，没有单行的国籍立法。第二次世界大战以后，国籍法的单行立法模式成为通行立法模式。国籍法的基本原则包括国籍自由、国籍平等、国家国籍主权、防止和减少国籍冲突与解决国籍冲突问题，国籍法律保留等。许多国家和地区扬弃形式国籍标准，发展真实国籍标准，确立居留国籍标准，有效地实现公民权利和义务、外国人权利和义务的平衡，促进社会稳定。

第二编 国际国籍法研究（第四至九章）

国籍权是一项基本人权，人人有权取得、变更和保留国籍。研究国际国籍法，需要分析国际法上的取得国籍、取得国籍权、变更国籍权和保留国籍权，探究国际法上的双重国籍和无国籍规则，为研究我国国籍法提供国际参考和借鉴。

第四章

国际法上的取得国籍

取得国籍，才能享有国家宪法和法律规定的公民权利，获得选举、被选举、担任公职、社会保障、特定行业投资、出入境、领事保护与协助和外交保护等权益。人人可以取得特定国家国籍，但不可以取得任意国家国籍。根据取得国籍的方式不同，取得的国籍分为出生国籍和归化国籍。本章论述国际法上的取得国籍，重点论述出生国籍、归化国籍的原则、条件和程序，以及有关优待。

第一节 出生国籍

一、血统原则

（一）血统原则概述

出生国籍（nationality by birth），又称原始国籍、固有国籍，是指依据出生事实取得的国籍。出生国籍具有创始性，原来是没有国籍的，具有的第一个国籍。出生国籍的原则包括血统原则和出生地原则。[①]

血统原则（jus sanguinis），是指依据出生时父母国籍取得国籍，又称属人原则、亲子原则。血统原则没有清楚地表明法律联系，易于与人种国籍混淆，被误解为按照人种确定国籍。比血统原则准确的词是亲子原则。由于约定俗成，仍然使用血统原则。本国公民所生子女，无论出生于何地，国内还是国

[①] 李浩培.国籍问题的比较研究[M].北京：商务印书馆，1979,45.

外，都具有本国国籍。[①] 血统原则的基础存在于家庭教育，这种教育使在本国家庭中抚育的子女产生与本国公民共同的思想和情感，共同的生活和利益，因而依据父母国籍确定国籍。血统原则可以分为父亲单系血统原则、父母单系血统原则、父母双系血统原则。就起源来说，血统原则无疑较早，因为国籍是从家族、部落的成员身份发展出来的。任何公民将国籍传给子女，是正常的，符合依恋故国的人性。

（二）父亲单系血统原则

父亲单系血统原则，又称父亲血统原则，是指依据出生时父亲国籍确定子女的国籍，不能或者符合相关条件，才能依据母亲国籍确定子女的国籍。1924年《伊拉克国籍法》第8条第1款规定："任何人出生时，其父为伊拉克国民，不论在何地出生，都应认为是伊拉克国民。"1950年《丹麦国籍法》第1条第1款规定："下列各人在出生时取得国籍：（1）婚生子女，父是丹麦人；（2）婚生子女，出生在丹麦，母是丹麦人，父是无国籍人或者该子女不能由于出生取得父亲国籍；（3）非婚生子女，母是丹麦人。"1909年《大清国籍条例》第1条、1912年《中华民国国籍法》（1914年修正）第1条和1929年《中华民国国籍法》第1条均规定：生时父为中国人，生于父死后，其父死时为中国人者，中华民国国籍生来取得。这些国籍规定不符合国籍平等原则，歧视妇女和非婚生子女。

（三）父母单系血统原则

父母单系血统原则是指依据出生时父母任何一方的国籍确定子女的国籍。中国等绝大多数国家完成了从父亲单系血统原则向父母单系血统原则的转变。1980年《国籍法》第4条规定："父母双方或者一方为中国公民，本人出生在中国，具有中国国籍。"第5条规定："父母双方或者一方为中国公民，本人出生在外国，具有中国国籍；但父母双方或者一方为中国公民并定居在外国，本人出生时即具有外国国籍的，不具有中国国籍。"

儿童出生时有权取得父母一方的国籍，如表4—1，无论出生在何地，不

[①] 朱奇武.中国国际法的理论与实践[M].北京：法律出版社，1998.231.

附加实质性条件。1999年《芬兰共和国宪法》第5条第2款规定：父母一方为芬兰公民的，出生即取得芬兰公民资格，具体内容由法律规定。1999年《波兰共和国宪法》第5条第2款规定："父母一方为波兰公民，出生后取得波兰国籍。其他取得波兰国籍的方式由法律规定。"1987年《菲律宾宪法》第4条第1款规定："父母一方为菲律宾公民，为菲律宾公民。"

登记对于取得出生国籍非常重要，如果不自动取得出生国籍，只要父母一方履行了在国籍国驻外使（领）馆登记的形式要求，子女就可以取得国籍。2007年《澳大利亚公民资格法》第16条规定：具有以下情形的，可以申请公民资格：（1）1949年1月或者以后出生在澳大利亚境外或者1949年1月前出生在澳大利亚或者巴布亚新几内亚境外；（2）在出生后18年内以申请公民资格目的在驻外使（领）馆登记姓名；（3）父母一方在出生时是基于非出生（血统）取得公民资格的公民，或者基于出生（血统）取得公民资格且至少在境内居住2年的公民。

表4—1　部分国家宪法关于父母单系血统原则的规定

序号	宪法	内容
1	1995年《阿塞拜疆共和国宪法》（2009年修正法）第52条	父母一方为阿塞拜疆共和国公民的人是阿塞拜疆共和国的公民。
2	2002年《东帝汶共和国宪法》第3条第3款	无论是否出生于外国，父亲或者母亲为东帝汶公民者，被视为具有东帝汶原始公民资格：（1）父亲或者母亲为居住于海外的东帝汶人；父亲或者母亲为在国外为本国服务的东帝汶人……
3	1987年《菲律宾宪法》第4条第1款	父母一方为菲律宾公民，为菲律宾公民。
4	2008年《马尔代夫共和国宪法》第9条第1款	马尔代夫公民所生子女为马尔代夫公民。
5	2005年《伊拉克共和国宪法》第18条第2款	任何伊拉克男子或者女子的子女均应认定为伊拉克人，上述事项由法律予以规定。
6	2008年《阿尔巴尼亚宪法》第19条第1款	凡出生时父母中至少一方具有阿尔巴尼亚共和国国籍者，自动获得阿尔巴尼亚国籍。
7	1992年《爱沙尼亚共和国宪法》第8条第1款	父母一方为爱沙尼亚公民的儿童有权根据出生取得爱沙尼亚国籍。

续表

序号	宪法	内容
8	1999年《芬兰共和国宪法》第5条第2款	父母一方为芬兰公民的,出生即取得芬兰公民资格,具体内容由法律规定。
9	2011年《匈牙利基本法》第G条第1款	匈牙利公民的子女为匈牙利公民。
10	1993年《秘鲁共和国政治宪法》(2009年修正)第52条	凡在秘鲁共和国领土上出生的人是天生的秘鲁人。秘鲁父母在国外所生的子女,只要在未成年时期在有关户籍上登记的人也是天生的秘鲁人。通过归化或者选择而取得国籍的人是秘鲁人,只要其保持在秘鲁定居。
	2010年《多米尼加共和国宪法》第18条第1款	父亲或者母亲为多米尼加公民,为多米尼加公民。
11	2010年《多米尼加共和国宪法》第18条第4款	出生在国外,父母具有多米尼加国籍,尽管已经取得不同于其父母出生地的国籍,只要年满18周岁,就可以在主管机关前表达其享有双重国籍或者放弃一国国籍的意愿。
	2010年《多米尼加共和国宪法》第18条第6款	侨居国外的多米尼加人的直系后代,为多米尼加公民。
12	1987年《海地共和国宪法》(2012年修正)第11条	任何人在出生时,父母一方为土生土长的海地人,且从未放弃海地国籍,则出生时具有海地国籍。
13	1982年《洪都拉斯宪法》(2012年修正)第23条	出生在国外,父母一方是基于出生的洪都拉斯公民。
14	1986年《尼加拉瓜共和国宪法》(2014年修正)第16条	下列人依出生取得尼加拉瓜国籍: (二)父母一方为尼加拉瓜国籍者; (四)出生在尼加拉瓜航空器或者船舶上,父母为外国人,申请加入尼加拉瓜国籍。
15	1999年《委内瑞拉玻利瓦尔共和国宪法》(2009年修正)第32条	出生在国内,依出生取得委内瑞拉国籍。
16	1966年《乌拉圭东岸共和国宪法》(2004年修正)第74条	父母一方是乌拉圭人的儿童,无论出生在何地,只要在乌拉圭居住并在公民登记处登记,都是在乌拉圭出生的公民。
17	1962年《牙买加宪法》(2011年修正)第3B条第2款	下列人被视为出生于牙买加:(一)出生在注册于牙买加、属于政府的船舶;(二)出生时母亲:牙买加公民,任职于牙买加外交部门而居住在外国;不是牙买加公民,但与任职于牙买加外交部门而居住在外国的牙买加公民结婚,并居住在该国。
19	1980年《智利共和国宪法》(2014年修正)第10条第1款	出生在国内,但是为其他国家服务或者过境的外国人在智利生的子女有权选择智利国籍。

资料来源:作者整理

为有效管理境外出生的公民，本国公民在境外所生子女一般不是自动而是通过登记取得本国国籍。如果本国公民在境外所生子女不进行出生/国籍登记，不能取得国籍。美国公民子女出生在境外的，非经向驻外使（领）馆申请《海外出生领事报告》和护照，不取得美国国籍。根据美国驻华大使馆发布的"美国公民服务"，有婴儿在中国出生，其美国国籍父母应向大使馆或者总领事馆申请，大使馆或者总领事馆为新生儿出具《海外出生领事报告》并签发美国护照，已备日后离境之需。《海外出生领事报告》等同于出生证明，可用于入学、就业或者其他目的。《海外出生领事报告》和护照的申请表包含社会安全卡的申请。递交申请时必须出示文件原件。申请中必须包括一份宣誓证明，确认至少父母一方符合在美国居住的要求，以便将国籍传给子女。美国驻华使（领）馆官员在审核文件后，将所有文件的原件退还给婴儿的父母。①2019年10月，美国实施新的血统出生取得国籍政策。境外工作的美军及政府雇员在境外生的子女，需要父母代表子女提出申请，才能获得美国国籍，不再自动获得，且这一过程要在子女18岁生日前完成。

根据1946年《加拿大公民资格法》（1977年修正），如果加拿大公民于1947年1月至1977年2月在境外所生子女，两岁前没有在加拿大政府登记，其将不是加拿大公民。当他们的父母归化其他国家国籍时，将丧失加拿大国籍。

根据中国驻丹麦大使馆2006年发布的《关于实行侨民登记的通知》第5（7）部分，婴儿出生两个月内，由父母、亲属或者抚养人持出生证明向中国驻丹麦大使馆申请登记，取得中国国籍。

为密切取得国籍者与本国的真实有效联系，子女根据父母国籍取得国籍会受到限制。如果父母国籍是通过归化取得，其子女将不能完全根据父母国籍取得父母国籍，还要满足及时登记、父母在境内居住等条件。1913年《德国国籍法》（2007年修正）第4条第4款规定："父母一方或者双方是德国公民

---

① 美国大使馆.美国公民服务[EB/OL].(2009-07-08)[2018-05-04]. http://chinese.usembassy-china.org.cn/registering_a_child.html.

在境外出生的子女不能取得德国国籍，如果其父母一方是或者父母双方都是境外出生而且通常在境外居住，除非该子女将成为无国籍人。但是，如果父母在子女出生后一年内向德国驻外使（领）馆进行子女出生登记，该规定不适用。"根据1946年《加拿大公民资格法》（1977年修正），1977年2月以后在加拿大出生者，父母之一是加拿大公民，将根据血统自动成为加拿大公民。如果父母一方是因为血统取得的加拿大国籍，另一方是因为归化取得的加拿大国籍，本人将在28周岁生日时丧失取得的加拿大国籍，除非符合保持加拿大国籍的条件。

（四）父母双系血统原则

父母双系血统原则要求父母双方具有同一国国籍，子女才能取得父母国籍。很少国家采用这一原则。2008年《不丹王国宪法》第6条第6款规定："父母双方为不丹公民的，本人自然取得不丹国籍。"对于父母双方都为美国公民、国民，出生在境外的，父母一方应在美国有住所，出生时才能取得美国国籍。1990年《美国移民与国籍法》第301条第c款规定：出生于美国及其边远领地以外地区，其父母均为美国公民，而且父母中有一人在美国或者美国的边远领地有住处，出生时即为美国国民和公民。第308条第2款规定：在美国及其边远领地以外出生，其父母双方均为美国国民，但是不具备美国公民资格，在其出生前在美国或者美国的边远领地具有住所者，在其出生时是美国国民，但不是美国公民。

二、出生地原则

出生地原则是指依据本人的出生地取得国籍，又称属地原则。一个人出生在哪国，就取得哪个国家的国籍，不论其父母国籍。出生地原则的基础存在于出生地的社会教育，出生于一国并居住在该国的子女接受该国的风俗、习惯、情感和思想，与该国公民融合，参加他们的团体，该子女与该国公民利益相通相融，因而依出生地赋予国籍。希望吸收外来移民的国家多采取出生地原则。出生地原则可以分为完全出生地原则/绝对出生地原则、限制出生地原则/相对出生地原则。出生地原则是农业社会的产物，国家独立的要求。

农业社会的君主与臣民之间关系以土地为基础,君主将土地分封给、授给臣民,臣民对君主履行效忠、纳税和服兵役等义务,君主对臣民予以保护。如果一个人不是出生在甲国,就不可能与通过土地分封、授给发生君主臣民关系,具有该国国籍。为了保持国家独立,不能让大量外国人移入本国,却保持父母国籍,以免在本国出现另一个国家。①

（一）完全出生地原则

完全出生地原则的"完全"主要体现为出生地对于取得国籍的绝对意义,只要在领土出生,无论父母的任何情况,都可以取得国籍。完全出生地原则凸显了积极吸纳移民,有利于实现取得国籍权面前一律平等和不歧视,进而增强国家对外国人的吸引力,有效地引进外国人。完全出生地原则要求的取得国籍条件过于宽松,加拿大、澳大利亚、新西兰都已经放弃,使用这一原则的国家越来越少,多为美洲国家。1917年《墨西哥合众国宪法》(2013年修正)第34条规定:"出生在国内,无论父母国籍,依出生取得墨西哥国籍。"1966年《乌拉圭东岸共和国宪法》(2004年修正)第74条规定:"在国内任何地方出生,都为在乌拉圭出生的公民。"

经过奋斗和争取,美国确立了完全出生地原则,这源于宪法规定的人权之一——出生国籍权。1834年,出生在美国的非洲裔奴隶斯科特随其主人,由当时的蓄奴州密苏里州迁居自由州伊利诺伊州,获得人身自由。主人死后,斯科特重新被卖回到蓄奴州密苏里州,重新沦为奴隶。斯科特不服,于1846年在密苏里州地方法院提起诉讼,以曾经是自由州的居民为根据,要求恢复人身自由,并上诉至联邦最高法院。1857年,联邦最高法院作出终审判决:斯科特尽管出生在美国,但仍是非洲裔奴隶,非洲裔奴隶是奴隶主的财产,不是美国公民,无权向联邦最高法院上诉。这一强烈歧视非洲裔的判决引起北部各州民众的抗议,斯科特诉桑福德案判决被认为是美国历史上最糟糕的判决之一,也是南北战争的关键起因之一。

1868年,美国国会通过《美国宪法第14修正案》。第1款规定:所有在美

---

① 李浩培.国籍问题的比较研究[M].北京:商务印书馆,1979,51.

国出生或者归化美国并受其管辖的人，都是美国的和他们居住州的公民。这推翻了联邦最高法院在1857年的斯科特诉桑福德案中作出的非洲裔奴隶不是公民的判决，确立了完全出生地原则。只要在美国出生，不管其父母的种族以及是否具有合法身份，都可以取得国籍，具有公民资格和或者国民资格。

1952年《美国移民和国籍法》细化了完全出生地原则，在美国出生即取得国籍是绝对的。第301条第a款、第b款规定：出生于美国并受当地管辖权管辖，出生于美国并属于印第安、爱斯基摩、阿留申群岛土著人或者其他土著人部落的成员，在其出生时即为美国国民和公民。第308条第1款规定：在美国正式获得某边远领地之日或者之后出生在该边远领地者在其出生时，即为美国国民，但不是美国公民。

出生婴儿取得美国国籍，应符合居住要求，即母亲应在美国居住。提供证据证明母亲不是在出生时过境或者访问美国而是居住在美国，例如，出生证明上的母亲地址是美国地址。如果出生证明上的母亲地址在美国境外，出生婴儿不符合居住要求，除非能够证明母亲在美国居住。相关的证明在美国居住的文件包括但不限于：美国结婚证书，物业租赁合同，物业税记录和付款收据，水电费，驾驶执照，就业记录或者信息，所得税记录和收入记录，学校成绩单，医疗记录等。

完全出生地原则引发了非正常移民在美国境内生子、外国人赴美生子等为取得国籍而生子，出生婴儿与美国没有真实联系等问题，出现了锚定婴儿（anchor baby）与旅行产子（birth tourism）现象。锚定婴儿是指非正常移民在美国生产的子女，如船抛下锚，借此长期居留。根据皮尤研究中心的统计，2014年，非正常移民在美国生产了约27.5万名婴儿，约占美国新生儿总数的7%，估计其中四分之三的非正常移民来自拉美国家。非正常移民在美国生产的婴儿数远高于旅游生子的数量，通常与小孩一起居留美国，长期享受政府提供的物质福利。旅行产子是指外籍孕妇持旅行签证到美国产子。据不完全统计，2000年以来，中国大陆赴美生子人数大幅增加。[①] 在美国产子孕妇通常

---

① Jiang Chengcheng. Birth Tourism: Chinese Flock to the US to Have Babies[N]. *China Daily*. 2013-12-03.

来自中产或者以上的阶层，通常在产子后不久就离开美国，直到具有美国国籍的孩子年纪较长时，才再次赴美，接受学校教育。

美国出现了修改完全出生地原则的呼声，建议实施限制出生地原则。2005年12月，近百名主张控制非正常移民的众议员在国会内结成移民改革党团联盟，向国会提交关于修改完全出生地原则的提案。提案称，对于出生在美国的孩子，只有父母一方有美国国籍或者永久居留证，才能取得美国国籍。2007年，众议院共和党移民改革党团主席、科罗拉多州众议员坦科利多提出修改完全出生地原则。2015年3月，共和党议员维特在国会提出移民和国籍法修正案，提案称，对于出生在美国的孩子，只有父母一方是美国公民、永久居民或者曾在美军服务，才能取得美国国籍。美国总统特朗普在2016年总统竞选期间，提出废除出生国籍权。2018年10月，特朗普重新提出废除出生国籍权，宣称将签署行政令来实施这项改革。很多国会议员认为特朗普没有权力运用行政权废除出生国籍权，因为出生国籍权是1868年《美国宪法》第14条修正案规定的一项权利。特朗普认为在美国出生的非正常移民的孩子不属于1868年《美国宪法》第14条修正案规定的"受其管辖"，所以不享有出生国籍权。

美国很难修改宪法关于完全出生地原则的规定，废除出生国籍权。完全出生地原则是宪法规定的内容，修改完全出生地原则必须修改宪法，修改宪法程序和条件非常复杂。根据宪法，修改1868年《美国宪法》第14条修正案需要国会参、众两院2/3票的支持和3/4州的认可。联邦最高法院没有就非正常移民在境内出生的子女自动取得公民资格作出判决，国会一直回避对有关修改完全出生地原则规定的提案进行表决。民众普遍认同完全出生地原则。美国是一个传统移民国家，具有欢迎移民和促进融合的文化。非正常移民在境内生子、外国人赴美生子给美国带来的消极影响有限，民众并未普遍反感。完全出生地原则源于出生国籍权，是宪法规定的人权之一。尊重和保障非洲裔的取得国籍权，扩展至任何人的取得国籍权，在人权立国的背景下不易撼动和逆转。

（二）限制出生地原则

限制出生地原则的"限制"主要体现为出生地对于取得国籍的相对意义，不仅在领土出生，而且父母是本国公民或者虽然不是本国公民但符合居留期限、移民身份等条件，才可以取得国籍。限制出生地原则比完全出生地原则灵活，有利于进行国籍管理，避免了出生地对于取得国籍绝对意义产生的为取得国籍而生子，出生婴儿与本国没有真实联系等问题，如表4—2，使用这一原则的国家远比使用完全出生地原则的国家多。

澳大利亚、新西兰已经从完全出生地原则转向相对出生地原则。2007年《澳大利亚公民资格法》第12条规定：在境内出生，出生后在境内居住满10年，自动取得公民资格，出生地被敌国占领的除外。赋予"出生后在境内居住满10年"人公民资格是对深度融入澳大利亚事实的认可。出生在澳大利亚，并居住满10年，无论是否获得国籍，都已经深度融入澳大利亚，事实上已经成为澳大利亚的一位成员。如果在境内出生时，父母一方不是澳大利亚公民或者永久居民，只有在境内出生后居住满10年才能自动取得，而不是无条件地取得公民资格。1977年《新西兰国籍法》（2005年修正）规定：2006年1月前在新西兰出生者具有新西兰国籍。2006年1月后在新西兰出生者，至少父母之一是新西兰公民、澳大利亚公民或者永久居民，才能取得新西兰国籍。

德国从血统原则转向了限制出生地原则，1913年《德国国籍法》（2007年修正）第4条第3款规定：外国人在德国出生的子女可以依出生地取得德国国籍，如果其父母一方已经合法地在德国居住满8年，而且具有永久居留权，或者是具有居留许可的瑞士公民或者瑞士公民的家庭成员。

限制出生地取得国籍的年龄条件主要是成年年龄，尊重出生者成年后的意愿。2002年《东帝汶共和国宪法》第3条第2款规定："出生于东帝汶领土内，父亲或者母亲为外国人，年满17岁后，表达愿意成为东帝汶公民者，具有东帝汶原始公民资格。"1949年《哥斯达黎加共和国宪法》（2011年修正）第13条规定：出生在国内，父母双方为外国人，未成年时依父母任意一方意愿或者年满25岁时依本人意愿，登记为哥斯达黎加公民。

限制出生地取得国籍的父母身份条件主要是父母不是外交人员、国际组织人员、过境人员、非法人员等，避免外交冲突，为消除为取得国籍而生子塑造良好的法律环境。1976年《古巴共和国宪法》（2003年修正）第329条规定："出生在国内，取得古巴国籍，但为本国政府服务或者为国际组织服务的外国人子女除外。"1962年《牙买加宪法》（2011年修正）第3B条第3款规定："依出生成为牙买加公民，但是下列情形除外：（一）父母为外国使节；（二）父母不是外国使节，但出生地在敌方占领区。"2010年《多米尼加共和国宪法》第18条第3款规定："出生在国内，取得多米尼加共和国国籍，但是外交代表团和领事代表团成员的子女、过境外国人或者非法居住在多米尼加的外国人除外。"

限制出生地取得国籍的"出生地"包括国内、具有本国国籍的航空器或者船舶。在国际法上，具有本国国籍的航空器或者船舶是本国领土的延伸部分。具有本国国籍的航空器或者船舶是指登记本国国籍和悬挂或者喷涂有本国国旗标志的航空器、船舶。航空器是指能在大气层内进行可控飞行的飞行器。包括气球、飞艇、飞机、滑翔机、旋翼机、直升机、扑翼机、倾转旋翼机等。1982年《洪都拉斯宪法》（2012年修正）第23条第2款规定：出生在洪都拉斯军用船舶、航空器上的人，及出生于位于洪都拉斯领水内的商船上的人，取得洪都拉斯国籍。1986年《尼加拉瓜共和国宪法》（2014年修正）第16条第2款规定："出生在尼加拉瓜航空器或者船舶上，父母为外国人，申请加入尼加拉瓜国籍。"

表4—2　部分国家宪法关于限制出生地取得国籍的规定

序号	宪法	内容
1	2002年《东帝汶共和国宪法》第3条第2款	出生于东帝汶领土内，父或者母为外国人，年满17岁后，表达愿意成为东帝汶公民者，具有东帝汶原始公民资格。
2	1995年《亚美尼亚共和国宪法》第11C条第2款	在亚美尼亚共和国出生的人须经过简易程序才能具有亚美尼亚国籍。
3	2006年《塞尔维亚共和国宪法》第38条第3款	任何在塞尔维亚共和国出生的儿童都有权利取得塞尔维亚共和国国籍，除非满足获得某些其他国家国籍的条件。

续表

序号	宪法	内容
4	1988年《巴西联邦共和国宪法》（2012年修正）第12条第1款	有下列情形之一，依出生取得巴西国籍：（一）出生在国内，即使父母为外国人，但其父母未在其国籍国提供服务；……
5	1981年《伯利兹宪法》第24条	于独立日之后在伯利兹出生的任何人，应当自出生之日起成为伯利兹公民。但是在出生时存在下列情形之一者，不得依本规定成为伯利兹公民：（一）父母双方均不为伯利兹公民，且父亲或者母亲享有赋予委派至伯利兹的外国使节的诉讼、法律程序豁免权；（二）父亲或者母亲为伯利兹的交战国公民，且本人在当时被该国家占领的地区出生。
6	2010年《多米尼加共和国宪法》第18条第3款	出生在国内，取得多米尼加共和国国籍，但是外交代表团和领事代表团成员的子女、过境外国人或者非法居住在多米尼加的外国人除外。
7	1982年《洪都拉斯宪法》（2012年修正）第23条	出生在国内，取得洪都拉斯国籍，外交代表的子女除外。出生在洪都拉斯军用船舶、航空器上的人，及出生于位于洪都拉斯领水内的商船上的人，取得洪都拉斯国籍。
8	1962年《牙买加宪法》（2011年修正）第3B条第3款	依出生成为牙买加公民，但是下列情形除外：（一）父母为外国使节；（二）父母不是外国使节，但出生地在敌方占领区。
9	1949年《哥斯达黎加共和国宪法》（2011年修正）第13条	出生在国内，父母双方为外国人，未成年时依父母意愿或者年满20岁时依本人意愿登记，登记哥斯达黎加公民。
10	1976年《古巴共和国宪法》（2003年修正）第329条	出生在国内，取得古巴国籍，但为本国政府服务或者为国际组织服务的外国人子女除外。
11	1986年《尼加拉瓜共和国宪法》（2014年修正）第16条	出生在国内，取得尼加拉瓜国籍，不包括外国外交官子女、国际组织中外国官员子女、外国政府派驻尼加拉瓜工作人员子女，选择尼加拉瓜国籍的除外。出生在尼加拉瓜航空器或者船舶上，父母为外国人，申请加入尼加拉瓜国籍。

资料来源：作者整理

我国不承认民用航空器、船舶具有双重国籍。取得中国国籍的民用航空器应标明规定的国籍标志和登记标志。取得中国国籍的船舶，方可悬挂中国国旗航行。1995年《民用航空法》（2018年修正）第6条规定：经国务院民用航空主管部门依法进行国籍登记的民用航空器，具有中国国籍，由国务院民用航空主管部门发给国籍登记证书。第8条规定："依法取得中华人民共和国国籍的民用航空器，应当标明规定的国籍标志和登记标志。"第9条规定："民用航空器不得具有双重国籍。未注销外国国籍的民用航空器不得在中华人民共和国申请国籍登记。"1994年《船舶登记条例》（2014年修正）第3条规定："船舶经依法登记，取得中华人民共和国国籍，方可悬挂中华人民共和国国旗航行；未经登记的，不得悬挂中华人民共和国国旗航行。"第4条规定："船舶不得具有双重国籍。凡在外国登记的船舶，未中止或者注销原登记国国籍的，不得取得中华人民共和国国籍。"

三、血统和出生地相结合原则

血统和出生地相结合原则，又称血统和出生地混合原则，是指在取得出生国籍方面，兼采血统原则和出生地原则。目前，如表4—3，世界上大多数国家在出生国籍方面采用血统和出生地相结合原则。

（一）以血统原则为主，出生地原则为辅

中国、日本、韩国、越南、柬埔寨、德国、法国、比利时、荷兰、瑞典、西班牙等国家在出生国籍方面以血统原则为主，出生地原则为辅。如表4—3，这些国家非常重视属人管辖，强调对具有其本国国籍的人进行管辖的权利，进而加强对本国人的约束。源于血统的共同文化和民族是这些国家建设民族国家的重要着力点。1999年《德国国籍法》第4条规定：一、如果夫妇中一人具有德国国籍，则其亲生子女自出生之日起即可获得德国国籍。如果子女的父亲具有德国国籍，并且出于世袭的原因根据德国法律要求承认或者确定父子关系，为获得承认，需要依据德国法律对该父子关系进行承认或者确定。在子女满23岁前，必须办理完毕承认父子关系的声明，已经开始确定父子关系的诉讼。二、在德国境内某联邦州遭遗弃后被发现的儿童（弃儿），在提出相反证据前，应被看作是该联邦州公民的子女。三、父母一方符合下列条件，在德国境内出生的外国父母的子女取得德国国籍：1.在德国境内已经合法居留8年以上，并且2.在德国享有居留资格或者享有无限制居留权3年以上。四、如果父母中具有德国国籍的一方于1999年12月之后出生并留居于国外，其子女不能根据第一款的规定在国外出生时获得德国国籍，除非该儿童会成为无国籍

人。如果父母中具有德国国籍的一方将子女的出生在一年之内向主管驻外使（领）馆通报，第一句的法律后果则不会出现。夫妻双方皆为德国人，第一句的法律后果仅在上述两个前提均成立时才出现。1952年《泰国国籍法》第7条规定："下列之人系属泰国国籍，一、父为泰国人；二、母为泰国人；在泰国内出生者。"

出生在父母国籍国国外，不能取得父母国籍，除非父母在国内提供服务、在国内居住，进行公民登记等，以加强出生子女与父母国籍国的联系。1988年《巴西联邦共和国宪法》（2012年修正）第12条第1款规定：有下列情形之一，依出生取得巴西国籍：出生在国外，其父母一方为巴西公民，且在国内提供服务；出生在国外，父母一方为巴西公民，且其在适当的巴西政府机构登记，或者在国内居住，并在本人成年后选择巴西国籍。1917年《墨西哥合众国宪法》（2013年修正）第34条规定：下列人依出生取得墨西哥国籍：出生在国外，父母双方、父亲或者母亲为出生于墨西哥的墨西哥人；出生在国外，父母双方、父亲或者母亲为经归化取得墨西哥国籍的墨西哥人。1966年《乌拉圭东岸共和国宪法》（2004年修正）第74条规定："父母一方是乌拉圭人的儿童，无论出生在何地，只要在乌拉圭居住并在公民登记处登记，都视为在乌拉圭出生的公民。"

表4—3 部分国家宪法关于出生国籍以血统原则为主，出生地原则为辅的规定

序号	宪法	内容
1	1917年《墨西哥合众国宪法》（2013年修正）第34条	下列人依出生取得墨西哥国籍： （二）出生在国外，父亲或者母亲为出生于墨西哥的墨西哥人； （三）出生在国外，父亲或者母亲为经归化取得墨西哥国籍的墨西哥人。
2	2011年《巴拉圭共和国宪法》第146条第1款	下列人员具有巴拉圭国籍： （3）出生在国外，且父亲或者母亲是巴拉圭人，当其永久地定居在共和国时；……

续表

序号	宪法	内容
3	1972年《巴拿马宪法》（2004年修正）第9条	依出生而成为巴拿马人的有： （三）因入籍而成为巴拿马人的父亲或者母亲在本国领土外所生子女，若定居巴拿马共和国内并最晚在他们成年后的1年内表示愿意接受巴拿马国籍者。
4	1988年《巴西联邦共和国宪法》（2012年修正）第12条第1款	有下列情形之一，依出生取得巴西国籍： （二）出生在国外，其父母一方为巴西公民，且在国内提供服务； （三）出生在国外，父母一方为巴西公民，且其在适当的巴西政府机构登记，或者在国内居住，并在本人成年后选择巴西国籍。
5	1993年《秘鲁共和国政治宪法》（2009年修正）第52条	秘鲁父母在国外所生的子女，只要在未成年时期在有关户籍上登记的人也是天生的秘鲁人。 通过归化或者选择而取得国籍的人是秘鲁人，只要其保持在秘鲁定居。
6	1981年《伯利兹宪法》第25条	于独立日之后不在伯利兹出生的任何人，如果其父亲或者母亲在其出生之日为伯利兹公民，则应当自出生之日起成为伯利兹公民。
7	1999年《委内瑞拉玻利瓦尔共和国宪法》（2009年修正）第32条	下列人依出生取得委内瑞拉国籍： （二）出生在国外，父母双方因为依出生而取得委内瑞拉国籍的人。 （三）出生在国外，父母一方依出生而取得委内瑞拉国籍，且父母在委内瑞拉定居或者宣告有加入委内瑞拉国籍意愿的人。 （四）出生在国外，父母一方因归化取得国籍，且父母在18岁前在委内瑞拉定居，并在25岁前宣告有加入委内瑞拉国籍意愿的人。
8	1980年《智利共和国宪法》（2014年修正）第10条第2款	……出生在国外，父母一方为智利人，但要求此儿童的父辈、祖父辈直系血亲之一取得了智利国籍。
9	1991年《哥伦比亚共和国宪法》（2013年修正）第96条第1款	通过出生取得哥伦比亚国民资格： （二）在国外出生，父亲或者母亲是哥伦比亚人，出生后在哥伦比亚定居或者在驻外使（领）馆登记。
10	1949年《哥斯达黎加共和国宪法》（2011年修正）第13条	下列人依出生取得哥斯达黎加国籍： （二）出生在国外，父母一方出生在哥斯达黎加，未成年时依父母意愿或者年满20岁时依本人意愿登记，登记哥斯达黎加公民。
11	1976年《古巴共和国宪法》（2003年修正）第329条	下列人依出生取得古巴国籍： （2）出生在国外，父母是古巴公民并履行官方使命； （3）出生在国外，父亲或者母亲是古巴公民，并完成了法律规定的手续； （4）出生在国外，父亲或者母亲在古巴共和国出生、已丧失古巴国籍，按法律规定提出申请； （5）在争取古巴解放的斗争中有特殊功勋、按出生被承认为古巴公民的外国人。

续表

序号	宪法	内容
12	1986年《尼加拉瓜共和国宪法》（2014年修正）第16条	下列人依出生取得尼加拉瓜国籍：（三）出生在国外，父母一方原为尼加拉瓜国籍，成年或者独立后申请加入尼加拉瓜国籍者。

资料来源：作者整理

（二）以出生地原则为主，血统原则为辅

美国、英国、澳大利亚、菲律宾、印度尼西亚、委内瑞拉等国家在出生国籍方面以出生地原则为主，血统原则为辅。如表4—4，这些国家非常重视属地管辖，强调对在境内出生行为的管辖，进而加强对外国人的约束。源于同一领土的共同文化和民族是这些国家建设民族国家的重要着力点。

美国除完全出生地原则外，对于出生在境外、边远领地的，父母一方为美国公民、国民，出生时不能取得美国国籍，除非父母一方在其出生前在美国居住一定期间。1990年《美国移民与国籍法》第301条第d款规定：出生于美国及其边远领地以外地区，其父母一方为美国公民，而且在其出生前的连续一年期间实际居住于美国或者美国边远领地，而且父母的另一方为美国国民，但不是美国公民。第301条第e款规定：出生于美国的边远领地，其父母一方为美国公民，而且在其出生前的任何时间起连续一年都实际居住在美国或者美国的边远领地。第301条第g款规定：出生于美国地理界线以及美国边远领地以外，其父母一方为外国人，另一方为美国公民，作为美国公民的其父母的一方在其出生前，连续或者累计在美国居住的时间不少于5年，而且至少其中2年是在其年满14岁以后在美国居住。第308条第4项规定：在美国及其边远领地以外出生，其父母一方是外国人，另一方是美国国民，但是不具备美国公民资格，其具有美国国民资格的一方在其出生前在美国境内或者美国边远领地停留时间或者累计时间在任何一连续的10年期限不少于7年，在其出生时是美国国民，但不是美国公民。

美国允许出生在境外，父母一方为美国公民、国民，且在境内定居，自动取得美国国籍。1990年《美国移民与国籍法》第320条第a款规定：如果满足以下所有条件，出生于美国境外的小孩自动成为美国公民：（1）至少小孩父母的一方是美国公民，无论该父母之一方是出生即取得公民资格还是入籍后取得公民资格。（2）小孩未满18岁。（3）根据永久居住的入境许可，小孩在其具备公民资格的父亲或者母亲的合法实际监护下在美国永久居住。

澳大利亚在境内出生自动取得公民资格方面附加了血统条件，区别于美国的完全出生地原则。"限制条件"主要体现为出生地对于自动取得公民资格的相对意义：在境内出生，且父母一方是澳大利亚公民或者永久居民。如果是永久居民，且不是敌国公民，才可以自动取得，而不是无条件地取得公民资格。2007年《澳大利亚公民资格法》第12条规定：在境内出生，父母一方是公民或者永久居民，自动取得公民资格。如果父母一方是与澳大利亚处于战争状态的敌国公民、出生地被敌国占领，不能取得公民资格，除非父母另一方是澳大利亚公民或者永久居民，不是敌国公民。"父母一方是澳大利亚公民或者永久居民"条件增强了出生人员与澳大利亚的联系，减少和消除为取得公民资格而在境内出生的现象，更能满足澳大利亚对新公民的需求。

英国对取得国籍，首重出生地，对依血统取得国籍进行细分。根据1948年《英国及其殖民地公民法》，下列之人取得英国国籍，一、出生在英国或者其殖民地，不受父母在英国或者其殖民地的移民身份影响。二、在英国、其殖民地或者保护地归化或者登记。三、在境外出生，其父亲是英国籍。但是只有英国人第一代可以自动取得英国籍；第二代及以后各代取得英国国籍，必需出生在英国本土以外英联邦国家或属地或者爱尔兰，或者出生后12个月进行登记。

爱尔兰不给予在爱尔兰出生者国籍，除非父亲或者其母亲中至少有一人为爱尔兰人或者有资格成为爱尔兰人。1937年《爱尔兰宪法》第9条第2款规定："除非本宪法另有规定，在爱尔兰所有岛屿与海域出生，除非在其出生时其父亲或者其母亲中至少有一人为爱尔兰人或者有资格成为爱尔兰人，否则不具有爱尔兰国籍与公民资格。"

柬埔寨除完全出生地原则外，辅之以血统原则，分情况给予柬埔寨国籍，只要其父母具有柬埔寨国籍。1996年《柬埔寨王国国籍法》第4条规定：

"1. 无论在柬埔寨什么地方出生，都取得柬埔寨国籍。2. 具有柬埔寨国籍的父亲或者母亲正式结婚所生的孩子，或者得到具有柬埔寨国籍的父亲或者母亲承认的私生子。3. 父母不承认，但法庭发出的判决书，这个孩子确实是由具有柬埔寨国籍的父亲或者母亲所生。4. 在柬埔寨出生而取得柬埔寨国籍。5. 由在柬埔寨出生和合法在柬埔寨居住的外国父亲和母亲所生的孩子。6. 由无人认识的父亲、母亲所生的孩子，刚刚出生而遗弃在柬埔寨并被拾到的孩子应被认为是在柬埔寨出生。"

表4—4 部分国家宪法关于固有国籍以出生地原则为主，血统原则为辅的规定

序号	宪法	内容
1	1995年《阿塞拜疆共和国宪法》（2009年宪法）第52条	父母一方是阿塞拜疆共和国公民，且本人出生在阿塞拜疆共和国，是阿塞拜疆共和国的公民。
2	2002年《东帝汶共和国宪法》第3条第2款	出生于东帝汶领土内，父亲或者母亲出生于东帝汶，具有东帝汶原始公民资格。 出生于东帝汶领土内，父亲或者母亲为外国人，年满17周岁后，表达愿意成为东帝汶公民者，具有东帝汶公民资格。
3	1937年《爱尔兰宪法》第9条第2款	除非本宪法另有规定外，出生于所有岛屿与海域内的爱尔兰岛者，除非在其出生时其父亲或者母亲中至少有一人为爱尔兰人或者有资格成为爱尔兰人，否则不具有爱尔兰国籍与公民资格。

资料来源：作者整理

四、优待因出生地取得国籍人

因出生地取得国籍人与国籍国联系的紧密度和情感浓烈性远超因其他原因取得国籍人。出生地即故土，安土重迁、留恋故土是人类共同的特点，人人热爱生于斯长于斯的故土，对于它的一切都感觉舒适和惬意。故土对一个人的生命而言，象征生命的出发地，童年的美好，灵魂的家乡，对某个重要人物的记忆，父母生命的传承和祝福等。如表4—5，巴西、墨西哥等国家给予因出生地取得国籍人在传给子女国籍、担任高级公职、军职等方面优待。1988年《巴西联邦共和国宪法》（2012年修正）第12条第3款规定："下列职

位仅由经出生取得巴西国籍者担任：1. 共和国总统和副总统；2. 众议院议长；3. 参议院议长；4. 最高法院院长；5. 外交人员；6. 武装力量官员；7. 国防部长。"1917年《墨西哥合众国宪法》（2013年修正）第34条规定，出生在国外，父亲或者母亲为出生于墨西哥的墨西哥人，依出生取得墨西哥国籍。1917年《墨西哥合众国宪法》（2013年修正）第32条第3款规定："和平时期在陆军中，在任何其他时期在海军、空军中服役者，或者在其中履行任何职责、执行任何任务者，应当为依出生而具有墨西哥国籍者。"

表4—5　部分国家宪法关于优待因出生地取得国籍人的规定

序号	宪法	内容
1	1917年《墨西哥合众国宪法》（2013年修正）第34条	下列人依出生取得墨西哥国籍： （二）出生在国外，父亲或者母亲为出生于墨西哥的墨西哥人； （三）出生在国外，父亲或者母亲为经归化取得墨西哥国籍的墨西哥人。
	1917年《墨西哥合众国宪法》（2013年修正）第32条第2—4款	依本宪法规定，只有依出生而具有墨西哥国籍的人才可以担任公职，以及只有依出生而具有墨西哥国籍且为具有他国国籍者。 和平时期在陆军中，在任何其他时期在海军、空军中服役者，或者在其中履行任何职责、执行任何任务者，应当为依出生而具有墨西哥国籍者。 船长、飞行员、机长、工程师、技术人员，以及从一般原理上看，属于受墨西哥国旗或者商业标记保护的交通工具或者飞机上的职员，都需要满足依出生而具有墨西哥国籍的身份要求。在码头担任职务者、在航空港服务的行政人员、指挥人员，都需要满足该身份要求。
2	1981年《伯利兹宪法》第25条	于独立日之后不在伯利兹出生的任何人，如果其父亲或者母亲在其出生之日为伯利兹公民，则应当自出生之日起成为伯利兹公民。
3	1999年《委内瑞拉玻利瓦尔共和国宪法》（2009年修正）第32条	下列人依出生取得委内瑞拉国籍： （二）出生在国外，父母双方因为依出生而取得委内瑞拉国籍的人。 （三）出生在国外，父母一方依出生而取得委内瑞拉国籍，且父母在委内瑞拉定居或者宣告有加入委内瑞拉国籍意愿的人。

续表

序号	宪法	内容
3	1999年《委内瑞拉玻利瓦尔共和国宪法》（2009年修正）第41条	总统及副总统，国民议会主席及副主席，最高法院法官，国家选举委员会主席，检察总长，审计总长，公诉人等，仅得由不具有双重国籍的出生于国内的委内瑞拉公民担任。
	1999年《委内瑞拉玻利瓦尔共和国宪法》（2009年修正）第40条第2款	在7岁前已经进入委内瑞拉，且在达到法定年龄前持续定居在委内瑞拉的归化公民，与出生取得国籍的公民享有同样的权利。
4	1988年《巴西联邦共和国宪法》（2012年修正）第12条第3款	下列职位仅由经出生取得巴西国籍者担任：1.共和国总统和副总统；2.众议院议长；3.参议院议长；4.最高法院院长；5.外交人员；6.武装力量官员；7.国防部长。

资料来源：作者整理

第二节 归化国籍

一、依婚姻取得国籍

归化国籍（nationality by naturalization），又称继有国籍、继受国籍、获得国籍（nationality by acquisition），是指依据出生以外的事实，例如婚姻、被收养、国家继承、居留、重大贡献等，取得的国籍。归化国籍具有变更性，原来已经有国籍，具有的新国籍。归化国籍的取得分为两类：（1）依婚姻、被收养或者国家继承，自动取得，或者本人申请经批准，取得国籍。（2）依婚姻、被收养和国家继承以外的事实，例如居留重大贡献，本人申请经批准，取得国籍。

（一）不承认依婚姻自动取得国籍

第二次世界大战后，确立了国籍自由、国籍平等等基本原则，尊重配偶取得国籍的自由，妇女与男子享有平等的国籍权。依婚姻自动取得国籍，违背配偶意愿，会造成双重国籍、无国籍现象，国际社会不再承认依婚姻自动取得国籍。1957年《已婚妇女国籍公约》第1条规定："缔约国同意其本国公民与外国人结婚者，不因婚姻关系的成立或者终止，或者婚姻关系存续期间丈夫的国籍变更，而必然影响妻子的国籍。"1979年《消除对妇女一切形式歧视公约》第9条规定了与外国人结婚的妇女的国籍平等:"1. 缔约各国应给予妇女与男子有取得、改变或者保留国籍的同等权利。它们应特别保证,与外国人结婚或者于婚姻存续期间丈夫改变国籍均不当然改变妻子的国籍,使她成为无国籍人,或者把丈夫的国籍强加于她。2. 缔约各方在关于子女的国籍方面,应给予妇女与男子平等的权利。"1997年《欧洲国籍公约》第4条规定:"缔约国国民与非缔约国国民间的婚姻关系的成立与终止,以及在婚姻关系存续期间夫妻任何一方的国籍变更都不自动影响另一方的国籍。"

婚姻不当然对国籍产生任何效果,国籍不因婚姻状况变更。1981年,我国国际法学者就注意到,"大多数国家立法的倾向是,根据男女平等和妇女国籍独立的原则,规定婚姻不影响国籍,即本国公民与外国人结婚,双方各保有原来国籍。"[①] 1998年《法国国籍法》第21—1条规定:"根据权利的规定,婚姻关系不影响国籍。"第21—6条规定:"婚姻关系终止不影响其子女国籍的有效性。"1988年《越南国籍法》第4条规定:"结婚、离婚、撤销违法婚姻和配偶的国籍变更时国籍的保留。1. 越南公民与外国公民或者与无国籍人结婚、离婚或者被撤销违法婚姻,其国籍不变。2. 一方的配偶加入或者丧失越南国籍,其本人的国籍不改变。"

(二)依婚姻取得国籍的条件

承认配偶国籍独立,如表4—6,重视和尊重本人意愿,没有表明取得配偶国籍意愿的,不取得配偶国籍。1993年《法国民法典》第21—2条第1款规定:"外国人或者无国籍人,与具有法国国籍的配偶结婚者,可以自结婚起2年后提出申请,取得法国国籍,但以该项申请提出之日,夫妻之间未停止共同生活并且法国国籍配偶仍保留法国国籍为条件。"2007年《尼泊尔临时宪法》第8条第6款规定:"外国妇女与尼泊尔公民具有婚姻关系的,依据其本人的意愿,根据现行法律可取得尼泊尔国籍。"1982年《洪都拉斯宪法》(2012年修正)第24条规定:"同基于出生的洪都拉斯人结婚的外国人,向主管部门预先申明放弃其国籍,并表明取得洪都拉斯国籍的意愿,因归化成为洪都拉

---

① 王铁崖.国际法[C].北京:法律出版社.1981.241.

斯人。"

依婚姻取得国籍，除婚姻关系外，还必须满足婚姻年限、居住年限、融入等条件，以证明婚姻关系的真实性和稳定性，不会带来经济和社会负担。1992年《日本国籍法》第7条规定："法务大臣对有日本国民为其配偶的外国人，如连续3年以上在日本有住所或者住处，而且现在在日本有住所，虽然不具备第5条第1款第1项、第2项规定的条件（连续五年在日本有住所，年满20岁，并以日本法律和该国法律有行为能力），法务大臣也可以允许其归化。对有日本国民为其配偶的外国人，结婚之日起3年以上，而且连续一年在日本有住所的，也适用之。"1948年《英国国籍暨新西兰国籍法》规定：妇女与在1949年1月成为新西兰公民的男子结婚，取得新西兰国籍。但是，1977年《新西兰公民资格法》（2005年修正）规定：与新西兰公民结婚的妇女要归化为新西兰国籍，必须是新西兰公民、澳大利亚公民或者澳大利亚永久居民的配偶，并且以此种身份在新西兰合法居住了5年。2005年4月前以永久居民身份在新西兰居住者，如果在2010年1月前递交入籍申请，只需以永久居民身份在新西兰居住3年。1993年《法国民法典》第21—24条规定："任何人，如不能证明其能融合于法国社会，尤其是不能证明按其条件可以充分掌握法语时，不得入法国国籍。"2013年《瑙鲁共和国宪法》第74条规定：若非瑙鲁公民将同或者已同瑙鲁公民结婚，则依照法律规定的合理条件，其有权成为瑙鲁公民。

美国、澳大利亚、马来西亚等国家要求，依婚姻取得国籍，必须先取得永久居留资格。2007年《澳大利亚公民资格法》第21条第2款第b项规定：申请公民资格，应在提交申请时、审批申请时具有永久居留资格。申请配偶类永久居留资格，应由配偶担保，并证明婚姻关系的真实性和稳定性。1957年《马来西亚联邦宪法》（2009年修正）第15条第1款规定：已婚妇女符合下列条件，可向联邦政府申请登记为公民：（1）在申请前已在联邦定居满2年，并且有长期在联邦定居的意愿；（2）品行良好。

表4—6 部分国家宪法关于依婚姻取得国籍的规定

序号	宪法	内容
1	1957年《马来西亚联邦宪法》(2009年修正)第15条第1款	已婚妇女的丈夫为公民,在其婚姻关系存续期间,如果其丈夫在1962年10月为公民,可向联邦政府申请登记为公民;如果已婚妇女符合下列条件,也可向联邦政府申请登记为公民:(1)在申请前已在联邦定居满2年,并且有长期在联邦定居的意愿;(2)品行良好。
2	2007年《尼泊尔临时宪法》第8条第6款	外国妇女与尼泊尔公民具有婚姻关系的,依据其本人的意愿,根据现行法律可取得尼泊尔国籍。
3	1981年《伯利兹宪法》第26条第1款	下列人员可以于独立日后随时提出申请,经登记成为伯利兹公民:(一)与伯利兹公民结婚;(二)于申请之日前,已经在伯利兹连续居住满5年。
4	2010年《多米尼加共和国宪法》第18条第5款	与多米尼加的男子或者女子结婚的人,只要其选择配偶的国籍,并且符合法律规定,就具有多米尼加国籍。
5	2008年《厄瓜多尔共和国宪法》(2011年修正)第8条	依照法律与厄瓜多尔的女子或者男子结婚或者具有一个普通法婚姻的人,可以通过归化取得厄瓜多尔国籍。
6	1949年《哥斯达黎加共和国宪法》(2011年修正)第13条	满足下列条件可以取得哥斯达黎加国籍:外国妇女与哥斯达黎加人结婚满2年,并在同一时期居住在哥斯达黎加,表明其取得哥斯达黎加国籍的意愿。
7	1982年《洪都拉斯宪法》(2012年修正)第24条	同基于出生的洪都拉斯人结婚的外国人,向主管部门预先申明放弃其国籍,并表明取得洪都拉斯国籍的意愿,因归化成为洪都拉斯人。
8	1917年《墨西哥合众国宪法》(2013年修正)第34条	与具有墨西哥国籍的男子或者女性结婚,在墨西哥有或者设置居所,并满足法律规定的其他条件,取得墨西哥国籍。
9	1999年《委内瑞拉玻利瓦尔共和国宪法》(2009年修正)第33条	外国人与委内瑞拉公民结婚,宣告有接受委内瑞拉国籍的意愿,且已经结婚至少5年的外国公民,可以取得委内瑞拉国籍。
10	1962年《牙买加宪法》(2011年修正)第7条	凡于1962年8月5日后与牙买加公民结婚的男子或者女子,通过规定的方式申请,如果其是受英国保护的或者外国人,忠诚宣誓,登记成为牙买加公民。如果有以下情形,不能登记成为牙买加公民:(一)有足够的证据证明:结婚的首要目的是为使本人能够取得牙买加公民资格;婚姻双方没有作为配偶长久地一起生活的意愿。(二)依据任何法律在任何国家被指控为刑事罪犯者。

资料来源:作者整理

二、依被收养取得国籍

(一) 方便和鼓励被收养人取得国籍

是否给予被收养人自动取得收养人国籍存在争议。被收养人自动取得收养人国籍，有利于取得收养人国籍国的公民权利，能够持续和全面地得到收养人的照顾，在一个充满幸福、慈爱和理解的家庭环境中成长。但是，可能会侵害被收养人选择国籍的自由，产生被收养人双重国籍现象，引发有关问题。被收养人不能自动取得收养人国籍，则可能因丧失现有国籍、被收养而产生无国籍现象。

国际法没有对被收养人是否取得、自动取得收养人国籍作出明确规定，只是规定各国有必要采取措施，确保实施跨国收养符合儿童最佳利益并尊重被收养儿童的基本权利，要求各国方便和鼓励被收养人取得国籍，避免和减收因被收养产生无国籍状态。1930年《关于国籍法冲突的若干问题的公约》第17条规定："如果一国的法律规定，国籍可以因收养而丧失，此项国籍的丧失应以被收养人按照收养人所属国家关于收养影响国籍的法律而取得收养人的国籍为条件。"1967年《关于儿童收养的欧洲公约》要求缔约国方便被收养人取得国籍。第11条规定了依被收养取得国籍的程序："1. 如果被收养儿童与收养人国籍不同，或者在已婚夫妇双方共同收养的情形下，被收养儿童与养父母不具有共同的国籍，那么，对缔约国的国民为收养人的，各缔约国应为被收养儿童取得养父母国籍提供一切方便。2. 因收养而导致被收养儿童丧失原国籍的前提条件是该儿童具有或者已取得另一国家的国籍。"

1989年《儿童权利公约》第7条、第8条规定了普遍意义的儿童国籍权，对处理因儿童被收养产生的国籍问题有指导意义。第7条规定："1. 儿童出生后应立即登记，并有自出生起获得姓名权，有取得国籍权，以及尽可能知道谁是其父母并受其父母照料权。2. 缔约国应确保这些权利按照本国法律及其根据有关国际文书在这一领土承担的义务予以实施，尤应注意不如此儿童即无国籍之情形。"第8条规定："1. 缔约国承担尊重儿童维护其身份包括法律所承认的国籍、姓名及家庭关系而不受非法干扰的权利。2. 如有儿童被非法剥夺其身份方面的部分或者全部要素，缔约国应提供适当协助和保护，以便迅速重新确立其身份。"

由于被收养儿童取得收养人国籍问题的复杂性，1993年《跨国收养方面保护儿童及合作公约》没有规定被收养儿童取得收养人国籍的方法，而是承袭以前有关公约关于依被收养取得国籍的原则性规定，规定了背景、宗旨、跨国收养要件、跨国收养两国义务等。1993年《跨国收养方面保护儿童及合作公约》在序言中强调："本公约签字国：认识到为儿童人格的完整和协调发展，儿童应在一个充满幸福、慈爱和理解的家庭环境中成长；……确认有必要采取措施，确保实施跨国收养符合儿童最佳利益并尊重其基本权利，……"第1条第1款规定："本公约的宗旨为：一、制定保障措施，确保跨国收养的实施符合儿童最佳利益和尊重国际法所承认的儿童基本权利。"虽然1993年《跨国收养方面保护儿童及合作公约》没有规定被收养儿童取得收养人国籍，但是规定了缔约国保障被收养人在收养人国籍国长期居住权利的义务。第5条规定了跨国收养要件，"收养国主管机关只有在符合下列条件的情况下，才能进行本公约范围内的收养：（一）确认预期养父母符合条件并适于收养儿童；（二）确保已与预期养父母协商；（三）确认该儿童已经或者将要被批准进入该国并长期居住。"第18条规定了跨国收养两国义务，"两国中央机关都应采取一些必要措施使儿童离开原住国，进入收养国并长期居住。"

（二）被收养人自动取得国籍

国家出于本国利益、文化、传统的考虑，在依被收养取得国籍方面的规定不尽一致。英国、荷兰、意大利、瑞士、爱尔兰、澳大利亚、厄瓜多尔等国家允许被收养人自动入籍。外国人被本国公民收养时，自动取得本国国籍。1981年《英国国籍法》第1条第5款规定：一英国公民在英国境内收养外国儿童，该儿童可以根据收养法取得英国国籍。但是在英国境外收养的外国儿童无权自动取得英国国籍，只能进入英国定居，并且收养关系发生时，与收养人一起在境外居住，并且其中一方或者双方在英国定居。限制在英国境外收养的外国儿童取得英国国籍，主要是为避免规避移民管理和滥用对儿童权益的保护。^① 1992年《意大利国籍法》第3条规定:"意大利公民收养的未成年人取得意大利国籍。"2008年《厄瓜多尔共和国宪法》(2011年修正)第8条规定:"由女性或者男性厄瓜多尔人收养的未成年外国人,只要没有明确表示不成为厄瓜多尔人,其即保持厄瓜多尔国籍。"

澳大利亚国籍法(公民资格法)注重在境外被收养人申请公民资格方面的国际性。根据收养地国家法律,澳大利亚联邦、州/领地法律,及1993年《跨国收养方面保护儿童及合作公约》,澳大利亚公民的收养行为都应有效,被收养人可以申请公民资格。2007年《澳大利亚公民资格法》第19B条规定:具有以下情形的,可以申请公民资格:(1)在境外根据1993年《跨国收养方面保护儿童及合作公约》或者双边条约被收养;(2)养父母一方在其被收养时是公民;(3)与生父母之间的法律关系终止;(4)取得了收养证书;(5)联邦和/或者州/领地政府认可该收养。"境外"是指1993年《跨国收养方面保护儿童及合作公约》签约国。

(三)收养与国籍相分离

美国、加拿大、澳大利亚、新西兰、日本、以色列、奥地利、中国、英国、巴拿马等国家实施收养与国籍相分离政策。被收养不影响被收养人的国籍,被收养人保留原国籍。这些国家允许被收养人入境和或者永久居留,并且可能豁免其基于永久居留申请入籍的在收养人国籍国的居住期间、参加入籍仪式等条件,以方便和鼓励被收养人取得国籍。1952年《美国移民和国籍法》第101条第b款第1项第E目规定:本法中的养子女应在年满16岁以前已经被收养,受其父母一方或者双方的监护,并与其养父母一方或者双方居住在一起至少2年。1977年《加拿大国籍法》(2017年修正)没有关于被加拿大公民收养人员自动取得加拿大国籍的规定,无论是在加拿大境内还是境外被收养。被收养人取得加拿大国籍必须先成为永久居民,然后归化入籍。但是,被收养人申请归化入籍时,如果是18岁以下,豁免申请入籍前4年在加拿大

---

① Clayton, Gina. *Textbook on Immigration and Asylum Law*[M], the 3rd edition, New York: Oxford University Press. 2008, 328-330.

居住满3年的要求，如果是14岁以下，豁免参加入籍仪式的要求。2007年《澳大利亚公民资格法》对在境内被收养取得公民资格附加了限制条件，除在境内被收养，父母一方是澳大利亚公民外，收养人被收养时是永久居民。第13条规定：如果某人在境内，根据澳大利亚的州/领地的法律收养时是永久居民，被澳大利亚公民收养，如果由两人共同收养，至少一人是澳大利亚公民，那么该人自动取得公民资格。关于收养条件，适用于澳大利亚的州/领地的相关法律。1972年《巴拿马宪法》（2004年修正）第11条规定："出生于国外，在满7岁前被巴拿马国民收养的人，如果在巴拿马定居，并最晚在成年后1年内表示愿意选择巴拿马国籍者，无须入籍证，即可成为巴拿马人。"

（四）被收养人选择入籍

法国、卢森堡、西班牙等国家允许被收养人选择入籍。被收养人在被收养时或者达到一定年龄后，自由选择保留原国籍或者加入养父母任何一方国籍，体现了国籍自由原则。法国法律将收养分为完全收养（adoption plénière）和简单收养（simple adoption）。完全收养是指收养时，被收养人与生父母完全终止了父母子女关系，而简单收养允许收养时，被收养人与其生父母保持一定的法律联系。根据1993年《法国民法典》第343条，履行了完全收养程序后，被收养人可以直接取得法国国籍，但是被收养人必须是未成年人。履行简单收养程序的被收养人在18岁以下，并于申请国籍时在法国居住，可以选择加入法国国籍。

三、依国家继承取得国籍

（一）保障依国家继承取得国籍权

人人享有依国家继承取得国籍权，不受歧视。2006年《欧洲关于避免在国家继承方面出现无国籍状态的公约》第2条规定了国家继承下的国籍权："任何人在发生国家继承时，具有被继承国国籍，因为国家继承已经或者将成为无国籍人，有权利根据以下条款获得有关国家的国籍。"第4条规定了国家继承下的取得国籍不受歧视："当适用该公约时，有关国家不能基于任何原因，例如性别、种族、肤色、语言、宗教、政治或者其他观点、民族、少数族裔、财产、出生或者其他身份,歧视任何人。"

联合国通过一系列决议,保障依国家继承取得国籍权,解决国家继承涉及的国籍问题。1999年12月,联合国大会通过关于国家继承涉及的自然人国籍问题的第54/112号决议,决定在联合国大会第55届会议,审议国际法委员会拟订的国家继承涉及的自然人国籍问题的条款草案。2000年12月,联合国大会第55届会议通过关于国家继承涉及的自然人国籍问题的第55/153号决议,其附件载有国家继承涉及的自然人国籍问题的条款,详细规定了取得国籍权,继承国在领土部分转让、国家统一、国家解体、领土一个或者多个部分的分离等情况下给予有关人员国籍的义务。2004年12月,联合国大会第59届会议通过关于国家继承涉及的自然人国籍问题的第59/34号决议,2008年12月,联合国大会第63届会议通过关于国家继承涉及的自然人国籍问题的第63/118号决议,2012年12月,联合国大会第66届会议通过关于国家继承涉及的自然人国籍问题的第66/92号决议,都重申请各国政府在处理国家继承涉及的自然人国籍问题时,酌情考虑联合国大会第55/153号决议附件国家继承涉及的自然人国籍问题的条款的规定。

(二)依国家继承取得国籍规则

2000年12月,联合国大会第55届会议通过关于国家继承涉及的自然人国籍问题的第55/153号决议,这是国家继承涉及自然人国籍问题方面的最重要国际文件,全面地规定了依国家继承取得国籍的规则。

国家应给予国家继承以后出生子女国籍,避免其处于无国籍状态。2000年《国家继承涉及的自然人国籍问题》(联合国大会第55/153号决议)第13条规定:"有关人的子女在国家继承之日以后出生,没有取得任何国籍的,有权取得该子女在其领土内出生的有关国家的国籍。"

国家给予国家继承涉及自然人有关国籍时,应尊重其意愿。2000年《关于国家继承涉及的自然人国籍问题》(联合国大会第55/153号决议)第11条第1—3款规定,"1. 在有关人有资格取得两个或者多个有关国家国籍的情形下,有关国家应当考虑到该人的意愿。2. 如果有关人可能因国家继承而成为无国籍,每一有关国家应当给予与该国有适当联系的任何有关人选择其国籍的权利。3. 有选择权的人行使这一权利后，被选择国籍国应将国籍给予这些人。"

国家转让部分领土，继承国应给予国家继承涉及自然人国籍，先前国应取消其国籍。2000年《关于国家继承涉及的自然人国籍问题》（联合国大会第55/153号决议）第20条规定，"如果一国将其部分领土转让给另一国，继承国应将其国籍给予经常居所在被转让领土内的有关人，先前国则应取消这些人的国籍，除非这些人行使了他们应有的选择权而另有表示，但先前国不应在有关人取得继承国国籍以前取消先前国国籍。"

国家统一时，继承国应给予国家统一涉及自然人国籍。2000年《关于国家继承涉及的自然人国籍问题》（联合国大会第55/153号决议）第21条规定："当两个或者多个国家合并组成一个继承国时，无论继承国是一个新国家还是在特性上与合并的国家之一完全相同，继承国都应将其国籍给予所有在国家继承之日具有某一先前国国籍的人。"

国家解体为新国家，先前国不复存在时，新国家应给予国家解体涉及自然人国籍。2000年《关于国家继承涉及的自然人国籍问题》（联合国大会第55/153号决议）第22条规定："在一个国家解体不复存在，先前国领土的不同部分形成两个或者多个继承国的情况下，除非有关人行使选择权而另有表示，每一继承国应将其国籍给予：(a) 经常居所在其领土内的有关人；(b) 与成为该继承国一部分的先前国某一组成单位有适当法律联系的有关人；没有资格取得任何有关国家的国籍，经常居所在第三国的有关人，如果有关人在成为该继承国领土的地方出生，或者在离开先前国以前最后经常居所在成为继承国领土的地方，或者与该继承国有任何其他适当联系。"

国家领土分离为新国家，先前国继续存在时，新国家应给予国家领土分离涉及自然人国籍。2000年《关于国家继承涉及的自然人国籍问题》（联合国大会第55/153号决议）第24条规定了领土一个或者多个部分分离的情况下，给予有关自然人继承国国籍，"如果一个国家领土的一个或者多个部分从该国分离而形成一个或者多个继承国，在先前国继续存在的情况下，除非有关人行使选择权而另有表示，继承国应将其国籍给予：(a) 经常居所在其领土内的有关人；(b) 与成为该继承国一部分的先前国某一组成单位有适当法律联系的有关人；（c）没有资格取得任何有关国家的国籍，经常居所在第三国的有关人，如果有关人在成为继承国领土的地方出生，或者在离开先前国以前最后经常居所在成为继承国领土的地方，或者与该继承国有任何其他适当联系。"

符合特定条件的，继承国豁免给予国家领土分离涉及自然人国籍的义务。2000年《关于国家继承涉及的自然人国籍问题》（联合国大会第55/153号决议）第8条规定了给予有关人员国籍义务的例外，"1. 如果有关人的惯常居所在另一国，并且具有该国或者任何其他国家的国籍，继承国没有义务给予本国国籍；2. 继承国不得违反在另一国有惯常居所的有关人的意愿，给予本国国籍，除非不这样他们会成为无国籍。"

（三）领土变更地居民的自动、自由和限制入籍

第二次世界大战后，不少国家发生了领土变更，例如，纷纷独立的民族国家。1991年12月苏联解体后，加盟共和国纷纷宣布独立。1991年6月，斯洛文尼亚和克罗地亚共和国宣布脱离南斯拉夫社会主义联邦，建立独立的主权国家。由于一个国家分裂、合并、分离、独立、被占领或者割让领土引起的国家继承行为，产生了被继承国公民是否取得继承国国籍和丧失被继承国国籍问题。在国家继承发生就已在被继承国，一般至少给予这类人继续居住的权利，并给予他们社会和经济权利方面的国民待遇。[①]

依国家继承取得国籍主要有自动、自由和限制入籍三种做法。领土变更地居民自动入籍是指领土变更地居民自动取得继承国国籍，丧失原国籍。第二次世界大战后，《对意大利和约》第19条规定："凡在1940年6月10日于意大利居住，在本条约下，转移至他国领土的意大利人及其在该日所生儿童，除另有规定外，应接受被转移国在本条约生效后3个月内制订的法律，成为其公民，享受完全民事和政治权利。他们成为有关国家公民时，应丧失原有的意大利国籍。"2007年《尼泊尔临时宪法》第8条第4款规定："通过合并获得的领土，在该领土上有住所者依据现行法律应成为尼泊尔公民。"

领土变更地居民自由入籍是指领土变更涉及的两个国家协商同意，领土

---

① 李双元，蒋新苗：现代国籍法[G].长沙：湖南人民出版社，1999，51.

变更地居民可以选择随领土转移至另一国家取得继承国国籍，也可以选择保留原国籍。1960年《中缅边界条约》第1—3条规定：中缅两国在平等互利的基础上交换一部分领土，缅甸将片马、古浪、岗房的国内地区交还中国，中国将猛卯三角地区移交给缅甸等，该领土上的居民在各该地区移交给另一方后，应该确认为各该地区所属一方的公民。如果有人不愿随地区转移到另一方时，可依两国边界条约换文规定，在条约生效后1年内申明选择原来一方的国籍。

限制领土变更地居民入籍是指领土变更地居民需要满足一定条件，方可自动取得继承国国籍。澳大利亚国籍法（公民资格法）限制因领土被并入而自动取得公民资格。被并入领土的居民不能自动取得公民资格，除非符合在领土被并入时居住在该领土、属于法律文件宣布的因领土被并入自动取得公民资格的某类人员。2007年《澳大利亚公民资格法》第15条规定：某人居住的领土被并入澳大利亚，且属于部长以法律文件宣布的因领土被并入自动取得公民资格的某类人员，自规定之日自动取得公民资格。"限制条件"为澳大利亚提供了依据国内法弹性处理因居住领土被并入而自动取得公民资格的自由裁量空间，不致因无条件地给予被并入领土全部居民公民资格而陷入被动。界定领土被并入自动取得公民资格的某类人员的范围，通常考虑是否具有被并入领土的国家的国籍、不取得公民资格是否成为无国籍人等因素。

四、依居留取得国籍

依居留取得国籍是指依居留，通过申请，经批准取得国籍。居留和出生（血统、出生地）集中体现了个人与国家的联系。外国人长期在本国居留，说明其与本国有紧密联系，融入了本国。外国人在本国出生，与本国公民有血统关系，与本国结下了故土情缘，说明其与本国有割舍不断的联系，有优势融入本国。为确保入籍申请人与本国的紧密联系，国家要求入籍申请人满足居留条件。居留包括永久居留和长期居留。

（一）永久居留

一些国家要求外国人依居留取得国籍必须满足永久居留条件。永久居留，又称永居、定居，是指具有永久居留资格和在境内居住，两者缺一不可。永久居留资格体现了外国人与本国的静态的永久联系。申请国籍的外国人，必须具有永久居留资格。2007年《澳大利亚公民资格法》第21条第2款第b项规定：申请公民资格，应在提交申请时、审批申请时具有永久居留资格。永久居留签证赋予永久居留资格，永久居留签证持有人是永久居民，可以在境内永久居留。永久居留签证有效期五年，符合在境内居住期限等要求的，可以延期。1958年《澳大利亚移民法》第30条第1款规定：永久居留签证允许持有人进入澳大利亚，并永久居留。1994年《澳大利亚移民条例》第1条第3款规定：澳大利亚永久居民是永久居留签证的持有者，在澳大利亚居住的非公民。我国2013年《外国人入境出境管理条例》第6条规定：D字签证，发给入境永久居留的人员。

取得永久居留资格后在境内居住是在境内长期生活和工作的具体表现，体现了外国人与本国的动态的永久联系。在国际人口迁徙常态化的背景下，在境内实际居住与具有永久居留资格不是合二为一，而是两者分离的情形并不鲜见。传统移民国家要求入籍申请人以永久居民身份在本国居住满3—5年，以证明其与本国有紧密联系。积极引进外国人的国家要求归化国籍的居住期间宽松，反之则严。各国对居住期间是指以永久居民身份居住期间还是以临时居民身份居住期间，规定不一。1985年《加拿大国籍法》（2017年修正）规定：外国人申请入籍，必须在递交入籍申请前的5年间，以永久居民身份在加拿大居住满3年。申请人取得永久居留资格前以难民、临时居民、留学生等身份在加拿大的居住期间计算在内，其中以留学生身份的居住期间以50%折算，最多计算一年。2007年《澳大利亚公民资格法》第21条第2款第c项规定：申请公民资格，应满足在境内居住期限的要求。第22条规定：在境内居住期限的要求是指：（1）提交申请前至少在境内居住4年；（2）在境内居住的4年期间不是非法非公民；（3）提交申请前以永久居民身份在境内居住至少12个月。（4）提交申请前4年中最多离境12个月，其中提交申请前12月中最多离境9个月。

传统移民国家对依居留取得国籍的居住期间要求，趋于严格。1977年《新西兰公民资格法》(2005年修正)规定：外国人申请入籍，必须是新西兰永久居民、澳大利亚公民或者澳大利亚永久居民，并且以此种身份于递交入籍申请前在新西兰居住了5年。2005年4月前以永久居民身份在新西兰居住者，必须以此种身份于入籍申请前在新西兰居住了3年，但是必须在2010年1月前递交入籍申请。入籍申请人必须表示，愿意在入籍后继续在新西兰居住。

传统移民国家以外的国家要求入籍申请人以永久居民身份在本国居住期限较长。1999年《委内瑞拉玻利瓦尔共和国宪法》(2009年修正)第33条规定："外国人在申请日前，已经连续在委内瑞拉定居10年以上，取得归化许可后，取得委内瑞拉国籍。如果外国人原始国籍为西班牙、葡萄牙、意大利、拉美国家或者加勒比海国家，在委内瑞拉定居期限减至5年。"

(二) 长期居留

在没有建立永久居留制度或者很难取得永久居留资格的国家，外国人可以依长期居留取得国籍。长期居留是指具有长期居留资格，并在境内实际居住，两者缺一不可。长期居留资格体现了外国人与本国的静态的长期联系。对于具有婚姻关系的外国人，申请国籍要求的长期居留期限短于依其他因素申请国籍要求的长期居留期限。

马来西亚要求依居留取得国籍应居住满10年，德国要求依居留取得国籍应居住满8年。1957年《马来西亚联邦宪法》(2009年修正)第19条规定：联邦政府得依任何年满21周岁的非公民的申请颁发加入国籍证明，如果申请人在申请前12年中在联邦居住累计至少10年，其中，申请前12个月必须居住在联邦，并具有取得国籍证书后长期定居于联邦的意愿。1913年《德国国籍法》(2007年修正)第9条规定：外国人申请加入德国国籍，应在德国居住满8年。德国公民外籍配偶申请入籍，应在提交入籍申请前2年登记结婚或者登记为同性伴侣，并在德国居住满3年。

日本、韩国分别要求依居留取得国籍应居住满5年、1—2年。1950年《日本国籍法》(1984年修正)第5条第1款第1项规定：入籍申请人，必须连续5年以上在日本有住所。1997年《韩国国籍法》(2004年修正)第6条第2款规定：具有婚姻签证(F—6)的外国人申请韩国国籍，应与韩国国民结婚：

（1）与配偶有婚姻关系，在韩国连续居住2年以上；（2）与配偶的婚姻关系已经消灭3年，在此婚姻状态下，在韩国连续居住1年以上。

南美洲国家根据外国人与本国联系度的紧密性，区别要求依居留取得国籍的居住年限，如表4—7，联系越紧密，要求的居住年限越短。1998年《巴西联邦共和国宪法》（2012年修正）第12条第2款规定："下列情形之一，因归化取得巴西国籍：（1）出生国为葡萄牙语国家，在国内连续居住满1年，且具有良好品行；（2）连续居住在国内至少15年，且未有犯罪记录。"

一些国家允许出生在境内的外国人在境内长期居住后取得公民资格。2007年《澳大利亚公民资格法》第12条规定：在境内出生，出生后在境内居住满10年，自动取得公民资格，出生地被敌国占领的除外。赋予在境内长期居住外国人公民资格是对深度融入本国事实的认可。出生在澳大利亚，并居住满10年，无论是否给予其公民资格，都已经深度融入，事实上成为澳大利亚的一位成员。

表4—7　部分国家宪法关于依居留取得国籍的规定

序号	宪法	内容
1	2008年《不丹王国宪法》第6条第3款	申请加入不丹国籍者应符合在不丹合法居住不少于15年等条件。
2	1957年《马来西亚联邦宪法》（2009年修正）第19条第1款、第3款	联邦政府得依任何年满21周岁的非公民的申请颁发加入国籍证明，如果申请人符合下列规定：（1）在联邦居住已达到要求的年限，并具有取得国籍证书后长期定居于联邦的意愿；（2）品行良好；（3）通晓马来语。关于颁发国籍证书要求的在联邦居住年限以及相关部分的年限为：申请人在申请前12年中在联邦居住累计至少10年，其中，申请前12个月必须居住在联邦。
3	2011年《巴拉圭共和国宪法》第148条	符合下列要求的外国人可以通过归化取得巴拉圭国籍：（1）成年；（2）在国家领土范围内至少居住3年；（3）正当地从事国家任何职业、工作、科学、艺术或者工业；（4）法律规定的品行端正。

续表

序号	宪法	内容
4	1972年《巴拿马宪法》（2004年修正）第10条	符合下列要求的外国人可以因入籍而申请巴拿马国籍：（1）外国人在境内连续居住5年，如果在成年后，表示愿意入籍，明确表示放弃其出生国籍或者现有国籍并确实掌握了西班牙语以及有关巴拿马地理、历史和政治组织的基本知识。（2）外国人连续在境内居住3年，如果发表声明并提供于境内的、父亲或者母亲为巴拿马人的子女或者配偶具有巴拿马国籍的证明。（3）依出生而具有西班牙或者拉丁美洲国家国籍的国民，如果具备其出生国对于巴拿马人入籍所规定的同等条件。
5	1988年《巴西联邦共和国宪法》（2012年修正）第12条第2款	有下列情形之一，因归化取得巴西国籍：（1）出生国为葡萄牙语国家，在国内连续居住满1年，且具有良好品行；（2）连续居住在国内至少15年，且未有犯罪记录。
6	1949年《哥斯达黎加共和国宪法》（2011年修正）第13条	下列人通过入籍成为哥斯达黎加公民：（1）出生即为其他中美洲国家国民、西班牙人和美籍伊比利亚人，在哥斯达黎加正式居住满5年，且满足法律规定的其他条件。（2）非出生即为其他中美洲国家国民、西班牙人和美籍伊比利亚人，以及其他外国人，在哥斯达黎加定居至少7年，并满足法律规定的其他条件。
7	1999年《委内瑞拉玻利瓦尔共和国宪法》（2009年修正）第33条	外国人在申请日前，已经连续在委内瑞拉定居10年以上，取得归化许可后，取得委内瑞拉国籍。 如果外国人原始国籍为西班牙、葡萄牙、意大利、拉美国家或者加勒比海国家，在委内瑞拉定居期限减至5年。
8	1982年《洪都拉斯宪法》（2012年修正）第24条	下列人因归化成为洪都拉斯人：（1）在洪都拉斯居住满1年的基于出生的中美洲人。（2）在洪都拉斯连续居住满2年的基于出生的西班牙人和伊比利亚美洲人。（3）在洪都拉斯连续居住满3年的所有其他外国人。（4）作为政府基于科学、农业、工业目的而挑选入境的移民，在洪都拉斯居住满1年。 向主管部门预先申明放弃其国籍，并表明取得洪都拉斯国籍的意愿。
9	1966年《乌拉圭东岸共和国宪法》（2004年修正）第75条第1款	有权取得法律承认的公民资格：（1）在乌拉圭有家庭，品行端正的任何外国人，具有一定的资产或者财产，或者从事一定的职业、手工业或者工业，并连续在乌拉圭居住3年以上。（2）在乌拉圭没有家庭，但具备前款规定的所有条件，连续在乌拉圭居住5年以上。

续表

序号	宪法	内容
10	1973年《巴布亚新几内亚独立国宪法》第67条	（一）在本国境内连续居住满8年，可以向负责国籍问题的部长申请入籍。部长确认入籍资格后，有权批准或者拒绝其申请。（二）入籍资格包括：（1）良好品行；（2）永久居住的意愿；（3）除非身体、智力障碍，应能听说皮金语、莫土语或者某一方言，程度达到应付日常会话；（4）尊重文化和风俗习惯；（5）不会在现在、将来耗费公共财政资源；（6）一定程度了解和理解公民的权利、特权、义务和责任；（7）按照议会法律的方式放弃其他国家国籍，并进行忠诚宣誓。（三）申请人入籍申请被批准时，其未满选举年龄的子女，应申请，同时归化为巴布亚新几内亚公民。

资料来源：作者整理

（三）豁免

为顺应国际人口迁徙常态化趋势，支持在境外从事国际交往、服兵役、促进经济社会发展等有益于国家的活动，便利亲属团聚，考虑到这些人员无法在境内居住的实际情况，豁免这些人员申请国籍在境内居住要求。

在境外从事有利于国家活动、因主管部门原因不能以合法身份在境内居住的外国人申请国籍，豁免在境内居住要求。1993年《法国民法典》第21—18条规定：完成2年法国高等教育学业的外国人，取得国籍的在法国有惯常居所的时间由5年减为2年。1993年《法国民法典》第21—19条规定：外国人申请国籍，有下列情形之一，豁免在法国有惯常居所5年时间的要求：（1）在法国军队实际完成服役，或者战争期间在法国军队或者盟国军队志愿服役；（2）法国曾行使主权、宗主权、托管权或者保护权的领土或者国家的侨民或者原侨民。2007年《澳大利亚公民资格法》第22A条规定：外国人有下列情形之一，申请国籍，豁免部分或者全部在境内实际居住条件：（1）在境外期间与澳大利亚保持紧密、连续的联系，从事有益于澳大利亚的行为；（2）服兵役；因为行政管理错误致使在境内非法居住、非以永久居民身份在境内居住，其非法居住期间视为合法居住期间，非以永久居民身份居住期间视为以永久居民身份居住期间。

本国公民的外国人配偶、子女申请国籍，豁免在境内居住要求。1993年《法国民法典》第21—19条规定：外国人申请国籍，有下列情形之一，豁免在法国有惯常居所5年时间的要求：（1）父、母一方已经取得法国国籍，本人未成年；（2）取得或者已经取得法国国籍的人的配偶、未成年子女。1950年《日本国籍法》（1984年修正）第6条规定："如果入籍申请人满足以下条件之一，并且目前在日本有住所，可以豁免'连续5年以上在日本有住所者'的要求。（1）连续3年或者更长时间在日本有住所或者居住，并且是日本国民的子女（不包括养子女）；（2）出生在日本，并且连续3年或者更长时间在日本有住所或者居住，或者其父亲或者母亲出生在日本；（3）连续10年以上在日本有居所者。"第7条规定：如果入籍申请人是日本国民的配偶，并且连续3年或者以上在日本有住所或者居住，目前在日本有住所，或者连续1年或者以上在日本有住所，已经和日本国民结婚3年或者以上，可以豁免"连续5年以上在日本有住所者"和"满20岁以上而依其本国法有完全行为能力者"的要求。第8条规定：如果入籍申请人满足以下条件之一，可以豁免其"连续5年以上在日本有住所""满20岁以上，依其本国法有完全行为能力"和"能够依靠自己的资产或者技能生活，或者和配偶或者其他亲属一起生活"的要求：（1）是日本国民的子女（不包括养子女），并且在日本有住所；（2）是日本国民的养子女，连续1年或者以上在日本有住所，根据被收养时的本国法是未成年人；（3）丧失日本国籍，并且在日本有住所；（4）出生在日本，并且从出生开始没有国籍，出生后连续3年或者以上在日本有住所。

2007年《澳大利亚公民资格法》第22A条规定：澳大利亚公民的合法婚姻配偶、寡妇或者鳏夫，在申请公民资格前一年作为永久居民连续在境内居住，不取得公民资格将面临相当大的困难或者不利情况，豁免部分或者全部在境内实际居住条件。"相当大的困难或者不利情况"通常指具有以下情形之一：（1）仅仅由于不是澳大利亚公民而不能获得一项工作，而且没有其他工作可做；（2）由于无法获得护照或者其他旅行文件而不能进行海外旅行；（3）仅仅由于不是澳大利亚公民而不能代表，或者不能被选派进入澳大利亚国家队以代表澳大利亚参赛。"配偶"包括婚姻配偶和事实配偶。"服兵役"是指不少于三个月的服役；或者由于医学上认为不适合服役或者继续服役，或者由于此人的相关服役造成的医学上的不适合，而在完成三个月服役前复员。

五、依重大贡献取得国籍

依重大贡献取得国籍是指一个人依重大贡献，通过申请，经批准取得国籍。如表4—8，为引进外国高层次人才，表彰为本国作出重大贡献的外国人，激励外国人为本国作出重大贡献或者提供杰出服务，一些国家给予为本国作出重大贡献的外国人国籍。依重大贡献取得的国籍是实质性的，归化国籍的一种，与其他归化国籍一样，享有该国公民享有的权利。

韩国、格鲁吉亚、古巴、尼加拉瓜等国家允许外国人依重大贡献取得国籍，列于其他的归化国籍，加大引进外国高层次人才力度，表彰为本国作出重大贡献的外国人。1997年《韩国国籍法》（2004年修正）第7条规定：在韩国居住的外国人，虽然不符合居留期限、品行良好、经济自立、作为韩国国民的基本素养等归化国籍条件，但是对韩国有重大贡献，经总统同意，可以取得韩国国籍。1995年《格鲁吉亚宪法》第12条第2款规定："格鲁吉亚的公民不得同时具有别国国籍，本款另有规定的情况除外，如果另一国家的国民对格鲁吉亚有特殊功绩，或者出于国家利益的考虑，格鲁吉亚总统可以给予另一国公民格鲁吉亚国籍。"2008年《厄瓜多尔共和国宪法》（2011年修正）第8条规定："因基于天赋或者努力为国家提供重要服务，可以通过归化取得厄瓜多尔国籍。"

法国、日本等国家豁免为本国作出重大贡献外国人申请国籍的在境内居住要求。1993年《法国民法典》第21—18条规定：以才能和才干已经为法国或者可以为法国作出贡献的人，取得国籍的在法国有惯常居所的时间由5年减为2年。1993年《法国民法典》第21—19条规定：外国人为法国作出特别贡献，或者取得国籍将对法国有特殊利益，申请国籍，豁免在法国有惯常居所5年的要求。1950年《日本国籍法》（1984年修正）第9条规定：如果入籍申请人被认定为日本作出了杰出贡献，可以豁免"连续5年以上在日本有住所者"的要求。

依重大贡献取得国籍通常由国会给予，彰显其至高无上的荣誉，向世界传递引进外国高层次人才、友谊和平、公平正义等基本理念，增进世界对本国的了解。1982年《洪都拉斯宪法》（2012年修正）第24条规定："为洪都拉斯提供特别服务而取得由国民议会颁布的入籍文件的外国人，因归化成为洪都拉斯人。"1986年《尼加拉瓜共和国宪法》（2014年修正）第18条规定："国民议会有权宣布为尼加拉瓜作出卓越贡献的外国人，视为依出生取得尼加拉瓜国籍。"1966年《乌拉圭东岸共和国宪法》（2004年修正）第75条第1款规定："由于显著的贡献或者杰出的功绩而享有议会给予的特殊待遇的任何外国人，有权取得法律承认的公民资格。"

表4—8 部分国家宪法关于依重大贡献取得国籍的规定

序号	宪法	内容
1	1995年《格鲁吉亚宪法》第12条第2款	格鲁吉亚的公民不得同时具有别国国籍，本款另有规定的情况除外，如果另一国家的国民对格鲁吉亚有特殊功绩，或者出于国家利益的考虑，格鲁吉亚总统可以给予另一国公民格鲁吉亚国籍。
2	1981年《伯利兹宪法》第28条第2款	对伯利兹的经济或者福祉作出重大贡献的任何人，或者为伯利兹提供杰出服务的任何人，可以取得伯利兹公民资格。
3	2008年《厄瓜多尔共和国宪法》（2011年修正）第8条	因基于天赋或者努力为国家提供重要服务，可以通过归化取得厄瓜多尔国籍。
4	1976年《古巴共和国宪法》（2003年修正）第329条	因归化取得古巴国籍： （1）按法律规定程序取得国籍的外国人； （2）参加反对1959年1月1日推翻暴君的武装斗争的、按法律规定的形式证明无误的人； （3）被强迫剥夺了自己的国籍并根据国务委员会的决定取得古巴国籍的人。
5	1982年《洪都拉斯宪法》（2012年修正）第24条	为洪都拉斯提供特别服务而取得由国民议会颁布的入籍文件的外国人，因归化成为洪都拉斯人。
6	1986年《尼加拉瓜共和国宪法》（2014年修正）第18条	国民议会有权宣布为尼加拉瓜做出卓越贡献的外国人，视为依出生取得尼加拉瓜国籍。
7	1966年《乌拉圭东岸共和国宪法》（2004年修正）第75条第1款	由于显著的贡献或者杰出的功绩而享有议会给予的特殊待遇的任何外国人，有权取得法律承认的公民资格。

资料来源：作者整理

六、年龄、经济、认知、语言、品行等归化国籍条件

（一）年龄

年龄是归化国籍的时间条件，评估作贡献的重要因素，对于判定新公民的时间价值和引进新公民的经济成本具有重要意义。为保证入籍申请人不给本国带来经济和社会负担，入籍申请人应成年，具有完全权利能力和行为能力。独立申请国籍的，应该是成年人，即16岁、18岁、20岁以上，在年龄上已经能够为经济和社会发展作贡献。未成年人通常不单独而随父母一起取得公民资格。未成年人作为父母归化国籍的副申请人，一并递交入籍申请。1985年《加拿大国籍法》（2017年修正）规定：外国人申请入籍，应在18岁或者以上。2007年《澳大利亚公民资格法》第21条第2款第a项规定：申请公民资格，应在提交申请时18岁及以上。1950年《日本国籍法》（1984年修正）第5条第1款第2项规定：外国人申请入籍，必须满20岁以上，依其本国法有完全行为能力者。1997年《韩国国籍法》（2004年修正）第5条规定：外国人申请入籍，必须根据韩国法律为成年人。

（二）经济

经济是归化国籍的自立条件，评估不给本国带来经济负担的重要因素，对于判定新公民的经济价值和引进新公民的经济成本具有重要意义。为保证入籍申请人不给本国带来经济负担，德国、日本、韩国等国家要求入籍申请人经济自立。当配偶申请国籍的经济要求优于亲属关系要求时，会受到将亲属团聚建立在经济能力而不是亲属关系之上的质疑，甚至认为是一种基于财产的歧视。德国国籍法规定，本国公民配偶申请入籍应提供维持本人和家属生活的经济证明。埃及和约旦的国籍法则规定，入籍申请人应有合法的生活来源。1950年《日本国籍法》（1984年修正）第5条第1款第4项规定：入籍申请人，应能够依靠自己的资产或者技能生活，或者和配偶或者其他亲属一起生活。根据1997年《韩国国籍法》（2004年修正）第6条第2款，持婚姻签证（F—6）的外国人申请韩国国籍，应有能力维持生计。有能力维持生计是指持婚姻签证（F—6）的外国人应有职业或者资产。如果自己不满足该条件，

其共同维持生计的家属（配偶等）须有职业或者资产。申请人需要提交以下材料证明本人及共同生活的家人有能力维持生计：（1）3000万韩元以上金融财产（存款、储蓄、证券等）证明材料。（2）公告地价超过3000万韩元以上的房地产登记证明书，或者超过3000万韩元以上的租赁保证金等房地产租赁合同复印件。（3）在职证明书或者预计就业事实证明书。（4）与第1—3项相仿，法务部认可的材料。

（三）语言和认知

语言和认知是归化国籍的融合条件，评估融合能力的重要因素，对于判定新公民的社会价值和引进新公民的社会成本具有重要意义。为保证入籍申请人融合，国家通常要求入籍申请人了解本国、掌握官方语言，确保其具有独立生活的能力，增进其入籍后融合，避免和减少社会冲突。掌握官方语言是融合最必要的技能之一。

能够以官方语言进行沟通可以有效地认知拟入籍国，充分运用教育、就业、社会保障等资源。1977年《新西兰公民资格法》（2005年修正）规定：外国人申请入籍，应有足够的英语语言知识，理解新西兰公民的权利和义务。通常要求入籍申请人达到用本国官方语言教学的小学毕业或者中学毕业的水平，各国的具体要求有差异。2007年《澳大利亚公民资格法》第21条第2款第e项规定：申请公民资格，必须掌握基本英语知识。新西兰要求技术移民入籍申请人必须在近2年取得雅思（IELTS）成绩6.5或者以上，商务移民入籍申请人必须在近2年取得雅思（IELTS）成绩5.0或者以上。德国要求入籍申请人应通过德语鉴定考试（Zertifikat Deutsxh）、普通中学毕业或者完成职业技术教育。韩国要求入籍申请人通过小学4—6年级水平的韩语、历史、政治和文化基本常识考试。巴西对葡萄牙语的要求比较宽松，入籍主考官从巴西宪法任选3段，要求入籍申请人朗读并听写。

认识和理解拟入籍国、公民权利和义务是认可和接受拟入籍国的现状、价值观和制度体系的基础，以及效忠拟入籍国及其人民的前提。2007年《澳大利亚公民资格法》第21条第2款第f项规定：申请公民资格，必须对澳大利亚、澳大利亚公民的权利和义务有足够认识。2007年《澳大利亚公民资格法》

21条第2款第d项、第g项、第h项规定：申请公民资格，必须理解申请公民资格的性质，在申请被批准后可能继续在居住境内居住或者与澳大利亚保持紧密和持续的联系，品行良好。澳大利亚与美国等国家一样，都要求公民资格申请人品行良好，增加新公民有助于而不是有害于国家发展的可能性。根据1997年《韩国国籍法》（2004年修正）第6条第2款，具有婚姻签证（F—6）的外国人申请韩国国籍，应具有作为韩国国民的基本素养。具有作为韩国国民的基本素养是指会说、读韩语且了解韩国社会、文化。移民部门会对申请人进行韩国国民基本素养、品行端正等方面的合格审查。

为照顾年长，听力、语言、视力有永久性或者实质性损伤，身体或者精神残障等弱势群体，可以豁免他们申请国籍的语言、认知条件。2007年《澳大利亚公民资格法》第21条第4款规定：公民资格申请人60岁及以上，或者18岁及以上且听力、语言能力、视力有永久性或者实质性损伤，豁免掌握基本英语知识的条件。第21条第3款第d项规定：公民资格申请人有身体或者精神残障，豁免掌握基本英语知识条件。2007年《澳大利亚公民资格法》第21条第3款第d项规定：公民资格申请人有身体或者精神残障，豁免掌握充分的澳大利亚知识、澳大利亚公民权利义务的条件。2007年《澳大利亚公民资格法》第21条第4款规定：公民资格申请人60岁及以上，或者18岁及以上，且听力、说、视力有永久性或者实质性损伤，豁免掌握充分的澳大利亚知识、澳大利亚公民权利义务知识的条件。

（四）品行

品行是归化国籍的消极条件。为维护国家安全、公共秩序和公共卫生，保护国家利益，避免恐怖主义分子和反本国意识形态外国人入籍，入籍申请人应满足品行条件，品行良好的外国人才能取得国籍。品行良好主要指入籍申请人在申请前没有刑事犯罪纪录，甚至没有违法记录、参与恐怖组织的嫌疑，忠于本国及其人民，赞同本国价值观。根据1997年《韩国国籍法》（2004年修正）第6条第2款，持婚姻签证（F—6）外国人申请国籍，应品行良好，即未被判处监禁以上刑罚，无害于韩国的安全保障、维持秩序、公共福利以及其他国家利益。

法国要求入籍申请人不得有被判处6个月以上有期徒刑的犯罪记录，并不得有违反移民法行为。对于犯有违反国家基本利益或者从事恐怖活动罪行的，则不受判处6个月以上有期徒刑的限制。1993年《法国民法典》第21—27条规定："有以下情形的任何人，均不能取得法国国籍：（1）因危害国家基本利益或者恐怖活动之重罪或者轻罪受到处罚的人，或者不论所犯何罪，被判处6个月及以上无缓刑有期徒刑的人；（2）受到驱逐，驱逐令未明示推迟执行或者未予撤销的人，或者受到禁止进入法国领土之禁令并未执行完毕的人；（3）依据有关外国人在法国居留的法律、法规规定，在法国居留不符合规定的人。"

澳大利亚禁止在刑事诉讼、服刑、保释、服刑刚期满等期间的外国人申请公民资格。存在较大的社会危害性，认为批准这些人员的公民资格申请，不利于惩治犯罪分子，拒犯罪分子于国门之外，维护社会和公众利益。2007年《澳大利亚公民资格法》第24条第6款规定：不批准具有任何以下刑事诉讼或者服刑期间的外国人的公民资格申请：

（1）违反联邦、国家或者领地的犯罪的司法程序未审结前的任何时候；

（2）被监禁在澳大利亚监狱中的任何时候；

（3）由于以下处罚被监禁在澳大利亚监狱期满后的2年中：（ⅰ）死刑减刑到监禁；或者（ⅱ）终身监禁、不少于12个月监禁；

（4）如果在执行部分刑期后，由于假释或者特许自由证被释放，根据联邦、国家或者领地的要求执行余下全部或者部分刑期的任何期间；

（5）执行部分刑期后，根据担保将其假释，在此期间，根据联邦、州或者领地法律违反担保条件的行为；

（6）在司法程序中裁定将其限制在精神病机构的期间；

（7）澳大利亚居民身份被撤销后12个月；

（8）被判处监禁刑罚但尚未执行，以担保方式被假释，根据联邦、州或者领地法律违反担保条件而对其采取行动期间。

品行良好要求入籍申请人认同本国的意识形态、价值观，忠于本国宪法，不得从事任何推翻本国宪法和政府的行为，避免扰乱社会秩序，挑战政府和法律的权威，损害国家利益。1950年《日本国籍法》（1984年修正）第5条规定：入籍申请人，必须品行端正，从未策划、鼓吹、组织或者参加一个策划或者鼓吹过推翻《日本宪法》或者政府的政党或者其他组织。1952年《美国移民和国籍法》第316条第a款第2项、第316条第e款规定：除另有规定外，任何人申请归化国籍都必须一直特别是在提交申请前5年，具有良好品行，忠于美国宪法，且赞同维护美国的良好秩序和利益，否则不能入籍成为美国公民。申请归化国籍人承担举证品行良好的责任，证明一直特别是在提交申请前5年，不具有下列行为：习惯性酗酒；协助他人偷渡；被判定或者自己承认，犯有某种涉及不良品行的罪行；犯有使用违反管制物品的罪行；以非法赌博为主要手段谋生；曾经为谋取移民法的利益作伪证；因违法被拘留180天以上；曾经故意拒付抚养费；曾有婚外情，而且婚外情导致某个家庭破裂。1952年《美国移民和国籍法》（2003年修正）第324条第b款规定：凡前美国公民申请重新获得美国国籍，必须提供充分证据证明在其提交入籍申请前至少5年时间内品行良好、忠于美国宪法原则、赞同美国的良好秩序和利益，直到取得美国国籍。

关于品行良好的规定应具体和公开透明。2007《澳大利亚国籍法》具体规定了品行良好的标准。第22条第1款第b项规定：入籍申请人在递交申请前4年中的任何时间不可以以非法非公民的身份在澳大利亚居住。禁止具有危害国家安全犯罪行为的外国人自动取得和申请公民资格。危害国家安全犯罪可以是已经被判处国家安全方面的罪行或者对国家安全构成直接或者间接的威胁，还可以是具有根据澳大利亚或者其他国家法律被判处5年及以上监禁的罪行。2007年《澳大利亚公民资格法》第18条、第24条第4A款都规定：不批准具有危害国家安全犯罪行为外国人的公民资格申请。第3条规定：危害国家安全犯罪行为是指具有1914年《刑法》第72节、第5.1章、第5.2章或者第5.3章，1979年《安全情报组织法》，2001年《情报服务法》等法律规定的罪行的行为。第19E条第6款和第24条第4A款都规定：不批准因违反澳大利亚或者其他国家法律被判处5年及以上监禁的外国人的公民资格申请。澳大利亚安全情报组织认为外国人对国家安全构成危险的，就禁止其自动取得、申请公民资格。第18条第4款规定：不批准直接或者间接对国家安全构成威胁的外国人的公民资格申请。

澳大利亚禁止个人身份未被验证的外国人取得公民资格。不验证个人身份，无法确保申请人是提交公民资格申请的人、参加入籍考试的人。2007年《澳大利亚公民资格法》第40条规定：为确认申请人是提交公民资格申请的人、参加入籍考试的人，移民部门领导人及其授权人员可以验证个人身份。验证个人身份信息的方式有照片、签名、人体生物信息等。第30条第4款规定：个人身份未被验证的外国人，不批准其公民资格申请。不提供个人身份信息，会导致个人身份验证通不过，公民资格申请不被批准。一个人取得、恢复公民资格时，要提交个人的照片、签名、指纹、手纹、身高、体重、虹膜等个人信息。这些个人信息受澳大利亚隐私法律保护，只能被用于验证公民资格申请人。

七、入籍考试和入籍仪式

（一）入籍考试

为增加融合能力，特别是认识拟入籍国、掌握官方语言，外国人应参加和通过入籍考试。入籍考试的形式有书面考试、面试和提交证明等。书面考试是最重要的入籍考试形式，移民部门提供考试手册，建立题库，提供答案供复习，从固定题库中抽取考试题。外国人符合条件的，可以豁免入籍考试。美国设计了入籍考试，确保外国人具有英语能力、理解美国历史和政府，认同美国价值观。入籍前，在指定时间参加并通过入籍考试。入籍考试内容包括美国历史、美国政府和综合公民等三部分，考试语言为英语。如果缺席，视为放弃归化国籍申请。1985年《加拿大国籍法》（2017年修正）规定：外国人申请入籍，18—54岁的应该通过入籍考试。

2020年12月开始，为使新公民对美国社会有充分的归属感，有关美国政府和历史的入籍考试，题库题目由原来的100题增加到128题，原本10题中回答对6题的60%及格率，增加为20题答对12题的60%及格率。

2007年10月，澳大利亚实施《公民资格法修正案（入籍考试）》，在入籍程序中引入入籍考试。除18岁以下和60岁以上者外，公民资格申请人应通过入籍考试。入籍考试以计算机英文选择题目形式进行，不另考英语，题目由计算机从200题题库中抽取20题，正确回答75%，即20题中15题通过考试。根据澳大利亚移民和公民事务部国家通讯办公室2009年发行的入籍考试指南《澳大利亚公民资格：我们的共同纽带》，入籍考试内容包括澳大利亚及其公民，澳大利亚的民主信仰、权利和自由，澳大利亚的政府和法律等三部分。入籍考试题目由计算机从题库中抽取20道题，以计算机英文选择题目形式进行，正确回答75%，即20题中的15题通过考试。2017年《澳大利亚公民资格法修正案（草案）》建议在入籍考试中增加更多关于澳大利亚价值观的内容，还建议将英语知识要求从基本提高至良好，相等于雅思（IELTS）6分，在入籍考试外单设英语考试，入籍考试从无次数要求减至三次考试，国会未通过该修正案。

2008年9月，德国实行统一入籍考试，促进移民融合，提高人们对宪法的效忠度和对民主的归属感。[①] 所有申请加入德国国籍的外国人都应通过入籍考试，掌握法律制度、社会和生活状况的知识，具有基本德语能力，取得德国中学毕业证书、法律等文科专业高校毕业证书，有身体、精神或者心理疾病、残障、年老的除外。入籍考试形式为笔试，共有33道题，均为单项选择题。内容涉及民主与政治、历史与责任和人文与社会三个部分，不涉及有争议的个人价值观、道德观和宗教信仰，答对一半以上者为及格。内政部委托柏林洪堡大学出310道题，考试时考生随机抽取其中的33道考题。未通过者可参加复考，没有次数限制，但每次考试均需缴纳考试费。实施入籍考试之后，申请德国国籍人数出现短暂减少的情况，然后出现增长趋势。德语能力和入籍考试要求一定程度上阻碍了外国人入籍。根据德国统计局统计，1995年—2015年，德国入籍人数呈下降趋势，入籍人数从31.36万人下降到10.72万人，外国人入籍率从4.27%下降到1.27%。期间，2008年入籍人数最少和入籍率最低，仅9.45万人和1.27%。2008年后，入籍人数和入籍率回升乏力。

---

① Federal Office for Migration and Refugees. German National Contact Point for the European Migration Network (EMN). *Annual Policy Report 2013*[G]. 2014, 26.

2014年，入籍人数和入籍率为10.84万和1.40%。2015年，入籍人数10.72万，而入籍率跌回1.27%。

韩国首先调查入籍申请人的入籍申请资格，然后审查品行端正、韩语能力、了解韩国风俗等作为韩国国民的基本素养。根据《韩国国籍法施行规则》第4条第2款，基本素养审查以笔试和面试方式进行。笔试主要考察韩国历史、政治、文化、国语以及风俗，考试题型为问答题或者选择题，总共10—20道题。根据《国籍法施行规则》第4条第4款，面试主要考察韩语能力、作为韩国国民的态度、对自由民主基本秩序的信念。

已经融入拟入籍国的，豁免入籍考试。韩国公民外籍配偶进修移民和融合项目（Korea Immigration and Integration Program，KIIP）后，豁免入籍笔试、面试等。办理登录或者受到家庭暴力，在韩国合法居留，以及在韩国不到3年的外国人，都可以申请进修移民和融合项目。移民和融合项目由最多415小时的韩语课程（0—4级）、最多50小时的韩国社会理解课程（5级）组成，帮助外国人系统地获得韩国生活信息。法务部指定提供移民和融合项目的单位，通常是地方政府、大学、多元文化家庭支援中心、农业合作社、公共组织和私立机构。通过入籍合格审查，被认定为入籍合格者，可获得法务部入籍许可并取得韩国国籍。法务部签发入籍许可后，通知入籍申请人，并在官报上刊载告示。

（二）入籍仪式

为增强入籍者的荣誉感和责任感，外国人应参加入籍仪式，在入籍仪式上宣誓效忠。1985年《加拿大国籍法》（2017年修正）规定：所有14岁或者以上的国籍申请人必须参加入籍宣誓，才能完成入籍申请。

美国要求，除儿童、由于智力限制不能理解宣誓内容、由于宗教要求和信仰无法服兵役的归化国籍申请人外，其他申请人必须进行入籍宣誓，以确保自愿入籍和对美国宣誓效忠。1952年《美国移民和国籍法》第337条第a款、第b款规定：归化国籍申请人应在公民和移民服务局或者联邦法院，在公共仪式上宣誓入籍。宣誓入籍的内容包括：

(1)支持和捍卫美国宪法和法律;

(2)对以前具有公民、国民资格的国家机器君主、领导人、政权完全彻底放弃效忠并脱离关系;

(3)反对任何国内外的敌人;

(4)保证忠诚和诺言;

(5)当法律要求时,为美国利益拿起武器、在军队中履行非战斗人员服务义务、以国籍完成保护国家利益的工作。

澳大利亚要求申请公民资格应进行入籍宣誓,入籍宣誓是外国人取得澳大利亚公民资格的最后程序和成为澳大利亚公民的重要仪式。2007年《澳大利亚公民资格法》第27条规定:公民资格申请被批准后,申请人必须进行入籍宣誓才能成为澳大利亚公民,除非具有以下情形:(1)提交公民资格申请时16岁以下;(2)提交公民资格申请时有永久性身体或者精神残障致使其不能理解申请的性质;(3)在境外出生时,父母一方是但丧失了澳大利亚公民资格;(4)1975年9月前出生在巴布亚,父母一方是出生在澳大利亚的澳大利亚公民;(5)出生在澳大利亚的无国籍人,现在不是/从来不是任何国家的国民或者公民,现在没有/从来没有合理的预期能够取得其他国家国籍或者公民资格。澳大利亚入籍仪式可以是小型的,只有数人参加,也可以很大型,有数百甚至数千人参加。入籍仪式开始时,新公民可能会受到一位原住民代表的欢迎,该原住民是所在地区的传统土地主人。所在地区的领袖或者政府代表会介绍公民资格的含义。入籍仪式最重要的部分是向移民部门的领导人或者其授权的人宣读入籍誓词,向澳大利亚及其人民宣誓效忠,公开承诺接受公民权利和义务。2007年《澳大利亚公民资格法》附件1、附件2规定,澳大利亚入籍誓词是:"从今往后,在上帝的见证下(以上帝之名),我向澳大利亚及其人民宣誓效忠,分享其民主信念,尊重其权利和自由,并拥护和遵守其法律。"

第三节 结 论

根据取得国籍的方式不同,取得的国籍分为出生国籍和归化国籍。出生国籍（nationality by birth），又称原始国籍、固有国籍，是指依据出生事实取得的国籍。归化国籍（nationality by naturalization），又称继有国籍、继受国籍、获得国籍（nationality by acquisition），是指依据出生以外的事实，例如婚姻、被收养、国家继承、居留、重大贡献等，取得的国籍。出生国籍原则包括血统、出生地、血统和出生地相结合等原则。血统原则包括父亲单系血统原则、父母单系血统、父母双系血统等原则。出生地原则包括完全出生地、限制出生地等原则。血统和出生地原则包括以血统原则为主，出生地原则为辅，以出生地原则为主，血统原则为辅等原则。一些国家优待出生地取得国籍人。归化国籍可以依婚姻、被收养、国家继承、居留、重大贡献等取得。归化国籍往往必须同时满足年龄、品行、经济、语言、认知、考试、仪式等条件，并给予不同程度的豁免。

第五章

国际法上的取得国籍权

取得国籍权是指取得国籍的权利,是国籍权的核心和起点,体现了国籍权的静态。本章从取得至少一国国籍、取得特定国家国籍、出生登记、平等取得国籍、不任意拒绝国籍申请、取得公民身份证件等方面论述国际法上的取得国籍权,重点分析含义、国际法规定、国家实践及国际社会的推动等。

第一节 取得至少一国国籍权与取得特定国家国籍权

一、取得至少一国国籍权概述

取得国籍权,是作为人而存在发展的最基本权利。1948年《世界人权宣言》第15条第1款规定:"人人有权具有国籍。"这是关于"取得国籍权"的最直接、最权威的表述,但没有规定人人如何取得国籍、有权取得几个国家的国籍等。1966年《消除一切形式种族歧视国际公约》第5条第卯款第3项、1979年《消除对妇女一切形式歧视公约》、1989年《儿童权利公约》第9条、1990年《保护所有迁徙劳工及其家庭成员权利国际公约》第29条、2006年《残疾人权利公约》第18条等国际人权文件在各自领域确认国籍权是一项基本人权,但没有规定人人如何取得国籍、有权取得几个国家的国籍等。

取得至少一国国籍权是取得国籍权的最重要内容,也是变更国籍权、保留国籍权的前提性权利。1966年《公民权利和政治权利国际公约》明确规定儿童有权取得至少一国国籍。第24条第3款规定:"每一儿童有权取得一个国籍"。2000年《国家继承涉及的自然人国籍问题》(联合国大会第55/153号决议)第1条规定了取得至少一国国籍权:"在国家继承之日具有先前国国籍的每一个人无论其取得该国籍的方式为何,均有权根据本条款取得至少一个有关国家的国籍。"1997年《欧洲国籍公约》第4条规定:"个人都有权取得一国国籍。"

取得至少一国国籍权,确保不处于无国籍状态。人人可能因为各国国籍法规定的差异而无国籍。国籍管理属于国家主权,国际社会对此达成共识,维护国家国籍主权,尊重各国国籍法规定的差异。1930年《关于国籍法冲突的若干问题的公约》第1条规定:"每一国家依照其本国法律断定谁是它的国民。此项法律如符合于国际公约、国际惯例以及一般承认关于国籍的法律原则,其他国家应予承认。"2016年联合国人权理事会第32/7号决议《国籍权:法律和实践中妇女的平等国籍权》第2条规定:"确认每个国家有权通过法律确认其国民,前提是这种确认符合该国根据国际法所承担的义务,包括不歧视的义务"。

国际人权文件,如表5—1,普遍认可取得国籍权是基本人权之一。1948年《世界人权宣言》第15条第1款规定:"人人有权具有国籍"。2012年联合国大会人权理事会第20/4号决议《国籍权:妇女和儿童》第1条规定:"重申国籍权是《世界人权宣言》所载的一项普遍人权,每个男女和儿童均有权享有国籍。"2016年联合国人权理事会第32/7号决议《国籍权:法律和实践中妇女的平等国籍权》第1条规定,国籍权是1948年《世界人权宣言》规定的一项基本人权。

区域人权文件,如表5—2,普遍认可取得至少一国国籍权是基本人权之一。1969年《美洲人权公约》第20条第1款规定:"人人有权取得一国国籍。"1997年《欧洲国籍公约》要求缔约国的国籍法应遵循人人有权取得一国国籍的原则。2000年《国家继承涉及的自然人国籍问题》(联合国大会第55/153号决议)第1条规定:"在国家继承之日具有先前国国籍的每一个人无论其取得该国籍的方式为何,均有权根据本条款取得至少一个有关国家的国籍。"

表5—1 国际人权文件关于取得国籍权的规定

序号	国际人权文件	内容
1	1948年《世界人权宣言》第15条第1款	人人有权具有国籍。
2	1966年《公民权利和政治权利国际公约》第24条第3款	每一儿童有权取得一个国籍。
3	1966年《消除一切形式种族歧视国际公约》第5条卯款第3项	禁止并消除一切形式种族歧视,保证人人有不分种族、肤色或者民族或者族裔出身在法律上一律平等的权利,除其他外尤得享有国籍权。
4	1989年《儿童权利公约》第7条、第8条	第7条:1. 儿童出生后应立即登记,并有自出生起获得姓名的权利,有取得国籍的权利,以及尽可能知道谁是其父母并受其父母照料的权利。2. 缔约国应确保这些权利按照本国法律及其根据有关国际文书在这一领域承担的义务予以实施,尤应注意不如此儿童即无国籍之情形。 第8条:1. 缔约国承担尊重儿童维护其身份包括法律所承认的国籍、姓名及家庭关系而不受非法干扰的权利。2. 如有儿童被非法剥夺其身份方面的部分或者全部要素,缔约国应提供适当协助和保护,以便迅速重新确立其身份。
5	1990年《保护所有移徙工人及其家庭成员权利国际公约》第29条	移徙工人的每一名子女均应享有具备姓名、进行出生登记和取得国籍的权利。
6	2006年《残疾人权利公约》第18条	残疾儿童出生后应当立即予以登记,从出生起即应享有姓名权利,享有取得国籍的权利,并尽可能享有知悉父母并得到父母照顾的权利。

资料来源:作者整理

二、因出生取得至少一国国籍

因出生取得至少一国国籍,不因非婚生、父亲或者母亲的国籍受到歧视,是取得至少一国国籍权的重要内容。1989年《儿童权利公约》第7条第1款规定:"儿童出生后应立即登记,并有自出生起获得姓名的权利,有取得国籍的权利,以及尽可能知道谁是其父母并受其父母照料的权利。"联合国儿童权利委员会在第11号一般性意见中重申,各国有义务确保所有儿童在出生后立即登记并取得国籍。联合国儿童权利委员会在一些结论性意见中进一步强调了这一立场。1989年《儿童权利公约》第2条和第7条规定,缔约国管辖范围内的所有儿童均有权登记和取得国籍,而与儿童或者其父母或者法定监护人的性别、种族、宗教或者族裔出身无关。

表5—2 区域人权文件关于取得国籍权的规定

序号	区域人权文件	内容
1	1969年《美洲人权公约》第20条	1. 人人有权取得一国国籍。2. 人人都享有其出生地所在国国籍的权利,如果其不享有取得任何其他国籍的权利的话。3. 不得任意剥夺任何人的国籍,或者剥夺其改变国籍的权利。
2	1991年《独立国家联合体人权和基本自由公约》第24条	人人享有公民身份权,不得任意剥夺任何人的公民身份或者改变该身份的权利。
3	1994年《阿拉伯人权宪章》修订本第29条	人人享有国籍权,不得任意或者非法剥夺任何人的国籍。采取其认为适当的措施,允许子女获得母亲的国籍,并在一切情形下考虑儿童的最佳利益。
4	1999年《非洲儿童权利与福利宪章》第6条	儿童有权取得国籍,在其领土内出生且未被给予另一国国籍的儿童可以获得本国国籍。
5	1997年《欧洲国籍公约》第4条	缔约国的国籍法应遵循下列原则:1. 人人有权取得一国国籍;2. 应消除无国籍现象;3. 不得任意剥夺任何人的国籍;4. 缔约国国民与外国人之间的婚姻关系的成立或者消灭并当然影响配偶一方的国籍,在婚姻关系存续期间,夫妻中任何一方变更国籍都不会自动影响配偶另一方的国籍。
6	2000年《国家继承涉及的自然人国籍问题》(联合国大会第55/153号决议)第1条	在国家继承之日具有先前国国籍的每一个人无论其取得该国籍的方式为何,均有权根据本条款取得至少一个有关国家的国籍。
7	《伊斯兰儿童权利公约》第7条	儿童有权在出生时就确定其国籍。保护儿童的身份,包括其国籍,并尽一切努力解决在本国领土出生或者本国任何公民在国外所生的任何儿童的无国籍问题。出身不明的儿童有权获得一国国籍。

资料来源:作者整理

1966年《公民权利和政治权利国际公约》第24条第3款规定:"每一儿童有权取得一个国籍。"第2条第1款规定,缔约国承诺尊重和保证在其领土内和受其管辖的一切个人享有该公约承认的权利,而不作任何区别,例如种族、肤色、性别、语言、宗教、政治或者其他见解、民族或者社会出身、财产、出生或者其他身份。此外，第26条禁止基于这些理由的歧视。联合国人权事务委员会在第18号一般性意见中指出，第26条禁止公共当局管理和保护的任何领域中法律上或者事实上的歧视。第26条关注的是缔约国在立法方面承担的义务，包括国籍法及其适用。

1961年《减少无国籍状态公约》的目的之一是确保在本国出生的儿童不成为无国籍人。第1条规定：缔约国对在其领土出生，非取得该国国籍即无国籍者，应给予该国国籍。为了避免在取得国籍方面出现空白，1961年《减少无国籍状态公约》第3条规定："为了确定各缔约国在本公约下所负义务，凡在船舶上出生者，应视为在船舶所悬国旗的国家领土内出生；在飞机上出生者，应视为在飞机的登记国领土内出生。"

一些区域文件保障儿童取得至少一国国籍权。1997年《欧洲国籍公约》、1987年《非洲儿童权利与福利宪章》（第6条）、1969年《美洲人权公约》（第20条）和《伊斯兰儿童权利盟约》（第7条）、1993年《阿拉伯人权宪章》、2012年《东南亚国家联盟人权宣言》和《独立国家联合体人权和基本自由公约》等其他区域文件用更宽泛的语言重申儿童取得国籍权。

国家没有给予在其领土内出生的每名儿童国籍的义务，但是应与其他国家合作，采取一切适当措施，确保每名儿童在出生时都有国籍，[①] 特别是给予在本国出生、不入籍就会成为无国籍人的儿童以国籍，避免出现一出生就成为无国籍人。1969年《美洲人权公约》、1987年《非洲儿童权利与福利宪章》、1997年《欧洲国籍公约》和2006年《欧洲关于避免在国家继承方面出现无国籍状态的公约》都规定，国家对实现在其领土上出生的儿童取得国籍的权利方面负有特别责任。

联合国人权事务委员会指出：1966年《公民权利和政治权利国际公约》第24条第3款"每一儿童有权取得一个国籍"的目的是，防止没有国籍的儿童不能享受公约的权利，并不是要求每个国家保证给予在其领土出生的婴儿自动具有国籍。但是，成员国应当采取任何有效措施，国内的或者与其他国

---

① 1989年《联合国人权事务委员会第17号一般性意见》第8段。《儿童权利公约》第7条第2款。

家合作的,以保证每一个出生的婴儿都能具有国籍。2012年联合国大会人权理事会第20/4号决议《国籍权:妇女和儿童》第4条规定:"鼓励各国根据国内法,如境内出生的儿童或者父母为本国公民的境外出生的儿童若不能取得该国国籍将成为无国籍人,则为其取得国籍提供便利。"第7条规定:"促请各国在没有证据证明弃儿为其他国家国民的情况下,给予在其境内发现的弃儿国籍。"

联合国人权事务委员会在有关厄瓜多尔的意见中,对非正常移民子女的国籍表示关注。根据厄瓜多尔法律,任何出生在厄瓜多尔的人都有权取得该国国籍,但是有些非正常移民因为害怕被遣返,生了孩子不敢登记,从而使这些孩子没有国籍。联合国人权事务委员会建议厄瓜多尔采取切实措施,保证这些孩子取得该国国籍的权利。联合国人权事务委员会对津巴布韦提出批评,根据该国法律,该国公民在国外生产的子女不能得到津巴布韦国籍。[①]

联合国儿童权利委员会建议1989年《儿童权利公约》缔约国给予所有在其领土出生、不入籍会成为无国籍人的儿童以国籍,不得根据父母双方或者一方的国籍或者无国籍对子女取得国籍加以歧视。[②] 不应因自身、父母的移民身份,[③] 或者根据他们以前是难民,[④] 或者根据他们是土著、少数群体,而把不入籍会成为无国籍人的儿童排除在取得出生国的国籍之外。

区域人权法院和机制通过多项判决肯定了每名儿童享有取得国籍权,其中包括:美洲人权法院(伊恩和博西科诉多米尼加共和国案)、非洲儿童权利和福利专家委员会(努比亚儿童诉肯尼亚案)以及欧洲人权法院(吉诺维西诉马耳他案、梅尼森诉法国案)。

---

① (1998)UN doc.CCPR/C/79/Add.89.
② 1989年《联合国人权事务委员会第17号一般性意见》第8段,《联合国难民署关于无国籍状态的第4号指导意见》。
③ 1990年《保护所有移徙工人及其家庭成员权利国际公约》第29条。
④ 《联合国难民署关于无国籍状态的第4号指导意见》。

三、因国家继承取得至少一国国籍[①]

因国家继承取得至少一国国籍，不因国家继承处于无国籍状态，是取得至少一国国籍权的重要内容。2000年12月，联合国大会第55届会议通过《关于国家继承涉及的自然人国籍问题的第55/153号决议》，其附件载有国家继承涉及的自然人国籍问题的条款，规定了因国家继承取得国籍权、防止无国籍状态、国籍推定、国籍和其他相关问题的立法。2000年《关于国家继承涉及的自然人国籍问题》（联合国大会第55/153号决议）第1条规定了因国家继承取得国籍权："在国家继承之日具有先前国国籍的每一个人，无论其取得该国籍的方式为何，均有权根据本条款取得至少一个有关国家的国籍。"第6条规定了国籍和其他相关问题的立法："每个有关国家应无不当拖延就国家继承中引起的国籍和其他相关问题，制定符合本条款规定的立法。每个有关国家应采取一切适当措施，确保有关人在合理期间内获知这种立法对其国籍的影响、可以根据这种立法作出的选择以及作出的选择将对其地位产生的后果。"

联合国重申各国需酌情考虑因国家继承取得至少一国国籍权。2004年《国家继承涉及的自然人国籍问题》（联合国大会第59/34号决议）、2008年《国家继承涉及的自然人国籍问题》（联合国大会第63/118号决议）都指出："重申请各国政府在处理国家继承涉及的自然人国籍问题时，酌情考虑大会第55/153号决议附件内的条款的规定。""鼓励各国在区域或者分区域一级酌情考虑拟订关于国家继承涉及的自然人国籍问题，特别是防止因国家继承而出现无国籍状态的法律文书。"2012年《国家继承涉及的自然人国籍问题》（联合国大会第66/92号决议）指出："再次请各国政府在处理国家继承涉及的自然人国籍问题时，酌情考虑大会第55/153号决议附件内的条款的规定。""再次鼓励各国特别是为了防止因国家继承而出现无国籍状态，在区域或者次区域一级酌情考虑拟订关于国家继承涉及的自然人国籍问题的法律文书。"

[①] 关于依国家继承取得国籍规则，领土变更居民的自动、自由和限制入籍，参见本书第四章国籍法上的取得国籍第二节归化国籍第三部分依国家继承取得国籍。

国家通过宪法、双边条约解决因国家继承取得国籍问题，通常而言，居民随领土移交迁徙后，取得移交领土所属国家的国籍，未随领土移交迁徙的，仍然具有原国籍。1949年《印度宪法》第7条第1款规定：凡在1947年3月1日以后由印度领土移居到现在属于巴基斯坦领土内的，不得视为印度公民。不适用于曾经移居到现在属于巴基斯坦领土后，又拥有合法的重新定居许可或者永久性居住许可而居住于印度领土者。2007年《尼泊尔临时宪法》第8条第4款规定："通过合并获得的领土，在该领土上有住所者依据现行法律应成为尼泊尔公民。"1960年《中华人民共和国国务院总理周恩来和缅甸联邦总理吴努关于两国边界条约的换文》第1条规定：根据1960年《中华人民共和国和缅甸联邦政府边界条约》第1—3条的规定由一方移交给另一方的地区的居民，在各地区移交给另一方以后，应该被确认为该地区所属一方的公民。

四、人人，特别是依出生、婚姻、国家继承的人员，取得多个国籍

随着国籍自由原则、国籍平等原则不断发展，国际社会不再强调取得国籍权所指的国籍是一国国籍，逐渐认可人人，特别是依出生、婚姻、国家继承的人员，取得多个国籍，不否定取得多个国籍的权利。1994年《阿拉伯国家人权宪章》第24条规定："不得剥夺任何人的原始国籍。没有法定的有效原因，不得否定任何人取得另一国籍的权利。"1997年《欧洲国籍法公约》要求成员国承认由于混血、婚姻产生的双重国籍。第14条第1款规定："任何缔约国应允许：(a)如果儿童依出生而自动获得了多重国籍，则可保留这些国籍；(b)如果国民因婚姻关系而自动地取得了他国国籍，则可具有该外国国籍。"2000年《关于国家继承涉及的自然人国籍问题》（联合国大会第55/153号决议）第11条第1款、第3款规定："在有关人有资格取得两个或者多个有关国家国籍的情形下，有关国家应当考虑到该人的意愿。""有选择权的人行使这一权利后被选择国籍国应将国籍赋予这些人。"2006年《欧洲关于避免在国家继承方面出现无国籍状态的公约》第2条规定：具有被继承国家国籍者因国家继承成为或者将成为无国籍者，有权获得有关国家的国籍。2013年，联合国难民署建议：各国对由不同国籍父母所生子女、对与外国人结婚并在其

配偶国家定居并表示希望在不丧失原来国籍的情况下取得配偶国籍者，承认双重国籍。①

五、取得特定国家国籍权

人人有权取得特定国家国籍，但不可以取得任意国家国籍。取得特定国家国籍权符合国际文件在国籍权方面的规定。1948年《世界人权宣言》、1966年《公民权利和政治权利国际公约》、1969年《美洲人权公约》、1994年《阿拉伯国家人权宪章》、1961年《减少无国籍状态公约》等国际人权文件、区域人权文件、国籍问题专项国际文件都规定，人人有权取得国籍，但没有规定可以取得任意国家的国籍。1994年，消除对妇女歧视委员会在《第21号一般性建议：婚姻和家庭关系中的平等》第6段建议：国籍对于充分参加社会生活至为重要。一般而言，国家对出生于本国的人给予国籍，也可由于定居的理由给予国籍，或者由于人道理由如无国籍身份而给予国籍。

取得特定国家国籍权是对国籍国家主权的尊重，反映了各国国籍法关于国籍权的规定的特殊性。国际社会已经对国籍问题是国家主权问题达成共识。任何国家的法律不得规定别国的国籍问题，否则就是侵犯他国主权。判断一个人是否具有某国国籍，应适用该国法律，一国法律关于国籍的规定是明确的和具体的。1930年《关于国籍法冲突的若干问题的公约》第2条规定："任何关于某人是否具有其特定国家之国籍的问题，都应根据该国之法律来确定。""特定国家"通常指出生地国家。2000年《国家继承涉及的自然人国籍问题》第13条规定："有关人的子女在国家继承之日以后出生，没有取得任何国籍的，有权取得该子女在其领土内出生的有关国家的国籍。"

取得特定国家国籍权，无论性别、种族、宗教、肤色、民族和是否婚生，其中通过出生取得国籍为固有权利。出生国籍是世界上最主要的、最普遍的取得国籍的方式，世界上绝大多数人的国籍是出生国籍。出生国籍的取得，

---

① 联合国人权事务高级专员办事处关于在涉及国籍问题上对妇女歧视包括对儿童影响的报告[R].联合国大会人权理事会第23届会议议程项目2和3，A/HRC/23/23，2013年3月15日。

基于人的出生事实，不以其意志为转移。不存在一个人主动放弃取得国籍权，而成为无国籍人的现象。

国家有权确立取得国籍原则，适用出生地原则或者血统原则，或者通过归化取得国籍，国籍可以依法自动取得，在出生时或者出生后的某个阶段取得，或者通过国籍主管部门的行为而取得，这些取得国籍原则不能是任意原则。

第二节 出生登记权

一、出生登记权的含义

出生登记，包括提供出生证明文件和补办出生登记，是反映一个人的存在并承认该人具有法律人格的正式记录，是防止无国籍状态的重要手段。出生登记记录儿童的父母情况和出生的地点、时间，有利于取得国籍。难以进行出生登记的群体包括无证移民、土著、少数族裔、游牧群体、非婚生子女，以及难民、境内流离失所者和无国籍人。实践中，歧视、落后习俗和贫穷往往使母亲，尤其是未婚母亲，无法与父亲平等地为子女进行出生登记。不承认跨宗教通婚可能导致妇女不能在子女出生后进行出生登记。将婚外性行为定为刑事犯罪可能妨碍妇女为其非婚生子女进行出生登记。截至2013年，根据联合国儿童基金会的统计，亚洲及太平洋地区估计有1.35亿的5岁以下儿童没有进行出生登记，数百万其他人口动态事件没有被登记。根据联合国儿童基金会统计，全世界仍有约四分之一的5岁以下儿童从未获得出生登记。[①]联合国儿童权利委员会在第9和第11号一般性意见中指出，土著儿童和残疾儿童由于出生时往往不予登记，成为无国籍人的可能性更大。

出生登记权是指出生时进行登记和获得身份的权利，是取得国籍权的前提权利。国际社会承认、要求各国保障出生登记权。1989年《儿童权利公约》第7条第1款规定："儿童出生后应立即登记，并有自出生起获得姓名的

---

① 2017年联合国人权理事会《出生登记和人人在任何地方被承认在法律面前的人格的权利》决议第1条。

权利,有取得国籍的权利,以及尽可能知道谁是其父母并受其父母照料的权利。"2017年联合国人权理事会《出生登记和人人在任何地方被承认在法律前的人格的权利》决议第2条规定:"各国有义务一视同仁地办理出生登记,并提醒各国注意,应根据各自国内法律和有关国际文书规定的义务,在儿童出生后立即为其在出生国办理出生登记,包括为移徙者、非本国公民、寻求庇护者、难民和无国籍人的子女办理出生登记,而且补办出生登记应仅限于如不这么做就会导致没有出生登记的情况。"

国家应保障出生登记权,消除出生登记障碍,实现儿童取得国籍权。确保出生登记免费,所有儿童均可获得,不论其父母的国籍或者无国籍状态、居留或者其他法律地位如何,不加歧视地为所有在其领土内出生的儿童办理出生登记。2017年联合国人权理事会《出生登记和人人在任何地方被承认在法律前的人格的权利》决议序言第3段规定:"各国有义务按《公民权利和政治权利国际公约》《儿童权利公约》《保护所有移徙工人及其家庭成员权利国际公约》及其加入的其他有关国际文书的规定,对所有儿童出生后立即一视同仁地加以登记,这是保护和实现所有人权的一项重要内容。"2012年12月,在曼谷举办亚洲及太平洋改进民事登记和人口动态统计高级别会议,达成了出生登记方面的共识。1950年《日本户籍法》(1984年修正)第25条和第49条对儿童的出生登记作出了规定,均不因儿童是否婚生或者其父母的居留资格而对其区别对待。2015年12月,国务院办公厅下发《关于解决无户口人员登记户口问题的意见》。第2条第2款规定:在助产机构内出生的无户口人员,本人或者其监护人可以向该助产机构申领《出生医学证明》。

二、出生登记权的意义

出生登记权对实现取得国籍权,减少无国籍状态,保障民众及其后代的权利十分重要,对包容性社会和经济发展不可或缺,对国家正式承认家庭中的新生儿和新组建的家庭关系至关重要。在某些情况下,无法获得出生登记直接妨碍国家把儿童认定为公民。2012年7月,联合国人权理事会通过第20/4号决议《国籍权:妇女和儿童》,第8条规定:"吁请各国确保为每个儿童免费办理出生登记，包括免费或者收取较低费用补办出生登记，并强调，无论其本人、父母或者家庭成员是否为移民身份，进行有效的出生登记和提供出生证明至关重要，这有助于减少无国籍状态，并降低遭受人口贩运、其他虐待和侵犯人权行为的可能性。"2012年《亚洲及太平洋改进民事登记和人口动态统计高级别会议的共识》第2条规定：对人口动态事件——包括出生、收养、结婚、离婚和死亡——进行正式记录为法律身份和家庭关系提供了必要的书面证据。此种书面证据有助于获得医疗、教育、社会福利和保护等服务，有助于证明国籍。

不能进行出生登记直接阻碍儿童享有国籍权，进而享有医疗、教育、社会保障、工作和政治等权利。[①] 2017年2月，联合国人权理事会通过《出生登记和人人在任何地方被承认在法律前的人格的权利》决议，明确地指出了不能进行出生登记的危害，"未登记的个人获得各种服务及享有其应享有人权的机会有限或者根本没有，包括具有姓名和取得国籍的权利，以及与医疗、教育、社会保障、工作和政治参与有关的权利，并考虑到对一个人的出生进行登记是促进和保护其所有人权的重要一步，而未办理出生登记的人更容易遭受边缘化、排斥、歧视、暴力，陷入无国籍状态，遭到绑架、贩卖、剥削和虐待，包括以童工、人口贩运、童婚、早婚和强迫婚姻以及非法招募儿童入伍的形式。"

在至少20个国家中，没有出生证、无国籍儿童无法依法得到免疫接种。非洲儿童权利和福利专家委员会在其关于《非洲儿童权利与福利宪章》第6条的一般性意见中得出结论认为，没有出生证或者国籍的儿童更容易遭受性剥削等虐待行为，并且更易被贩卖或者征召入伍。

如果公民与外国人、无国籍人因为非婚生育、政策外生育、没有出生证等原因，不能办理户口登记和取得居民户口簿、居民身份证，无法以公民资格从事活动，一定程度上处于无国籍状态，成为事实上无国籍人。他们不能

---

① 2014年《消除对妇女歧视委员会关于妇女的难民地位、庇护、国籍和无国籍状态与性别相关方面的第32号一般性建议》第56段。

正常入学、就业，无稳定生活来源，易成为遭社会歧视、被社会抛弃的群体，成家立业困难，造成严重的家庭负担。部分人员因而憎恶社会，发生盗窃、贩毒、抢劫等犯罪行为，成为社会治安的重大隐患。①

各国对出生登记权意义的认识有待提高。根据2010—2013年期间亚太经社会47个成员国和准成员国（总共有62个）使用由昆士兰大学和世界卫生组织开发的快速评估工具，进行的自我评估的结果，36个成员国具有的民事登记和人口动态统计系统属于"运作不正常""薄弱"和"运作中但不充足"类别。2017年联合国人权理事会《出生登记和人人在任何地方被承认在法律前的人格的权利》决议第10段吁请："各国不断提高国家、地区和地方各级对出生登记的认识，包括协同所有相关行为方，例如国家人权机构、公共和私营部门以及民间社会组织，开展宣传运动，提高公众关于出生登记对于切实获得各种服务和享有各项人权的重要性的认识。"

三、联合国推动出生登记权保护

联合国儿童权利委员会、难民署、消除对妇女歧视委员会、人权理事会等机构积极推动出生登记权保护，通过一系列决议和结论，取得了显著成效。2016年12月，联合国大会第71/177号决议，吁请各国确保对所有儿童出生后立即一视同仁地加以登记。

2008年，联合国儿童权利委员会提醒各国，有义务进行出生登记，这关系到取得国籍问题。各国要确保迅速、平等和独立地进行婚姻登记。② 妇女能否独立、平等地获得这些文件至关重要，特别是在父亲或者丈夫死亡或者离家的情况下，因为要靠出生证和结婚证来证明父子关系。没有出生登记和结婚登记是造成无国籍问题的主要原因之一。儿童权利委员会还呼吁各国完善

---

① 雷明光，吴保同.中国边民跨境婚姻家庭的困境与思考：以云南、广西边境地区为例[J].中央民族大学学报（哲学社会科学版）2016(2).

② Waas, Laura van. Nationality Matters. Statelessness under International Law[M]. Antwerp: Intersentia, 2008, 153.

国籍法，确保不歧视非婚生子女。①

2013年，联合国难民署继续根据高级专员方案执行委员会第111(2013)号结论，协助东道国政府确保有关部门在难民紧急情况下及时进行出生登记，以减少无国籍状态的风险和相关保护问题。联合国难民署计划到2024年实现"终止无国籍状态全球行动计划"。行动2的目标是"确保没有任何儿童出生时就是无国籍人"。行动2下的其他目标包括：确保所有国家的国籍法中具有给予弃儿国籍的规定，并给予在国外出生但无法获得别国国籍的儿童以国籍。

2016年，联合国消除对妇女歧视委员会指出：各国有义务便利女童和妇女进行出生登记，特别是土著妇女和农村妇女，以便她们能取得国籍。采取措施及时登记出生的所有婴儿，并在这方面采取措施，尤其是在各自境内的农村和边远地区采取措施，以提高对出生登记重要性的认识，确保所有儿童都得到登记、女童与男童享有相同的出生登记权。②

2015年3月，联合国人权理事会第28/13号决议，吁请各国确保对所有儿童出生后立即一视同仁地加以登记。2016年6月，联合国人权理事会通过32/7号决议《国籍权：法律和实践中妇女的平等国籍权》，第8段规定："吁请各国查明并排除阻碍办理出生登记的设施、行政、程序及其他任何方面的障碍，包括补办和相关费用，尤其是针对妇女的障碍，适当注意与贫穷、年龄、残疾、性别、国籍、流离失所、文盲和被拘留状况及属于弱势群体成员等情况有关的障碍，并消除对未婚母亲的歧视给出生登记造成的障碍"。③ 2017年2月，联合国人权理事会通过《出生登记和人人在任何地方被承认在法律前的人格的权利》决议，序言第3段规定："各国有义务按《公民权利和政治权利国际公约》《儿童权利公约》《保护所有移徙工人及其家庭成员权利国际公约》及其加入的其他有关国际文书的规定，对所有儿童出生后立即一视同仁地加

---

① CRC/C/MDG/CO/3-4、CRC/C/OMN/CO/2.

② 2014年《消除对妇女歧视委员会关于妇女的难民地位、庇护、国籍和无国籍状态与性别相关方面的第32号一般性建议》第63段。

③ 2016年联合国人权理事会第32/7号决议《国籍权：法律和实践中妇女的平等国籍权》第8段。

以登记,这是保护和实现所有人权的一项重要内容。"序言第4段规定:"出生登记和在任何地方被承认在法律前的人格的权利与所有其他人权的实现紧密关联,因此强调必须采取基于人权的出生登记办法,根据国际人权义务和承诺,在运作层面致力于促进和保护人权。"序言第9段规定:"吁请各国确保免费办理出生登记,包括免费或者低收费补办出生登记,登记手续普及、便捷、简单、迅速、有效而且一视同仁。"

四、亚洲及太平洋地区组织推动出生登记权保护

亚洲及太平洋地区积极推动出生登记权保护,举办会议,达成共识,取得了显著成效。亚洲及太平洋地区各国在改进民事登记和人口动态统计系统方面,面临挑战,例如:立法缺口、行政系统薄弱、社会障碍和歧视、地理障碍、对医疗设施以外发生的出生和死亡登记困难、死亡原因识别和编码困难、偏远地区后勤和办公设备不足、员工培训不足和待遇差以及由此而带来的挽留员工方面的挑战、用于民事登记和人口动态统计的财政资源有限、国家优先事项的竞争等。

2011年,太平洋岛屿国家和地区制定了《2011—2014年太平洋人口动态统计行动计划》,努力改进各自民事登记和人口动态统计系统。

2012年12月,联合国经济及社会理事会举办了亚洲及太平洋改进民事登记和人口动态统计高级别会议,43个联合国亚洲及太平洋经济社会委员会成员国、3个非联合国亚洲及太平洋经济社会委员会成员国,以及22个发展伙伴的卫生、民事登记和统计部门的230多名高级官员出席。会议达成《亚洲及太平洋改进民事登记和人口动态统计高级别会议的共识》。第1条规定:"民事登记是每个政府应向其民众提供的一项权利。居住在一国之内的每一个人,包括妇女、儿童、弱势人口、难民、寻求庇护者、移民和无国籍人士,无论其国籍、宗教或者种族,都有进行出生登记并获得法律身份的权利。"宣布了亚洲及太平洋经济社会委员会的成员和准成员61个国家的共同愿景,"2020年,亚洲及太平洋所有国家都将建立并能够利用一个运作良好的民事登记和人口动态统计系统"。

2014年11月,亚洲及太平洋经济社会委员会举办了亚洲及太平洋民事登记和人口动态统计部长级会议,发表《亚洲及太平洋"统计工作全民覆盖"部长级宣言》,宣布了亚洲及太平洋经济社会委员会的成员和准成员61个国家的共同愿景,"到2024年,亚洲及太平洋所有人民均享有全民覆盖与时俱进的民事登记和人口动态统计系统,从而协助其实现自身权利并支助善政、健康和发展。""我们共同愿景的实现取决于以下目标的实现:(1)目标1:出生、死亡及其他人口动态事件的民事登记全民覆盖;(2)目标2:所有个人都获得出生、死亡及其他人口动态事件(视情况必要而定)的民事登记法律文件,用以诉求身份、公民身份及随之产生的权利;(3)目标3:在民事登记记录的基础上制作准确、完整和及时的人口动态(包括死亡原因)统计数据并进行传播。"

2019年5月,联合国难民署召开2019年高级别官员无国籍人会议亚洲预备会议,通过了《亚太地区增进国籍权宣言》(Asia Pacific Declaration to Promote the Right to a Nationality),吁请亚太地区各国采取措施终止无国籍状态。

亚洲国家采取有效措施,应对出生登记挑战。2014年,约旦针对所有难民营内的难民启动了手机出生登记服务,向叙利亚难民儿童发放了2400份出生证明,而2013年还不到300份。2014年,黎巴嫩向40000多个家庭提供了关于出生登记程序的辅导。该区域分发了30多万份宣传册,提高对出生登记重要性的认识。①

第三节 平等取得国籍权

一、人人平等取得国籍

平等取得国籍权是取得国籍权的重要内容,是国籍原则的主要体现,包括人人平等取得国籍、妻子丈夫取得国籍平等、婚生与非婚生子女出生取得国籍平等、妇女与男子传给子女国籍平等等。人人平等取得国籍,不因性别、

---

① 《联合国难民事务高级专员的报告(2014年7月1日至2015年6月30日)》第54段。

种族、宗教、肤色、财产、语言、政治观点、民族和是否婚生而受歧视。人人平等取得国籍是取得国籍权的重要内容，也是国籍平等原则的体现之一。2016年联合国人权理事会第32/7号决议《国籍权：法律和实践中妇女的平等国籍权》第1条规定：每个男女和儿童均有权具有国籍，不作种族、肤色、性别、语言、宗教、政治或者其他见解、国籍或者社会出身、财产、出生或者其他身份等任何区别。第2条规定："确认每个国家有权通过法律确认其公民，前提是这种确认符合该国根据国际法所承担的义务，包括不歧视的义务。"1999年《欧洲避免和减少无国籍人建议》第I条第a款规定："关于取得、持有、丧失、恢复或者证明国籍的法律和行政惯例，不应该基于性别、宗教、种族、肤色或者民族，作导致歧视的区别性规定。"

  拉脱维亚国籍法对入籍的居住年限的要求可视为不带歧视性，但是该项规定是否具有歧视性，在很大程度上取决于在实施中如何理解。1990年5月，拉脱维亚恢复独立。1991年10月，拉脱维亚最高法院通过了一项关于重申拉脱维亚公民的权利和入籍的基本原则的决议，其中只承认1940年6月为拉脱维亚公民者及其后代的国籍。其他居民将在国籍法通过后以入籍方式取得国籍。国籍法规定，同前苏联军、警、保安部门有着密切联系的某几类居民永不得以入籍方式取得拉脱维亚国籍。其他拉脱维亚长期居民可根据议会所定年度配额以入籍方式取得国籍。入籍的基本条件为：长期居住，即居住16年，非临时居住；通晓拉脱维亚语，应通过语言考试；宣誓效忠、熟悉宪法的基本原则；放弃原国籍。非拉脱维亚族人向联合国人权专家调查团提交请愿书，担心由于为了求学等目的暂时旅居国外等原因丧失申请国籍的资格，实际的住所属于前国防部所有的房舍或者是因为其住所无论居住年数仍被视为"临时"住所而丧失申请国籍的资格。居民登记程序的主要目的是确定哪些人为拉脱维亚居民，确定现有居民的地位和权利，并确定哪些人依照国籍法有资格归化国籍。联合国人权专家调查团团长收到了300多份指控居民登记程序中的专断和歧视性做法的请愿书。一个共同的指控是，有关人士因为种种原因丧失居民登记资格，或者是因为根据公民和移民事务部所颁布的条例居住拉脱维亚的年数有所减少，从而不能进行居民登记。如果上述指控属实，那么就是公民和移民事务部的条例和该部官员很明显地滥用权力行为导致了该国对一些非拉脱维亚族人的歧视性做法。[1]

二、妻子丈夫取得国籍平等

妻子丈夫取得国籍平等，又称妇女国籍独立、配偶国籍独立，是指妇女与男子取得国籍互不从属，国籍不因婚姻状况的变化而变更，保持独立性。妻子丈夫取得国籍平等是具有国籍权的重要内容，也是国籍平等原则的体现之一。

与妻子丈夫取得国籍平等相对应的是妻子从丈夫国籍，妇女出嫁以后，如果丈夫国籍与本人国籍不同，那么该妇女就自动丧失本人国籍而获得其丈夫国籍。1909年《大清国籍条例》第5条规定：凡外国妇女或者无国籍妇女嫁与中国人者，应作为入籍。第13条规定：凡中国妇女嫁与外国人者，均作为出籍。1949年《哥斯达黎加共和国宪法》（2011年修正）第13条规定："外国妇女与哥斯达黎加人结婚而失去国籍，通过入籍成为哥斯达黎加公民。"

国际法承认和推动妻子丈夫取得国籍平等。1957年，考虑到各国国籍法关于妇女因婚姻关系的成立或者消灭，或者在婚姻关系存续中丈夫国籍变更而丧失或者取得国籍的规定引起的国籍冲突，联合国大会通过《已婚妇女国籍公约》。该公约第1条规定："缔约国同意其本国公民与外国人结婚者，不因婚姻关系之成立或者消灭，或者婚姻关系存续中丈夫国籍变更，而当然影响妻子的国籍。"1979年《消除对妇女一切形式歧视公约》第9条规定了与外国人结婚的妇女的国籍平等："1. 缔约各国应给予妇女与男子有取得、改变或者保留国籍的同等权利。它们应特别保证，与外国人结婚或者于婚姻存续期间丈夫改变国籍均不当然改变妻子的国籍，使她成为无国籍人，或者把丈夫的国籍强加于她。2. 缔约各方在关于子女的国籍方面，应给予妇女与男子平等的权利。"2014年11月，联合国消除对妇女歧视委员会发布《关于妇女的

---

[1] 联合国派驻拉脱维亚的人权专家调查团的报告摘要，联合国大会第47届会议议程项目10和149，A/47/748，2 December 1992。

难民地位、庇护、国籍和无国籍状态与性别相关方面的第32号一般性建议》，"确保缔约国维护与妇女的国籍权相关的性别平等和不歧视原则，包括取得、改变或者保留其国籍的权利以及将其国籍传给其子女和配偶的权利。"

绝大多数国家都在国籍法中保障性别平等。尽管国籍由国家依法自定，但是这种依法自定应与国际法规定的妻子丈夫取得国籍平等一致。2003—2017年，17个国家为确保性别平等而全面或者部分改革了国籍法。①

埃及等国家实施1979年《消除对妇女一切形式歧视公约》第9条第1款，妇女在保留埃及国籍方面享有与丈夫平等权利，不必改换国籍，除非自己希望这样做，也不因为与丈夫结婚或者丈夫入籍而被强加一种国籍。1975年《埃及国籍法》第6条规定：外国男子取得埃及国籍其妻子不必因此取得埃及国籍，除非她宣布希望这样做，且在宣布后2年内不解除婚姻，因丈夫去世者不在此限。经常居所在埃及之外的未成年人不取得埃及国籍，但保留取得父母原国籍的权利。未成年人如取得埃及国籍，在成年时必须选择保留何种国籍。第7条规定：与埃及男子结婚的外国妇女不取得埃及国籍，除非她明确宣布希望这样做，且在宣布后2年内不解除婚姻，因丈夫去世者不在此限。第8条规定：妇女不因解除婚姻而丧失埃及国籍，除非她重新取得原国籍或者与外国人结婚并取得其国籍。第10条规定：与外国妇女结婚并取得其国籍的埃及男子丧失埃及国籍，但经明确表示可为他本人他的妻子和子女保留埃及国籍。第11条规定：丈夫丧失埃及国籍的埃及妇女不丧失埃及国籍，除非她表示希望取得他丈夫的新国籍。第12条规定：与外国男子结婚的埃及妇女保留埃及国籍，除非她宣布希望取得其丈夫的国籍，并有权这样做。

三、婚生与非婚生子女出生取得国籍平等

婚生与非婚生子女出生取得国籍平等是指子女出生取得国籍平等，无论婚生、非婚生、父母婚否。婚生与非婚生子女出生取得国籍平等是取得国籍

---

① 联合国难民署:2017年关于性别平等、国籍法和无国籍问题的背景说明[R].(2017-08-17)[2021-02-27].www.refworld.org/docid/58aff4d94.html。

权的重要内容,也是国籍平等原则的体现之一。国际法承认和推动婚生与非婚生子女取得国籍平等。1990年《保护所有迁徙劳工及其家庭成员权利国际公约》第29条规定:"迁徙劳工的每一名子女均应享有具备姓名、进行出生登记和取得国籍的权利。"联合国人权事务委员会在第24号一般性意见中指出,国内法不得因儿童是婚生或者非婚生,或者父母无国籍,或者根据父母两人或者其中一人的国籍,而在取得国籍方面对其加以歧视。2005年9月,美洲人权法院在关于两儿童(Yean and Bosic)的案件中,强调禁止取得国籍方面的歧视。

绝大多数国家承认婚生与非婚生子女出生取得国籍平等,不区别婚生和非婚生。1950年《日本国籍法》(1984年修正)第2条规定了出生时取得日本国籍的条件;第3条和第17条第1款、第2款规定了通过登记取得日本国籍的条件;第4条规定了通过归化取得日本国籍的条件;第5条规定了归化的最低条件。在任何上述情况中,在适用上述条件方面皆不对非婚生子女和婚生子女作任何区别对待。2008年《阿尔巴尼亚宪法》第19条第1款:"凡出生时父母中至少一方具有阿尔巴尼亚共和国国籍者,自动获得阿尔巴尼亚国籍。"1987年《菲律宾宪法》第4条第1款规定:"父母一方为菲律宾公民的人,为菲律宾公民。"1995年《阿塞拜疆共和国宪法》(2009年宪法)第52条规定:"父母一方为阿塞拜疆共和国公民的人是阿塞拜疆共和国的公民。"2010年《多米尼加共和国宪法》第18条第1款规定:"父亲或者母亲为多米尼加公民的人,为多米尼加公民。"

1988年12月,公安部和国家人口计划生育委员会联合下发《关于加强出生登记工作的通知》,要求"任何地方都不得自立限制超计划生育的婴儿落户的法规,对未办理独生子女证、没施行节育手术、超计划生育婴儿的人,以及早婚、非婚生育婴儿的人,应当给予批评教育直至进行行政处罚和经济处罚,但对婴儿都应当给予落户"。

极少数国家对非婚生子女出生取得国籍附加条件。美国对于父亲有、母亲没有美国国籍的非婚生子女,要求确认父亲和非婚生子女之间的血统关系、抚养保证关系,提供相关证明。1952年《美国移民与国籍法》第309条第a款规定：在固有国籍方面，非婚生子女适用与婚生子女同样的有限血统标准，且具有以下情形：（1）有明确、可信的证据证明该子女和父亲存在血统关系；（2）其父亲在该子女出生时具备美国国籍；（3）其父亲（除非已故）书面同意供养该子女直到其年满18岁；而且（4）在该子女不满18岁期间，按照该子女居住地的法律已经给予该子女合法地位，其父亲宣誓并书面承认与该子女的父子关系，或者，法院判决确立该子女的父子关系。符合以上条件的非婚生子女，因其父亲的美国国籍及其在美国的住所、居留情况，在其出生时即为美国公民和美国国民，或者为美国国民但是不是美国公民。美国法律没有对非婚生子女在母亲具有美国国籍，父亲不具有美国国籍情况下，申请美国国籍时，作出确认母亲和非婚生子女之间血统关系、抚养保证关系方面的规定。1952年《美国移民与国籍法》第309条第c款规定，"……1952年12月23日以后在美国境外出生的非婚生子女将被认为已经在出生的时候就获得独立于其母亲的国籍身份，如果其母亲在该子女出生时具有美国国籍，而且如果其母亲在此前在美国或者美国的边远领土连续停留1年。"韩国要求非婚生子女取得国籍应经具有韩国国籍的父亲或者母亲承认。1997年《韩国国籍法》（2004年修正）规定："外国人，经具有韩国国籍的父亲或者母亲承认，并依照下列规定，向司法部长申报后，取得韩国国籍：（1）根据韩国法律，该外国人为未成年人；（2）出生时，其父亲或者母亲具有韩国国籍。"

我国视非婚生子女为婚生子女，对于父亲有、母亲没有中国国籍的非婚生子女，要求先确认父亲和非婚生子女之间的血统关系，提供亲子鉴定证明。2015年12月，国务院办公厅下发《关于解决无户口人员登记户口问题的意见》，指出了解决不符合计划生育政策的无户口人员的措施。"政策外生育、非婚生育的无户口人员，本人或者其监护人可以凭《出生医学证明》和父母一方的居民户口簿、结婚证或者非婚生育说明，按照随父随母落户自愿的政策，申请办理常住户口登记。申请随父落户的非婚生育无户口人员，需一并提供具有资质的鉴定机构出具的亲子鉴定证明。"

四、妇女与男子传给子女国籍平等

（一）联合国和区域组织推动妇女与男子传给子女国籍平等

妇女与男子传给子女国籍平等是指子女出生取得国籍，可以依父亲，也可以依母亲。在能否将国籍传给子女方面，不得有男女歧视。妇女与男子传给子女国籍平等是取得国籍权的重要内容，也是国籍平等原则的体现之一。1979年《消除对妇女一切形式歧视公约》确认了不歧视妇女原则，第9条第2款规定："缔约各方在关于子女的国籍方面，应给予妇女与男子平等的权利。"该款禁止在本人和子女取得国籍的问题上区别对待男女。对妇女的这种歧视可能导致子女在无法获得父亲国籍情况下处于无国籍状态。

联合国人权事务高级专员办事处，消除对妇女歧视委员会，儿童权利委员会，人权事务委员会，经济、社会和文化权利委员会，人权理事会等联合国机构、人权机构，通过普遍定期审议、报告、一般性意见、结论性意见等方式提醒各国，有义务确保妇女和男子在传给子女国籍方面享有平等权利，并敦促各国修正歧视性法律。法律和实践中歧视妇女问题工作组积极参与推动妇女传给子女国籍平等，作为反对在政治和公共生活中歧视妇女工作的一部分。

2013年，联合国人权事务高级专员办事处在《关于在涉及国籍问题上对妇女歧视包括对儿童影响的报告》中建议，各国采取积极措施，推动妇女传给子女国籍平等权保护。（1）修正国籍法，允许妇女在与男子相同的基础上将国籍传给子女。（2）有关取得国籍的法律不应区别婚生和非婚生子女。确保所有关于国籍的法律、政策和条例协调统一。（3）对由不同国籍父母所生子女、对与外国人结婚、在其配偶国家定居并表示希望在不丧失原来国籍的情况下取得配偶国籍者，承认双重国籍。（4）采取一切必要措施确保所有女婴和男婴一经出生即进行登记，不因性别、种族、残疾、社会或者其他身份而受歧视。婚姻也应及时登记。（5）确保为了受国籍法中性别歧视条款影响者提供有效救济及获得渠道。①

2017年11月，联合国难民署建议布隆迪完成批准《关于无国籍人地位的公约》和《减少无国籍状态公约》的程序，建议布隆迪完善《国籍法》，以强化出生地法条款，消除男女在传给子女国籍能力方面的任何区别。②

联合国消除对妇女歧视问题委员会指出，不能以文化或者宗教多样性的论点作为不修正这一领土歧视性法律的理由，禁止双重国籍不得导致儿童的国籍仅根据父亲国籍确定，关切要求获得作为法律监护人的父亲的同意才能将儿童列在已婚妇女护照上的做法。建议各国增强意识，保障配偶或者监护人享有平等代表子女申请和领取护照、出生证的权利，无须取得另一方的书面同意。③

在美洲人权法院，歧视性的国籍法规定被判决无效和得到修改。1984年，美洲人权法院在对"哥斯达黎加宪法归化条款提议修正案"案的咨询意见中指出，与哥斯达黎加公民结婚而取得国籍方面对男子和妇女进行歧视的宪法条款，违反了1969年《美洲人权公约》中承认的平等保护权。法院建议对该宪法作出修正，宪法随即得到修正。2011年，欧洲人权法院在"吉诺维西诉马耳他"案中判决，国籍属于1950年《欧洲人权公约》的保护范围，是个人社会身份和个人生活的一部分，在取得国籍方面不允许在儿童的父亲和母亲之间进行歧视。

（二）妇女与男子传给子女国籍不平等的情况

许多国家在妇女传给子女国籍平等方面取得了成就，但是2012年约有30个国家的法律仍然在传给子女国籍方面没有给予妇女与男子平等。④ 2017年，

---

① 联合国人权事务高级专员办事处关于在涉及国籍问题上对妇女歧视包括对儿童影响的报告[R].联合国大会人权理事会第23届会议议程项目2和3，A/HRC/23/23，2013年3月15日．

② 2017年联合国人权事务高级专员办事处的报告《布隆迪资料汇编》，A/HRC/WG.6/29/BDI/2，2017年11月。

③ CEDAW/C/ZMB/CO/5-6.

④ 联合国难民署：性别平等、国籍和无国籍问题背景说明[R].2012.

联合国难民署指出：25个国家不给予妇女与男子传给子女国籍平等的权利。①这些国家仅允许父亲传给子女国籍，存在对妇女的歧视。妇女往往在生下孩子或者在丈夫离家、死亡时才发现自己不能传给子女国籍。在这些情况下，妇女更不愿意返回原籍国争取工作机会或者公共服务部门职位，因为她们的子女没有国籍，没有机会上学和获得医疗服务。

在以下情形下，不允许妇女将国籍传给子女，子女又不能取得父亲国籍，子女会成为无国籍人。（1）父亲是无国籍人、不知父亲是谁、子女出生时父亲未与母亲结婚；（2）由于死亡、强制与家人分离或者无法满足复杂的文件或者其他要求，父亲无法履行必要的行政手续将国籍传给子女，或者为子女取得国籍证明；（3）因为遗弃家庭等原因，父亲不愿履行行政手续将其国籍传给子女，或者为子女取得国籍证明；（4）父亲所属国家的法律不允许其在某些情况下将国籍传给子女，如对出生在国外的子女。②例如，《巴哈马国籍法》规定：巴哈马妇女无法将自己的国籍传给在国外出生的子女，巴哈马妇女在共同收养的情况下不能将其国籍传给子女，但巴哈马男子在所有情况下均可将其国籍传给养子女。《科威特国籍法》第2条规定：不允许同外国人结婚的科威特妇女在与科威特男子平等的基础上，将其国籍传给子女。1954年《约旦国籍法》第5条规定：约旦妇女与非公民所生子女不得出生即获得约旦国籍。

由同居母亲、父亲或者女同性恋配偶组成的一些家庭，由于不允许妇女将国籍传给子女，子女可能成为无国籍人。有些国家的歧视性法律对不允许妇女将国籍传给子女的规则没有规定例外，或者只允许非常有限的例外情况。例如，如果父亲是无国籍人、不知道父亲国籍或者不知道父亲为谁，允许母亲将国籍传给在本国领土上出生的子女，甚至可以破例传给其在国外出生的子女。在有些国家，如果本国妇女与外籍父亲所生子女在本国定居，可申请取得国籍。在有些国家，即使法律从表面上看来是中性的，但在实践中，由

---

① 联合国难民署:2017年关于性别平等、国籍法和无国籍问题的背景说明[R].(2017-08-17)[2021-02-27]. www.refworld.org/docid/58aff4d94.html。

② 联合国难民署和议会联盟.国籍和无国籍问题：议员手册[C].联合国难民署.2005.20.

本国妇女与外籍男子所生子女往往不被视为其公民。①《巴哈马宪法》第3条第2款规定：凡巴哈马男子在独立前出生于国外的，通过其父亲取得巴哈马国籍，但不能将国籍传给子女。《巴哈马国籍法》规定：未婚的巴哈马男子与非巴哈马妇女育有非婚生子女，该儿童出生在巴哈马，也无法自动获得巴哈马国籍。该儿童除非从其母亲取得国籍，否则将成为无国籍人。

在对婚生和非婚生子女适用不同规则的情况下，妇女在传给子女国籍问题上受到歧视，在有些国家，非婚生子女国籍取决于母亲国籍，不考虑父亲国籍。在这些情况下，妇女在要求子女补助方面可能面临挑战。由于子女不具有父亲国籍，父亲国籍国可能不愿意接受母亲的子女补助要求。②残疾妇女、少数族裔或者种族妇女、移民妇女和被监禁的外国妇女在传给子女国籍方面可能会遇到更多困难。

男子与妇女一样，在传给子女国籍方面也会受到歧视。《巴哈马国籍法》规定：未婚的巴哈马男子与非巴哈马妇女育有非婚生子女，即便该儿童出生在巴哈马，也无法自动获得巴哈马国籍。该儿童除非取得母亲国籍，否则为无国籍人。

（三）妇女与男子传给子女国籍平等的国家实践

近年来，许多国家撤销或者修改了宪法和法律中歧视妇女传给子女国籍的规定。阿尔及利亚、澳大利亚、孟加拉国、博茨瓦纳、埃及、埃塞俄比亚、印度尼西亚、肯尼亚、摩纳哥、摩洛哥、卢旺达、圣马力诺、塞拉利昂、突尼斯、土耳其和津巴布韦等国家至少部分启动了法律改革，允许妇女将国籍传给子女，包括在一些例外情况下传给外籍丈夫。③阿尔及利亚、摩洛哥、塞浦路斯、埃及、斐济、爱尔兰、牙买加、列支敦士登、马来西亚（部分）、韩国、泰国和土耳其等国家取消了对1979年《消除对妇女一切形式歧视公约》第9条（缔约各方在关于子女的国籍方面，应给予妇女与男子平等的权利）的保留，这是保护妇女传给子女国籍平等权的一项重要步骤。

---

① Manby, Bronwen. *Citizenship Law in Africa*[M]. Open Society Foundations, New York, 2010, 10.
② 联合国难民署关于无国籍问题的第4号指南(HCR/GS/12/04)，第15段.
③ Manby Bronwen. *Citizenship Law in Africa*[M]. Open Society Foundations. New York, 2010, 45.

在许多国家，歧视妇女传给子女国籍的规定被起诉至法院。有些情况下，继法院作出判决后，修改了歧视妇女传给子女国籍的规定。1992年，博茨瓦纳高等法院在"博茨瓦纳共和国总检察长诉Unity Dow"案中判决，1984年《博茨瓦纳国籍法》违反了博茨瓦纳的宪法，因为它基于性别对妇女进行歧视。根据该法，博茨瓦纳男子与外国人婚生子女和非婚生子女出生时均有权取得国籍，但博茨瓦纳妇女与外国人所生子女则不能。1995年，修正《博茨瓦纳国籍法》，以执行法院判决。

中东和非洲国家进行国籍法改革，消除妇女、男子传给子女国籍方面的不平等，全面实现国籍平等。马达加斯加、塞拉利昂修改了各自国籍法，让妇女与男子平等享有传给子女国籍权。[①] 2017年7月，塞拉利昂修正《公民法》，保障男女平等享有将国籍传给子女的权利。民间组织在该地区改革国籍法方面发挥着重要作用。促成民间组织发挥重要作用的因素包括：通过明确的战略规划和行动计划；以区域和国家为重点加强宣传活动；开展综合性研究；建立广泛的合作；有效利用媒体等。[②]

保护妇女与男子传给子女国籍平等要坚持父母单系血统原则，以父母任何一方的国籍确定子女的国籍，不区别父亲或者母亲传给子女国籍。1985年《日本国籍法》第2条规定：子女出生时，父亲或者母亲是日本国民时，成为日本国民。1992年《爱沙尼亚共和国宪法》第8条第1款规定："父母一方为爱沙尼亚公民的儿童有权根据出生取得爱沙尼亚国籍。"我国1980年《国籍法》第4条规定："父母双方或者一方为中国公民，本人出生在中国，具有中国国籍。"

---

① 联合国秘书长报告《向非洲境内难民、回返者和流离失所者提供援助》，A/72/354，2017年8月22日。

② Waas, Laura van. *The Situation of Stateless Persons in the Middle East and North Africa*[R]. UNHCR. 2010, 4.

第四节　禁止任意拒绝国籍申请

一、不因任意拒绝国籍申请产生无国籍人

任意拒绝国籍申请与任意剥夺国籍都是国家在国籍管理方面的任意行为，侵犯人权和自由。国家在审批国籍申请方面有自由裁量权，但不能任意拒绝国籍申请，不能因任意拒绝国籍申请产生无国籍人。拒绝国籍申请必须符合法律、比例原则等实质性标准和程序性标准，发布拒绝国籍的决定必须至少包含书面理由，并接受独立主管部门的审查。国际法在任意拒绝国籍，尤其是以歧视理由拒绝国籍产生无国籍现象方面，规定了详细标准。在避免无国籍状态方面，任意拒绝国籍和任意剥夺国籍的情形一样严重。联合国难民署高级专员方案执行委员会鼓励各国，"按照国际法的基本原则，考虑审查它们的国籍法和其他相关立法，以采取和实施保障措施，防止因任意拒绝或者剥夺国籍而产生无国籍状态。"

防止和减少无国籍状态是防止和减少国籍冲突原则的重要内容，实现防止和减少无国籍状态的重要方法是出生即具有国籍，变更、丧失国籍以具有或者取得另一国籍为条件。出生即具有国籍，出生婴儿不为无国籍人。1895年，国际法学会在剑桥会议上通过决议，宣示"任何人都不应没有国籍"的原则。联合国人权理事会指出，国家应采取一切适当的措施确保每名儿童在出生时都有国籍。生于一国领土和父母为一国公民是用于确立国籍法律关系最重要的标准。如果儿童与其出生的国家只有一种联系，则该国必须给予其国籍，因为这个儿童无法依靠其他国家取得国籍，如果该国不给予其国籍，这个儿童会成为无国籍人。如果在这种情形下不给予国籍，则1966年《公民权利和政治权利国际公约》第24条第3款"每一儿童有权取得一个国籍"以及1989年《儿童权利公约》第7条儿童国籍权将变得无意义。[①]

[①] 1989年《儿童权利公约》第7条规定："1.儿童出生后应立即登记，并有自出生起获得姓名的权利，有取得国籍的权利，以及尽可能知道谁是其父母并受其父母照料的权利。2.缔约国应确保这些权利按照本国法律及其根据有关国际文书在这一领域承担的义务予以实施，尤应注意不如此儿童即无国籍之情形。"

变更、丧失国籍以具有或者取得另一国籍为条件，因身份变更、配偶或者父母丧失国籍、放弃国籍、谋求归化外国而丧失国籍、国家继承发生国籍变更，应以具有或者取得另一国籍为条件。1961年《减少无国籍状态公约》第5—7条规定：因身份变更、配偶或者父母丧失国籍、放弃国籍、谋求归化外国而丧失国籍应以具有或者取得另一国籍为条件。1949年《德意志联邦共和国基本法》第16条第1款规定："德国国籍的丧失仅可依据法律，违背公民意愿变更国籍，以不使其成为无国籍人为限。"1976年《古巴共和国宪法》（2003年修正）第31条规定："结婚或者离婚都不影响其配偶、子女的国籍。"1949年《哥斯达黎加共和国宪法》（2011年修正）第13条规定："外国妇女与哥斯达黎加人结婚而失去国籍，通过入籍成为哥斯达黎加公民。"1993年《法国民法典》第21—6条规定："婚姻被取消，对该婚姻所生子女无任何影响。"

二、任意

区别相关人士，尤其是以种族、肤色、性别、宗教、政治见解或者民族或者人种为由区别国籍申请人，构成任意拒绝国籍。在确定关于出生时或者之后取得国籍的一般性原则时，区分有无在本国出生地、居住，是否与本国公民有血统、婚姻等关系是合法的。1979年《消除对妇女一切形式歧视公约》第9条禁止在取得国籍方面区分妇女和男子。2005年，消除种族歧视委员会在《第30号一般性建议：对非公民的歧视》中建议，"确认根据种族、肤色、世系或者民族或者人种拒绝给予国籍的做法是违反缔约国保证非歧视性享有加入国籍权的义务的行为。"

儿童在某国领土出生而其父母为无国籍人，或者儿童为弃婴，考虑到儿童可能面临的无国籍状态，在这种情况下拒绝国籍是任意行为。各国在取得国籍方面采纳的规则不同，如果儿童的出生国根据血统给予国籍，而其父母的国籍国按照出生地给予国籍，这些国家之间的法律冲突可能导致儿童无国籍。

不任意拒绝依出生取得国籍符合取得至少一国国籍权。1966年《公民权利和政治权利国际公约》第24条第3款规定："每一儿童有权取得一个国籍。"1989年《儿童权利公约》第7条、1990年《保护所有迁徙劳工及其家庭成员权利国际公约》第29条、2006年《残疾人权利公约》第18条第2款分别规定儿童出生后、迁徙劳工的每一名子女、残疾儿童出生后享有取得国籍权。1961年《减少无国籍状态公约》第1条规定：缔约国对在其领土出生，非取得该国国籍即无国籍者，应给予该国国籍。第4条规定：关系人非出生于缔约国的领土内，如果其父母之一具有该国国籍，该人非取得该国国籍即无国籍者，缔约国应给予该国国籍。1969年《美洲人权公约》第20条第2款和1987年《非洲儿童权利与福利宪章》第6条第4款也有类似规定。

第五节　取得公民身份证件权

一、取得公民身份证件权的定义

取得公民身份证件权是指公民取得证明公民身份的证件以行使公民权利的权利。[1] 取得公民身份证件权的基础是取得国籍权及其衍生的公民权。公民权是作为公民共同体中的一分子、国家的公民所享有的一种权利，国家规定的本国公民在国家和社会中所处地位的法律表现。狭义的公民权指公民参与国事、参与国家政治生活的权利，例如选举权和罢免权；广义的公民权还包括作为人而应该享有的人权。公民权与公民身份紧密相连。公民身份是以公民为基点对公民与国家之间关系的总体概括，是公民在国家中的身份地位，与国家的权利义务关系以及对国家社会生活的参与行动。[2] 公民身份是一个产生于工业革命之后的现代概念，具有法律下的公民个体享受同等权利的含义。公民身份平等是一个国家民主政治进展的标志。1982年《宪法》（2004年修订）第33条第2款规定，中华人民共和国公民在法律面前一律平等。赋予每个公民申领身份证的权利是公民身份平等的具体体现。

---

[1] 刘国福.试论获得公民身份证件权:从华侨短期回国在国内证明公民身份困境切入[J]. 中国政法大学学报2011(01).
[2] 李艳霞.西方公民身份的历史演进与当代拓展[J].厦门大学学报（哲学社会科学版）2006(3).72-79.

二、取得公民身份证件权的意义

一个人享有取得国籍权,主要目的是为了享有公民权。一个人的公民权与其拥有的公民身份证件密不可分。为了使人人能够享有公民权,政府必须承担一定的义务,首先是消极地不干预或积极地保护一个人行使公民权,其次是赋予公民取得公民身份证件权,以确保人人能够证明自己的公民身份。公民身份证的签发对象是本国公民,不论其种族、性别、社会出生、财产或其他身份。不能享有取得公民身份证件权的群体通常是相对特殊、人数少和弱势的群体,例如在国外定居人员、服刑人员、儿童,这些群体容易被政府和学界忽视。但是,取得公民身份证件权是行使公民权的前提,因为群体特殊、人数少和弱势而被忽视,有悖于平等地尊重和保障公民权的原则,使人感受到法律漠视某些群体。

发明公民身份证件不仅为了证明谁是本国公民,而且要便利公民进行社会活动。护照是能够证明谁是本国公民的身份证件,但是根据国际民航组织Doc9303文件,世界各国护照的标准格式和版面设计应该统一,而且标准格式和版面设计是为了便利国际旅行。国籍证是证明谁是本国公民的身份证件,如果只限于证明国籍,会缺少便利公民进行社会活动的其他身份信息。公民身份证是现代国家对本国公民进行社会管理的集中体现,已经成为公民证明自己身份和参与社会活动的最适宜证件。对公民权而言,公民身份证件起到了证明身份的作用,是行使公民权的普遍要求。如果公民被拒绝行使公民权,公民身份证件持有人有权利获得救济。

三、保护取得公民身份证件权的国家实践

法国的身份证制度是1955年确定的。有效的和过期不到2年的护照和身份证均可以证明个人的法国国籍和户籍身份。法国公民在任何年龄都可以申领身份证。从1998年9月开始,法国对发放和更新身份证实行免费。申领身份证要向居住地的市政府或区政府提交申请,递交申请和领取证件时申请人本人必须到场,填写申请表格并签名。申请经市政府工作人员核实后,再由

上级省政府有关部门批准和备案。[①] 法国身份证的有效期为10年，到期后可以申请办理更新续延。2010年5月，法国简化了法国公民更换身份证和护照手续，在出示身份证后，可获得一本护照；在出示护照后，也可获得一张新身份证。身份证在法国人的日常生活中非常重要，用于办理银行账户、购房、购车、上学、就业等事务。身份证可以在不少国家替代旅行签证。根据欧盟的有关规定，法国人如果到其他欧盟国家旅游，只需出示身份证即可。根据双边协定，有些非欧盟国家也认可法国游客的身份证。

美国没有身份证制度，社会安全号码起到公民身份号码的作用。驾驶执照是唯一随身携带的有照片的身份文件。美国是联邦制国家，每州的驾驶执照都不相同，从一个州搬到另一个州居住，必须更换驾驶执照。在美国，唯一伴随终身的就是社会安全号码，又称社会保障号码。美国20世纪30年代成立社会安全管理局以后，联邦政府规定，所有合法公民和居民都必须持有一个社会安全号码。到美国留学、工作或访问的外国人，首先要申请一个社会安全号码，然后才能申请任何其他证件。美国信息化程度高，每个人的档案对应自己的社会安全号被记录在政府的电脑系统中。办理上学、找工作、考驾照、开银行户头、买手机等各类事务都要使用社会安全号。

根据是否实行身份证，可以将世界上的国家分为实行和不实行身份证国家两类。实行身份证制度的有法国、德国、意大利、西班牙、葡萄牙、比利时、希腊、卢森堡、波兰、罗马尼亚、爱沙尼亚、克罗地亚、以色列、韩国、新加坡、马来西亚、泰国和埃及等国。这些国家认为申领身份证是公民的权利，给予其居住在国内外的公民一致国民待遇，统一签发身份证，甚至向在本地居住超过一定期限的外国人签发身份证。

不实行身份证制度的有美国、加拿大、澳大利亚、新西兰、日本、英国、芬兰、瑞典、瑞士、丹麦、挪威、冰岛等国，不实行的原因主要是担心个人隐私被泄露和政府借此加强对公民的控制。这些国家的公民通常以驾驶执照、

---

① 高津英.法国人的身份证可替代旅行签证[EB/OL].(2003-07-17)[2020-09-08]. http://news.sina.com.cn/w/2003-07-17/2143398443s.shtml.

医疗保险证等人人都有的证件证明自己的身份，以社会保障号码等人人都有的唯一和终身不变的号码作为个人身份代码，或者不为公民分配个人身份代码。公民主张权利和办理业务，必须先证明自己的本国国籍身份，否则视同外国人。在澳大利亚，如果一个人要证明是澳大利亚公民，可以提供护照或者国籍证书。如果不能提供护照或者国籍证书，可以提供本人出生证+父母的澳大利亚国籍证明文件/永久居民证明文件/医保卡/社会保障机构发放补助证明。为定居国外又回国的公民签发居留证或者定居证，是国际上的一个特例。保障公民回国权和允许公民自由回国居留或者定居，已经被国际社会广泛接受。[①]

第六节 结 论

取得国籍权是指人人享有取得国籍的权利，是国籍权的核心和起点，体现了国籍权的静态，包括取得至少一国国籍、取得特定国家国籍、出生登记、平等取得国籍、不被任意拒绝国籍申请、取得公民身份证件等权利。人人享有取得至少一国国籍权，这是作为人而存在发展的最低标准。出生后取得至少一国国籍，不因非婚生、父亲或者母亲的国籍受到歧视。在国家继承之日具有先前国国籍的每一个人，有权取得至少一个有关国家的国籍。国际社会逐渐认可人人，特别是依出生、婚姻、国家继承的人员，取得多个国籍。人人有权取得特定国家国籍。出生登记权是指出生时进行登记和获得身份的权利，是享有取得国籍权的前提。因歧视而难以进行出生登记的群体包括无证移民、土著、少数和游牧群体、非婚生子女，以及难民、境内流离失所者和无国籍人。联合国难民署、儿童权利委员会、消除对妇女歧视委员会、亚洲及太平洋经济社会委员会等国际组织推动出生登记权保护。人人享有平等取得国籍权，不因性别、种族、宗教、肤色、财产、语言、民族和是否婚生等而受歧视。包括人人平等地取得国籍、妻子丈夫取得国籍平等、婚生与非婚生子女出生取得国籍平等、妇女传给子女国籍平等。国家在审批国籍申请方

---

① 刘国福.移民法：出入境权研究[M].中国经济出版社2006，115.

面有自由裁量权，但不能任意拒绝国籍申请，确保不因任意拒绝国籍申请产生无国籍人。歧视相关人士，尤其是以种族、肤色、性别、宗教或者民族或人种等为由歧视国籍申请人，构成任意拒绝国籍。

第 六 章

国际法上的变更国籍权

变更国籍权是指改变具有的国籍的权利，不受干涉和不被强迫，是国籍权的重要部分，体现了国籍权的动态。保护变更国籍权，才能从法律地位上消除国际人口迁徙的障碍，促进国际迁徙和移民融合，最大化移民对本国发展的积极作用。本章论证国际法上的变更国籍权，重点从自愿变更国籍、放弃（退出）国籍权、便利外籍妻子入籍、便利处于困境人员入籍、便利长期居留人员入籍、恢复国籍、便利海外族裔入籍和复籍等方面展开，探究变更国籍权的含义、国际法规定、国家实践及国际社会的推动等。

第一节 自愿变更国籍权

一、自愿变更国籍权概述

人人享有变更国籍权，自愿变更具有的国籍。自愿变更国籍权是变更国籍权的最重要内容，是国籍自由的主要体现。国家不干涉、强迫公民变更国籍、取得他国国籍，除非根据法律并且不使其为无国籍人，这有利于人人选择最有利于自己的国籍，促进国际迁徙，便利移民融合。1948年联合国《世界人权宣言》第15条第2款规定：不得否认任何人变更国籍的权利。1969年《美洲人权公约》第20条第3款规定：不得任意剥夺任何人变更国籍的权利。1994年《阿拉伯国家人权宪章》第24条规定：没有法定的有效原因，不得否定任何人取得另一国籍的权利。

人人有权进行国际迁徙追求美好生活，不因出生而被限制在出生地，国籍是一种权利，不是一种束缚。放弃原国籍，取得另一国籍，是天赋的、每个人固有的人权。任何具有民事权利必要的法律上能力的人，可以选择愿意隶属的国家，只须放弃国籍、取得国籍是善意的，实际的，符合将隶属的国家的国籍法要求的条件和程序。每个国家有权决定、规定取得、变更国籍的条件和程序，但以尊重个人自由，不损害每个人选择隶属的国家的权利为条件。个人变更国籍的自由表现为非经自愿，其他国家不得强加其国籍。1795年，美国联邦最高法院指出：一个人不应当是一个奴隶；不应当因为他在一个地方出生而违反他的意愿，将他保留在这个地方；当他可能在其他地方有较好的境遇时，特别是当他在一个国家饥饿欲死而在另一个国家里可以舒适地生活时，不应当强制他居留在他由于偶然而与之有关系的国家。[①]

德国、俄罗斯、波兰、古巴、哈萨克斯坦等国家宪法，如表6—1，规定了变更国籍权，变更国籍权不被剥夺，公民根据自己意愿变更国籍。1949年《德意志联邦共和国基本法》第16条第1款规定："德国国籍的丧失仅可依据法律，违背公民意愿变更国籍，以不使其成为无国籍人为限。"1993年《俄罗斯联邦宪法》（2008年修正）第6条第3款规定："不能剥夺俄罗斯公民的变更国籍的权利。"1997年《波兰共和国宪法》第34条第2款规定："非经本人宣告，波兰公民不丧失波兰国籍。"1976年《古巴共和国宪法》（2003年修正）第32条第1款规定："不得剥夺古巴人的国籍，也不得剥夺古巴人变更国籍的权利，法律另有规定的除外。"1995年《哈萨克斯坦共和国宪法》第10条第2款规定："哈萨克斯坦共和国公民在任何条件下都不得被剥夺国籍和变更国籍的权利。"

二、不因婚姻变更国籍

不因婚姻变更国籍是指妇女男子国籍独立，配偶独立具有国籍，国籍不因婚姻状况的变化而自动变更，除非自愿变更国籍，是自愿变更国籍的重要内容，体现了妻子丈夫取得国籍平等。1997年《欧洲国籍公约》第4条规定：在婚姻关系存续期间，夫妻中任何一方变更国籍都不会自动影响配偶另一方

---

① 摩里. 论国籍（A）. 国际法汇编（C）. 1931. 转引自李浩培. 国籍问题的比较研究（M）. 北京：商务印书馆，1979. 92.

的国籍。1998年《法国国籍法》第21条第1款规定："根据权利的规定，婚姻关系不影响国籍。"第21条第6款规定："婚姻关系终止不影响其子女国籍的有效性。"1976年《古巴共和国宪法》（2003年修正）第31条规定："结婚或者离婚都不影响其配偶、子女的国籍。"1982年《洪都拉斯宪法》（2012年修正）第27条规定："结婚、离婚不影响夫妻双方及其子女的国籍。"

表6—1　部分国家宪法关于变更国籍权的规定

序号	法律	内容
1	1996年《阿曼基本法》第15条	国籍，除按照法律规定的限制，不得改变或者撤销。
2	1995年《哈萨克斯坦共和国宪法》第10条第2款	哈萨克斯坦共和国公民在任何条件下都不得被剥夺国籍和变更国籍的权利。
3	2010年《吉尔吉斯共和国宪法》第50条第2款	不得剥夺或者改变任何公民的国籍。
4	2008年《马尔代夫共和国宪法》第9条第3款	根据法律，任何人可以放弃其公民资格。
5	2008年《土库曼斯坦宪法》第7条第3款	人人都有不被剥夺国籍或者变更国籍的权利。
6	1994年《白俄罗斯共和国宪法》（2004年修正）第10条	不得剥夺任何人的白俄罗斯国籍或者剥夺任何人变更国籍的权利。
7	1997年《波兰共和国宪法》第34条第2款	非经本人宣告，波兰公民不丧失波兰国籍。
8	1949年《德意志联邦共和国基本法》第16条第1款	德国国籍的丧失仅可依据法律，违背公民意愿变更国籍，以不使其成为无国籍人为限。
9	1993年《俄罗斯联邦宪法》（2008年修正）第6条第3款	不能剥夺俄罗斯公民的变更国籍的权利。
10	2006年《塞尔维亚共和国宪法》第38条第2款	塞尔维亚共和国公民不得被驱逐出境，也不得被剥夺国籍、变更国籍。
11	2011年《巴拉圭共和国宪法》第147条	任何原始的巴拉圭人都不得被剥夺其国籍，但可以自愿放弃其国籍。
12	1976年《古巴共和国宪法》（2003年修正）第31条	结婚或者离婚都不影响其配偶、子女的国籍。
13	1976年《古巴共和国宪法》（2003年修正）第32条第1款	不得剥夺古巴人的国籍，也不得剥夺古巴人变更国籍的权利，法律另有规定的除外。
14	1982年《洪都拉斯宪法》（2012年修正）第27条	结婚、离婚不影响夫妻双方及其子女的国籍。

资料来源：作者整理

三、不因父母国籍变更国籍

不因父母国籍变更国籍是指成年子女国籍独立，不因父母国籍变更而自动变更，是自愿变更国籍权的重要内容，体现了国籍平等。准未成年子女随父母取得外国国籍而取得外国国籍的，应征求其同意。未成年子女随父母取得外国国籍而取得外国国籍的，不自动丧失原国籍。1993年《法国民法典》第22—1条规定："不满18岁的未成年人，无论婚生，还是非婚生，如其父母一方已经取得法国国籍，该未成年人与其父母有相同的惯常住所时，依法自动取得法国国籍；但是，应在入籍行政令中或者请求取得国籍的声明中写明其姓名。"1993年《法国民法典》第22—2条规定："第22—1条规定不适用于成年子女。"1993年《法国民法典》第22—3条规定："根据第22—1条规定具有法国国籍但非出生在法国的儿童，在其成年之前6个月及成年后12个月可以放弃法国国籍。"1988年《越南国籍法》第12条规定："1.父母双方的国籍变更：加入、退出或者恢复越南国籍，其未成年子女本人的国籍随父母的国籍自然变更。2.父母一方的国籍有变更，其未成年子女本人的国籍由父母选择确定。3.15岁以上未满18岁者根据本条第1款第2项的规定变更国籍时，必须征得本人的同意。"

未成年子女随父母取得外国国籍而取得外国国籍的，不自动丧失原国籍，有权在成年时选择国籍，放弃取得的外国国籍。1950年《日本国籍法》（1984年修正）第14条第1款规定："具有外国国籍的日本国民，当其成为具有外国国籍及日本国籍时，必须对其中的任何一个国籍作出选择。如其时在年满20岁以前，必须在22岁以内作出选择。如其在年满20岁以后，必须从当时起2年内作出选择。"

四、自愿变更国籍引发人力资源流失

自愿变更国籍权和出入境权可能引发的人力资源流失，可以通过双重国籍、开放移民、积极引进外国人才等政策解决和实现平衡。根据韩国统计局统计，2012年，韩国公民净移民–3,528人，韩国净移民猛跌至6,606人。2014

年、2015年、2016年，韩国公民净移民很少或者为负值，5,111人、-10499人、-1,883人。

根据德国联邦统计办公室的统计，德国人口长期存在移出现象，特别是2008年以来，移出人数（emigrants）不断增长，2018年达到创纪录的1,185,000人，是2008年563,130人的2.1倍。如果不继续保持开放移民、积极引进外国人才政策，引进大量外国劳动力和人才，德国人口会持续减少，劳动力人口越来越短缺，再加上移出人数不断增长，人口资源恐不能支撑德国经济和社会可持续和健康地发展。2019年2月，德国劳动市场研究所（IAB）和科堡大学联合发布的劳动力市场研究报告中指出，移民是确保德国未来繁荣的关键因素，即使未来德国女性和男性以同样的方式工作，同时将退休年龄推迟至70岁，也不可能凭借国内资源满足对熟练劳动力的需求。只有通过引入足够规模的外国人才进入德国劳动力市场，才能将由于人口结构原因造成的工作年龄人口萎缩对经济发展的影响控制在可接受的范围。

2009年以来，意大利公民移出规模逐年创出新高，公民移回规模增幅较小，公民净移民一直为负值，而且逐年创出新高，公民流失比较严重，迫切需要引进外国人，特别是外国人才填补公民净移民负值产生的缺口。根据意大利统计局统计，2009年，公民移出39,024人，2013年，突破8万，达82,095人，2015年突破10万，达102,259人，2017年、2018年，创出历史新高114,559人、116,732人。2009年，公民移回29,330人，2015年走出震荡反复，略升至30,052人，2017年、2018年，创出历史新高42,369人、46,824人，规模依然偏小。2009年，意大利公民净移民-9,694人，逐年攀升，2016年，达最高值-76,618人，2017年、2018年小幅回落至-72,190人、-69,908人。

双重国籍政策使得双重国籍人为双重国籍国共有，本国公民不因取得其他国家国籍而成为其他国家的人力资源。在联合国世界人口数据库2013年统计的197个国家中，108个国家采取承认双重国籍政策，占国家总数的55%；37个国家采取限制性承认双重国籍政策，占总数的19%。[①]

[①] 李安山.双重国籍问题与海外侨胞权益保护[G].南京：江苏人民出版社，2016.2.

引进外国人才政策旨在引进与本国经济社会发展相适应的外国人才，大力营造公正、法治、宽松、宽容的引才用才环境，为外国人才施展才华、创新创业提供良好条件。2011年，韩国修订《国籍法》，有条件地承认双重国籍，废止不承认双重国籍及取得韩国国籍时必须提交放弃外国国籍证明的条款，吸引更多全球，特别是在外同胞人才，提高韩国国家竞争力。允许海外高级人才、结婚移民者、65岁以上高龄在外同胞持有双重国籍，但必须以书面的形式作出在韩国境内不行使外国国籍权利的承诺。1948年《韩国国籍法》（2011年修正）第10条第2款规定：双重国籍人保证在韩国不使用外国国籍的情况下可以保留外国国籍。签署放弃外国人权利备忘录，声明不在韩国行使外国人权利。该法第11条第2款规定：具有韩国国籍，遵守韩国法律的，可以享有韩国公民待遇。2009年1月，面向所有申请入籍考试的外国人进行笔试，但如果外国人修完社会融合课程，可以在入籍考试中免除笔试。由于在外同胞懂韩语和了解韩国社会，无论是修完社会融合课程，还是参加入籍笔试，都比其他外国人具有优势。

第二节 放弃（退出）国籍权

一、放弃（退出）国籍权概述

放弃国籍权，又称退出国籍权，简称出籍权、出籍自由，是指当事人在不违背法律、不损害国家利益情况下，放弃具有的国籍的权利。放弃（退出）国籍包括自动丧失（退出）国籍、申明放弃（退出）国籍、申请放弃（退出）国籍。放弃国籍权是变更国籍权的重要内容，体现了国籍自由。人人有权在法律规定的范围内自由处分自己的国籍权。放弃国籍权不得违反法律，损害社会公共利益，否则，国家可以干预放弃国籍权的行为。

18世纪以前，许多国家，特别是英国、美国，都采取永久效忠制度，认为没有任何东西能够破坏臣民与国王的联系，一为臣民，永为臣民，不承认放弃（退出）国籍权。一个人原则上不能放弃国籍，即使自愿申请加入另一国籍，仍然保持原国籍。19世纪以来，由于人口国际迁徙常态和人权观念深入，美国、英国承认放弃（退出）国籍权，其他国家跟进。①

日本、芬兰、哥伦比亚、委内瑞拉、马尔代夫等国家宪法，如表6—2，保障放弃国籍权。1946年《日本国宪法》第22条第2款规定："不得侵犯任何人移居国外或者放弃国籍的自由。"1999年《芬兰共和国宪法》第5条第4款规定："如果芬兰公民已经取得、将取得其他国家国籍，非经法定程序不得剥夺、放弃芬兰国籍。"1999年《委内瑞拉玻利瓦尔共和国宪法》（2009年修正）第36条规定：可以放弃委内瑞拉国籍。2008年《马尔代夫共和国宪法》第9条第3款规定："任何人可以根据法律放弃其公民资格。"

表6—2 部分国家宪法关于放弃国籍权的规定

序号	宪法	内容
1	1987年《菲律宾共和国宪法》第4条第4款	与外国人结婚的菲律宾公民保留菲律宾国籍，但其行为或者默认放弃菲律宾国籍者除外。
2	2008年《马尔代夫共和国宪法》第9条第3款	任何人可以根据法律放弃其公民资格。
3	1946年《日本国宪法》第22条第2款	不得侵犯任何人移居国外或者放弃国籍的自由。
4	2008年《阿尔巴尼亚共和国宪法》第19条第2款	阿尔巴尼亚公民不能丧失国籍，除非他放弃国籍。
5	1999年《芬兰共和国宪法》第5条第4款	如果芬兰公民已经取得、将取得其他国家国籍，非经法定程序不得剥夺、放弃芬兰国籍。
6	1972年《巴拿马宪法》（2004年修正）第13条	因出生而原来就有或者获得的巴拿马国籍不会丧失，但是明确说明、事实上放弃国籍，将终止公民资格。 基于同样原因将丧失因入籍而产生的或者获得的巴拿马国籍。 当本人以书面形式向执行机构表示放弃国籍的意愿时，即为明确放弃国籍；在获得其他国籍或者服务于敌对国家时，为事实上放弃国籍。
7	2011年《巴拉圭共和国宪法》第147条	任何原始的巴拉圭人都不得被剥夺其国籍，但可以自愿放弃其国籍。
8	1991年《哥伦比亚共和国宪法》（2013年修正）第96条第3款	哥伦比亚国籍的身份不会因为要求其他国籍的行为而丧失。通过承认取得国籍将不会有义务放弃他们出生或者承认的国籍。

---

① 李浩培.国籍问题的比较研究[M].北京：商务印书馆,1979,92-95.

续表

序号	宪法	内容
9	1991年《哥伦比亚共和国宪法》（2013年修正）第98条第1款	公民资格通过放弃国籍而丧失，行使公民资格可能由于法律确定的情形中的司法判决而中止。
10	1999年《委内瑞拉玻利瓦尔共和国宪法》（2009年修正）第36条	可以放弃委内瑞拉国籍。
11	1985年《危地马拉共和国政治宪法》（1993年修正）第144条	不得剥夺危地马拉公民的国籍。危地马拉公民如果在出生时获得危地马拉国籍，即使其获得第二国籍也不得剥夺其危地马拉国籍，只有其为获得另一国家国籍而自愿放弃危地马拉国籍的情况除外。
12	1982年《洪都拉斯宪法》（2012年修正）第29条	基于归化的洪都拉斯国籍在下列情况下丧失：（一）加入外国国籍；（二）依照法律取消入籍文件。

资料来源：作者整理

二、自动丧失（退出）国籍

自动丧失（退出）国籍，又称事实丧失（退出）国籍，具有外国国籍即丧失（退出）本国国籍。通常适用于取得其他国家国籍时不表示保留本国国籍，服务于敌对国家等严重威胁国家安全、损害国家利益等情形。1985年《日本国籍法》第11条规定："1. 日本国民根据自己意愿取得外国国籍时，丧失日本国籍。2. 取得外国国籍的日本国民依该国法律选择了该国国籍，丧失日本国籍。"1982年《洪都拉斯宪法》（2012年修正）第29条规定：基于归化的洪都拉斯国籍在加入外国国籍时丧失。

依出生取得外国国籍，不表示保留本国国籍意愿，自动丧失本国国籍。1985年《日本国籍法》第12条规定："依出生取得外国国籍的日本国民，在国外出生的，如果不依照户籍法的规定，表示保留日本国籍意愿，上溯到出生时丧失日本国籍。"

依婚姻、被收养、子女等亲属关系取得外国国籍，不表示保留本国国籍意愿，自动丧失本国国籍。1913年《德国国籍法》（2011年修正）第27条规定：根据德国法律，德国儿童被外国人合法收养并以此取得收养者国籍，丧失德国国籍。1997年《韩国国籍法》（2004年修正）第15条规定："取得外国国籍的韩国公民于取得外国国籍后，丧失韩国国籍。如果在取得外国国籍后6个月内，没有向司法部长申报保留韩国国籍的意愿，有下列情形的韩国公民，可追溯至取得外国国籍期间，丧失韩国国籍：（1）依婚姻取得外国国籍；（2）依被收养取得养父母国籍；（3）依外籍父母承认，取得外籍父母国籍；（4）未成年子女、配偶随同父母、配偶另一方取得外国配偶。因取得外国国籍而丧失韩国国籍，取得外国国籍日期不详时，取得外国国籍日期推定为初次核发外国护照之日。"

服务于外国武装力量，自动丧失本国国籍。1913年《德国国籍法》（2011年修正）第28条规定：德国公民基于自愿，加入本人具有国籍的外国的武装力量或者类似武装部队，丧失德国国籍。1993年《法国民法典》第23—8条规定："为外国军队或者公共部门或者国际组织给予协助的法国人，尽管被法国政府禁止，但对法国政府发出的禁令规定的期限内不辞去工作或者不停止协助，由最高行政法院颁布法令，宣告丧失法国国籍。禁令规定的期限为15天至2个月。"

服务于反本国的国家、组织，从事恐怖活动，自动丧失国籍。凡从事恐怖活动，服务于反本国其他国家的武装力量、政府等，都以实际行动表明不效忠和反本国及其人民。1972年《巴拿马宪法》（2004年修正）第13条第2款规定：当本人获得其他国籍或者服务于敌对国家时，为事实上放弃国籍。在与澳大利亚交战国的军队、认定的恐怖组织中服役，是与澳大利亚及其人民为敌，自动丧失公民资格。2007年《澳大利亚公民资格法》第35条规定：14岁及以上的具有其他国家国籍的澳大利亚公民在境外在与澳大利亚交战国家的部队中服役，在认定的恐怖组织中服役或者为恐怖组织战斗，自动放弃公民资格。2007年《澳大利亚公民资格法》第33AA条第1款、第2款规定：14岁及以上的具有其他国家国籍的澳大利亚公民从事以下恐怖活动的，是对澳大利亚不忠诚，自动放弃公民资格：（1）运用爆炸、致命的设备实施国际恐怖主义活动；（2）实施恐怖主义活动；（3）提供或者接受有关恐怖主义活动的准备、实施或者协助培训；（4）指引恐怖组织的活动；（5）为恐怖组织招聘人员；（6）资助恐怖主义；（7）实施境外袭击和招聘。

双重国籍人参与恐怖活动，自动丧失澳大利亚公民资格。澳大利亚是美国反恐怖主义，打击伊拉克和叙利亚境内"伊斯兰国"的同盟者，本身面临本土激进分子的袭击威胁。为有效打击具有双重国籍的公民实施的恐怖主义活动，澳大利亚根据公民资格法、刑法等国内法灵活、宽松认定恐怖活动、恐怖组织。2007年《澳大利亚公民资格法》第33AA条第3款规定：恐怖活动是指通过恐吓胁迫或者支配整体或者部分的联邦、州、领地及外国的政府，或者整体或者部分的公众，实现政治、宗教、意识形态等目的的行为。第33AA条第4款规定：如果是被认定的恐怖组织的成员，或者根据认定的恐怖组织的指令、与认定的恐怖组织合作实施活动，该活动即恐怖活动。第35AA条规定：认定的恐怖组织是指根据《刑法典》第102.1（1）的恐怖组织定义认定的恐怖组织。

三、申明放弃（退出）国籍

申明放弃（退出）国籍是指提出放弃（退出）国籍申明，明确表示愿意放弃（退出）国籍，自主管部门收到申明时丧失国籍。通常适用于在未成年时取得双重国籍、依申请取得国籍等非国家安全情形。双重国籍人可以申明放弃一个国籍，而保留其他国籍，防止、减少国籍积极冲突，有效地行使其他国籍赋予的权利和带来的利益。1913年《德国国籍法》（2011年修正）第29条规定：因父母依居留取得德国国籍而取得德国国籍，同时具有外国国籍的，需要在成年后以书面声明方式选择德国国籍或者外国国籍。声明人申明保留外国国籍，则自主管当局收到其申明时丧失德国国籍。如果在23岁前未提交申明，丧失德国国籍。申明人申明保留德国国籍，则声明人必须出具放弃或者丧失外国国籍的证明。如果在23岁前未提交申明，丧失德国国籍，除非经申请从主管部门获得了保留德国国籍的批准。1985年《日本国籍法》第13条规定："1. 取得外国国籍的日本国民，可以向法务大臣申明放弃日本国籍。2. 根据前款规定提出申明的人，在申明时即丧失日本国籍。"2008年《厄瓜多尔共和国宪法》（2011年修正）第8条第3款规定："通过归化获得厄瓜多尔国籍之人，应通过明确宣布放弃，而丧失国籍。"1972年《巴拿马宪法》（2004年修正）第13条第2款规定：当本人以书面形式向执行机构表示放弃国籍的意愿时，即为明确放弃国籍。

放弃国籍申明应在取得外国国籍后一定期限提出，以维持国籍法律关系的稳定。1993年《法国民法典》第23条规定：具有法国国籍的成年人，惯常居住在国外，自愿取得外国国籍的，依法明确申明放弃法国国籍时，丧失法国国籍。第23—1条规定：为丧失法国国籍提出的申明，应自提出申请外国国籍之日签署，最迟应在取得外国国籍之日起1年内提出。第23—5条第1款规定：35岁以下的男性法国人，仅在其履行了《兵役法》所规定的义务时，或者仅在其免于此种义务时，始得行使放弃法国国籍的权利。

四、申请放弃（退出）国籍

申请放弃（退出）国籍，又称有条件放弃（退出）国籍，是指提出放弃（退出）国籍申请，经批准后，丧失国籍。通常适用于担任公职、军职，正在服刑、被刑事侦查，未缴纳税款等国家安全情形。人人有权放弃权利，包括国籍，但国籍不仅是个人从国家获得法律地位、同国际法建立联系的纽带，而且是国家对公民事实的认定和对个人行使管辖权的依据。经申请、批准才能放弃国籍，有利于实现放弃（退出）国籍权和国家国籍主权之间的平衡，避免损害国家的、社会的、集体的利益和其他公民的合法的自由和权利。1924年，英国国际法学者霍尔（Hall）反对绝对的放弃（退出）国籍权，未经批准的放弃（退出）国籍无效。他认为，绝对的放弃（退出）国籍权，理论上，意味着无政府主义，实践中，应得到每个人的同意以免国家解体。1948年《世界人权宣言》第15条第2款规定"不得否认任何人变更国籍的权利"，但没有明确变更国籍权是否无条件。

很多国家要求公民放弃国籍必须符合一定的条件和程序。为放弃国籍设定的条件，多为不损害国家利益，完成应尽的服兵役、缴纳税款等公民义务等。根据1979年的统计，30个国家的国籍法规定放弃国籍必须经过国籍国批准。英联邦成员国国籍法通常规定本国人加入外国国籍时，必须向本国申请放弃国籍，才丧失之。①

德国、法国等欧洲国家国籍法规定了申请放弃国籍的条件和程序。1913年《德国国籍法》(2011年修正)第22条规定：下列人员不得放弃德国国籍：(1)公务或者职务关系未结束的官员、法官、联邦国防军士兵和其他公法管辖下的公务员，担任名誉职务的除外；(2)有义务服兵役的人员。第26条规定：1. 具有多个国籍的德国公民，可以放弃德国国籍。放弃德国国籍必须提出申请。2. 放弃德国国籍申请须经国籍主管部门批准。如果属于不得放弃德国国籍人员，则批准无效。但符合以下情形的，批准有效：(1)申请人在国外连续居住了10年以上；(2)作为兵役义务人应为其具有国籍的国家之一服兵役。

中国、越南、柬埔寨等亚洲国家国籍法规定了申请放弃国籍的条件和程序。1980年中国《国籍法》第10条规定："中国公民具有下列条件之一的，可以经申请批准退出中国国籍：一、外国人的近亲属；二、定居在外国的；三、有其他正当理由。"1988年《越南国籍法》第9条第2.3款规定："1. 属下列情况之一，申请退出越南国籍者不得退出越南国籍：(1)正履行军事义务；(2)正欠国家税款或者负有其他债务；(3)正受到刑事起诉；(4)正在执行判决。2. 正退出越南国籍者危害国家安全，不得退出。"1996年《柬埔寨王国国籍法》第18条规定："18岁以上的柬埔寨公民，具有外国国籍并在自愿情况下，可以申请放弃柬埔寨国籍。申请放弃柬埔寨国籍的条件，由内阁法律规定。"

美国、洪都拉斯等美洲国家宪法、国籍法规定了申请放弃国籍的条件和程序。美国公民、国民享有有条件放弃(退出)权。1952年《美国移民与国籍法》第349条第a款规定：在自愿放弃美国国籍的基础上，通过以下行为丧失美国国籍：(1)已满18周岁，自己或者委托代理人提交申请之后加入外国国籍的；(2)已满18周岁，宣誓或者表示愿意效忠外国政府或者其下属机构；(3)加入或者服务于某参与针对美国敌对行动的某外国国家军队或者被任命

---

① 李浩培.国籍问题的比较研究[M].北京：商务印书馆，1979，95.

为军官；（4）同意、接受或者正在某外国政府机关或者其政治机构中任职或者服务的，在年满18周岁后已经要求或者正在要求加入该国国籍的，或者根据该机构规定被要求宣誓、确认或者申明效忠的；（5）在境外，在领事面前正式声明放弃美国国籍；（6）在境内，用专门表格，以书面形式提出放弃美国国籍的。美国处于战争时，应当确认该人放弃国籍不妨碍国防利益；（7）犯有叛变、试图武力颠覆、武装反对美国罪行，密谋颠覆、推翻或者武装破坏美国政府的，对美国政府宣战并被军事法庭或者其他有司法管辖权的法庭宣判有罪的。为实现个人国籍权和国家国籍管理主权之间的平衡，美国国籍法对个人出籍附加了不损害国家利益的条件。个人放弃国籍必须以不损害国家利益为条件谓之有条件出籍。1952年《美国移民和国籍法》第351条第a款规定：除在境内官员、境外领事面前正式申明放弃国籍，有叛变、试图武力颠覆、武装反对美国罪行等行为以外，其他任何居住在美国本土或者海外领地的侨民均不得放弃国籍。1982年《洪都拉斯宪法》（2012年修正）第29条规定：依照法律取消入籍文件，丧失基于归化的洪都拉斯国籍。

澳大利亚保障放弃（退出）国籍权，同时对个人出籍附加不损害国家利益的条件，以实现放弃（退出）国籍权和国家国籍主权之间的平衡。澳大利亚公民可以向移民部门提交放弃公民资格申请，被批准后放弃公民资格。2007年《澳大利亚公民资格法》第33条第1—3款规定：澳大利亚公民具有以下情形之一，可以申请放弃公民资格：（1）18岁及以上，是其他国家的公民、国民；（2）出生在外国，或者是外国的普通居民，根据该国法律，由于是澳大利亚公民而没有取得该国国籍或者公民资格。澳大利亚公民出籍必须不损害国家利益，否则，不批准放弃公民资格申请。2007年《澳大利亚公民资格法》第33条第4—7款规定：具有以下情形之一，不批准放弃公民资格申请：（1）不能核实申请人身份；（2）提交申请时具有其他国家国籍或者公民资格，澳大利亚与该国处于战争状态；（3）批准申请不利于澳大利亚利益；（4）批准前不具有，批准后将不具有其他国家国籍。个人国籍权和国家国籍管理主权发生冲突时，后者优于前者。澳大利亚公民出籍必须以不成为无国籍人为前提条件，否则，不批准放弃公民资格申请，以防止、减少无国籍状态。2007

年《澳大利亚公民资格法》第33条第6款规定：具有以下情形之一，不批准放弃公民资格申请：（1）申请人不具有其他国家国籍或者公民资格；（2）批准申请后不具有其他国家国籍或者公民资格。1961年《减少无国籍状态公约》第7条规定：因放弃国籍、谋求归化外国而丧失国籍应以具有或者取得另一国籍为条件。

第三节 便利外籍妻子入籍

一、便利入籍概述

便利入籍是指为本国公民的外籍配偶、难民、无国籍人、因国家继承而不能家庭团聚的人员、被收养儿童、长期居留人员、海外族裔等与本国有紧密联系的人员入籍提供便利。"便利"通常指豁免入籍条件，简化办理入籍程序，尽可能减少申请国籍费用。任何人没有权利主张一个国家必须受理和批准其入籍申请。国籍问题是国家主权问题，国际社会对此达成了共识。每个国家都可以在不违反国际法的情况下自由制定法律来规定入籍的条件和程序等，其他国家应予承认，不得干涉。为了最终解决难民问题、无国籍人问题，保护本国公民家庭团聚权，保持和增进与海外族裔的联系，推动国际移民的融合，有必要便利难民、无国籍人、因国家继承而不能亲属团聚的人员、被收养儿童、本国公民的配偶和子女、处于极度困境人员、海外族裔等与本国有紧密联系的人员取得本国国籍。

二、外籍妻子保留国籍

外籍妻子保留国籍是指外籍妇女与本国公民结婚后，有权保留国籍，不因婚姻变更国籍。妇女国籍平等权赋予妇女男子保留国籍平等。由于歧视妇女和男女不平等，外籍妻子保留国籍比外籍丈夫保留国籍更为重要和迫切。1930年《关于国籍法冲突的若干问题的公约》旨在使与外国人结婚的妇女能够在各种情况下保留国籍，国籍独立，不得强迫其变更国籍。第10条规定："丈夫在婚姻关系存续中入籍，除经妻子同意外，对妻子不发生变更国籍的效果。"第11条规定："如果妻子的本国法规定妻子因结婚而丧失国籍，在婚姻关系解除后，非经妻子自行请求并遵照该国法律，不得恢复国籍。妻子如恢复国籍，应即丧失其因婚姻而取得的国籍。"根据1979年《消除对妇女一切形式歧视公约》第9条和1957年《已婚妇女国籍公约》，不论婚姻关系成立或者消灭，或者丈夫国籍变更，妇女有权保留其国籍。1957年《已婚妇女国籍公约》专门规定与外国人结婚的妇女的国籍，继承1930年《关于国籍法冲突的若干问题的公约》有关与外国人结婚的妇女能够在各种情况下保留国籍的规定，强调与外国人结婚的妇女有保留国籍的自由。1957年《已婚妇女国籍公约》第1条规定："缔约国同意其本国人与外国人结婚者，不因婚姻关系之成立或者消灭，或者婚姻关系存续中夫之国籍变更，而当然影响妻之国籍。"第2条规定："缔约国同意其本国人自愿取得他国国籍或者脱离其本国国籍时，不妨碍其妻保留该缔约国国籍。"关于外籍妻子保留国籍的规定使与外国人结婚的妇女能够在各种情况下保留国籍，给予了与外国人结婚的妇女保留国籍自由，但是当与外国人结婚而改变她的永久居住地时，不利于变更国籍，失去了迅速无障碍地获得丈夫国籍的保障。

三、1957年《已婚妇女国籍公约》关于便利外籍妻子入籍的规定和不足

为家庭团聚和抚育子女，需要便利外籍妻子入籍。在许多情况下，与外国人结婚的妇女在丈夫的国家一直是外国人，并承担产生的不利后果。一家两国籍的情况普遍存在，许多国家国籍法按照出生地原则或者血统原则给予出生国籍，在父亲国籍国出生的跨国婚姻子女自动取得父亲国籍。这种情况下，妻子对自己的子女、丈夫来说是外国人，不具有子女、丈夫的国籍，一家人效忠不同国家，家庭被割裂，家庭成员之间产生矛盾冲突。1957年联合国《已婚妇女国籍公约》第3条第1款规定了便利外籍妻子入籍，"缔约国同意外国人为本国人之妻者，得依特殊优待之归化手续，申请取得其夫之国籍；前项国籍之授予，得因维护国家安全或者公众政策加以限制。"公民的外籍妻子可经她本人要求，通过优先入籍程序获得丈夫的国籍。由于没有执行机制、缺乏实质性内容、没有有力的争端解决机制等，难以监督各国执行1957年

《已婚妇女国籍公约》第3条第1款便利外籍妻子入籍的规定。

1957年《已婚妇女国籍公约》没有规定执行机制，国际法的其他规则也没有规定相关执行机制。1957年《已婚妇女国籍公约》没有规定，缔约国有义务修正国籍或者外国人法律地位方面的法律。相反，根据1957年《已婚妇女国籍公约》第3条第1款，国家如"因维护国家安全或者公众政策"，可更加严格地规定它们在国籍方面的立法。

1957年《已婚妇女国籍公约》缺乏实质性内容，没有以有关理由限制保留条款、退出公约。第8条第1款"任何国家得于签字、批准或者加入时，对本公约第1条及第2条以外之任何条款提出保留"，允许对1957年《已婚妇女国籍公约》第1条和第2条以外的任何条款作保留。根据1957年《已婚妇女国籍公约》，一国可通过保留，以一项简化的程序不执行给予外籍妻子"得依特殊优待之归化手续，申请取得其夫之国籍"的规定。1957年《已婚妇女国籍公约》关于退约的规定第9条第1款"任何缔约国得以书面通知联合国秘书长宣告退出本公约。退约应于秘书长收到通知之日1年后生效"缺乏正当理由。

1957年《已婚妇女国籍公约》没有有力的争端解决机制。虽然1957年《已婚妇女国籍公约》第10条"两个或者两个以上缔约国对于本公约之解释或者适用发生争端，未能以谈判方式解决时，除争端当事国协议以其他方式解决外，经任何一方争端国之请求，应提请国际法院裁决"，对解决国家在国际法院就1957年《已婚妇女国籍公约》的解释或者适用方面发生的争议作出了规定，但争端解决情况并未因此有所改善。联合国绝大多数会员国不承认国际法院对所有问题的管辖权，它们可能在1957年《已婚妇女国籍公约》第10条的规定方面利用一项保留，从而使该条及整个1957年《已婚妇女国籍公约》对它们失去效力。

四、便利外籍妻子入籍的国家实践

（一）德国

1. 便利外国人入籍

1913年《德国国籍法》（2007年修正）第10条规定：外国人在德国合

法居留至少8年，并满足以下政治、经济、文化等条件，可以入籍：（1）拥护《德国基本法》规定的自由民主宪法制度，并宣誓从未和将不会从事或者支持颠覆自由民主宪法制度，威胁联邦和州的存在和安全，非法阻碍联邦、州宪法机构及其工作人员的运作，使用或者预备使用暴力损害德国外交利益等活动。（2）拥有瑞士永久居留权、加入了瑞士国籍或者瑞士公民的家庭成员。（3）足以保障本人及抚养人的生活，不需要依赖社会福利，配偶一方工作能够保证全家生活。（4）放弃或者失去原国籍，或者有必要取得多国国籍。（5）没有因为故意犯罪被处以6个月以上监禁、180个工作日罚金以上刑罚，不是法院禁止令的对象。（6）具有基本德语能力，达到德语考试B1水平，取得德国中学、职业教育、毕业、高校毕业证书除外。（7）拥有关于德国法律制度、社会和生活状况的知识，通过了入籍考试。

外国人不符合政治、经济、文化等入籍条件，仍然希望入籍，主管机关可以自由裁量和特别批准入籍申请。1913年《德国国籍法》（2007年修正）第8条规定：在德国境内合法居留的外国人，满足下列条件，经申请，可以批准入籍：（1）有行为能力或者有法定代理人，即持有原则上能够直接转换为定居许可的居留许可，留学、培训和难民容忍居留等目的居留许可除外；（2）未受过刑法处罚，不是法院禁止令的对象；（3）有自己的住房或者已找到居所；（4）有保障本人及抚养人生活的能力。为公共利益或者申请人有特别困难，可以免除第1.2.4项条件。

鼓励外国人入籍。2013年，柏林等州启动或者继续开展鼓励入籍活动。柏林州鼓励入籍活动的口号是"您的城市、您的国家、您的护照"，巴登—符腾堡州鼓励入籍的口号是"德国的语言、德国的多样性、德国的护照"，莱茵兰—普法尔茨州鼓励入籍的口号是"对入籍说是"，北莱茵——威斯特法伦州鼓励入籍的口号是"我现在对入籍说是"。在汉堡州，2011年，汉堡市市长向13.7万名符合入籍条件的外国人发出邀请信，鼓励他们入籍，口号是"汉堡，我的港口,德国,我的家"。①

2. 便利外籍配偶入籍

德国便利外籍配偶入籍的规定完全适用于外籍妻子。为了保护德国公民的婚姻和家庭,外籍配偶入籍条件比其他外国人入籍条件宽松,合法居留年限要求由8年缩短至3年。1913年《德国国籍法》(2007年修正)第9条第1款规定:德国公民外籍配偶,满足外国人入籍的一般条件,并满足以下条件,可以入籍:(1)登记结婚或者登记的同性伴侣在德国合法居留3年,提交入籍申请前2年登记结婚或者登记为同性伴侣。(2)放弃或者失去原国籍,或者有必要取得多国国籍;(3)具有基本德语能力,达到德语考试B1水平,取得德国中学、职业教育、毕业、高校毕业证书除外。

为了保护未成年人,便利外籍配偶在德国配偶去世或者离婚后入籍。外籍配偶是外国人,也可能是未成年人的母亲或者父亲。不便利外籍配偶在德国配偶去世或者离婚后入籍,外籍配偶在抚养子女时会遇到许多困难,损害未成年人权益。1913年《德国国籍法》(2007年修正)第9条第2款规定:外籍配偶在德国配偶去世或者离婚判决生效后1年内,并负责抚养婚内生育的德国国籍子女,满足放弃或者失去原国籍或者有必要取得多国国籍、具有基本德语能力等条件,可以入籍。

为便利外籍配偶入籍,外籍配偶符合下列情况之一,豁免申请家庭原因长期签证时的基础德语能力要求:(1)迁居德国时已经结婚,作为高学历人才、科研工作者或者公司创建人拥有居留许可;(2)欧盟蓝卡持有人,持永久居留的科研工作者,有避难权者,被认定的难民,来自欧盟其他国家的有长期居留权者,其他欧盟成员国公民,澳大利亚、以色列、日本、加拿大、韩国、新西兰、美国、洪都拉斯、摩纳哥、圣马力诺、巴西或者萨尔瓦多公民。(3)凭医生诊断证明,身体、精神或者心理有疾病、残障不能获取基本德语知识。(4)已经基本具备融入德国的条件,例如,获得学士及以上学位,雇

---

① German National Contact Point for the European Migration Network (EMN). *Annual Policy Report 2013*[G]. Federal Office for Migration and Refugees. 2014, 35.

主出具的工作证明,德国雇主的聘用证明。是否属于特殊情况,在长期签证申请过程中,由外国人管理局和德国驻外使(领)馆商定。(5)与德国驻外使(领)馆官员面谈时,毫无疑义地证实,已经显然掌握了所需的书面和口头德语知识。(6)与德国国籍子女团聚或者与德国国籍子女一起赴德国。2012年9月,德国联邦行政法院做出第BVerwG 10C 12.12号判决,对基础德语能力要求作出了变通处理。如果在境外学习德语过于困难或者经过1年的刻苦学习仍然不能掌握基本德语知识,这方面的陈述是可信的和可以理解的,则不再要求该配偶在入境前证明其基础德语能力。

(二)韩国

1. 便利外籍配偶入籍的条件

拥有婚姻签证(F—6)的外国人,符合条件的,可以按照简易程序申请韩国国籍。韩国便利外籍配偶入籍的条件平等地适用于外籍丈夫和外籍妻子。1990年以前,取得韩国国籍主要是具有韩国血统的外国人,每年只有不到100名纯外国人取得韩国国籍。1990年,不具有韩国血统的外国人取得韩国国籍人数猛增,达数千人,其中绝大多数是配偶移民。2013年,82.6%的入籍外国人是配偶移民。

1997年前,外国人与韩国公民结婚后可以立即取得韩国国籍。1997年,韩国修订《国籍法》,外国人与韩国公民结婚2年后才可以取得韩国国籍,而且不认可与韩国公民离婚的外籍配偶取得的双重国籍。根据《韩国国籍法》第5条第1款及第6条第2款,拥有婚姻签证(F—6)的外国人,可以按照简易程序申请入籍,具体条件是:(1)与韩国公民结婚。(2)在韩国连续居住。(3)根据韩国《民法》为成年人(20岁)。(4)品行良好。(5)有能力维持生计。(5)应具有作为韩国公民的基本素养。

与韩国公民结婚是指与韩国公民配偶结婚并已完成法律上的结婚登记。事实婚状态下,可以申请入籍许可,但不适用简易入籍,属于普通入籍,在国内连续居住5年以上才能提出入籍申请。

在韩国连续居住是指在韩国连续居住2年或者3年内连续居住1年。应在婚姻状态下连续2年以上在韩国有住址。如果未能满足该条件,结婚后3年且在婚姻状态下在韩国连续1年以上有住址。在外国办理结婚登记后，再到韩国登记时，将记录在外国结婚公证书上的日期视为结婚日。在韩国先办理结婚登记后，再到外国登记时，将在韩国办理结婚登记的日期视为结婚的开始日。根据《国籍法施行规则》第5条，居住期间的开始日是合法入境后办理外国人登记的日期。应从此日开始2年连续在韩国居留。属于下列事项之一，也被视为连续在韩国居留，将前后居住期间加起来计算：（1）在韩国的滞留期限届满前，获得再入境许可并出境后，在其许可期限内再入境的。（2）在韩国滞留的过程中，因无法延长滞留期限而暂时出境后，1个月内获得入境签证再入境的。（3）因相当于第1.2种事项，法务部认定为将前后的居留期间加起来计算为合理的。居住期间要件的例外是配偶死亡、失踪、离婚、分居以及养育子女。即使不能满足居住期间要件，属于下列事项之一，可弥补不足的期间并获得法务部认定后，申请简易入籍。（1）与韩国公民结婚共同生活的过程中，因配偶死亡、失踪或者与其离婚、分居等原因无法维持正常婚姻关系。（2）养育与韩国公民之间出生的未成年子女。

有能力维持生计是指配偶移民本人应有职业或者资产。如果自己未能满足该条件，其共同维持生计的家属（配偶等）须有职业或者资产。申请人需要提交任一证明确保本人及共同生活的家人具有维持生计能力的材料。（1）3000万韩元（约17万人民币）以上金融财产（存款、储蓄、证券等）证明材料。（2）公告地价超过3000万韩元以上的房地产登记证明书，或者超过3000万韩元以上的租赁保证金等房地产租赁合同复印件。（3）在职证明书或者预计就业事实证明书。（4）与第1—3项相仿，法务部认可的材料

具有作为韩国公民的基本素养是指应会说、读韩语，且对韩国社会、文化有所了解。移民部门会对申请人进行韩国公民基本素养、品行良好等方面的合格审查。

2. 便利外籍配偶入籍的程序

根据韩国《国籍法施行令》第3条、《国籍法施行规则》第3条第2款，与韩国公民办理结婚登记并保持婚姻关系的外国人，可以按照简易程序申请入籍，向出入境管理事务所提交入籍许可申请书，并附上证明外国人和确保本

人及共同生活的家人具有维持生计能力的材料。韩国便利外籍配偶入籍的程序平等地适用于外籍丈夫和外籍妻子。

3. 保护外籍妻子国籍权益的不足

涉外婚姻解体引发了外籍妻子国籍、子女监护等问题。如果外籍妻子取得韩国国籍，为了有利于母亲抚养子女，子女监护权会被判给妻子。如果外籍妻子没有取得韩国国籍，子女监护权会被判给韩方父亲，因为子女通常是韩国公民。外籍配偶必须证明离婚的责任在韩方配偶，才可能在离婚时依然具有合法移民身份，进而取得韩国国籍。如果外籍配偶从丈夫身边逃走，尽管可能是逃避虐待，韩国法律会把责任归于外籍妻子，外籍妻子进而无法取得合法移民身份，乃至国籍。

2004年，韩国修改国籍法，保护受到家庭暴力的外籍妻子的国籍权益。如果外籍妻子能够证明受到了韩国配偶的虐待，可以在不满足居住期限要求的情况下申请入籍。外籍妻子以被虐待为理由申请入籍，需要提供确凿有形的被虐待证据。如果外籍妻子没有收集被虐待证据，或者虐待是心理虐待、性虐待或者没有医学上可以核实迹象的话，将很难提供。如果无法提供被虐待证据，那么就不能申请入籍，逾期居留的话，会被驱逐出境至原籍国。[①]

离婚和入韩国籍的外籍妻子可能无法恢复国籍和返回原籍国，因为在有些国家，公民自愿放弃国籍后不能再恢复国籍。由于配偶移民在韩国居住2年之后才能获得韩国国籍，对已经取得韩国国籍的离婚外籍妻子，韩国法律不承认其双重国籍。因结婚而取得韩国国籍的外籍妻子在离婚后，可能不得不放弃其原国籍，以保留韩国国籍。

（三）美国

对于美国公民、永久居民的配偶，缩短入籍要求的居住期间，取得永久居留资格后在境内实际居住期间短于要求其他归化国籍申请人的居住期间。

---

① Jung-Eun OH, Kyung-Mi Kim, Kyung-Mi Kim. *Study on the Improvement of Naturalization System of the Republic of Korea: Focusing on the Naturalization System for Marriage Migrants*[R]. IOM MRTC. IOM MRTC Research Report Series. No. 2014-04. The IOM Migration Research and Training Centre. December 2014.

1952年《美国移民和国籍法》（2003年修正）第316条第a款规定：以配偶身份加入美国籍，必须与美国公民、永久居民结婚，继续保持婚姻状态，在境内以永久居民身份连续居住至少3年，最近3年内实际居住至少18个月，且在提交入籍申请所在州或者所在移民部门管辖区域居住至少3个月。1952年《美国移民和国籍法》（2003年修正）第316条第a款第1项规定：任何申请归化国籍的人必须在提出入籍申请之日前取得永久居留资格，在境内连续居住（continuous residence）至少5年，且在提交入籍申请之日前的5年在境内实际居住（physical presence）的合计期间至少达到上述要求期间的一半，且在提交入籍申请所在州或者所在移民部门管辖区域居住至少3个月。

在军队中服役时牺牲的公民的配偶申请归化国籍，豁免取得永久居留资格后在境内实际居住的条件，以支持服兵役。1952年《美国移民和国籍法》（2003年修正）第319条第d款规定：如果具有公民资格的配偶在军队中服役时牺牲，且在是配偶时与其保持夫妻关系，申请归化国籍时，无需证明在提交入籍申请前在境内实际居住至少5年，及在提交入籍申请所在州或者所在移民部门管辖区域居住至少3个月。

遭受配偶家庭暴力人员申请归化国籍，豁免取得永久居留资格后在境内实际居住的条件，以保护家庭暴力受害人权益。在美国，任何情形下的家庭暴力都是非法的，无论种族、肤色、宗教、性别、年龄、族裔或者移民身份的所有人，都能得到基本的法律保护。家庭暴力是配偶或者伴侣一方恐吓或者虐待另一方的行为。暴力包括身体伤害、强迫的性关系、精神操纵（包括孤立或者恐吓）、经济上或者/和移民有关的恐吓。[①] 1952年《美国移民和国籍法》（2003年修正）第319条第a款规定：作为公民的配偶、子女取得永久居留资格，且遭受配偶、父母的殴打、虐待等家庭暴力，豁免申请归化国籍的取得永久居留资格后在境内实际居住的条件。

---

① 美国公民和移民服务局《美国移民家庭暴力受害者所享有法律权利的相关信息及以婚姻签证移民的事实》. 2014.

第四节　便利处于困境人员入籍

一、便利难民、无国籍人、因国家继承中取得或者丧失国籍而不能家庭团聚的人员入籍

难民、无国籍人、因国家继承中取得或者丧失国籍而不能家庭团聚的人员有权要求住在国尽可能提供入籍便利、特别尽力加速办理和尽可能降低费用。1951年联合国《关于难民地位的公约》第34条规定："缔约各国应尽可能便利难民的入籍和同化，它们应特别尽力加速办理入籍程序，并尽可能减低此项程序的费用。"1954年联合国《关于无国籍人地位的公约》第32条规定："缔约各国应尽可能便利无国籍人的入籍和同化。它们应特别尽力加速办理入籍程序，并尽可能减低此项程序的费用。"1997年《欧洲国籍公约》第6条第4款规定：各缔约国的国内法应为合法并经常居住于本国境内的无国籍人以及已确定为难民者取得国籍提供便利。

2000年联合国《国家继承涉及的自然人国籍问题》第12条规定了便利因国家继承中取得或者丧失国籍而不能家庭团聚的人员入籍，"如果在国家继承中取得或者丧失国籍会损害一个家庭的团聚，有关国家应采取一切适当措施使该家庭得以留在一起或者团聚。"

国家没有义务给予难民、无国籍人国籍。1951年联合国《关于难民地位的公约》第34条、1954年联合国《关于无国籍人地位的公约》第32条、1997年《欧洲国籍公约》第6条第4款没有规定缔约国给予难民、无国籍人国籍的义务。尽管国籍已经超越国内司法的范围，不再是孤立的国内法事项，被越来越多的国际文件所调整，但是国籍依然是一国内政，是否给予难民、无国籍人国籍是由本国法律决定的。

国家有义务尽可能向难民、无国籍人提供便利、特别尽力加速办理入籍程序和尽可能降低入籍程序的费用，采取一切适当措施使在国家继承中取得或者丧失国籍的家庭留在一起或者团聚。例如，缩短在本国居住期间要求，减免入籍申请费用，免除要求加入本国国籍时放弃其原国籍等。缔约国可以自主选择是否制定法律具体规范入籍便利事务。

便利难民、无国籍人、因国家继承中取得或者丧失国籍而不能家庭团聚的人员入籍，应针对在本国境内的任何此类人员，无论其种族、性别、社会出生、财产或者其他身份，不应有任何歧视。如果一国没有正式承认难民法律地位，根据1984年联合国难民署方案执行委员会第35号《关于难民身份证件的结论》第五段，"有必要由联合国难民署办事处征得庇护国主管部门的同意，证明某人在办事处的职权范围内被认为是难民"。

二、便利被收养儿童入籍

便利被收养儿童入籍，最大限度保护儿童利益，便于被收养儿童与收养人共同生活。1967年《关于儿童收养的欧洲公约》明确应便利被收养儿童入籍，第11条第1款规定："如果被收养儿童与收养人的国籍不同，或者而在已婚夫妇双方共同收养的情形下，被收养儿童与养父母不具有共同的国籍，那么，对缔约国的国民为收养人的，各缔约国应为被收养儿童取得养父母的国籍提供一切方便。"1997年《欧洲国籍公约》第6条第4款规定：各缔约国的国内法应为国民收养的子女取得国籍提供便利。

第五节 便利长期居留人员入籍

便利长期居留人员入籍，接受和承认事实上的融合，使事实上融合人员取得国籍，推动移民融合，维护社会稳定。联合国人权理事会、消除种族歧视委员会关注和推动便利长期居留人员入籍。2008年2月，联合国人权理事会少数群体问题独立专家盖伊·麦克杜格尔在《增进和保护所有人权、公民、政治、经济、社会和文化权利，包括发展权》中提出，鼓励缔约国通过归化程序或者永久居留办法，向合法在该国居住、居住期间与他们在该国建立既有的社会、经济和社区关系相称的人提供取得国籍的便利。建议居住期间不应超过10年。[①] 2005年《消除种族歧视委员会第30号一般性建议：对非公民的歧视》第15段建议："要考虑到，在某些情况下，拒不给予常住居民或者永

---

① 联合国人权理事会少数群体问题独立专家盖伊·麦克杜格尔的报告.增进和保护所有人权、公民、政治、经济、社会和文化权利，包括发展权.第87段，A/HRC/7/23，2008年2月28日。

久居民以国籍，有违公约的反歧视原则，可能会给他们在就业和享受社会福利的机会方面造成不利条件。"消除种族歧视委员会严重关注贝都因人不能入籍，许多人世代生活在科威特的贝都因人无法在与他人平等的基础上利用社会服务，诉诸正当程序和获得出生证等法律上有效的公民证明文件。建议科威特找到贝都因人面临的问题的持久解决办法，包括考虑让长期居住在科威特，并且与科威特有着真正、实际联系的人入籍。[①]

欧洲国家就便利长期居留人员入籍达成共识，制定了有关的区域性规定。1997年《欧洲国籍公约》第6条第4款规定：各缔约国的国内法应为下列人员取得国籍提供便利：出生在该国领土内且合法并经常居住于境内的人；在该国合法并惯常居住且于18岁以前就已居住一段时期者，具体期限应由该缔约国的国内法决定。

德国、澳大利亚、巴西等国家便利长期居留人员入籍，外国人可以依长期居留取得国籍。长期居留是指具有长期居留资格，并在境内实际居住，两者缺一不可。长期居留资格体现了外国人与本国的静态的长期联系。便利长期居留人员入籍，是对深度融合的认可。无论是否取得国籍，长期居留人员都已经深度融合，事实上成为了住在国的一位成员。1913年《德国国籍法》（2007年修正）第9条规定：外国人申请加入德国国籍，应在德国居住满8年。2007年《澳大利亚公民资格法》第12条规定：在境内出生，出生后在境内居住满10年，自动取得公民资格，出生地被敌国占领的除外。1988年《巴西联邦共和国宪法》（2012年修正）第12条第2款规定：连续居住在国内至少15年，且未有犯罪记录，因归化取得巴西国籍。2008年《不丹王国宪法》第6条第3款规定：申请加入不丹国籍者应符合在不丹合法居住不少于15年等条件。

第六节 恢复国籍

恢复国籍，简称复籍，是变更国籍的一种，具有兜底性实现变更国籍权的价值。为保持与前公民的紧密联系，防止和减少无国籍状态，避免前公民

[①] 消除种族歧视委员会关于科威特第二十一至第二十四次合并定期报告的结论性意见.第27段，第28段，CERD/C/KWT/CO/21-24，2017年9月19日。

面临不利或者受到伤害，很多国家允许前公民恢复国籍。

一、允许恢复国籍

（一）允许恢复国籍概述

恢复国籍的主体通常为具有出生国籍的前公民，不包括具有归化国籍的前公民及随同归化的子女。具有归化国籍的前公民丧失国籍要重新取得国籍，应再申请加入国籍，而不是恢复国籍。

一国前公民可以基于特定原因恢复国籍，不同国家对特定原因的范围规定各异。关于恢复国籍的原因，一是不具体说明原因，或者以具有正当理由统称，由国籍管理部门自由裁量。2011年《巴拉圭宪法》第58条规定：属巴拉圭固有国籍者，于国外取得他国归化国籍时，可以恢复巴拉圭国籍。《蒙古国籍法》第14条第1款第2项规定：为取得外国籍，而丧失蒙古国籍的，可以申请恢复国籍。1988年《越南国籍法》第11条规定了恢复越南国籍："已经丧失越南国籍的人，如有正当理由，可以获准恢复越南国籍。"我国1980年《国籍法》第13条规定："曾有过中国国籍的外国人，具有正当理由，可以申请恢复中国国籍；被批准恢复中国国籍的，不得再保留外国国籍。"二是具体说明恢复国籍的具体理由。通常包括因丧失国籍无国籍、因婚姻丧失国籍、因父母国籍变更丧失国籍、因被收养丧失国籍、因回国居住重建紧密联系、未成年时丧失国籍、对丧失国籍不知情、不得不取得其他国家国籍。

恢复国籍条件通常比加入国籍条件宽松，主要因为恢复国籍申请人加入国籍申请人与本国有更紧密的联系。例如，申请恢复国籍，应在境内有住所，无行政处罚、刑事犯罪记录，有相当财产或者技能足以自立或者生活保障无虞。申请加入国籍，除符合这些条件外，通常应符合在境内居留期限、年龄、语言能力、入籍考试等条件。

（二）因丧失国籍无国籍

为了减少和避免因变更国籍成为无国籍人，如果个人丧失国籍、没有取得另一国籍，允许恢复国籍。德国、匈牙利等欧洲国家允许因丧失国籍而无国籍者恢复国籍。1913年《德国国籍法》（2011年修正）第24条规定：如果丧失国籍者在1年内未申请取得另一国国籍，该丧失国籍不具有效力。《匈牙利国籍法》第7条规定：如果申请人未取得他国国籍，在受理放弃国籍申请书1年内，申请人可向总理要求恢复国籍。《克罗地亚公民法》第15条规定：申请他国国籍的克罗地亚公民，放弃克罗地亚国籍，未取得他国国籍，可以恢复克罗地亚国籍。《芬兰国籍法》第6条规定：芬兰公民为他国公民时，可在丧失外国国籍的同时恢复芬兰国籍。

日本、韩国等亚洲国家允许因丧失国籍而无国籍者恢复国籍。1950年《日本国籍法》（1984年修正）第17条第2款规定：对于具有外国国籍的日本国民，如果不在20岁前对其中的一个国籍作出选择，法务大臣可以用书面催告此人应选择国籍，在接到通知后一个月内对日本国籍不作出选择时，当此项期间经过后即丧失日本国籍。如果丧失日本国籍导致无国籍，可以在获悉丧失日本国籍时起1年内，向法务大臣申请恢复国籍。1997年《韩国国籍法》（2004年修正）第11条规定：已经丧失韩国国籍者，于丧失韩国国籍后1年内放弃外国国籍的，可以向法务部长官申报，恢复韩国国籍。

（三）因婚姻丧失国籍

因婚姻丧失国籍的，婚姻变化时，丧失国籍可能导致巨大不利或者伤害，允许恢复国籍。《泰国国籍法》第23条：泰国妇女因嫁外国人而放弃泰国国籍，如果已经解除婚姻，可以恢复泰国国籍。《印度尼西亚国籍法》第11条规定：因为婚姻而丧失印度尼西亚国籍的，如果他（她）在婚姻解除时提出恢复国籍申请，可以重新恢复印度尼西亚国籍。《埃及国籍法》第13条规定：埃及妇女因嫁外国人而丧失埃及国籍，提出申请并经内政部核准，可以恢复埃及国籍。如果已经解除婚姻，且其曾为埃及居民，或者已返回埃及定居，声明拟恢复埃及国籍，可以恢复埃及国籍。1993年《法国民法典》第24—2条规定：固有国籍为法国国籍，因与外国人结婚或者个别措施而取得外国国籍，丧失法国国籍的，可以向法院或者领事申请恢复国籍。

（四）因父母国籍变更、被收养丧失国籍

因父母国籍变更、被收养等非出于自己本意的原因丧失国籍的，允许恢复国籍，确保变更国籍出于自愿，是真实意思表示。《泰国国籍法》第24条规定：当事人在未成年时，连同父亲或者母亲丧失泰国国籍者如果要恢复泰国国籍，应在成年后2年内（依泰国法律或者他国法律），依照部长职权命令所规定的形式与方法向专员缴交申请书。泰国国籍恢复与否得由部长裁量决定。《蒙古国籍法》第14条规定：在年满18岁后5年内，子女因父母国籍改变而丧失国籍，可以恢复国籍。另外，因被收养而丧失国籍，可以恢复国籍。《蒙古国籍法》第14条规定：因被收养丧失国籍的可以恢复国籍。2007年《澳大利亚公民资格法》第30条第2款规定：如果不取得其他国家国籍、公民资格，将面临巨大的不利或者受到巨大的损害，或者在取得其他国家国籍、公民资格时不知道将造成丧失澳大利亚公民资格，可以申请恢复公民资格。

（五）因回国居住重建紧密联系

因回国居住，重新与原国籍国建立了紧密联系，允许恢复国籍，鼓励前公民移回。1997年《欧洲国籍公约》第9条规定了因回国居住恢复国籍，"缔约国应依国内法规定为现合法、经常居住于境内的前公民恢复国籍提供便利。"《玻利维亚国籍与公民权法》第39条规定：取得其他国家国籍时丧失玻利维亚国籍，回到国内居住的，可以恢复国籍；根据签署的双重国籍条约，当事人愿意保留双重国籍的，不在此限。《俄罗斯国籍法》第15条规定：外国人及无国籍人先前拥有俄国国籍，回国居住至少3年，可以恢复国籍。1950年《日本国籍法》（1984年修正）第17条规定：在国外出生未根据户籍法表示保留日本国籍而丧失日本国籍，未满20岁，于日本境内有住所时，可以向法务大臣提出取得日本国籍申请。

（六）未成年时丧失国籍

公民未成年时丧失国籍，成年后，允许恢复国籍，使选择国籍真正体现本人的意愿。1992年《爱沙尼亚共和国宪法》第8条第2款规定："每一个在成年以前丧失爱沙尼亚国籍的人有权恢复国籍。"

（七）对丧失国籍不知情

对丧失国籍不知情，违背了本人意愿，允许恢复国籍。1985年《日本国籍法》第17条第2款规定："具有日本国籍的日本国民，没有按照规定选择日本国籍而丧失日本国籍的人，可以在获悉丧失日本国籍1年内，向法务大臣申请日本国籍。"2007年《澳大利亚公民资格法》第30条规定：以婚姻以外的其他自愿、正式的行为取得其他国家的国籍、公民资格，或者因取得其他国家国籍、公民资格而丧失澳大利亚公民资格，且在取得其他国家国籍、公民资格时不知情，丧失澳大利亚公民资格的，可以申请恢复公民资格。

（八）不得不取得其他国家国籍

因面临巨大的不利或者伤害，处于极度困境，不得不取得其他国家国籍，而丧失国籍，违背了本人意愿，允许恢复国籍。2007年《澳大利亚公民资格法》第30条规定：以婚姻以外的其他自愿、正式的行为取得其他国家的国籍、公民资格或者因取得其他国家国籍、公民资格而丧失澳大利亚公民资格，且如果不取得其他国家国籍、公民资格，将面临巨大的不利或者受到巨大的损害，丧失澳大利亚公民资格的，可以申请恢复公民资格。

二、限制恢复国籍

为维护国家利益，国家可以基于品行不端、危害国家安全、逃避兵役、违反移民法等原因，行使自由裁量权，拒绝恢复国籍申请。1993年《法国民法典》第24—2条规定：有以下情形的人，不得恢复国籍：（1）因危害国家基本利益或者恐怖活动的重罪或者轻罪受到处罚，或者不论所犯何罪，被判处6个月及以上缓刑徒刑；（2）被驱逐，驱逐令未被推迟执行或者未予撤销，或者被禁止入境并未执行完毕；（3）非法居留。2007年《澳大利亚公民资格法》第31条规定：申请恢复公民资格的，应品行良好，个人身份被验明，不具有危害国家安全犯罪行为，不处于刑事诉讼、服刑、保释、服刑刚期满等期间，不因国防方面的罪行被判处5年以上有期徒刑。1997年《韩国国籍法》（2004年修正）第9条规定：法务部长官允许恢复国籍后，曾为韩国公民之外籍人士取得韩国国籍。申请人有下列情形之一，不予恢复国籍：（1）危害国家或者民族利益；（2）品行不端；（3）曾逃避兵役而丧失或者放弃国籍。

第七节　便利海外族裔入籍和复籍

一、便利海外族裔入籍和复籍概述

为保持和增进与海外族裔的联系，充分发挥海外族裔在本国发展中的独特作用，需要便利海外族裔入籍和复籍。韩国、土耳其、德国、印度、澳大利亚、匈牙利、吉尔吉斯斯坦等国家实施便利海外族裔入籍和复籍政策，作为便利海外族裔出入境（国际移民）政策的重要组成部分。这些国家根据各自国情，合理界定海外族裔，给予海外族裔，特别是重点海外族裔入籍便利，允许海外族裔，特别是重点海外族裔取得本国国籍时保留外国国籍。2010年《吉尔吉斯共和国宪法》第50条第3款规定："居住在国外并具有外国国籍的吉尔吉斯人，有权以简易程序取得吉尔吉斯共和国的国籍。"

韩国、土耳其、德国、印度等国家实施海外族裔出入境（国际移民）政策时，非常重视根据本国国情合理界定海外族裔，将海外族裔基本限定在三代以内，将出生在本国列为认定海外族裔的重要因素。出生在本国的族裔具有了与本国天然的割舍不断的联系。排除与本国关系复杂敏感国家的海外族裔，避免在实施双重国籍政策时遭到这些国家的反对和抵制，损害在这些国家的海外族裔的利益。印度政府实施印度裔卡计划，面向曾经持有印度护照，正持巴基斯坦、孟加拉国、阿富汗、尼泊尔、不丹、中国、斯里兰卡以外国家护照的印度裔外国人。土耳其实施蓝卡方案，向取得不承认双重国籍国家国籍的前土耳其公民签发准护照性质的蓝卡，赋予准公民权利。

韩国、土耳其、德国、印度等国家允许海外族裔，特别是重点海外族裔取得本国国籍时保留外国国籍，既促进海外族裔融入住在国，又保持海外族裔与祖籍国的紧密联系。2011年，韩国修订《国籍法》，允许海外高级人才、结婚移民者、65岁以上高龄在外同胞持有双重国籍，但必须以书面的形式作出在韩国境内不行使外国国籍权利的承诺。《土耳其国籍法》没有规定加入外国国籍者需放弃土耳其国籍，也没有规定加入土耳其国籍者需放弃外国国籍。土耳其公民取得承认双重国籍国家国籍时，可保留而不需要放弃土耳其国籍。

为了引进海外高层次人才，我国便利外籍华人入籍和复籍。中国2008年

《关于海外高层次人才引进人才享受特定生活待遇的若干规定》第2条规定：引进人才愿意放弃外国国籍而申请加入或者恢复中国国籍的，公安机关根据《国籍法》有关规定优先办理。2017年《四川省引进海内外高层次人才"千人计划"实施办法》第7条规定：愿意放弃外国国籍、申请加入或者恢复中国国籍并取得入籍或者复籍证书，以及取得《批准定居通知书》和《台湾居民定居证》的引进人才，可申请在省内落户。申请办理省内落户的，公安机关应简化手续、优先办理。

便利海外族裔入籍和复籍，引起有关国家的人员，特别是人才移出和变更国籍，可能危及这些国家的民族团结、社会稳定和国家安全，牵涉国际关系和外交关系，招致这些国家的反制。2010年5月，匈牙利国会通过了国籍法修正案，拥有匈牙利族血统的外国人无需在匈牙利居留就可以申请得到匈牙利国籍，但这些人并不会自动拥有在匈牙利的投票权。约有300万匈牙利族人生活在匈牙利的邻国。捷克总统瓦沁拉夫·克劳斯和总理扬·菲舍尔发表联合声明说，匈牙利国会通过国籍法修正案可能造成极端主义倾向上升，是"绝对不可接受的、危险的步骤"。斯洛伐克总理罗伯特·菲乔指出，匈牙利的国籍法修正案是要恢复1920年《特里亚农条约》前的大匈牙利，这对斯洛伐克的安全构成威胁。斯洛伐克有9.7%人口即约50万人属于匈牙利族。斯洛伐克认为匈牙利方面的做法损害了两国间的基本条约并与国际法相矛盾，紧急通过了一项报复性议案。根据该议案，获得匈牙利国籍的斯洛伐克公民将丧失斯洛伐克国籍。[①]

二、韩国便利海外族裔入籍和复籍

韩国便利海外韩裔入籍和复籍，并根据经济社会发展和申请人情况不断调整政策和修订法律，扩大或者缩小适用人员范围。海外韩裔是指韩国境外居住的本人、父母或者祖父母中一人拥有过韩国国籍且取得外国国籍者（在外同胞），韩国公民海外近亲属，韩国公民和永久居民海外亲属及对韩国有功

[①] 孙希有.捷克认为匈牙利通过国籍法修正案"不可接受"[N].人民法院报2010-06-11.

者及其亲属，以及拥有双重国籍的韩国公民。

（一）便利海外韩裔入籍和复籍政策的历史发展

1948年，韩国制订《国籍法》，坚持单一国籍。第10条第1款规定：不承认双重国籍。外国公民取得韩国国籍后1年内，原则上放弃原国籍。第15条规定：韩国公民取得外国国籍时自动丧失韩国国籍。

2011年1月，韩国修订《国籍法》，有条件地承认双重国籍，废止不承认双重国籍及取得韩国国籍时必须提交放弃外国国籍证明的条款。由于在外国出生等原因取得双重国籍的韩国公民，可在韩国和外国国籍中选择其一。允许海外高级人才、结婚移民者、65岁以上高龄在外同胞持有双重国籍。

2012年4月，韩国《外国国籍同胞制度变更、改善案》施行，扩大了韩国同胞范围。（1）赋予中国理工科学士学位持有人，国内外四年制大学以上毕业人员，以及国内公认的国家技术资格证（技师以上资格）持有人（建设领域除外，因需维护韩国公民的就业市场）在外同胞资格。（2）向具备一定条件的在外同胞的家属签发签证，使具备一定条件在外同胞能够与家属团聚，从而在国内稳定地生活，向其配偶与未成年子女颁发有效期为1年的在外同胞配偶和子女短期居留签证（F–1–9，90日），并允许其在韩国居留。其中，未成年子女须为持有外国国籍的同胞（朝鲜族）。（3）增加在韩国居留同胞的子女（已满19岁不满25岁）的入境机会。向合法长期居留在韩国人员的子女（已满19岁不满25岁）颁发有效期为1年的短期访问多次签证（C–3–1，90日）。已满19岁不满25岁子女虽可自由出入境，但不可在韩国长期居留，且如有子女违法情形，则可能不批准邀请人提出的延长居留期间等申请。（4）缩短访问就业签证（H–2）期满离境人员中农畜渔业从业人员的再入境所需间隔期间。向以下两类人员颁发缘故访问就业签证：地方制造业从业人员，需满足以下条件：离境之日未满55岁，在同一单位工作1年以上，离境6个月后。农畜渔业从业人员需满足以下条件：离境之日未满55岁，在同一单位工作1年以上，离境3个月后。（5）确定永久居民配偶的审查标准。当同胞具备取得韩国国籍的条件，申请永久居留资格时，对不具备取得韩国国籍条件的同胞的配偶，以永久居民配偶资格标准进行审查。对由在外同胞资格变更为永久居留资格的人员的配偶和未成年子女,以居住资格标准进行审查。(6)在韩国考取国家公认技术教育资格证(技能师资格证),可以从缘故访问就业签证(H-2-1)变更为在外同胞长期居留签证(F-4),继续在韩国就业和居留,不再需要在缘故访问就业签证(H-2-1)5年期满后出境。

韩国便利海外韩裔入籍、恢复国籍政策取得了成效。2000年以来,韩国加快国际化步伐,使得居住在韩国的外国人特别是在外同胞不断增加。根据韩国法务部和出入境外国人政策本部统计,2003年居住在韩国的外国人为67.8687万名,2007年增至106.6万多名,2013年6月达150万。按外国人国籍来看,包括韩裔在内的中国人(49.9%)占一半左右,其后依次为美国(9.3%)、越南(8.1%)、日本、菲律宾(3%)、泰国(3%)、乌兹别克斯坦(2.5%)、印尼(2.3%)、蒙古(1.8%)。[①]

(二)便利海外韩裔申请永久居留(永久居留签证,F-5),支持入籍

外国人有韩国直系亲属,可以申请亲属移民,取得永久居留资格,以便利地入籍。

祖父母之一出生在韩国或者是韩国公民,可以申请亲属移民,取得永久居留资格,但必须通过血统关系检测。

持有居住工作签证,在韩国工作时间超过5年,可以申请技术移民,取得永久居留资格。从目前情况来看,除了朝鲜族以外,通过工作5年以上申请到永久居留资格的并不多。很多工作续签,为2—3年。

申请技术移民,除满足懂韩语等技能方面条件外,并优先考虑有韩国公民或者永久居民亲属的申请人。技术移民的条件:(1)21—44岁。(2)大学毕业以上。(3)工作训练的要求(SvP),一般大学毕业即可,特别专业需研究生毕业。(4)专业,由政府根据当时劳工市场要求决定,包括电脑、各类工程数理化、农、商、工等自然科学,各项基础医学研究、心理学研究、编辑、翻译、新闻、金融、会计等数百种专业,基本上包括所有学科。(5)语言能力,英文

---

① 韩联社. 居住在我国的外国人人数首破150万大关[N/OL].(2013-06-10)[2020-12-08]. https://cn.yna.co.kr/view/ACK20130610001300881.

或者韩语,一般韩语听、说、写有一定水平。(6)工作经验,1年以上工作经验为基本要求,4年以上为最佳。(7)个人适应能力,为申请人到韩国的适应能力,为面试分数。(8)亲属,如果韩国公民或者永久居民亲属,有奖励分。

2013年1月,韩国修订《出入境管理法执行令》,在韩国居留2年以上具备"一定条件"的在外同胞可以申请永久居留。"一定条件"是指,收入达韩国人均国民收入(GNI)两倍以上、60岁以上获得高于人均国民收入的年金、交纳50万韩元以上财产税等。另外,在韩国出生的公民出国取得外国国籍后回国,给予永久居留资格。

(三)便利海外韩裔入籍和复籍

1992年,韩国中国建交时,就中国朝鲜族人的法律地位讨论不足。建交后,韩国认为中国朝鲜族人是具有中国国籍的人,不是中国、韩国双重国籍人。对于中国朝鲜族人,以中华人民共和国政府成立日1949年10月1日为基准,在此之前出生的朝鲜族人由韩国国籍改为中国国籍的,可以申请恢复韩国国籍,在此之后出生的朝鲜族人,从出生开始就具有中国国籍,没有资格恢复韩国国籍,必须办理入籍手续。独立有功人士的子女才有资格通过韩国驻外使(领)馆申请恢复韩国国籍。

(四)允许符合条件的韩国公民在韩国国籍和外国国籍之间选择

韩国在公民取得其他国家国籍方面,允许符合条件的在韩国国籍和外国国籍之间作出选择,便利海外韩裔在住在国的生存和发展,紧密他们与韩国的联系。2011年,为适应人才迁徙日益频繁的国际化需要,吸引全球人才,提高国家竞争力,韩国修订《国籍法》,有条件地承认双重国籍,韩国公民取得外国国籍时可以保留韩国国籍。修订后的《韩国国籍法》第12条第1款规定:因为在外国出生等原因,20岁以前取得双重国籍的韩国公民,到年满22岁时应在韩国和外国国籍中选择其一。20岁以后取得双重国籍的韩国公民,在取得外国国籍之日起2年之内作出选择。如果在规定时间内没有选择,先书面通知,再给予1年时间的选择期,如果仍不作出选择,可以在不进行告知的情况下,剥夺当事人的韩国国籍。为防止为逃避服兵役而放弃韩国国籍的情况,韩国要求拥有双重国籍的适龄男性必须履行兵役义务后才可以在两个国籍之间作出选择。1948年《韩国国籍法》（2011年修订）第14条第2款规定：对于满足法律规定条件的双重国籍人，法务部长官可以下达选择国籍命令。根据法律与总统令，可以剥夺双重国籍人具有的韩国国籍。

三、土耳其便利海外族裔入籍和复籍

为充分发挥海外土耳其族在经济社会发展中的重要作用，土耳其便利海外土耳其族入籍。海外土耳其族包括在海外居住的只拥有土耳其国籍的土耳其公民、拥有住在国和土耳其双重国籍的土耳其公民、只拥有住在国国籍的前土耳其公民以及外籍突厥族。他们是土耳其公民或者前公民，传承了土耳其的语言、文化和历史，与土耳其保持着紧密联系。除鼓励和帮助海外土耳其族融入住在国外，土耳其默许取得承认双重国籍国家国籍的土耳其公民保留土耳其国籍，向取得不承认双重国籍国家国籍的前土耳其公民签发准土耳其护照性质的蓝卡。

（一）不断增多和保持紧密联系的海外土耳其族

土耳其族，又称突厥族。土耳其国民运动领袖穆斯塔法·凯末尔·阿塔土克认为：土耳其人是保护及促进土耳其民族道德、精神、文化及人道价值的人，土耳其民族是为爱护和提升家庭、国家及民族，理解法律、人权及列入土耳其宪法条文里有关国民对民主、世俗、社会的义务责任的民族。

土耳其承认双重国籍，大约一半海外土耳其族是拥有住在国和土耳其双重国籍的海外土耳其族。由于亲属团聚和高出生率，海外土耳其族越来越多。根据土耳其外交部统计，截至2014年，海外土耳其族约有500多万，占土耳其总人口8200万的6%，居住在世界上150多个国家，其中的250多万是登记的拥有住在国国籍的前土耳其公民。[①] 500多万海外土耳其族，约400万居住在西欧、30万居住在北美、20万居住在中东、15万居住在澳大利亚。土耳其

---

① Deputy PM Dismisses Claims That Blue Card Holders Will Vote in Turkish Elections[N]. *Today's Zaman*[EB/OL]. (2012-02-30).

欢迎海外土耳其族移回，300多万海外土耳其族已经回国定居。① 根据土耳其劳动和社会保障部的统计，2010年，拥有海外土耳其族最多的前五位国家是德国（163万）、法国（46万）、荷兰（37万）、美国（25万）和沙特阿拉伯（12万）。根据土耳其教育和科学研究基金会的研究，2013年，德国有295万海外土耳其族，其中193万是土耳其公民，102万是德国公民。

从20世纪开始，土耳其公民流向西欧、中东、北非和苏联。第二次世界大战后，西欧国家经济复兴需要大量劳动力，土耳其输出了大量劳工。20世纪60年代，为便利和规范劳工迁徙，土耳其1961年和联邦德国，1964年和奥地利、比利时和荷兰，1965年和法国，1967年和澳大利亚签署了双边劳工移民协定，大量劳工根据这些协定输出。20世纪70年代初期，许多土耳其劳工从临时居留转向了永久居留。1974年，由于石油危机，西欧对外籍劳工需求减缓，不再引进土耳其劳工，并鼓励境内土耳其劳工返回土耳其，或者接配偶和子女团聚以更好地融入当地。土耳其劳工的配偶和子女取代劳工流向这些国家。1974年以后，土耳其经济更加开放，建筑商承揽了很多中东、北非和独联体等地区国家的工程项目，土耳其劳工随之流向了这些地区。目前，很多在20世纪60年代以后流向西欧、中东、北非和独联体等地区国家的土耳其劳工已经取得了住在国国籍。

海外土耳其族对住在国发展，尤其是经济发展作出了重要贡献。他们不仅是蓝领劳工，而且是学者、科学家、医生、记者、工程师、律师、企业家、艺术家、政治家和运动员。从经济角度看，很多土耳其劳工不再是蓝领，而是设立了自己的企业。海外土耳其族在西欧国家设立了14万家企业，其中7万家企业在德国。这些企业在西欧国家雇佣了64万名员工，其中在德国雇佣了33万名员工，年收入总计500亿欧元，其中在德国的年收入达327亿欧元。在西欧国家的土耳其公民年消费227亿欧元。②

---

① Ministry of Foreign Affairs, Turkey. Turkish Citizens Living Abroad [EB/OL].(2015-02-15).http://www.mfa.gov.tr/the-expatriate-turkish-citizens.en.mfa.

② Ministry of Foreign Affairs, Turkey. Turkish Citizens Living Abroad [EB/OL].(2015-02-15).http://www.mfa.gov.tr/the-expatriate-turkish-citizens.en.mfa.

土耳其经济蓬勃发展时，许多海外土耳其族回土耳其定居。根据土耳其教育和科学研究基金会（The Turkish European Foundation for Education and Scientific Studies）的统计，因为在德国失业和受歧视以及在土耳其更好的发展机会，回土耳其定居的海外土耳其族明显增多。2007—2011年，19.3万外籍土耳其人回土耳其定居，大多数是年轻人。① 很多返回的外籍土耳其人在德国或者其他发达国家出生和成长，他们在西欧完成的教育和获得的技能与土耳其语能力相结合使他们在土耳其具有优势，为土耳其所欢迎和欣赏。2015年，44%在德国的土耳其人生活在贫困线以下，每月收入低于372欧元。如果就业问题得不到解决，估计每年有5.5万—6.5万德国土耳其人移回土耳其。②

（二）便利海外土耳其族取得、恢复土耳其国籍

最近几十年，移入土耳其的外国人来源日渐多元，包括保加利亚、德国、希腊、马其顿和罗马尼亚人，这些外国人与土耳其联系比较松散。土耳其人口构成趋于多样化，融入问题开始显现。2013年，近190万土耳其人即大约2%的土耳其总人口出生在境外。外国人移入土耳其主要是因为土耳其蓬勃发展的经济。2002—2013年，即使是其他国家在世界经济危机期间经济下滑的情况下，土耳其经济仍然持续增长。

20世纪20年代，为了建设强大的民族国家，土耳其鼓励海外土耳其族移入。此后，采取措施，便利具有土耳其血统、文化的生活在境外土耳其穆斯林社区的海外土耳其族取得土耳其国籍。很多海外土耳其族说土耳其语，与土耳其人信仰同样的宗教，在土耳其有家庭成员和亲属，容易融入土耳其。

土耳其鼓励海外土耳其族加入土耳其国籍。根据《土耳其国籍法》第6条、第7条，申请土耳其国籍的海外土耳其族需要在土耳其连续合法居留2年，而非土耳其族的外国人需要在土耳其连续合法居留5年。申请土耳其国籍的，必须具备足够的土耳其语听说能力，在土耳其拥有正当职业和收入。申请土

---

① 193,000 Turks Come Back From Germany in 4 Years [EB/OL]. *Hurriyet Daily News*. 2013. (2018-05-29). http://www.hurriyetdailynews.com/193000-turks-come-back-from-germany-in-4-years.aspx?pageID=238&nid=42932.

② Ministry of Foreign Affairs, Turkey. Turkish Citizens Living Abroad[EB/OL].(2018-05-29). http://www.mfa.gov.tr/the-expatriate-turkish-citizens.en.mfa.

其国籍必须具备足够的土耳其语能力，这使得土耳其族比其他外国人具有更多的入籍优势。要证明具备足够的土耳其语能力，在土耳其任何一个教育机构学习的，提供学生证明；已经毕业的，提供结业证明或者毕业证书；没有在土耳其的任何一个教育机构学习的，前往土耳其所在城市当地的教育局办理土耳其语语言水平证明。申请人是土耳其族，必须提供能证明自己是土耳其族的官方文件。

（三）允许取得承认双重国籍国家国籍的土耳其公民保留土耳其国籍

《土耳其国籍法》没有规定加入外国国籍者须放弃土耳其国籍，也没有规定加入土耳其国籍者须放弃外国国籍。土耳其公民取得承认双重国籍国家国籍时，可保留而不需要放弃土耳其国籍。但持有双重国籍人"在土耳其境外不间断居留7年以上，不能证明在此期间与土耳其保持联系和有保留土耳其国籍的必要"，将丧失土耳其国籍。如果出生时父母一方是土耳其公民，可以拥有双重国籍，是土耳其公民，返回土耳其时不需要申请签证和工作许可。

土耳其说服德国允许德籍土耳其族拥有双重国籍，使得德籍年轻土耳其族受益。2014年6月，德国修订《国籍法》，允许符合条件的拥有双重国籍德国公民在21岁后保留双重国籍，而不是必须在两个国籍之间选择其一，放弃德国或者其他国家国籍。保留双重国籍条件是必须能够证明至少在德国居住了8年，在德国的学校进行了6年的学习，并且顺利完成了学业或者是接受了职业培训。如果拥有双重国籍的德国公民没有主动作出选择，德国有关部门将在他们年满21岁时审查其是否具备持有双重国籍的前提条件。经户籍部门核实，若当事人在德国生活达到8年，将自动保留双重国籍。如果不足8年，则需要提交毕业证之类的其他凭证。

（四）向取得不承认双重国籍国家国籍的前土耳其公民签发准土耳其护照性质的蓝卡

为增强土耳其族的凝聚力，抵消不承认双重国籍国家对外籍土耳其族保持与土耳其紧密联系的影响，2011年10月，土耳其实施蓝卡方案（blue card program），向取得不承认双重国籍国家国籍的前土耳其公民签发蓝卡，蓝卡类似于土耳其护照或者身份证，赋予持证人在土耳其的居留、工作、拥有房地产、继承等公民权利。蓝卡持有人不需要服兵役。蓝卡与土耳其国籍证一样，可以用于在土地登记办公室、公证处以及其他政府部门办理事务。土耳其向取得不承认双重国籍国家国籍的前土耳其公民签发准护照性质的蓝卡，赋予准公民权利。由于德国、奥地利等海外土耳其族主要居住国家不完全承认或者不承认双重国籍，这些土耳其公民在加入住在国国籍时不得不放弃了土耳其国籍，进而松散了与土耳其的联系。

土耳其不断完善蓝卡方案，使持蓝卡人享有更多权利和更便于行使权利。2012年3月，废止蓝卡持有人取得蓝卡后所生子女和孙子女不能获得蓝卡的规定，允许取得蓝卡后所生子女和孙子女获得蓝卡。考虑到蓝卡没有土耳其身份证号（Turkish Republic ID number），而在土耳其境内以国籍处理事务需要土耳其身份证号，所以建立了蓝卡号码登记系统，允许持蓝卡号码在土耳其境内以国籍处理事务。

为保障250多万登记的拥有住在国国籍的前土耳其公民的最基本的政治权利——选举权，消除海外公民行使选举权的障碍，2012年3月，土耳其修改选举法，废止蓝卡持有人等海外土耳其族只能在土耳其境内习惯居住地行使选举权，以及2008选举法允许但没有实际实施的关于海外持蓝卡人通过邮寄方式投票的规定。根据新选举法，土耳其提供灵活的便捷的投票服务，允许海外土耳其族通过网上投票，到土耳其驻外使（领）馆现场投票，预约前往土耳其驻外使（领）馆投票，或者回土耳其经常居住地投票。驻外使（领）馆现场投票箱24小时开放。海外蓝卡持有人可以通过多种方式在住在国使（领）馆或者土耳其习惯居住地参加选举，不需要一定回到土耳其。[①]

此前，只能在土耳其习惯居住地参加选举以及选举方式不方便成为蓝卡持有人行使选举权的障碍，许多蓝卡持有人等海外土耳其公民不愿花费时间和金钱回国投票。在2011年6月的土耳其大选中，只有不到5%的海外持蓝卡

[①] Deputy PM Dismisses Claims That Blue Card Holders Will Vote in Turkish Elections.*Today's Zaman* [EB/OL]. (2018-05-30). http://www.todayszaman.com/diplomacy_deputy-pm-dismisses-claims-that-blue-card-holders-will-vote-in-turkish-elections_273142.html.

者（海外土耳其族）在土耳其境内习惯居住地投票。① 2014年，海外持蓝卡者等海外土耳其族根据新选举法，在住在国使（领）馆或者经常居住国参加了土耳其总统大选。

四、印度便利海外族裔入籍和复籍

2002年9月，印度政府实施印度裔卡计划（Person of Indian Origin，PIO Card Scheme），面向持巴基斯坦、孟加拉国、阿富汗、尼泊尔、不丹、中国、斯里兰卡以外国家护照的印度裔外国人。根据该计划，持上述国家以外护照的外国人如果满足以下3个条件之一都可以申请印度裔卡。（1）曾经持有印度护照；（2）本人、父母或者祖父母出生在印度或者是印度的永久居民，任何时候均未成为上述特别指明国家的公民；（3）印度公民或者符合以上第1项或者第2项条件的印度裔的配偶。印度裔卡有效期15年。持印度后裔卡者享有以下权利：（1）可以不需要签证出入印度。（2）在印度居留超过180天，必须在180天届满前30天内到有关的外国人地区登记办公室登记。（3）可以不需要学生签证和就业签证在印度学习和工作。（4）享受与印度侨民（Non-Resident Indian）一样的经济、金融、教育方面权利，但是政治权利除外。

除印度裔卡计划外，印度还实行印度海外公民卡计划（Overseas Citizen of India，OCI Card Scheme），面向居住在巴基斯坦和孟加拉国以外允许双重国籍国家的印度裔外国人。根据该计划，如果能够证明自己、父母或者祖父母符合以下三项条件之一，可以申请印度海外公民卡：（1）在《印度宪法》1950年1月26日生效时有资格成为印度公民；（2）是1947年1月15日以后成为印度领土一部分地区的居民；（3）1950年1月26日或者以后成为印度公民。印度海外公民卡持有者比印度裔卡持有者享有更广泛的权利，主要是：（1）获得多次往返、多目的印度海外公民签证；（2）在印度长期居留无需进行外国人登记；（3）享受和海外印度侨民一样的经济、金融、教育方面便利，但是农场

---

① Turks Who Renounce Citizenship Might be Able to Vote in Upcoming Elections[EB/OL]. (2018-05-30). http://www.todayszaman.com/newsDetail.action;jsessionid=d86Q4KosE8U5dZKdnnKuSuhB?newsId=272637&columnistId=0.

种植园和物业便利除外。

截至2010年,根据印度大使馆的统计,印度已经发放了400万张印度海外公民卡和700万张印度裔卡,共1100万张,极大地促进了海外印度人才的回流与环流。在2006年,印度裔卡和印度海外公民卡实施以后,印度已经有了70万名软件从业人员,专业人才几乎增加了100倍。

五、德国便利海外族裔入籍和复籍

为加快第二次世界大战后重建,增强德意志民族自豪感,凝聚德国的向心力,德国实施鼓励海外德裔移回政策,鼓励海外德裔回国和取得德国国籍。海外德裔(Ethnic German Resettlers)是指第二次世界大战期间移居被德国占领的中欧、东欧和苏联地区并集中生活在德国人移民(殖民)区,或者分散生活在德国占领国其他地区的前德国公民。1945—2010年,共有约1700多万海外德裔及其家属移回德国。

(一)便利海外德裔恢复国籍,视为未丧失国籍

第二次世界大战结束后,大批海外德裔移回德国,得到了妥善安置。苏联、捷克斯洛伐克、匈牙利、波兰、罗马尼亚、南斯拉夫等国家剥夺境内德裔的本国国籍驱逐他们出境,或者在政治、社会上歧视德裔,大批德裔成为难民或者逃亡。1946年10月,590万难民和被驱逐者在英国和美国占领区登记,360万难民和被驱逐者在苏联占领区登记。1950年3月,790万难民和被驱逐者生活在联邦德国。1947—1950年间共有约1200万海外德裔从纳粹时期德国人移民(殖民)区、东欧、中欧移回联邦德国、民主德国和奥地利,其中360万移回民主德国,占民主德国总人口的20%,790万移回联邦德国,占联邦德国总人口的16%。[①]

为保护这些海外德裔,德国便利他们恢复国籍,视为未丧失国籍。1949年《德国基本法》从宪法层面规定了海外德裔移回权。第116条规定:(1)除法律

---

① Münz, Rainer and Ralf E. Ulrich. Changing Patterns of Immigration to Germany, 1945-1997[EB/OL]. (2018-05-29).http://migration.ucdavis.edu/rs/more.php?id=69_0_3_0.

另有规定外,本基本法所指德国人系指具有德国国籍的人,或者以德意志民族的难民和被逐出家园人身份或者作为此类人员的配偶、后裔,在1937年12月31日以后的德意志帝国领域被接受的人员。(2)原德国国籍人在1933年1月30日至1945年5月8日之间,基于政治、种族或者宗教原因被剥夺德国国籍的以及其后裔,依申请应恢复其德国国籍。如他们在1945年5月8日之后在德国有住所且没有表示相反意思的,则视为未丧失国籍。海外德裔难民、逃亡者和被驱逐出境者是指迁徙到东欧、东南欧和苏联的德国人,以及迁徙到第二次世界大战时纳粹德国在东欧地区建立的"德国人移民(殖民)区"的德国人。

1953年《联邦被驱逐者法》(又称《联邦难民和逃亡者法》,BVFG)和1914年《德国国籍法》(1953年修正)具体规定了海外德裔取得德国国籍。1953年《联邦被驱逐者法》适用于难民和逃亡者(refugees and exiles),两者统称被驱逐者(expellees)。根据1953年《联邦被驱逐者法》,第二次世界大战后从前纳粹德国在东欧地区建立的"德国人移民(殖民)区(German Reich)"和其他中欧、东欧地区逃亡的难民或者被驱逐的海外德裔及其配偶和子女有权回德国和取得德国国籍。1914年《德国国籍法》第7条(1953年修正)规定:"《基本法》第116条第1款意义上没有德国国籍的德国人,根据《联邦被驱逐者法》第15条第1款或者第2款的规定提交证明即可获得德国国籍。如果子女的德国人身份源于第一句的受益人,该子女同时获得德国国籍。"

(二)帮助海外德裔突破住在国出境限制,支持海外德裔移回

联邦德国努力帮助海外德裔突破住在国出境限制和移回。海外德裔可以在访问德国亲戚甚至非法入境在德国临时居留期间,申请入籍。德国甚至同意向罗马尼亚政府支付赔偿用于每位海外德裔回国造成的损失,向波兰、民主德国政府提供经济和财政援助换取对方允许海外德裔回国。1950年,4.7万海外德裔移回德国,1952年只有5000名海外德裔移回德国。1953—1987年的35年间,总计约137万海外德裔,平均每年3.6万海外德裔移回德国,这远远少于1945—1949年期间1200万移回海外德裔人数。例如,波兰20世纪50年代中期、捷克斯洛伐克1967—1968年、苏联1986年以后。1950—1987年,

137万移回德国的海外德裔中，84.8万名、62%的移回的海外德裔来自波兰，20.6万名、15%的移回的海外德裔来自罗马尼亚，11万、8%的移回的海外德裔来自苏联。

（三）要求海外德裔移回前取得许可，引导海外德裔取得国籍

随着20世纪80年代末东西方之间关系变化和前社会主义国家放宽出境条件，海外德裔移回的障碍消除了，海外德裔移回人数迅猛增长。1988年，20.3万海外德裔移回德国，几乎是1987年的3倍。1990年，39.7万海外德裔移回德国，达到顶峰。1988—1994年，总计有190万海外德裔移回德国，其中105.7万、57%来自前苏联和独联体国家，59万、32%来自波兰、20.8万、11%来自罗马尼亚。

考虑到社会主义国家发生巨变和放宽了出境条件，海外德裔不再存在出境障碍，以及随之的海外德裔移回人数迅猛增长，1990年7月，德国实施《移出者接收法》（Aussiedleraufnahmegesetz），开始限制海外德裔移回，要求海外德裔必须在住在国向原出生地的德国联邦行政管理办公室申请移回，被批准后，才可以回到德国和取得德国国籍。联邦行政管理办公室审查是否符合法定接收条件，然后核发"接收证"（Aufnahmebescheid）。海外德裔移出者的配偶或者后代，即使是非德裔，也可以与海外德裔移出者一并提出申请，经审查符合法定条件的，也可以获得"接收证"回到德国和取得德国国籍。1988—2010年，总计约有300万名海外德裔及其家属移回德国。海外德裔必须完成50多页的问卷，证明自己是海外德裔。审批海外德裔移回申请是缓慢的，以致积压了大量申请。1995年，大约有52万份海外德裔移回申请有待审理。1990年《移出者接收法》取得了预期效果，1991年22.1万名海外德裔移回德国，远远低于1990年的39.7万名。

1992年，德国进一步限制海外德裔移回。一是以1991—1992年的22万名海外德裔移回人数为基准确定了年度海外德裔移回配额。1994年，22.2万名海外德裔移回德国。二是居住在中欧和东欧的海外德裔不再都可以，只有证明自己受到种族歧视或者压力的才可以移回德国。三是逐步终止海外德裔移

回政策。2010年以后，1992年12月以后出生的海外德裔不再有权以海外德裔身份独立移回德国，只能以亲属团聚或者其他理由申请移民德国。2000年后每年移回海外德裔人数都不到10万名。

2004年8月，德国颁布《外国人在联邦领域居留、从事经济活动和融合法》（简称《移民法》）并于2005年1月起实施。2004年《德国移民法》采纳了移民委员会（Zuwanderungskommission）建议，要求所有申请居留资格的海外德裔必须具有足够的德语能力。该法第38条第2款规定："是外国普通居民的海外德裔申请居留资格，必须拥有足够的德语能力。"由于许多海外德裔的非德裔配偶或者后代普遍缺乏德语能力，而且他们所在国的政治和经济发展良好，生活环境有很大改善，申请回归的海外德裔人数急剧下降，2007年、2008年、2009年分别只有5792名、4664名和3360名海外德裔移回。[①]

（四）设立海外德裔居留许可和特殊居留制度，支持海外德裔取得国籍

1996年，德国实施《外国人入境和居留法》（外国人法），创设了海外德裔居留许可，赋予海外德裔回归居留权。该法第15条规定："准许外国人不为特定目的居留时，向其签发的居留许可可以是海外德裔居留许可"。第16条规定了外国人回归居留权："1. 一个作为未成年者通常合法地居住在联邦地区的外国人，必须发给其居留许可，如果：（1）他在出境前合法地在联邦地区居住了8年和就读6年；（2）其生活费用通过自己的职业得到保障，或者在5年内由第三者承担；（3）要求签发居留许可的申请是在15岁之后、满21岁之前和出境后5年之内提出的。2. 为避免特别的严厉，可以偏离第1条第1款和第3条所述的前提。如果该外国人在联邦地区获得了公认的学业证明，也可以不考虑第1款第1项所述的前提。3. 下列情况，可以不签发海外德裔居留许可：（1）如果该外国人是被驱逐出境的，或者该人离境时可以被驱逐出境；（2）如果存在一个驱逐出境的理由；或者（3）只要该外国人未成年，且本人的抚养在联邦地区得不到保障。4. 即使生活费用通过自己从事的职业也得不到保障，

---

① Web page of the German Federal Administrative Court.

或者5年之后也无人承担,居留许可必须继续被延长。5. 一个从某一联邦境内机构领取退休金的外国人,一般情况下发给海外德裔居留许可,如果该人在离境前合法地在联邦地区居住了8年以上。"

2004年《德国移民法》继承了此前法律赋予海外德裔移回权的传统,在第二章入境和居留中专设第七节特殊居留权,赋予海外德裔回国权和永久居留权。该法还在第37条第1款第2项规定了经常住所在德国的未成年海外德裔的移回权:1. 经常住所在德国的未成年外国人具有下列情形的,应向其签发居留许可:未成年外国人离开前在德国合法居留满8年,并在德国接收教育满6年;(2)通过外国人自己的经济活动,或者通过与第三方订立的5年期抚养协议,生活有保障;(3)在17—21岁期间离开,并在离开后5年内,提出居留许可申请。居留许可授权持证人从事经济活动。2. 为防止特别困难,第1款第1项和第3项规定的条件可灵活适用。外国人已在德国获得认可的学校毕业证书的,可以取消第1款第1项规定的条件。

2004年《德国移民法》第38条规定了海外德裔的居留和永久居留,该条第1款规定了海外德裔获得永久居留许可和居留许可的两种情形,明显比其他外国人获得永久居留许可和居留许可宽松。第1款规定:原德国人(海外德裔)(1)当失去德国国籍时,其作为德国普通居民在德国满5年的,应予以永久居留许可。(2)当失去德国国籍时,其作为德国普通居民在德国至少满1年的,应予以居留许可。依照上述规定申请居留资格的,应在得知失去德国国籍6个月内提出。

(五)实施双重国籍,便利海外德裔恢复德国国籍

具有外国国籍的海外德裔可以恢复德国国籍,德国公民取得外国国籍时可以保留德国国籍。2000年,德国修订《国籍法》,修订后的《国籍法》第13条规定:未在德国定居的前德国人,有行为能力和不具备被驱逐理由,可以向其以前所属的联邦州提出复籍申请。这类人的后代和收养子女与前德国人具有同等地位。复籍前须通知总理。如果总理对此质疑,不得复籍。修订后的《国籍法》第25条第2款规定:德国公民在获得外国国籍之前,如果收

到其家乡主管当局就其保留德国国籍的申请的书面批准，国籍不丧失。颁发该批准之前，应听取德国领事的意见。对第1款中的申请作出决定前，应权衡公共利益和私人利益。对于一个经常住所在国外的申请者，应特别考虑其与德国现存的联系是否可信。在德国有近亲属、资产都可以是与德国有现存的可信的联系的证据。2007年，德国再次修订国籍法，德国公民取得欧盟国家或者瑞士的国籍，不再自动丧失德国国籍，也不再需要取得允许其包括德国国籍的书面批准。2011年，德国再次修改国籍法，德国公民自愿加入欧盟成员国、北大西洋公约组织成员国、欧洲自由贸易联盟成员国、澳大利亚、新西兰、以色列或者韩国军队，不再自动丧失德国国籍。

（六）便利海外德裔入籍的影响

德国的鼓励海外德裔移回政策，使德国接纳了大量来自苏联、捷克斯洛伐克、匈牙利、波兰、罗马尼亚、南斯拉夫等国家的海外德裔。1945年以后，德国接收的50%以上移民是海外德裔，一半是在第二次世界大战末期或者刚刚结束后来自纳粹时期德国人移民（殖民）区。[①] 1950—1994年，320万海外德裔移回德国，其中的140万来自波兰，140万来自苏联和独联体国家。很难估计还有多少海外德裔将从这些国家移回德国。在前南斯拉夫的继承国、捷克、斯洛伐克，已经很少有海外德裔了。在罗马尼亚，1989—1992年，绝大部分海外德裔都移回了德国，到1995年估计只有9万名海外德裔，而且大部分年岁已高或者不愿意离开住在国了。在波兰，估计有50万—80万海外德裔，其中的大部分已经取得德国国籍，但是还没有离开波兰。估计有20万—25万海外德裔拥有波兰和德国双重国籍。国际红十字会估计，1990年代初，中欧、东欧和独联体国家大约有320万海外德裔，其中190万海外德裔在俄罗斯、哈萨克斯坦、吉尔吉斯斯坦，可以预见，以后会有大量的俄罗斯、中亚国家海外德裔的配偶、子女会移回德国。如果俄罗斯和中亚国家状况恶化，会有很多人宣称自己是海外德裔，试图移回德国。即使因为海外德裔移回者

---

① Münz, Rainer and Ralf E. Ulrich. Changing Patterns of Immigration to Germany, 1945-1997. http://migration.ucdavis.edu/rs/more.php?id=69_0_3_0[EB/OL](2015-02-10).

过多造成一些问题而提高移回标准，接纳海外德裔的民族主义指导思想也没有发生大的变化，贯穿于德国移民法（国籍法）的始终。这对于加快第二次世界大战后德国的重建，增加德意志民族自豪感，凝聚德国的向心力，具有重要意义。

第八节 结 论

变更国籍权是指改变具有的国籍的权利，是国籍权的重要部分，体现了国籍权的动态，有利于促进移民融合，最大化移民对本国发展的积极作用。变更国籍权包括自愿变更国籍权、放弃（退出）国籍权。便利外籍配偶入籍，便利处于困境人员入籍，便利长期居留人员入籍、恢复国籍，便利海外裔入籍和复籍等是实现变更国籍权的重要手段。

国际法承认变更国籍权由来已久，很多国家也予承认。1948年联合国《世界人权宣言》第15条第2款规定：不得否认任何人变更国籍的权利。由于自愿变更国籍引发人力资源流失，可以通过双重国籍、开放的移民和积极引进外国人才等政策解决。在放弃（退出）国籍方面，为实现放弃（退出）国籍权和国家国籍主权之间的平衡，可以对个人出籍附加不损害国家利益的条件。

便利入籍是指为本国公民的配偶、难民、无国籍人、因国家继承而不能家庭团聚的人员、被收养儿童、长期居留人员、海外族裔等人员入籍提供便利。"便利"通常指豁免入籍条件，简化办理入籍程序，尽可能减少申请国籍费用。恢复国籍是变更国籍的一种，具有兜底性实现变更国籍权的价值。为保持与前公民的紧密联系，防止和减少无国籍状态，避免前公民面临巨大不利或者受到伤害，很多国家允许前公民恢复国籍。为保持和增进与海外族裔的联系，充分发挥海外族裔在本国发展中的独特作用，需要便利海外族裔入籍和复籍。

第七章

国际法上的保留国籍权

保留国籍权,又称不被任意剥夺国籍权、不被任意撤销国籍权,是指人人享有保留国籍、不被任意地剥夺国籍的权利,这是国籍权的底线,体现了对国籍的最大尊重,对剥夺国籍的极大克制,有利于稳定已有国籍,减少和避免无国籍状态,实现个人国籍权与国家国籍主权的互动平衡。本章论证国际法上保留国籍权,重点从禁止任意剥夺国籍、国籍被任意剥夺的情形、回国权与不驱逐公民、被任意剥夺国籍的补救、允许非任意剥夺国籍等方面展开,探究相关的国际法规定、国家实践及国际社会的推动等。

第一节 禁止任意剥夺国籍

一、禁止任意剥夺国籍的人权基础和国际社会共识

(一)任意剥夺国籍侵犯人权

任意剥夺国籍,又称任意撤销国籍,特别是出于种族、肤色、性别、语言、宗教、政治或者其他见解、民族本源或者社会出身、财产、出生或者包括残疾在内的其他状况等歧视性理由,侵犯人权和自由。[①] 任意剥夺国籍与任意拒绝国籍申请都是国家在国籍管理方面的任意行为。如果被剥夺者没有其他国籍,被任意剥夺国籍后,丧失国籍,成为无国籍人。任意剥夺国籍是剥夺国籍的一种,与非任意剥夺国籍对应。国际法学者劳特派特认为:如果国家不加以区别地行使剥夺其公民的国籍的权利,在这些公民被外国流放时拒

---

① 2016年联合国人权理事会第32/5号决议《人权与任意剥夺国籍》第2条。

绝予以接受其返回，构成了权力滥用，很难为国际法所容许。

（二）禁止任意剥夺国籍是国际社会的共识

禁止任意剥夺国籍是国际社会的共识。如表7—1，1948年《世界人权宣言》第15条第2款、1957年《已婚妇女国籍公约》第1条、第2条、1966年《消除一切形式种族歧视国际公约》第5条第4款、1966年《公民权利和政治权利国际公约》第24条第3款、1979年《消除对妇女一切形式歧视公约》第9条第1款、1989年《儿童权利公约》第8条、2006年《残疾人权利公约》第18条、1969年《美洲人权公约》第20条第3款、1997年《欧洲国籍公约》第4条、1954年《关于无国籍人地位的公约》、1961年《减少无国籍状态公约》、1950年《欧洲人权保护和基本自由公约》第3条、2016年联合国人权理事会第32/5号决议《人权与任意剥夺国籍》等国际文件都规定不得任意剥夺任何人的国籍。1948年《世界人权宣言》第15条第2款规定：任何人的国籍不得任意剥夺。1966年《消除一切形式种族歧视国际公约》第5条第4款规定：缔约国应承诺禁止并消除一切形式种族歧视，保证人人有不分种族、肤色或者民族或者人种在法律上一律平等的权利，尤得享受享有国籍的权利。1969年《美洲人权公约》第20条第3款规定：不得任意剥夺任何人的国籍。1950年《欧洲人权保护和基本自由公约》第3条规定：禁止任意剥夺任何人的国籍。

联合国及其人权理事会、人权委员会通过多份决议，强调任意剥夺国籍是对人权和基本自由的侵犯。2000年《关于国家继承涉及的自然人国籍问题》（联合国大会第55/153号决议）第16条规定了禁止在国籍问题上任意作决定："不得任意剥夺有关的人的先前国国籍，也不得任意拒绝给予他们在国家继承中享有的权利，即取得继承国国籍的权利或者任何选择权。"联合国人权理事会通过了2008年3月27日第7/10号决议、2009年3月26日第10/13号决议、2010年3月24日第13/2号决议、2012年7月5日第20/4号决议、2012年7月16日第20/5号决议和2014年6月26日第26/14号决议等，以及联合国人权委员会通过的关于人权与任意剥夺国籍问题的决议，都申明、重申和强调不得任意剥夺国籍。

表7—1 部分国际文件关于禁止任意剥夺国籍的规定

序号	国际文件	内容
1	1948年《世界人权宣言》第15条第2款	任何人的国籍不得任意剥夺。
2	1957年《已婚妇女国籍公约》第1条、第2条	缔约国同意其本国人与外国人结婚者,不因婚姻关系之成立或者消灭,或者婚姻关系存续中夫之国籍变更,而当然影响妻之国籍。 缔约国同意其本国人自愿取得他国国籍或者脱离其本国国籍时,不妨碍其妻保留该缔约国国籍。
3	1966年《消除一切形式种族歧视国际公约》第5条第4款	缔约国应承诺禁止并消除一切形式种族歧视,保证人人有不分种族、肤色或者民族或者人种在法律上一律平等的权利,尤得享受享有国籍的权利。
4	1966年《公民权利和政治权利国际公约》第24条第3款	每一儿童有权取得一个国籍。
5	1979年《消除对妇女一切形式歧视公约》第9条第1款	缔约各国应给予妇女与男子有取得、改变或者保留国籍的同等权利。它们应特别保证,与外国人结婚或者于婚姻存续期间丈夫改变国籍均不当然改变妻子的国籍,使她成为无国籍人,或者把丈夫的国籍强加于她。
6	1989年《儿童权利公约》第8条	1. 缔约国承担尊重儿童维护其身份包括法律所承认的国籍、姓名及家庭关系而不受非法干扰的权利。 2. 如有儿童被非法剥夺其身份方面的部分或者全部要素,缔约国应提供适当协助和保护,以便迅速重新确立其身份。
7	2006年《残疾人权利公约》第18条	不因残疾而被剥夺获得、拥有和使用国籍证件的能力。
8	1969年《美洲人权公约》第20条第3款	不得任意剥夺任何人的国籍。
9	1997年《欧洲国籍公约》第4条	不得任意剥夺任何人的国籍。
10	1950年《欧洲人权保护和基本自由公约》第3条	禁止任意剥夺任何人的国籍。
11	2016年联合国人权理事会第32/5号决议《人权与任意剥夺国籍》第2条	任意剥夺国籍,特别是出于种族、肤色、性别、语言、宗教、政治或者其他见解、民族本源或者社会出身、财产、出生或者包括残疾在内的其他状况等歧视性理由任意剥夺国籍,是对人权和基本自由的侵犯。
12	2000年《关于国家继承涉及的自然人国籍问题》第16条	不得任意剥夺有关的人的先前国国籍,也不得任意拒绝给予他们在国家继承中享有的权利,即取得继承国国籍的权利或者任何选择权。

资料来源:作者整理

（三）禁止任意剥夺国籍的宪法保障

禁止任意剥夺国籍违反宪法。如表7—2，意大利、匈牙利、伊朗、哥伦比亚等国家宪法规定，公民可以放弃国籍，但是国家不能任意剥夺公民国籍。1947年《意大利宪法》第22条规定：不得因政治理由剥夺任何人法律上的国籍。2011年《匈牙利基本法》第G条第3款规定：任何人基于出生或者其他合法途径所获得的匈牙利国籍不得被剥夺。1995年《格鲁吉亚宪法》（2009年修正）第13条规定："不得任意剥夺任何人的国籍。"

表7—2 部分国家宪法关于禁止任意剥夺国籍的规定

序号	宪法	内容
1	2008年《阿尔巴尼亚共和国宪法》第19条第2款	阿尔巴尼亚公民不能丧失国籍，除非他放弃国籍。
2	1991年《保加利亚宪法》（2007年修正）第25条第3款	禁止任意剥夺保加利亚公民的国籍。
3	1994年《白俄罗斯宪法》（2004年修正）和《白俄罗斯国籍法》	不得以任何理由任意剥夺个人的国籍。
4	1996年《乌克兰宪法》（2004年）第25条	不得剥夺乌克兰公民的国籍及其变更国籍的权利。
5	1947年《意大利宪法》第22条	不得因政治理由剥夺任何人法律上的能力、国籍和姓名。
6	2004年《阿富汗伊斯兰共和国宪法》第4条第5款	不得剥夺任何阿富汗公民的国籍。
7	1995年《阿塞拜疆宪法》（2009年修正）第53条	不得剥夺阿塞拜疆公民的国籍。
8	1996年《阿曼基本法》第15条	国籍，除按照法律规定的限制，不得改变或者撤销。
9	1995年《格鲁吉亚宪法》（2009年修正）第13条	不得任意剥夺任何人的国籍。
10	1979年《伊朗宪法》第41条	所有伊朗公民有权取得伊朗国籍。除非个人提出要求或者取得其他国家国籍，否则不得被剥夺伊朗伊斯兰国籍。
11	1979年《伊朗宪法》第42条	外国公民可以申请取得伊朗国籍。只有当其他国家授予这些人国籍或者他们自愿放弃伊朗国籍，才可剥夺这些人的国籍。
12	1991年《哥伦比亚共和国宪法》（2013年修正）第96条	禁止剥夺哥伦比亚公民的国籍。

资料来源：作者整理

二、任意

美国《布莱克法律字典》提出:"任意取决于个人自由裁量(的行为);特别是由法官自己而不是根据固定的法律进行裁定(的行为);是建立在偏见和好恶而非理性和事实基础之上的司法判决(的行为)。"①

联合国人权事务委员会解释了1966年《公民权利和政治权利》中"任意"。人权事务委员会在第16号一般性意见中指出,"任意"一词适用于第17条规定的权利的保护,"任意"一词可以延及法律规定的干涉。使用"任意"的用意是确保即使法律规定的干涉也应符合1966年《公民权利和政治权利》的规定,而且无论如何,在特定情况下应是合理的。人权事务委员会在第27号一般性意见中进一步指出,这里使用"任意",目的在于强调它适用于一切国家行动,包括立法、行政和司法行动。

1966年《公民权利和政治权利国际公约》起草大会成员国的代表认为,公约使用的"任意"(arbitrarily)与"非法"(unlawful)的含义相同,但是"非法"的含义更窄,是不合适的。起草者可能是在该领域"有意模糊"(deliberate ambiguity)。② 不应该仅仅将"任意"等同于"非法",而必须对其进行更广义的解释,纳入不适当性、不公正以及缺乏可预测性等因素。③

国家满足1966年《公民权利和政治权利国际公约》第4条规定的"在本社会紧急状态威胁到国家的生命并经正式宣布时",可以克减在第24条第3款项下承担的"每一儿童有权取得一个国籍"义务。紧急状态是一种特别的、突发性的危机或者危险局势,影响到全体公民或者某个区域的全体公民,在较大空间范围或者较长时间内威胁到公民生命、健康、财产的安全,对整个社会的正常生活构成威胁。包括战争状态、受到战争的威胁、恐怖主义紧急

---

① 嘎纳·布莱恩(Bryan A.Garner,)布莱克法律字典[G].美国明尼苏达州圣保罗:西方集团出版社,1999,100.

② 路易斯·亨金(Louis Henkin).国际权利和自由法案:公民权利和政治权利公约[G].美国纽约:哥伦比亚大学出版社,1981,32,57.

③ 2009年联合国人权理事会报告《人权与任意剥夺国籍》第49段。

状态、国内政局动荡或者严重自然灾害等。^① 在上述情形下，国家应该确保他们的行为不与根据国际法承担的其他义务相矛盾，且不得包含纯粹基于种族、肤色、性别、语言、宗教或者社会出身的理由的歧视。[②] 实施或者准备实施紧急状态时，即便国家行政机关被赋予更多权限，国家也应当保持立法机构立法特权、免责权和特权的完整性，以及完整的立法机构所发挥的基础作用。立法机构应当规定一般的指导方针来规范有关法律许可措施的行政裁量权。[③]

三、任意剥夺国籍的危害

某些个人或者群体被任意剥夺国籍，特别是出于种族、肤色、性别、语言、宗教、政治或者其他见解、民族本源或者社会出身、财产、出生或者其他状况等歧视性理由被任意剥夺国籍，包括没有明确法律依据或者依据专门法律剥夺国籍的事件，可能使很多人处于无国籍状态，导致无国籍人的增加，给被剥夺者带来灾难，不能享受任何国家的保护，甚至无家可归，阻碍保护相关个人的人权。任意剥夺国籍使被剥夺国籍者在居住国处于不正常的地位，他们旅行和选择住所的能力可能受到严重限制。在实践中，享有国籍权的人有更多享受人权的机会。选举权、被选举权、行使某些公务的权利等可能仅限于一国的公民，这些关键政治权利是上述情况的例外，因为它们属于无国籍人一般不能享有的人权。其他所有人权则是所有人都享有的，包括被任意剥夺国籍的人在内。

2016年6月，联合国人权理事会通过第32/5号决议《人权与任意剥夺国籍》，指出任意剥夺国籍对享有人权的阻碍。第7条规定："注意到个人充分享有所有人权和基本自由可能因任意剥夺国籍而受到阻碍，而且这些人的人权更易遭到侵犯。"第8条规定："表示关切的是，被任意剥夺国籍者可能遭受

---

① 霍格（Hogg, P.W.).加拿大宪法[M]. 1985, 324-325.
② 塞拉·约瑟夫等（Joseph, Sarah, etc.）.公民权利和政治权利国际公约[G].美国纽约：牛津大学出版社，2000, 625.
③ 塞拉·约瑟夫等（Joseph, Sarah, etc.）.公民权利和政治权利国际公约[G].美国纽约：牛津大学出版社，2000, 629.

贫穷和社会排斥，法律行为能力有限，这不利于其享有有关公民、政治、经济、社会和文化权利，尤其是教育、住房、就业、卫生和社会保障等方面的权利。"

2015年12月，联合国人权理事会第31届理事会通过《任意剥夺国籍对所涉儿童享有权利的影响，以及不获得出生国等国国籍就会成为无国籍人的儿童取得国籍的现有法律和做法》报告，强调任意剥夺国籍使儿童的人权更易受到侵犯，包括身份权、受教育权、健康权、适足生活水准权、家庭生活权、迁徙自由及免受剥削、贩卖、酷刑或者其他残忍、不人道或者有辱人格的待遇和任意剥夺自由。第27段指出：任意剥夺儿童国籍本身是一个侵犯人权的行为，其可能产生的最严重后果是无国籍状态。第28段指出：国家不能在剥夺儿童的国籍后，又依据其无国籍状态剥夺这名儿童的其他人权；法律上不存在任何说明这一行为正当的理由。然而，社会对无国籍儿童视而不见，一再造成侵犯他们权利的行为被忽视。上述一些情况至今仍未解决，造成了世代相传的无国籍状态，影响到最初被剥夺国籍者的子孙。

第二节　国籍被任意剥夺的情形

一、以歧视性理由剥夺国籍

不歧视原则是国际人权法中的一项重要原则，适用于国籍权的解释和实现。1986年12月，联合国大会通过第41/70号决议，赞成呼请各国促进人权和基本自由，力避因国籍、族裔、种族、宗教或者语言原因剥夺其人口中某些个人的人权和基本自由。人人享有国籍权，不因儿童或者其父母或者法定监护人的种族、肤色、性别、语言、宗教、政治或者其他见解、民族、族裔或者社会出身、财产、伤残、出生或者其他身份而有任何差别。

以种族、肤色、性别、语言、宗教、政治或者其他见解、民族本源或者社会出身、财产、出生或者其他状况等歧视性理由剥夺国籍，是任意剥夺国籍。① 1961年《减少无国籍状态的公约》第9条规定："缔约国不得根据种族、人种、宗教或者政治理由剥夺任何人或者任何一类人的国籍。"1966年《公民权利和政治权利国际公约》第26条规定："所有的人在法律前平等，并有权受法律的平等保护，无所歧视。在这方面，法律应禁止任何歧视并保证所有的人得到平等的和有效的保护，以免受基于种族、肤色、性别、语言、宗教、政治或者其他见解、国籍或者社会出身、财产、出生或者其他身份等任何理由的歧视。"

2016年6月，联合国人权理事会通过第32/5号决议《人权与任意剥夺国籍》，指出以歧视性理由任意剥夺国籍是对人权和基本自由的侵犯。第2条规定："任意剥夺国籍，特别是出于种族、肤色、性别、语言、宗教、政治或者其他见解、民族本源或者社会出身、财产、出生或者包括残疾在内的其他状况等歧视性理由任意剥夺国籍，是对人权和基本自由的侵犯。"第4条规定："吁请各国避免采取歧视性措施，避免颁布或者维持可能出于种族、肤色、性别、语言、宗教、政治或者其他见解、民族本源或者社会出身、财产、出生或者包括残疾在内的其他状况等理由任意剥夺国籍的立法，特别是在此种措施和立法造成无国籍人时。"

1992年《欧洲联盟条约》将禁止基于国籍加以歧视确立为一项主要原则，并在其他条款中以具体形式加以规定。例如，劳动者自由迁徙（第39条）、开业权（第43条）、提供服务自由（第50条）。在欧洲理事会，1997年《欧洲国籍公约》和2006年《欧洲关于避免在国家继承方面出现无国籍状态的公约》都禁止在取得和剥夺国籍方面实行种族和族裔歧视。

给予国籍的差别待遇应与一国在1966年《消除一切形式种族歧视国际公约》和其他国际人权公约规定的限度内追求的目的相一致，实施措施应与追求的目的相称。② 例如，哥斯达黎加对中美洲国家公民、伊比利亚美洲人和西

---

① 2014年《人权与任意剥夺国籍》序言，联合国人权理事会第38次会议通过，A/HRC/RES/26/14，2014年6月26日。

② 美洲人权法院，女童伊恩和博西科（Yean and Bosico）诉多米尼加共和国案，2005年9月8日判决，第4段。

班牙人适用优惠归化国籍规则不具有歧视性,因为客观上这些人与哥斯达黎加人民有更紧密的历史、文化、精神联系。这些紧密联系使人们相信,这些人更容易融合,更迅速地认同传统观念、价值观和风俗。

禁止歧视的国际人权文件的条款暗含了禁止以歧视性理由剥夺国籍。1966年《消除一切形式种族歧视公约》第5条第4款第3项、第1条第3款禁止国籍权方面的种族歧视。2005年,消除种族歧视委员会在《第30号一般性建议:对非公民的歧视》第14段建议:各国应确认根据种族、肤色、世系或者民族或者人种剥夺国籍的做法是违反缔约国保证非歧视性享有加入国籍权的义务的行为。1994年,消除对妇女歧视委员会在《第21号一般性建议:婚姻和家庭关系中的平等》第6段中指出:成年妇女应能改变国籍,不应由于结婚或者婚姻关系的解除或者由于丈夫或者父亲改变国籍而其国籍被专横地改变。

爱沙尼亚等国家在宪法和法律中规定禁止以歧视性理由剥夺国籍。1937年《爱尔兰宪法》第9条第1款规定:任何人不因性别的原因被剥夺爱尔兰国籍和公民资格。1992年《爱沙尼亚共和国宪法》第8条第4款规定:任何人不得因其信仰不同而被剥夺爱沙尼亚国籍。歧视性做法导致持续性任意剥夺国籍,无国籍状态代代相传,加重无国籍人的困境。无国籍人在成年后往往由于没有身份证件无法进入就业市场,陷入贫困。

二、剥夺儿童国籍

儿童是个人,也可能是群体,剥夺儿童国籍是任意剥夺国籍。联合国儿童权利委员会认为,国家不应基于任何理由剥夺儿童的国籍,不论其父母的身份如何。联合国人权理事会第26/14号决议促请各国避免让丧失或者剥夺国籍自动延伸至当事人的被抚养人。各国必须向被非法剥夺部分或者全部身份要素的儿童提供适当援助。

国籍已被任意剥夺且被迫逃离迫害的儿童尤其脆弱。处于移徙或者被迫流离失所中的无国籍儿童易受到任意、长期的移民拘留,不可能在一段合理的时间内获准离开该国。这种拘留可被视为既违反免受残忍、不人道或者有辱人格的待遇的规定，又违反免受任意剥夺自由的规定。任意剥夺儿童国籍可能使他们更易遭到贩运。2014年，欧洲人权法院在梅尼森诉法国案（Mennesson v. France, No.65192/11, 26 June 2014）中判决，不承认父母与其代孕子女之间的法律联系、剥夺这类儿童的国籍，违反1950年《欧洲人权公约》第8条"每个人都享有私人生活不受公权力无端干涉的权利"，构成侵犯儿童家庭生活权的行为。

三、集体剥夺国籍

集体剥夺国籍，与个别剥夺国籍对应，在剥夺之前，没有合理和客观地审查集体中的每个个案，也没有考察要采取的每个剥夺。违背平等和不歧视的人权法原则，是任意剥夺国籍。全球性、区域性的人权文件都毫无例外地规定了平等和不歧视原则。平等和不歧视原则是国际人权法的支柱。[①] 1948年《世界人权宣言》第7条规定："法律面前人人平等，并有权享受法律的平等保护，不受任何歧视。人人有权享受平等保护，以免受违反本宣言的任何歧视行为以及煽动这种歧视的任何行为之害。"

国际社会禁止集体剥夺国籍。禁止集体剥夺国籍，不仅禁止剥夺本人的国籍，而且禁止剥夺其家庭成员的国籍。1961年《减少无国籍状态公约》第9条规定：缔约国不得以种族、民族、宗教或者政治理由取消任何人或者任何人群之国籍。2005年，联合国消除种族歧视委员会在《第30号一般性建议：对非公民的歧视》第14段建议："确认根据种族、肤色、世系或者民族或者人种拒绝给予国籍的做法是违反缔约国保证非歧视性享有加入国籍权的义务的行为。"[②] 呼吁各国确保非公民特定群体在取得国籍或者归化的机会方面不受歧视，适当注意常住居民或者永久居民归化可能面临的障碍。

---

① 徐显明.国际人权法[G].北京：法律出版社，2004，12.
② 消除种族歧视委员会关于歧视非公民问题的第三十号一般性建议，2004年10月1日，第2段。消除种族歧视委员会关于下列国家的结论性意见：土库曼斯坦，CERD/C/TKM/CO/5，2005年11月1日，第16段；俄罗斯联邦，CERD/C/62/CO/7，2003年6月2日，第15段；克罗地亚CERD/C/60/CO/4，2002年5月21日，第14段；儿童权利委员会关于下列国家的结论性意见：利比里亚，CRC/C/15/Add.236，2004年7月1日，第33段；刚果民主共和国，CRC/C/15/Add.153，2001年7月9日，第28和29段。

四、剥夺少数群体国籍

(一) 剥夺少数群体国籍是任意剥夺国籍

剥夺少数群体国籍是任意剥夺国籍。国家不得因肤色、血统、民族或者族裔、语言、种族或者宗教而任意否定或者剥夺少数群体的国籍。除了有限的例外，国家不应当将国籍作为人、包括少数群体，享受人权的条件。2005年，美洲人权法院在迪尔舍·伊恩（Dilcia Yean）和维尔莱特·博西科（Violeta Bosico）诉多米尼加共和国一案的判决中指出，禁止武断剥夺国籍和在给予国籍时适用歧视措施，并确认在国籍基础上享有的权利和自由。① 联合国难民署与多米尼加共和国政府合作，解决该国宪法法院2013年的一项裁决导致的大规模任意剥夺国籍，进而不能享有权利的问题，被剥夺国籍的绝大多数是海地后裔。②

国家主要通过加重少数群体申请国籍的材料负担、歧视地对待少数群体申请人、不允许提起诉讼、复议等方式否定或者剥夺少数群体国籍。国家要求少数群体申请国籍时，提供证明本人血统或者提供长期居留的证据，甚至上一代、两代的血统的证据，这可能超越个人履行能力。贫困、教育少的少数群体，常常无法提供证明血统或者提供长期居留的证据。地方官员可能对属于某些族裔或者宗教的少数群体歧视性地使用自由裁量权，不公平地审理他们的国籍申请。国家不允许被否定或者剥夺国籍的少数群体提起诉讼、复议，获得法律救济。

(二) 剥夺少数群体国籍的情况

实践中，非洲、亚洲、欧洲都出现过国家剥夺少数群体国籍的情况。非洲剥夺少数群体国籍问题比较复杂，因为殖民国家划定边界时很少考虑到居住在非洲的各个民族。多数非洲国家是多种族、多文化国家，在有些情况下，少数群体从没有取得国籍。在一些情况下，少数群体在开始被视为公民，随

---

① 美洲人权法院，女童伊恩和博西科（Yean and Bosico）诉多米尼加共和国案，2005年9月8日判决。
② 《联合国难民事务高级专员的报告（2014年7月1日至2015年6月30日）》第52段。

后被有意地排斥。有些从政者为取得党派方面的政治优势，很希望剥夺某个少数群体的国籍。游牧民族和半游牧民族往往与多个国家有联系，但可能无法证明他们拥有其中任何一个国家的国籍，因为他们从未进行出生登记，也从未有哪个国家发给他们身份证件。

根据联合国人权理事会有关人权与任意剥夺国籍的报告，巴尼亚穆伦盖族人原是图西族人，居住在刚果民主共和国东部。1972年，该国的一项总统令授予所有在1950年之前便在该国居住的卢旺达人或者布隆迪人该国国籍。1981年这项法律由另一法律取代，新的法律以1885年在该国领土居住的民族的血统为确定国籍的依据，使巴尼亚穆伦盖族人几乎没有可能保留其国籍。2004年制定了新的国籍法，加上2005年《宪法》，再次以巴尼亚穆伦盖族人在该国居住的历史为依据确认他们为刚果公民，消除巴尼亚穆伦盖少数群体受到歧视待遇。

1989年，由于畜牧者与农民之间的紧张关系，毛里塔尼亚政府剥夺了约7万名毛里塔尼亚黑人少数群体成员的毛里塔尼亚国籍，并将他们集体驱逐到塞内加尔和马里。2007年，毛里塔尼亚为先前被驱逐出境的少数群体成员发动了一个自愿返回进程。根据毛里塔尼亚政府、塞内加尔政府和联合国难民署签署的三方协定，毛里塔尼亚承诺确保返回家园者与其他毛里塔尼亚公民享有平等权利。

亚洲剥夺少数群体国籍主要因为一些人的少数群体地位或者他们的祖先迁徙到某国家期限不长。比哈尔人是孟加拉国说乌尔都语的少数群体，尽管根据孟加拉国《宪法》和国籍法有资格取得国籍，但因为被指责不忠，在政治上支持巴基斯坦，大量比哈尔人在获得生活水准、受教育和就业机会等方面受到严重歧视。2007年9月，孟加拉国政府建议给予习惯性在孟加拉国居住的比哈尔人社区的多数人国籍。

缅甸若开邦的罗兴亚人（Rohingya people）问题有着复杂的历史、民族和宗教背景。他们的迁徙自由和家庭生活权利受到限制，许多罗辛亚人被迫逃到毗邻国家和其他国家，引发国际社会广泛关注。2017年9月，缅甸国务资政兼外交部长昂山素季公开反驳了西方的指控，否认外界对缅甸政府允许军方对罗兴亚人残暴的驱赶与种族清洗的指控。昂山素季承认罗兴亚人的困难处境，但她强调，"不怕国际社会对缅甸问题的密切关注"。昂山素季呼吁，能够证实自己是缅甸居民的罗兴亚难民可以重返家园。①

根据联合国难民署的有关报告，1962年，叙利亚进行了一次特殊的人口普查，以期区分在该国有权利居住的库尔德人和1945年后从土耳其或者伊拉克非法入境的库尔德人。随后，数以千计的人丧失叙利亚国籍。据说人口普查前没有充分预先通知，也没有充分说明不参加普查的后果。很多人无法提供所需的1945年以前的居住证明。被剥夺国籍会直接影响到他们充分享受权利，包括拥有财产、使用公共服务和在教育中使用库尔德语等权利。虽然叙利亚政府2004年以来答应授予国籍，但仍有很多人仍作为"Ajanib"（叙利亚库尔德人）办理外国人登记。

欧洲剥夺少数群体国籍问题主要源于国家继承。在苏联和南斯拉夫，没有对所有儿童实行出生登记和发给国籍证影响少数群体取得国籍。根据联合国人权理事会有关人权与任意剥夺国籍的报告，1991年，斯洛文尼亚实施了限制性的公民法，对原籍非斯洛文尼亚的少数群体只给予很短的时间提出国籍申请，结果很多波斯尼亚人、来自科索沃的阿尔巴尼亚人、马其顿人、罗姆人和塞族人等少数群体居民被剥夺国籍。根据1999年《关于解决斯洛文尼亚共和国国内其他南斯拉夫社会主义联邦共和国继承国家公民的地位的法律》，罗姆人等少数群体的国籍权受到影响。前南斯拉夫的马其顿共和国独立后实施了限制性的国籍法，阿尔巴尼亚人和罗姆人等少数群体取得国籍存在障碍。

（三）剥夺少数群体国籍的原因

剥夺少数群体国籍的原因主要有排外民族主义、国家继承、战争、贫困、争夺稀有资源和政治不稳定。排外民族主义曾经剥夺了少数群体的国籍。第一次世界大战后，比利时、法国、土耳其和苏联等国家剥夺了出生在外国的

---

① 吴挺.亚欧外长会议开幕，缅甸低调开展"罗兴亚问题"舆论反击战[EB/OL].(2017-11-20)[2020-03-01]. https://www.thepaper.cn/newsDetail_forward_1872420.

归化公民的国籍。德国和奥地利剥夺了在这两个国家出生的犹太人的国籍。僵硬区分土生土长人民与外来移民会引起排外民族主义意识和歧视。资源问题或者经济衰退可能触发或者加剧排斥少数群体的政策，否定或者剥夺少数群体国籍，阻挡少数群体取得他们本应有权具有的国籍。

国家继承是剥夺少数群体国籍的重要原因之一。苏联解体助长了民族主义竞争，数以百万计的人实际上沦为无国籍的少数群体，生活在新的国家。根据联合国难民署有关人权与任意剥夺国籍的报告，捷克斯洛伐克联邦解体使数以千计的罗姆人的处境岌岌可危，他们的国籍在捷克、斯洛伐克两个继承国中都受到质疑。战争，不论是国家之间的战争还是内战，以及战争结束后开始的国家整合和重建，往往是歧视少数群体的重要诱因，导致剥夺少数群体国籍。另外，贫困、争夺稀有资源和政治不稳定也可能引起多数群体与少数群体的冲突，导致剥夺少数群体国籍。

（四）剥夺少数群体国籍的影响

一些少数群体在他们居住的国家享有取得国籍权，但往往被剥夺，事实上处于无国籍状态。[①] 许多少数群体是土著人，他们在居住国生活的时间不短于其他公民，对文化或者宗教多样性的贡献不少于其他公民，应享有取得国籍权。即使少数群体具有国籍，也常常面临歧视和排斥。

被剥夺国籍的人在实现集体文化认同、受到保护和促进权利方面面临着更多挑战，例如，承认使用少数群体语言、自由信仰少数群体宗教等。剥夺国籍使少数群体没有发言权，扭曲了政治代表性，从而无法正常参加政治活动。

被剥夺国籍的人失去国家对他们的权利和自由的保护，包括1992年《在民族或者族裔、宗教和语言上属于少数群体的人的权利宣言》中规定的少数人的权利，增加他们的弱势，甚至导致受到暴力攻击、大规模驱逐。由于被剥夺国籍，加上贫困和受教育少，无法得到国家保护的保障，更易于受到进

---

① 《联合国人权理事会少数群体问题独立专家盖伊·麦克杜格尔的报告：增进和保护所有人权、公民、政治、经济、社会和文化权利，包括发展权》，A/HRC/7/23，2008年2月28日。

一步歧视。属于少数群体的人，由于被剥夺教育、就业机会而无法充分发挥其潜力，对教育和就业机会的限制会助长人才流失。

将大量少数群体边缘化并剥夺国籍会损害人的安全条件，并播下社会动荡的种子。如果少数群体居住在边界地区，如果有明确界定的跨国社区的话，那么，故意排斥某些人口可能会给国内和区域安全带来严重后果。社会动荡会严重影响经济和社会发展。

五、以剥夺国籍作为处罚

（一）以剥夺国籍作为处罚是任意剥夺国籍

以剥夺国籍作为处罚从根本上动摇被处罚者的权利基础，使其无法享受作为公民应享有的权利，是任意剥夺国籍。1896年，国际法学会通过了关于国籍法抵触的决议，其第6条规定不得以剥夺国籍作为刑罚。2016年6月，联合国人权理事会通过第32/5号决议《人权与任意剥夺国籍》，第16条规定："吁请各国考虑丧失或者剥夺国籍同丧失或者剥夺国籍所要保护的利益是否符合比例原则，包括考虑无国籍状态的严重影响，并考虑可以采用的替代措施。"

（二）以剥夺国籍作为处罚的情况

实践中，非洲、欧洲、亚洲都有国家以剥夺国籍作为处罚。在非洲，《阿尔及利亚国籍法》规定了丧失阿尔及利亚国籍的情况，其中包括因影响公共秩序罪被起诉者，以及因危害阿尔及利亚的利益在阿尔及利亚或者在外国被起诉，并被处以5年以上监禁者。① 2011年《摩洛哥宪法》第18条规定：法律对已入籍者丧失国籍的情况作了规定，只有当个人自愿获得其他国家国籍，或者为另一国武装部队非法服役才可能丧失摩纳哥国籍。《布基纳法索个人与家庭法》第189条规定：以下情况下可能宣布个人丧失国籍：因危害国家内部或者外部安全被定罪者；因行为危害布基纳法索制度被定罪者；为其他国家利益从事不符合或者危害布基纳法索利益者；因违反布基纳法索法律的犯罪

---

① 2009年联合国人权理事会报告《人权与任意剥夺国籍》第5段。

行为，在布基纳法索或者在外国被判处5年以上监禁者；因违反价格规定或者财务欺诈被判处3个月以上监禁者。

在欧洲，保加利亚法律规定，任何通过入籍手续获得保加利亚国籍者，因危害保加利亚的重大罪行被判刑，如果此人在国外且不会成为无国籍人，则可剥夺其保加利亚国籍。[①] 波斯尼亚和黑塞哥维那政府称，因刑事犯罪，包括走私枪支或者爆炸物在波斯尼亚和黑塞哥维那境内或者境外被判刑，可能被剥夺国籍。[②]

在亚洲，1957年《马来西亚联邦宪法》（2009年修正）第25条第1款规定：对于依照关于"登记为公民（马来西亚湾沙巴州和沙捞越州居民）"的第16A条登记为公民或者归化为公民的人，联邦政府如果确认有下列情形，可剥夺其国籍：（a）以行动或者言论显示对联邦不忠或者不满；（b）在联邦目前或者曾经介入的任何战争中与敌人非法交易或者通信，或者明知有关业务对战争中的敌人有利，却参与此种业务，或者与其有关联；或者（c）在自登记或者获得证书之日起的5年内在任何国家被判处12个月以上监禁或者罚款5000林吉特以上或者等值的所在国货币数额，而且被判刑的罪行没有得到赦免。巴林2013年第20号立法令规定：一人如被判犯有该法界定的与恐怖主义相关罪行，不仅要受到规定的惩罚，而且将被剥夺国籍。政府在本国公民涉嫌参与恐怖主义相关活动时剥夺身在国外公民的国籍，在缺乏正当程序作为保障时，会带来问题。人权观察指出，阿联酋当局利用撤销国籍作为惩罚和平异见者、批评者的手段。无国籍与包容问题研究所认为：尽管阿联酋《宪法》和国籍法规定禁止任意剥夺国籍，但阿联酋越来越频繁地任意剥夺阿联酋公民的国籍。这种做法是由总统颁布的一项法令规定的。按照程序规定，该法令经总统签署后，应在《政府公报》上公布。阿联酋没有在《政府公报》上公布这项法令，且截至2017年11月一直阻止被任意剥夺国籍的人看到该法令。

[①] 2009年联合国人权理事会报告《任意剥夺国籍》第13段。
[②] 2009年联合国人权理事会报告《任意剥夺国籍》第10段。

六、因被剥夺国籍成为无国籍人

被剥夺国籍成为无国籍人是指相关个人被剥夺国籍后，没有或者尚不能立即取得其他国家国籍，处于无国籍状态，成为无国籍人。导致无国籍状态的剥夺国籍行为通常为任意行为，除非该行为具有合法目的，并符合比例原则。1961年《减少无国籍状态公约》第8条第1款规定了不因被剥夺国籍成为无国籍人原则，"缔约国不应剥夺个人的国籍，如果这种剥夺使他成为无国籍人的话。"联合国大会第50/152号决议呼吁各国"根据国际法的根本原则，通过有关国籍的立法，以减少无国籍状态，特别是防止任意剥夺国籍。"2006年，联合国难民署高级专员方案执行委员会在第106号结论（LVII）"鼓励各国考虑审查本国的国籍法，……防止因任意拒绝或者剥夺国籍而发生无国籍状态。"2016年，联合国人权理事会通过第32/5号决议《人权与任意剥夺国籍》，第5条规定："促请各国按照国际法原则通过并执行国籍法，以避免无国籍状态，尤其是防止任意剥夺国籍和国家继承造成的无国籍状态。"第6条规定："鼓励各国向发生国家继承之前长期居住在其境内的人授予国籍，特别是在这些人否则会成为无国籍人时。"第14条规定："促请各国在对丧失和剥夺国籍问题作出规定时，确保在国内法中纳入防止无国籍状态的保障措施。"

德国、伊朗、毛里求斯、澳大利亚等国家国籍法规定剥夺国籍以不使之成为无国籍人为前提。如果不能确定取得其他国家国籍，不能剥夺本国国籍。1913年《德国国籍法》（1999年修正）第18条规定："德国公民如果申请外国国籍并获得该国主管部门的给予国籍保证，经申请，可被剥夺德国国籍。"第24条规定："如果被剥夺德国国籍的人在剥夺国籍后一年内仍未取得其他国家国籍，则剥夺失效。"1979年《伊朗宪法》第41条规定："所有伊朗公民有权取得伊朗国籍。除非个人提出要求或者取得其他国家国籍，否则不得剥夺伊朗伊斯兰国籍。"第42条规定："外国公民可以申请取得伊朗国籍。只有当其他国家授予这些人国籍或者他们自愿放弃伊朗国籍，才可剥夺这些人的国籍。"《毛里求斯公民法》第11条规定：如果剥夺个人的国籍导致其成为无国籍人，不得剥夺其国籍。澳大利亚对于违法犯罪人员被撤销公民资格后不具有其他国家国籍,则不撤销其公民资格。减少无国籍状态的重要方法是撤销国籍以具有或者取得另一国籍为条件。2007年《澳大利亚公民资格法》第34条第1款规定:对于申请取得公民资格成为澳大利亚公民的人,具有为申请取得公民资格目的进行虚假陈述,且被认定有罪等情形的,且继续具有公民资格有悖于公共利益,可以撤销其公民资格,但撤销公民资格后成为无国籍人的除外。

七、剥夺依出生取得的国籍

剥夺依出生取得的国籍,冲击,甚至贬损与依出生取得国籍与生俱来的故土乡情及与出生国籍国建立的密切联系。因出生地取得国籍与国籍国建立的联系的紧密度和情感浓烈性超过因其他原因取得国籍。出生地即故土,出生者取得出生地国国籍,不仅建立起法律联系,而且建立起割舍不断的历久弥新的情感、亲友、文化、民族等联系。生命从故土开始,吸吮故土精华,从此扎根故土,再远都会牵挂。

西班牙、匈牙利、危地马拉、委内瑞拉等国家的宪法和法律规定,如表7—3,禁止剥夺依出生而取得的国籍。1978年《西班牙宪法》第11条第2款规定:"任何在西班牙出生的人,不得被剥夺国籍。"

八、其他任意剥夺国籍的情形

除以歧视性理由剥夺国籍、剥夺儿童国籍、集体剥夺国籍、剥夺少数群体国籍、以剥夺国籍作为处罚、因被剥夺国籍成为无国籍人、剥夺依出生取得的国籍外,任意剥夺国籍情形还包括:(1)任意阻止取得或者保留国籍,尤其是基于歧视性理由;(2)依法自动剥夺个人的国籍;(3)行政主管部门实施的事实任意剥夺国籍的行为。任意阻止取得或者保留国籍,使处于无国籍状态,与任意剥夺国籍的法律效果无异。依法自动剥夺个人国籍,没有说明理由、给予陈述和申辩的机会及告知依法享有申请行政复议或者提起行政诉讼的权利,这侵犯了被剥夺国籍者的抗辩权。行政主管部门实施的事实任意剥夺国籍的行为,例如拒绝公民回国,将公民驱逐出境、流放等,虽然没有正式剥夺国籍，但是使国籍权流于纸面和虚置，事实上任意剥夺国籍。

表7—3 部分国家宪法关于禁止任意剥夺依出生取得的国籍的规定

序号	宪法	内容
1	1992年《爱沙尼亚宪法》第8条第3款	任何人不得被剥夺依出生而取得的爱沙尼亚国籍。
2	2011年《匈牙利基本法》第G条第3款	任何人基于出生或者其他合法途径所获得的匈牙利国籍不得被剥夺。
3	1978年《西班牙宪法》第11条第2款	任何在西班牙出生的人，不得被剥夺国籍。
4	1985年《危地马拉共和国政治宪法》（1993年修正）第144条	不得剥夺危地马拉公民的国籍。危地马拉公民如果在出生时获得危地马拉国籍，即使其获得第二国籍也不得剥夺其危地马拉国籍，只有其为获得其他国家国籍而自愿放弃危地马拉国籍的情况除外。
5	1962年《牙买加宪法》（2011年修正）	禁止剥夺通过出生、血统或者与牙买加公民结婚获得的国籍。以其他方式取得国籍的个人可能被剥夺其国籍，但必须是在法律规定的情况下，而不是任意剥夺其身份。
6	1975年《安哥拉宪法》	对出生时即获得安哥拉国籍者，不得剥夺其安哥拉国籍。

资料来源：作者整理

第三节 回国权与不驱逐公民

一、回国权是国籍权的重要衍生权利

人人享有回国权。回国权的内容主要包括：（1）离开本国后返回本国；（2）在本国领土停留、居留、永久居留；（2）在国外出生后第一次进入本国；（4）取得其他国家难民地位后返回本国；（5）不被驱逐出境、流放；（6）不被强制迁徙到其他国家。① 不接收公民回国实质上剥夺了其作为公民应享有的权利，剥夺了作为个人或者集体成员的身份特征，剥夺了与家人、朋友、同事的联系，这是不被接受的。②

回国权是国籍权的重要衍生权利。一个国家不接收公民回国，其将不得

---

① 联合国人权委员会：《自由迁徙（第12条）：1999年11月2日〈公民权利和政治权利国际公约〉第27综合评论》第19段。

② 埃里克·罗斯安德（Rosand, Eric）. 国际法上关于集体驱逐的回国权：波斯尼亚先例[J]. 国际法密歇根州期刊，1998(2). p.1091.

不持续迁徙，甚至流浪，没有人愿意这样做。不享有回国权，就可能受政治压迫，不能保留宗教信仰、不能取得受教育权、工作权，及不能享受家庭生活等权利和自由。一个人不能自由返回国籍国，会成为无国籍人。否认回国权是世界上许多不必要痛苦的根源。

国家在社会紧急状态威胁到国家的生命（the life of the nation）并经正式宣布时，可以限制回国权。1966年《公民权利和政治权利国际公约》第4条第1款规定："在社会紧急状态威胁到国家的生命并经正式宣布时，本公约缔约国得采取措施克减其在本公约下所承担的义务，但克减的程度以紧急情势所严格需要者为限，此等措施并不得与它根据国际法所负有的其他义务相矛盾，且不得包含纯粹基于种族、肤色、性别、语言、宗教或社会出身的理由的歧视。"

二、回国权是国际社会普遍认可的基本人权

回国权的基本人权属性要求世界各国普遍地予以保护。鉴于国家国籍主权和出入境管理主权，不应夸大回国权在人权体系中的特殊性。回国权不是主要基于国家的相互利益，而是建立有序和文明的国际和国内法律机制的长远目标。第二次世界大战后，很多国际文件承认和保护回国权，努力实现回国权国际规则的统一，避免20世纪30—40年代大批犹太人被驱逐和屠杀的悲剧重演。1948年《世界人权宣言》第13条第2款、1966年《公民权利和政治权利国际公约》第12条第4款都承认回国权，它们规定：任何人都有进入本国的权利，不得任意加以剥夺。1950年《欧洲人权保护和基本自由公约》第4议定书第3条第2款，1969年《美洲人权宣言》第22条第5款以及1981年《非洲人类及人民权利公约》第12条第2款以及其他国际或者地区性的有关人权文件也都承认回国权，而且上述国际文件没有作出限制此项权利的规定。

1966年《公民权利和政治权利国际公约》承认回国权，以后的很多国际公约重申和引用了上述规定。1966年《公民权利和政治权利国际公约》第12条第4款规定："任何人进入其本国权利，不得任意加以剥夺。"1966年《消除一切形式的种族歧视的国际公约》（CERD）第5条规定各缔约国有义务承诺

禁止并消除一切形式种族歧视，保证人人有不分种族、肤色或者民族或者人种在法律上一律平等的权利，包括回国权。1963年联合国保护少数民族和反歧视分委会通过了《联合国出入境自由和不歧视原则草案》。1972年乌普萨拉大会通过了《乌普萨拉出入境权宣言》，规定了回国权。1986年出入境权专家国际会议通过了《斯特拉斯堡出入境权宣言》，发展了对回国权的程序保护。

20世纪80年代、90年代，一些重要的国际文件重申了回国权，包括1985年《非住在国公民个人人权宣言》、1990年《保护所有移徙工人及其家庭成员权利国际公约》、1992年《被强迫消失人员保护宣言》、1994年《联合国土著居民权利宣言草案》，1998年《关于个人、群体和社会机构在促进和保护普遍公认的人权和基本自由方面的权利和义务宣言》和2000年《关于继承国自然人国籍》等。根据1966年《公民权利和政治权利国际公约》，该公约成员国的公民，如果他们根据1966年《公民权利和政治权利国际公约》享有的回国权被侵犯，国内救济方式都无法解决的话，可以向联合国人权委员会申诉。

1948年以来，欧洲在回国权方面成就斐然，这与人权，包括回国权源于欧洲是分不开的。1950年《欧洲保护人权和基本自由公约》（EHR）、1975年《赫尔辛基欧洲安全与合作会议最后文件》、1977年《欧洲移徙工人合法地位公约》、1990年《欧洲安全和合作会议关于人权问题第二次会议文件》、1996年《欧洲社会宪章》、2000年《欧盟基本权利宪章》和其他的欧洲地区文件都强调了回国权。

美洲、非洲、亚洲和阿拉伯世界在保护回国权方面作出了努力，取得了成就。1948年《美洲人的权利和义务宣言》第八篇规定："每个人都有权不离开他的公民权所属之国家，除非他自己要求这么做。"1981年《非洲人类及人民权利公约》（AFHR）、1990年《开罗伊斯兰人权宣言》、1992年《阿拉伯世界难民保护宣言》和1994年《阿拉伯国家人权宪章》中都承认了回国权。1993年4月，亚洲国家接受了《曼谷宣言》，包含有在亚洲地区追求和承诺保护人权的内容。

三、回国权是宪法性权利

公民有自由返回本国的权利,如表7—4,很多国家的宪法规定了回国权。回国权作为宪法性权利、法律规则的存在不容置疑。不得阻止任何人返回本国,特别是公民返回国籍国。以色列、卡塔尔、泰国、土耳其等亚洲国家宪法,意大利、瑞士、葡萄牙、希腊等欧洲国家宪法保护公民的回国权,不阻止本国公民回国。

表7—4 部分国家宪法关于回国权的规定

序号	宪法	内容
1	1996年《阿曼基本法》第16条	不得将任何阿曼苏丹人驱逐出境或者阻止其回国。
2	2002年《巴勒斯坦基本法》(2005年修正)第28条	不得阻止或者禁止巴勒斯坦人返回或者离开祖国。
3	2002年《巴林王国宪法》第17条第2款	禁止将公民从巴林驱逐,也禁止阻碍公民返回巴林。
4	1948年《以色列基本法》之《基本法:人的尊严与自由》第6条	(一)人人均有离开以色列的自由;(二)任何以色列国民均有权从国外返回以色列。
5	1952年《约旦哈西姆王国宪法》(1984年修正)第9条第1款	任何约旦人不得被驱逐出境。
6	2003年《卡塔尔王国永久宪法》第38条	不得将任何公民驱逐出境,也不得禁止其回国。
7	2010年《吉尔吉斯共和国宪法》第51条	公民有自由往返吉尔吉斯共和国的权利。
8	1962年《科威特国宪法》第28条	科威特人不得被驱逐出科威特或者被阻止从所去的地方回国。
9	1992年《蒙古国宪法》第16条第18款	蒙古国公民有权出国、到国外定居和返回祖国。除依法以保障国家和居民的安全、维护社会秩序为由予以限制外,不得限制出国权、在国外定居。
10	1992年《孟加拉共和国宪法》第36条	在遵守以公共利益为目的依法规定的合理限制下,每个公民有离开和返回孟加拉国的权利。
11	2007年《泰王国宪法》第34条第3款	具有泰王国国籍的人不得被驱逐出境或者禁止入境。
12	1982年《土耳其共和国宪法》(2010年修正)第23条第4款	公民不得被驱逐出境,也不得被剥夺出境后返回国家的权利。

续表

序号	宪法	内容
13	2008年《土库曼斯坦宪法》第7条第3款	土库曼斯坦公民享有不被引渡到其他国家、不被驱逐出境、不被限制其返回祖国的权利。
14	1995年《亚美尼亚共和国宪法》第25条第2款、第3款	任何人都有权离开亚美尼亚共和国。凡亚美尼亚共和国的公民以及有权居住在亚美尼亚共和国境内的人都有权返回亚美尼亚共和国。
15	1992年《越南社会主义共和国宪法》（2001年修正）第68条	公民有依法出国和从国外返回的权利。
16	1992年《爱沙尼亚共和国宪法》第36条第3款	每一个爱沙尼亚公民有权在爱沙尼亚定居。
17	2008年《希腊宪法》第5条第4款	针对个案采取的、对自由进出希腊的权利进行限制的行政措施不被允许。对这些权利进行限制的措施，只能作为附加的刑罚方式由刑事法院的命令作出，在紧急状态下或者为了避免将要发生的犯罪行为的目的并由法律规定的除外。
18	1947年《意大利宪法》第16条第2款	无论负有任何法律责任，每个公民都可以自由离开、返回意大利领土。
19	1991年《马其顿宪法》（2011年修正）第27条	马其顿共和国公民有权离开和返回共和国。
20	1997年《波兰共和国宪法》第53条第4款	波兰公民不得被驱逐出境或者禁止回国。
21	1997年《波兰共和国宪法》第52条第5款	任何依照法律被确认拥有波兰共和国原始国籍的个人有权在波兰定居。
22	1976年《葡萄牙宪法》第44条第2款	保障任何人移居国外和出入国境的权利。
23	1960年《塞浦路斯共和国宪法》第13条第2款	在遵守由法律规定的合理限制下，人人有权永久性或者暂时性离开共和国。
24	1999年《瑞士联邦宪法》（2012年修正）第24条第2款	瑞士公民有权离开或者进入瑞士。
25	2006年《塞尔维亚共和国宪法》第39条第1款	每个人都有权利离开、返回塞尔维亚。
26	1992年《斯洛伐克共和国宪法》（2006年修正）第23条第4款	每个公民都有权利自由地进入斯洛伐克共和国的领土。公民不得被强制离开斯洛伐克，不得被驱逐出境。
27	1996年《乌克兰宪法》第25条第2款	不得驱逐乌克兰公民出乌克兰或者移交给另一个国家。

续表

序号	宪法	内容
28	2011年《匈牙利宪法》基本自由与责任第14条第1款	匈牙利公民不得被驱逐出匈牙利,匈牙利公民可以随时回国。
29	1991年《哥伦比亚共和国政治宪法》(2013年修正)第24条	任何哥伦比亚人,有权进出国家领土,有权停留或者居留。

资料来源:作者整理

四、在本国领土停留、居留和永久居留

人人有权在本国领土停留、居留和永久居留,这是回国权的重要组成部分。回国往往不是目的,而是实现在本国领土停留、居留和永久居留的手段。只有自由在本国领土停留、居留和永久居留,才能享有国籍带来的有关权利。爱沙尼亚、波兰、哥伦比亚等国家将在本国领土停留、居留和永久居留权作为宪法性权利予以保障。1992年《爱沙尼亚共和国宪法》第36条第3款规定:"每一个爱沙尼亚公民有权在爱沙尼亚定居。"1997年《波兰共和国宪法》第52条第5款规定:"任何依照法律被确认拥有波兰共和国原始国籍的个人有权在波兰定居。"1991年《哥伦比亚共和国政治宪法》(2013年修正)第24条规定:"任何哥伦比亚人,有权进出国家领土,有权停留或者居留。"

五、"其本国"

根据国际习惯法,一个国家不可任意否定领土外公民的回国权。但是,有关各方对"其本国"的准确含义没有达成一致意见。一个人行使回国权,必须证明要进入的国家是"其本国"。1966年《公民权利和政治权利国际公约》第12条第4款并没有对公民、无国籍人和外国人进行区分。"任何人进入其本国权利,不得任意加以剥夺。"因此,只有通过对"本国"进行释义,才能确定被赋予并行使此权利的人。[①]

---

① 联合国人权委员会:《自由迁徙(第12条):1999年11月2日〈公民权利和政治权利国际公约〉第27综合评论》第20段。

1966年《公民权利和政治权利国际公约》规定的是"进入其本国权"（the right to enter his own country），而1950年《欧洲人权保护和基本自由公约》第4议定书第3条第2款，以及1969年《美洲人权宣言》第22条第5款规定的是"进入其国籍国权"（the right to enter the State of which he is a national），1948年《世界人权宣言》第13条第2款和1981年《非洲人类及人民权利公约》第12条第2款规定的是"返回其国家权"（the right to return to his country）。很明显，前者的含义比后者的含义窄的多。

最初选用"进入其本国权"是为了超越"国籍国"和"永久居留地国"，有一个更宽更明确的回国权阐述。一个人出生后从来没有在国籍国居住过，也有权利回到该国。[①] 1966年《公民权利和政治权利国际公约》第12条第4款的规定证明了上述观点。马克·博苏伊特（Marc J. Bossuyt）在回顾了起草1966年《公民权利和政治权利国际公约》3届重要的国际会议，第5届大会（1949年），第6届大会（1950年）和第8届大会（1952年）后，对"本国"一词的起草准备工作作了总结："进入其本国权中的主体适用于永久居留地理念而不是国籍或者公民理念。早期草稿仅仅涉及国民'进入'本国，这样做是为了使该权利包括一些在国外出生，又从来没有回到国籍国的人士。但是在一国赋予非国民而在该国居住者'返回'权时，上述公式就有了局限性。"基于《世界人权宣言》第13条第2款，1966年《公民权利和政治权利国际公约》对两种意见进行了妥协，用'其本国'代替了'其国籍国'。"进入"本国权被保留。[②]

英格尔斯（Ingles）和理查德·普伦德（Richard Plender）等移民法学者支持狭义解释回国权，英格尔斯博士将"公民回国权"（the right of a national to return）贯穿其研究，并体现在他起草的1963年《联合国出入境自由和不歧视原则草案》。1963年《联合国出入境自由和不歧视原则草案》第2条规定：

---

① 赫斯特·汉纳姆（Hannum, Hurst）. 国际法中的出入境权及其实践[M]. 荷兰海牙：马丁纽斯尼赫夫出版社，1987，56.

② 马克·博苏伊特（Bossuyt, Marc J..）.《公民权利和政治权利国际公约起草准备工作指南》[M]，荷兰海牙：马丁纽斯尼赫夫出版社，1987，261.

"不得以任意剥夺国籍,或者迫使放弃国籍的方式,剥夺任何人返回本国的权利。"① 这一点在1971年被联合国保护少数民族和反歧视分委会接受。理查德·普伦德认为:"每个国家必须接收他/她的本国公民进入自己的领土。"同时"每个国家也有权利拒绝外国人的进入。"②

1972年《乌普萨拉出入境权宣言》以及1986年《斯特拉斯堡出入境权宣言》,将本国居民被扩展至本国永久居民。1972年《乌普萨拉出入境权宣言》第9条、第10条规定:"每个人都有权返回其国籍国","不得为了剥夺任何人返回本国的权利,而剥夺其国籍。"第12条规定:"只有在极特殊情况下才可以拒绝非公民身份的长期居民包括无国籍人再次入境。"③ 1986年《斯特拉斯堡出入境权宣言》第6条第2款以及第7条对"本国"的释义进行了扩展。第6条第2款规定:"不得以驱逐出国或者阻止某人行使进入本国权的方式,任意剥夺其国籍或者公民身份。"第7条规定:"不得任意拒绝合法永久居民临时离开他/她们住在国家后返回的权利。"

有外国学者支持广义解释回国权。赫斯特·汉纳姆(Hurst Hannum)认为,作为一个新独立的国家,将有可能为大量的之前属于无国籍的人士甚至拥有别国国籍的人士创造入境权利。④ 联合国人权委员会1999年《第27号通释:迁徙自由(第12条)》第20段规定,"'本国'的范围比'国籍国'的范围要宽",它并不限于正式意义上的国籍,也就是说通过出生或者授予获得的国籍;至少,它包含有'特殊'联系的某个特定国家。与某个特定国家有'特殊'联系的人,不能被简单地认为是外国人。例如,因为违反国际法被剥夺了国籍的某个国家的公民,以及以归化方式取得其他国家国籍的公民。⑤

---

① 约瑟·英格尔斯(Ingles, Jose).《关于人人有权离开任何国家,包括其自己的国家,并返回他的国家的无种族歧视的研究:提交给防止种族歧视和保护少数民族分委员会的特别报告》(英文),简称《英格尔斯(Ingles)出入境权研究报告》,联合国销售品(UN Sales)No. 64. XIV.2,纽约,1963年.
② 理查德·普伦德(Plender, Richard).国际移民法[M].荷兰海牙:马丁纽斯尼豪夫出版社,1988.
③ 1972年《乌普萨拉出入境权宣言》,1972年6月21日乌普萨拉会议通过,瑞典乌普萨拉。
④ 赫斯特·汉纳姆(Hannum, Hurst).国际法中的出入境权及其实践[M].荷兰海牙:马丁纽斯尼豪夫出版社,1987,59-60.
⑤ 联合国人权委员会:《自由迁徙(第12条):1999年11月2日〈公民权利和政治权利国际公约〉第27综合评论》,第20段

除非一个人是某国家的公民；或者其国籍已经被某国家剥夺；或者因为违反了国际法律，某国家拒绝承认其国籍，国籍已经转入另一国家，否则没有资格主张某国家是1966年《公民权利和政治权利国际公约》第12条第4款意义上的"本国"。① 如果一个人没有主张，就意味着他/她可能不愿意履行作为某国公民应尽的义务，倾向于以外国人身份在某国居留。

塞拉·约瑟夫、珍妮·舒尔茨等认为：外国人可以因其与某个特定国家有特殊联系，诉求1966年《公民权利和政治权利国际公约》第12条第4款的保护。但是，以上广义释义没有得到广泛认同和切实实施。1966年《公民权利和政治权利国际公约》第12条第4款就"本国"给出了更宽的解释，本国包括以其他形式长期居住的国家，包括但是不限于任意剥夺其国籍的国家。② 联合国人权委员会认为，"本国"作为一个概念适用于公民或者国民身份的个人，和某些不是常规公民或者国民意义上的个人，根据第13条，他/她们也不是外国人，尽管为了某种目的，他/她们也可能被称之为外国人。③ 更宽的解释为与某个国家有特定联系或者联络的人提供了更多保护。如果某人进入一国后，失去了原国籍，又没有取得住在国国籍，应住在国的要求，原国籍国有义务允许某人进入该国。④

劳伦斯·弗里德曼认识到，1888年《美国斯哥特法案》禁止2万暂时离开美国的中国移民重新返回美国。⑤ 现在的国际文件致力在将来，禁止类似的侵犯出入境权的事件再次发生。根据1966年《公民权利和政治权利国际公约》，回国权不取决于公民的难民地位。任何一个与某个领土保持"真正有效

---

① 斯图尔特诉加拿大（Stewart v. Canada）(538/93) 1/11/1996，约瑟夫·塞拉，珍妮·舒尔茨（Joseph, Sarah and Jenny Sehultz）. 公民权利和政治权利国际公约[C]. 美国纽约：牛津大学出版社，000，264.

② 联合国人权委员会：《自由迁徙（第12条）：1999年11月2日〈公民权利和政治权利国际公约〉第27综合评论》.

③ 斯图尔特诉加拿大（Stewart v. Canada）(538/93) 1/11/1996案例，约瑟夫·塞拉，珍妮舒尔茨（Joseph, Sarah and Jenny Sehultz）. 公民权利和政治权利国际公约[C]. 美国纽约：牛津大学出版社，2000，262.

④ 韦斯（Weis, P.）. 国际法中的国籍与无国籍[M]. 英国伦敦：史蒂文与山斯有限公司，1956，55.

⑤ 劳伦斯·弗莱德曼（Friedman, Lawrence M.）. 美国法律史[M]. 美国纽约：西蒙·舒斯特（Simon and Schuster）出版社，1973，444.

联系"的个体应当享有回国权,而不管是否具有难民地位。①

国际法院的诺特鲍姆案(Nottebohm)决议定义了"真正有效联系"。是否与本国保持真正有效联系取决于各种因素,包括语言、长期居住、文化认同、参与公众生活以及家庭成员的联系等,每一因素的重要性因个案而不同,个人的习惯居住地可能是其利益和家庭联系的中心,个人对社会的参与可以是本人对社会做贡献的方式,也可以是和子女一起融入社会的方式。②作为回国权的基础,"真正有效的联系"随着时间的流逝而逐渐减少。对于躲避迫害的人来说,时间不会对"真正有效的联系"产生作用。对于有机会行使回国权而没有行使,或者主动切断联系的情况,不宜用时间来判断联系是否真正有效。回国权不因正式国籍、永久住在国或者习惯住在国受到限制。

回到习惯居住地国权是合理的。1989年1月《维也纳欧洲安全合作理事会会议结论文件》第22原则规定:"国家应当允许想要返回本国的难民安全返回他/她们的家园。"这次会议没有明确规定接收难民的条件,从而也导致了一些实际问题。许多巴勒斯坦难民出生在埃及、黎巴嫩以及其他中东国家,在那里生活了60多年,尽管这些国家根据1965年《巴勒斯坦人待遇议定书》以及1999年《第27号通释:迁徙自由(第12条)》有国际义务,"采取必要的措施"保证巴勒斯坦人具有在阿拉伯国家之间迁徙的基本自由,但是却没有授予他们回国权。根据1960年第28号法令,巴勒斯坦人有权获得埃及旅行证件,然而,除非事先从国外的埃及使(领)馆获取签证,否则这些证件并不能赋予巴勒斯坦人进入埃及的权利,他们必须每6个月到3年续签签证一次。此类证件的持有者,即便是出生在埃及或者生活了大半辈子,也没有被赋予回国权重新进入埃及。③出生在埃及的巴勒斯坦人曾经被诱骗出国,埃及使(领)馆拒绝签发签证,同时又没有给出任何理由。在论及巴勒斯坦难民

---

① 人权观察《人权观察返回本人祖国权利政策的相关背景》,《公民权利和政治权利国际公约》1966年,https://nadaily.com/cgi-bin/nph-proxyb.cgi/010000A/http/www.hrw.org---〉05-07-2003 p2。

② 诺特鲍姆案(Liechtenstein v. Guatemala)(Nottebohm Case)案例第二阶段,判决,国际法庭期刊,1955年。

③ 阿卜杜勒·凯哈德·亚辛(Yassin, Abdul Khader).埃及的巴勒斯坦人.沙木尔(Shaml),1996年。

问题时，马扎维（Mazaawi）在1972年指出："本国"是指：与一个人有着各种合理综合联系因素如种族、宗教、语言、祖先、出生地或者延期居留的国家。政府更替及其产生的影响都不应当影响基本的人权，如回国权以及拥有祖国的权利。

六、不驱逐公民

国家有义务不驱逐公民，接收公民回国。国家驱逐出境、流放公民，阻止了某人行使回国权，不符合1948年《世界人权宣言》第15条"任何人不得被任意剥夺拥有国籍以及改变国籍的权利"的规定。[①] 联合国人权委员会在多米尼加共和国案的判决总结中指出，对公民的驱逐出境处罚是任意剥夺回国权，不符合1966年《公民权利和政治权利国际公约》第12条第4款"任何人进入其本国权利，不得任意加以剥夺"。[②] 当代国家不再像20世纪20年代、30年代国家那样，简单地直接剥夺某人国籍，而是采取间接方法剥夺公民回国权。例如，以公民违反了住在国或者某个国家的法律为由，拒绝回国申请。可能的真正原因是，担心有关公民回国后可能危害国家安全及加重经济、社会负担。

一些国家将不被国籍国驱逐出境、流放列为宪法性权利。如表7—5，新加坡、土耳其、格鲁吉亚等亚洲国家宪法保护公民的不被国籍国驱逐出境、流放的权利，不得将本国公民驱逐或者流放出境。1991年《新加坡宪法》第13条第1款规定："新加坡公民不得被从新加坡驱逐或者流放海外。"2007年《泰王国宪法》第34条第3款规定："具有泰王国国籍的人不得被驱逐出境或者禁止入境。"

瑞士、葡萄牙、芬兰等欧洲国家宪法保护公民的不被国籍国驱逐出境、流放的权利，不得将本国公民驱逐或者流放出境。1999年《瑞士联邦宪法》

---

① 雅各布斯（Jacobs, F.）.欧洲人权保护和基本自由公约.路易斯·亨金（Henkin, Louis）.国际权利和自由法案：公民权利和政治权利公约[C].美国纽约：哥伦比亚大学出版社，1981，183.

② 约瑟夫，塞拉，舒尔茨（Joseph, Sarah and Jenny Sehultz）.公民权利和政治权利国际公约[M].美国纽约：牛津大学出版社2000，259.

（2012年修正）第25条第1款规定："瑞士公民不得被驱逐出境，未经同意不得被引渡给外国当局。"1999年《芬兰共和国宪法》第9条第3款规定："芬兰公民非依本人意愿，不得随意被限制入境、驱逐出境、引渡回国或者遣送他国。"

哥伦比亚等美洲国家宪法也保护公民不被国籍国驱逐出境、流放的权利。1991年《哥伦比亚共和国政治宪法》（2013年修正）第34条第1款规定："禁止流放、终身监禁和没收的刑罚。"

表7—5 部分国家宪法关于不被驱逐出境、流放的规定

序号	宪法	内容
1	2004年《阿富汗伊斯兰共和国宪法》第28条第2款	不得对任何阿富汗人在国内进行流放或者将其驱逐出境。
2	1971年《阿拉伯联合酋长国宪法》（2004年修正）第37条	不得将本国公民驱逐或者流放出境。
3	1973年《阿拉伯叙利亚共和国宪法》（2000年修正）第33条第1款	不准驱逐公民出境。
4	1996年《阿曼基本法》第16条	不得将任何阿曼苏丹人驱逐出境或者阻止其回国。
5	1995年《阿塞拜疆共和国宪法》（2009年宪法）第53条第2款	无论任何情况，不得将阿塞拜疆共和国公民驱逐出阿塞拜疆共和国或者引渡到外国。
6	2002年《巴勒斯坦基本法》（2005年修正）第28条	不得将巴勒斯坦人驱逐出境。
7	2002年《巴林王国宪法》第17条第2款	禁止将公民从巴林驱逐，也禁止阻碍公民返回巴林。
9	1995年《格鲁吉亚宪法》（2009年修正）第13条第3款	禁止将格鲁吉亚公民驱逐出格鲁吉亚国境。
10	1995年《哈萨克斯坦共和国宪法》第10条第2款	哈萨克斯坦共和国公民在任何条件下不得被驱逐到哈萨克斯坦境外。
11	2010年《吉尔吉斯共和国宪法》第50条第4款	不得将公民驱逐出境或者引渡到他国。
12	1993年《柬埔寨王国宪法》（2006年修正）第33条第1款	除存在相互引渡协议外，柬埔寨公民不得被剥夺国籍和流放，不得被驱逐出境。
13	2003年《卡塔尔王国永久宪法》第38条	不得将任何公民驱逐出境，也不得禁止其回国。

续表

序号	宪法	内容
14	1962年《科威特国宪法》第28条	科威特人不得被驱逐出科威特或者被阻止从所去的地方回国。
15	1957年《马来西亚联邦宪法》（2009年修正案）第9条第1款	任何公民不得被驱逐出联邦。
16	1992年《蒙古国宪法》第15条第2款	禁止将蒙古国公民驱逐出境，引渡到他国。
17	1960年《塞浦路斯共和国宪法》第14条	在任何情况下，均不得将公民从共和国流放或者驱逐。
18	2007年《泰王国宪法》第34条第3款	具有泰王国国籍的人不得被驱逐出境或者禁止入境。
19	1982年《土耳其共和国宪法》（2010年修正）第23条第4款	公民不得被驱逐出境，也不得被剥夺出境后返回国家的权利。
20	2008年《土库曼斯坦宪法》第7条第3款	土库曼斯坦公民不得被引渡到其他国家或者被驱逐出境或者限制其返回祖国的权利。
21	1991年《新加坡宪法》第13条第1款	新加坡公民不得被从新加坡驱逐或者流放海外。
22	1991年《也门共和国宪法》（2001年修正）第45条	任何也门人都不得被引渡给外国当局。
23	2007年《尼泊尔临时宪法》第31条	任何公民不得被流放。
24	1992年《爱沙尼亚共和国宪法》第36条	任何爱沙尼亚公民不得被驱逐出爱沙尼亚。
25	1997年《波兰共和国宪法》第53条第4款	波兰公民不得被驱逐出境或者禁止回国。
26	1991年《罗马尼亚共和国宪法》（2003年修正）第18条第1款	任何罗马尼亚公民都不得被引渡或者驱逐出罗马尼亚。
27	1999年《芬兰共和国宪法》第9条第3款	芬兰公民非依本人意愿，不得随意被限制入境、驱逐出境、引渡回国或者遣送他国。
28	1991年《马其顿宪法》（2011年修正）第4条第2款	马其顿共和国的公民不得被驱逐或者引渡到其他国家。
29	1976年《葡萄牙宪法》第33条第1款	葡萄牙公民不得被驱逐出境。
30	1999年《瑞士联邦宪法》（2012年修正）第25条第1款	瑞士公民不得被驱逐出境，未经其同意不得被引渡给外国当局。
31	2006年《塞尔维亚共和国宪法》第38条第2款	塞尔维亚共和国公民不得被驱逐出境，也不得被剥夺国籍、改变国籍。

续表

序号	宪法	内容
32	2011年《匈牙利宪法》第14条第1款	匈牙利公民不得被驱逐出匈牙利,匈牙利公民可以随时回国。
33	1947年《意大利宪法》第16条第2款	无论负有任何法律责任,每个公民都可以自由离开、返回意大利领土。
34	1991年《哥伦比亚共和国政治宪法》(2013年修正)第34条第1款	禁止流放、终身监禁和没收的刑罚。

资料来源：作者整理

流放不能被作为一种剥夺人身自由刑罚的替代。如果罪犯不能根据自己的意愿在流放和其他刑罚之间作出选择,流放成为一种必须接受的处罚。[①] 流放公民的国家通常不允许被流放的公民回国。在古雅典,终身流放是替代死罪处罚的唯一方式。[②] 某些国家为具有本国国籍的恐怖分子、异议分子发放护照或者出国许可,允许出境。这些人出境后被列入了不准入境名单,禁止他们回国。除极少数法律规定的流放处罚外,任何人包括双重国籍人、被驱逐人、在某个国家已经定居的无国籍人和外国人的回国权都受保护和不受限制。国家可以要求他们在行使回国权时出具国籍或者与本国建立"真正有效的联系"的证据,但不能阻止其回国。

国家有义务接收本国公民回国,包括被驱逐出境的公民回国。国家可以拒绝接收前公民,但是不能拒绝接收现在的公民回国。如果一个人失去了国籍,其最后一个国籍国有义务予以接收。国家享有驱逐外国人权,有权驱逐居住在本国的外国人回其本国。国家行使驱逐外国人权,必须事先确认被驱逐的外国人的国籍国接收。如果国籍国不接收,此人可以被直接驱逐回其本

---

① 路易斯·亨金 (Henkin, Louis).国际权利和自由法案：公民权利和政治权利公约[C].美国纽约：哥伦比亚大学出版社,1981,181.

② 保罗·维诺格拉多夫 (Vinogradoff, Paul).希腊城邦法学第2卷：法学史概要[C].英国牛津：牛津大学出版社,1922,179.

国，通常是出生国。①

第四节 被任意剥夺国籍的补救

一、恢复国籍

恢复国籍是补救被任意剥夺国籍的重要方式之一，使被任意剥夺国籍者的国籍恢复到未被剥夺前状态。2016年7月，联合国人权理事会通过《人权与任意剥夺国籍》决议，第10条指出："吁请各国确保落实此类保障措施，确保被任意剥夺国籍的人能够得到切实有效的补救，包括但不限于恢复国籍。"1997年《欧洲国籍公约》第9条规定：各缔约国应依国内法规定为合法并经常居住于其境内的前公民恢复国籍提供便利。2012年7月，联合国人权理事会通过《国籍权：妇女和儿童》决议，第10条规定："吁请各国确保所有国籍权遭到侵犯的人，尤其是妇女和儿童，都能够获得有效和适当的补救，包括由侵犯其国籍权的国家恢复其国籍，并临时提供国籍证明。"

对被任意剥夺国籍的儿童而言，国家有义务为其恢复国籍提供适当协助和保护。由于儿童身心尚未成熟，被剥夺国籍将使其失去良好成长必需的国籍环境，处于更加弱势的、权利得不到应有保障的境地。根据1959年《儿童权利宣言》序言，人类有责任给儿童以必须给予的最好待遇。儿童在出生以前和以后均需要特殊的保护和照料，包括法律上的适当保护。1989年《儿童权利公约》第8条第2款规定："如有儿童被非法剥夺其身份方面的部分或者全部要素（包括国籍），缔约国应提供适当协助和保护，以便迅速重新确立其身份。"

格鲁吉亚等国家国籍法规定，被非法剥夺国籍的，可以恢复国籍。《格鲁吉亚国籍法》第29条第a款规定：因被非法剥夺国籍而导致国籍终止者可恢复国籍。

---

① 曼弗雷德·诺瓦克（Nowak, Manfred）.联合国公民权利与政治权利国际公约注释[C].阿灵顿（Arlington）安琪儿（N. P. Engel）出版社，1993，228.

二、剥夺国籍不适用于被剥夺者的配偶和子女

剥夺国籍不适用于被剥夺者的配偶和子女,被剥夺者本人的行为不应殃及配偶和子女,否则可能使其处于无国籍状态,给保护他们的人权带来严重后果。各国必须向被非法剥夺部分或者全部身份要素的儿童提供适当援助和保护,以便迅速重新确立身份。在任意剥夺国籍的情况下,也必须提供有效的补救措施。联合国儿童权利委员会认为,国家不应基于任何理由剥夺儿童的国籍,不论其父母的身份如何。联合国人权理事会第26/14号决议促请各国避免让丧失或者剥夺国籍自动延伸至当事人的被抚养人。

希腊、保加利亚、埃及等国家确认,剥夺国籍不适用于被剥夺者的配偶和子女。《希腊国籍法》第17条规定:取消国籍适用于个人,不影响其配偶和子女的国籍。《保加利亚国籍法》规定:废除配偶一方的国籍不会导致废除配偶另一方或者其子女的国籍,除非他们是通过提供虚假资料取得国籍。1975年《埃及国籍法》第17条规定:在法律允许的情况下撤销或者丧失国籍不会对所涉个人以外的任何其他人产生任何影响。《阿尔及利亚国籍法》第20条规定:父母丧失阿尔及利亚国籍,其子女不受影响。

马来西亚等国家将剥夺国籍适用于被剥夺者的配偶和子女。1957年《马来西亚联邦宪法》(2009年修正)第26A条规定:如果某人放弃国籍或者依照第24条第1款或者第26条第1款第1项被剥夺国籍,联邦政府可命令剥夺此人登记为公民的21岁以下子女或者登记为此人子女或者此人妻子或者丈夫的子女的国籍。

澳大利亚等国家对于被撤销公民资格人员的子女,如果被撤销公民资格后不具有其他国家国籍,则不撤销其公民资格。2007年《澳大利亚公民资格法》第36条规定:当一个人被剥夺了公民资格,移民部门主管人自由裁量,以命令形式撤销其作为监护人的全部或者任何未满18岁的子女的澳大利亚公民资格,命令中所涉及的子女应该根据该命令而终止其澳大利亚公民资格,除非子女在其监护人被撤销澳大利亚公民资格后不会取得任何其他国家的公民资格,其配偶已经死亡或者是澳大利亚公民。

三、剥夺国籍的保障措施

保障措施对避免和消除任意剥夺国籍至关重要。虽然国际法允许国家非任意剥夺国籍,但是国家必须采取设立实质标准和程序标准,灵活处理提供个人身份证明等保障措施,以确保剥夺国籍是非任意行为。2009年联合国人权理事会报告《人权与任意剥夺国籍》第25段指出:剥夺国籍的措施必须是为了与国际法尤其是与国际人权法目标相一致的合法目的。这些措施必须是可能实现预期结果的同类手段中干涉程度最低的手段,而且必须与被保护的利益相称。在这方面,"任意"的概念适用于一切国家行动,包括立法、行政和司法行动。"任意"的概念可被解释为不仅包括违法行为,还广泛地包括不适当、不公正以及缺乏可预测性等因素。2013年8月,人权高专办发言人塞西尔·普伊莉(Cécile Pouilly)提出:任何依照法律规定剥夺国籍都必须符合相关程序性和实质性标准,包括罪罚相当的相称性原则。

设立实质标准,尤其禁止基于种族、肤色、性别、宗教、政治见解或者民族或者人种等歧视性理由剥夺国籍,禁止以1961年《减少无国籍状态公约》以外的原因,以及在不符合比例原则的情况下剥夺国籍而导致无国籍状态,尤其应考虑无国籍状态的后果和国家与个人之间的联系。1961年《减少无国籍状态公约》第8条第4款规定:缔约国除按法律的规定外,不应行使允许的剥夺国籍权力。为避免任意行为,剥夺国籍必须符合国内法律,特别是比例原则等具体的实质性标准。剥夺国籍的措施必须为合法目的服务,必须与国际法,尤其是与国际人权法的目标相一致。这些措施必须是可能实现期望结果的同类手段中干涉程度最低的手段,而且必须与被保护的利益成比例。①

设立程序标准,尤其必须书面说明理由,并赋予法院或者独立机构审查的权力。程序性保障对防止滥用法律至关重要。为确保剥夺国籍的决定不具有任意性,应遵守最低限度的程序性标准。国际法委员会在《自然人国籍问题条款草案》关于国家继承的第16条中解释了禁止任意剥夺国籍的范围,在

---

① 2009年联合国人权理事会报告《人权与任意剥夺国籍》第49段。

该条评注中指出,"本条的目的是防止在任何法律或者条约的适用过程中发生滥用的情形,这个目的本身是符合条款草案的。"《自然人国籍问题条款草案》第17条对这一点作了补充,该条要求"有关决定应以书面发出并可请示对其进行有效的行政或者司法复核。"国际法委员会在第17条的评注中详尽指出:"本条规定所载示的要素是这个方面最起码的必要条件。在对诸如国籍问题作出负面决定时必须说明理由的要求,应该视为有效行政或者司法审查的先决条件,这是无须讲明的应有之义。"2000年《关于国家继承涉及的自然人国籍问题》(联合国大会第55/153号决议)第17条规定了处理国籍问题的程序,"处理在国家继承中取得保留或者放弃国籍或者行使选择权的有关申请,应无不当拖延有关决定,应以书面发出并可请求对其进行有效的行政或者司法复核。""有效"一词的用意是强调必须提供机会,对有关的实质问题进行切实的审查。该词的含义可以按照1966年《公民权利和政治权利国际公约》第2条第3款(甲)项中同一用语的含义加以理解。联合国国际法委员会强调指出,"司法"一词应理解为同时包括民事和行政管辖。

1961年《减少无国籍状态公约》保证了对剥夺国籍行为进行审查的权利。第8条第4款规定:缔约国法律应规定关系人有权出席由法院或者其他独立机构主持的公平听证。2012年联合国人权理事会《国籍权:妇女和儿童》第9条规定:"促请所有国家在所有关于获取、剥夺、丧失或者改变国籍的决定中,确保遵守国际义务和程序保障,包括提供有效和及时的司法复审。"联合国难民署高级专员方案执行委员会"呼吁各国……帮助无国籍人员在解决无国籍问题方面获得法律援助,特别是要帮助被任意剥夺国籍的人。"[1]《阿尔及利亚国籍法》规定:被剥夺阿尔及利亚国籍者有权在剥夺其国籍的决定下达后18个月内寻求司法救济。[2]

作为全面处理国籍问题的区域文件,1997年《欧洲国籍公约》规定了关于剥夺国籍的程序性标准。第11条规定:缔约国应确保剥夺国籍的决定应载

---

[1] 联合国人权理事会执行委员会第102 (LVI) - 2005号结论,第y段。
[2] 2009年联合国人权理事会报告《人权与任意剥夺国籍》第5段。

有书面理由。第12条规定：缔约国应保证，可以根据国内法的规定，对剥夺国籍的决定进行行政或者司法审查。

获得有效补救常常取决于提供个人身份证明的情况，但提供个人身份证明往往因被剥夺国籍而难以行使。国家应采纳灵活的证据规则，如：允许相关个人提供证人证词或者求助于不同的文件证据资源。1975年《埃及国籍法》第22条规定：与国籍有关的任何决定都必须在政府公报上刊登，有关国籍的规则和条例必须公布以便人人可在不影响他人权利的情况下提起诉讼。

第五节　允许非任意剥夺国籍

一、允许非任意剥夺国籍的国际文件规定

允许非任意剥夺国籍是维护国家利益和保护国家安全所必需的。剥夺国籍使被剥夺国籍者处于无国籍状态和不能享受任何国家的保护，甚至无家可归，无论如何谨慎均不为过，必须以非任意方式进行。导致无国籍状态的剥夺国籍行为通常为任意行为，除非该行为具有合法目的，并符合比例原则。非任意剥夺国籍针对在境外的具有本国国籍的人。允许非任意剥夺国籍的情形主要是：（1）公民违反对国籍国忠诚义务；（2）公民严重侵害国籍国重大利益；（3）公民以欺诈、虚假陈述、隐瞒事实等手段取得国籍；（4）公民自愿取得外国国籍；（5）国籍国错误给予国籍；（6）经常居住在国外；（7）配偶、未成年人取得国籍的条件已不存在。

1961年《减少无国籍状态公约》详细规定了任意剥夺国籍的例外，允许非任意剥夺国籍。第8条规定："一、缔约国不应剥夺个人的国籍，如果这种剥夺使其成为无国籍人的话。二、纵有本条第1款的规定，在下列情况下，缔约国可剥夺个人所享有的国籍：（甲）第7条第4款、第5款所规定个人可丧失其国籍的情况；（乙）国籍是用虚伪的陈述或者欺诈方法而取得的。三、纵有本条第1款的规定，缔约国得保留剥夺个人国籍的权利，如果它在签字、批准或者加入的时候说明它按下列各理由中之一个或者一个以上理由（其国内法当时规定的理由）保留此项权利的话：（甲）关系人违背其对缔约国尽忠的义务：（1）曾经不管缔约国的明白禁令，对另一国家提供或者继续提供服务，或

者接受或者继续接受另一国家发给的薪俸,或者(2)曾经以严重损害该国重大利益的方式行事;(乙)关系人曾宣誓或者发表正式声明效忠另一国家,或者明确地表明他决心不对缔约国效忠。四、缔约国除按法律的规定外,不应行使本条第2款、第3款所准许的剥夺国籍权力;法律应规定关系人有权出席由法院或者其他独立机构主持的公平听询。"作为不任意剥夺国籍一般原则的例外情况,必须狭义解释剥夺国籍的规定。

1997年《欧洲国籍公约》详细规定了任意剥夺国籍的例外,允许非任意剥夺国籍。第7条第1款规定:"各缔约国的国内法只应在下列情形下允许丧失国籍或者依法剥夺国籍:(a)自愿取得外国国籍;(b)由于欺诈、虚伪表示或者隐瞒任何主要事实而申请取得该缔约国的国籍;(c)自愿加入外国军队;(d)有严重侵害国籍国重大利益的行为;(e)惯常居所在国外且与原国籍国没有实质联系的该国国民;(f)有国内法规定的未成年人取得国籍的条件已不存在;(g)儿童因收养而取得外国养父母的国籍。"第7条第3款规定,只有在虚假陈述和欺诈的情况下,才允许在有可能导致处于无国籍状态下依国内法剥夺国籍。1999年,为强调对这种性质的例外情况进行狭义解释以及比例原则的重要性,欧洲理事会部长会议发布了《关于避免和减少无国籍状态的R(1999)18号建议》,指出"对通过欺诈手段、虚假资料或者隐匿相关事实取得国籍者,一国不一定非要剥夺其国籍。为此,应考虑事实的严重程度以及其他相关情况,如这些人与相关国家的实际有效联系等。"[1]

二、允许非任意剥夺国籍的国家实践

非任意剥夺国籍是国家主权范围事宜。提供虚假资料或者伪造证件取得本国国籍自始无效,予以撤销并使其恢复到未取得国籍前的状态,这与剥夺因危害国家利益而不适宜继续具有本国国籍有根本区别。美国、英国、澳大利亚、马来西亚、保加利亚、波黑、希腊、伊拉克、毛里求斯、黑山、白俄

---

[1] 欧洲理事会部长会议,部长会议对成员国提出的关于避免和减少无国籍状态的(1999)18号建议,1999年9月15日,见1.4/II/C/c,(1999)18。

罗斯、卡塔尔、叙利亚、格鲁吉亚、英国等国家宪法、国籍法规定可以剥夺具有危害国家利益等情形的本国公民的国籍。

（一）美国、澳大利亚等传统移民国家非任意剥夺国籍

美国国籍法详细规定了撤销宣布无效由于欺诈、虚伪表示或者隐瞒任何主要事实而申请取得的国籍。通过非法、隐瞒事实真相或者蓄意误导而取得美国国籍者可能被判处非法取得国籍罪。非法取得国籍罪罪犯取得的美国国籍将被撤销、宣布无效。撤销国籍和宣布国籍无效，只要是非任意，都是国际法允许的，也是保护国家安全必需的。1952年《美国移民与国籍法》第340条第a款规定：美国检察官可以在入籍宣誓书生效的相关地区内，向已经入籍人员居住的司法地区内的任何美国法院提起诉讼，要求撤销该人员非法、通过隐瞒事实真相或者通过蓄意误导获得的公民身份证明和入籍证书，或者宣布无效。如果提起诉讼时，该入籍人员未在任何司法地区，则诉讼程序将被安排在哥伦比亚地区法院或者该人最后在美国居住的司法地区的地区法院进行。第340条第b款规定：被声称非法、通过隐瞒事实真相或者通过蓄意误导取得美国国籍的当事人，除非本人放弃，否则应当在诉讼程序执行之前60天接到诉讼通知，在通知期内对美国检察官提起的诉讼作出答辩。如果该入籍人员不在美国境内或者不在其最近居住过的美国某个司法地区，诉讼通知可以直接向其送达，也可以通过公示的方式送达，也可以根据州或者提起诉讼的当地法律规定缺席审理。

撤销、宣布父母、配偶的国籍无效，直接导致因父母或者配偶入籍而取得的国籍被撤销、宣布无效。1952年《美国移民与国籍法》第340条第d款规定：因父母或者配偶入籍而要求公民身份的人，如果其提出要求所依据的入籍的父母、配偶因隐瞒事实真相或者蓄意误导而获得的公民身份和入籍证明，且父母、配偶的公民身份和入籍证明被撤销或者宣布无效，则该人将被视为已经丢失或者将要丧失公民身份。由于父母、配偶入籍得到的、享有的任何公民权利，无论父母、配偶的公民身份和入籍证明被撤销或者宣布无效时是否在境内，都被视为已经丧失或者将要丧失。

美国国土安全部长可以依法撤销通过非法途径或者欺诈行为等途径取得

的国籍，宣布国籍无效。1952年《美国移民与国籍法》第342条规定，如果国土安全部长有理由相信某种公民身份证明、入籍证明属于通过非法途径或者欺诈行为获得的，或者属于国土安全部长本人、移民官员通过非法行为或者欺诈行为制作的，有权吊销该证件，但是应当根据当事人留下的最后地址向其发出吊销决定的通知和理由，并且给予其60天时间，证明此证件不应当被吊销。

澳大利亚撤销违法犯罪人员的公民资格，如果违法犯罪人员被撤销公民资格后不具有其他国家国籍，则不撤销其公民资格。减少无国籍状态的重要方法是撤销国籍以具有或者取得另一国籍为条件。撤销公民资格针对因申请取得公民资格的人，旨在避免不真正符合申请取得公民资格条件的外国人取得公民资格及给澳大利亚带来负担和威胁，确保公民资格的纯洁性。当确认申请取得公民资格的人具有为申请取得公民资格目的进行虚假陈述并被认定有罪等情形时，撤销其公民资格，使取得公民资格归于无效。2007年《澳大利亚公民资格法》第34条第1款规定：对于申请取得公民资格成为澳大利亚公民的人，具有以下情形之一的，且继续具有公民资格有悖于公共利益，可以撤销公民资格，但撤销公民资格后成为无国籍人的除外。（1）为申请取得公民资格目的进行虚假陈述，且被认定有罪；（2）在提交公民资格申请后（包括取得公民资格证书后），被认定有严重罪行；（3）自己在申请公民资格时实施移民欺诈行为，误导移民部门以致取得公民资格证书；（4）第三方在申请公民资格的任何时候实施移民欺诈行为，误导移民部门取得公民资格证书。

澳大利亚国籍法（公民资格法）规定了为申请取得公民资格目的进行虚假陈述等撤销公民资格四种情形的具体含义，以更有效地实施撤销（剥夺）公民资格方面的规定，避免任意剥夺。（1）2007年《澳大利亚公民资格法》第50条规定："为申请取得公民资格目的进行虚假陈述"是指在知道的情况下，在重要的细节上，作出、导致或者允许作出虚假或者令人误解的陈述或者声明，或者隐藏、导致或者允许隐藏主要事项。（2）第34条第5款规定："严重罪行"是指犯有违反有效的外国法律或者联邦、州或者领地法律的罪行，并被判处死刑、终身监禁或者不少于12个月的监禁。（3）第34条第6款规定：

"移民欺诈"是指：在任何时间（包括取得公民资格证书后的时间），因违反1958年《澳大利亚移民法》、1914年《澳大利亚刑法》盗窃、欺诈、贿赂及相关犯罪的规定被判决有罪，该犯罪行为实施于被授予公民资格证书前的任何时间（包括作出申请之前的时间）；并且构成该犯罪的作为或者不作为与此人进入澳大利亚，或者授予此人签证或者进入并在澳大利亚境内停留的许可有关。（4）第34条第8款规定："第三方欺诈"是指通过第三方欺诈行为取得公民资格。例如：在申请公民资格时，移民代理机构有欺诈行为。

子女随父母一起取得公民资格，父母的公民资格被撤销的，其子女的公民资格一并被撤销，除非成为无国籍人、父母另一方已经死亡、父母另一方是澳大利亚公民。2007年《澳大利亚公民资格法》第36条规定：当一个人被剥夺了公民资格，移民部门领导人自由裁量，以命令形式撤销其作为监护人的全部或者任何未满18岁的子女的澳大利亚公民资格，命令中涉及的子女应该根据该命令而终止其澳大利亚公民资格，除非子女在其监护人被撤销澳大利亚公民资格后不会取得任何其他国家的公民资格，其配偶已经死亡或者是澳大利亚公民。1961年《减少无国籍状态公约》第6条规定：因父母丧失国籍而丧失国籍应以具有或者取得另一国籍为条件。

2015年12月，为严厉打击参与恐怖主义的双重国籍公民，修正2007年《澳大利亚公民资格法》，允许以叛国罪撤销涉恐怖双重国籍公民的公民资格。对于支持或者加入"伊斯兰国"等极端组织的双重国籍公民、独立行动的恐怖嫌疑人，无论是否被定罪、是否在境内，移民部门领导人都有权撤销澳大利亚公民资格。身在国外具有双重国籍的澳大利亚公民被禁止返回澳大利亚，在境内的被驱逐出境。

（二）英国、保加利亚等欧洲国家非任意剥夺国籍

英国把剥夺国籍扩大适用到出生国籍。2002年之前只有归化国籍才存在这种风险，虽然是因为某些严重原因，包括归化后5年内实施了严重犯罪行为[1981年《英国国籍法》，s.40（3）]。2002年英国修改了英国国籍法，授权外交大臣在有理由相信某人的行为严重威胁到英国及其海外领土的重大利益时，可以剥夺其出生或者归化国籍。尽管剥夺出生或者归化国籍的情形很少发生，

但是撤销其出生或者归化国籍的法律修正仍然对不被任意剥夺国籍权产生了重要影响。

保加利亚国籍法规定入籍时提供虚假资料，已取得的保加利亚国籍可以被剥夺。根据1989年《保加利亚第九届国民议会保护公众利益和国籍权利委员会关于保加利亚国籍法修正案和有关国外旅行护照及与国籍权利有关的某些问题的法律修正案执行情况的决定》，保加利亚国民议会第十届会议根据国家发展的民主原则和保加利亚依照欧洲安全和合作会议维也纳会议的最后文件所作的保证，通过一项修正和补充保加利亚国籍法的法令和一项修正国外旅行护照法的法令。根据这些法令，保加利亚公民得自由出国旅行和回国而保有他们的公民身份。《保加利亚国籍法》规定：如果在入籍时提供虚假资料，已取得的保加利亚国籍可能被剥夺。配偶一方的国籍不会导致剥夺配偶另一方或者其子女的国籍，除非他们也是通过提供虚假资料取得国籍。[①]

芬兰等国家在宪法和法律中规定了非任意剥夺国籍。1999年《芬兰共和国宪法》第5条第4款规定："非经法定程序，且个人具有或者将取得其他国家国籍，不得剥夺或者放弃芬兰国籍。"《黑山国籍法》第24条规定：取得其他国家国籍的黑山公民丧失黑山国籍。如果确证个人通过提供虚假资料获得黑山国籍，则丧失黑山国籍，可能成为无国籍人的除外。《乌克兰国籍法》第19条规定：如果剥夺国籍后，个人成为无国籍人，则不得剥夺其国籍，以弄虚作假手段取得乌克兰国籍者除外。

《波斯尼亚和黑塞哥维那国籍法》规定在以下情况下可以撤销国籍：通过欺诈行为取得国籍；波斯尼亚和黑塞哥维那与不常住于波斯尼亚和黑塞哥维那的公民之间没有真正联系；相关人士没有按照一般性要求在规定的时间内提交关于其身份状况的资料。[②]

《希腊国籍法》第17条列举了希腊政府可以剥夺个人国籍的情况。犯严重罪行是剥夺希腊国籍的主要原因。除其他外，在以下情况下可允许剥夺国籍：

[①] 2009年联合国人权理事会报告《人权与任意剥夺国籍》第13段。
[②] 2009年联合国人权理事会报告《人权与任意剥夺国籍》第10段。

希腊公民在其他国家担任公职,该行为违反忠于祖国的原则;个人行为有悖于希腊的国家利益而使其他国家获益。

《黑山国籍法》第24条规定:取得其他国家国籍的黑山公民丧失黑山国籍。如果确证个人通过提供虚假资料获得黑山国籍,则其丧失黑山国籍。以下情况下个人也丧失黑山国籍:由其他国家担保、声明如果个人获得黑山国籍则放弃其目前国籍者;因反人类和反对其他受国际法保护的价值观的刑事罪行而被定罪者;规划、组织、为恐怖行为筹资或者以任何方式协助恐怖行为者;其所属组织的活动直接危害公共秩序和安全者;自愿加入其他国家武装部队者;其行为严重危害黑山的重大利益者。

《白俄罗斯国籍法》规定:自愿放弃国籍,或者施行法律所列举的违法行为,可导致国籍的终止。除非放弃国籍可能导致个人无国籍,否则个人可申请放弃其白俄罗斯国籍。受其他国家军队、警察、安全部门或者司法机构录用者可能丧失其国籍。[1]

(三)马来西亚、格鲁吉亚等亚洲国家非任意剥夺国籍

马来西亚剥夺采用欺骗等手段、因错发取得的国籍。1957年《马来西亚联邦宪法》(2009年修正)第26条第1款规定:联邦政府如果确信任何公民通过登记或者加入国籍而取得公民资格,其登记或者国籍证书:(1)采用欺骗手段、虚假陈述或者隐瞒事实材料等手段获得;(2)有错误或者为错发;可以下令剥夺其国籍。《马来西亚联邦宪法》规定了因婚姻不存在而剥夺妇女依婚姻取得的国籍。第26条第2款规定:"联邦政府如果确信,妇女依婚姻登记为公民,婚姻在结婚之日起2年内因死亡以外原因等解除,可以下令剥夺其国籍。"

1988年《越南国籍法》第10条规定:(1)居住在越南领土以外的越南公民,如果有严重危害民族独立,严重危害建设和保卫越南社会主义祖国事业,或者严重危害越南的利益和威信的行为,被剥夺越南国籍。(2)加入越南国籍的人,不论居住何处,如果有严重危害民族独立,严重危害建设和保卫越南社会主义祖国事业,或者严重危害越南的利益和威信的行为,被剥夺越南国籍。

---

[1] 2009年联合国人权理事会报告《人权与任意剥夺国籍》第7段。

《格鲁吉亚国籍法》第32条对丧失格鲁吉亚国籍作了规定。以下情况的个人可能丧失格鲁吉亚国籍：未经格鲁吉亚相关机构允许加入外国军队、警察、司法部门或者政府机构者；永久居住在其他国家领土、未在格鲁吉亚领事馆登记且在2年内未提供正当理由者；以虚假资料取得格鲁吉亚国籍者；以及接受其他国家国籍者。

伊拉克2006年第26号法律第15条规定，在以下情况下可以剥夺个人的伊拉克公民身份：公民的行为危及国家安全；申请入籍时提交关于其自身或者关于其家庭成员的虚假资料。

《卡塔尔国籍法》第11条和12条对丧失卡塔尔国籍的情况作了规定。在以下情况下，该国可以剥夺个人的卡塔尔国籍：加入其他国家武装部队者；在与卡塔尔处于战争状态的其他国家工作，为其效力者；其所属的协会或者组织旨在改变卡塔尔的政治制度者；因不忠于卡塔尔的罪行而被法院定罪者；以及取得外国国籍者。已入籍的卡塔尔公民在以下情况下可以被剥夺其卡塔尔国籍：通过提供虚假资料获得卡塔尔国籍者；因犯罪被判刑而丧失名誉者；未提供正当理由，在国外生活一年以上者。在某些情况下，内政部可以公共利益为由，建议剥夺已入籍公民的国籍。

《叙利亚国籍法》规定：叙利亚公民可以在以下情况下被剥夺国籍：取得外国国籍者；未得到叙利亚国防部批准加入外国军队者；未经政府授权，在阿拉伯叙利亚共和国内或者国外为其他国家工作者；支持与叙利亚处于战争状态的国家的任何活动者；非法离开叙利亚领土以便进入敌国领土者；离开叙利亚，在非阿拉伯国家居住3年以上未返回，并且未按政府的要求提供适当理由者。叙利亚内政部长有权对被剥夺国籍者授予叙利亚国籍。

（四）毛里求斯等非洲国家非任意剥夺国籍

《毛里求斯公民法》第11条第2款规定，如果个人以欺诈手段获得登记或者入籍，则负责国内事务的部长可以剥夺其通过登记或者入籍手续取得的国籍。同样的情况也适用于以下人员：对国家不忠或者叛变国家者；按照2002年《预防恐怖主义法》被宣布为国际恐怖分子嫌疑人者；在任何涉及毛里求斯的战争期间有协助敌方行为者；或者被判监禁12个月以上者。

第六节 结 论

保留国籍权,又称不被任意剥夺国籍权、不被任意撤销国籍权,是指人人享有保留国籍、不被任意地剥夺国籍的权利,这是国籍权的底线。国籍被任意剥夺的情形主要包括:以歧视性理由剥夺国籍、剥夺儿童国籍、集体剥夺国籍、剥夺少数群体国籍、以剥夺国籍作为处罚、因被剥夺国籍而成为无国籍人、剥夺依出生取得的国籍等。

国际法不禁止一切剥夺国籍,而是禁止任意剥夺国籍。"任意"适用于一切国家行动,包括立法、行政和司法的行动。很多国家的宪法和法律规定,个人可以放弃国籍,但是不可以剥夺公民国籍。

回国权是国籍权的重要衍生权利,国际社会普遍认可的基本人权,宪法性权利。人人有权在本国领土停留、居留和永久居留,这是回国权的重要组成部分。'本国'的范围比'国籍国'的范围要宽,不限于正式意义上的国籍。国家不得驱逐公民,阻止某人行使回国权。

国家应给予被任意剥夺国籍者补救,例如,恢复国籍、不适用于被剥夺者的配偶和子女,采取实质和程序方面的保障措施。虽然国际法允许国家剥夺国籍,但是国家必须采取设立实质性标准、程序性标准,灵活处理提供个人身份证明等保障措施,以确保剥夺国籍是非任意行为。

国际法允许非任意剥夺国籍,以维护国家利益和保护国家安全。非任意剥夺国籍的情形主要是公民违反对国籍国忠诚义务,公民严重侵害国籍国重大利益,公民以欺诈、虚假陈述、隐瞒事实等手段取得国籍等。

第 八 章

国际法上的双重国籍

双重国籍是国籍法积极冲突的结果。双重国籍问题的本质是扩大了本国人范围,是国籍法要解决的最重要问题之一。本章论证双重国籍的定义、产生原因,双重国籍人的现状,减少双重国籍状态,明确双重国籍人的管辖权,解决双重国籍产生的冲突,驱逐双重国籍人,容忍和承认双重国籍等,探究相关的国际法规定、国家实践及国际社会的推动等。

第一节 双重国籍的定义、产生原因和双重国籍人的现状

一、双重国籍的定义

狭义的双重国籍是指同时具有两个国籍,广义的双重国籍是指同时具有两个及以上国籍。本文中的双重国籍是指广义的双重国籍。1997年《欧洲国籍公约》第2条规定:双重国籍是指具有两个或者两个以上国籍。根据1930年《关于国籍法冲突的若干问题的公约》,双重国籍是指"具有两个国籍""具有两个以上国籍""兼有另一国国籍""具有一个以上国籍"。根据1930年《关于双重国籍某种情况下兵役义务的议定书》第1条,双重国籍人是指"具有两个或者两个以上国籍的人"。解决双重国籍问题就是确定一国不可或缺的构成要素——人,具有本国国籍者的范围。双重国籍虽然使个人同时享有不同国籍国权利,但是使个人同时履行不同国籍国义务,造成不同身份之间的冲突。国际社会解决双重国籍问题的方法主要有:减少双重国籍状态;明确双重国籍人的管辖;解决双重国籍产生的冲突等。

二、双重国籍产生的原因

双重国籍是国籍法积极冲突的结果。国家国籍主权不可撼动,关于某人是否具有某一特定国家国籍,应依照该国的法律决定。凡具有两个以上国籍的人,被他所具有国籍的每一个国家视为本国公民。双重国籍状态不可避免和无法消除。产生双重国籍的原因主要是出生、婚姻、被收养、归化、国家继承等。一个人成为双重国籍人可能自知或者不自知、有意或者无意。

因出生取得父亲国籍、母亲国籍和出生地国家国籍,产生双重国籍。1909年《大清国籍条例》坚持父亲单系血统原则,如果出生地国家施行出生地主义,出生时父亲是中国人,出生婴儿除具有中国国籍外,还具有出生地国家国籍。1909年《大清国籍条例》第1条规定:"凡左列人者,不论是否出生于中国地方,均属中国国籍:(一)生而父为中国人者。(二)生于父死后,其父死时为中国人者。(三)母为中国人而父无可考或者无国籍者。"1983年《萨尔多瓦宪法》(2014年修正)第91条规定:出生即具有国籍者,可以同时拥有两国或者三国以上国籍。丧失或者恢复国籍均应向有关主管机关申请。

因婚姻,特别是女性结婚后,取得配偶国家的国籍,但不丧失原国籍,或者因婚姻丧失国籍后恢复原国籍,但不丧失因婚姻取得的国籍,产生双重国籍。1929年《中华民国国籍法》不对因婚姻丧失国籍者恢复国籍设定除批准外的任何条件,删去1912年《中华民国国籍法》(1914年修正)要求的"丧失国籍人之妻及未成年子若随同取得国籍时丧失中华民国国籍",产生双重国籍。1929年《中华民国国籍法》第15条规定:因婚姻丧失国籍者,婚姻关系消灭后,经内政部许可,得恢复国籍。

因被收养取得收养人国家的国籍,但不丧失原国籍,产生双重国籍。2007年《澳大利亚公民资格法》第13条规定:如果某人在境内,根据澳大利亚的州或者领地的法律被收养时是永久居民,被澳大利亚公民收养,如果由两人共同收养,至少一人是澳大利亚公民,那么该人自动取得公民身份。1992年《意大利国籍法》第3条规定:"意大利公民收养的未成年人取得意大利国籍。"1952年《英国收养法》第16条规定:"在对于并非英国和殖民地的公民的一个儿童作出收养命令时,如果收养人是英国和殖民地的公民,或者在夫妻共同收养的情形下,如果男性收养人是英国和殖民地的公民,那么从作出收养命令之日起,该儿童是英国和殖民地的公民。"

因归化取得外国国籍,但不丧失原国籍,产生双重国籍。美国国籍法没有规定承认双重国籍,但是事实上承认双重国籍,不要求外国人加入本国国籍时以丧失原国籍为条件,也不要求本国公民加入外国国籍以丧失美国国籍为条件。1983年《萨尔多瓦宪法》(2014年修正)第90条规定:具有中美洲其他国家国籍,在境内有住所,且向政府部门表示愿意保留国籍,无须放弃国籍。

因国家继承取得新国家国籍,仍保留原国家国籍,产生双重国籍。2001年联合国大会第55/153号决议《国家继承涉及的自然人国籍问题》第11条第1款规定:"在有关的人有资格取得两个或者多个有关国家国籍的情形下,有关国家应当考虑到该人的意愿。"强调国家在处理国籍问题时有义务尊重国籍自由原则、国籍平等原则,可能产生双重国籍。

三、双重国籍人的现状

关于双重国籍人的数据非常匮乏,似乎找不到双重国籍人方面的数据,国际移民组织、国际劳工组织、联合国难民署等国际组织没有发布双重国籍人的数据。各国移民部门、统计部门很少统计双重国籍人。加拿大是少有的统计并公布双重国籍人数据的国家。1981年至今,加拿大进行人口普查时,要求被普查者说明加拿大国籍和其他国籍。1981年、1991年、2001年,分别有3.9%、8.2%、10.3%的加拿大人在人口普查或者抽查时表示,具有两个或者以上的国籍。2001年,有552880人报告了具有加拿大国籍和另外一个国家国籍,4030人报告了具有加拿大国籍和另外两个国家国籍。[①]

[①] 1981、1991和1996年加拿大人口普查的20%样本。

在承认双重国籍的国家，采取行动取得另外国籍的人数远远低于有权取得的人数。根据艾琳·布隆拉德（Irene Bloemraad）的研究，行政或者法律上承认双重国籍对实际取得双重国籍没有太大吸引力。1998年，墨西哥通过有关扩大双重国籍适用范围的法律修正案（No Perdida de la Nacionalidad Mwxicanna），将双重国籍适用范围扩大到生活在海外的墨西哥人。根据2000年美国人口普查统计，200多万墨西哥出生且归化美国的人有权恢复墨西哥国籍，但是只有很少一部分符合条件的墨西哥人前往墨西哥驻美使（领）馆提交恢复国籍申请和支付申请费。根据墨西哥外交部估计，2000—2003年，只有3万名前墨西哥公民恢复了墨西哥国籍。[①] 印度裔美国人长期以来一直在要求双重国籍，但实际具有双重国籍的人很少。2004年1月前，在其他国家取得国籍的印度公民自动丧失印度国籍。一家南亚报纸在多伦多地区作的一项民意调查发现，90%的被调查者愿意选择双重国籍。[②] 2004年1月，印度把双重国籍适用范围扩大到生活在加拿大等16个国家的印度人。2005年，到加拿大访问的印度高级代表团的一位官员报告称，35万名在多伦多居住的印度裔人中只有约500人具有双重国籍。[③] 1981年，葡萄牙修改国籍法，归化外国的葡萄牙公民可以保留葡萄牙国籍。如果在葡萄牙选举中投票，必须在葡萄牙驻外使（领）馆登记葡萄牙国籍。大多数葡萄牙裔对保留葡萄牙国籍没有太大兴趣，只有很少人到葡萄牙驻外使（领）馆登记葡萄牙国籍。

大多数双重国籍人不报告具有双重国籍。在住在国居住时间越长，报告具有双重国籍的意愿越低。未成年时移居者、第二代、第三代报告双重国籍的更少。大多数双重国籍人不报告双重国籍的原因可能是认为双重国籍对他们而言不是特别重要，对祖籍国的情感没有转化为与祖籍国建立政治、法律、文化联系的行为。1962年，牙买加法律承认双重国籍，所有人都可以合法拥有双重国籍。1996年，只有16%牙买加裔加拿大人报告自己具有加拿大国籍

---

① Gutierrez, H. U.S. Citizenship 'Si' Double, Thanks to Mexico's Offer. *Rocky Mountain News.* 16 April 2003: 28A.
② Prashad, S. Few Bites for Dual Citizenship Deal. *Toronto Star.* 19 January 2005: A6.
③ Prashad, S. Few Bites for Dual Citizenship Deal. *Toronto Star.* 19 January 2005: A6.

和牙买加国籍。

出生在不允许双重国籍国家的人，可能错误地认为自己具有双重国籍。1996年，印度法律规定取得外国国籍即放弃印度国籍，然而有4595人即3.6%归化加拿大的印度成年人报告了双重国籍。1992年，意大利法律才允许双重国籍，但1991年，4.8%归化加拿大的意大利人报告了双重国籍。中国自1980年以来，一直明确不承认双重国籍，但是1981年、1991年、1996年，分别有1.8%、3.4%、2.7%的华裔加拿大人在人口普查、抽查时报告自己具有双重国籍。①

双重国籍人有两个及两个以上国籍，有取得两个及以上国家公民权的法律联系。除非根据1930年《关于国籍法冲突的若干问题的公约》等国际文件解决了管辖冲突，就国际法而言，双重国籍人处于各个国籍国的属人管辖权之下，可以享受各个国籍国赋予的权利，向各个国籍国履行效忠、纳税和服兵役等义务。这给国家国籍管理带来困难，甚至导致国家间的争端和冲突。

第二节 减少双重国籍状态

一、通过国内法减少双重国籍状态

国家享有国籍主权，可以从保护本国利益出发采取措施，在国内法中设定不承认双重国籍条款、自动丧失国籍条款、以丧失国籍为条件取得国籍条款，减少双重国籍状态。不承认双重国籍条款是指实行单一国籍，不承认双重国籍的条款。自动丧失国籍条款是指加入外国国籍的本国人自动丧失本国国籍，加入外国国籍时不得再保留原国籍的条款。以丧失国籍为条件取得国籍条款是指加入本国国籍以退出原国籍为条件，加入外国国籍以丧失原国籍或者剥夺原国籍为条件的条款。根据1979年统计，世界上有15个国家国籍法规定外国人入籍以丧失其原国籍为必要条件，80个国家国籍法规定外国人入籍以向入籍国声明放弃原国籍为必要条件。②

---

① 1981、1991和1996年加拿大人口普查的20%样本。
② 李浩培.国籍问题的比较研究[M].北京：商务印书馆，1979，95.

奥地利、乌克兰、古巴、越南等国家宪法、国籍法设定，如表8—1，不承认双重国籍条款，只承认本国公民具有一个国籍，即本国国籍。1988年《越南国籍法》第3条规定："承认越南公民只具有越南国籍。越南只承认越南公民具有一个国籍即越南国籍。"我国1980年《国籍法》第3条规定："中华人民共和国不承认中国公民具有双重国籍。"

中国、古巴、瓦努阿图等国家宪法、国籍法设定了自动丧失国籍条款，加入外国国籍时不得保留原国籍，成为他国公民时不再是本国公民。我国1980年《国籍法》第8条规定："申请加入中国国籍获得批准的，即取得中国国籍；被批准加入中国国籍的，不得再保留外国国籍。"1976年《古巴共和国宪法》（2003年修订）第2章第32条规定：不承认双重国籍，取得外国国籍，就丧失古巴国籍。1988年《瓦努阿图共和国宪法》第13条规定："瓦努阿图共和国不承认双重国籍，任何成为或者将成为他国公民的瓦努阿图公民不再是瓦努阿图公民。"《玻利维亚国籍法》第39条规定：取得其他国家国籍时即丧失玻利维亚国籍。1980年《圭亚那合作共和国宪法》（2007年修正）第46条规定：由于获得或者行使了外国公民资格而丧失圭亚那公民资格。《黑山国籍法》第24条规定：取得其他国家国籍的黑山公民丧失黑山国籍。

表8—1　部分国家宪法关于不承认双重国籍的规定

序号	宪法	内容
1	1876年《奥地利联邦宪法》（2009年修正）第6条	奥地利共和国适用单一国籍。
2	1996年《乌克兰宪法》第4条	乌克兰实行单一国籍。
3	1976年《古巴共和国宪法》（2003年修订）第32条	不承认双重国籍，取得外国国籍，就丧失古巴国籍。
4	1980年《圭亚那合作共和国宪法》（2007年修正）第46条	由于获得或者行使了外国公民资格而丧失圭亚那公民资格。

续表

序号	宪法	内容
5	1979年《帕劳共和国宪法》序言第2条	出生时，父母一方或者双方为帕劳公民则可经出生成为帕劳公民，但当其加入其他国家的国籍时，则丧失帕劳国籍。
	1979年《帕劳共和国宪法》序言第3条	同时是另一个国家公民的帕劳公民，应在其18周岁后的3年内，或者在本宪法生效后3年内，声明抛弃另一个国家的公民身份并登记保有帕劳公民身份。若其不遵守本要求，则应剥夺其帕劳公民身份。
	1979年《帕劳共和国宪法》序言第4条	出生时，父母一方或者双方承认帕劳祖先之人有权进入帕劳并在帕劳居住，享有法律规定的其他权利和特权，包括经归化成为帕劳公民的请愿权；经归化成为帕劳公民前，其需抛弃另一个国家的公民身份。除非根据本款规定，不得通过归化取得国籍。
6	1978年《所罗门群岛宪法》（2014年修订）第23条第1款	根据本条第2款的规定，任何已经是其他国家公民的所罗门群岛公民，自其取得所罗门群岛公民资格之日起2年期间届满时或者自其年满18周岁起（以二者较晚为准），或者在议会规定的更长的时间内，除非在该期间届满前他放弃或者丧失该他国国籍，或者在该他国的法律禁止其放弃国籍时，他根据规定作出此类放弃国籍的声明，否则将不再是所罗门群岛公民。
	（2014年修订）第23条第2款	任何年满18周岁，根据本宪法第20条第2款，或者第21条，取得所罗门群岛公民资格，并同时是他国国民的人，自其取得所罗门群岛的公民资格之日起6个月或者议会规定的更长期间届满时，除非其在该期间届满前放弃或者丧失该他国国籍，或者在该他国的法律禁止其放弃国籍时，他根据规定做出此类放弃国籍的声明，否则将不再是所罗门群岛公民。
7	1988年《瓦努阿图共和国宪法》第13条	瓦努阿图共和国不承认双重国籍，任何成为或者将成为他国公民的瓦努阿图公民不再是瓦努阿图公民。

资料来源：作者整理

日本、印度尼西亚、加拿大、新西兰、南非、约旦、柬埔寨等国家宪法、国籍法，如表8—2，设定了以丧失国籍为条件取得国籍条款，加入外国国籍时可以申请或者宣布放弃原国籍。1950年《日本国籍法》(1984年修正)第12条规定："依出生而取得外国国籍的日本国民，在国外出生的，如果不依照户籍法的规定，表示有保留日本国籍的意思，上溯到其出生时丧失日本国籍。"《印度尼西亚国籍法》第17条规定：如果当事人在取得其他国家国籍时在境内，经由内阁同意，司法部部长根据当事人自愿或者提出申请而宣布其丧失后，其印度尼西亚国籍才被认定为丧失。1996年《柬埔寨国籍法》第18条规定：具有柬埔寨国籍、18岁以上，具有另一国籍并在自愿情况下，可以申请放弃柬埔寨国籍。马来西亚等国家宪法、国籍法规定加入外国国籍时剥夺原国籍。1957年《马来西亚联邦宪法》（2009年修正）第24条第1款规定：联邦政府如果确证某公民通过登记、归化或者其他自愿的正式行为已获得联邦以外任何国家国籍，可命令剥夺其国籍。

二、通过双边条约减少双重国籍状态

双重国籍问题复杂，人数众多，影响很大，一个国家难以采取有效措施通过国内法解决。国家之间可以通过双边条约、双边共识等方式，采取双边措施，共同解决双重国籍问题，减少双重国籍状态。例如，1919年法国、摩洛哥《关于双重国籍和入籍》宣言，1955年《中国和印度尼西亚关于双重国籍问题的条约》，1956年《苏联和南斯拉夫关于解决双重国籍问题的条约》，1956年中国与尼泊尔关于两国关系中的若干有关事项的换文，1957年《朝鲜和苏联关于双重国籍人的国籍的条约》，1957年朝鲜与苏联签订的规定双重国籍的条约，1992年中国韩国建交时关于中国朝鲜族人双重国籍问题的共识等。1955年《中国和印度尼西亚关于双重国籍问题的条约》第1条规定："缔约双方同意：凡属同时具有中华人民共和国国籍和印度尼西亚国籍的人，都应根据本人自愿的原则，就中华人民共和国国籍和印度尼西亚国籍中选择一种国籍。具有上述两种国籍的已经结婚的妇女，也应根据本人自愿的原则，在两种国籍中选择一种国籍。"1957年朝鲜与苏联签订的规定双重国籍的条约第4条第2款规定："如果父母中一方具有或者选择了缔约国一方的国籍，另一方具有或者选择了缔约国另一方的国籍，那么他们的未成年子女的国籍，应由父母双方以协议约定。如果没有这种协议，子女应保留父母居住地所在的缔约国一方的国籍。父母中一方居住在缔约国一方的境内，而另一方居住在缔约国另一方境内时，子女应依从对他监护的父母一方的国籍，但是如果父母双方另有约定,则不在此限。"

表8—2 部分国家宪法、国籍法关于取得他国国籍丧失原国籍的规定

序号	国籍法	内容
1	1952年《美国移民和国籍法》第349条	依出生或者归化取得美国公民资格者,若表明放弃美国国籍意愿或者年满18岁后,基于本人申请而归化外国者,或者由其法定代表人代为申请归化者,将丧失其美国国籍。
2	1977年《加拿大国籍法》(2017年修正)第9条	为非加拿大国家的公民,或者在申请受理时,成为非加拿大国家的公民,可以申请放弃自己的公民权。
3	2007年《澳大利亚公民资格法》第33AA条	意欲寻求、取得他国公民身份的成年公民,于取得他国公民身份时,丧失公民身份。 非经某种行动而自动取得他国公民身份的公民,不丧失公民身份。
4	1977年《新西兰公民资格法》(2005年修正)第15条第1项	满18岁且有完全行为能力的新西兰公民,依他国法律成为他国公民时,得随时依法定方式宣布放弃其新西兰公民资格。
5	《俄罗斯国籍法》第6条	俄罗斯联邦对拥有其他国籍的公民,仍视为公民。取得外国国籍的公民不因此丧失国籍。
6	1950年《日本国籍法》(1984年修正)第12条	依出生而取得外国国籍的日本国民,在国外出生的,如果不依照户籍法的规定,表示有保留日本国籍的意思,上溯到其出生时丧失日本国籍。
7	《印度尼西亚国籍法》第17条	如果当事人在取得其他国家国籍时在境内,经由内阁同意,司法部部长根据当事人自愿或者提出申请而宣布其丧失后,其印度尼西亚国籍才被认定为丧失。
8	《约旦国籍法》第17条	取得其他国家国籍的约旦人,如未根据本法律放弃原国籍,仍可保留其约旦国籍。
9	《玻利维亚国籍法》第39条	取得其他国家国籍时即丧失国籍。回到国内居留后,可以恢复国籍。但依所签署国籍协议,依当事人意愿保留多国籍身份者,不在此限。
10	《萨尔瓦多宪法》第90条、第91条	第90条:具有中美洲其他国家国籍,在境内有住所,且向政府部门表示愿意保留国籍,无须放弃国籍。 第91条:出生即具有国籍者,可以同时拥有两国或者三国以上国籍。丧失或者恢复国籍均应向有关主管机关申请。
11	《南非公民资格法》第6条、第7条	第6条:成年人非因婚姻关系而正式自愿地取得外国公民资格或者国籍,丧失南非公民资格。 第7条:南非公民欲接受、已经取得外国公民或者国籍时,依法定方式宣布放弃南非公民身份。

资料来源:作者整理

三、通过多边公约减少双重国籍状态

国际社会通过多边公约、联合国决议等国际文件，采取多边措施，减少双重国籍状态，但是没有达成关于减少双重国籍状态的专门公约。1997年《欧洲国籍公约》序言第9段规定：渴望寻求解决多重国籍问题的适当方法。由于双重国籍问题的症结是国家利益冲突而不是人权保护，双重国籍人不会因为具有双重国籍而处于极度困境，几乎没有可能达成减少双重国籍状态的专门公约，这与较早达成了减少无国籍状态的专门公约不同。无国籍问题的症结是人权保护而不是国家利益冲突，无国籍人因为无国籍可能处于极度困境，非减少无国籍状态无以保护无国籍人基本人权。

1930年《关于国籍法冲突的若干问题的公约》、1933年《美洲国家间国籍公约》、1997年《欧洲国籍公约》等国际文件规定了允许双重国籍人放弃国籍，保护其退出（放弃）国籍权。1930年《关于国籍法冲突的若干问题的公约》第6条规定："具有两个国籍的人，如果此项国籍并非由于其任何自动行为而取得，经一国的认可，得放弃该国的国籍，但该国给予更广泛出籍权利的自由者不在此限。如果该人在国外有经常及主要居所，而其所欲出籍国家的法定条件均已得到满足时，前项许可不得拒绝。"1997年《欧洲国籍公约》第8条第1款规定："只要不导致关系人的无国籍状态，各缔约国都应许可放弃其国籍。"

2000年《国家继承涉及的自然人国籍问题》（联合国大会第55/153号决议）认可在国家继承状况下取得其他国家国籍时，丧失原国籍。第10条规定："1. 先前国可以规定在国家继承中自愿取得继承国国籍的有关的人，丧失先前国国籍。2. 继承国可以规定在国家继承中自愿取得另一继承国国籍或者在某些情况下保留先前国国籍的有关的人，丧失在这一国家继承中取得的该国国籍。"

1930年《关于双重国籍某种情况下兵役义务的议定书》、1963年《关于减少多重国籍情况并在多重国籍情况下的兵役义务的（欧洲）公约》认可因免除一国兵役义务而丧失该国国籍。1930年《关于双重国籍某种情况下兵役

义务的议定书》第1条规定:"具有两个或者两个以上国籍的人,如其经常居住在他具有国籍的国家之一,而且事实上与该国关系最为紧密,应免除其在别国的一切兵役义务。此项免除可能造成丧失别国国籍。"

第三节 明确双重国籍人的管辖

一、本国国籍优先

本国国籍优先是指本国国籍优于外国国籍,优先以本国国籍法律认定双重国籍人的国籍。国籍确定遵循国家主权原则,国家有权决定何人为其公民,没有义务遵守另一国作出的与其国籍法相抵触的相关规定。[①] 1930年《关于国籍法冲突的若干问题的公约》第3条规定:"除本公约另有规定外,凡有两个以上之国籍者,得被其所具有国籍的每一国家视为各该国家的国民。" 1986年《德国民法施行法》第5条规定:"如果被援用的是某人所属国法律,而该人属于多个国家,则适用于该人有密切联系的那一国家的法律,此种法律尤其可以通过其经常居所或者其生活经历来确定,如果该人还是德国人,则优先适用德国法。"根据法国的双重国籍政策,如果一个具有法国与其他国家国籍的双重国籍人在法国,只能被法国作为法国人对待。如果国籍冲突出现效忠选择时,当事人不在法国,其居住国是其国籍国。[②] 1939年《泰国国际私法》第6条规定:"国籍冲突时,其中之一是泰国国籍的,以泰国法为其本国法。" 1978年《奥地利联邦国际私法》第9条第1款:"自然人的属人法应该是该人所属国家的法律。如一人除具有外国国籍外,又具有本国国籍,应以奥地利国籍为准。"实践中,双重国籍人居住在其具有国籍的国家之一,原则上是该国公民,不能要求外国人的法律地位。双重国籍人居住在第三国,原则上是入境所持护照签发国的公民,可以要求所持护照签发公民的法律地位。

---

① 张庆元.国际私法中的国籍问题研究.北京:法律出版社,2010,52.
② 周南京.境外华人国籍问题讨论辑[C].香港:香港社会科学出版社有限公司,2005,273-274.

二、最密切联系国籍优先

最密切联系国籍优先是指最密切联系国籍优于其他国籍，优先以与双重国籍人联系最密切的国籍国法律认定双重国籍人的国籍。同等看待双重国籍人的国籍，任何国籍，除非与双重国籍人联系最密切，否则都不具有优先地位。最密切联系点主要是住所、工作、财产、子女、所持护照等。1930年《关于国籍法冲突的若干问题的公约》第5条规定："具有一个以上国籍的人，在第三国境内，应被视为只有一个国籍。第三国在不妨碍适用该国关于个人身份事件的法律以及任何有效条约的情况下，就该人所有的各国籍中，应在其领土内只承认该人经常及主要居所所在国家的国籍，或者只承认在各种情况下似与该人实际上关系最密切的国家的国籍。"1987年《瑞士联邦国际私法》第23条第2款规定："除本法另有规定外，如果一个人具有几个国籍，为确定应适用的法律，只以与之有最密切联系的国家的法律为准。"

三、后取得国籍兼住所地国籍优先

后取得国籍兼住所地国籍优先是指后取得国籍优于先取得国籍，优先以后取得国籍法律认定双重国籍人的国籍，当不能区分取得国籍顺序时，住所地国籍优先，以住所地国籍法律认定双重国籍人的国籍。这主要因为后法优于前法是法律适用的基本原则之一，尊重当事人的最新意思选择。1964年《捷克国际私法和国际民事诉讼法》第33条第2款规定："当事人同时具有几个外国国籍时，以最后取得的国籍为优。"第3款规定："不能确定最后取得的国籍时，按照具有住所地国家之国籍。"1939年《泰国国际私法》第6条第1款规定："在适用当事人本国法时，如当事人非同时取得两个以上外国国籍时，适用最后取得的国籍所属国家的法律。"第2款规定："在适用其本国法时，如当事人同时取得两个以上国籍，则应以住所地法为其本国法。"

第四节 解决双重国籍产生的冲突

一、因双重国籍产生的效忠冲突

效忠义务是公民的最重要义务。理论上,双重国籍人效忠于所有国籍国。实践中,因双重国籍产生的效忠冲突主要表现在担任公职、服兵役、选举等方面,只有在双重国籍人需要对两个国家同时尽效忠义务时,才会发生。由于担任公职产生的效忠冲突,只存在于担任公职的双重国籍人,而担任公职的双重国籍人与从事其他职业的双重国籍人相比,只占极少数。由于核武器的存在,大国之间发生战争的可能性下降,征兵制的衰退和职业军人制的兴起使双重国籍导致服兵役义务冲突减少。由于选举产生的效忠冲突,只存在于愿意参加任何一个国籍国选举的双重国籍人。2006年,只有1万名生活在美国的墨西哥公民在墨西哥大选中登记投票。[①] 在墨西哥、具有多米尼加和萨尔瓦多国籍、美国国籍的双重国籍人中,仅2%—6%人捐款给他们来源国的候选人或者政党,9%—15%人在来源国的选举活动中投票。[②]

当效忠冲突发生时,双重国籍人应选择一个国家作为效忠对象,可能是主动选择,也可能是被动选择。主动选择即自愿放弃一国国籍,而被动选择则是被剥夺一国国籍。在1975年奥本海默诉卡特默尔(Oppenheimer v. Cattermole)案中,英国丹宁勋爵指出,一个人取得英国国籍后则自动失去了与英国处于战争状态的任何国家的国籍。1952年《美国移民和国籍法》(2003年修订)规定:美国人可能失去公民身份,如果该人为:(1)在外国归化者;(2)向外国宣誓或者发表声明者;(3)在外国军队服役者;(4)为外国政府所雇佣者;(5)在美国领事官员面前声明放弃美国公民身份者。

---

① Enriquez, S. No Loud Voice for Expats in Mexican Vote. *Los Angeles Times* (A). 14 January 2006: 3.
② DeSipio, L., H. Pachon, R. de la Garza and J. Lee. Immigrant Politics at Home and Abroad: How Latino Immigrants Engage the Politics of Their Home Communities and the United States. Claremont, CA: Tomás Rivera Policy Institute.

二、解决担任公职冲突

消除双重国籍产生的担任公职冲突,主要是限制双重国籍人担任本国公职,特别是高级公职。公职,即公共职务,主要指国家立法机关、司法机关、行政机关的职位,及对国家公共利益负责的其他单位的职位。1999年《委内瑞拉玻利瓦尔共和国宪法》(2009年修正)第41条第1款规定:"国家总统及副总统,国民议会主席和副主席,最高法院法官,国家选举委员会主席,国家检察总长、国家审计总长,国家公诉人,人民护卫者,履行涉及国家安全、财政、能源、矿产或者教育职责的部长,边境州和市的州长、市长,以及关于国家军事组织法预设的职员,仅得由不具有双重国籍的出生于国内的委内瑞拉公民担任。"

除限制双重国籍人担任本国公职外,一些国家对于已经担任本国公职的,撤销其本国公职,消除双重国籍产生的担任公职冲突。1901年《澳大利亚宪法》第44条规定:具有任何他国国籍的公民,若欲竞选国会议员公职,必须采取所有合法的步骤,于国会提名前放弃他国国籍。2017年10月,澳大利亚联邦最高法院七名大法官一致判决,根据1901年《澳大利亚联邦宪法》第44条,斯科特·卢德兰、拉丽莎·沃特斯、马尔科姆·罗伯茨、芬纳·纳什和巴纳比·乔伊斯等5名参议员、众议员具有双重国籍,身为外国公民,没有在澳大利亚担任参议员、众议员的资格,当选参议员、众议员无效。

除限制双重国籍人担任本国公职外,一些国家对于已经担任他国公职的,剥夺其本国国籍,消除双重国籍产生的担任公职冲突。1950年《日本国籍法》(1984年修正)第16条规定:日本国民宣示选择日本国籍后,未放弃外国国籍,且自愿从事该国公务员职(不具该国国籍即可就任该职者除外)者,法务大臣认定从事该公职显然违反日本国籍选择要旨时,得向该日本国民提出丧失日本国籍宣告。1957年《马来西亚联邦宪法》第25条第1A款规定:对于依照第16A条登记为公民或者归化为公民的人,如果联邦政府确证此人接受、担任或者履行联邦以外任何国家或者该国的任何行政区的政府的任何职责、职务或者在政府供职,或者在该国政府的任何机构供职,只要这种职位、职务或者就业需要宣誓、确认或者宣布效忠，联邦政府即可剥夺此人的国籍。

三、解决服兵役义务冲突和为敌国服务问题

服兵役义务是公民的重要义务。理论上，双重国籍人应对所有国籍国履行服兵役义务。服兵役义务冲突曾经是担忧双重国籍的最重要因素。解决服兵役义务冲突问题，可以要求双重国籍人仅向最密切联系国籍国履行服兵役义务或者由国籍国之间协商解决。为解决因双重国籍产生的服兵役义务冲突，国际社会制定了1930年《关于双重国籍某种情况下兵役义务的议定书》、1963年《欧洲减少双重国籍和双重国籍下兵役义务公约》等国际文件和区域文件，确定了只履行其中一个国籍国的兵役义务的原则。1930年在国际法渐进式法典化大会上通过了《关于双重国籍某种情况下兵役义务的议定书》。该议定书第1条第1款规定："拥有双重国籍人习惯地居住在其中一个国籍国，而且他事实上与该国保持最密切的联系，其应被豁免所有其他国家的服兵役义务。"1963年欧洲议会通过了《减少双重国籍和双重国籍下兵役义务公约》，更多地将减少双重国籍下服兵役义务冲突交由国籍国之间协商解决。该公约第5条规定："1. 拥有双重国籍人应只被要求履行其中一个国籍国的兵役义务。2. 第1款适用的模式可以由本公约成员国签订特别条约的方式决定。"

双边条约是解决因双重国籍产生的服兵役义务冲突的重要方式之一，一些国家通过协商签订双边条约，解决因双重国籍产生的服兵役义务冲突。1959年以色列和法国签订了《关于具有双重国籍人服兵役的条约》。第2条第1款规定，居住在两缔约国之一的双重国籍人必须按要求在当事人18岁时所具有永久居留地位的国家服兵役。

尽管由于核武器的存在、征兵制的衰退、职业军人制的兴起，因双重国籍产生的服兵役义务冲突减少，但很多国家还是在国籍法中预设剥夺国籍、丧失国籍等方案，将因双重国籍产生的服兵役义务冲突降至最低，并扩展至为敌国服务。（1）双重国籍人在他国担任军职，丧失本国国籍。《南非公民资格法》第6条规定：依他国法律取得他国国籍或者公民资格，而当他国与南非发生战争时，于他国军队中服役者丧失南非公民资格。（2）双重国籍人在他国

担任军职，剥夺其本国国籍。《沙特阿拉伯国籍法》第13条第1款第1项规定：未取得沙特阿拉伯许可，而服务于他国军队，可以判决剥夺其国籍。（3）双重国籍人在战争期间，为敌国服务，丧失本国国籍，或者剥夺其本国国籍。《沙特阿拉伯国籍法》第13条第1款第2项规定：在沙特阿拉伯与他国战争期间，而为该国政府或者国家服务，可以判决剥夺其国籍。因有上述情形，沙特阿拉伯对个人发出放弃工作命令后，该个人仍为他国政府或者国际组织职务。依本条规定剥夺其国籍时，政府应于3个月前通知该公民。

四、解决领事保护与协助、外交保护冲突

公民有权要求国家，国家有义务向公民提供领事保护与协助、外交保护。双重国籍人的所有国籍国都有义务提供领事保护与协助、外交保护。解决双重国籍产生的领事保护与协助、外交保护冲突的方法主要是通过设立连接点确定双重国籍人的国籍，进而确定唯一的领事保护与协助、外交保护国家。通常，对于双重国籍，只能是其中的一个国籍国为双重国籍人提供领事保护与协助、外交保护。2008年，联合国大会通过第62/67号决议《外交保护》，第3条规定：有权实行外交保护的国家是国籍国。1930年《关于国籍法冲突的若干问题的公约》只允许双重国籍国中的一个国籍国提供外交保护。第4条规定："一国不可以向拥有另外一个国家国籍的本国公民提供外交保护。"

美国公民的护照上写明：一旦美国公民具有双重国籍，当他在另一国籍所属国时，该国如果要求其履行有关义务（包括服兵役）时，其双重国籍可能妨碍美国向其提供外交保护。[①] 澳大利亚驻华大使馆指出：澳大利亚驻华大使馆领事官员不向持中国护照、中国香港或者澳门身份证、中国台湾签发的国际旅行证件或者任何非澳大利亚护照进入中国的澳大利亚中国双重（多重）国籍人提供领事保护。[②] 中国不承认双重国籍，如果双重国籍人入境中国时持中国护照，而不是持另一国籍国护照，不允许另一国籍国向双重国籍人提供

[①] 周南京.境外华人国籍问题讨论辑[C].香港：香港社会科学出版社有限公司，2005，274.

[②] Department of Foreign Affairs and Trade, Australia. China: Dual Citizenship[EB/OL]. (2020-09-20) [2020-12-04]. https://www.smartraveller.gov.au/destinations/asia/china.

领事服务和外交保护。

表8—3 部分国家宪法、国籍法关于减少、避免因双重国籍产生服兵役冲突、担任公职冲突和为敌国服务问题的规定

序号	国籍法	内容
1	1901年《澳大利亚宪法》第44条	具有任何他国国籍的公民,若欲竞选国会议员公职,必须采取所有合法的步骤,于国会提名前放弃他国国籍。
2	《西班牙国籍法》	非西班牙固有国籍者,在政府已有禁令前提下,仍在他国政府担任军职及公职,丧失国籍。
3	《拉脱维亚国籍法》第11条	具下列情况的任何人不得获准取得国籍:一、外国政府职权、行政或者执法机关的官员。二、在某外国军队、内陆军队、保安或者警察(国民军)中服役。
4	1950年《日本国籍法》(1984年修正)第16条	日本国民宣示选择日本国籍后,未放弃外国国籍,且自愿从事该国公务员职(不具该国国籍即可就任该职者除外)者,法务大臣认定从事该职务,显然违反日本国籍选择要旨时,得向该日本国民提出丧失日本国籍宣告。
5	《新加坡国籍法》第129条	新加坡政府认为个人在新加坡现在或者曾经参战期间,非法与敌国交易或者往来,或者是参与或者合作从事明知有助于战争中敌国商业行为时,得以命令废除依归化取得的新加坡国籍。
6	《沙特阿拉伯国籍法》第13条	如果个人有以下情形,可以判决剥夺其国籍:一、未取得沙特阿拉伯政府许可,而服务于他国政府军队;二、在沙特阿拉伯政府与他国战争期间,而为该国政府或者国家服务。因有上述情形,沙特阿拉伯政府对个人发出放弃工作命令后,该个人仍接受他国政府或者国际组织职务。依本条规定剥夺其国籍时,政府应于3个月前通知该公民。
7	《玻利维亚国籍与公民权法》第42条	在下列情况下,公民权利应予以中止:一、在战争期间拥有任何装甲或者枪支,或者为敌军工作者。二、拥有不明公共财产,或者经判决确定为诈欺破产并已受刑罚者。三、在没有参议院同意下接受外国政府职位者,但国际组织、使节团、公认国际代表团与任何宗教、大学、文化组织所需工作或者职位不在此限。
8	《斐济公民法》第12条	在斐济参战期间,非法与敌国交易或者往来,参与或者合作从事明知有助于战争中敌国商业行为,丧失公民资格。
9	《南非公民资格法》第6条	依他国法律取得他国国籍或者公民资格,而当他国与南非发生战争时,于他国军队中服役者丧失南非公民资格。

资料来源:作者整理

随着对外交保护的高度重视,提供外交保护的国家从双重国籍国的一个国籍国扩展到了所有国籍国。2008年《外交保护》(联合国第62/67号决议)

允许双重国籍国的所有国家提供外交保护。在序言中指出，外交保护是对国家间关系至为重要的主题。第6条规定："双重或者多重国籍国民的任一国籍国可针对该人不属于其国民的国家，对该国民行使外交保护。两个或者多个国籍国可为具有双重或者多重国籍的国民共同行使外交保护。"

五、解决向国家求偿冲突

基于国家主权，1930年《关于国籍法冲突的若干问题的公约》第4条规定"一国不得向拥有另外一个国家国籍的本国公民提供外交保护"，进而一国籍国不得为有双重国籍的公民针对另一国籍国提出求偿。1898年亚历山大（Alexander）案、1930年哈尼（Honey）案等仲裁裁决支持这一立场。[①] 1949年，对联合国勤务中受伤者求偿案的咨询意见中，把不针对另一国籍国保护其公民的国家实践称为"通常做法"。[②]

是否容许一国籍国为有双重国籍的公民向另一国籍国提出求偿，在国际法上一直有争议。一些国籍案件判决表明，如果一国是主要国籍国或者有效国籍国，可以为其公民针对另一国籍国提起诉讼和求偿。一国籍国为有双重国籍的公民针对另一国籍国提出求偿的立场，在实质上，从不允许转向了允许。1930年《关于国籍法冲突的若干问题的公约》之前，已经有一些国籍案件的判决支持一国籍国为有双重国籍的公民针对另一国籍国提出求偿的立场。1903—1928年，有仲裁裁决支持主要国籍国或者有效国籍国可以为其公民针

---

① 亚历山大（Alexander）案（1898）3莫尔（Moore），《国际仲裁》，p.2529(美国—英国索赔委员会)；欧登伯格（Oldenbourg）案，专员们的决定和意见，1929年10月5日至1930年2月15日，p.97；哈尼（Honey）案，专员们在1930年2月15日以后的进一步决定和意见，p.13（英国—墨西哥索赔委员会）。
② 1949《国际法院报告书》，p.186。

对另一国籍国提起诉讼。①

1930年《关于国籍法冲突的若干问题的公约》之后，更多的国籍案件判决、联合国及其机构的意见，支持一国籍国为有双重国籍的公民针对另一国籍国提出求偿的立场。国际法委员会在1956年斯巴丁（Spauding）索赔案、1957年塞斯特拉（Cestra）索赔案、1959年嘎纳佩尼（Ganapini）索赔案、1960年图瑞（Turri）索赔案、1962年狄·西西奥（Di Cicio）索赔案中认为，有效国籍、主要国籍只是一个硬币的两面。② 1955年，意大利—美国调解委员会在Mergé求偿案中指出："这项原则是以国家主权平等为基础，它排除了双重国籍情况下的外交保护，如果原告人的国籍国是求偿国，该原则就必须让位于有效国籍原则。但在未能证明其国籍为主要国籍的情况下，就不能让位，因为这两项原则中的第一项是普遍公认的原则，可能是在实际事务中用于消除任何可能发生的不确定情况的标准。"③ 1984年，伊朗—美国索赔法庭借鉴了上述情况，在若干案件中适用了主要国籍和有效国籍的原则。④

1991年，联合国安全理事会设立赔偿委员会，处理个人、公司、政府和国际组织因伊拉克入侵和占领科威特而遭受的损失和损害的索赔并支付赔偿金。审理有伊拉克国籍的双重国籍人的索赔时所适用的条件是：他们必须有

---

① 米拉尼·布里尼奥内·史蒂文森·马辛森等（Milani, Brignone, Stevenson & Mathinson, etc.）案（英国—委内瑞拉混合索赔委员会）报道载于拉尔斯顿（Ralston），《1903年委内瑞拉仲裁》，分别参看pp.429–438，710，754–61，438–455；卡内瓦洛（Carnevaro）案（常设仲裁法庭，1912），报道载于斯格特（Scott），《海牙法庭报告书》，第1卷，载于p.284；海因（Hein）案（英国—德国混合法庭），《国际公法案件年度文摘和报告书》（1919–1922），案件号：148，p.216；布卢曼索（Blumenthal）案（法国—德国混合法庭），《混合法庭裁决汇编》，第3卷（1924），p.616；德·孟福尔（de Montfort）案（法国—德国混合法庭），《国际公法案件年度文摘和报告书》（1925–1926），案号：206，p.279；彭森（Pinson）案（法国—墨西哥混合索赔委员会），《国际公法案件年度文摘和报告书》）（1927–1928），第19 和第195号案件，p.297–301；泰莱克（Tellech）案（美国—奥地利和匈牙利三方索赔委员会），《国际仲裁裁决报告书》，（1928）2，p.248–250。

② 斯巴丁（Spauding）索赔案（1956）25《国际法报告书》p.452；塞斯特拉（Cestra）索赔案(1957) 25《国际法报告书》p.454；嘎纳佩尼（Ganapini）索赔案(1959) 30《国际法报告书》p.366；图瑞（Turri）索赔案（1960）30《国际法报告书》p.371；狄·西西奥（Di Cicio）索赔案（1962）40《国际法报告书》p.148。

③ (1955) 22《国际法报告书》p.455(第V. 5 段)。参看(1955)16《国际仲裁裁决报告书》p. 247。

④ 埃斯法汉尼亚诉泰雅瑞特（Esphahanian v.Tejarat）银行案(1983) 21《伊朗—美国索赔法庭报告书》p.166；案件号：A/18(1984)5《伊朗—美国索赔法庭报告书》p.251。

另一国的真实国籍。①2000年，奥雷戈·比库尼亚在提交国际法协会的报告中提出：若外侨有双重或者多重国籍，具有比较坚强和比较真实的法律或者其他联系的国家才可行使求偿权。②2002年联合国国际法委员会《外交保护》第6条规定：甲国的公民同时也是乙国的公民时，甲国不可针对乙国为该人行使外交保护，除非甲国在该人受害时和正式提出求偿之日都是主要国籍国。

认定"有效国籍国""主要国籍国"是一国籍国为有双重国籍的公民向另一国籍国提出求偿的关键。"有效国籍国""主要国籍国"是指多个国籍国中，与个人有更紧密联系的国籍国。确定时必须考虑的因素包括：经常居所、在每一国籍国居住的期间、归化日期（成为行使外交保护的国家公民的期间有多长）；受教育的地点、修习的课程和教学的语言；就业和财务利益；家庭生活的地点；每一国籍国的家庭联系；对社会和公共生活的参与；语言的掌握；纳税、银行账户、社会保险；对其他国籍国的访问；持有和使用其他国家护照的情况；服兵役的情况。没有哪一个因素是起决定作用的，每一因素所占比重因案情而异。求偿国应负举证责任，证明其国籍为主要国籍。求偿国的国籍在该人受害时和正式提出求偿之日都必须是有效国籍、主要国籍，避免其受到损害以后才到另一国设定主要国籍从而向该国籍国提出求偿。

六、解决因国籍国与住在国分离产生的权利义务背离

为解决因国籍国与住在国分离产生的权利义务背离等问题，许多国家和地区扬弃形式国籍标准，发展真实国籍标准，确立居留国籍标准，不单以国籍，而以国籍和居留为标准赋予公民、外国人权利和义务。居留国籍标准是指国家以国籍和居留作为共同标准赋予公民、外国人权利义务，是对形式国籍标准和真实国籍标准的扬弃。澳大利亚跨国迁徙公民社会福利制度、马来西亚归化公民离境期制度等都体现了居留国籍标准。

澳大利亚建立了以居留国籍为标准的跨国迁徙公民社会福利制度，解决

---

① 联合国第 S/AC.26/1991/Rev.1 号文件，第 11 段。
② "关于'变动中的求偿人国籍法'的临时报告"，载于国际法协会《第六十九次会议(2000)的报告》p.646(第11段)。

国籍国与住在国分离产生的权利义务背离，改变了公民一以贯之享有社会福利的做法。澳大利亚公民离境后能否领取福利金，领取多长时间，取决于拟领取福利金的类别、计划前往的国家、离开澳大利亚的时间长度、离开之前在澳大利亚已经居留的时间长度。大多数类别的福利金都要求申领人必须是澳大利亚公民，申领时在澳大利亚居留。养老金、孀妇补助金和妻子补助金申领人递交申请时，必须已经在澳大利亚定居10年以上。居民应该尽量提前通知澳大利亚社会福利署自己将何时离开和回国。澳大利亚移民主管部门可能将居民出入境情况通知社会福利署，社会福利署根据出入境情况，确定公民在澳大利亚境外期间和返回澳大利亚后获得的福利金。澳大利亚公民必须在澳大利亚居留满2年后，才有资格申领澳大利亚政府的绝大部分福利金，居留满10年后，才有资格申领养老金和残疾人福利金。

马来西亚建立了以居留国籍为标准的归化公民离境期制度，改变了一为国籍、永为国籍的做法。1957年《马来西亚联邦宪法》（2009年修正）第25条第2款规定，对于依照第16A条登记为公民或者归化为公民的人，联邦政府如果确证此人连续五年通常居住在联邦以外的国家，而且在此期间有下列情形者，可命令剥夺其国籍：（a）从未为联邦或者联邦政府为成员的一国际组织工作；而且（b）没有每年在联邦驻外领馆登记，表明其要保留国籍的意图。

七、解决管辖权冲突

国家对公民具有管辖权。理论上，双重国籍人应服从所有国籍国的管辖。解决国籍引发的管辖权冲突问题，可以通过设立连接点确定本国法，进而确定唯一的管辖权。连接点通常为住所、居所。1992年《罗马尼亚国际私法典》第12条规定："本国法是指当事人国籍所在国的法律。国籍的确定与证明依据当事人宣称具有该国国籍的国家的法律。罗马尼亚公民，即使外国法赋予其另一国国籍，其本国法为罗马尼亚法。具有多重国籍的外国人，其本国法为其住所所在国家的法律。若没有住所，则为其居所所在国法律。无国籍人则以其住所，或者当缺乏此种住所时，以其居所所在地法律为准。"根据法国国籍政策，如果一个具有法国与其他国籍的双重国籍人在法国，只能被法国作为法国人对待。如果国籍冲突出现忠诚选择时，当事人不在法国，其居住国是其国籍国。根据西班牙的双重国籍政策，双重国籍是一种完整国籍和潜在国籍的共存，当事人居住国国籍是主要的，一旦他回到出生国定居，该国国籍是其主要国籍。[①]

第五节　驱逐双重国籍人

一、不驱逐主要国籍国为本国的双重国籍人

国家有义务不驱逐公民。在古雅典，终身放逐是躲避死罪处罚的唯一方式。联合国人权委员会在多米尼加共和国案的判决总结中指出，驱逐处罚与1966年《公民权利和政治权利国际公约》的规定不一致。[②] 根据1948年《世界人权宣言》，为驱逐目的而剥夺公民国籍的行为是任意行为。[③] 1969年《美洲人权公约》第20条第3款规定，人人有权享有国籍。不得任意剥夺任何人的国籍。[④] 1950年《欧洲人权保护和基本自由公约》指出，如果一个国家因为驱逐某人出境而拒绝认可该人的国籍，任意的情形就会发生。[⑤] 驱逐公民的国家通常不允许被驱逐的公民回国。

如果驱逐国是双重国籍人的主要国籍国，依照不驱逐公民规则，该国在原则上和逻辑上都不应驱逐双重国籍人。就驱逐而言，要确定双重国籍人的两个国籍中哪个是主要国籍。在有些情况下，确定主要国籍很困难，因为主要国籍的标准主要是"经常居所"、经济利益等，双重国籍人可能同时在两个国籍国都有"经常居所"、经济利益，因而可能拥有一个以上的主要国籍。如果当事人相等地拥有两个主要国籍，不应因为被驱逐陷入无国籍状态。

---

① 周南京.境外华人国籍问题讨论辑[M].香港社会科学出版社有限公司，2005，273-274.

② 塞拉·约瑟夫等（Joseph, Sarah, etc.）公民和政治权利国际公约[G].美国纽约：牛津大学出版社，2000，259.

③ 每个人都有权利拥有国籍，任何人不得被任意剥夺拥有国籍以及改变国籍的权利.1948年《世界人权宣言》第15条.

④ 任何人不得被任意剥夺拥有国籍以及改变国籍的权利.1969年《美洲人权公约》第20条第3款 1969年版，1978年7月18日实行.OAS T条约序号：No.36 (1969)，AMCHR.

⑤ 雅各布（Jacobs, F.）.欧洲人权保护和基本自由公约.亨金·路易斯（Louis, Henkin）.国际权利和自由法案：公民和政治权利公约[G].美国纽约：哥伦比亚大学出版社，1981，183.

俄罗斯、瑞士等国家不驱逐具有本国国籍的双重国籍人。《俄罗斯联邦国籍法》第6条第1款规定：对于拥有俄罗斯国籍和另一国国籍的俄罗斯公民，俄罗斯只承认其俄罗斯国籍，除非俄罗斯签署的国际条约或者联邦法另有规定。禁止驱逐俄罗斯公民的规定适用于拥有别国国籍的俄罗斯人。1999年《瑞士联邦宪法》第25条第1款规定："不得驱逐瑞士公民出境。"就驱逐而言，拥有双重国籍（其中一个为瑞士国籍）的人不被视为外国人。

一般而言，具有以下情形的，国籍国才可以驱逐主要国籍国为本国的双重国籍人：驱逐国保留双重国籍人的国籍，在这种情况下，征得另一个国籍国同意后才能将双重国籍人驱逐到该国；驱逐国剥夺双重国籍人的本国国籍，使其成为外国人。根据1928年《关于各缔约方领土内外侨地位的公约》等国际文件，国家有义务接收被主要国籍国驱逐的公民。该公约第6条规定："各国有义务接收被外国驱逐而寻求入境的公民。"

驱逐外国人是否必须先征得接收国同意存有争议。美国不认为驱逐外国人必须先征得接收国同意。美国最高法院在亚玛（Jama）诉移民与海关执法局案中，将美国法律解释为，没有规定美国在驱逐外国人时需事先征得接收国同意，即使接收国当时四分五裂，没有一个处于运作状态的政府。实践中，如果驱逐外国人不先征得接收国同意，将会使驱逐外国人的行为陷于困境，难以顺利完成。

二、驱逐双重国籍人

（一）将双重国籍人视为外国人

美国、澳大利亚、匈牙利、波兰等国家为驱逐以外的其他需要，将拥有另一国籍的本国公民看作外国人。澳大利亚和匈牙利就两国领事条约"互换照会"时，将使用另一国护照及适当签证入境临时居留的双重国籍公民视为外国人。[①] 澳大利亚限制公民享有某些权利，将公民中拥有另一国国籍者视为

---

① Piotrowicz, Ryszard W.. The Australian-Hungarian Consular Treaty of 1988 and the Regulation of Dual Nationality [J]. *The Sydney Law Review*.Vol.12, 1990, 569-583, 572-576.

外国人。① 美国和波兰② 以及加拿大和匈牙利③ 也分别就各自领事条约互换照会，作出了类似规定。达成这些条约是为确保有关国家公民能够在居留外国后返回原籍国，同时保留居留国的国籍。如果有关人士是驱逐国公民，驱逐国没有剥夺其国籍，仅将其视为外国人不完全足以作为驱逐依据，而且此人可以以其拥有驱逐国国籍为由质疑驱逐的合法性。

（二）拒绝承认双重国籍人的本国国籍

韩国等国家通过拒绝承认、否定双重国籍人的本国国籍，规避不驱逐本国公民的义务，驱逐具有本国国籍的双重国籍人。根据1948年《韩国国籍法》（2011年修正）第10条和第12条，尽管被视为韩国国民者不会被驱逐，但是，由于出生的关系而同时拥有韩国和外国国籍者，或者根据《国籍法》未选择韩国国籍或者不放弃其原国籍（非韩国国籍）者不被视为韩国国民，不会免于被驱逐。④

（三）剥夺双重国籍人的本国国籍

瑞士等国家通过剥夺双重国籍人的本国国籍，规避不驱逐本国公民的义务，驱逐具有本国国籍的双重国籍人。剥夺对瑞士利益和地位造成严重危害的双重国籍人的瑞士国籍，然后以危害国家安全为由驱逐其出境，1952年《取得和丧失瑞士国籍法》第48条规定：根据瑞士有关法律，在满足下列3项条件的情况下，联邦主管机构可以剥夺瑞士国籍。第一，当事人必须有双重国

---

① Kojanec, Giovanni. Multiple Nationality[R]. Proceedings of the First European Conference on Nationality: Trends and Developments in National and International Law on Nationality, Stratsburg: 18,19 October 1999, CONF/NAT (99) PRO1, 3 February 2000.

② 互换照会，第38号照会，1972年5月31日（根据1972年5月31日《美国和波兰领事公约》，24 U.S.T. 1231，T.I.A.S. 7642，1972 U.S.T. LEXIS 253，1973年7月6日生效）["持美国护照及波兰入境签证进入波兰临时居留的人，在给予临时访客身份期间（与签证有效期相同）将被波兰主管当局视为美国公民，以确保行使《宪法》第29条规定的领事保护以及无需其他证件即可离境的权利，不论当事人是否拥有波兰公民身份"，反之亦然]。

③ 联合国，《条约汇编》，第862卷，第12356号["作为加拿大和匈牙利之间某些领事和护照问题协定的换文，渥太华，1964年6月11日"，（随附于同一天签署的商务协定），1965年5月25日生效]。

④《联合国际法委员会各国政府关于驱逐外国人的评论和资料增编》韩国部分，A/CN.4/628/Add.，2010年8月31日。

籍；第二，当事人必须做了严重损害瑞士利益和立场的事情；第三，必须获得当事人原州行政当局的同意。一个人一旦被剥夺了瑞士国籍成为外国人，在特定情况下就可以被驱逐出境。

（四）拒绝承认本国国籍、剥夺本国国籍对被驱逐的双重国籍人的影响

在驱逐双重国籍人之前必须以拒绝承认本国国籍、剥夺本国国籍等方式将其转换为外国人身份，不一定符合被驱逐的双重国籍人的利益。考虑到有些国家的做法和被驱逐者的利益，不宜要求在驱逐前必须剥夺双重国籍人的国籍。2008年7月，联合国国际法委员会工作组指出，不驱逐公民适用于合法取得一个或者若干个其他国籍的人员。这表明国家不应使用拒绝承认、剥夺国籍等手段不履行不驱逐本国公民的义务。[①] 强行要求驱逐国在驱逐任何双重国籍人之前剥夺其国籍可能会损害被驱逐者的回国权。如果被驱逐者需要返回驱逐国，例如在政府变更后，会因为国籍被剥夺而变得复杂。被驱逐者会被看作是申请进入另一国家的外国人，或者需要驱逐国恢复其国籍，以行使回国权。

第六节 容忍和承认双重国籍

一、国际文件容忍和承认双重国籍

双重国籍不是一个新问题。由于发现新大陆，欧洲人移民到美洲、大洋洲，双重国籍在19世纪已经成为一个重要问题。欧洲国家的政治和文化精英坚持永久效忠，倾向于视移民为叛徒，不愿意让渡决定谁具有、不具有取得国籍的权力，不允许移民取得住在国国籍时放弃原国籍，不解除其公民义务。1870年，英国不再坚持永久效忠，承认臣民取得的其他国家国籍，但是不再具有英国国籍。英国、美国签订入籍专约，第1条规定：相互承认两国准许的入籍，不论在该专约订立前或订立后依照美国法加入美国国籍的英国臣民，英国应认为是美国公民；同样，依照英国法加入英国国籍的美国公民，美国

[①] 《国际法委员会第六十届会议工作报告草稿：第八章驱逐外国人补编》，A/CN.4/L.735/Add.1，2008年7月22日。

也认为是英国臣民。1949年，英国不再坚持单一国籍，走向包容、承认双重国籍。1949年《英国国籍法》第19条规定：成年并有能力的英国臣民，如果同时是外国公民，可以提出放弃英国国籍的申明，仅国务大臣登记后，丧失英国国籍。反而言之，如果不提出放弃英国国籍的申明，则具有双重国籍。

基于尊重和保障个人身份自主和联系自由，国际社会倡导国家在一些情况下容忍、承认双重国籍。2011年，消除对妇女歧视问题委员会指出，禁止双重国籍不得导致儿童的国籍仅根据父亲国籍确定。[①] 2013年，联合国难民署建议：各国对由不同国籍父母所生子女、对与外国人结婚并在其配偶国家定居并表示希望在不丧失原国籍的情况下取得配偶国籍者，承认双重国籍。[②] 1993年《关于减少多重国籍与多重国籍下兵役义务公约》第二议定书和1997年《欧洲国籍公约》反对长期存在的避免多重国籍的原则，标志着对以往排外性单一国籍法律的背离。1997年《欧洲国籍法公约》要求成员国承认由于混血、婚姻产生的双重国籍。第14条第1款规定："任何缔约国应允许：（a）如果儿童因出生而自动获得了多重国籍，则可保留这些国籍；（b）如果国民因婚姻关系而自动地取得了他国国籍，则可拥有该外国国籍。"第16条规定："如果要求放弃或者丧失他国国籍是不可能的或者是不合理的，那么各缔约国便不得坚持以放弃或者丧失他国国籍作为取得或者保留本国国籍的先决条件。"

国际社会鼓励国家在一些情况下允许、承认双重国籍，有效地保护国家继承下人员、少数群体、妇女、子女等群体的权益。2000年《关于国家继承涉及的自然人国籍问题》（联合国大会第55/153号决议）第11条第1款规定：在有关的人有资格取得两个或者多个有关国家国籍的情形下，有关国家应当考虑到该人的意愿。2008年2月，联合国人权理事会少数群体问题独立专家盖伊·麦克杜格尔在《增进和保护所有人权、公民、政治、经济、社会和文

---

① CEDAW/C/ZMB/CO/5-6.27 July 2011.
② 联合国人权事务高级专员办事处关于在涉及国籍问题上对妇女歧视包括对儿童影响的报告[R].联合国大会人权理事会第23届会议议程项目2和3，A/HRC/23/23，2013年3月15日.

化权利，包括发展权》中，促请缔约国允许双重或者多重国籍。①2013年，联合国人权事务高级专员办事处在《关于在涉及国籍问题上对妇女歧视包括对儿童影响的报告》中建议，对由不同国籍父母所生子女、对与外国人结婚并在其配偶国家定居并表示希望在不丧失原国籍的情况下取得配偶国籍者，承认双重国籍。②2014年《消除对妇女歧视委员会关于妇女的难民地位、庇护、国籍和无国籍状态与性别相关方面的第32号一般性建议》第63段建议：考虑准许与外籍男子结婚的妇女以及此种结合所生的子女拥有双重国籍，尤其是在规定单一国籍的法律制度可能导致无国籍状态的情况下。

二、国家容忍和承认双重国籍

双重国籍逐渐成为一种被国家普遍容忍和接受的现象。在联合国世界人口数据库2013年统计的197个国家中，108个国家采取承认双重国籍政策，占国家总数的55%；37个国家采取限制性承认双重国籍政策，占总数的19%，合计占国家总数的74%。③德国国际移民学者托马斯·菲斯特（Thomas Faist）认为：世界上一半以上的国家，包括移民输出国和移民输入国，容忍双重国籍或者某种双重国籍的元素。④随着国际移民增长，双重国籍人数增多，国际移民通常保持与祖籍国的联系，使各国公民身份之间不再是零和，而是交叉的联系。国家越放宽对双重国籍的限制，也就越对容忍、承认双重国籍持开放态度。国家限制双重国籍主要有以下情况：(1) 因出生取得国籍，只允许一个国籍；(2) 在成年时，必须选择一个国籍；(3) 归化其他国家，必须退出本国国籍或者强制性地剥夺国籍；(4) 归化本国，必须放弃原国籍。

---

① 《联合国人权理事会少数群体问题独立专家盖伊·麦克杜格尔的报告：增进和保护所有人权、公民、政治、经济、社会和文化权利，包括发展权》第86段，A/HRC/7/23，2008年2月28日。

② 联合国人权事务高级专员办事处关于在涉及国籍问题上对妇女歧视包括对儿童影响的报告[R].联合国大会人权理事会第23届会议议程项目2和3，A/HRC/23/23，2013年3月15日.

③ 李安山.双重国籍问题与海外侨胞权益保护[G].南京：江苏人民出版社，2016，2.

④ Faist, Thomas. Introduction: The Shifting Boundaries of the Political States and Human Security. In Thomas Faist and Peter Kivisto. *Dual Citizenship in Global Perspective: From Unitary to Multiple Citizenship*[C]. Palgrave Macmillan.2007.

美国、加拿大、澳大利亚等传统移民国家容忍、承认双重国籍。1952年《美国移民和国籍法》(2003年修正)没有规定承认双重国籍,但是不要求因出生取得本国国籍时不能取得其他国家国籍,也不要求加入本国国籍时以丧失原国籍为条件、本国公民加入外国国籍以丧失美国国籍为条件,默许具有本国国籍的人同时具有其他国家国籍。1977年《加拿大国籍法》结束了加拿大公民同时具有英国臣属关系的二元历史,扩大可以同时具有世界上所有国家的国籍。这部法律取消了对于英国臣民的特殊规定,要求所有移民,无论其来源,都要遵守相同的归化要求,不再规定归化取得其他国家国籍就相当于放弃加拿大国籍。双重国籍通过不禁止而被允许,开创了加拿大允许双重国籍的先河。澳大利亚国籍法关于双重国籍从不承认向有限承认、完全承认发展。1949年1月至1975年9月,澳大利亚有限度地承认双重国籍。成年公民被动地在澳大利亚和新几内亚境外取得外国国籍,不丧失澳大利亚国籍。[①] 1975年9月至1984年12月,随着巴布亚新几内亚脱离澳大利亚独立,澳大利亚扩大有限度承认双重国籍的范围,从被动地在澳大利亚和新几内亚境外取得扩大至在澳大利亚境外取得外国国籍。2002年4月,澳大利亚废止1948年《澳大利亚公民资格法》关于不承认双重国籍的第17条,完全承认双重国籍。公民主动取得其他国家国籍、成为其他国家公民,不再丧失澳大利亚国籍。[②]

德国、日本、韩国等非传统移民国家容忍、承认双重国籍。2007年,德国修订国籍法,德国公民取得欧盟国家或者瑞士的国籍,不自动丧失德国国籍,也不需要取得允许其包括德国国籍的书面批准。2011年,德国再次修改国籍法,德国公民自愿加入欧盟成员国、北大西洋公约组织成员国、欧洲自由贸易联盟成员国、澳大利亚、新西兰、以色列或者韩国军队,不自动丧失德国国籍。1950年《日本国籍法》(1984年修正)第14条第1款规定:"具有外国国籍的日本国民,当其具有外国国籍及日本国籍时,必须对其中的任何

---

① The Department of the Parliamentary Library. Dual Citizenship in Australia, Adrienne Millbank Social Policy Group. 28 November 2000.

② 澳洲修订公民法 允许其公民保留多重国籍[EB/OL].(2008-03-05)[2020-03-12]. http://www.ozchinese.com/yimin/toaustralia/20060528/toaustralia4260.shtml.

一个国籍作出选择。如其时在年满20岁以前，必须在22岁以内完成之。如其在年满20岁以后，必须从当时起2年内完成之。"2011年，韩国修订《国籍法》，有条件地承认双重国籍，废止不承认双重国籍及取得韩国国籍时必须提交放弃外国国籍证明的条款。允许海外高级人才、结婚移民者、65岁以上高龄在外同胞持有双重国籍。

印度、土耳其、刚果等移民输出大国引入各种类型的双重国籍，积极保护海外族裔权益和吸引高技能人员回归，推动跨国民族主义。2004年1月，在其他国家取得国籍的印度公民不自动丧失印度国籍。[①] 土耳其政府默许取得承认双重国籍国家国籍的土耳其公民保留土耳其国籍。《土耳其国籍法》没有规定加入外国国籍者需放弃土耳其国籍，也没有规定加入土耳其国籍者需放弃外国国籍。土耳其公民取得承认双重国籍国家国籍时，可保留而不需要放弃土耳其国籍。1979年《刚果宪法》（1984年修订）第13条规定：刚果国籍受到法律保障，刚果国民有权变更国籍或者取得第二国籍。

三、完全承认双重国籍

完全承认双重国籍是指允许本国公民在具有本国国籍的同时，具有其他国家国籍，成为双重国籍人。完全承认双重国籍有利于维持本国与双重国籍人的联系，引进他们的知识和资本，提高国籍政策的竞争力，但是可能产生效忠冲突、服兵役义务冲突和为敌国服务、领事保护与协助和外交保护冲突、向国家求偿冲突、国籍国与住在国分离产生的权利义务背离、管辖权冲突等问题。虽然这些问题往往是理论上的推论，实践中不一定发生，而且可以被有效解决，但还是要预设制度进行防范。

澳大利亚承认双重国籍，公民主动取得其他国家国籍、成为其他国家公民，不丧失澳大利亚国籍。[②] 2002年4月，在各方的推动下，澳大利亚废止了1948年《澳大利亚公民资格法》第17条关于取得其他国家国籍时丧失澳大利

---

① Prashad, S. Few Bites for Dual Citizenship Deal. *Toronto Star.* 19 January 2005: A6.

② The Department of the Parliamentary Library. Dual Citizenship in Australia. Adrienne Millbank Social Policy Group. 28 November 2000.

亚国籍的规定，澳大利亚公民不再因获取其他国籍而失去澳大利亚国籍。[①] 承认双重国籍，使不断增长的在全球迁徙澳大利亚公民能够更有效地利用海外的机会，维持与澳大利亚的联系，促进专业技能和知识的引进，并使澳大利亚国籍法（公民资格法）与英国、加拿大、新西兰、美国等国家的国籍法相衔接，并具有竞争力。

法国承认双重国籍。1986年《法国国籍法》规定，出生在法国或者定居在法国的外国人，可以通过出生地（定居地）的关系获得法国国籍；同法国人结婚的外国人、被法国公民收养的外国儿童也可以获得法国国籍。外国公民申请加入法国国籍时，不必放弃其原国籍。法国公民申请加入外国籍时也不必放弃法国国籍。法国公民无论以何种方式取得外国国籍，非经申请退出，不丧失法国国籍。

1996年12月，墨西哥众议院通过了有关双重国籍的立法。根据新的国籍法，墨西哥人可以在保留墨西哥国籍的条件下取得其他国家的国籍，持有墨西哥护照，并规定在双重国籍生效前，放弃墨西哥国籍加入他国国籍的，有5年时间来决定是否恢复其曾经具有的墨西哥国籍。1917年《墨西哥合众国政治宪法》（2013年修订）第37条规定：任何因出生而为墨西哥人，其国籍不受剥夺。墨西哥国籍法的改革表明，该国领导者对挖掘该国边境北部的600多万移民工人以及其该国境外的其他墨西哥人在政治上以及经济上的潜力，有着迫切而强烈的兴趣。[②]

美国容忍双重国籍，默许具有本国国籍的人同时具有其他国家国籍。国籍法没有规定承认双重国籍，但是不要求依出生取得本国国籍时不能取得其他国家国籍，也不要求加入本国国籍时以丧失原国籍为条件、本国公民加入外国国籍以丧失美国国籍为条件。1952年《美国移民与国籍法》第337条第a款、第b款规定：归化国籍申请人宣誓入籍的内容包括：(1) 支持和捍卫美国

---

① The Department of the Parliamentary Library. Dual Citizenship in Australia. Adrienne Millbank Social Policy Group. 28 November 2000.

② Lawmakers in Mexico Approve Dual Nationality [J]. *Migration World Magazine*. 1997, 25, 1-2.

宪法和法律；（2）对以前具有公民、国民资格的国家机器君主、领导人、政权完全彻底放弃效忠并脱离关系；（3）反对任何国内外的敌人；（4）保证忠诚和诺言；（5）当法律要求时，为美国利益拿起武器、在军队中履行非战斗人员服务义务、以公民资格完成保护国家利益的工作。如果申请入籍人员具有任何外国的世袭头衔或者贵族身份，除宣誓以上内容外，还应当特别宣誓放弃此类头衔或者贵族身份。外国人入籍以向入籍国声明放弃原国籍为必要条件与以丧失原国籍为必要条件有实质不同，前者只是申明放弃原国籍、不再对原国籍国效忠和与原国籍国脱离关系，但是此种申明是否生效有待原国籍国确认。原国籍国不因公民的申明而只根据本国法律确认是否丧失国籍、不再效忠、脱离了关系。宣誓放弃以前的效忠但仍然继续使用以前国家护照的行为是否构成伪证罪呢？美国联邦最高法院没有判定效忠誓言及其放弃以前国籍誓言的法律性质，但是联邦最高法院以前的判决认为，通过归化程序取得美国国籍的人获得美国国籍的能力不可能仅仅因为保留了另外国籍而受到挑战。[1] 1986年，修订《美国移民与国籍法》，明确只有"明确放弃美国国籍之意图的行为"才导致失去美国公民资格。

  美国很多官员欢迎外国接受双重国籍，因为这些国家不会在双重国籍问题上与美国产生政治摩擦。前美国移民和归化局局长道瑞斯·迈斯纳（Doris Meissner）解释：双重国籍作为美国的政策不可能改变，而且实际上我们没有必要提及它，因为其他国家的政策变化相当快。1990年，美国国务卿贝克给驻外使（领）馆发去一系列电报，虽然重申美国政府因为可能引发的问题而不赞成双重国籍，但指出，即使美国人获得了其他国家的国籍或者形式上宣誓效忠于其他国家，使（领）馆要假定他们想保留国籍。[2] 对于移民和归化局而言，"按我们的观点，双重国籍实际上并不是一个问题。我们的工作就是认

---

[1] Bloemraad, Irene. Much Ado about Nothing? Dual Citizenship in the United States and Canada. Paper presented at the annual meeting of the American Sociological Association Annual Meeting, Hilton Atlanta and Atlanta Marriott Marquis, Atlanta, GA.2014-11-2.

[2] Ansgar Kelly, H. Dual Nationality, the Myth of Election, and a Kinder, Gentler State Department. *University of Miami Inter-American Law Review*. 23. 1991-1992, 2: 421-64.

定谁是、不是美国人。至于其他国家是否承认这个人为本国公民，我们基本的看法是，这是那个国家国内法的事情"[①]。

哥伦比亚、马耳他等国家在宪法中规定完全承认双重国籍，如表8—4，确立完全承认双重国籍的宪法地位。1991年《哥伦比亚共和国宪法》（2013年修正）第96条第3款规定："哥伦比亚国籍的身份不会因为要求其他国籍的行为丧失。通过承认取得的国籍将不会有义务放弃他们出生或者承认的国籍。"1964年《马耳他宪法》（2007年修正）第22条第2款规定："依马耳他现行有效法律的规定，允许双重或者多重公民资格的存在。"

表8—4 部分国家宪法关于完全承认双重国籍的规定

序号	宪法	内容
1	1964年《马耳他宪法》（2007年修正）第22条第2款	依马耳他现行有效法律的规定，允许双重或者多重公民资格的存在。
2	1981年《安提瓜和巴布达宪法法令》第115条	承认双重国籍。
3	2011年《巴拉圭共和国宪法》第3章第149条	承认多重国籍。
4	2009年《秘鲁共和国政治宪法》第2编第1章第53条	取得或者恢复国籍的方式由法律进行规定，除向政府主管机关明确表示放弃国籍外，不会丧失秘鲁国籍。
5	2010年《多米尼加共和国宪法》第5章第1节	取得外国国籍的人仍然是多米尼加国的公民，取得其他国家的国籍不意味着丧失多米尼加国籍。
6	2008年《厄瓜多尔共和国宪法》（2011年修正）第8条第2款	取得厄瓜多尔国籍的人没有义务放弃其原国籍。
7	1991年《哥伦比亚共和国宪法》（2013年修正）第96条第3款	哥伦比亚国籍的身份不会因为要求其他国籍的行为丧失。通过承认取得的国籍将不会有义务放弃他们出生或者承认的国籍。
9	2011年《哥斯达黎加共和国宪法》第2编第16条	不得丧失或者放弃哥斯达黎加国籍。
9	1986年《尼加拉瓜共和国宪法》（2014年修正）第3章第20条	任何本生国民的国籍不受剥夺。取得其他国籍不导致尼加拉瓜国籍的丧失。
10	1983年《萨尔瓦多宪法》（2014年修订）第4编第11条	因出生成为萨尔瓦多公民者，享有双重或者多重国籍的权利。

[①] 2001年11月6日与移民和归化局高级官员的访谈。前移民和归化局局长多里斯·迈斯纳（Doris Meissner）在2002年5月2日的访谈中作了类似表态。

续表

序号	宪法	内容
11	1966年《乌拉圭东岸共和国宪法》(2004年修订)第3编第5章第81条	本国籍并不因加入另一国家的国籍而丧失。
12	1999年《委内瑞拉玻利瓦尔共和国宪法》(2009年修正)第34条	委内瑞拉国籍不因选举或者取得他国国籍而丧失。
13	2013年《斐济共和国宪法》第5条第4款	斐济公民有权持有多重国籍：(1)接受外国国籍时，保留斐济公民资格，但求放弃斐济国籍的除外；(2)因取得外国国籍丧失斐济国籍的斐济前公民，有权重新取得斐济国籍，但外国法律作出另外规定的除外；(3)取得斐济国籍的外国人有权保留其现有国籍，但外国法律作出另外规定的除外。

资料来源：作者整理

四、对等承认双重国籍

对等承认双重国籍，又称互惠国籍，是指一国承认本国公民取得另一国国籍，另一方给以相对称的回报，是在国际国籍关系中形成的一个互惠做法。对等承认双重国籍的主要含义是对等，包含的最重要观念是平衡对称。在以主权平等为基础的当前国际关系中，对等成为指导双边关系的重要原则，在符合国家利益的前提下，国籍也不例外。

俄罗斯、西班牙、洪都拉斯等国家宪法规定了对等承认双重国籍，如表8—5，确立对等承认双重国籍的宪法地位，明确承认双重国籍的条件。1993年《俄罗斯联邦宪法》(2008年修正)第62条第1款规定："俄罗斯联邦公民根据联邦法律或者签署的国际条约能够取得外国国籍。"1978年《西班牙宪法》第11条第3款规定："国家可以通过协商与拉丁美洲国家、与西班牙有特别关系的国家缔结双重国籍协定。西班牙人在这些国家可以入籍而免于丧失原国籍，即使这些国家不认可其公民享有对等的权利。"1982年《洪都拉斯宪法》(2012年修正)第24条第3款、第4款规定：若存在关于双重国籍的条约，寻求取得外国国籍的洪都拉斯人不丧失其洪都拉斯国籍。同样地，外国人也不得被要求申明放弃其国籍。

五、有限承认双重国籍

有限承认双重国籍是指一国承认本国公民在符合婚姻、不担任高级公职、非出生地取得原始国籍、在境外、特定国家国籍或者未成年等条件时取得其他国家国籍。国家根据国情，设定承认双重国籍的条件，顺应国际社会双重国籍趋势，保护国家利益和维护国家安全。

2000年1月，德国新国籍法实施生效，对原国籍法作了较大的修改与补充，改变了过去单一根据血统原则取得国籍的做法，引入了出生地原则，有限承认双重国籍，并且进一步简化了外国人入籍的手续。具体表现在以下方面：

表8—5　部分国家宪法关于对等承认双重国籍的规定

序号	宪法	内容
1	1995年《格鲁吉亚宪法》第12条第2款	格鲁吉亚的公民不得同时拥有别国国籍，本款另有规定的情况除外，如果另一国家的国民对格鲁吉亚有特殊功绩，或者出于国家利益的考虑，格鲁吉亚总统可以给予另一国公民格鲁吉亚国籍。
2	2010年《吉尔吉斯共和国宪法》第50条第2款	具有吉尔吉斯共和国国籍的公民可以依照法律、吉尔吉斯共和国批准参加的国际条约获得其他国家的国籍。
3	1994年《塔吉克斯坦共和国宪法》第15条第2款	禁止拥有塔吉克斯坦国籍的人同时具有其他国家的国籍，但塔吉克斯坦法律和国家间条约另有规定的除外。
4	2000年《蒙古国宪法》第18条第1款	蒙古国境内，外国公民的权利和义务，由蒙古国法律及与该公民所属国缔结的条约规定。
5	1993年《俄罗斯联邦宪法》（2008年修正）第62条第1款	俄罗斯联邦公民根据联邦法律或者签署的国际条约能够取得外国国籍。
6	1978年《西班牙宪法》第11条	国家可以通过协商与拉丁美洲国家或者与西班牙有特别关系的国家缔结双重国籍协定。西班牙人在这些国家可以入籍而免于丧失原国籍，即使这些国家不认可其公民享有对等的权利。
7	2011年《巴拉圭共和国宪法》第149条	通过国际协议或者通过原始出生和收养情况间互惠的宪法规定，可以认可多重国籍。
8	1982年《洪都拉斯宪法》（2012年修正）第24条第3款、第4款	若存在关于双重国籍的条约，寻求取得外国国籍的洪都拉斯人不丧失其洪都拉斯国籍。同样地，外国人也不得被要求申明放弃其国籍。

资料来源：作者整理

（1）血统与出生地相结合原则。父母双方中有一方具有德国国籍，则他们的孩子也将得到德国国籍。对于非婚生子女，如果母亲是德国籍，则孩子为德国国籍；如果只有父亲具有德国国籍，则在确认他们的父子或者父女血统关系后方可获得德国籍。这种确认必须在孩子未满23岁前进行。在德国境内出生的外籍儿童，如其父母双方中有一方在德国连续居住满8年以上，并且持有永久居留权或者持无限期居留达3年以上，则他们亲生的子女即可自动获得德国国籍。

（2）选籍原则。根据德国国籍法，无论是根据出生原则还是通过入籍手续获得了德国国籍，只要他还同时具有其他国籍，则他在成年时（23周岁）要根据主管部门的要求，以书面声明的形式就是否继续持有德国国籍作出选择，如果保留外国国籍则丧失德国国籍，如果保留德国国籍则须递交已失去或者放弃外国国籍的证明，如果超过23周岁尚未作出选籍声明则自动丧失德国国籍，在此前持有双重国籍是被允许的。①

2007年，德国国籍法进一步放宽双重国籍条件。来自欧盟其他成员国或者瑞士的申请人，凡自愿加入德国国籍的，不再需要放弃原国籍。如果有德国人申请加入了其他欧盟成员国或者瑞士的国籍，也无须放弃德国国籍。此前，在欧盟其他成员国或者瑞士提出申请并已经获得了该国国籍的德国人，必须放弃德国国籍，交出德国护照，或者事先提出申请，请求保留德国国籍。为此，必须长期不断地与德国保持有效联系。②

2003年，印度议会通过了《公民法修正案》，允许来自美国等16个发达国家的海外印度人具有双重国籍。③印度双重国籍人享有到印度旅行免签证，

---

① 中国外交部.赴德国和巴伐利亚州注意事项[EB/OL].(2008-03-20)[2020-03-12]. http://www.fmprc.gov.cn/chn/lsfw/cgtbtx/t275724.htm.

② 孙振彬译.德国允许双重国籍[EB/OL].(2008-3-20)[2020-03-12]. http://www.spiegel.de.

③ 16个国家是：美国、加拿大、英国、澳大利亚、塞浦路斯、芬兰、法国、希腊、爱尔兰、以色列、意大利、荷兰、新西兰、葡萄牙、瑞典、瑞士。Indian Dual Citizenship[EB/OL].(2008-03-12)[2020-03-12]. http://www.indiadualcitizenshipp.com.

在印度停留时间不限，投资农业、工业，购买地产，将子女送往印度教育机构学习（包括最有声望的机构）等权益，但是不可以参加投票和竞选、担任法定职位。2005年，印度进一步扩展双重国籍适用对象至1950年1月16日离开印度、居住国允许双重国籍的印度公民。实践中，继续排斥来自巴基斯坦、孟加拉国、特立尼达和多巴哥、斐济、新加坡、马来西亚等国的印度公民。[①]

芬兰、以色列、马来西亚等国家在宪法中规定有限承认双重国籍，如表8—6，确立有限承认双重国籍的宪法地位，明确承认双重国籍的条件。1999年《芬兰共和国宪法》第5条第4款规定："如果芬兰公民已经取得、将取得其他国家国籍，非经法定程序不得剥夺、放弃芬兰国籍。"1948年《以各基本法》之《基本法：克奈赛特》第16甲条规定："若议会议员意愿具有以色列国籍以外的其他国籍，且该国法律允许其放弃该国国籍，则此议员在完成其放弃该国国籍的一切步骤以前，不得作效忠宣誓，在完成效忠宣誓以前亦不得享有议会议员之权利。"1957年《马来西亚联邦宪法》（2009年修正）第24条第1款规定："联邦政府确信任何公民已通过登记、入籍或者其他自愿的正式行为（婚姻除外）取得了其他国家的公民资格，可以下令剥夺其马来西亚联邦公民资格。"

表8—6　部分国家宪法关于有限承认双重国籍的规定

序号	宪法	内容
1	1957年《马来西亚联邦宪法》（2009年修正）第24条第1款、第2款	1. 联邦政府确信任何公民已通过登记、入籍或者其他自愿的正式行为（婚姻除外）取得了其他国家的公民资格，可以下令剥夺其马来西亚联邦公民资格。 2. 联邦政府确信任何公民已在他国自愿要求并行使了专属于该国公民的任何权利，应下令剥夺其马来西亚联邦公民资格。
2	2005年《伊拉克共和国宪法》第18条第4款	伊拉克人可以具有多重国籍，但若担任高级、安全或者元首职位则必须放弃其他国籍。上述事由由法律予以规定。

[①] Dickinson, Jen and Adrian J. Bailey. (Re) membering Diaspora: Uneven Geographies of Indian Dual Citizenship[J]. *Political Geography*. 26(2007), p.764.

续表

序号	宪法	内容
3	1948年《以各基本法》之《基本法：议会》第16甲条	若议会议员具有以色列国籍以外的其他国籍，且该国法律允许其放弃该国国籍，则此议员在完成其放弃该国籍的一切步骤以前，不得作效忠宣誓，在完成宣誓以前亦不得享有议会议员之权利。
4	1949年《印度宪法》（2006年修正）第9条	凡自愿取得任何外国国籍者，不得根据宪法生效时的公民资格的规定成为印度公民，也不得根据从巴基斯坦移居到印度的公民资格的规定或者从印度移居到巴基斯坦的公民资格的规定，被视为印度公民。
5	1987年《菲律宾共和国宪法》第4条第5款	双重国籍不利于国家利益，应依法处置。
6	2007年《哈萨克斯坦共和国宪法》第12条第4款	如果宪法、法律和国际条约没有另外作出规定，外国人和无国籍者在共和国境内享有权利和自由，并履行规定的义务。
7	1999年《芬兰共和国宪法》第5条	如果公民已经获得或者即将获得其他国家公民身份，非经法定程序不得剥夺或者放弃其芬兰国公民身份。
8	1992年《立陶宛共和国宪法》第12条第2款	除法律规定的特殊情况外，任何人不得同时是立陶宛共和国和其他国家的公民。
9	2013年《玻利维亚共和国新宪法》第5编第143条，	同外国公民结婚的玻利维亚人不丧失其原始国籍，也不会因取得外国国籍而失去玻利维亚国籍；禁止要求取得玻利维亚国籍的外国人放弃其原始国籍。
10	1981年《伯利兹宪法》第3章第27条	如果因出生或者血统成为伯利兹公民者获得任何其他国家的公民资格，则如果该国家的法律允许且经本人选择，他可以保留其伯利兹公民资格。
11	2010年《多米尼克国宪法》第7编第100条	有限承认双重国籍。
12	1973年《格林纳达宪法》（1992年7月修订）第7章第98条	与格林纳达公民结婚，在婚姻关系存续期间，如其是受英国保护人士或者进行了效忠宣誓的外国人，可以登记为格林纳达公民。
13	1987年《海地共和国宪法》（2012年修正）第12条第2款	在海地共和国境内，海地人不得拥有双重国籍。
14	1982年《洪都拉斯宪法》（2012年修正）第25条	当居住于洪都拉斯领土内时，任何基于出生的洪都拉斯人都不得申请任何其他国籍。
15	1982年《洪都拉斯宪法》（2012年修正）第28条	任何基于出生的洪都拉斯人都不得被剥夺国籍。即便取得其他国籍，依然拥有洪都拉斯国籍。
16	1917年《墨西哥合众国政治宪法》（2013年修订）第1编第2章第32条	法律应当对拥有他国国籍的墨西哥公民行使法律授予之权利的行为进行规制，并对避免双重国籍引发的冲突进行规定。

续表

序号	宪法	内容
17	1983年《圣克里斯托弗和尼维斯宪法》第8章第93条第1款	如果一个具有其他国家国籍或者具备获得其他国籍资格的人，根据第92条申请本国国籍，其不因具有他国国籍而被拒绝给予本国国籍或者被以要求放弃他国国籍为代价获取本国国籍。
18	1979年《圣卢西亚宪法法令》第7章第102条	经提交申请，已经成为公民的个人放弃其在圣卢西亚的公民权，是为了获得或者保留在其他国家的公民权，可享有登记成为圣卢西亚公民的资格。
19	1979年《圣文森特和格林纳丁斯宪法》第7章第93条第1款、第2款	有些人员有资格经申请登记成为本国公民。
20	1987年《苏里南共和国宪法》（2002年修订）第1章第3节	成为苏里南国民和居民的条件应由法律规定。
21	1976年《特立尼达和多巴哥共和国宪法》（2013年修订）第2章	任何人依据原宪法第9条第1款出生地原则，或者第9条第2款身份原则，而成为公民的，且未被宪法剥夺公民权的，根据本宪法应继续是本国公民。
22	1980年《智利共和国宪法》（2014年修订）第2章第10条	出生于这里，但为其他国家服务或者过境的外国人在智利生的孩子有权选择智利国籍；法律规定选择智利国籍的程序。
23	1900年《澳大利亚联邦宪法》（1977年修正）第44条	任何人承诺忠诚于、顺从于、依附于外国政权、外国主体、外国公民，或者享有外国主体、外国公民享有的权利或者特权，则不得当选参议员、众议员。也不得作为参议员、众议员列席会议。
24	1966年《巴巴多斯共和国宪法》（2007年修订）第2章第3条	于1966年11月29日同或者曾经同下列人员结婚的女性，通过申请登记成为巴巴多斯公民，若其是受英国保护者或者外国人，则通过效忠宣誓而有资格经登记成为巴巴多斯公民。
25	1975年《巴布亚新几内亚独立国宪法》（2006年修订）第4编第1章第64条	拥有外国国籍的人不得作为或者成为本国公民，但是未满19岁的人除外。
26	1875年《汤加王国宪法》（2011年修订）第29条	任何在王国居留5年以上的外国人，经国王同意后可进行效忠宣誓，并可获得归化批准函，所有归化者与汤加本国公民享有同样的权利和特权，但无权享受遗产税补贴。
27	1978年《图瓦卢宪法》（2010年修订）第47条	议会法律可制定有关图瓦卢公民同时为他国的公民或者国民时，对图瓦卢公民登记的保留的条款。
28	1988年《瓦努阿图共和国宪法》第13条	瓦努阿图共和国不承认双重国籍，任何成为或者将成为他国国民的瓦努阿图公民不再是瓦努阿图公民，除非他在获得瓦努阿图公民身份三个月内，或者议会视情况规定的更长期限内，放弃其他公民身份，但18周岁以下的人应在其年满18周岁后三个月内放弃的除外。

资料来源：作者整理

德国、韩国等国家要求双重国籍人在成年时应选择其中一个国籍，不能在成年时依然具有双重国籍。不选择本国国籍，则自动丧失之。1913年《德国国籍法》（2011年修正）第29条第1款规定："因父母依居留取得德国国籍而取得德国国籍，同时具有外国国籍的，需要在成年后以书面声明方式选择德国国籍或者外国国籍。"1997年《韩国国籍法》（2004年修正）第12条规定：依出生或者其他入籍条件，同时具有韩国国籍、外国国籍者：（1）在22岁前，选择一个国籍；（2）在22岁后，欲选择韩国国籍的，应在2年内，申明放弃外国国籍，并向司法部长申报；（3）根据法律应服兵役，在服兵役原因消除后2年内，选择一个国籍。如果没有选择国籍，将在指定期间内丧失韩国国籍。

巴西、智利等国家允许双重国籍人在成年时选择其中一个国籍，不能在成年时依然具有双重国籍。不选择本国国籍，则不能取得之。1988年《巴西联邦共和国宪法》（2012年修正）第12条第1款规定：有下列情形之一，依出生取得巴西国籍：出生在国外，其父母一方为巴西公民，且在国内提供服务；出生在国外，父母一方为巴西公民，且其在适当的巴西政府机构登记，或者在国内居住，并在本人成年后选择巴西国籍。1980年《智利共和国宪法》（2014年修正）第10条第1款规定：出生在国内，但是为其他国家服务或者过境的外国人在智利生的子女有权选择智利国籍。

六、容忍和承认双重国籍的原因

（一）在国籍竞争中处于主动

随着欧洲、大洋洲、北美洲以及世界其他地区政治、经济一体化的扩大与深化，发达国家之间久未发生战争，使得公民对国籍国的效忠问题不再紧迫，双重国籍首先出现在美国、加拿大等发达国家。为抵消美国、加拿大、澳大利亚等发达国家承认双重国籍给本国带来的不利影响，德国、英国、法国等其他发达国家，印度、土耳其、菲律宾、刚果等发展中国家也容忍、接受了双重国籍。如果其他发达国家、发展中国家不容忍、不承认双重国籍，将在与最早容忍、承认双重国籍的发达国家开展竞争，特别是关于国际移民的人才、资本竞争时，处于非常不利的地位，难以与移出移民保持紧密联系、吸引他们回国工作和投资。

(二)民族、国家扩张

国家通过国内立法、双边条约等方式,重视双重国籍在加强双重国籍人与本国联系方面的作用。容忍、承认双重国籍有助于产生更大的政治融合力和形成更广泛的公民共同体。在一个越来越承认国家的多民族和多元文化角色的时代,容忍、承认双重国籍意味着移民输出国认定国家成员以定居国内为基础向以具有本国血统为基础转变。这种转变超越了国家管辖的领土,具有一定程度的民族、国家的扩张性。

移民输入国为促进移民归化、融合及加强国家与移入移民的紧密联系,移民输出国为加强国家与移出移民的紧密联系,稳定移民汇款,吸引人才和投资,及通过海外族裔的政治参与影响住在国对本国的政策,都愿意容忍、承认双重国籍。20世纪90年代中期以前,在墨西哥和多米尼加,取得外国国籍即自动丧失原国籍。1994年,多米尼加修改法律,取得外国国籍可以保留多米尼加国籍。1996年,墨西哥修改法律,取得外国国籍可以保留墨西哥国籍,已经在美国归化的墨西哥人可以恢复墨西哥国籍。移民输出国政府的初衷未必都能实现。移出移民具有双重国籍,能够更有效地融入移民输入国,获得了经济与法律上的稳定,带来亲属团聚,这可能导致汇款金额的下降。移民输出国希望移出移民基于双重国籍在对移民输出国有利的问题上游说移民输入国政府,移出移民却经常基于双重国籍向移民输出国提出各种要求。[①]

在匈牙利、罗马尼亚和摩尔多瓦等国家,双重国籍被认为是实现民族、国家扩张的工具。2001年,匈牙利平民主义右翼奥本(Orban)政府制定《匈牙利人身份法》(Hungarian Status Law),向生活在邻国(不包括奥地利)的匈牙利裔人提供匈牙利身份卡,在他们的国籍国向匈牙利身份卡持有人提供文化和教育福利,方便他们出入匈牙利、获得社会医疗福利和工作机会。罗马尼亚、斯洛文尼亚等匈牙利邻国反对这部法律。罗马尼亚政府认为,这部

---

① Suro, R. *Remittance Senders and Receivers: Tracking the Transnational Channels*[R]. Washington, DC: Multilateral Investment Fund and Pew Hispanic Center. 2003.

法律的域外效力侵犯了罗马尼亚国家主权，在没有开展双边协商的情况下根据种族区分罗马尼亚国民是歧视性的和无法接受的。[①] 2004年12月，匈牙利关于对在邻国的匈牙利裔人给予双重国籍的全民公投提议失败了，取而代之的是给予所有居住在国外的匈牙利裔人荣誉市民身份。

罗马尼亚积极推行把双重国籍扩张到邻国摩尔多瓦的大部分公民的政策，并认为他们都是罗马尼亚裔人。这一政策得到摩尔多瓦的一些支持建立大统一罗马尼亚国的群体的支持，但也遭到了一些人的反对。摩尔多瓦人与罗马尼亚人同宗同文，都是达契亚人的子孙。由于罗马尼亚是欧盟成员国，罗马尼亚公民享有在申根成员国自由迁徙权利，其双重国籍政策对于摩尔多瓦人很有吸引力。

摩尔多瓦的领土上包括了自治的加告兹（Gagauz）和德涅斯特（Transnistria），后者由独立派武装控制，并签发自己的护照。德涅斯特政治领导人想把其控制下的省与俄罗斯合并。该省的一些居民已经申请到俄罗斯国籍。截至2003年8月，估计已经有40%的摩尔多瓦公民同时持有罗马尼亚、俄罗斯或者以色列的国籍。[②]

（三）保障人权

保障人权是容忍、承认双重国籍的重要原因。第二次世界大战以后，人权越来越受到重视，强调境内常住外国人与本国人平等、男女平等。国籍权是指人人享有、改变和不被任意剥夺国籍的权利，是基本人权之一，是自然人享有人权的基础，对自然人的生存和发展必不可少。妇女享有与男子一样取得、变更和保留本人国籍，将国籍传给配偶和子女的权利。通过取得国籍使移民完全地法律融入是移民享有平等和基本权利的前提条件。在一个国家，法律地位的

---

① Kántor, Z., B. Majtényi, O. Ieda, B. Vizi and I. Halasz, eds. *The Hungarian Status Law: Nation Building and/or Minority Protection*[R]. 21st Century COE Program Slavic Eurasian Studies, 2004.4. Keating, M. *Plurinational Democracies*[G]. Oxford: Oxford University Press.2001.

② Iordachi, C. Dual Citizenship and Policies Toward Kin Minorities in East-Central European: A Comparison between Hungary, Romania and the Republic of Moldova. In *Zoltán Kántor, Balázs, Majtényi, Osamu Ieda, Balázs Vizi and Iván Halász, eds. The Hungarian Status Law: Nation Building and/or Minority Protection*[G]. 21st Century COE Program Slavic Eurasian Studies, 2004,4, p.257.

平等在很多重要方面决定了个人的社会和政治地位的平等。容忍和承认双重国籍是实现个人法律地位平等有效和便捷的方式。

（四）尊重选举权

"没有缴税就没有代表"，对于在境内工作、居留一定期限的外国人应享有与本国公民一样的政治参与权。缩小移民与享有完全民主参与权的公民之间的差距符合民主思想。由于很多国家不能接受在境内工作、居留一定期限的外国人与本国公民享有一样的政治参与权，双重国籍成为一种替代选择。双重国籍能够成为有益于民主的前提条件，并且有助于移民获得民主。在瑞典，1975年，赋予永久居民地方投票权。1980年早期，社会民主党人提议把国家和地方层面上的选举权扩大给当地的外籍居民。由于来自中间及右翼党派的强烈反对，这些社会民主党人不得不转向双重国籍，并且在1985年说服了负责该项事务的第一委员会，并促成了最终承认双重国籍。

容忍、承认双重国籍赢得选民的支持，限制双重国籍带来政治风险，丧失选民的支持。在双重国籍被普遍认同的发达国家，限制双重国籍可能会遇到政治上的反对，并在选举中付出代价。美国、加拿大、德国等发达国家的政治家们选择维持容忍、承认双重国籍的现状。美国共和党、民主党的政治家们都刻意不提及征兵和反双重国籍，征兵意味着要求普通民众作出巨大牺牲，反双重国籍意味着不接受一部分具有本国国籍的双重国籍人，这会给本党带来巨大政治风险。

（五）驱逐恐怖分子等犯罪分子

双重国籍有利于国家撤销一个人的国籍而不导致无国籍问题，进而驱逐相关人到其另一个国籍国。对于很多公民而言，双重国籍是一种自由和便利，因为可以放弃一个国籍。如果不能放弃一个国籍，例如放弃出生国国籍是极端困难的，双重国籍反而可能成为枷锁和负担。具有叙利亚国籍和加拿大国籍的马希尔·阿拉尔（Maher Arar）遭受了具有双重国籍的不利后果。2003年，他结束在突尼斯的家庭休假，在返回加拿大途中，被美国移民执法机构拘留，怀疑他与恐怖主义有联系。美国移民执法机构未经阿拉尔同意，将其遣返至叙利亚，即他的出生国籍国。阿拉尔在叙利亚监狱忍受了10个月的监禁和拷问。2015年12月,为严厉打击参与恐怖主义的双重国籍公民,澳大利亚修改2007年《澳大利亚公民资格法》,允许以叛国罪撤销涉恐怖双重国籍公民的澳大利亚国籍,身在国外具有双重国籍的澳大利亚公民被禁止返回,在境内的被驱逐出境。

(六)征兵制的衰退

征兵制的衰退和职业军人制的兴起使双重国籍导致服兵役义务冲突的担忧减少,消除了不承认双重国籍的重要障碍。由于核武器的存在,大国之间直接交战的可能性下降,常备军的规模在萎缩。战争方式的改变导致公民权与兵役义务的分离,普通民众在20世纪初被视为兵源,现在已经不是了。国家之间的战争也许会继续,但很多时候已不再是普通民众之间的战争,而是职业军人之间的战争。1945年以来,国家向人民提出参战并作出牺牲的要求弱化,发达国家征兵制度转向职业军人制。职业军人制始于20世纪60年代和70年代,冷战结束后加速。打仗是职业军人的职责,而不是普通民众的职责,职业军人主要来自社会相对底层的年轻男女。[1] 在职业军人制下,双重国籍仍然会产生军事义务的问题,但是其冲突的风险要远远小于19世纪和20世纪早期,不太可能重演1812年英国坚持出生在英国但已经归化美国的美国士兵仍然是女王的臣民,引起美国的强烈谴责,并引发战争的情况。

(七)实现区域一体化

双重国籍推动了区域一体化进程,是国家公民身份与区域公民身份之间的一座桥梁,带来了超国家的权力的扩张,把国家与国家联盟紧密联系在一起。双重国籍是建设欧盟的重要一环,推动形成欧洲政治和民族共同体。[2] 1992年《马斯特里赫特条约》(《欧洲联盟条约》)确立了欧盟公民,欧盟公民有权在他们国籍国之外其他地方举行的城市或者欧洲议会选举中投票或者成为候选人,有权在欧盟之外通过任何成员国的外交或者领事机构获得保护,有权向欧洲调查员和欧洲议会提出请求,有权在欧盟范围内自由行动。1997

---

[1] Didion, Joan. Cheney: The Fatal Touch[J]. *New York Review of Books*. October 5 2006, Vol. 53, No.15.

[2] Anderson, B.R.O.G.. Imagined Communities: Reflections on the Origin and Spread of Nationalism. London, New York: Verso.5-6.1991.

年《阿姆斯特丹条约》(《修改欧洲联盟条约、建立欧洲共同体的条约和某些相关法令的阿姆斯特丹条约》)明确了国家公民与欧洲公民之间的关系,第17条第1款规定:"具有成员国国籍的任何一个人都应该是欧盟公民。欧盟公民身份应该补充而不是取代国家的公民身份。"2007年《欧洲宪法条约》进一步明确了国家公民与欧洲公民之间的关系:"成员国的任何国民都应该是欧盟的公民。欧盟公民身份应该是国家公民身份的补充;不应该取代它。所有的欧盟公民,无论男女,在法律面前一律平等。"

七、容忍和承认双重国籍的影响

在双重国籍现象出现之前,各国主要采用零和方式确定公民身份,即是一国人就不是其他国家人。明确划分一种公民身份与另一种公民身份,容易凝聚和激发民族意识和国家意识。

个人取得国籍较少考虑或者不考虑效忠等有效性因素,更多地技术性和策略性地持有双重国籍,因为即便取得其他国家国籍,仍然会保留存在最大情感联系的国家的国籍。双重国籍使个人重新思考和重新界定他们对于民族、国家的忠诚问题和自己的身份归属。客观上,双重国籍会降低个人对某个民族、某个国家的归属感,降低个人对某个民族、某个国家的归属感的内化和深化,会出现某种形式的世界公民。[①]

双重国籍可能会降低国家与公民之间的紧密联系程度,作为一种从排他性联系向非排他性联系转变的必然结果,双重国籍使更多的人与多个国家联系。

长期以来,国籍无论在标准上还是在法律上都是被确立为一种排他性联系,但是通过国籍与多个国家存在联系正在被容忍、接受,甚至被欢迎。虽然双重国籍会削弱国家与人员的联系,由于社会经济发展水平差异、与本国保持紧密联系、民族或者国家扩张等原因,双重国籍具有一定的吸引力。双重国籍使国籍不再具有对国家成员的独占,将国家成员身份降格为类似其他

---

① Faist, Thomas and P. Kivisto. *Dual Citizenship in Global Perspective*[G]. Palgrave Macmillan UK, 2007.

社会组织的成员身份。[①]

双重国籍在给予更多自由和便利的同时，可能破坏民主的平等性。双重国籍给予对于政治结果不满意的公民更多选择，可以选择忍受不满意的政治结果，也可以选择离开这个国籍国去另外一个国籍国。双重国籍影响参加选举目的的公正性，双重国籍人可能在选举中不为本国国家利益，而为另一国籍国的利益投票，还可能在两个国籍国都参加选举，当两个国籍国的国家利益发生冲突时，不可避免地处于困境。

移民输出国通过双重国籍加强与富裕、高技能的海外裔之间的联系，移民输入国通过双重国籍促进归化和融合。移民输出国允许双重国籍会推动移民融合，但是也会破坏住在国融合移民的能力。如果放弃原国籍才能取得住在国国籍，会有一些移民一直保留现国籍，不取得住在国国籍。在传统意义上，国籍是爱国趋同的重要组成部分，即在某种意义上是一种具有象征意义的灵魂，双重国籍有可能破坏住在国在文化上吸纳、在社会上融合、在政治上要求移民，尤其是第一代移民。

第七节 结 论

狭义的双重国籍是指同时具有两个国籍，广义的双重国籍是指同时具有两个及以上国籍。双重国籍问题的本质是扩大了谁是本国人，是国籍法要解决的最重要问题之一。关于双重国籍人的数据非常匮乏。在承认双重国籍的国家，采取行动取得另外国籍的人数远远低于有权取得的人数。

国际社会解决双重国籍问题的方法主要有：减少双重国籍状态；明确双重国籍人的管辖；消除双重国籍产生的冲突等。通过国内法、双边条约、多边公约，设立以丧失国籍为条件取得国籍和自动丧失国籍条款，减少双重国籍状态。通过设立连接点，认定国籍，确立管辖双重国籍人的准据法，明确双重国籍人的管辖。连接点主要是遵循本国国籍优先、最密切联系国籍优先、

---

① Spiro, Peter J.. *At Home in Two Countries: The Past and Future of Dual Citizenship*[M]. NYU Press. 2016.

后取得国籍兼住所地国籍优先等。

国家主要通过国内法、双边条约、多边公约，解决双重国籍产生的担任公职、服兵役义务、为敌国服务、领事保护与协助和外交保护、向国家求偿、国籍国与住在国分离产生的权利义务背离、管辖权等方面冲突，取得了很大成功。消除双重国籍产生的担任公职冲突，主要是限制双重国籍人担任本国公职。解决因双重国籍产生的服兵役义务冲突的主要方式是双边条约，以及通过国内法剥夺为敌国服兵役的双重国籍人的本国国籍。解决因双重国籍产生的领事保护与协助、外交保护冲突的方法主要是确定提供保护的国籍国。是否容许一国籍国为有双重国籍的公民向另一国籍国提出求偿，一直有争议。为解决因国籍国与住在国分离产生的权利义务背离等问题，需要确立居留国籍标准。

不驱逐公民原则上不适用于双重或者多重国籍人。在驱逐双重国籍人之前以拒绝承认、否定、剥夺本国国籍的方式将其转换为外国人，不一定符合被驱逐者的利益。一些国家倡导在某种情况下容忍、接受、鼓励双重国籍。双重国籍逐渐成为一种被部分国家容忍和接受的现象。双重国籍兴起的主要原因是在国籍竞争中处于主动、民族或者国家扩张、保障人权、尊重选举权、驱逐恐怖分子等犯罪分子、征兵制的衰退、实现区域一体化等。

第九章

国际法上的无国籍

无国籍是国籍法消极冲突的结果。无国籍问题的本质是个人失去国家保护，是国籍法要解决的最重要问题之一。本部分论证无国籍人的现状、原因和困境，认定无国籍人，无国籍人的地位，防止、减少无国籍状态，保护无国籍人，联合国难民署等国际组织推动解决无国籍问题等，探究相关的国际法规定、国家实践及国际社会的推动等。

第一节 无国籍人的现状、原因和困境

一、无国籍人的定义

无国籍人是指不具有任何国籍的人，包括法律无国籍人和事实无国籍人。法律无国籍人，简称无国籍人。1954年《关于无国籍人地位的公约》第1条第1款规定了法律无国籍人的定义，"本公约所称无国籍人是指任何国家根据它的法律不认为是它的公民的人。"法律上认为的公民是指根据某国关于国籍的法律中规定的条款，自动取得或者依申请取得国籍的人。一个人在等待国籍申请审理结果时，不是该国公民，只有批准了国籍申请，并完成了取得国籍的所有程序，才是该国公民。

事实无国籍人，联合国难民署认为，是指不能证明为法律无国籍人，而且由于没有有效国籍，所以不能享受国籍国保护的人。除非有证据证明某人没有国籍，否则假定具有国籍。但是，有时与此人有联系的几个国家对于哪个国家给予此人公民身份不能达成一致。这个人不能证明为法律无国籍人，由于没有有效的国籍，不能享受国籍国保护，该人被认为是事实无国籍人。

有时国家不向本国公民签发公民身份证件、国际旅行证件，不赋予本国公民作为公民应享有的权利，使具有的国籍虚置。1954年《关于无国籍人地位的公约》认识到必须区分法律无国籍人、事实无国籍人，但是认同两者具有相似性。《公约最后文件》通过无约束力建议提到了事实无国籍人问题："当缔约国认为某一个人拥有合理的理由来拒绝身为某国国民的保护，可以根据公约的规定，同情地考虑给予这个人无国籍人待遇。"[①] 这些人从法律上讲仍然拥有国籍，但没有得到与该国籍有关的任何利益，尤其是国家保护的利益。

无国籍人法律地位应受住在国法律支配，在处理无国籍人与其最后隶属国家关系时，给予无国籍人本国公民法律地位。1954年《关于无国籍人地位的公约》第12条第1款规定："无国籍人的个人身份，应受住所地国家的法律支配，如无住所，则受其居所地国家的法律支配。"1930年《关于无国籍的特别议定书》第1条规定：入外国境后丧失其国籍而取得其他国籍的人，其最后隶属的国家应在其所在的国家的请求下允许其入境。

二、无国籍人的现状

尽管取得国籍权已经得到国际公认，新的无国籍人仍然继续出现。解决无国籍问题是21世纪面临的主要挑战之一。联合国难民署的无国籍人统计包括正在等待一个国家关于国籍申请决定的无国籍人。法律无国籍人人数总体上大幅增长。2004年，全世界无国籍人146万，2006年增长到580万。由于2008年科索沃独立等因素，无国籍人数从2007年的293万猛增至2008年的657万，创2004—2013年11年期间的无国籍人数最高纪录。2009年，无国籍人数仍然在高位，达656万。

2010年，无国籍人问题得到缓解，降为346万。2013年的350万无国籍人，略多于2012年334万，多出16万主要是因为多米尼加宪法法院确立了新国籍标准。根据新国籍标准，很多1929年以后出生在多米尼加的海地人不再

---

① 玛丽琳·阿奇隆（Marilyn Achiron）国籍和无国籍：议员手册[R].议会联盟，联合国难民署,2005,11.

是多米尼加公民。2015年12月,根据泰国官方的最新统计,泰国境内的无国籍人人数为443862人,还有很多已经与原籍国完全失去联系、正面临失去国籍风险的人,其中许多人都生活在偏远的山区部落或者边境地区,获取信息的渠道非常有限,而且对自己的权利以及取得国籍的相关程序都不甚了解。根据联合国难民署2018年2月发布的《2016年联合国年度统计报告》,世界无国籍人共计324万,[①] 如果加上未经统计的无国籍人,估计高达1000万。2019年6月,根据联合国难民署估算,世界无国籍人数上升到390万,未经统计的无国籍人还有几百万,实际可能高达1000万。前三位无国籍人国家是孟加拉国(90.6万)、科特迪瓦(69.22万)、缅甸(62万)。

世界各地不断发生冲突和动荡,许多人流离失所无家可归,在不能获得难民、寻求庇护者地位的情况下,只能寻求联合国难民署提供国内流离失所者和无国籍人地位的保护和援助,并在本国国内形势趋于稳定和安全时返回,以致国内流离失所者、无国籍人、返回的国内流离失所者人数明显增长,占联合国难民署关注人群总人数比例显著上升。从2004年到2013年,无国籍人人数增长了1.38倍,从146万猛增到350万,占联合国难民署关注人群总人数的比例从7.5%增长到8.1%[②] 2019年,联合国难民署向4520万人提供国内流离失所者和无国籍人地位的保护和援助,占联合国难民署关注人群总数7950万人的63.84%。

联合国难民署努力收集无国籍人数据取得了成效。2016年,75个国家提供了无国籍人口的统计数字,比2012年多出3个国家,而在2004年联合国难民署开始系统收集无国籍人人口数据时,只有30个国家有这一统计数据。2016年2月,联合国难民署在就2015年《关于消除无国籍状态的部长宣言(阿比让宣言)》通过一周年发表的通报中指出,西部非洲国家仍有超过100万人口没有国籍或者面临无国籍风险。

[①] 根据《联合国难民事务高级专员的报告(2016年7月1日至2017年6月30日)》第49段,2016年,全世界至少有1,000万无国籍人,占难民署关注人群总数6560万的15.24%。

[②] UNHCR. *UNHCR Statistical Yearbook 2012*[R]. UNHCR.2013. 165.

三、无国籍人与难民

无国籍被认为是导致流离失所和难民潮的根本原因之一,联合国难民署关注无国籍人是由于无国籍人与流离失所者、难民之间存在密切的联系。① 无国籍权的个人和无公民权的个人经常被迫离开他们居住的地方,成为流离失所者或者难民。反过来,流离失所者或者难民更容易失去国籍,特别是在离开本国后,领土重新被划定时。联合国难民署执行委员会第101(LV)号结论(2004年)第11段指出,2018年《全球难民契约》第83段重申,"无国籍状态既可能是造成难民迁徙的原因,也可能是难民迁徙的后果。"

1954年《关于无国籍人地位的公约》起草者认为,由于缺少有效的公民身份而遭遇迫害离开国籍国是事实无国籍人,应该列为难民。② 根据1951年《关于难民地位的公约》,无国籍难民和有国籍难民一样可以得到保护。由于个人的种族、宗教、国籍、某一社会团体的成员或者政治意见被任意剥夺公民身份,这个人可以被认定为难民。③ 事实无国籍人不一定受到了迫害,有事实根据的对迫害的恐惧是1951年《关于难民地位的公约》规定的难民定义的关键。一些事实无国籍人没有从居住国获得国籍,而且又没有资格成为难民或者法律无国籍人。

由于无国籍人与流离失所者和难民的紧密联系,联合国大会指定联合国难民署作为负责监督防止、减少无国籍状态出现的机构。实践中,大多数向联合国难民署寻求帮助的无国籍人,不管是法律无国籍人还是事实无国籍人,都不是难民,无权申请庇护。④ 联合国难民署认为,如果既是无国籍人,又是

---

① 凯特·雅斯特拉姆,玛丽莲·阿奇隆.难民保护:国际难民法指南[G].联合国难民署,各国会议联盟.2004,44。

② 凯特·雅斯特拉姆,玛丽莲·阿奇隆.难民保护:国际难民法指南[G].联合国难民署,各国会议联盟.2004,11。

③ 玛丽琳·阿奇隆(Marilyn Achiron)国籍和无国籍:议员手册[R].联合国难民署,各国会议联盟.2005,10。

④ 玛丽琳·阿奇隆(Marilyn Achiron)国籍和无国籍:议员手册[R].联合国难民署,各国会议联盟.2005,11。

难民的话，倾向于将他们列为难民，因为他们能有更多机会走难民程序，被送往第三国重新安置，开始新生活，享受教育等权利。[①]联合国秘书长潘基文在2007年世界难民日致辞时指出："由于族裔或者历史原因，他们被剥夺了拥有国籍的权利。对他们而言，回家可能不取决于是否签署和平协定和开展遣返活动，而是取决于能否克服官僚障碍和获得正式身份。"

四、产生无国籍状态的原因

一个人成为无国籍人可能自知或者不自知、有意或者无意。主要原因包括出生、婚姻、放弃、被剥夺、被歧视等方面。主要情形有：（1）限制父母将国籍传给子女；（2）禁止妇女将国籍传给子女；（3）没有出生证明不能取得国籍；（4）因与外国人通婚或者婚姻期间配偶国籍变更失去国籍；（5）在没有取得另一国籍的情况下放弃原国籍；（6）因长期在国外居住自动丧失、被剥夺国籍；（7）因不服兵役或者替代民事服务被剥夺国籍；（8）因歧视做法被剥夺国籍；（9）因提交虚假材料申请归化国籍被剥夺国籍等。

（一）因出生产生无国籍状态

因出生产生无国籍状态。具体原因包括：（1）限制父母将国籍传给子女；（2）禁止妇女将国籍传给子女；（3）没有出生证明不能取得国籍。在许多收容叙利亚难民的国家，难以登记出生时身份不明的儿童，致使这些儿童没有国籍的风险上升。2014年，消除对妇女歧视委员会《关于妇女的难民地位、庇护、国籍和无国籍状态与性别相关方面的第32号一般性建议》第61段建议："如果缔约国不履行1979年《消除对妇女一切形式歧视公约》第9条第2款规定的义务（在关于子女的国籍方面，应给予妇女与男子平等的权利），儿童就有可能处于无国籍状态。仅根据父亲单系血统给予国籍的国籍法违反第9条第2款的规定，并可能使儿童在下述情况下成为无国籍人：（a）父亲是无国籍人；（b）父亲本国的法律不准他在子女出生于国外等某些情况下将国籍传给子女；

---

① 任芊.无国籍人士：游走在国界边缘的"隐形人"[EB/OL].(2012-05-28)[2018-04-15]. http://news.cri.cn/gb/27824/2012/05/28/2225s3701394.htm.

(c)子女出生时生父身份不明或者父亲未与母亲结婚;(d)父亲未能完成将其国籍传给子女的行政步骤或者为子女取得国籍证明,因为他已死亡,被迫与家人分离,或者无法满足烦琐的文件要求或者其他要求等;(e)父亲不愿意履行各种行政步骤将其国籍传给子女或者为子女取得国籍证明,例如已经抛弃家庭等。"

(二)因婚姻产生无国籍状态

因婚姻产生无国籍状态。因与外国人通婚或者婚姻期间配偶国籍变更而失去国籍。一个人与外国人结婚后,以放弃原国籍为条件依婚姻取得外国配偶的国籍,如果丧失了取得的外国国籍,而又不能恢复原国籍,成为无国籍人。一个人与无国籍人结婚,如果该人国籍国国籍法不允许无国籍人配偶依婚姻取得国籍,则该无国籍人配偶继续是无国籍人。根据《巴哈马国籍法》,巴哈马妇女与外国男子结婚,不能像巴哈马男子一样将其国籍传给配偶。如果该外国配偶无国籍,则他将继续保持无国籍状态。

(三)因放弃产生无国籍状态

因放弃产生无国籍状态。具体原因包括:(1)在没有取得另一国籍的情况下放弃原国籍;(2)因长期在国外居住而自动丧失国籍。20世纪90年代中期以前,在墨西哥和多米尼加,取得外国国籍即自动丧失原国籍。放弃原国籍与取得外国国籍之间往往存在时间差,如果完成了放弃原国籍的程序,却没有完成取得外国国籍的程序,成为无国籍人。

(四)因被剥夺产生无国籍状态

因被剥夺产生无国籍状态。个人被剥夺国籍后,没有或者尚不能立即取得另一国家国籍,成为无国籍人。具体原因包括:(1)因长期在国外居住被剥夺国籍。(2)因不服兵役或者替代民事服务被剥夺国籍;(3)因歧视做法被剥夺国籍;(4)因提交虚假材料申请归化国籍被剥夺国籍。1957年《马来西亚联邦宪法》(2009年修正)第25条第2款规定:对于依照第16A条登记为公民或者归化为公民的人,联邦政府如果确证此人连续5年通常居住在联邦以外的国家,而且在此期间有下列情形者,可命令剥夺其国籍:(a)从未为联邦或者联邦政府为成员的一国际组织工作;而且(b)没有每年在联邦驻外领馆登记,表明其要保留国籍的意图。

(五)因被歧视产生无国籍状态

宗教、种族、民族、政治、语言、性别等因素的歧视使一个人成为无国籍人,一些少数群体整体遭到排斥,集体成为无国籍的受害人。[①] 如缅甸北部若开邦的罗兴亚人。2017年10月,联合国大会审议通过了关于缅甸人权状况的报告,对罗兴亚人在缅甸的人权状况表示严重关切。[②] 伊拉克大约20—30万库尔德人的国籍存在问题。1970年代末,中国接收了约30万因排华和战争逃离本国的印支人,部分人员没有取得中国国籍,又因为逃离本国失去了原国籍,可能成为无国籍人。

妇女可能因性别歧视无法获得护照、身份证、出生证、结婚证等文件,以证明或者申请国籍,成为无国籍人。由于歧视和排斥女童,女童可能没有进行出生登记,特别是来自贫困家庭、少数民族和外国人社区的女童或者残疾女童。因为丈夫不同意,或者出于缺乏意识及其他原因,可能没有进行结婚登记。作为一种人身控制手段,在妇女遭到贩卖或者暴力和虐待的情况下,会没收或者销毁妇女的国籍证件。有些国家存在歧视性做法,要求父亲等第三方男子批准才能取得国籍证件,这不利于妇女行使取得国籍权。

1952年《取得和丧失瑞士国籍法》第41条规定:对于由虚假申报或者隐瞒重要事实而取得国籍或者恢复国籍的情况,可在5年之内撤销当事人国籍。2006年7月,瑞士联邦法院在第5A.22/2006号判决的理由4.4中解释了撤销瑞士国籍的适用条件,即使会使其成为无国籍人,依然可以撤销瑞士国籍。

五、无国籍人的困境

无国籍人无任何国籍,他们借以取得国家保护的主要联系不存在,除非根据1945年《联合国宪章》、人权条约及规定了无国籍人法律地位的国际文件受到保护。就国际法而言,无国籍人的法律地位犹如在公海上行使而不挂

---

① 联合国. 受到排斥的人:无国籍人的隐蔽世界[EB/OL].(2008)[2018-04-15]. http://www.un.org/chinese/events/tenstories/07/theexcluded.shtm。

② 《缅甸人权状况》,联合国大会第72届会议,A/C.3/72/L.48,2017年10月31日。

任何国家的旗帜的船舶一样，不享受任何国家的保护。① 国籍是个人从国家获得的法律资格，个人与国家之间建立的法律联系，对确保充分参与政治、社会生活至关重要，对保障行使和享有选举、担任公职、社会保障、迁徙、出入境等其他权利不可或缺。虽然无论国籍地位如何，每个人都应享有人权，但在实践中，国籍往往是享有基本人权的先决条件。如果没有国籍，将会因非公民或者无国籍人受歧视。②

没有任何国籍的无国籍状态对相关个人而言非常不利。由于不具有公民身份，他们往往被剥夺了基本权利，无法获得就业机会、住房、教育和保健，还可能无法拥有财产、开立银行账户、办理结婚手续和为子女办理出生登记，有些人甚至遭到长期的拘禁。一些国家继续拒绝让无国籍人返回和在境内居住，即使前几代显然是在这些国家出生和长大的。2012年12月，联合国难民署与非政府组织"开放社会司法倡议"（Open Society Justice Initiative）联合发布《无国之民：美国无国籍人问题的法律政策解决方案》（Citizens of Nowhere: Solutions for the Stateless in the U.S.）指出，目前美国境内有数量不明的无国籍人面临着没有合法身份导致的种种困境，这些人无法享有各种正当权益，不能离开美国返回原籍国，还必须定期前往移民部门报到。

2017年7月，参加联合国人权事务高级专员与联合国难民事务高级专员专家讲习班的专家和代表详细阐述了无国籍人所处的困境。无国籍状态使无国籍人遭遇各种巨大艰辛，可能连续几代影响个人及其家人，难以享有各项人权。无国籍人被拒绝承认享有的人权包括：（1）参与政治进程，投票权和竞选公职权；（2）接受社会服务，公共卫生保健服务和社会保障，健康权和社会保障权；（3）接受教育和获得就业机会，受教育权和工作权；（4）获得住房，适足生活水准权，包括适足住房权；（5）领取身份证件和参加经济活动所需其他必要证件，驾驶证、银行账户、财产、土地所有权和财务资源；（6）诉诸法律，司法权和有效补救权；（7）迁徙自由，迁徙和居住自由，出入境权；

---

① 〔英〕劳特派特修订.奥本海国际法（上卷第二分册）[M].北京：商务印书馆，1971，161.
② 2014年《消除对妇女歧视委员会关于妇女的难民地位、庇护、国籍和无国籍状态与性别相关方面的第32号一般性建议》第51段。

（8）法律承认的婚姻，结婚权和组建家庭权；（9）家庭团聚，儿童家庭团聚权。

除被拒绝承认享有人权外，无国籍人可能在以下方面处于更大困境：（1）被任意逮捕、拘留、驱逐，人身自由和安全权；（2）被剥削，包括童工和人口贩运，免遭奴役和劳役；（3）有害做法，如童婚、早婚和强迫婚姻，禁止童婚，免遭暴力；（4）陷入虐待关系，家庭暴力，婚姻和家庭生活不平等。无国籍人因未获准返回本国，并且在居留国不享有任何法律地位，可能被无限期或者反复拘留。[①] 在某些情况下，无国籍状态可能会对个体的生命构成几乎毁灭性打击，使其沦为流离失所者或者难民。

无国籍状态对儿童造成的负面影响如何强调都不过分。非洲儿童权利和福利专家委员会在关于《非洲儿童权利与福利宪章》第6条的一般性意见中指出："虽然无国籍儿童往往自身毫无过错，但经常承袭不确定的未来，难以自由旅行、在必要时诉诸司法，并且面临被法律遗忘、容易被本国驱逐的挑战。在实现获取卫生保健、就学等经济社会权利方面，无国籍状态对儿童造成尤其恶劣的影响。"无国籍儿童在获得基本服务和取得基本人权方面常常面临严重限制。在30多个国家，儿童须有国籍证件才可获得医疗服务；至少在20个国家，无国籍儿童不能依法接种疫苗。[②] 在泰国的无国籍人在获得基本医疗服务、免费教育方面面临障碍。[③] 无国籍儿童在享受人权方面面临的其他挑战包括：获得出生证和其他形式的法律和身份证明，获得社会保障，任意和长期拘留，剥削和虐待等。

第二节 认定无国籍人

一、认定无国籍人的条件

全面和准确认定无国籍人是界定无国籍人范围和解决无国籍人问题的前

---

① 2011年《联合国难民署高级专员方案执行委员会关于无国籍问题的说明》第4段。
② 联合国难民署.我在此地，应有归属：迫切需要结束儿童无国籍状态[R].[2020-04-01]. www.unhcr.org/ibelong/the-urgent-need-to-end-childhood-statelessness/。
③ 《联合国经济与社会理事会关于泰国初次和第二次合并定期报告的结论性意见》第29段、第33段，E/C.12/THA/CO/1-2，2015年7月7日。

提。各国普遍接受1954年《关于无国籍人地位的公约》第1条第1款的无国籍人定义"本公约所称无国籍人是指任何国家根据它的法律不认为是它的国民的人。"在本国法律中规定外国人包括无国籍人，给予无国籍人外国人法律地位。1952年《美国移民和国籍法》第101条第a款第3项规定："外国人是指不具有美国公民或者国民身份的任何人。"2001年《加拿大移民及难民保护法》第2条第1款规定：外国人是指非加拿大公民或者永久居民，并包括无国籍人员。2004年《德国关于外国人在联邦领域居留、从事经济活动和融合之法》第2条第1款规定："外国人是指不是《基本法》第116条第1款意义上的德国人。"1992年《印度尼西亚移民法》第1条第1款第6项规定："外国人是指不具有印度尼西亚国籍的人。"

很少有国家接受联合国难民署建议的事实无国籍人定义"不能证明为法律无国籍人，而且由于没有有效国籍，所以不能享受国籍保护的人"[①]。在本国法律中规定事实无国籍人定义。但是，保护事实无国籍人比保护法律无国籍人更为紧迫。

二、认定无国籍人的程序

根据1954年《关于无国籍人地位的公约》第1条第1款"本公约所称无国籍人是指任何国家根据它的法律不认为是它的国民的人"，认定某人为无国籍人，必须证明某人没有有关国家的国籍。为证明某人没有有关国家的国籍，会要求提供出生国、长期居住国、配偶国籍国、子女国籍国等有关国家的国籍登记资料等文件，以及相关事实和信息。有关国家提供的国籍登记资料等文件是证明无国籍的重要证据。一些国家的行政机关可能认为自己没有义务说明某人不具有本国国籍，拒绝提供一个人不具有本国国籍的文件，或者对于相关要求不予答复。当相关国家的行政机关拒绝提供一个人不具有本国国籍的文件，或者对于相关要求不予答复时，该拒绝本身就是一种证明无国籍

---

① 玛丽琳·阿奇隆（Marilyn Achiron）国籍和无国籍：议员手册[R].议会联盟，联合国难民署，2005,11.

的形式，就如国家一般不会不给予其公民外交保护一样。① 如果无法从相关国家行政机关获取，个人也无法提供国籍证明文件，可以运用证人证词、个人官方语言水平等方法判定是否具有出生国、长期居住国、配偶国籍国、子女国籍国等有关国家的国籍。

世界上大多数国家没有认定无国籍的专门程序和专门机构。缺少认定无国籍人程序，许多无国籍人无法被认定为无国籍人和获得相应的权利，国家难以明确无国籍问题的严重程度。例如，卢森堡没有认定无国籍人的程序。2009年，卢森堡为47名无国籍人颁发了护照，其中大多正在申请卢森堡国籍。在这47名申请者中，23名是初次申请，24名是再次申请。他们是如何被认定为无国籍人，有多少人要求被认定为无国籍人，无国籍人群的特征和正式地位为何，都不得而知。联合国难民署建议卢森堡实行正式的无国籍认定程序，以更好地履行1954年《关于无国籍人地位的公约》规定的保护无国籍人的义务。②

少数国家指定难民部门、内政部门受理和审理无国籍人认定申请，通过甄别程序认定无国籍人。法国保护难民和无国籍人办公室执行无国籍人认定程序，给予无国籍人司法和行政保护。申请人必须向保护难民和无国籍人办公室申请无国籍人认定。西班牙内政部负责认定无国籍人，申请人向地方内政部门或者庇护和难民办公室申请无国籍人认定。地方内政部门或者庇护和难民办公室调查后，向内政部提交认定无国籍人的评估报告。意大利内政部负责认定无国籍人。

国家可确定一个中央政府的部门负责无国籍人认定事务，指派专门、独立、专业的人员开展无国籍人认定工作。进行无国籍人认定时，向申请人提供停留许可，给予申请人在审理期间的合法身份。

认定无国籍人的程序应符合以下条件，确保程序的适当和公正：客观审

---

① 玛丽琳·阿奇隆（Marilyn Achiron）国籍和无国籍：议员手册[R].议会联盟，联合国难民署，2005.18.
② 《人权事务高级专员办事处根据人权理事会第16/21号决议附件第5段汇编的资料：卢森堡》第19段，A/HRC/WG.6/15/LUX/2，2012年11月9日。

理；独立审理；限时办结；以申请人可以理解的语言提供程序信息；提供翻译和法律建议；保护隐私；送达决定；告知决定原因；提供法律救济。不拘留无国籍人是原则，拘留是例外。只有考虑了所有可能的其他方式后，才拘留无合法停留许可的无国籍人。

为没有正式旅行证件或者其他身份证件的人，包括移民和遭拐卖或者贩运者，寻找适当的解决办法，必要时酌情由有关国家彼此合作核实他们的国籍，但要充分尊重这些人的人权以及有关国家法律。根据2000年《联合国打击跨国有组织犯罪公约》《关于防止、禁止和惩治贩运人口特别是妇女和儿童的补充议定书》和《关于打击陆、海、空偷运移民的补充议定书》，协助核实接收的遭拐卖或者贩运者的国籍，以发放旅行和身份证件，方便这些人返回，鼓励其他国家提供类似援助。

第三节 无国籍人的地位

一、至少享有与外国人同等的权利，并不被歧视

国家确保无国籍人享有相应权利和待遇，需要加入1954年《关于无国籍人地位的公约》，在国际法下采取有效措施。1954年9月，为保证无国籍人可以最广泛地行使基本权利和自由，不受歧视，联合国通过《关于无国籍人地位的公约》，为保护无国籍人权益问题提供了重要的国际法框架。1960年6月，《关于无国籍人地位的公约》生效。2011年9月，菲律宾成为东南亚地区第一个批准1954年《关于无国籍人地位的公约》的国家。截至2021年5月，1954年《关于无国籍人地位的公约》的缔约国共95个。[①] 联合国难民署希望有更多的国家加入并实施该国际公约。

为确保无国籍人享有相应权利和待遇，根据1954年《关于无国籍人地位的公约》，无国籍人享有人人应该都有权享受的基本权利，至少享有与外国人

---

① Convention Relating To The Status Of Stateless Persons. United Nations, Treaty Series, vol.360, p.117. https://treaties.un.org/Pages/ViewDetailsII.aspx?src=TREATY&mtdsg_no=V-3&chapter=5&Temp=mtdsg2&clang=_en.

同等的权利。第7条第1款规定:"除本公约载有更有利的规定外,缔约国应给予无国籍人以一般外国人所获得的待遇。"

无国籍人权利适用不歧视原则,不得对无国籍人有任何歧视。1954年《关于无国籍人地位的公约》第3条规定:"缔约各国应对无国籍人不分种族、宗教或者原籍,适用本公约的规定。"

二、一般外国人待遇

无国籍人的一般外国人待遇是指一国给予无国籍人的待遇不得低于在同样情况下给予一般外国人的待遇。如表9—1,一般待遇的内容,因国家签署的国际文件和实施的国内法律而定,主要是由于个人身份取得的权利,动产和不动产,以工资受偿的雇佣,自营职业,自由职业,房屋,初等教育以外的教育、学术研究、承认外国学历,国际条约涉及的社会保障,迁徙自由,发放无国籍人行政文件包括旅行证件的费用,结社等。1954年《关于无国籍人地位的公约》第13条规定:"缔约各国在动产和不动产的取得及与此相关的其他权利,以及关于动产和不动产的租赁和契约方面,应给予无国籍人尽可能优惠的待遇,无论如何,此项待遇不得低于在同样情况下给予一般外国人的待遇。"第17条第1款规定:"缔约各国对合法在其领土内居留的无国籍人,就从事工作以换取工资的权利方面,应给以尽可能优惠的待遇,无论如何,此项待遇不得低于一般外国人在同样情况下所享有的待遇。"

表9—1 无国籍人的一般外国人待遇

序号	名称	对象	内容	出处
1	由于个人身份而取得的权利	无国籍人	无国籍人以前由于个人身份而取得的权利，特别是关于婚姻的权利，应受到缔约一国的尊重，如必要时应遵守该国法律所要求的仪式，但以如果他不是无国籍人该有关的权利亦被该国法律承认者为限。	第12条第2款
2	动产和不动产	无国籍人	缔约各国在动产和不动产的取得及与此相关的其他权利，以及关于动产和不动产的租赁和契约方面，应给予无国籍人尽可能优惠的待遇，无论如何，此项待遇不得低于在同样情况下给予一般外国人的待遇。	第13条
3	以工资受偿的雇佣	无国籍人	缔约各国对合法在其领土内居留的无国籍人，就从事工作以换取工资的权利方面，应给以尽可能优惠的待遇，无论如何，此项待遇不得低于一般外国人在同样情况下所享有的待遇。	第17条第1款
4	自营职业	合法居留于其领土内的无国籍人	缔约各国对合法居留于其领土内的无国籍人，就其自己经营农业、工业、手工业、商业以及设立工商业公司方面，应给以尽可能优惠的待遇，无论如何，此项待遇不低于一般外国人在同样情况下所享有的待遇。	第18条
5	自由职业	合法居留于其领土内的无国籍人	缔约各国对合法居留其领土内的无国籍人，凡持有该国主管当局所承认的文凭愿意从事自由职业者，应给以尽可能优惠的待遇，无论如何，此项待遇不得低于一般外国人在同样情况下所享有的待遇。	第19条
6	房屋	合法居留于其领土内的无国籍人	缔约各国对合法居留于其领土内的无国籍人，就房屋问题方面，如果该问题是由法律或者规章调整或者受公共当局管制，应给以尽可能优惠的待遇，无论如何，此项待遇不得低于一般外国人在同样情况下所享有的待遇。	第21条
7	初等教育以外的教育、学术研究、承认外国学历	无国籍人	缔约各国对初等教育以外的教育、特别是获得学术研究的机会，承认外国学校的证书、文凭和学位、减免学费以及发给奖学金方面，应对无国籍人给以尽可能优惠的待遇，无论如何，此项待遇不得低于一般外国人在同样情况下所享有的待遇。	第22条第2款

续表

序号	名称	对象	内容	出处
8	国际条约涉及的社会保障	无国籍人	缔约各国之间所缔结或者在将来可能缔结的协定，凡涉及社会保障既得权利或者正在取得的权利，缔约各国应以此项协定所产生利益给予无国籍人，但以符合对有关协定各签字国国民适用的条件者为限。	第24条第3款
9	迁徙自由	合法在其领土内的无国籍人	缔约各国对合法在其领土内的无国籍人，应给予选择其居住地和在其领土内自由行动的权利，但应受对一般外国人在同样情况下适用的规章的限制。	第26条
10	发放无国籍人行政文件包括旅行证件的费用	无国籍人	（一）缔约各国不得对无国籍人征收其向本国公民在类似情况下征收以外的，或者较高于向其本国公民在类似情况下征收的任何种类捐税或者费用。 （二）前款规定并不妨碍对无国籍人适用关于向外国人发给行政文件包括旅行证件在内的法律和规章。	第29条
11	结社	无国籍人（合法居住在领土内）	关于非政治性和非营利性的社团以及同业公会组织，缔约各国对合法居留在其领土内的无国籍人，应给以尽可能优惠的待遇，无论如何，此项待遇不得低于一般外国人在同样情况下所享有的待遇。	第15条

资料来源：作者根据1954年《关于无国籍人地位的公约》整理

三、国民待遇

无国籍人的国民待遇是指一国给予在本国境内的无国籍人与本国公民相同的待遇，又称无国籍人相同待遇。如表9—2，根据1954年《关于无国籍人地位的公约》，一国给予无国籍人宗教仪式和子女宗教教育、知识产权、向经常居住地国家法院提起诉讼、定额供应、初等教育、公共救济、报酬和劳动保障、行使权利时给予行政协助、行政征收等权利时，应遵循国民待遇原则。1954年《关于无国籍人地位的公约》第23条规定：缔约各国对合法居住在其领土内的无国籍人，就公共救济和援助方面，应给以凡其本国公民所享有的同样待遇。第16条第2款规定："无国籍人在其经常居住的缔约国内，应向法院申诉的事项,包括诉讼救助和免予提供诉讼担保在内,应享有与本国公民相同的待遇。"

表9—2 无国籍人的国民待遇

序号	名称	对象	内容	出处
1	宗教仪式和子女宗教教育	在其领土内的无国籍人	缔约各国对在其领土内的无国籍人,关于举行宗教仪式的自由以及对其子女施加宗教教育的自由方面,应至少给予其本国公民所获得的待遇。	第4条
2	知识产权(艺术权利和工业产权)	无国籍人(在其经常居住的缔约国内)	关于工业财产的保护,例如对发明、设计或者模型、商标、商品名称以及对文学、艺术和科学作品的权利,无国籍人在其经常居住的国家内,应被给予该国公民所享有的同样保护。	第14条前半段
3	向经常居住地国家法院提起诉讼	无国籍人(在其经常居住的缔约国内)	无国籍人在其经常居住的缔约国内,应向法院申诉的事项,包括诉讼救助和免予提供诉讼担保在内,应享有与本国公民相同的待遇。	第16条第2款
4	定额供应	无国籍人	如果存在着定额供应制度,而这一制度是适用于一般居民并调整着缺销产品的总分配,对无国籍人应被给予本国公民所享有的同样待遇。	第20条
5	初等教育	无国籍人	缔约各国给予无国籍人凡本国公民在初等教育方面所享有的同样待遇。	第22条第1款
6	公共救济	无国籍人(合法居住在领土内)	缔约各国对合法居住在其领土内的无国籍人,就公共救济和援助方面,应给以凡其本国公民所享有的同样待遇。	第23条
7	报酬和劳动保障	无国籍人(合法居住在领土内)	一、缔约各国对合法居住在其领土内的无国籍人,就下列各事项,应给以本国公民所享有的同样待遇:(1)报酬,包括家庭津贴——如此种津贴构成报酬一部分的话、工作时间、加班办法、假日工资、对带回家去工作的限制、雇佣最低年龄、学徒和训练、女工和童工、享受共同交涉的利益,如果这些事项由法律或者规章规定,或者受行政当局管制的话;(2)社会保障(关于雇佣中受损害、职业病、生育、疾病、残疾、年老、死亡、失业、	第24条第1款、第2款

续表

序号	名称	对象	内容	出处
7	报酬和劳动保障	无国籍人（合法居住在领土内）	家庭负担或者根据国家法律或者规章包括在社会保障计划之内的任何其他事故的法律规定），但受以下规定的限制：(a)对维持既得权利和正在取得的权利可能作出适当安排；(b)居住地国的法律或者规章可能对全部由公共基金支付利益或者利益金的一部分或者对不符合于为发给正常退职金所规定资助条件的人发给津贴，制订特别安排。二、无国籍人由于雇佣中所受损害或者职业病死亡而获得的补偿权利。不因受益人居住地在缔约国领土以外而受影响。	第24条第1款、第2款
8	行使权利时给予行政协助	无国籍人	除对贫苦的人可能给予特殊的待遇外，为行使权利无国籍人提供行政协助服务时，可以征收费用，但此项费用应有限度，并应相当于为类似服务向本国公民征收的费用。	第25条第4款
9	财政征收	无国籍人	缔约各国不得对无国籍人征收其向本国公民在类似情况下征收以外的或者较高于向其本国公民在类似情况下征收的任何类捐税或者费用。	第29条第1款

资料来源：作者根据1954年《关于无国籍人地位的公约》整理

四、可能国民待遇

无国籍人的可能国民待遇是指，一国有权利而不是有义务给予无国籍人国民待遇，或者在无国籍人符合一定条件时才给予其国民待遇。1954年《关于无国籍人地位的公约》在以工资受偿的雇佣的权利方面，要求缔约国"对根据劳力招募计划或者移民计划而进入其领土的无国籍人，缔约各国应给以同情的考虑"。在动产和不动产的取得及与此相关的其他权利，自雇，自由职业，住房，初等教育以外的教育、特别是获得研究学术机会，承认外国学历、减免学费及奖学金等方面，要求缔约国给予"尽可能优惠待遇"。通常而言，对外国人最优惠待遇是国民待遇，所以"相同于本国公民的此项权利方面，应给予同情的考虑"，"尽可能优惠待遇"视同可能国民待遇。1954年《关于无国籍人地位的公约》第17条第2款规定："在使一切无国籍人以工资受偿雇佣的权利相同于本国公民的此项权利方面，特别是对根据劳力招募计划或者移民计划而进入其领土的无国籍人，缔约各国应给以同情的考虑。"换句话说，缔约国应尽可能将给予本国公民的以工资受偿雇佣的权利给予无国籍人。

表9—3 无国籍人的可能国民待遇

序号	名称	对象	内容	出处
1	以工资受偿雇佣的权利	无国籍人	在使一切无国籍人以工资受偿雇佣的权利相同于本国公民的此项权利方面，特别是对根据劳力招募计划或者移民计划而进入其领土的无国籍人，缔约各国应给以同情的考虑。	第17条第3款
2	动产和不动产的取得及与此相关的其他权利	无国籍人	缔约各国在动产和不动产的取得及与此相关的其他权利，以及关于动产和不动产的租赁和契约方面，应给予无国籍人尽可能优惠的待遇。	第13条
3	自雇	合法在其领土内的无国籍人	缔约各国对合法在其领土内的无国籍人，就其自己经营农业、工业、手工业、商业以及设立工商业公司方面，应给以尽可能优惠的待遇。	第18条
4	自由职业	合法居留于其领土内的无国籍人	缔约各国对合法居留于其领土内的无国籍人，凡持有该国主管当局所承认的文凭愿意从事自由职业者，应给以尽可能优惠的待遇。	第19条
5	住房	合法居留于其领土内的无国籍人	缔约各国对合法居留于其领土内的无国籍人，就房屋问题方面，如果该问题是由法律或者规章调整或者受公共当局管制，应给以尽可能优惠的待遇。	第21条
6	初等教育以外的教育、特别是获得研究学术机会，承认外国学历、减免学费及奖学金	无国籍人	缔约各国在初等教育以外的教育、特别是获得研究学术的机会，承认外国学校的证书、文凭和学位、减免学费以及发给奖学金方面，应对无国籍人给以尽可能优惠的待遇。	第22条第2款

资料来源：作者根据1954年《关于无国籍人地位的公约》整理

五、低国民待遇

无国籍人的低国民待遇是指一国给予无国籍人的待遇少于或者低于本国公民的待遇，又称无国籍人差别待遇。一国实行无国籍人低国民待遇是为保护国家利益和本国公民权益。无国籍人低国民待遇包括无国籍人低于住在国公民的待遇、无国籍人高于其他外国人但仍低于住在国公民的待遇两种情况。

1954年《关于无国籍人地位的公约》没有直接规定无国籍人低国民待遇，但是通过保留条款给予缔约国赋予无国籍人低国民待遇的可能。第38条第1款规定："任何国家在签字、批准或者加入时，可以对公约第1条、第3条、第4条、第16条第1款和第33—42条（包括首尾两条在内）各条以外的规定作出保留。"第1条、第3条、第4条、第16条第1款分别指无国籍人定义、不得歧视、宗教、向法院提起诉讼等无国籍人权利。第33—42条分别指国内立法、争端的解决、签字批准和加入、领土适用条款、联邦条款、保留、生效、退出、修改、联合国秘书长的通知等公约程序性规定。保留意味着可以作出低于国民待遇的规定。所以，一国可以以保留的方式，就除无国籍人定义、不得歧视、宗教、向法院提起诉讼以外的其他应适用国民待遇的无国籍人权利，作出低国民待遇的规定。如果一国在批准1954年《关于无国籍人地位的公约》时没有作出保留，则不能对应适用国民待遇的无国籍人权利，作出无国籍人低国民待遇的规定。

罗马尼亚加入1954年《关于无国籍人地位的公约》时作出保留，"关于公约第23条的适用，罗马尼亚保留仅对根据1951年7月28日《关于难民公约地位的公约》及1967年1月31日《关于难民地位的议定书》的条款（或者酌情根据国内法律的规定）亦具有难民身份的无国籍人给予公共救济的权利"，而不是"给以凡其本国公民所享有的同样待遇"。保加利亚加入1954年《关于无国籍人地位的公约》时作出保留，"保加利亚将按照保加利亚共和国国家立法的情况和规定的次序适用第23条"，而不是"给以凡其本国公民所享有的同样待遇"。对第24条第1款第b项的保留：保加利亚将按照立法的情况和规定的次序适用第24条第1款第b项，而不是"应给以本国公民所享有的同样待遇"。

六、专门待遇

无国籍人的专门待遇是指一国专门给予无国籍人，但是不给予本国公民和其他外国人的待遇。由于无国籍人专门待遇只适用于无国籍人，例如无国籍人证件，不适用住在国公民和其他外国人，所以不能归类于以本国公民待遇为基准的国民待遇、低国民待遇，或者以外国人待遇为基准的一般外国人待遇。1954年《关于无国籍人地位的公约》在个人身份适用法律、给予行政协助、无国籍人身份证件、为在领土内居留的无国籍人签发无国籍人国际旅行证件、转移携入的资产到重新定居国、驱逐出境等方面作出原则性规定，缔约国应保障无国籍人的这些专门权利。这些权利的具体内容，由缔约国国内法作出具体性规定。1954年《关于无国籍人地位的公约》第28条规定：缔约各国对合法在其领土内居留的无国籍人，除因国家安全或者公共秩序的重大原因应另作考虑外，应发给旅行证件、以凭在其领土以外旅行。无国籍人国际旅行证件具有外国人签证性质，不适用于本国公民和其他外国人，虽然必须签发，但是如何签发应由一国国内法作出规定。

表9—4　无国籍人的专门待遇

序号	名称	对象	内容	出处
1	个人身份适用法律	无国籍人	无国籍人的个人身份，应受其所住地国家的法律支配，如无住所，则受其居住地国家的法律支配。	第12条第1款
2	给予行政协助	无国籍人	（一）如果无国籍人行使一项权利时正常地需要一个对他不能援助的外国当局的协助，则无国籍人居住地的缔约国应安排由该国自己当局或者由一个国际当局给予此项协助。 （二）第一款所述当局应将正常地应由无国籍人的本国当局或者通过其本国当局给予外国人的文件或者证明书给予无国籍人，或者使这种文件或者证明书在其监督下给予无国籍人。 （三）如此发给的文件或者证书应代替由无国籍人的本国当局或者通过其本国当局发给无国籍人的正式文件，并应在没有相反证据的情况下给予证明的效力。	第25条
3	无国籍人身份证件	不持有有效旅行证件的任何无国籍人	缔约各国对在其领土内不持有有效旅行证件的任何无国籍人，应发给身份证件。	第27条

续表

序号	名称	对象	内容	出处
4	为在领土内居留的无国籍人签发无国籍人国际旅行证件	合法在其领土内居留的无国籍人	缔约各国对合法在其领土内居留的无国籍人，除因国家安全或者公共秩序的重大原因应另作考虑外，应发给旅行证件，以凭在其领土以外旅行。	第28条第1款
5	转移携入的资产到重新定居国	携入资产的无国籍人	缔约国应在符合于其法律和规章的情况下，准许无国籍人将其携入该国领土内的资产，移转到无国籍人为重新定居目的而已被准许入境的另一国家。	第30条第1款
6	驱逐出境	无国籍人	（一）缔约各国除因国家安全或者公共秩序理由外，不得将合法在其领土内的无国籍人驱逐出境。（二）驱逐无国籍人出境只能以按照合法程序作出的判决为根据。除因国家安全的重大理由要求另作考虑外，应准许无国籍人提出有利于其自己的证据，向由主管当局特别指定的人员申诉或者为此目委托代表向上述当局或者人员申诉。（三）缔约各国应给予上述无国籍人一个合理的期间，以便取得合法进入另一国家的许可。缔约各国保留在这期间内适用它们所认为必要的内部措施的权利。	第31条

资料来源：作者根据1954年《关于无国籍人地位的公约》整理

七、可能专门待遇

无国籍人的可能专门待遇是指一国有权利而不是有义务专门给予无国籍人，但是不给予本国公民和其他外国人的待遇。1954年《关于无国籍人地位的公约》第28条第2款规定："缔约各国可以发给在其领土内的任何其他无国籍人上述旅行证件。缔约各国特别对于在其领土内而不能向其合法居所地国家取得旅行证件的无国籍人发给上述旅行证件一事，应给予同情的考虑。"

八、参照待遇

无国籍人的参照待遇是指一国参照无国籍人经常居住国公民享有的待遇，给予没有在本国经常居住无国籍人相应的待遇。给予无国籍人的一般外国人待遇、国民待遇等，面向在本国经常居住的无国籍人，对于没有在本国经常居住的无国籍人，参照无国籍人经常居住国公民享有的待遇。1954年《关于无国籍人地位的公约》在向法院起诉的事项，包括诉讼救助和免予提供诉讼担保，以及知识产权保护等方面规定了无国籍人参照待遇。1954年《关于无国籍人地位的公约》第16条第3款规定："无国籍人在其经常居住的国家以外的其他国家内，就第2款所述事项，应给以其经常居住国家的国民所享有的待遇。""第2款所述事项"是指"向法院起诉的事项，包括诉讼救助和免予提供诉讼担保"。在诉讼救助和免予提供诉讼担保等向法院起诉的事项方面，无国籍人在其经常居住国家以外的其他国家时，享有其经常居住国家的国民所享有的待遇。1954年《关于无国籍人地位的公约》第14条规定：关于工业财产的保护，例如对发明、设计或者模型、商标、商品名称以及对文学、艺术和科学作品的权利，无国籍人在任何其他缔约国领土内，应给以其经常居住国家的国民所享有的同样保护。在向法院起诉的事项，包括诉讼救助和免予提供诉讼担保，以及工业产业保护方面，一国给予不在本国经常居住的无国籍人的待遇，参照该无国籍人经常居住国公民的待遇给予。

表9—5 无国籍人的可能专门待遇

序号	名称	对象	内容	出处
1	为不能向其合法居住地国家取得旅行证件的无国籍人签发国际旅行证件	在领土内而不能向其合法居住地国家取得旅行证件的无国籍人	缔约各国可以发给在其领土内的任何其他无国籍人上述旅行证件。缔约各国特别对于在其领土内而不能向其合法居所地国家取得旅行证件的无国籍人发给上述旅行证件一事，应给予同情的考虑。	第28条第2款
2	转移不论在何地方的并在另一国重新定居所需的财产	获得另一国家入境许可的无国籍人	如果无国籍人申请移转不论在何地方的并在另一国家重新定居所需要的财产，而且该另一国家已准其入境，则缔约国对其申请应给予同情的考虑。	第30条第2款
3	入籍便利	无国籍人	缔约各国应尽可能便利无国籍人的入籍和同化。它们应特别尽力加速办理入籍程序，并尽可能减低此项程序的费用。	第2条

资料来源：作者根据1954年《关于无国籍人地位的公约》整理

第四节 防止、减少无国籍状态

一、防止、减少无国籍状态的方式

国家主要通过国内法、条约，设立条件条款和自动条款，防止、减少无国籍状态。条件条款是指丧失本国国籍以不为无国籍人为条件的条款。自动条款是指出生在本国而父母无国籍的，自动取得本国国籍的条款。防止、减少无国籍状态便利了更加包容地参与政治和经济，提高受影响的人的生活条件，减轻社会排斥造成的社会不稳定和不安全。

由于国内立法更能保护本国利益和不需要与其他国家协商，各国普遍通过国内法防止、减少无国籍状态，成为防止、减少无国籍状态的最重要的立法模式。1997年《法国民法典》第一编（二）法国国籍第23—5条规定："具有法国国籍的人同外国人结婚，得按照第26条及随后条款之规定，放弃法国国籍，但以其取得配偶之国籍并且夫妻经常居所确定在国外为条件。"2007年《澳大利亚公民资格法》第33条第6款规定：具有以下情形之一，不批准放弃公民身份申请：（1）申请人不具有其他国家国籍或者公民身份；（2）批准申请后不具有其他国家国籍或者公民身份。1952年《美国移民和国籍法》第301条第f款规定：在美国被发现时未满5岁的小孩，且父母不详，在其不满21岁之前，且条件是在此期间未被证明是出生在美国之外，在出生时即为美国公民和美国国民。

除国内法外，国际社会通过国际公约更全面地防止、减少无国籍状态。例如，1930年《关于无国籍的特别议定书》、1930年《关于某种无国籍情况的议定书》、1954年《关于无国籍人地位的公约》、1961年《关于减少无国籍状态公约》、1933年《美洲国家间国籍公约》、1997年《欧洲国籍公约》、1999年《欧洲防止、减少无国籍人建议》、2006年《欧洲关于避免在国家继承方面出现无国籍状态的公约》等。1961年，联合国制定了《减少无国籍状态公约》，该公约第1条第1款规定，缔约国对于在其领土出生且非经给予国籍即为无国籍人，应给予该国国籍。1997年《欧洲国籍公约》鼓励通过国家之间协议减少包括无国籍在内的国籍问题。第19条规定：在发生国家继承时，缔约各国之间应尽力通过协议来解决有关国籍问题,并尽可能将其适用于与其他国家之间的关系。1999年欧盟委员会部长理事会通过了《欧洲防止、减少无国籍人建议》,提出防止、减少无国籍人六项原则。(1)国籍平等;(2)国籍自由;(3)被剥夺国籍者不应因此成为无国籍人;(4)各国应该为无国籍人取得国籍提供便利、不附加任何取得国籍的不合理条件;(5)国家应该根据国际协定尽力规范无国籍事务,特别是在国家继承情况下;(6)一国实施和解释国内法时,应该考虑其他有关国家的相关法律和规定以及司法实践,以避免无国籍。2006年欧盟委员会通过《欧洲关于避免在国家继承方面出现无国籍状态的公约》,提出人人在国家继承时不受歧视地享有国籍权,规定了继承国和被继承国的义务。

二、防止、减少因出生产生的无国籍状态的国际法规定

(一)给予无国籍儿童国籍的国际法规定

防止、减少因出生产生的无国籍状态,是防止、减少无国籍的最重要的方面。虽然根据国际法,国家没有给予在本国出生的每名儿童国籍的义务,但必须与其他国家合作,采取一切适当措施,确保每名儿童在出生时都有国籍。其中一项重要措施是给予在本国出生、不入籍就会无国籍的儿童国籍,这是1961年《减少无国籍状态公约》的核心。

1961年《减少无国籍状态公约》、1997年《欧洲国籍条约》等世界和区域国际文件规定了防止、减少因出生产生的无国籍状态,认可国家对实现在本国的儿童取得国籍的权利方面负有义务。为防止、减少因出生产生的无国籍状态,根据1961年《减少无国籍状态公约》,如果不给予出生人员的国籍会导致无国籍状态,应给予出生人员国籍。第1条详细规定了给予在领土出生人员非取得国籍即无国籍者出生国国籍的情形和条件:"一、缔约国对在其领土出生,非取得该国国籍即无国籍者,应给予该国国籍。此项国籍应:(一)依法于出生时给予,或者(二)于关系人或者其代表依国内法所规定的方式向有关当局提出申请时给予。在遵守本条第2款规定的情况下,对这种申请不得加以拒绝。凡按照本款第2项规定给予本国国籍的缔约国,亦得规定于达到

国内法可能规定的年龄时，在遵守国内法可能规定的条件的情况下，依法给予该国国籍。二、缔约国对按照本条第1款第2项给予本国国籍者，得规定要遵守下列各条件中之一个或者一个以上条件：（一）申请应于缔约国所规定的期限内提出，但该期限至迟应于18岁时开始，且不得于21岁以前结束，以便关系人至少有一年时间可以自己提出申请，而无须获得法律授权；（二）关系人在缔约国可能规定的一段期间内（在提出申请前的一段期间不得超过5年，整段期间不得超过10年），通常居住在该国境内；（三）关系人没有被判过犯危害国家安全罪，亦没有因刑事指控被判过5年以上的徒刑；（四）关系人一直无国籍。三、纵有本条第1款第2项和第2款的规定，凡在缔约国领土出生的婚生子，非取得该国国籍即无国籍而其母具有该国国籍者，应于出生时取得该国国籍。四、缔约国对非取得该国国籍即无国籍者——该人因已超过提出申请的年龄或者不合所规定的居住条件，以至无法取得他在其领土出生的缔约国的国籍——应给予该国国籍，如果其父母之一在他出生时具有该国国籍的话。倘关系人父母在他出生时具有不同国籍，他本人的国籍究竟应跟父亲的国籍抑或者跟母亲的国籍的问题，应依该缔约国的国内法决定。倘若对此项国籍必须提出申请，则申请应由申请人自己或者其代表依照国内法所规定的方式向有关当局提出。在遵守本条第5款规定的情况下，对这种申请不应加以拒绝。五、缔约国对按照本条第4款规定给予本国国籍，得规定要遵守下列各条件中之一个或者一个以上条件：（一）申请应于申请人未达到缔约国所规定的年龄——不低于二十三岁——时提出；（二）关系人在缔约国可能规定在提出申请前的一段期间内（不得超过3年），通常居住在该国境内；（三）关系人一直无国籍。"

1961年《减少无国籍状态公约》第4条规定了给予在境外出生人员非取得国籍即无国籍者父亲或者母亲国籍国国籍的情形和条件。"一、缔约国对非取得该国国籍即无国籍者——该人非出生于任何缔约国的领土内——应给予该国国籍，如果其父母之一在他出生时具有该国国籍的话。倘关系人父母在他出生时具有不同国籍，他本人的国籍究竟应跟父亲的国籍抑或者跟母亲的国籍的问题，应依该缔约国的国内法决定。按照本款规定给予的国籍应（一）

依法于出生时给予，或者（二）于关系人或者其代表依国内法所规定的方式向有关当局提出申请时给予。在遵守本条第2款规定的情况下，对这种申请不得加以拒绝。二、缔约国对按照本条第1款规定给予本国国籍，得规定要遵守下列各条件中之一个或者一个以上条件：（一）申请应于申请人未达到缔约国所规定的年龄——不低于23岁——时提出；（二）关系人在缔约国可能规定在提出申请前的一段时期内（不得超过3年），通常居住在该国境内；（三）关系人没有被判过犯危害国家安全罪；（四）关系人一直无国籍。"这要求国家给予无国籍儿童国籍，不限于在其领土上出生或者被找到的儿童，还包括与本国存在其他相关联系的儿童。国家还应在国家继承后以及在国际收养或者代孕安排的情况下，避免儿童产生无国籍状态。

截至2015年9月，联合国儿童权利委员会提出了《儿童权利公约》缔约国给予所有在领土出生、不入籍就会成为无国籍人的儿童以国籍方面的27条建议。1989年，联合国人权事务委员会在第17号一般性意见第8段，及联合国难民署关于无国籍状态的第4号指导意见都提出，不得根据父母两人或者其中一人的国籍或者无国籍而对子女取得国籍加以歧视。联合国难民署在关于无国籍状态的第4号指导意见中还提出，不应因自身或者父母的居住身份或者根据他们以前是难民的身份，或者根据他们是土著或者少数群体的身份，而把不入籍便会成为无国籍人的儿童排除在获得出生国的国籍之外。为了避免获取国籍上出现空白，1961年《减少无国籍状态公约》第3条规定："为决定缔约国依本公约所负之义务，凡在船舶上出生者，应视为在船舶所悬国旗之国家领土内出生；在航空机上出生者应视为在航空机之登记国领土内出生。"

（二）给予弃儿国籍的国际法规定

国家，特别是发现弃儿的国家应给予弃儿国籍。换而言之，弃儿有权取得国籍。弃儿是指被遗弃在某国领土上且父母未知的儿童，包括被遗弃的新生儿、任何无法提供其父母身份信息的儿童。国际法要求国家保障在本国领土发现的弃儿的取得国籍权。1961年《减少无国籍状态公约》第2条规定："在缔约国领土内发现之弃儿，如无反证，应视为具有该国国籍之父母在该国领土内所生。"1989年《儿童权利公约》第7条规定："1.儿童出生后应立即登记，并有自出生起获得姓名的权利,有取得国籍的权利,以及尽可能知道谁是其父母并受其父母照料的权利。2.缔约国应确保这些权利按照本国法律及其根据有关国际文书在这一领土承担的义务予以实施,尤应注意不如此儿童即无国籍之情形。"如果被遗弃儿童父母的身份以后得以明确,被认定是外国公民,且这名儿童可能因此成为无国籍人,则不应使其丧失国籍。[①] 1997年《欧洲国籍条约》第6条第1款规定:缔约国应在国内法中,对在境内发现的如不给予国籍将成为无国籍的弃婴取得国籍,作出明确规定。

联合国儿童权利委员会认为,弃儿有权取得国籍是1989年《儿童权利公约》第7条直接产生的要求,这一保障不仅保护被遗弃的新生儿,也至少包括任何无法提供其父母身份信息的儿童。儿童权利委员会还认为,各国必须确保如果被遗弃儿童父母的身份以后得以明确,被认定是外国公民,且这名儿童可能因此成为无国籍人,则不应使其丧失国籍。2012年联合国人权理事会认为,每个国家都应,给予在其境内发现的弃儿国籍。《国籍权:妇女和儿童》第7条规定:"促请各国在没有证据证明弃儿为其他国家公民的情况下,给予在其境内发现的弃儿国籍。"1961年《减少无国籍状态公约》第2条规定了给予弃儿出生国国籍的情形和条件,"凡在缔约国领土内发现的弃儿,在没有其他相反证据的情况下,应认定在该领土出生,其父母具有该国国籍"。

三、防止、减少因出生产生的无国籍状态的国家实践

(一)给予无国籍儿童国籍的国家实践

一些国家加入1961年《减少无国籍状态公约》,参考1997年《欧洲国籍条约》等有关无国籍的国际文件,根据国际法采取有效措施防止、减少因出生产生的无国籍状态,着重填补可能让人一出生便无国籍的空白,方便出生登记以及出生证或者其他相关证件的发放。具体措施包括:(1)采取措施便利将国籍传给妇女在经修改的法律生效前就已成为无国籍人或者丧失国籍的子

[①] 参见《非洲儿童权利和福利专家委员会第2号一般性意见》,《联合国难民署关于无国籍状态的第4号指导意见》。

女和配偶，可能包括追溯适用经修改的法律，从而消除无国籍状态；（2）根据国内法律，便利在其境内出生或者其国民境外所生不入籍即无国籍的儿童取得国籍；（3）对不同国籍父母所生儿童，并对与外籍人士结婚并定居在配偶本国且表示希望取得配偶国籍但不丧失本人原国籍的配偶，考虑承认其具有双重国籍。[①]

澳大利亚、韩国等国家给予在领土出生的无国籍人国籍，保障不因出生等个人原因为无国籍人。2007年《澳大利亚公民资格法》第21条第8款规定：将具有以下情形的人作为澳大利亚公民登记，自登记生效日起成为澳大利亚公民：（a）出生在澳大利亚；（b）不是或者从不是其他国家的公民；并且（c）没有或者从没有被授权取得外国国家的国籍。1997年《韩国国籍法》（2004年修正）第2条规定：凡出生于韩国者，无国籍的，取得韩国国籍。

泰国，2016年12月，实施可能让约8万名无国籍儿童和年轻人取得国籍的"指南和措施"。

斯里兰卡，2007年，修改了有关法律，允许近两个世纪以前来自印度的采茶者的后代获得该国国籍；在为期10天的登记活动中，19万多名无国籍人取得了国籍。

巴西和厄瓜多尔防止、减少无国籍取得了重大进展，都通过了制定无国籍状态认定程序和便利无国籍人归化的法律。2007年9月，巴西国会通过了一项重要的宪法修正案，给予巴西人在海外所生的子女公民身份，这一宪法修正案将使20万儿童受益。1988年《巴西宪法》（2012年修正）第12条第1款规定：出生在国外，其父母一方为巴西公民，且在巴西提供服务，取得巴西国籍，成为巴西公民。出生在国外，其父母一方为巴西公民，且其在适当的巴西政府机构登记，或者在巴西居住，并在本人成年后选择巴西国籍，取得巴西国籍，成为巴西公民。

乍得，2015年，联合国难民署采取举措，使中非共和国6000多名返回者

[①] 2017年《联合国人权事务高级专员关于法律和实践中促进妇女平等国籍权方面最佳做法专家讲习班的纪要报告》第23段。

通过欧盟资助的《支持返回者和帮助防止无国籍状态方案》,进行了生物特征登记和国籍核查。①

贝宁,2015年,向处于同邻国布基纳法索存在领土争端的库阿洛(Kourou Koualou)地区的1700多名居民发放了出生证明。允许儿童在出生国获得该国国籍;改革防止母亲将国籍传给子女的法律;废除因儿童的族裔、种族或者宗教而拒绝赋予他们国籍的法律与措施;确保普及出生登记,以防止出现无国籍儿童。

马达加斯加,2017年1月,成为自全球消除无国籍现象运动"#归属"(#IBelong)启动以来第一个改革国籍法的国家,允许马达加斯加籍母亲在与马达加斯加籍父亲平等的基础上将国籍传给子女。

(二)给予弃儿国籍的国家实践

1. 完全被遗弃标准

德国、瑞士等国家实行完全被遗弃标准,以宪法保障弃儿取得国籍权,设定较少限制条件,保护无国籍人权益。完全被遗弃标准与有限被遗弃标准比较,更符合国际法关于减少被遗弃而产生的无国籍状态的规定,有利于减少因被遗弃而产生的无国籍状态。1961年《减少无国籍状态公约》第2条规定:在缔约国领土内发现之弃儿,如无反证,应视为具有该国国籍之父母在该国领土内所生。1913年《德国国籍法》(2011年年修正)第4条第2款规定:在德国境内某州被遗弃后被发现的儿童(弃儿),在提出相反证据之前应被看作是该州公民的子女,可以依出生取得德国国籍。如表9—6,1999年《瑞士联邦宪法》(2012年修正)第38条第3款规定:"联邦应当制定设有较少限制条件的适用于无国籍儿童入籍的规定。"

日本、韩国、越南等亚洲国家,埃及、哥斯达黎加、巴拉圭等非洲、拉丁美洲国家保障弃儿取得国籍权,设定较少限制条件,减少弃儿无国籍状态。1985年《日本国籍法》第2条第1款第3项规定:"在日本出生的情况下,父母均不明时,或者无国籍时",成为日本国民。1997年《韩国国籍法》(2004年

---

① 《联合国秘书长关于妇女、和平与安全的报告》第41段,S/2017/861,2017年10月16日。

修正）规定：于韩国境内发现的弃儿视为于韩国出生，凡出生于韩国者，父母不详的，取得韩国国籍。1988年《越南国籍法》第6条第5款规定："在越南领土上的儿童，其父母不明，具有越南国籍。"1975年《埃及国籍法》第3条规定：若不能证实弃儿出生在其他国家，则被视为出生在埃及，可以取得埃及国籍。1949年《哥斯达黎加共和国宪法》（2011年修正）第13条规定："在哥斯达黎加发现父母不详的婴儿，出生即为哥斯达黎加公民。"2011年《巴拉圭共和国宪法》第146条第1款规定：被发现在巴拉圭领土内，不知道其父母的孩子，具有巴拉圭国籍。

澳大利亚公民资格法对在境内被遗弃自动取得公民资格实施完全被遗弃标准，只要是被遗弃，父母无国籍或者国籍不明，就可以取得公民资格，不需满足其他条件。2007年《澳大利亚公民资格法》第14条规定：如果某人被发现时是被遗弃的孩子，除非而且直到有证据证明不是时，其是澳大利亚公民。

2. 有限被遗弃标准

美国、中国等国家实行有限被遗弃标准，除在领土被遗弃外，还要求满足弃儿年龄、出生地、父母下落、父母定居地等条件，以稳定遗弃法律关系，避免为了取得国籍恶意遗弃。美国有条件地给予在境内发现的无国籍弃儿国籍，使其具有公民身份、国民身份。条件主要指对弃儿年龄、父母下落、出生地的限制。对于在境内发现的弃儿，如果未满五岁、父母不详和出生在境内，可以取得国籍，具有公民身份和或者国民身份。1952年《美国移民和国籍法》第301条第f款规定：在美国被发现时未满五岁的小孩，且父母不详，在其不满21岁之前，且条件是在此期间未被证明是出生在美国之外，在出生时即为美国公民和美国国民。第308条第3款规定：在美国某边远领地被发现时未满五岁的小孩，且父母不详，在其不满21岁之前，且条件是在此期间未被证明是出生在美国之外，在出生时即为美国国民。我国1980年《国籍法》第6条规定："父母无国籍或者国籍不明，定居在中国，本人出生在中国，具有中国国籍。"

表9—6 部分国家宪法关于给予弃儿国籍的规定

序号	法律	内容
1	2002年《东帝汶共和国宪法》第3条第2款	出生于东帝汶领土内,父母不详者,其父母为无国籍人或者国籍不明者,具有东帝汶公民资格。
2	2007年《尼泊尔临时宪法》第8条第3款	在尼泊尔领土的父母不详的儿童,在其找到父母前被视为尼泊尔公民。
3	2007年《尼泊尔临时宪法》第8条第7款	尼泊尔妇女与外国人结婚,所生子女若出生在尼泊尔境内并已永久居住于尼泊尔,且没有因为其父亲的国籍而取得外国国籍,可以取得尼泊尔国籍。
4	1999年《瑞士联邦宪法》(2012年修正)第38条第3款	联邦应当制定设有较少限制条件的适用于无国籍儿童入籍的规定。
5	2011年《巴拉圭共和国宪法》第146条第1款	下列人员具有巴拉圭国籍: (4)被发现在巴拉圭领土内,不知道其父母的孩子。
6	1949年《哥斯达黎加共和国宪法》(2011年修正)第13条	在哥斯达黎加发现父母不详的婴儿,出生即为哥斯达黎加公民。
7	1982年《洪都拉斯宪法》(2012年修正)第23条	在洪都拉斯领土内发现的、父母不详的婴儿,基于出生成为洪都拉斯人。
8	1986年《尼加拉瓜共和国宪法》(2014年修正)第16条	在尼加拉瓜领土的父母不详的儿童,其身份澄清之后所产生的效果不受影响。

资料来源:作者整理

(三)不给予无国籍儿童的状况和局限

一些国家没有自动给予在领土出生、不入籍就会成为无国籍人的儿童以国籍。世界各国中,至少有29%的国家的国籍法没有关于给予出生在其领土的弃儿儿童以国籍的规定,28%的国家作出了不充分的规定。[①] 欧洲45国中,21国给予所有在其领土上出生的无国籍儿童以国籍。非洲55国中,12国给予所有在境内出生、如不入籍就会成为无国籍人的儿童以国籍。[②] 中东和北非17国中,2个国家法律中具备此类保障措施。[③] 在美洲,多数国家都实施无条件的、按出生地决定国籍的制度,对所有境内出生的儿童给予国籍,无论他们是否不入籍就会成为无国籍人。然而,研究发现一些美洲国家的立法有可能

---

① 联合国难民署.终止无国籍状态全球行动计划.2014,9.

② Mandby, Bronwen. Citizenship and Statelessness in Africa: The Law and Politics of Belonging.2015.

③ Waas, Laura van and Zahra Albarazi. A Comparative Analysis of Nationality Laws in the MENA Region. Tilburg University 2014, 9.

与适用的国际标准不完全相符。①

各国有关给予在领土出生、不入籍就会成为无国籍人的儿童以国籍的规定主要存在以下局限,不完全符合在保护领土出生儿童方面承担的防止和减少他们成为无国籍人,以及其他人权等国际义务。(1)居留要求。在一国领土上出生、不入籍就会成为无国籍人的儿童能否取得国籍取决于某些居留要求,儿童及(或者)其父母须是该领土内的合法居民,某些情况下甚至是永久居民。这一要求排除了没有合法移民身份的儿童,不符合不歧视和儿童最大利益原则。1980年《国籍法》第6条规定:"父母无国籍或者国籍不明,定居在中国,本人出生在中国,具有中国国籍。"(2)认定无国籍状态。许多国家没有规定认定无国籍状态的程序和条件,在该国出生的无国籍人的无国籍状态无法得到承认,使得这些儿童不能根据儿童国籍权的规定取得国籍。儿童的国籍可能被视为"不明"或者"有待澄清",这会使儿童陷入被法律遗忘的境地,可以持续数年,甚至持续到他们成年。(3)身份证件要求。当没有认定儿童无国籍状态的措施时,儿童或者其父母可能要提供某些身份证件,由于无国籍状态,难以或者不可能取得这些身份证件,例如驻外使领馆出具的、说明这名儿童尚未从其父母取得国籍的证明。难民的子女常常难以提供身份证件,对他们而言,与原籍国的驻外使领馆联系可能带来严重的风险。(4)新无国籍问题。关于商业代孕子女、同性配偶子女取得国籍,普遍是法律空白。

无国籍儿童在享受人权方面面临的挑战包括:获得出生证和其他形式的法律和身份证明,获得社会保障。无国籍儿童可能容易受到任意和长期拘留,在极端情况下容易受到剥削和虐待。非洲儿童权利和福利专家委员会在关于《非洲儿童权利与福利宪章》第6条的一般性意见中提出,无国籍状态对儿童造成的负面影响如何强调都不过分。"虽然无国籍儿童往往自身毫无过错,但经常承袭不确定的未来,难以自由旅行,难以在必要时诉诸司法,并且面临被法律遗忘、容易被母国驱逐的挑战。在实现获取卫生保健、就学等社会经济权利方面,无国籍状态对儿童造成尤其恶劣的影响。"

---

① 欧洲联盟公民身份民主观察所,全球避免无国籍状况保护数据库,S01模式(出生即无国籍)。

四、防止、减少因变更国籍产生的无国籍状态的国际法规定

在没有取得另一国籍或者取得另一国籍的保证的情况下,允许或者强迫个人变更国籍,产生无国籍状态。为防止、减少因变更国籍产生的无国籍状态,1961年《减少无国籍状态公约》、1997年《欧洲国籍条约》等国际文件规定,变更国籍的条件是事先取得国籍或者取得另一国籍的保证。已经入籍的人是例外,这些人虽然知道相关程序和时间限制,但是仍在国外居住了一定年限,并没有表示保留国籍的意思,依法丧失国籍。当事人有权要求法院或者其他独立机构举行丧失国籍的审理或者听证。

1961年《减少无国籍状态公约》第5条规定了给予因结婚、婚姻关系消灭、取得婚生地位、认知或者收养足以使其丧失国籍者国籍的情形和条件,"一、缔约国的法律规定个人身份的变更,如结婚、婚姻关系消灭、取得婚生地位、认知或者收养足以使其丧失国籍者,其国籍的丧失应以具有或者取得另一国籍为条件。二、在缔约国的法律规定下,倘若某一私生子因生父的认知以至丧失该国国籍时,该私生子应有机会以书面申请向有关当局要求恢复该国籍;这种申请所要遵守的条件不应严于本公约的第1条第2款所述的条件。"

1961年《减少无国籍状态公约》第6条规定了给予因配偶、父母丧失或者被剥夺国籍而无国籍人员国籍的情形和条件,"缔约国的法律规定个人丧失或者被剥夺该国国籍时其配偶或者子女亦丧失该国国籍者,其配偶或者子女国籍的丧失应以具有或者取得另一国籍为条件。"

1961年《减少无国籍状态公约》第7条规定了不因放弃国籍,归化外国国籍,离境、居留国外、不办登记,或者丧失国籍而成为无国籍人的情形和条件,以及例外,"一、(一)缔约国的法律有放弃国籍的规定时,关系人放弃国籍不应就丧失国籍,除非他已具有或者取得另一国籍。(二)本款第1项规定的实施,倘违背联合国大会1948年12月10日所通过的《世界人权宣言》第13条、第14条所述的原则,则不应予以实施。二、缔约国国民在外国请求归化者,应不丧失其国籍,除非他已取得该外国国籍或者曾获得保证一定取得

该外国国籍。三、在遵守本条第4款、第5款规定的情况下，缔约国国民不应由于离境、居留国外、不办登记或者其他任何类似原因丧失国籍而成为无国籍人。四、归化者可由于居留外国达到关系缔约国法律所定期限（至少连续7年）而丧失其国籍，如果他不向有关当局表明他有意保留其国籍的话。五、缔约国的法律得规定，凡在其领土外出生的国民，在达成年满一年后，如果保留该国国籍，当时必须居留该国境内或者向有关当局登记。六、除本条所述的情况外，任何人如丧失缔约国国籍即无国籍时，应不丧失该国国籍，纵使此项国籍的丧失并没有为本公约的任何其他规定所明白禁止。"

1997年《欧洲国籍条约》放弃了1961年《减少无国籍状态公约》关于"归化者可由于居留外国达到关系缔约国法律所定期限（至少连续7年）而丧失其国籍"的规定，第7条第3款规定：只要有可能导致关系人处于无国籍状态，各缔约国便不得依国内法剥夺该关系人的国籍，除非由于欺诈，虚伪表示或者隐瞒任何主要事实而申请取得本国国籍。

2014年《消除对妇女歧视委员会关于妇女的难民地位、庇护、国籍和无国籍状态与性别相关方面的第32号一般性建议》第63段建议：通过法律条款防止无国籍状态，规定丧失或者放弃国籍须以拥有或者取得另一国国籍为条件，并准许因没有此种保障而成为无国籍人的妇女重新取得国籍。

2016年6月，联合国人权理事会通过第32/5号决议《人权与任意剥夺国籍》第14条规定："促请各国在对丧失和剥夺国籍问题作出规定时，确保在国内法中纳入防止无国籍状态的保障措施。"

五、防止、减少因变更国籍产生的无国籍状态的国家实践

一些国家加入1961年《减少无国籍状态公约》，参考1997年《欧洲国籍条约》等有关无国籍的国际文件，在国际法下采取有效措施防止、减少因变更国籍产生的无国籍状态，着重填补可能让人因变更国籍而无国籍的空白，取得了成效。具体措施包括：（1）公民在取得另一国籍或者取得另一国籍的保证前，不能放弃国籍；（2）剥夺国籍以不使被剥夺者成为无国籍人为前提。（3）如果个人丧失或者没有取得另一国籍，那么允许其恢复国籍；（4）对于不

承认双重国籍的国家，当放弃或者丧失另一国籍不可能，放弃或者丧失另一国籍不是取得或者保留国籍的条件。例如，难民、流离失所者难以回到国籍国放弃国籍。

尼泊尔存在大量来自不丹的族群，他们的后代无法轻易获得出生证明，也不被承认为尼泊尔公民。尼泊尔政府要求所有想要获得尼泊尔国籍的非尼泊尔血统人必须符合出生在该国、能够正确说写当地语言、至少连续10年生活在该国等条件。2007年起，尼泊尔颁布过渡宪法，其中包含了保障所有父母一方是尼泊尔人的人取得国籍权利的条款。为解决无国籍问题采取了空前的举动，派遣了数百个工作小组，遍访全国，向居住在该国、符合有关条件的人口颁发公民证，解决了260万人的无国籍问题。[①]

约旦，2011年，停止撤销原国籍为巴勒斯坦被占领土的公民的国籍，否则，这些人可能会沦为约旦境内的无国籍人。[②]

多米尼加，2013年，宪法法院的一项裁决任意剥夺了数万名多米尼加人的国籍，其中大多数系海地人后裔，使其成为无国籍人。[③]

六、防止、减少因国家继承产生的无国籍状态的国际法规定

国际社会已经达成共识，国家继承是导致无国籍的主要原因之一。国际社会，由于苏联、南斯拉夫、捷克斯洛伐克等国家解体，特别是欧洲在解决因国家继承出现的国籍问题方面作了积极和有益的探索，一致认为应确保无人因国家继承成为无国籍人。1961年《减少无国籍状态公约》强调在国家继承情况下，有关国家采取适当措施，防止产生无国籍状态，并采取行动解决产生无国籍状态的问题。第9条规定了不因国家继承产生无国籍状态的原则："1. 缔约国间所订规定转移领土的条约均应订入确保无人因此种变更而成为

---

① 联合国新闻部.受到排斥的人：无国籍人的隐蔽世界[EB/OL].(2008-12-31)[2020-03-13]. https://www.un.org/chinese/events/tenstories/07/theexcluded.shtml.

② 《消除种族歧视委员会审议缔约国按照〈消除一切形式种族歧视国际公约〉第9条提交的报告的结论性意见》第12段，CERD/C/JOR/CO/13-17，2012年4月4日。

③ 《联合国难民署高级专员的报告：关于国际保护的说明》第66段，A/AC.96/1134，2014年7月9日。

无国籍人的条款。缔约国于非本公约当事国的国家缔结此种条约时，应竭力确保订入此种条款。2. 如无此种条款时，接受转移领土或者以其他方式取得领土的缔约国，对因领土的转移或者取得而致非经授予国籍即无国籍者，应授予该国国籍。"第10条规定了给予因国家继承产生的无国籍人取得领土国国籍的情形和条件，"一、凡缔约国间所订规定领土移转的条约，应包括旨在保证任何人不致因此项移转而成为无国籍人的条款。缔约国应尽最大努力以保证它同非本公约缔约国的国家所订的任何这类条约包括这种条款。二、倘无此项条款时，接受领土移转的缔约国和以其他方式取得领土的缔约国，对那些由于此项移转和取得非取得各该国国籍即无国籍人，应给予各该国国籍。"

1997年《欧洲国籍公约》第6章专章规定了国家继承与国籍。由于国家继承中国籍问题涉及国家多，比较复杂，1997年《欧洲国籍公约》强调了解决国家继承中的公民国籍问题的原则，没有对各缔约国在发生国家继承时给予国籍和保留国籍的标准作出严格的规定。第18条规定了解决国家继承中的国籍问题的人权、紧密联系和意愿、保留原国籍等三项原则，"1. 对于国家继承中国籍问题的法律政策解决，有关缔约国必须遵循人权法的原则和本公约第4条（原则）、第5条（非歧视待遇）以及本条第2款的有关原则，以避免无国籍状态发生。2. 各缔约国在决定国家继承时的国籍的赋予或者保留，必须着重考虑：（1）关系人与该国的真实联系；（2）关系人在国家继承发生时的经常居所；（3）关系人的意愿；（4）关系人的出生地。3. 如果国籍的取得以丧失国籍为条件，应适用本公约第16条（保留原国籍）的规定。"第20条第1款规定了解决国家继承中的非公民国籍问题的原则，如果被继承国的公民经常居住在主权已经被转移给继承国的领土内，且未取得继承国的国籍，那么有权在该国居住，并享有与继承国的公民同等的社会和经济权利。

2000年，为整理和发展关于国家继承的国籍法，联合国国际法委员会（ILC）起草了关于此问题的条款草案，该条款草案包含在联合国大会第55届会议第55/153号决议的附件中，规定了防止无国籍状态，避免因国家继承出现无国籍。2000年《国家继承涉及的自然人国籍问题》（联合国大会第55/153号决议）第4条规定了防止、减少因国家继承产生的无国籍状态，"有关国家应采取一切适当措施防止在国家继承之日具有先前国国籍的人，由于国家继承而成为无国籍。"第9条规定了以放弃另一国国籍作为赋予国籍的条件，"如果一个有关的人有资格取得继承国国籍，但又具有另一有关国家的国籍，则继承国可以要求该人放弃该另一国的国籍才赋予国籍，但适用这一要求的方式不应导致有关的人成为无国籍，即使只是暂时的无国籍。"第11条第2款规定了给予有关人员国籍时尊重有关的人的意愿，"如果有关的人可能因国家继承成为无国籍人，每一有关国家应当给予与该国有适当联系的任何有关的人选择国籍的权利。"

2006年《欧洲关于避免在国家继承方面出现无国籍状态的公约》序言全面总结了国际社会关于国家继承方面出现无国籍状态的考虑："欧洲理事会成员国和本公约其他签约国考虑到，避免无国籍是国际社会在国籍领域的主要担忧之一；注意到，国家继承仍然是无国籍情形的一个主要原因；认识到1997年在斯特拉斯堡开放签署的《欧洲国籍公约》只包括了国家继承方面的国籍问题的原则性而非专门性规定；谨记，关于国家继承方面的国籍问题，其他国际文件既没有约束力，也没有解决相关的一些重要问题；确信，基于以上原因，需要一个关于国家继承和避免无国籍人的全面的国际文件。解释和应用时，应谨记《欧洲国籍公约》的原则……"

2006年《欧洲关于避免在国家继承方面出现无国籍状态的公约》弥补了1997年《欧洲国籍公约》在国家继承中国籍问题方面的不足，规定了继承国和被继承国防止、减少因国家继承产生的无国籍状态的责任和程序。该《公约》第3条规定："有关国家应该采取所有可能的措施，防止任何拥有被继承国国籍者在国家继承时，因为国家继承成为无国籍人。"继承国在国家继承时有义务，根据该《公约》第5条，应该给予被继承国公民本国国籍，如果被继承国公民因国家继承已经或者将在国家继承时，成为无国籍人，而且在继承国取得的领土经常居住（habitual residence），或者没有在任何国家经常居住但是与继承国有合适的联系（appropriate connection）。被继承国在国家继承时有义务，根据该《公约》第6条，不剥夺其公民的国籍，如果其公民没有取得继承国的国籍，并且将因国家继承成为无国籍人。第8条完善了在国家继承时的情况下,关于国籍的具体证明规则。

2006年《欧洲关于避免在国家继承方面出现无国籍状态的公约》第8条第1款考虑了个人很难或者不可能满足取得国籍所需要的标准证明要求,"如果由于国家继承的原因,相关人员已经或者将要成为无国籍人,而且要让该人员满足标准要求是不合理的,那么继承国就不应固守其原来的给予国籍所必需的标准证明要求。"在一些情况下,要求一个人提供完整的关于血统的证明文件也许是不可能的,例如,出生登记档案已经被破坏。当没有在居住地登记时,要求提供关于居住地的文件证明也许是不可能的。第8条第1段还包括个人提供证明是合理的,而要求提供证明就是不合理的情况,例如,提供证明会危及申请人的生命和健康安全。很难提供证明的情况并不全都是直接与国家继承有关,也可能由于继承之前或者之后事件导致的结果,例如,在被继承国统治时期,出生登记资料被破坏或者没有向有关人员出具主要文件。在所有这些情况下,容易获得证明和(或者)独立证词都应该满足取得继承国国籍的条件。

2006年《欧洲关于避免在国家继承方面出现无国籍状态的公约》第8条第2款考虑了被继承国消失,所有具有该国国籍的人由于国家解体已经自动丧失该国籍的情况,"在国家继承的情况下,对于在国家继承时已经长期居住在其领土上的、由于国家继承的原因已经或者将要变成无国籍人的人员,在给予这些人员该国的国籍前,继承国不应要求其提供没有取得另一国国籍的证明。"防止、减少无国籍状态是国际社会的共识,而接受或者反对双重国籍由国家决定。如果新的继承国要防止、减少双重国籍,可能要求相关人员提供没有其他国家的国籍或者为无国籍人的证明。由于需要国际合作,一般很难满足证明没有其他国家的国籍或者证明为无国籍人的要求。如果存在由于国家继承的原因,相关人员有成为无国籍人的危险,那么继承国不应该在给予国籍前,要求相关人员提供没有其他国家的国籍或者为无国籍人的证明。[①]

---

① 玛丽琳·阿奇隆(Marilyn Achiron).国籍和无国籍:议员手册[R].议会联盟,联合国难民署,2005.36.

2016年7月，联合国人权理事会通过第32/5号决议《人权与任意剥夺国籍》，第5条规定："促请各国按照国际法原则通过并执行国籍法，以避免无国籍状态，尤其是防止任意剥夺国籍和国家继承造成的无国籍状态。"第6条规定："鼓励各国向发生国家继承之前长期居住在其境内的人给予国籍，特别是在这些人否则会成为无国籍人时。"

七、防止、减少因国家继承产生的无国籍状态的国家实践

一些国家加入1961年《减少无国籍状态公约》，参考1997年《欧洲国籍条约》等有关无国籍的国际文件，在国际法框架下采取有效措施防止、减少因出生产生的无国籍状态，着重填补可能让人因国家继承而无国籍的空白，取得了成效。2007年9月，孟加拉国给予该国30万比哈尔人（Biharis）中的至少16万人该国国籍，这些比哈尔人的无国籍问题是1947年巴基斯坦独立、1971年孟加拉国独立产生的历史遗留问题。根据《拉脱维亚公民法》，只有在1940年6月之前为公民的人及其后裔才能在1991年独立之后自动取得公民权，这样做实际上排除了许多少数民族，包括原先说俄语的少数民族取得公民权。1995年以来，推行的归化程序有助于解决这个问题，估计该国有40万非公民，约占总人口18%。1992年，爱沙尼亚重新实施1938年公民法，估计因而将1/3的人口排斥在享有新独立国家国籍的范围之外，其中包括原先说俄语的少数群体。20世纪90年代中期以来，约有15万人据说已经归化，但这项工作尚远未完成，估计无国籍人占人口的8%。

1993年1月，捷克斯洛伐克解体后，捷克制定了条件严格的《国籍法》。取得捷克国籍，个人必须满足以下条件：（1）在捷克斯洛伐克解体前保留有在捷克领土上连续永久居住至少2年的登记记录；（2）没有斯洛伐克的国籍；（3）在过去5年没有因为故意犯罪被判刑。一些人虽然与捷克有长期和真正的联系，但因为不能满足取得国籍的条件，又没有其他国家的国籍，成为无国籍人。1996年4月，捷克修改《国籍法》，内政部有权不要求申请人提供无犯罪记录，如果申请人曾经具有斯洛伐克国籍，连续居住在捷克，拥有官方的关于该居住的证明。1999年，捷克再次修改《国籍法》，允许即使没有官方的

居住证明，但通过劳动合同、房屋租赁合同、证人证明居住地，永久生活在现在为捷克的领土上的前捷克斯洛伐克公民取得国籍，最终解决了因国家继承出现的无国籍问题。

第五节 保护无国籍人

一、解决无国籍人管辖权问题

解决无国籍人管辖权问题，需要通过设立连接点，确立管辖无国籍人的准据法。1954年《关于无国籍人地位的公约》确立的依次以住所地、居所地国家法律为管辖无国籍人准据法的规则，为绝大多数国家接受。1954年《关于无国籍人地位的公约》第12条第1款规定：无国籍人的个人身份，应受其住所地国家的法律支配，如无住所，则受其居所地国家的法律支配。1986年《德国国际私法》第5条第2款规定："如果某人没有国籍，或者无法确定国籍，则适用其习惯居所地国法律，如果无习惯住所，则适用其居所地国法律。"1982年《土耳其国际私法诉讼程序法》第4条第1款规定："无国籍人，依其住所地作为准据法的标志；没有住所的，依其居所；没有居所的，适用受理案件的国家的法律。"

国际社会鼓励对在境内有经常居所的无国籍人在国外实施腐败行为实施管辖。根据2016年《联合国反腐败公约缔约国会议实施情况审议组第七届会议审议〈联合国反腐败公约〉实施情况提要》，联合国鼓励国家确立对由在境内有经常居所的无国籍人在国外实施的腐败犯罪，以及针对也门和也门国民的腐败犯罪的管辖权。

二、保护无国籍人的方案

保护无国籍人的最重要方案是从源头上防止、减少无国籍状态，给予无国籍人国籍。[①] 除防止、减少无国籍状态外，可以采取就地融合、重新安置和

---

① 玛丽琳·阿奇隆（Marilyn Achiron）.国籍和无国籍：议员手册[R].议会联盟，联合国难民署，2005,26.

尽力保障等方案保护无国籍人。其中，就地融合方案最为重要。

（一）就地融合

就地融合，又称就地安置，是指将无国籍人安置在住在国，无国籍人取得住在国国籍，与住在国社会融合。无国籍人取得住在国国籍后就丧失了无国籍人地位，以住在国公民身份在住在国充分参与各种社会、经济和文化生活，寻求住在国对公民的保护。1954年《关于无国籍人地位的公约》规定了就地融合。第33条规定："缔约各国应尽可能便利无国籍人的入籍和同化。它们应特别尽力加速办理入籍程序，并尽可能减低此项程序的费用。"缔约国尽可能而不是有义务便利无国籍人的入籍和同化，可以自主选择是否制定法律。缔约国有义务在入籍和同化方面尽可能提供便利、特别尽力加速办理入籍程序和尽可能降低入籍程序的费用。例如，缩短对无国籍人在本国居住期间要求，减免入籍申请费用等。缔约国在无国籍人入籍、同化方面作出了切实努力，并有实际方案、具体措施、实施行动，才可以被称之为"尽可能""特别尽力"。

2017年，联合国人权事务高级专员将就地融合列为保护无国籍人的最重要方案，"按照国际人权法对待本国领土上合法居住的无国籍人，并根据国内法适当考虑方便长期合法居住的无国籍人入籍。"[①] 根据1954年《关于无国籍人地位的公约》的设想，无国籍人在住在国取得公民身份是在住在国获得权益的一个基本步骤，但是，由于便利无国籍人的入籍和同化与国内需求和政治现实之间的矛盾越来越难以调和，许多国家不积极推动无国籍人入籍和同化。1954年《关于无国籍人地位的公约》第1条第2款规定了无国籍人取得国籍后无国籍人身份终止的情况："被其居住地国家主管当局认为具有附着于该国国籍的权利和义务的人。"

2013年，至少19个国家的3.77万名无国籍人取得了国籍。2016年，60800多名在阿尔巴尼亚、爱沙尼亚、伊拉克、哈萨克斯坦、吉尔吉斯斯坦、

---

① 2017年《联合国人权事务高级专员关于法律和实践中促进妇女平等国籍权方面最佳做法专家讲习班的纪要报告》第23段。

马来西亚、俄罗斯、瑞典、塔吉克斯坦、土库曼斯坦和乌兹别克斯坦的无国籍人，取得了国籍或者国籍得到确认。2017年，肯尼亚承认无国籍少数族裔马孔德族（Makonde）为该国第43个部落，约1500名无国籍人获得了公民身份证明。4000多人的国籍通过联合国难民署与印度尼西亚政府、菲律宾政府开展的三方登记工作得到了确认。①

2007年，孟加拉国确认了25—30万讲比哈里/乌尔都语（Urdu）的人的公民身份。1971年，孟加拉从巴基斯坦分离以后，一直不承认他们的公民身份。这一决定解决了亚洲一个旷日持久的无国籍状态。

尼泊尔的因国籍失效或者无国籍证明造成的无国籍状态是一个由来已久的问题。2007年，通过一次大规模的颁发公民证行动，260万人从中受益。为确认这次活动遗漏的人群，联合国难民署开展了评估。联合国难民署获得的数据显示，2011年、2012年，分别有超过115000人、94600人取得或者确认国籍。②

泰国，2008年，实施国籍法改革，拓宽一些长期居住在泰国的人群取得国籍的渠道。泰国公主诗琳通（Sirindhorn）积极倡导、启动了一系列行动，帮助更多学龄儿童以及脆弱人口获取泰国国籍。政府出台了新规定，要求对不是泰国人的无国籍人考虑给予永久居留权，并可按照相关司法框架获得保健和教育。2012——2015年，泰国政府给予超过1.8万名无国籍人国籍。

越南，2010年7月，允许境内的2357名柬埔寨难民加入越南国籍，领取国籍证书、户口本和身份证，结束他们长期以来的无国籍状态。这些人多为红色高棉波尔布特政权期间来到越南的难民，有些人1975年入境，说越南语，已完全融入当地社会。

塞内加尔、苏里南，2013年，通过了法律修正案，允许女性和男性平等将国籍传给子女。

科特迪瓦是世界无国籍人最多的国家之一，2013年，修订国籍法，允许

---

① 2017年《联合国难民事务高级专员关于国际保护的说明的报告》第12段。
② 2011年《联合国难民署高级专员方案执行委员会关于无国籍问题的说明》第19段。

长期居民通过简单的申报程序取得国籍。2015年，通过特别法律，允许无国籍人在宣誓入籍后获得居民身份。12.3万多人递交了申请，至少6400人获得了确认国籍的相关文件，6000多人收到了迟到的出生证明，朝着取得国籍方向向前迈出了重要一步。

爱沙尼亚，2015年，议会修订国籍法，方便年长的无国籍人和难民取得国籍，并向其境内出生的无国籍儿童自动给予国籍。[①]

（二）重新安置

重新安置是指将无国籍人安置在第三国，支持其迁徙、与第三国融合。对于不能从住在国获得合法身份的无国籍人，重新安置是比较合适的保护方案，国家之间分担责任的重要机制，保护无国籍人方案的重要组成部分。产生重新安置方案的原因在于，最先接受无国籍人的国家不愿意为无国籍人提供长期的保护，或者无国籍人本人希望在其他更适宜的国家重建家园。将无国籍人永久安置在住在国以外的国家，起始于遴选重新安置的无国籍人，结束于在重新安置国将无国籍人安置在社区中。与就地融合相比，重新安置并非是最佳的保护无国籍人方案。重新安置同就地融合相比，无论从时间、空间还是法律程序上都要花费较高的成本。无国籍人如果想获得重新安置，可能需要等待更长时间、花费更多精力。遥遥无期的等候常常对无国籍人的福祉和人身安全构成不利影响，重新安置的保护作用和战略用途也会打折扣。

很多国家的重新安置方案只适用于难民，不适用于无国籍人。2003年，联合国难民署高级专员方案执行委员会呼吁各缔约国将重新安置的适用范围从难民扩展到无国籍人，在第95号决议中指出："鼓励各缔约国与联合国难民署合作寻求解决无国籍问题的方法，并考虑提供重新安置地点的可能性，因为无国籍人的困境不能在当前和之前其所居留的国家得到解决，他们的生活仍然不稳定……"

（三）尽力保障

尽力保障是指采取适当措施尽力保障无国籍人可以最广泛地行使作为人

[①] 《联合国难民事务高级专员的报告（2014年7月1日至2015年6月30日）》第51段。

的基本权利和自由，以及作为无国籍人享有的专门权利和自由。2017年，联合国人权事务高级专员总结了除就地融合、重新安置外的六条保护无国籍人的重要措施，都指向尽力保障：（1）保障非本国公民家庭成员充分享有人权，特别是受教育权、享有能达到的最高标准健康权利、工作权、财产权、居住自由权和免遭暴力权，还应为其提供及时和有效获得行政和司法补救的机会。（2）打击人口贩运行为，包括查明贩运的潜在受害人，并向可能成为贩运受害人的无国籍人提供适当援助，尤其关注被贩运妇女和儿童的需要和脆弱处境。（3）批准1954年《关于无国籍人地位的公约》和1961年《减少无国籍状态公约》等有关无国籍人的国际条约，确保尊重和保障无国籍人的权利和提供相应的待遇。（4）协助无国籍人获得法律救济，通过法律救济解决无国籍问题。（5）不得仅根据无国籍而拘留无国籍人，应按照国际人权法对待无国籍人。（6）酌情对政府工作人员开展无国籍人的认定、登记和给予法律地位的培训。[①]

考虑到无国籍人没有国籍，无法获得外交保护，联合国国际法委员会主张，各国可以为在本国有经常居所的无国籍人提供外交保护。2008年《外交保护》（联合国第62/67号决议）允许国家为在本国有经常居所的无国籍人提供外交保护，第8条第1款规定：一国可为无国籍人实行外交保护，但该人在受到损害之时和正式提出求偿之日在该国需有合法的经常居所。

不驱逐无国籍人。1954年《关于无国籍人地位的公约》第31条规定：不驱逐合法逗留境内的无国籍人，除非基于国家安全或者公共秩序的理由。[②]实践中，很多国家，特别是没有加入1954年《关于无国籍人地位的公约》的国家，将无国籍人视为外国人，无国籍人不能免于被驱逐。多米尼加宪法法院2013年9月裁决，多米尼加政府2014年5月颁布的法律和行动计划，对数十万海地后裔产生影响，因为他们无法出具身份证明，丧失了国籍，成为无

[①] 2017年《联合国人权事务高级专员关于 法律和实践中促进妇女平等国籍权方面最佳做法专家讲习班的纪要报告》第23段。

[②] 《联合国国际法委员会各国政府关于驱逐外国人的评论和资料增编》，A/CN.4/628/Add.，2010年8月31日。

国籍人，面临被驱逐出境的危险。海地是多米尼加的非法移民最大来源国，每年有大量海地人偷渡到多米尼加，约有80万海地人生活在多米尼加。

第六节 联合国难民署等国际组织推动解决无国籍问题

一、国际组织推动解决无国籍问题的倡议[①]

国际组织不断提出关注无国籍事务和解决无国籍问题的倡议，推动解决无国籍问题。

2010年，东南亚国家召开查明、防止、减少无国籍状态和保护无国籍人方面良好做法区域专家圆桌会议。

2014年，拉丁美洲和加勒比地区国家发布关于拉丁美洲和加勒比地区加强对难民、流离失所者和无国籍人国际保护的《巴西宣言和行动计划》。

2015年，在南非开普敦举行的各国议员会议形成了7点行动计划，其中包括各国议会发挥在防止和结束无国籍状态方面的作用。

2015年，西非国家经济共同体与联合国难民署在科特迪瓦的阿比让举行了关于无国籍问题的区域部长级会议，通过《阿比让西非国家经济共同体成员国关于消除无国籍状态的部长宣言》。西非国家经济共同体成员国对联合国难民署的全球消除无国籍运动现象（#IBelong）表示支持，并承诺到2024年在西非消除无国籍状态。该宣言还包括进行法律改革、解决现有无国籍问题和加强民事登记等26项承诺，强调各国需要确保该地区每个人都有机会获得国籍。截至2018年2月，西非地区在消除无国籍方面取得了很大进展。贝宁、布基纳法索、冈比亚、几内亚和马里通过了消除无国籍状态的国家行动计划。该地区有7个国家开始了与国籍有关的立法改革。2017年，塞拉利昂修订了国籍法，包含了在国籍延续方面确保两性平等的内容。该地区有14个国家提名了无国籍问题的政府协调人，这是宣言要求的一项关键承诺。2017年8月，布基纳法索加入了1961年《减少无国籍状态公约》。科特迪瓦有8000名无国

[①] 《联合国难民事务高级专员的报告（2016年7月1日至2017年6月30日）》第50—52段。

籍人通过一项特别程序获得了国籍。①

2015年，欧洲联盟理事会通过关于无国籍问题的第一批结论，并在欧洲各国分享该结论总结的良好做法。

2015年，非洲人权和人民权利委员会通过关于非洲国籍权的议定书草案，即《非洲人权和人民权利宪章》的一项附加议定书，旨在消除非洲的无国籍状况。

2016年，"巴厘进程——亚太地区应对偷渡、贩运人口及相关跨国犯罪问题"第六次部长级会议及高官会在印度尼西亚巴厘举行，通过《应对偷渡、贩运人口及相关跨国犯罪问题巴厘宣言》，涵盖由于偷渡、贩运人口及相关跨国犯罪产生的无国籍问题。

2016年，第134届各国议会联盟大会在赞比亚首都卢萨卡举行，通过有关儿童法律身份的决议，有助于解决儿童无国籍问题。

2017年，来自西非国家经济共同体的各国部长审定了《关于在西非消除无国籍状态的班珠尔行动计划》，该计划制定了在2024年前结束无国籍状态的具体措施，并具有法律约束力。西非成为世界上首个制定了具有约束力的区域行动计划的地区。会员国还努力支持通过"非洲人权和人民权利宪章关于国籍权和消除无国籍状态的非盟议定书草案"。

根据联合国难民署的全球消除无国籍现象运动"#归属"（#IBelong），阿拉伯国家联盟和联合国难民署在"归属感和合法身份"会议上提出了在该区域防止、减少无国籍状态的若干建议，包括使国籍法符合防止、减少无国籍状态方面的国际标准。参与了"归属运动之友小组"的国家为若干重要举措提供了支持，包括在2016年6月的人权理事会年会上通过了关于国籍权的决议。联合国难民署与儿童基金会合作建立了"确保每个儿童享有国籍权"联盟，与世界银行合作实施了促进关注人群获得合法身份证件的举措。

---

① 联合国新闻.西非国家庆祝"阿比让宣言"通过三周年 承诺到2024年消除无国籍状态[EB/OL].(2018-02-25)[2020-03-13]. https：//news.un.org/zh/story/2018/02/1003121.

二、联合国难民署推动解决无国籍问题的依据

联合国难民署自1950年运作以来，一直关注无国籍事务，推动解决无国籍问题。联合国难民署帮助和保护的许多难民是无国籍人。无国籍是产生流离失所和难民潮的最根本原因之一。解决无国籍问题，使无国籍人具有国籍和行使国籍赋予的权利，是防止、减少非自愿的强迫和流离失所，以及解决由此引起的难民等问题的有效方法。[①]

（一）联合国的授权

联合国难民署推动解决无国籍问题的依据是联合国授权。根据1950年《联合国难民署章程》第6条第1款第2项和1951年《关于难民地位的公约》第1条第1款第2项，符合难民定义的人都可能是无国籍人。1954年《关于无国籍人地位的公约》和1961年《减少无国籍状态的公约》通过后，联合国难民署扩大了对无国籍人的责任范围。1954年《关于无国籍人地位的公约》没有关于建立监督机构确保公约合理执行的条款。1961年《关于无国籍人地位的公约》呼吁建立一个机构保障其权益，第11条规定："缔约各国应在第六件批准书或者加入书交存后尽速促进在联合国体系内设立一个机构，任何人如要求享受本公约的利益，可以请机构审查他的要求并协助他把该项要求向有关当局提出。"1975年，联合国大会第3274（29）号决议和第31/36号决议指定难民署负责完成此项工作，审查受益于1961年《关于无国籍人地位的公约》的个人申请，并协助个人向相关国家的主管机构提交申请。

联合国深化和扩展对难民署推动解决无国籍问题的授权，难民署的活动不局限于1954年《关于无国籍人地位的公约》和1961年《减少无国籍状态的公约》，在无国籍问题上的职责涵盖了所有无国籍状况。1995年，联合国大会通过了决议 A/RES/50/152，鼓励难民署代表无国籍人行动，扩大1954年《关于无国籍人地位的公约》、1961年《减少无国籍状态的公约》的缔约国数量和

[①] 玛丽琳·阿奇隆（Marilyn Achiron）.国籍和无国籍：议员手册[R].议会联盟，联合国难民署，2005,43.

执行力，敦促难民署"在向相关国家进行国籍登记的准备和执行过程中提供相关技术和咨询服务"。另外，"呼吁各国按照国籍法律的基本原则通过旨在减少无国籍状态的国家法律，尤其要杜绝任意剥夺国籍的现象发生，并取消之前如果没有具有或者取得另一国的国籍而允许放弃国籍的条款，然而同时承认该国建立关于国籍的取得、放弃或者丧失的法律的权利。"2005年，联合国人权委员会在《关于人权和任意剥夺国籍的决议》（E/CN.4/2005/L.58）中，鼓励难民署继续收集该方面的信息，并在报告和行动两方面继续解决剥夺国籍的问题。2013年，联合国大会通过了决议 A/RES/67/149，敦促难民署继续依照联合国大会有关决议和执行委员会的决议，在无国籍方面开展工作。[①]

（二）联合国难民署高级专员方案执行委员会的建议

联合国难民署根据内部指导机构——高级专员方案执行委员会（Executive Committee of the Programme of the United Nations High Commissioner for Refugees）提出的指导性建议，开展无国籍工作。1958年，联合国经济及社会理事会应联合国大会之请，创建了联合国难民署高级专员方案执行委员会。高级专员方案执行委员会由会员国构成，其主要任务是审批高级专员制定的援助计划，在高级专员行使法定职责的过程中，特别是在国际保护问题上，向其提供咨询意见以及审查难民署的所有财政和行政管理工作。高级专员方案执行委员会的成员由联合国经济及社会理事会选举产生。

1995年，高级专员方案执行委员会通过了《关于无国籍议题的综合指南：避免并防止、减少无国籍状态及保护无国籍人的决议》（第78号决议）。高级专员方案执行委员会关于无国籍问题的1995年决议"鼓励联合国难民署代表无国籍人采取行动"，要求联合国难民署"积极推动各国加入1954年《关于无国籍地位的公约》、1961年《减少无国籍状态公约》"，还要求联合国难民署"通过信息宣传、培训工作人员和政府官员来积极推动防止、减少无国籍工作的开展，与其他相关组织进行合作"。

---

① 联合国大会第67届会议决议，《联合国难民署》，A/RES/67/149，2013年3月6日，第5段。

2004年，考虑到无国籍问题长期得不到解决，无国籍人人口数量居高不下，高级专员方案执行委员会呼吁联合国难民署扮演更积极的角色，与相关国家合作解决这些问题，有必要继续向各国提供技术和操作上的支持。若干国家在减少无国籍状态方面取得了缓慢但稳步的进展，但没有带来全球无国籍人口大幅减少的突破性进展。

2006年，高级专员方案执行委员会通过了《关于无国籍状态的认定、防止、减少以及对无国籍人的保护决议》（第106号决议），为各国、国际组织和非政府组织的行动提供了指南，"要求难民署在识别、防止、减少无国籍状态及对无国籍人给予保护"。

三、联合国难民署推动解决无国籍问题的努力

（一）联合国难民署推动解决无国籍问题

推动解决无国籍问题是联合国难民署的重要工作之一，努力保护无国籍人的权利，防止、减少无国籍状态。[1] 联合国难民署努力促进各国加入1954年《关于无国籍人地位的公约》和1961年《减少无国籍状态公约》。近年来，出现了加入这些关于无国籍状态公约的积极趋势，保加利亚、布基纳法索、厄瓜多尔、洪都拉斯、牙买加、巴拉圭、葡萄牙、摩尔多瓦、土库曼斯坦和乌克兰等10个国家，自2012年以来加入了其中一个或者两个公约。根据联合国条约库（United Nations Treaty Collections），截至2021年5月，加入1954年《关于无国籍人地位的公约》、1961年《关于减少无国籍状态公约》的国家总数分别达到95个和76个。

联合国难民署将完善国籍法，减少无国籍状态的工作作为全球战略优先事项之一，帮助各国政府起草和执行国籍法，保证在国籍法中没有产生无国籍状态的条款，并提供立法咨询和培训。不充分和合理的国籍法律规定会导致新的无国籍状态，并对解决无国籍人造成障碍。[2] 2003—2005年，联合国难

---

[1] 2008年《联合国难民事务高级专员的报告》第29段。
[2] 凯特·雅斯特拉姆，玛丽琳·阿奇隆. 难民保护：国际难民法指南[G]. 2004年修订版. 联合国难民署，各国会议联盟，2004。

民署与40多个国家合作，帮助制定新的国籍法，修改旧的国籍法。向拥有大量无国籍或者未确认国籍人口的国家提供建议，帮助他们完善相关的法律条款。2011—2012年，联合国难民署在71个国家推动国籍法改革，向41个国家提供立法咨询和培训。[①] 2012年，有11个国家修订了国籍法，出台或者修订了减少无国籍状态的法律。联合国难民署加强了查明立法差距的能力，开发了一个对国籍法进行分析的全球数据库，就国籍法中歧视妇女的问题开展了进一步的国家和区域研究。

联合国难民署与有关国家联系，直接帮助无国籍人，为无国籍的个人和群体提供援助和咨询，找到解决无国籍问题的方法。鼓励国家明确相关个人的法律身份，并推动承认个人或者团体与某一国家的联系，否则该相关个人或者团体将成为无国籍人。

联合国难民署加强在防止无国籍状态方面的工作，支持民事登记和记录程序，为受影响的人群提供信息和法律援助。2011年8月，联合国难民署发起了一个推动世界各国采取行动解决无国籍问题的全球运动。[②] 2011—2012年，在35个国家开展了这类活动。[③] 2011—2012年，联合国难民署在47个国家推动通过无国籍状态认定程序。[④] 2014年11月，联合国难民署提出2014—2024年全球消除无国籍现象运动"#归属"（#IBelong），目标在2024年前结束无国籍状态。联合国难民署呼吁所有国家采取以下对应措施：允许儿童在出生地获得该国国籍；更改相关不平等法律条款，允许妇女像男性一样可以将国籍传给子女；消除因民族、种族或宗教差异而剥夺、否认儿童国籍的相关法律条款；确保全民都享有合法出生登记的权利，从而消除无国籍现象。联合国难民署促进各国颁布认定无国籍人的程序，以甄别在各国领土上的无国籍难民，并确保对他们的处置符合1954年《关于无国籍人地位的公约》和相关标准。在这一进程中为向各国提供支持，联合国难民署印发了认定个人是否为

---

① 2011年《联合国难民署高级专员方案执行委员会关于无国籍问题的说明》第14段。
② 数据库[N].青年参考2011-08-31.
③ 2011年《联合国难民署高级专员方案执行委员会关于无国籍问题的说明》第17段。
④ 2013年《联合国难民署高级专员方案执行委员会关于无国籍问题的说明》第23段。

无国籍人程序指南。

联合国难民署不断加大无国籍工作的开支。2009年,全球关于无国籍工作的开支大约1200万美元。2010年,高级专员方案执行委员会批准的无国籍工作预算总额达3850万美元。虽然筹款努力不能涵盖全部确定的需求,但是总开支达到2910万美元。2011年预算进一步增加,达到6300万美元。2012年、2013年的无国籍工作的预算为7920万美元。[1] 2013年开展了61项以无国籍问题为目标的行动,无国籍问题相关活动的全球支出三年内增加了近两倍。根据联合国难民署《全球报告2019》,2019年,联合国难民署无国籍人事务支出4415万美元,比2018年增长200万美元,占总支出44.15亿美元的1%,约33%用于缅甸的无国籍人事务。[2]

联合国难民署通过增加人员配备,扩大并增强对无国籍问题的全球应对的干预范围和质量。高级专员2011—2012年保护能力倡议促成了五个区域性无国籍问题专门职位的设立,覆盖亚太地区、欧洲、西非、美洲及中东和北非地区。2012年和2013年,这些职位得到填补,极大地增强了这些地区外地办事处的能力。[3]

(二)联合国难民署与其他国际组织共同推动解决无国籍问题

联合国难民署与人权事务高级专员办事处(OHCHR)、儿童基金会(UNICEF)、妇女发展基金会(UNIFEM)等联合国机构,共同推动解决无国籍问题。联合国难民署还与国际移民组织(IOM)、国际劳工组织(ILO)、联合国开发计划署(UNDP)、联合国粮食计划署(WFP)等联合国机构合作,共同执行移民、住房、教育或者提高收入计划,帮助无国籍人融合和再融合。联合国难民署还与人权委员会、儿童权利委员会、消除种族歧视委员会、消除妇女歧视委员会等联合国条约监督执行机构合作,确保人人享有国籍权,防止、减少无国籍状态。例如,2016年12月,联合国难民署和联合国儿童基金会发起了确保每个儿童拥有国籍权的联盟,提高对童年无国籍状态这个鲜

---

[1] 2013年《联合国难民署高级专员方案执行委员会关于无国籍问题的说明》第4段。
[2] The UNHCR. Global Report 2019. Geneva: the UNHCR 2020. P.48.
[3] 2013年《联合国难民署高级专员方案执行委员会关于无国籍问题的说明》第5段。

为人知的问题的认识并加以解决。

联合国难民署与欧洲委员会、欧洲安全与合作组织、美洲国家组织、非洲联盟、阿拉伯国家联盟、伊斯兰会议联盟等区域组织合作,共同推动解决地区的无国籍问题。例如,联合国难民署参加关于国籍问题的欧洲委员会会议,研究欧洲的无国籍问题和相关国际文件。

联合国难民署与世界银行等金融机构密切合作,制定了一套新的"身份识别原则",推动实现2030年为所有人提供出生登记等法律身份的可持续发展目标。

联合国难民署与议会联盟(IPU)合作,提高议员关于无国籍问题的国籍法的认识,提供丰富的可以防止、减少无国籍状态的意见和建议,鼓励议员通过国籍立法,防止、减少无国籍状态,保障无国籍人权益。

联合国难民署与非政府组织合作,接受非政府组织的建议,完善和提高推动解决无国籍问题的制度和措施。2007年,联合国难民署分别与国际非政府组织、国家非政府组织签署了无国籍方面的629份协议和467份协议。[①]

(三)联合国难民署支持国家就认定、防止、减少无国籍状态做出承诺[②]

联合国难民署支持国家就认定、防止、减少无国籍状态做出承诺。2010年10月,为具体改善保护无国籍人,联合国难民署发布《支持政府作出承诺的指导意见》的初步文件。2011年5月,应一些国家的要求,联合国难民署发布《支持政府做出承诺的补充指导性文件》,为政府的自愿承诺进程提供更多的指导性建议,并充分考虑解决无国籍问题在不同地区和不同国家之间的差异性。

联合国难民署建议各国政府可以考虑作出承诺:在本国境内认定无国籍人,以便了解无国籍人在全球范围的分布情况。与此相关,承诺可以更具体地针对:(1)通过抽样调查、人口统计或者其他适当方式,汇总本国内的无

---

① 玛丽琳·阿奇隆(Marilyn Achiron)国籍和无国籍:议员手册[R].议会联盟,联合国难民署,2005,45.

② 2011年联合国难民署《支持政府做出承诺的补充指导性文件》第10部分。

国籍人口数据；和/或者（2）制定一种正式而又简单的无国籍人的认定程序，以便给予他们可认可的法律地位。

联合国难民署建议各国政府可以考虑作出承诺：帮助预防无国籍状态，包括重新审查国籍法和取得国籍程序。与此相关，承诺可以更具体地针对：（1）避免儿童出现无国籍状态，例如，对可能成为无国籍的儿童，在出生时给予公民身份，无论他们是否在其领土出生，或者父母是否是居住在国外的公民；（2）确保政府给予其领土之内的弃儿公民身份；（3）消除国籍法中的漏洞，避免因放弃、丢失或者被剥夺国籍而成为无国籍人；（4）确保国籍法中的性别平等，修改使妇女和/或者她们的孩子成为无国籍人的歧视性条款；（5）实施修改后的国籍法，追溯解决过去由于性别歧视而造成的无国籍案例；（6）精简取得国籍程序，降低相关费用，以便有资格的无国籍人取得国籍；和/或者（7）改进取得出生登记和其他身份证明的渠道。

联合国难民署建议各国政府可以考虑作出承诺：减少本国内的无国籍状态。与此相关，承诺可以更具体地针对：（1）对某一特定的无国籍人群给予国籍；（2）解决某一个特定的久拖不决的无国籍状况；和/或者（3）采纳一项全面战略或者行动计划来防止、减少无国籍状态及其产生根源。

联合国难民署建议各国政府可以考虑进一步承诺：改进对无国籍人的保护，例如，给予他们与1954年《关于无国籍人地位公约》标准相一致的待遇，包括提供身份和旅行证件。

2011年，在纪念1961年《减少无国籍状态公约》50周年部长级政府间活动中，有61个国家共作出了105项关于无国籍问题的具体和可测量承诺。这些承诺包括：32项关于加入1961年《减少无国籍转台公约》的承诺；22项关于加入1954年《关于无国籍人地位公约》的承诺；12项关于改革国籍法的承诺；12项关于改善民事登记，以防止、减少无国籍状态的承诺；12项关于开展研究或者提高认识的活动的承诺；11项关于制定无国籍人认定程序的承诺；4项关于通过外交政策举措解决问题的承诺。截至2013年9月，22%的承诺已得到执行。①

第七节 结 论

无国籍人是指不具有任何国籍的人，包括法律无国籍人和事实无国籍人。无国籍问题的本质是个人失去国家保护，是国籍法要解决的最重要的问题之一。2019年，全世界无国籍人390万，实际可能高达1000万。一个人成为无国籍人可能自知或者不自知、有意或者无意。主要原因包括出生、婚姻、放弃、被剥夺、歧视、国家继承等方面。无国籍人无任何国籍，取得国家保护的主要联系不存在，遭受巨大艰辛，难以享有人权。

全面和准确认定无国籍人是界定无国籍人范围和解决解决无国籍人问题的前提。认定某人为无国籍人，必须证明某人没有有关国家的国籍。世界上大多数国家没有认定无国籍的专门程序和专门机构。少数国家指定难民部门、内政部门受理和审理无国籍人认定申请，通过甄别程序认定无国籍人。无国籍人至少享有与外国人同等权利，并不被歧视。无国籍人在由于个人身份而取得权利等方面享有一般外国人待遇，在宗教仪式和子女宗教教育等方面享有国民待遇，在动产和不动产的取得及与此相关的其他权利等方面享有可能国民待遇，在个人身份适用法律等权利方面享有专门待遇，在向法院起诉的事项、知识产权保护等方面享有参照待遇。

国家主要通过国内法、条约，设立条件条款和自动条款，防止、减少无国籍状态。1961年《减少无国籍状态公约》、1997年《欧洲国籍条约》等世界和区域国际文件，以及联合国难民署、消除对妇女歧视委员会等国际机构的文件，规定了防止、减少因出生、变更国籍、国家继承产生无国籍状态。很多国家积极探索防止、减少无国籍状态。保护无国籍人，要通过设立连接点，确立管辖无国籍人的准据法，解决无国籍人的管辖权问题。保护无国籍人的方案包括就地融合、重新安置和尽力保障，其中的就地融合最为重要。联合国难民署自1950年运作以来，一直关注无国籍事务，推动解决无国籍问

---

① 2011年《联合国难民署高级专员方案执行委员会关于无国籍问题的说明》第6段。

题，其依据是联合国授权、联合国难民署高级专员方案执行委员会的建议。推动解决无国籍问题是联合国难民署的重要工作之一。联合国难民署将完善国籍法，减少无国籍状态的工作作为全球战略优先事项之一，支持国家就认定、防止、减少无国籍作出承诺。

本书获联合国难民署资助（UNHCR，2019年8月）

国籍法研究

A STUDY OF NATIONALITY LAW

（下册）

（Volume II）

刘国福◎著

LIU Guofu

世界知识出版社

World Affairs Press

图书在版编目（CIP）数据

国籍法研究.下/刘国福著.—北京：世界知识出版社，2021.1
ISBN 978-7-5012-6361-5

Ⅰ.①国… Ⅱ.①刘… Ⅲ.①国籍法—研究 Ⅳ.①D998.8

中国版本图书馆CIP数据核字（2023）第091972号

书　　名	**国籍法研究（下册）** Guojifa Yanjiu (Xia Ce)
作　　者	刘国福
责任编辑	王晓娟
责任出版	赵　玥
责任校对	张　琨
出版发行	世界知识出版社
地址邮编	北京市东城区干面胡同51号（100010）
网　　址	www.ishizhi.cn
电　　话	010-65265923（发行）　010-85119023（邮购）
经　　销	新华书店
印　　刷	北京虎彩文化传播有限公司
开本印张	710×1000毫米　1/16　21⅜印张
字　　数	290千字
版次印次	2023年6月第一版　2023年6月第一次印刷
标准书号	ISBN 978-7-5012-6361-5
定　　价	189.00元（上、下册）

版权所有　侵权必究

目　　录

第三编　中国国籍法研究

第十章　中国法上的国籍权 423
　第一节　1980年《国籍法》的制定和实施 423
　　一、1980年《国籍法》的制定 423
　　二、1980年《国籍法》的实施 424
　第二节　中国法上的取得国籍权 429
　　一、取得中国国籍的现状 429
　　二、出生取得中国国籍 430
　　三、申请加入中国国籍 433
　　四、领导干部配偶、子女取得外国国籍 436
　　五、被批准加入中国国籍的，不得再保留外国国籍 438
　　六、平等地（不歧视）取得中国国籍 439
　第三节　中国法上的变更国籍权 441
　　一、定居外国的中国公民自愿加入或者取得外国国籍的，
　　　　自动丧失中国国籍 441
　　二、香港特别行政区或澳门特别行政区中国公民自愿加入或者
　　　　取得外国国籍的，不自动丧失中国国籍 443
　　三、申请退出中国国籍获得批准的，丧失中国国籍 444

四、国家工作人员和现役军人，不得退出中国国籍..................447

五、非法持用外国护照，不丧失中国国籍..................449

六、丧失、退出中国国籍人员的法律地位..................453

七、便利能够为中国作出贡献、与中国有紧密联系人员
加入中国国籍..................460

八、恢复中国国籍..................461

第四节　一般情形下的申请加入、退出、恢复中国国籍..................462

一、申请加入、退出、恢复中国国籍..................462

二、申请加入、退出、恢复中国国籍的审批..................465

三、外国高层次人才申请加入、恢复中国国籍，优先办理..................467

四、申请加入、退出、恢复中国国籍的审批时限..................468

五、申请加入、退出、恢复中国国籍的费用..................470

六、加入、退出、恢复中国国籍的数量限制..................470

七、申请加入、退出、恢复中国国籍审批的性质..................470

八、加入、恢复、退出中国国籍的法律救济..................471

第五节　丧失外国国籍情形下的加入、恢复中国国籍..................472

一、前中国公民丧失外国国籍..................472

二、外籍新娘及其前婚姻生育未成年子女丧失外国户口..................474

三、印支难民丧失原国籍（户口）..................480

四、其他丧失外国国籍，恢复、加入中国国籍的情形..................484

第六节　中国国籍证明和公证..................485

一、中国国籍证明..................485

二、中国国籍公证..................486

三、加入、恢复中国国籍的，办理户口登记..................488

四、加入、恢复中国国籍的，申领居民身份证..................489

五、为非法移民补、换发护照..................491

六、侨民登记..................492

第七节　结　论..................493

第十一章 中国法上的国籍标准 495
第一节 国籍标准 495
一、华侨身份认定 495
二、外籍华人身份认定 497
三、华侨、归侨、侨眷的权利 498
四、在国外、境外定居人员注销户口 499
五、在中国长期居留的外国人的权利 501

第二节 国籍标准的探索实践 502
一、保护华侨权利 502
二、限制是外国永久居民的中国公民、非接受国公民的外国人担任领事官员 504
三、保障永久居留外国人的合法权益 504
四、赋予外籍华人出入境等便利 506
五、便利海外华侨华人寄养外籍儿童 509

第三节 国籍标准的未来发展 510
一、扩展华侨范围 510
二、平等保护华侨 511
三、明确华人认定标准 512
四、依居留和国籍赋予公民和外国人相应权利 513

第四节 结 论 514

第十二章 中国法上的户口登记 515
第一节 出生登记 515
第二节 注销、恢复户口 518
一、华侨注销、恢复户口 518
二、归侨注销、恢复户口 526
三、回流边民注销、恢复户口 528

第三节 无户口人员登记户口 530
  一、不符合计划生育政策无户口人员登记户口 530
  二、未办理《出生医学证明》无户口人员登记户口 537
  三、事实收养无户口人员登记户口 545
  四、中国公民与外国人、无国籍人生育的
      无户口人员登记户口 551

第四节 结 论 559

第十三章 中国法上的双重国籍：1909—1979年 561

第一节 1909年《大清国籍条例》 561
  一、该法关于双重国籍的考虑因素 561
  二、形成双重国籍的情形 563

第二节 1912年《中华民国国籍法》 565
  一、该法关于双重国籍的考虑因素 565
  二、形成双重国籍的情形 567

第三节 1929年《中华民国国籍法》 568
  一、该法关于双重国籍的考虑因素 568
  二、形成双重国籍的情形 570

第四节 1980年《国籍法》前中国法上的双重国籍 571
  一、新中国初期承认海外华侨双重国籍 571
  二、从承认到不承认东北朝鲜族居民双重国籍 573
  三、不承认外国人的双重国籍 577
  四、不承认海外华侨双重国籍 577
  五、不承认边民双重国籍 590
  六、不承认海外华侨双重国籍从国别政策发展为国家政策 591

第五节 结 论 596

第十四章 中国法上的双重国籍：1980年至今 598
第一节 1980年《国籍法》不承认双重国籍 598
一、不承认双重国籍的考虑因素 598
二、不承认双重国籍的内容 602
第二节 事实双重国籍 607
一、事实双重国籍的概况 607
二、事实双重国籍的情形 607
三、事实双重国籍面临的挑战 612
第三节 依法解决双重国籍问题 616
一、认定双重国籍人的国籍 616
二、不承认香港居民、澳门居民持用外国护照的
国籍证明效力 623
三、确定双重国籍人的准据法 625
四、便利双重国籍人出入境 625
五、驱逐双重国籍人 625
六、完善有关双重国籍规定的提案和建议 626
第四节 结 论 635

第十五章 中国法上的无国籍 637
第一节 1909年《大清国籍条例》减少无国籍状态 637
一、减少无国籍状态的考虑因素 637
二、减少无国籍状态的情形 638
第二节 1912年《中华民国国籍法》减少无国籍状态 640
一、减少无国籍状态的考虑因素 640
二、减少无国籍状态的情形 641
第三节 1929年《中华民国国籍法》减少无国籍状态 642
一、减少无国籍状态的考虑因素 642

二、减少无国籍状态的情形..642

第四节 1980年《国籍法》前减少无国籍状态和无国籍人管理..........644
 一、交换领土或者按条约规定迁徙居民..................................644
 二、解决双重国籍问题..644
 三、丧失外国国籍未恢复、取得中国国籍................................645
 四、准事实无国籍人..646
 五、无国籍人管理..647

第五节 1980年《国籍法》减少无国籍状态..................................649
 一、出生在中国时父母定居在中国、无国籍或国籍不明，
   具有中国国籍..649
 二、允许无国籍人归化中国国籍..649
 三、不剥夺公民的中国国籍..650
 四、允许无国籍前公民恢复中国国籍....................................650

第六节 1980年《国籍法》后无国籍人管理..................................651
 一、认定无国籍人..651
 二、确定无国籍人准据法...652
 三、驱逐无国籍人..654
 四、外国人的法律地位..655
 五、无国籍人在出入境、住宿和户口管理方面的法律地位........655
 六、无国籍人在社会保障和著作权保护方面的法律地位............658
 七、无国籍人在刑事案件、行政案件、复议、诉讼方面的
   法律地位..660

第七节 结 论..664

第十六章 中国国籍法的未来发展..666

第一节 发展国籍法的意义..666
 一、落实宪法关于国籍的规定..666
 二、实施有关法律关于国籍的规定..667

三、法定化有关国籍的规章、行政规范性文件、党规等 668
　　四、推进国籍法立法计划 669
　　五、国内法化我国加入的国籍方面的国际文件 670
　　六、顺应有关国籍的新形势 671
　　七、回应国际社会对发展中国国籍法的期待 672
　　八、维护社会稳定，弘扬人道主义 673
第二节　减少双重国籍状态的未来发展 674
　　一、维护国籍主权，保护国籍权 674
　　二、不承认双重国籍政策在港澳地区的实施 676
　　三、解决双重国籍产生的冲突 678
第三节　减少无国籍状态的未来发展 680
　　一、无国籍人的定义和适用 680
　　二、出生后取得至少一国国籍 681
　　三、出生登记 682
　　四、户口登记 682
　　五、法律救济 687
　　六、保护无国籍人 689
第四节　国籍法重要规定的未来发展 691
　　一、出生国籍 691
　　二、出生登记 693
　　三、无国籍 694
　　四、申请加入中国国籍 695
　　五、便利能够为中国作出贡献、与中国有紧密联系等人员加入中国国籍 698
　　六、被批准加入中国国籍的，不得再保留外国国籍 702
　　七、定居外国的中国公民自愿加入或者取得外国国籍的，自动丧失中国国籍 703
　　八、经申请批准退出中国国籍 707

　　　　九、自动丧失中国国籍、经申请批准退出中国国籍而交回、
　　　　　　注销国籍证明证件 708
　　　　十、恢复中国国籍 709
　　　　十一、加入、退出、恢复中国国籍申请的审理程序 711
　　　　十二、探索增加有关入籍的语言能力、入籍考试、入籍宣誓
　　　　　　　要求 713
　　第五节　结　论 714

主要参考法律、政策文件、司法案例和国际文件 715
　　一、中国法律、法规、规章 715
　　二、中国政策文件 717
　　三、中国行政规范性文件 718
　　四、中国司法解释、司法案例 721
　　五、中国地方法规、规章和行政规范性文件 724
　　六、外国宪法 726
　　七、外国法律 731
　　八、外国司法案例 733
　　九、国际公约、议定书、条约、宣言、契约等国际文件 734
　　十、联合国等国际组织的决议、建议、结论、计划 736

主要参考资料 739
　　一、中文著作 739
　　二、中文论文和报告 741
　　三、英文著作、报告 745

第三编　中国国籍法研究（第十章至第十六章）

清末以来，中华民族实现了由近代不断衰落到根本扭转命运、持续走向繁荣富强的伟大飞跃，这深刻地影响了国籍法，使得国籍问题独特而复杂。本篇论证中国法上的国籍权、国籍标准、户口登记、双重国籍、无国籍、国籍法的未来发展等，努力为我国依法解决国籍问题理清历史发展、客观现实和未来方向。

第十章

中国法上的国籍权

我国《国籍法》及相关法律法规保护国籍权,保障取得国籍、变更国籍、保留国籍。本章从取得国籍权,变更国籍权,一般情形的申请加入、退出、恢复国籍,丧失外国国籍情形的加入、恢复中国国籍,中国国籍证明和公证等方面,论证中国法上的国籍权,探讨有关现状和面临挑战。

第一节 1980年《国籍法》的制定和实施

一、1980年《国籍法》的制定

1980年《国籍法》的制定非常审慎和认真。1980年2月,第五届全国人民代表大会常务委员会对国务院提出的《中华人民共和国国籍法(草案)》进行了审议,决定将这一草案印发各省、自治区、直辖市的人民代表大会常务委员会和人民政府征求意见,再审议修改后,提请全国人民代表大会审议。1980年9月,第五届全国人大常委会第三次会议通过,经人大常委会委员长第8号令公布《国籍法》。

1980年《国籍法》总结了1949年新中国成立以来30多年的处理国籍问题的经验,把行之有效的国籍政策,加以条文化、定型化,并参照外国国籍法的有益部分,使中国国籍法在一些规定上大体与国际上的有关规定保持一致,并具有中国特色。1980年《国籍法》延续新中国成立以来国籍问题的指导思想,确立了爱国主义和国际主义相结合、血统原则与出生地原则相结合、不承认双重国籍三项基本原则。1980年《国籍法》对于维护各族人民的团结,巩固国家统一，保护侨胞权益，正确处理国籍问题具有重要作用。①

二、1980年《国籍法》的实施

1980年《国籍法》比较原则，全文共18条、760字，贯彻实施《国籍法》，必须使之具体化、可操作。全国人民代表大会常务委员会对该法在香港特别行政区、澳门特别行政区适用作出了解释，公安部等颁布了《关于执行〈中华人民共和国国籍法〉第5条规定有关问题的通知》等文件，中国和印度尼西亚恢复外交关系时签署了重申不承认双重国籍的谅解备忘录，这些解释、文件一定程度上解释了1980年《国籍法》，推动了其实施。

（一）全国人大常委会关于1980年《国籍法》在香港特别行政区、澳门特别行政区实施的解释

为解决1980年《国籍法》在香港特别行政区、澳门特别行政区的适用问题，1996年，第八届全国人民代表大会常务委员会发布《全国人民代表大会常务委员会关于〈中华人民共和国国籍法〉在香港特别行政区实施的几个问题的解释》，1998年，第九届全国人民代表大会常务委员会发布《全国人民代表大会常务委员会关于〈中华人民共和国国籍法〉在澳门特别行政区实施的几个问题的解释》。

1996年5月，第八届全国人民代表大会常务委员会第十九次会议通过《全国人民代表大会常务委员会关于〈中华人民共和国国籍法〉在香港特别行政区实施的几个问题的解释》，考虑到香港的历史背景和现实情况，对《国籍法》在香港特别行政区实施作出解释，明确了香港居民的中国公民身份问题、"英国属土公民"身份和因英国"居英权计划"而获得的英国公民身份问题、香港居民中的中国公民所持有的外国旅行证件问题、香港居民中的中国公民的国籍变更问题、受理国籍申请的机关等。

1998年12月，第九届全国人民代表大会常务委员会第六次会议通过1998年《全国人民代表大会常务委员会关于〈中华人民共和国国籍法〉在澳门特

---

① 金默生，柴发邦.中华人民共和国国籍法讲话[M].北京：群众出版社，1981，2-10.

别行政区实施的几个问题的解释》,考虑到澳门的历史背景和现实情况,对《国籍法》在澳门特别行政区实施作出解释,特别是关于国籍法在澳门特别行政区实施的原则和方式,对澳门中国公民的界定,自由选择国籍问题,澳门居民中的中国公民所持有的外国旅行证件问题,回流移民的国籍变更,处理国籍事宜的机关等。

(二)国务院有关部门涉及《国籍法》实施的行政规范性文件

为实施《国籍法》,公安部、民政部等国务院有关部门发布了一些行政规范性文件。

1981年4月,为贯彻实施《国籍法》,公安部颁布了关于实施国籍法的有关规定。不承认任何外国使领馆擅自向中国公民发放的任何护照或公民证。因私临时出国探亲不归而定居国外并取得外国国籍的自动丧失中国国籍。对于定居中国、根据外国国籍法可取得外国国籍,因此要求退出中国国籍的,一般不批准出籍等。

1990年6月,为解决中国公民非法持用外国护照问题,公安部等联合发布《关于中国公民非法持用外国护照有关问题的通知》。对于我国不承认的外国护照可以拒发中国签证,做上不承认该护照的标记。持有非法护照的人没有违法活动的,可将其护照做上不承认标记后退还本人。使用该护照在国内进行其他犯罪活动的,在查处的同时,没收该护照。驻外使领馆(处)在受理签证申请的审查中,如无法确定其出国身份或因情况复杂难以判定,可将审查材料报公安部出入境管理局审批。

1992年8月,为解决在外留学生的有关国籍问题,公安部发布《关于执行国务院办公厅〈关于在外留学人员有关问题的通知〉应注意事项的通知》。对持过期因公普通护照或一次性出入境因公普通护照的在外留学人员申请护照延期或换领因私普通护照,以及申请退出中国国籍的,均由驻外使领馆负责受理并办理有关手续。持因私普通护照的留学人员定居在国外并取得或加入了外国国籍的,即自动丧失中国国籍。持用因公护照并已在国外定居者须履行简单退籍手续,向驻外使领馆提出退籍申请,使领馆受理后报公安部审批。

1992年，为规范受理审批国籍申请，公安部出入境管理局印发《关于受理审批国籍申请的程序和注意事项》。省级政府公安厅，要对市、县公安局的调查报告和有关申请材料进行认真的复审，核实无误后，提出处理意见，按要求写出复审请示后报公安部审批。

1992年10月，为解决非法移民补、换发护照问题，公安部等联合发布《关于为非法移民补、换发护照的通知》，规定了为非法移民补、换发护照的原则。持我国有效因私普通护照及前往国有效签证合法出境前往他国，但在签证逾期后仍滞留前往国者，如申请换发护照，使领馆可根据当地实际情况，凭当事人提供的已在当地取得居留权，或确有把握办妥定居手续，或已取得工作许可的凭证和原持用护照，为其办理等。

2008年9月，为进一步规范国籍认定工作，公安部、外交部联合发布《关于执行〈中华人民共和国国籍法〉第5条规定有关问题的通知》。出生时取得外国国籍的华侨子女，可以根据《国籍法》第7条的规定，申请加入中国国籍等。

2014年7月，公安部公布《公安部、省级公安机关户口问题（线索）举报投诉方式》，主动接受社会和媒体监督，发动广大群众积极参与，欢迎举报、投诉或者反映加入或者取得外国国籍等原因户口该注销未注销等情况，帮助公安机关发现问题、解决问题，举报、投诉和反映户口登记管理中存在的问题。

（三）中共中央有关部门涉及1980年《国籍法》实施的党规

中共中央有关部门联合其他政府部门发布了一些涉及1980年《国籍法》实施的党规。

2008年12月，为营造有利于海外高层次人才回国（来华）创新创业的良好生活环境，中共中央组织部、科技部、教育部等13个部门联合发布《关于海外高层次引进人才享受特定生活待遇的若干规定》。第2条规定：对于愿意放弃外国国籍而申请加入或恢复中国国籍的，公安机关要根据《国籍法》的有关规定优先办理。

2010年5月，加强对配偶子女均已移居国（境）外的国家工作人员的管理，中共中央办公厅、国务院办公厅联合发布《关于对配偶子女均已移居国（境）外的国家工作人员加强管理的暂行规定》，规定了配偶子女均已移居国（境）外的国家工作人员的任职岗位调整、办理公共事务时的回避，以保守国家秘密、防止利益冲突。

2012年9月，为切实保障外籍人才在中国永久居留的合法权益和各项待遇，为大力吸引海外人才来华创新创业营造良好环境，中共中央组织部、人力资源和社会保障部、公安部等25个部门联合发布《外国人在中国永久居留享有相关待遇的办法》。第1条规定："除政治权利和法律法规规定不可享有的特定权利和义务外，凡持有中国《外国人永久居留证》的外籍人员原则上和中国公民享有相同权利，承担相同义务。"

2015年10月，为维护党的章程和其他党内法规，严肃党的纪律，中共中央发布《中国共产党纪律处分条例》。第76条规定："违反有关规定取得外国国籍或者获取国（境）外永久居留资格、长期居留许可的，给予撤销党内职务、留党察看或者开除党籍处分。"

2017年4月，中央办公厅、国务院办公厅联合发布《领导干部报告个人有关事项规定》。第3条规定：领导干部应当报告配偶、子女移居国（境）外的情况。

2019年3月，建立科学规范的党政领导干部选拔任用制度，中共中央印发修订后的《党政领导干部选拔任用工作条例》。第24条规定：除特殊岗位需要外，配偶已移居国（境）外，或者没有配偶但子女均已移居国（境）外的，不得列为考察对象。

（四）地方政府及其部门涉及1980年《国籍法》实施的地方法规、规章和行政规范性文件

地方政府及其部门发布了涉及1980年《国籍法》实施的地方法规、规章和行政规范性文件。

2009年5月，为营造有利于海外高层次人才回京（来京）创新创业的良好生活环境，北京市人民政府发布《北京市鼓励海外高层次人才来京创业和工作暂行办法》，规定"对愿意放弃外国国籍而申请加入或恢复中国国籍来京

工作的，公安机关根据《中华人民共和国国籍法》有关规定优先受理"等。

2011年6月，为进一步加强国籍管理工作，规范国籍审核审批工作流程，重庆市公安局发布《国籍管理工作规范（试行）》，提出国籍管理坚持依法依规、以人为本、慎重严谨、个别处理的原则，具体规定了国籍认定，国籍申请受理，国籍申请的审核、审批等内容。

2017年7月，为实现政务公开透明，山东省青州市公安局发布《加入、退出、恢复中国国籍初审服务指南》。主动公开加入、退出、恢复中国国籍初审的事项名称和编码、实施机构、申请主体、受理地点、办理依据、办理条件、申请材料、办理时限、收费标准与依据、申请人权利和义务、咨询服务等事项。

根据广东政务服务网对加入中国国籍问题的回答，申请加入中国国籍，应提交："经公证的近亲属关系证明（在同一户口本中有注明的除外）和身份证件，如身份证、户口本。申请人未满18周岁的，需提交本人出生证明、父母双方的身份证件以及中国籍父或者母曾定居国外的证明。经公证的《房产证明》。经公证的本人不低于20万元的《存款证明》。经公证的近亲属经济担保声明书、对申请人加入中国国籍的意见。"

（五）我国签署的涉及1980年《国籍法》实施的条约

中国和印度尼西亚恢复外交关系时签署了谅解备忘录，具有对方国家血统的人加入或取得本国国籍的，不再具有原国籍。1955年4月，中国与印度尼西亚签署《中华人民共和国与印度尼西亚共和国关于双重国籍问题的条约》，宣布不承认印度尼西亚华侨双重国籍。1960年12月，中国与印度尼西亚签署《中国政府和印度尼西亚政府关于双重国籍问题的条约的实施办法》，实施关于双重国籍问题的条约。1990年8月，中国政府和印度尼西亚政府联合发布《关于恢复外交关系的谅解备忘录》，重申不承认本国公民具有双重国籍的立场。居住在印度尼西亚的中国血统的人，凡已加入或取得印度尼西亚国籍的，均不再具有中国国籍。同样，居住在中国的印度尼西亚血统的人，凡已加入或取得中国国籍的，也不再具有印度尼西亚国籍。

第二节　中国法上的取得国籍权

一、取得中国国籍的现状

理论上，由于1980年《国籍法》规定了严格的依申请加入中国国籍的条件，绝大多数人依出生取得中国国籍，极少数人依申请加入中国国籍。在依出生取得中国国籍的人员中，绝大多数又根据血统原则取得中国国籍，极少数人，由于父母无国籍或者国籍不明，定居在中国，本人出生在中国，为避免产生无国籍状态，根据出生地原则取得中国国籍。

实践中，国籍、户口、身份证件等信息不属于政府信息公开范围。根据江苏省高级人民法院《周某某与宿迁市人民政府二审行政判决书》[（2013）苏行终字第0089号]，周某某在政府信息公开申请和补充申请中，申请宿迁市政府公开以下信息：市管干部司某某在担任沭阳县副县长期间，是否已拥有两个身份证；司某某办理出国定居注销手续后，目前究竟是哪国公民；司某某拥有两个身份证的原因及现有身份证是否有假；司某某两个身份证的户籍底册档案；司某某两个身份证历次申领及换证所提供的常住人口登记表和户口簿档案。周某某的上述申请已经超出了宿迁市政府依法应当公开的信息范围。

从非常有限的一些省市关于取得国籍的数据看，经申请加入中国国籍的人数极少，占加入、退出、恢复中国国籍人数的极小比例。2015年11月至2017年10月，四川省受理并获公安部批准的加入中国国籍1人，占受理并获公安部批准的加入、退出、恢复中国国籍132人的近1%。[①] 2015年1月至2017年9月，根据四川省成都市出入境管理局统计的国籍业务情况，成都市受理并报四川省公安厅出入境管理局复核的加入中国国籍3人，占受理的加入、退出、恢复中国国籍197人的1.5%。自1980年9月《国籍法》实施以来，至2017年9月，宁夏回族自治区石嘴山市没有受理一份加入、退出、恢复中国

---

① 刘春华.全国人大外事委调研组来川调研《护照法》《国籍法》执行情况[N].四川日报，2017-11-14.

国籍的申请。① 根据深圳市公安局统计，2016年8月至2019年7月，深圳市属于"技术移民"范畴的外国人加入、恢复中国国籍申请0人次。

与四川省、宁夏回族自治区、深圳市等非侨务省市相比，福建省等侨务省市受理并获公安部批准的加入中国国籍的人数较多，占加入、退出、恢复中国国籍总人数的比例较高。主要原因是侨务省市拥有大量外籍华人，他们与我国的联系比其他外国人与我国的联系更紧密，相应地产生了较高的加入中国国籍的需求。2008—2017年，福建省受理并获公安部批准的加入中国国籍的4人，占受理并获公安部批准的加入、退出、恢复中国国籍总人数94人的4%。②

二、出生取得中国国籍

1980年《国籍法》在出生国籍方面兼采血统原则、出生地原则，以血统原则为主，以出生地原则为辅。依血统原则取得中国国籍，除本人出生时即具有外国国籍因而不具有中国国籍外，一般不受限制。依出生地原则取得中国国籍，则要受父母无国籍或者国籍不明、定居在中国等条件的限制。血统原则方面，采取父母单系血统原则，摒弃我国传统的父亲单系血统原则，体现了妇女与男子传给子女国籍平等，也避免了外国人在我国所生子女具有双重国籍。实践中，父母双方或一方为中国公民，本人出生在中国，具有中国国籍，无须履行其他手续，即使是非婚生儿童。儿童移居国外时不自动丧失中国国籍，除非履行了退出中国国籍手续或者合法取得了外国国籍。③

对于中国公民在国内所生子女，1980年《国籍法》第4条规定："父母双方或者一方为中国公民，本人出生在中国，具有中国国籍。"这改变了过去在中国境内的中外通婚子女年满18周岁后允许选籍的做法，避免在实践中产生

---

① 乔安夏.全国人大外事委员会调研组到石嘴山市调研[EB/OL].(2017-09-15)[2018-04-27]. http://www.nxszs.gov.cn/xinwendongtai/cd/387517.htm.
② 《福建省公安厅政府信息公开告知书（2018）第10号》。
③ 《儿童权利委员会审议中国〈儿童权利公约〉第44条提交的报告》第54段，CRC/C/83/Add.9，2005年7月15日。

数代混血子女均要逐代选籍可能产生的混乱。对于在我国境内的一些人选择外国国籍的，按照出籍规定办理，经批准退出中国国籍后承认其外国国籍。未经批准出籍而取得的外国护照或国籍证件，不予承认。外国人在中国所生的子女，只能根据血统取得外国国籍，不能根据出生地取得中国国籍，避免他们具有双重国籍。

对于无国籍或者国籍不明人员在中国所生子女，如果定居在中国，根据出生地原则，具有中国国籍。1980年《国籍法》第6条规定："父母无国籍或者国籍不明，定居在中国，本人出生在中国，具有中国国籍。"本人出生在中国，父母无国籍或者国籍不明，但没有定居在中国，不能取得中国国籍。

对中国公民在外国所生子女，出生国籍的原则是父母双方或一方为中国公民，本人出生在外国，具有中国国籍，不采取由父母替他们选择国籍。1980年《国籍法》第5条规定："父母双方或者一方为中国公民，本人出生在外国，具有中国国籍。"中国公民在外国所生的子女，只能根据血统取得中国国籍，不能根据出生地取得外国国籍，减少中国公民在外国所生子女具有双重国籍。没有对中国公民在外国所生子女采取由父母替他们选择国籍主要是因为，选籍需要住在国同意，如果住在国政府不同意选籍，会引起国籍纠纷，使海外中国公民与住在国产生矛盾。[①]

对中国公民在外国所生子女，出生国籍的例外是如果父母双方或者一方为中国公民并定居在外国，本人出生在外国，具有外国国籍，不具有中国国籍。1980年《国籍法》第5条规定："父母双方或一方为中国公民并定居在外国，本人出生时即具有外国国籍的，不具有中国国籍。"在国外定居，是指因私事出境的中国公民通过合法途径取得了外国的永久居留权，并将该国作为永久居留地，且实际上在该国长住。因探亲、留学等短期在外国居住不能视为定居。

对中国公民在外国所生子女，以"父母双方或一方为中国公民，本人出生在外国，具有中国国籍"为原则，以"如果父母双方或者一方为中国公民

[①] 金默生，柴发邦.中华人民共和国国籍法讲话[G].北京：群众出版社，1981，14.

并定居在外国，本人出生时即具有外国国籍的，不具有中国国籍"为例外，被不断重申和强化。根据《国籍法》的有关规定，父母双方或一方为中国公民，未在外国定居，本人出生在外国，具有中国国籍。即使因出生取得了外国国籍，原则上不予承认，对其仍按中国公民管理。

2008年9月，为进一步规范国籍认定工作，经征求全国人民代表大会常务委员会法制工作委员会的意见，公安部等就执行《国籍法》第5条规定的有关问题，下发《关于执行〈中华人民共和国国籍法〉第5条规定有关问题的通知》。该通知确定了中国公民在外国所生子女国籍的认定规则，只要父母一方为中国公民并定居在外国，所生子女出生时即具有外国国籍的，就不具有中国国籍。2008年《关于执行〈中华人民共和国国籍法〉第5条规定有关问题的通知》第1条规定："根据《国籍法》第5条规定，本人出生在外国，其父母均为中国公民，或父母一方为中国公民的，本人具有中国国籍。但是，本人在外国出生时即具有外国国籍，并具有下列情形之一的，不具有中国国籍：一、父母双方为中国公民并均定居在外国；二、父母一方为外国人，另一方为中国公民并定居在外国；三、父母双方为中国公民，其中一方定居在外国。"2008年《关于执行〈中华人民共和国国籍法〉第5条规定有关问题的通知》第2条规定："根据《国籍法》第5条的规定，出生时取得外国国籍的华侨子女，可以根据《国籍法》第7条的规定，申请加入中国国籍。"根据2009年《国务院侨务办公室关于界定华侨外籍华人归侨侨眷身份的规定》第1条，"华侨是指定居在国外的中国公民。（一）'定居'是指中国公民已取得住在国长期或者永久居留权，并已在住在国连续居留两年，两年内累计居留不少于18个月。（二）中国公民虽未取得住在国长期或者永久居留权，但已取得住在国连续5年以上（含5年）合法居留资格，5年内在住在国累计居留不少于30个月，视为华侨。（三）中国公民出国留学（包括公派和自费）在外学习期间，或因公务出国（包括外派劳务人员）在外工作期间，均不视为华侨。"

三、申请加入中国国籍

（一）申请加入中国国籍的人员

1980年《国籍法》在申请国籍方面规定了愿意遵守宪法和法律、自愿申请两个前提，中国人的近亲属、定居在中国、有其他正当理由三种情形，以及被批准加入国籍的，不得再保留外国国籍的限制。1980年《国籍法》第7条规定："外国人或者无国籍人，愿意遵守中国宪法和法律，并具有下列条件之一的，可以经申请批准加入中国国籍：一、中国人的近亲属；二、定居在中国的；三、有其他正当理由。"符合愿意遵守中国宪法和法律、自愿申请两个前提，具有中国人的近亲属、定居在中国、有其他正当理由三种情形之一的，可以申请加入国籍。

（二）申请加入中国国籍的条件

1980年《国籍法》第7条规定了申请加入中国国籍的三种情形，外国人符合其中之一的，可以经申请批准加入中国国籍，"外国人或者无国籍人，愿意遵守中国宪法和法律，并具有下列条件之一的，可以经申请批准加入中国国籍：一、中国人的近亲属；二、定居在中国的；三、有其他正当理由。""近亲属"是指"父母、夫妻、子女和同胞兄弟姐妹"。"其他正当理由"是指对中国革命和建设事业有贡献的、中国公民收养的外籍子女等。根据广东政务服务网对加入中国国籍问题的回答，中国人的外籍配偶申请加入中国国籍的，"婚姻关系应存续满5年，已在中国连续居留满5年，每年在中国居留不少于9个月且有稳定生活保障和住所。"

2004年8月，为适应国家改革开放和现代化建设的需要，规范外国人在中国永久居留审批管理工作，公安部、外交部联合发布《外国人在中国永久居留审批管理办法》。第6条第1款第3项、第5—7项规定：申请在中国永久居留的外国人应当遵守中国法律，身体健康，无犯罪记录，并符合下列条件之一……（三）对中国有重大、突出贡献以及国家特别需要的；（五）中国公民或者在中国获得永久居留资格的外国人的配偶，婚姻关系存续满五年、已在中国连续居留满五年、每年在中国居留不少于九个月且有稳定生活保障和住所的;(六)未满18周岁未婚子女投靠父母的;(七)在境外无直系亲属,投靠境内直系亲属,且年满60周岁、已在中国连续居留满五年、每年在中国居留不少于九个月并有稳定生活保障和住所的。2005年《〈外国人在中国永久居留审批管理办法〉实施规定》第7条规定:"关于亲属投靠人员(《管理办法》第6条第1款第7项)。亲属投靠人员申请时应年满60周岁且申请之日前连续5年内应同时具备其他各相关规定条件。申请之前曾在华合法停留或在华留学、任职等居留的时间可计入本条规定的居留期限。外籍华人也可投靠境内的同胞兄弟姐妹及其已满18周岁的成年子女。申请条件以及申请材料参照亲属投靠人员执行。"

(三)依亲属关系申请加入中国国籍

中国人的近亲属,与公民有亲属关系,可以经申请批准加入中国国籍。亲属关系是人与人之间的血统关系,人与人关系中最稳定的关系。根据有关实施文件,加入中国国籍条件之一的"中国人的近亲属",是指父母、夫妻、子女和同胞兄弟姐妹。这与1979年《刑事诉讼法》(2018年修正)第108条第1款第6项规定关于近亲属的解释一致。根据广东政务服务网对加入中国国籍问题的回答,"中国人的外籍配偶申请加入中国国籍的,婚姻关系应存续满5年,已在中国连续居留满5年,每年在中国居留不少于9个月且有稳定生活保障和住所"。此一规定与2004年《外国人在中国永久居留审批管理办法》第6条第1款第5项一致。

我国刑事诉讼法、行政诉讼法、民事诉讼法关于近亲属的规定不完全相同。比较而言,刑事诉讼法所指的近亲属的范围最窄,行政诉讼法所指的近亲属的范围次之,民事诉讼法所指的近亲属的范围最宽。1979年《刑事诉讼法》(2018年修正)第106条第1款第6项规定:近亲属是指夫、妻、父、母、子、女、同胞兄弟姊妹。2018年《最高人民法院关于适用〈中华人民共和国行政诉讼法〉的解释》第14条第1款规定:"行政诉讼法第25条第2款规定的'近亲属',包括配偶、父母、子女、兄弟姐妹、祖父母、外祖父母、孙子女、外孙子女和其他具有抚养、赡养关系的亲属。"2015年《最高人民法院关于适用〈中华人民共和国民事诉讼法〉的解释》第85条规定:"根据民事诉讼法第

58条第2款第2项规定，与当事人有夫妻、直系血亲、三代以内旁系血亲、近姻亲关系以及其他有抚养、赡养关系的亲属，可以当事人近亲属的名义作为诉讼代理人。"

民法所指的近亲属范围宽于刑事诉讼法所指的近亲属的范围，窄于行政诉讼法所指的近亲属的范围。1987年《最高人民法院关于贯彻执行〈中华人民共和国民法通则〉若干问题的意见（试行）》第12条规定："民法通则中规定的近亲属包括配偶、父母、子女、兄弟姐妹、祖父母、外祖父母、孙子女、外孙子女。"

考虑到国籍国家主权原则，国籍法的"近亲属"的范围应适用强调国家治理精神的刑事诉讼法的近亲属范围，不宜适用强调平等精神的民事诉讼法、民法的近亲属范围，以及偏重于限制行政权精神的行政诉讼法的近亲属范围。

（四）依定居中国申请加入中国国籍

"定居在中国的"，与中国建立了真实有效的联系，可以经申请批准加入中国国籍。定居是申请国籍的最主要积极条件，与语言能力、理解中国历史、理解中国政府、良好品行、年龄等自然人与中国的联系点相比，由于与这些联系点的共生性，更能反映与中国的真实联系，体现对中国的理解、接受和效忠。通常而言，定居包括定居资格和在境内实际居住两层含义，缺一不可，这有利于促进申请国籍者融入中国。

关于"定居在中国"，广西壮族自治区南宁市公安局外事民警介绍，选择"定居在中国"申请加入中国国籍，需要在取得永久居留资格后在中国居留满3年。[①] 根据2011年《重庆市公安局国籍管理工作规范（试行）》，"定居在中国"是指取得中国永久居留资格，没有明确取得中国永久居留资格后在中国居留一定期限。第11条规定：申请加入、恢复中国国籍的，应提交"（1）外国护照或旅行证件复印件；（2）外国人签证或永久居留证件复印件；（3）如无上述所指的证件时，须提供其他能证明其外国籍身份及在中国定居的文件复印件。"根据2020年广东政务服务网"加入中国国籍"问答阐释的申请材料，

---

① 龙耀.中越边境跨国婚姻问题的法制新思考[J].广西社会科学，2013(9).

提交"外国护照和签证或居留许可或外国人永久居留证复印件","定居在中国"是指取得中国居留许可或者永久居留资格,没有明确取得中国居留许可或者永久居留资格是否需要在中国居留一定期限。根据2020年广东政务服务网《办理中华人民共和国入籍证书指南》规定的受理条件和提交材料,只规定"在深圳市定居",提交"定居身份确认表",没有解释具体含义,也没有说明此处"定居",在问答中除"定居"(永久居留资格)外,还包括"居留许可"。

(五)依其他正当理由申请加入中国国籍

"其他正当理由",涵盖了除"中国人的近亲属""定居在中国"外的需要批准入籍的理由,可以经申请批准加入中国国籍。"其他正当理由",是指对中国革命和建设事业有贡献的、中国公民收养的外籍子女等。1981年,有关学者提出,"有些外国朋友关心人类进步事业,为中国革命和建设事业流血流汗,为中国革命和建设事业作出了贡献,把中国作为自己的第二故乡,要求加入中国国籍,中国人民是竭诚欢迎的""被中国公民所收养的外国人或无国籍人,愿意申请加入中国国籍,也符合规定的条件"。①

四、领导干部配偶、子女取得外国国籍

改革开放以来,随着对外交流的日益频繁和扩大,我国一些公民取得外国国籍,或者获得国(境)外永久居留权、长期居留许可的情况越来越多。一些国家工作人员的家庭也存在这种情况,他们的配偶子女已移居国(境)外。针对上述情况,党的十七届四中全会明确提出,"加强对配偶子女均已移居国(境)外的公职人员管理"。

2010年5月,中共中央办公厅、国务院办公厅联合发布《关于领导干部报告个人有关事项的规定》。2017年4月,中共中央办公厅、国务院办公厅联合发布《领导干部报告个人有关事项规定》,对报告主体、报告内容、抽查核实及结果处理等作出改进完善。第3条规定:领导干部应当报告配偶、子女移

---

① 金默生,柴发邦.中华人民共和国国籍法讲话[M].北京:群众出版社,1981.18-19.

居国（境）外的情况。移居国（境）外是指取得外国国籍，或者获得国（境）外永久居留权、长期居留许可。子女包括领导干部的婚生子女、非婚生子女、养子女和有抚养关系的继子女。

为使各级领导干部更好地理解《关于领导干部报告个人有关事项的规定》，准确报告个人有关事项，有关部门发布了《领导干部个人有关事项报告表》填写说明，具体解释了"配偶、子女移居国（境）外的情况""子女"。"配偶、子女移居国（境）外的情况"是指领导干部的配偶或者子女取得外国国籍、国（境）外永久居留权或者长期居留许可等情况，既包括配偶和子女均取得外国国籍、国（境）外永久居留权或者长期居留许可的，也包括配偶、子女中有任何一人取得外国国籍、国（境）外永久居留权或者长期居留许可的。"子女"是指领导干部的所有子女，既包括与领导干部共同生活的子女，也包括未与领导干部共同生活的子女。

2017年中央办公厅、国务院办公厅《领导干部报告个人有关事项规定》第2条规定："本规定所称领导干部包括：（一）各级党的机关、人大机关、行政机关、政协机关、审判机关、检察机关、民主党派机关中县处级副职以上的干部（含非领导职务干部）；（二）参照公务员法管理的人民团体、事业单位中县处级副职以上的干部，未列入参照公务员法管理的人民团体、事业单位的领导班子成员及内设管理机构领导人员（相当于县处级副职以上）；（三）中央企业领导班子成员及中层管理人员，省（自治区、直辖市）、市（地、州、盟）管理的国有企业领导班子成员。上述范围中已退出现职、尚未办理退休手续的人员适用本规定。"2010年中共中央办公厅、国务院办公厅《关于对配偶子女均已移居国（境）外的国家工作人员加强管理的暂行规定》第9条规定："事业单位、人民团体、国有独资和国有控股企业（含国有独资和国有控股金融企业），参照本规定执行。"

领导干部按照干部管理权限及时向相应的组织（人事）部门报告。2010年《中央办公厅、国务院办公厅关于领导干部报告个人有关事项的规定》第5条规定：领导干部应当于每年1月31日前集中报告一次上一年度应报事项，并对报告内容的真实性、完整性负责，自觉接受监督。第6条规定：领导干部发生配偶、子女取得外国国籍情况的，应当在事后30日内填写《领导干部个人有关事项报告表》，并按照规定报告。因特殊原因不能按时报告的，特殊原因消除后应当及时补报，并说明原因。第7条规定：领导干部报告个人有关事项，按照干部管理权限由相应的组织（人事）部门负责受理。

为预防腐败，加强对配偶子女均已移居国（境）外的国家工作人员（裸官）的管理，2010年5月，中共中央办公厅、国务院办公厅，联合发布《关于对配偶子女均已移居国（境）外的国家工作人员加强管理的暂行规定》，规定了配偶子女均已移居国（境）外的国家工作人员的任职岗位调整、办理公共事务时的回避，以保守国家秘密、防止利益冲突。第5条规定："本规定适用人员办理的公共事务，涉及其配偶、子女移居国家和地区的，应当向本单位主管部门主动说明情况。存在利益冲突的，应当自行回避，或者由主管部门责成其回避。"第7条规定："选拔任用本规定适用人员，应当在考察时全面了解本规定涉及的相关情况。"

五、被批准加入中国国籍的，不得再保留外国国籍

1980年《国籍法》第8条规定："申请加入中国国籍获得批准的，即取得中国国籍；被批准加入中国国籍的，不得再保留外国国籍。"外国人申请加入中国国籍的，不得再保留外国国籍，既减少双重国籍状态，又因附加"被批准加入中国国籍"条件，减少无国籍状态。

1980年《国籍法》第8条"被批准加入中国国籍的，不得再保留外国国籍"与其他国家的关于取得外国国籍，丧失本国国籍的规定相匹配，在减少双重国籍的同时，减少无国籍状态。1997年《韩国国籍法》（2004年修正）第15条规定："取得外国国籍的韩国公民于取得外国国籍后，丧失韩国国籍。如果在取得外国国籍后6个月内，没有向司法部长申报保留韩国国籍的意愿，有下列情形的韩国公民，可追溯至取得外国国籍期间，丧失韩国国籍：（1）依婚姻取得外国国籍；（2）依被收养取得养父母国籍；（3）依外籍父母承认，取得外籍父母国籍；（4）未成年子女、配偶随同父母、配偶另一方取得外国配偶。因取得外国国籍而丧失韩国国籍，取得外国国籍日期不详时，取得外国国籍日

期推定为初次核发外国护照之日。"

关于"被批准加入中国国籍的,不得再保留外国国籍",可以根据当事人的情况,采取以下方式:(1)经有关国家批准退出国籍,提交退出国籍证明;(2)依照有关国家的法律规定,自动丧失国籍,提交丧失国籍证明;(3)所持外国国籍、出入境证件逾期无效,本人不再办理延期,如果办理延期,不予办理;(4)本人书面申明放弃原来国籍,并交出原持有的外国国籍、出入境证件等。2011年《重庆市公安局国籍管理工作规范(试行)》第11条规定:申请加入、恢复或退出中国国籍,应提交"要求加入、恢复或退出中国国籍的书面申请和自愿退出现国籍的声明"。根据2020年广东政务服务网"加入中国国籍"问答阐释的申请材料,申请加入中国国籍,应提交"自愿申请加入中国国籍、放弃外国国籍的书面声明。申请人未满18周岁应提供父母双方或其法定监护人签字同意其加入中国国籍、放弃外国国籍的书面声明。"

六、平等地(不歧视)取得中国国籍

根据1980年《国籍法》,人人平等地享有取得、变更、恢复和放弃国籍的权利,不论其性别、种族、宗教、肤色、财产、语言、政治观点、民族、婚生等。妇女与男子享有取得、变更和保留国籍,传给配偶国籍,传给子女国籍的平等权利。外国人、无国籍人享有加入国籍的平等权利。

(一)各民族平等地(不歧视)取得国籍

各民族的人享有平等地取得国籍的权利,这有利于维护民族团结,巩固国家统一。我国是多民族的国家,各民族的人都是国家的主人。1980年《国籍法》第2条规定:"中华人民共和国是统一的多民族的国家,各民族的人都具有中国国籍。"1982年《宪法》(2018年修正)序言第11段规定:"中华人民共和国是全国各族人民共同缔造的统一的多民族国家。平等团结互助和谐的社会主义民族关系已经确立,并将继续加强。在维护民族团结的斗争中,要反对大民族主义,主要是大汉族主义,也要反对地方民族主义。国家尽一切努力,促进全国各民族的共同繁荣。"有的国家视我国某些民族的人为他们的公民,他们的驻华使领馆向我国的一些民族的人颁发护照或者国籍证件。我

国的某些民众过去和现在有一些人愿意具有外国国籍。他们未经批准退出中国国籍就领取了外国护照或者国籍证件。我国坚持各民族的人都具有中国国籍，不承认外国使领馆擅自向中国公民发放的任何护照或国籍证件。1980年《国籍法》用精确的法律语言，规定了各民族的人享有平等的取得国籍的权利，粉碎了分裂各民族统一国家的阴谋，促进各民族的共同繁荣。

（二）妻子丈夫取得国籍平等

妻子丈夫取得国籍平等。1980年《国籍法》在传给配偶国籍方面没有区别规定丈夫、妻子。第7条规定："外国人或者无国籍人，愿意遵守中国宪法和法律，并具有下列条件之一的，可以经申请批准加入中国国籍：一、中国人的近亲属；二、定居在中国的；三、有其他正当理由。""近亲属"包括配偶，配偶包括丈夫、妻子。

（三）妇女与男子传给子女国籍平等

妇女与男子传给子女国籍平等。1980年《国籍法》在传给子女国籍方面，无论是出生国籍，还是申请国籍，都没有区分妇女（母亲）、男子（父亲）。第4条规定："父母双方或者一方为中国公民，本人出生在中国，具有中国国籍。"第5条规定："父母双方或者一方为中国公民，本人出生在外国，具有中国国籍；但父母双方或者一方为中国公民并定居在外国，本人出生时即具有外国国籍的，不具有中国国籍。"另外，1980年《国籍法》第8条规定的可以经申请批准加入中国国籍的中国人的近亲属包括父母，父母包括父亲、母亲。

（四）外国人、无国籍人加入国籍平等

外国人、无国籍人加入国籍平等。无国籍人加入国籍，可以与外国人一样，按照规定办理入籍手续。1980年《国籍法》在批准申请加入中国国籍方面，没有区分外国人、无国籍人。第7条规定："外国人或者无国籍的人，愿意遵守中国宪法和法律，并具有下列条件之一的，可以申请批准加入中国国籍：一、中国人的近亲属；二、定居在中国的；三、有其他正当理由的。"1984年，有关学者提出：这条规定不仅对吸引世界上热爱社会主义中国的科学技术人才加入中国国籍，提供了法律保障，有利于我国的四化建设，也为无国籍人加入中国国籍创造了法律依据。[1]

第三节 中国法上的变更国籍权

一、定居外国的中国公民自愿加入或者取得外国国籍的，自动丧失中国国籍

（一）华侨国籍政策

我国的华侨国籍政策是赞成和鼓励华侨根据自愿原则选择住在国的国籍，同时不承认双重国籍。1980年《国籍法》第9条规定："定居外国的中国公民，自愿加入或者取得外国国籍，即自动丧失中国国籍。"该条反映了华侨国籍政策。定居外国的中国公民，不论基于技能、投资，还是基于亲属关系、居留事实，都可以自愿加入或者取得外国国籍，不被干涉。华侨自愿取得住在国国籍的，自动丧失中国国籍，成为住在国的公民、外籍华人。

"自动丧失中国国籍"，不需要当事人申请，无须本人明确表示丧失原国籍的意思表示，不需主管机关批准，只要当事人有自愿加入或者取得外国国籍的事实，中国国籍自动丧失。1992年8月，公安部发布《关于执行国务院办公厅〈关于在外留学人员有关问题的通知〉应注意事项的通知》，"我国不承认中国公民具有双重国籍。持因私普通护照的留学人员定居在国外并取得或加入了外国国籍的，即自动丧失中国国籍。"

我国政府一贯赞成和鼓励外籍华人融入当地主流社会。加入住在国国籍是融入驻在国的重要手段。根据2009年《国务院侨务办公室关于界定华侨外籍华人归侨侨眷身份的规定》第2条，已加入外国国籍的原中国公民是外籍华人。根据《国家侨务工作发展纲要（2011—2015年）》，"关心外籍华人长期生存和发展"，"鼓励外籍华人融入当地主流社会"是外籍华人工作的基本方针。2018年2月，时任国务院侨务办公室主任裘援平在芝加哥与美国中西部九个州的华侨华人代表举行座谈会时说，希望广大华侨华人积极融入美国社会，

---

[1] 吴报定.中华人民共和国国籍法与国籍冲突问题[J].安徽大学学报（哲学社会科学版），1984(3).

回馈当地社会，为当地作贡献。①

中国国籍管理部门、公证机构不出具中国公民个人同意其中国公民亲属加入外国国籍的证明。中国公民是否加入外国国籍自己决定，不需要，也不必由中国国籍管理部门、公证机构证明，亲友同意。1990年7月，司法部公证司发布《关于不能办理"同意入籍"公证的复函》，"经与公安部六局研究认为，居住在日本的中国公民申请加入日本国籍，日本要求提供其在中国的亲属同意其加入日籍的书面意见违反我国国籍法，也不合乎情理，因此，我公证机关不能为其亲属办理'同意入籍'公证书。"

（二）披露加入外国国籍的信息

虽然我国不干涉公民加入外国国籍，但是公民加入外国国籍的，应予以披露，让其他人员、国家机关正确判断其国籍以及相关的法律地位，减少其他人员与其交易、有关部门实施国籍管理的成本。根据《×××Yang与上海市司法局、上海市人民政府行政复议案》[（2015）徐行初字第222号]，原告于2001年9月17日取得美国护照，2005年11月8日提出律师执业申请时，在《行政许可事项申请书》"是否具有外国国籍"一栏中，原告应当如实填写，因原告应填写而未填写，使得被告上海市司法局不能掌握原告已经取得美国护照的事实。被告上海市司法局认定原告属于以不正当手段取得律师执业资格——行政许可，依据《行政许可法》第69条第2款的规定，作出的撤销关于批准律师执业申请的行政许可决定，符合法律规定。根据不承认双重国籍的规定，应对中国公民持有外国护照进行适当处理，包括给予相应处罚。公安机关发现任何居住在国内的中国公民未经出籍而持有外国护照，应将他们所持的外国护照存档备查，并由持有人将领取外国护照的经过写成书面材料，或作出询问笔录，以备通过外交途径同有关国家进行交涉之用。如发现有人利用外国护照进行违法犯罪活动，应收缴其外国护照，并依法处理。

---

① 汪平，徐静.国侨办主任：希望在美侨胞积极融入并回馈社会[EB/OL].(2018-02-23)[2020-03-13]. https：//news.china.com/internationalgd/10000166/20180223/32120439.html.

（三）子女变更国籍不变更子女抚养权

子女变更国籍不必然导致变更子女抚养权，不能仅以子女具有外国国籍为由变更由中国公民享有的子女抚养权。山东省青岛市中级人民法院在《R某与邢某变更抚养关系纠纷二审民事判决书》[（2015）青少民终字第175号]中认定：上诉人宋某某以女儿是美国国籍，女儿赴美国更有利于孩子入学、教育和成长等为由，要求变更女儿抚养权的请求，不符合法律规定的变更子女抚养关系的法定事由，于理不通，于法相悖，不予支持。

二、香港特别行政区或澳门特别行政区中国公民自愿加入或者取得外国国籍的，不自动丧失中国国籍

香港或澳门中国公民加入外国国籍，不自动丧失中国国籍。港澳同胞持有"英国属土公民护照"或澳葡当局所发身份证在内地人民法院起诉应诉的民事案件，不作为涉外案件办理。当事人只有向香港特区或澳门特区国籍主管部门申报"变更国籍"，才丧失中国国籍。法律授权香港特区政府和澳门特区政府处理特区中国公民的变更国籍申报。①

1984年12月，关于持有港英或澳葡当局所发护照的港、澳同胞在内地人民法院起诉、应诉的民事案件，是否承认他们具有英国籍或葡萄牙籍而作为涉外案件对待问题，最高人民法院发布《关于港澳同胞持有"英国属土公民护照"或澳葡当局所发身份证在内地人民法院起诉应诉的民事案件是否作为涉外案件问题的批复》规定："根据《国籍法》第9条及中英之间关于香港问题的联合声明所附的中方备忘录的精神，我们同意你院的意见。即持有港英当局所发'英国属土公民护照'或澳葡当局所发身份证的，均为中国公民，不能承认他们具有英国或葡萄牙国籍；他们在内地人民法院起诉、应诉的民事案件，不能作为涉外案件处理。"

1996年5月，第八届全国人民代表大会常务委员会第19次会议通过的《全国人民代表大会常务委员会关于〈中华人民共和国国籍法〉在香港特别行

---

① 许育红.如何理解使用退籍领事证明(领事服务)[N].人民日报海外版，2009-07-11.

政区实施的几个问题的解释》。第5条和第6条规定：香港特别行政区的中国公民的国籍发生变更，可凭有效证件向香港特别行政区受理国籍申请的机关申报；授权香港特别行政区政府指定其入境事务处为香港特别行政区受理国籍申请的机关，香港特别行政区入境事务处根据《国籍法》和以上规定对所有国籍申请事宜作出处理。

1998年12月，第九届全国人民代表大会常务委员会第6次会议通过的《全国人民代表大会常务委员会关于〈中华人民共和国国籍法〉在澳门特别行政区实施的几个问题的解释》。第4条和第5条规定：在澳门特别行政区成立以前或以后从海外返回澳门的原澳门居民中的中国公民，若变更国籍，可凭有效证件向澳门特别行政区受理国籍申请的机关申报；授权澳门特别行政区政府指定其有关机构根据《中华人民共和国国籍法》和以上规定对所有国籍申请事宜作出处理。

三、申请退出中国国籍获得批准的，丧失中国国籍

（一）申请退出中国国籍的现状

退出国籍，简称出籍。国籍、户口、身份证件等信息不属于政府信息公开范围，从非常有限的一些省市关于取得国籍的数据看，在我国，退出国籍人数占加入、退出、恢复等变更国籍人数的绝大多数。2015年11月至2017年10月，四川省受理并获公安部批准的退出国籍申请128人，占受理并获公安部批准的加入、退出、恢复中国国籍申请总数132人的97%，而申请恢复国籍3人，申请加入国籍1人。[①] 2015年1月至2017年9月，根据四川省成都市出入境管理局统计的国籍业务情况，成都市受理并报四川省公安厅出入境管理局复核的退出国籍申请193人，占受理的加入、退出、恢复中国国籍申请总数197人的98%。自1980年9月《国籍法》实施以来，至2017年9月，宁夏回族

---

① 刘春华.全国人大外事委调研组来川调研《护照法》《国籍法》执行情况[N]. 四川日报，2017-11-14.

自治区石嘴山市没有受理加入、退出、恢复中国国籍的业务申请。[①]

与四川省、宁夏回族自治区等非侨务省份相比，福建省等侨务省份受理并获公安部批准的退出国籍的较少，占变更国籍总人数的比例较低。主要原因是侨务省份拥有大量外籍华人，他们与我国的联系比其他外国人与我国的联系更紧密，相应地产生了较高的保留国籍的需求。2008—2017年，福建省受理并获公安部批准的退出中国国籍的80人，占受理并获公安部批准的加入、退出、恢复中国国籍申请总人数94人的85%。[②]

（二）经申请批准退出国籍的情形

1980年《国籍法》第10条规定："中国公民具有下列条件之一的，可以经申请批准退出中国国籍：一、外国人的近亲属；二、定居在外国的；三、有其他正当理由。"定居在外国的中国公民不包括因公派出人员、因私临时出国人员。在国外，鼓励华侨加入当地国籍。对于入籍国规定需要持有退出原国籍的证明才能加入时，一般可以根据本人要求，发给出籍证明。

2011年《重庆市公安局国籍管理工作规范（试行）》规定了退出国籍的6种情形，将"其他正当理由"解释为出国定居、继承财产、被外国人收养、恢复外国国籍。第10条第3款规定："退出中国国籍。1. 要求出国定居，符合出国条件，前往国又能批准入境的；2. 定居外国因加入当地国籍，所在国要求先退出中国国籍的；3. 外国人收养的我国儿童，要求退出国籍随父母国籍的；4. 外国人的我国配偶，为领取外国的养老金和补助，要求退出国籍加入外国国籍的；5. 为了继承财产，要求退出国籍后加入外国国籍的；6. 纯外国血统的中国公民，要求退出国籍恢复外国国籍的。"

根据2020年广东政务服务网"退出中国国籍"问答阐释的申请条件，"具有下列情况之一，经审批可以准予退出中国国籍：1. 要求出国定居，符合出国条件，前往国又能批准入境；2. 定居外国须加入当地国籍，所在国要求先退出中国国籍；3. 外国人收养的中国儿童，要求出籍随父母国籍；4. 外国

[①] 乔安夏.全国人大外事委员会调研组到石嘴山市调研[EB/OL].(2017-09-15)[2018-04-27]. http://www.nxszs.gov.cn/xinwendongtai/cd/387517.htm.

[②] 《福建省公安厅政府信息公开告知书（2018）第10号》。

人的中国配偶，领取外国的养老金和补助要求出籍加入外国国籍；5. 为了继承财产，要求出籍后加入外国国籍；6. 纯外国血统的中国公民，坚决要求出籍恢复外国国籍。"

（三）经申请退出中国国籍的审批

退出中国国籍，不分退出国籍原因，都必须提交退出国籍申请并获得批准，未经批准的，不丧失中国国籍，仍然是中国公民。人人有权放弃已有的利益，包括国籍，但国籍不仅是个人从国家获得法律地位、同国际法建立联系的纽带，而且是国家对公民事实的认定和对个人行使管辖权的依据。1980年《国籍法》第16条规定："加入、退出、恢复中国国籍的申请，由中华人民共和国公安部审批。经批准的，由公安部发给证书。"了解国家机密，正在服刑的罪犯，有危害国家安全嫌疑和其他刑事犯罪案件尚未处理的，不准出籍。对于定居中国，根据外国国籍法可以取得外国国籍的，要求退出中国国籍取得外国国籍的，一般不批准出籍。

（四）经申请批准退出中国国籍的法律效果

经申请批准退出中国国籍的法律效果是丧失中国国籍，《中华人民共和国退籍证书》是丧失中国国籍的证明文件。1980年《国籍法》第11条规定："申请退出中国国籍获得批准的，即丧失中国国籍。"1980年《国籍法》第16条规定："加入、退出、恢复中国国籍的申请，由中华人民共和国公安部审批。经批准的，由公安部发给证书。"根据2020年广东政务服务网《办理中华人民共和国退籍证书指南》规定的网上办理流程，"符合审批条件的，公安部出具《中华人民共和国退籍证书》"。

为避免海外中国公民在获准加入外国国籍之前出现双重国籍或无国籍的状况，中国领事可应当事人的申请，为其出具《丧失中国国籍证明》或《退籍证明书》等领事证明。实践中，海外中国公民有可能因为"与居住国公民建立收养关系"，"与居住国公民结婚"，"与居住国公民具有亲属关系"或"在居住国定居一定期限"，有资格申请加入驻在国国籍。依国际社会的现行做法，有关退籍的领事证明是外国公民申请加入本国国籍的必备文件；中国公民从获得退出中国国籍的领事证明之日至取得外国国籍之前，仍具有中国国籍。[①]

四、国家工作人员和现役军人，不得退出中国国籍

我国对于国家工作人员、现役军人，禁止退出国籍。1980年《国籍法》第12条规定："国家工作人员和现役军人，不得退出中国国籍。"国家工作人员和现役军人正在执行公务、军务，会涉及国家秘密、国家安全等国家利益，因而不能自由退出国籍。对于未经批准退出中国国籍而取得外国国籍或护照的，我国不予承认。对于定居中国、根据外国国籍法可取得外国国籍，因此要求退出中国国籍当外国人的，一般不批准出籍。对于在外留学人员申请退出中国国籍的，由中国驻外使领馆负责受理并办理有关手续。

以2017年中共中央办公厅、国务院办公厅《领导干部报告个人有关事项规定》，2019年中共中央《党政领导干部选拔任用工作条例》关于"领导干部"，"党政领导干部"含义的规定类推，"国家工作人员"包括党政机关工作人员、参照公务员法管理的人民团体和事业单位工作人员、国有企业的领导班子成员。

有关1980年《国籍法》地方实施性规定细化和扩展了退出中国国籍的适用范围，从国家工作人员和现役军人扩展至正在服刑的罪犯、有涉嫌犯罪的刑事案件尚未处结的人员。2017年山东省青州市《加入、退出、恢复中国国籍初审服务指南》第6条规定："中国公民具有下列条件之一的，可以经申请批准退出中国国籍：1. 要求出国定居国，符合出国条件，前往国又能批准入境；2. 定居外国须加入当地国籍，所在国要求先退出中国国籍；3. 外国人收养的中国儿童，要求出籍随父母籍；4. 外国人的中国配偶，领取外国的养老金和补助要求出籍加入外国籍；5. 为了继承财产，要求出籍后加入外国籍；6. 纯外国血统的中国公民，坚决要求出籍恢复外国籍。""下列人员不得退出中国国籍：1. 国家工作人员；2. 现役军人；3. 正在服刑的罪犯；4. 尚未处理的刑事案件涉案人员。"2011年《重庆市公安局国籍管理工

[①] 许育红.如何理解使用退籍领事证明(领事服务)[N].人民日报海外版，2009-07-11.

作规范（试行）》第9条第2款规定："有下列情形之一的，不得退出中国国籍：1. 国家工作人员；2. 现役军人；3. 正在服刑的罪犯；4. 有涉嫌犯罪的刑事案件尚未处结的。"

法院判决了国家工作人员不得退出中国国籍的案件，积累了退出中国国籍条件的司法经验。根据《邝某某受贿、贪污、非法持有、私藏枪支、弹药二审刑事判决书》[（2017）粤07刑终72号]，上诉人邝某某于1997年10月至2014年1月任广东省江门市建筑设计院有限公司（原江门市建筑设计院）副院长，具有国家工作人员身份。上诉人邝某某于1998年1月在广东省江门市公安局出入境管理部门办理注销户口手续，获得由公安部出入境管理局盖章核发的《出国定居证明》，江门市公安部门取消了邝某某的户籍。2007年，邝某某申请加入美国国籍被批准，取得美国公民身份。邝某某回国时到中国驻美国三藩市总领事馆申请回国签证，总领事馆要求邝某某交回中国护照。广东省江门市中级人民法院认定，上诉人邝某某属于国家工作人员，不得退出中国国籍，不具有美国国籍，仍具有中国国籍。在办理出国手续后，在江门市建筑设计院有限公司没有间断地签领相关的奖金福利，从侧面印证了其仍然具有中国国籍的事实。

持因公护照并已在国外定居者取得外国国籍、非法移民依难民身份取得外国国籍，不自动丧失中国国籍。1992年8月，公安部发布《关于执行国务院办公厅〈关于在外留学人员有关问题的通知〉应注意事项的通知》："持用因公护照并已在国外定居者须履行简单退籍手续，向驻外使领馆提出退籍申请，使领馆受理后报公安部审批。"1992年外交部等《关于为非法移民补、换发护照的通知》规定："以'难民'身份获得外国居留权的我非法移民，情况比较复杂。各国对1951年日内瓦《关于难民地位的公约》和1967年纽约《难民地位议定书》的解释宽严不一，对'难民'的处理也不尽相同，在处理过程中应慎重。对此类人员申请退籍，一律不受理。"

五、非法持用外国护照，不丧失中国国籍

（一）非法持用外国护照，不丧失中国国籍

近期，各地陆续发现一些因私出国或到港澳的中国公民，出境后在外国或港澳取得外国护照，也有的人在出境前就搞到外国护照，企图以外籍人身份出境。他们中多数是通过其在香港或国外的亲属代为办理的所谓"投资移民护照"，也有的是花高价从私人手中购买的，其中有些是假护照。这类人员所持的护照，目前发现的有玻利维亚、汤加、伯利兹、尼加拉瓜、厄瓜多尔、秘鲁、巴拿马、毛里求斯、阿根廷、哥伦比亚、泰国、菲律宾等国的护照。有些国家为吸收外汇而大量出卖护照，实际上并不允许持照人前往该国定居，也不承认他们具有该国国籍。国际上也出现了一些贩卖护照的集团从事倒卖护照生意，借以牟取暴利。购买这类护照的中国公民不是为了前往发照国定居，而是作为跳板，假道去第三国或香港，也有以外国人身份出入我国境并在境内从事商务活动的。其中有一些人在国内利用外国护照搞诈骗活动，有些进行违法犯罪活动的人购买这种护照是为了逃避打击和惩罚。目前非法持有外国护照的人有增多的趋势，已在边防检查、国籍和其他正常管理工作等方面造成混乱。如不及时、妥善处理，将会危害社会稳定和治安秩序，给出入境管理工作造成混乱，给国家利益和中国公民个人利益造成损失。

除退出中国国籍或定居在外国，必须持有足资证明其真正在外国定居的有关证件、证明，并在事实上定居外国，加入或取得外国国籍的人员外，我国一律不承认中国公民持有的外国护照、取得的外国国籍。根据1980年《国籍法》，中国不承认双重国籍。对于不承认的外国护照可作如下处理：拒发签证；做上不承认该护照的标记。遇有误发签证的，先将其中国签证注销，再在签证内画红色不承认标记"×"。我驻外使领馆在受理其签证申请时，如发现属我不承认的护照，可先在其护照上加盖"L"字母签证，再将签证注明"作废"，并做上不承认标记。对持有不承认标记护照的人员，我签证机关不受理其签证申请；公安机关不为其办理外国人居留手续；口岸边防检查站可阻止其使用该护照入出国境。持有非法护照的人没有违法活动的，可将其护

照做上不承认标记后退还本人；使用该护照在国内进行其他犯罪活动的，在查处的同时，没收该护照。我驻外使领馆（处）在受理签证申请的审查中，如无法确定其出国身份或因情况复杂难以判定，可将审查材料报国籍主管部门审批。

（二）关于非法持用外国护照，不丧失中国国籍的行政实践

公安机关出入境管理部门在办理护照延期等工作中发现非法持用外国护照，坚持不承认双重国籍原则，不承认非法持用的外国护照、取得的中国国籍，中国国籍依然有效。要求当事人办理退出（放弃）外国国籍手续，交还外国护照，如果外国护照上有中国签证，予以注销。2009年5月，孙某通过朋友认识了境外人员杨某，杨某称可以代为申请多米尼加国籍，并称取得该国国籍后可以获得110个国家免签入境的便利。孙某出于生意上的考虑，分两次交给杨某"手续费"30余万元。随后，在杨某的指示下，孙某持自己的中国护照出国，在境外从杨某手中拿到一本多米尼加护照，并以外籍身份办理了中国签证回到我国境内。2009年7月，孙某考虑到如果拥有两国国籍更加便利，前往北京市公安局出入境管理处办理其中国护照的延期手续，民警在接待中发现，孙某护照上的出入境记录有问题。孙某称，自己请人代办他国护照，仅是为了从事商务活动及出入境方便，没有加入外国籍的意愿，愿意保留中国国籍，并认识到了自己的错误。出入境管理处依法注销了孙某外国护照上的中国签证。同时，孙某办理了退籍手续，并交还多米尼加护照。[①]

（三）关于非法持用外国护照，不丧失中国国籍的司法实践

马某某不服南通市公安局出入境管理行政处理案，诠释了法院关于不承认非法持用的外国护照、取得的外国国籍，不丧失中国国籍的司法理念和做法。根据江苏省南通市崇川区人民法院（1997）崇行再初字第32号一审再审判决书，江苏省南通市中级人民法院（1999）通行终字第30号二审判决书，法院坚持不承认双重国籍原则，不承认中国公民非法持用的外国护照，即使

---

① 北京市公安局出入境管理处. 中国公民通过非正常渠道取得的外国籍将不被承认[EB/OL].(2009-07-27)[2020-03-26]. http://www.bjgaj.gov.cn/web/detail_getArticleInfo_240067_col1159.html.

当事人已经以该外国护照多次出入境中国、取得了公安局机关签发的外国人居留证、公安机关因取得外国国籍注销了其中国户口、在中国法院以外国公民身份诉讼。

南通市崇川区人民法院经再审查明：原审原告马某某于1991年12月申请去香港探亲，经批准于1992年3月21日领取了中华人民共和国往来港澳通行证，签注有效期为1992年3月23日至6月23日。马某某户口自1992年4月1日保留，油粮供应自1992年4月1日停止。马某某在香港探亲期间，通过其姐在多米尼加驻香港总领事馆购买了多米尼加护照。此后，马某某以多米尼加国公民身份、持多米尼加护照多次出入境。南通市公安局于1993年12月为其办理了中华人民共和国外国人居留证。1994年12月，通州市公安局在调查马某某与其亲属的房产纠纷时，发现马某某具有双重国籍。南通市公安局于1994年12月26日对马某某所持多米尼加护照扣留审查。经审查确认马某某为中国公民，不承认其多米尼加国籍。在其所持多米尼加护照的我国有关部门原签证页上做了不承认标记。后于1997年6月16日退还马某某。马某某于1997年7月起诉通州市公安局，请求通州市法院判令撤销扣押护照及在护照上打叉注销的行为。1997年9月9日，通州市人民法院在马某某同意变更被告为南通市公安局后将此案移送南通市崇川区人民法院审理。

南通市崇川区人民法院认为：马某某在香港探亲期间购买外国护照，没有向我国内公安机关或国外的中国外交代表机关、领事机关申请办理退出中华人民共和国国籍手续，亦未前往多米尼加共和国定居。南通市公安局依照《国籍法》第3条、第9—11条的规定，确认马某某为中华人民共和国公民，不承认其多米尼加国籍，对于马某某所持多米尼加护照，南通市公安局根据公安部等《关于中国公民非法持用外国护照有关问题的通知》决定不予承认，在其所持多米尼加护照我国有关部门原签证页上作不承认标记后退还马某某本人，合法有据；基层派出所民警违规作出的"户口注销证明"与事实不符，不具有法律效力，马某某认为其丧失中国国籍的理由，不能成立；关于马某某代理人认为扣留审查护照未出具法律手续且审查时间长，南通市公安局在程序上违法的代理意见，经查，我国国籍管理方面的法律规范，没有这方面的法律规定，南通市公安局根据实际工作需要作出处理，并不影响在实体上依照法律、部门规章行使职权，故本院不予支持。

江苏省南通市崇川区人民法院判决：维持南通市公安局对马某某所持多米尼加护照扣押审查和南通市公安局在马某某所持多米尼加护照我国有关部门原签证页上做不承认标记后，退还马某某的具体行政行为。

上诉人（原审原告）诉称：上诉人在香港探亲期间系合法取得多米尼加投资移民护照，并持该护照至新加坡、日本及在国内多次获签证后出入境。上诉人并多次以多米尼加国公民身份在法院诉讼，故上诉人已自动丧失了中国国籍。被上诉人南通市公安局在上诉人所持多米尼加护照上做不承认标记无事实及法律上的依据，侵犯了上诉人的合法权益，请求二审法院依法判决。

南通市中级人民法院认为：我国《国籍法》规定，中华人民共和国不承认中国公民具有双重国籍。该法又规定定居外国的中国公民，自愿加入或取得外国国籍的，即自动丧失中国国籍，申请退出中国国籍获得批准的，即丧失中国国籍。上诉人马某某虽持有多米尼加国护照，但从未在该国定居，同时马某某也不能提供申请退出中国国籍获得批准的事实。据此，马某某仍是中国公民；马某某所持多米尼加国护照是通过在香港的亲属代为购买的，购买护照的目的，不是为了前往护照国定居，而是以外国人身份出入我国境，并在境内从事商务活动。对这种护照，我国一律不予承认；对持有非法护照的人没有违法活动的，可将其护照做上不承认标记后退还本人，使用该护照在国内进行其他犯罪活动的，查处的同时没收护照。公安机关经过认真缜密的调查未发现马某某在国内进行其他犯罪活动，遂在其所持护照上做不承认标记后退还本人。公安机关实施这一出入境管理工作程序合法，工作仔细，处置恰当，符合《国籍法》和其他关于护照管理的要求，原审判决认定事实清楚，适用法律正确，程序合法，上诉人的上诉理由本院不予采纳。

江苏省南通市中级人民法院判决：驳回上诉，维持原判。

（四）违反有关规定取得外国国籍，给予处分

2015年10月，为维护党的章程和其他党内法规，严肃党的纪律，纯洁党的组织，保障党员民主权利，教育党员遵纪守法，维护党的团结统一，保证

党的路线、方针、政策、决议和国家法律法规的贯彻执行，中共中央发布《中国共产党纪律处分条例》。第76条规定："违反有关规定取得外国国籍或者获取国（境）外永久居留资格、长期居留许可的，给予撤销党内职务、留党察看或者开除党籍处分。"违反有关规定取得外国国籍的情形主要有：(1)违反1980年《国籍法》第12条"国家工作人员和现役军人，不得退出中国国籍"，作为国家工作人员和现役军人，取得外国国籍。(2)违反1980年《国籍法》第11条"申请退出中国国籍获得批准的，即丧失中国国籍"，没有办理申请退出中国国籍获得批准手续，取得外国国籍。(3)违反1990年公安部等《关于中国公民非法持用外国护照有关问题的通知》，非法持有他国的护照，取得他国的国籍。

六、丧失、退出中国国籍人员的法律地位

（一）护照作废

丧失、退出国籍的，由护照签发机关自行或者根据有关部门的要求依法宣布护照作废。2006年《护照法》第16条第1款规定：护照持有人丧失中国国籍，或者护照遗失、被盗等情形，由护照签发机关宣布护照作废。根据《林某某与福州市公安局再审行政裁定书》[（2016）闽行申177号]，再审申请人林某某申请请求撤销原审判决，确认被申请人宣布再审申请人护照作废的行政行为违法，并由被申请人对此承担赔偿责任。被申请人福州市公安局提交的《立案案件呈批表》及《关于申请取消林某某同志因私护照的报告》可以证明，再审申请人林某某作为备案国家工作人员、党员，因违反外事纪律，被原审第三人中国（福建）对外贸易中心集团有限责任公司监察室立案调查，并提请被申请人取消再审申请人证件号码为G25983575的因私护照。被申请人收到后，作出《告知书》，宣布对再审申请人持有的有效出入境证件予以作废，并无不当。福建省高级人民法院认定：根据《护照法》第4条、第15条的规定，福州市公安局出入境管理处作为普通护照签发和管理机构，有权依法宣布普通护照作废。因被诉具体行政行为合法，林某某基于被诉具体行政行为所提出的行政赔偿请求缺乏依据，应予驳回。据此，原一审判决驳回林

某某的诉讼请求,二审判决驳回起诉,维持原判,是正确的。

(二)注销户口

无论因为自愿加入或者取得外国国籍而自动丧失国籍,申请退出国籍而经批准丧失国籍,都应办理注销户口登记,注销居民户口簿、居民身份证。1980年《国籍法》第9条规定:"定居外国的中国公民,自愿加入或者取得外国国籍的,即自动丧失中国国籍。"退出国籍的,丧失国籍。1980年《国籍法》第11条规定:"申请退出中国国籍获得批准的,即丧失中国国籍。"

居民户口簿、居民身份证是公民法定身份证件,具有证明公民身份的法律效力,如果取得外国国籍后不予注销,就会具有而不是丧失中国国籍。对于曾经具有中国国籍,加入外国国籍后未注销户口的外国人,如果要保留外国国籍,必须注销户口。2014年7月,公安部开展户口登记管理专项清理整顿,向社会公布公安部和省级公安机关户口问题(线索)举报投诉方式,主动接受社会和媒体监督,发动广大群众积极参与,欢迎举报、投诉或者反映加入或者取得外国国籍等原因户口该注销未注销居民户口簿、居民身份证等情况,帮助公安机关发现问题、解决问题,举报、投诉和反映户口登记管理中存在的问题。2005年、2008年、2010年、2015年、2018年历次修订《上海市常住户口管理规定》,都规定了注销加入外国国籍的中国公民的户口。2018年《上海市常住户口管理规定》第46条规定:"出国定居或者加入外国国籍的,本人应当向户口所在地公安派出所办理注销户口登记。未办理注销户口登记的,公安派出所应当及时告知本人、近亲属、户主或者集体户口协管员,拒绝注销户口或者告知后一个月内仍未办理注销户口登记的,可以注销其户口。"2018年《上海市常住户口管理规定》第45条规定:"经批准前往香港、澳门地区定居的,本人应当持出入境管理部门出具的注销户口通知书向户口所在地公安派出所申报注销户口登记。自行取得香港、澳门地区居民身份的,本人应当向户口所在地公安派出所申报注销户口登记;自行取得台湾地区居民身份的,本人应当持出入境管理部门出具的注销户口通知书向户口所在地公安派出所申报注销户口登记。未办理注销户口登记的,公安派出所应当及时告知本人、近亲属、户主或者集体户口协管员,拒绝注销户口或者告知后一个月内仍未办理注销户口登记的，可以注销其户口。"

对于具有外国国籍的华人申请签证或者居留许可，必须确认未办理户籍登记，否则先注销户口。2011年《重庆市公安局国籍管理工作规范（试行）》第8条第4款规定："凡认定具有外国国籍的华人（特别是出生地为中国的）申请签证或者居留许可时，严格比对全国人口网，确认其未办理过户籍登记。对仍保留有中国户籍的人员，由重庆市公安局出入境管理处向申请人开具《注销户口通知书》，告知其到户籍所在地派出所注销户口，持户口注销证明申请签证延期。"

丧失国籍导致的户籍注销登记不属于法院司法监督范围。根据《邹某与Z某婚约财产纠纷二审民事裁定书》[（2016）京02民辖终33号]，北京市丰台区人民法院、北京市第二中级人民法院在发现Z某具有秘鲁国籍、中国户籍未注销的情况下，都没有运用其司法程序注销Z某的中国户籍。北京市丰台区人民法院以Z某在中国境内户籍未注销、仍在北京市丰台区为由，并根据《民事诉讼法》第21条关于国内公民管辖地确定原则的规定，认定本案应由北京市丰台区人民法院管辖。

（三）取得外国国籍后不能继续享有中国公民才享有的土地承包经营、伤残抚恤等权益

丧失中国国籍后，不是中国公民，不再具备享有土地承包经营权的身份资格，不享有中国公民才享有的农村土地承包经营权。吉林省延边朝鲜族自治州中级人民法院在《上诉人崔某某与被上诉人李某某，原审第三人延吉市朝阳川镇太东村第四村民小组、延吉市朝阳川镇太东村村民事务委员会土地承包经营权确认纠纷二审民事裁定书》[（2014）延中民四终字第378号]中裁定：根据农村土地承包法等法律精神，农村土地承包经营权是基于中国公民及村集体经济组织成员资格而享有的权利，被上诉人李某某定居韩国，并已获得韩国国籍，按照《国籍法》相关规定，已自动丧失中国国籍，不再具备享有土地承包经营权的身份资格。

丧失中国国籍后，不是中国公民，不享有中国公民才享有的伤残抚恤权益。2007年《伤残抚恤管理办法》第2条规定：本办法适用于符合情况的中

国公民。2009年3月，民政部发布《关于伤残人员变更国籍后伤残抚恤有关问题的复函》："对于已经变更为外国国籍的人员，其原由我国有关部门发给的伤残人员证件自然失效（可注明作废留作纪念），有关伤残待遇也不再享受。"这一规定考虑享有伤残抚恤待遇的前提是中国公民，没有考虑享有伤残抚恤待遇是在取得外国国籍之前，其在国内已经按照相关法律规定符合有关情况，以及归化国籍人员与出生国籍人员的区别。

（四）退休人员归化取得外国国籍后继续享有养老保险退休待遇

理论上，丧失中国国籍后，不是中国公民，不享有中国公民才享有的权益。实践中，考虑丧失中国国籍人员与中国联系的紧密度，区分退休后归化取得外国国籍成为外国人（第一代外籍华人）和其他外国人，允许退休人员继续享有在归化取得外国国籍前以中国公民身份已经取得的养老保险待遇。退休人员归化取得外国国籍成为外国人（第一代外籍华人）不改变与我国有着紧密联系的事实，其正当权益不因丧失中国国籍而改变。

1985年9月，国务院侨务办公室侨政司、劳动人事部保险福利局联合发布《关于获准出国定居的退休人员加入外国籍后可享受退休待遇的规定》："已获准出国定居的退休人员，加入外国籍后，根据《劳动保险条例》'凡在实行劳动保险的企业内工作的工人与职员（包括学徒），不分民族、年龄、性别和国籍，均适用本条例'的精神，可以继续享受国家对获准出国定居的退休人员规定的退休待遇。"

2011年6月，司法部发布《实施〈中华人民共和国社会保险法〉若干规定》，延续了1985年《国务院侨务办公室侨政司、劳动人事部保险福利局关于获准出国定居的退休人员加入外国籍后可享受退休待遇的规定》的内容，退休人员归化取得外国国籍后继续享有养老保险退休待遇，并提供了更多行使权利的选择。第6条第1款规定："职工基本养老保险个人账户不得提前支取。个人在达到法定的领取基本养老金条件前离境定居的，其个人账户予以保留，达到法定领取条件时，按照国家规定享受相应的养老保险待遇。其中，丧失中华人民共和国国籍的，可以在其离境时或者离境后书面申请终止职工基本养老保险关系。社会保险经办机构收到申请后，应当书面告知其保留个人账户的权利以及终止职工基本养老保险关系的后果,经本人书面确认后,终止其职工基本养老保险关系,并将个人账户储存额一次性支付给本人。"

(五)归化取得外国国籍后享有原以中国公民身份取得的租赁公有住房权益的争议

关于归化取得外国国籍后是否享有原以中国公民身份取得的租赁公有住房权益,地方法院的判决似不尽一致。

退休人员归化取得外国国籍后继续享有原以中国公民身份取得的购买公有住房权益。考虑到加入外国国籍是在退休之后,享受的退休待遇,若无法律特别规定,不能随意剥夺。上海市第二中级人民法院在《董某某与董某某、董某某、上海虹房(集团)有限公司房屋买卖合同纠纷再审案》[(2014)沪二中民二(民)再终字第9号]中认定:董某系出生、成长在中国并在中国工作达40余年的退休职工,其出国定居并加入美国国籍均在退休之后,其在国内已经按照相关法律规定履行了相应义务,应享受相应权利,若无法律特别规定,则不能随意剥夺。董某取得外籍身份的情况与直接出生在国外的外籍自然人有所区别。本案系争公有住房,长期由董某承租并偕家人居住,1999年董某某虽已持美国护照,但仍具有本市常住户口,同时也是系争公有住房承租人,系争房屋的公房管理单位虹房集团按当时法律、法规及地方政策规定,对董某购房资格进行审核并与董某某签订《已出租房屋买卖契约》,由董某某取得产权,并未违反国家法律、法规的强制性规定。中国法律法规并无关于有本市常住户口的公有住房承租人,因加入外国国籍,所订立的公房买卖合同应确认无效的强制性规定。董某某、董某某上诉所提出的各项规定,均属地方性法规、规章,效力上不足以引起公房买卖合同无效。

归化取得外国国籍后继续享有原以中国公民身份取得的租赁公有住房权益未考虑国籍变更对租赁公有住房权益的影响,有关租赁公有住房权益的文件没有区分共有住房承租人是否取得外国国籍。根据《汪某与杭州市上城区住房和城市建设局行政登记、行政确认一审行政判决书》[(2016)浙0102行初90号],汪某某1991年出国定居,于2008年11月前取得美国国籍,2015年3月持编号452508222的护照等材料在杭州市公安局上城区分局清波派出所以出国定居为由注销杭州市户口。2008年11月到2015年3月之间，以"中国公民"身份享受相关公有住房租赁待遇，持续持有杭州市上城区劳动路红门局65号三楼房屋的《公租证》。2015年7月，汪某某将该房屋承租权转让给了其女儿陈某某。2004年3月杭州市房产管理局与杭州市监察局、杭州市物价局、杭州市住房制度改革办公室等单位印发的《关于规范杭州市直管公有住房变更户名有关规定的通知》（杭房局〔2004〕59号）。该《通知》第1条第1款规定："同住使用人同时具备下列条件的，可申请变更户名：1. 原承租人已死亡或离异；2. 与原承租人系父母子女或配偶关系；3. 与原承租人具有同一住址的户籍（同户籍二年以上）；4. 与原承租人共同居住二年以上；5. 受让人在本市无其他住房（或有住房但未达到住房标准）且未享受住房货币补贴的。"不区分共有住房承租人是否取得外国国籍、是否注销户口。浙江省杭州市上城区人民法院根据《汪某、杭州市上城区住房和城市建设局城乡建设行政管理：其他（城建）二审行政判决书》[（2017）浙01行终5号]，认可了汪某某取得美国国籍后继续享有原以中国公民身份取得的公有住房租赁权益，并可以转让给女儿。判决：驳回原告汪某要求撤销杭州市上城区住房和城市建设局颁发给陈某某的杭租更字第156745号房屋租赁证的行政诉讼请求。杭州市中级人民法院驳回上诉，维持原判。

归化取得外国国籍后不再享有原以中国公民身份取得的租赁公有住房权益。考虑国籍变更对租赁公有住房权益的影响，有关租赁公有住房权益的文件区分共有住房承租人是否取得外国国籍（具有中国国籍/户口），或者对租赁公有住房作向中国公民提供社会救助待遇目的性解释。根据《冯某某、××CAI与青岛市国土资源和房屋管理局不履行法定职责二审行政判决书》[（2016）鲁02行终242号]，原告蔡某某于2007年加入新加坡国籍，是新加坡公民。《青岛市城市公有房产管理暂行办法实施细则》第11条第2款规定：承租人应当是在青岛市或者各县级市有城市常住户口的具有完全民事行为能力的公民。山东省青岛市中级人民法院认定：蔡某某加入外国国籍后已自动丧失中国国籍。青岛市城市公有房产承租人的条件只能是具有中国户籍的中国公民，蔡某某自2007年加入外国国籍后，不再符合该条件。

上海市第二中级人民法院在《徐某某与上海电气集团上海电机厂有限公司、上海虹房（集团）有限公司等用益物权纠纷二审民事判决书》[（2014）沪二中民二（民）终字第871号]中判决：公有住房是国家为解决城镇居民居住困难问题，以福利的形式将住房无偿分配给城镇居民使用，实质上是国家给予城镇职工家庭的一种福利待遇。根据有关规定，对公有住房享有承租权及使用权的主体应为具有房屋所在地城镇户籍的居民。徐某某于1990年7月前往美国，并注销了本市户籍，现为美国公民，依照《国籍法》相关规定，其已丧失中国国籍，不得主张享有中国公民的权利，不享有对原公有住房的承租权。

广东省广州市越秀区人民法院在《广州市越秀区第二土地房屋管理所与蔡某某租赁合同纠纷一审民事判决书》[（2014）穗越法民三初字第2238号]中认定：公房租赁具有特殊性，分配的对象主要是无房户、危房户、拥挤户以及按政策应优先照顾的住户。被告蔡某某父母已于1994年前往加拿大定居并取得加拿大国籍，因此即使涉讼房屋原为被告父亲承租，自此时起，被告父亲亦已不再享有承租涉讼房屋的权利，且亦不再需要涉讼房屋解决居住问题。虽然被告表示其父母亲已于2004年回国，但目前其申请加入中国国籍尚未获得批准，即被告父母目前不属于上述公房分配的对象范围。

（六）退出中国国籍的可以继续使用中文姓名

退出中国国籍的，以外国人身份在中国，可以继续使用中文姓名。北京市第二中级人民法院在《北京住总集团有限责任公司工程总承包部与北京市朝阳田华建筑集团公司申请撤销仲裁裁决一审民事裁定书》[（2013）二中民特字第13852号]中裁定：首席仲裁员××ZHAO于2013年1月取得了公安部签发的《外国人永久居留证》。该《外国人永久居留证》作为获得中国永久居留资格的外国人在中国境内居留的合法身份证件，给予了首席仲裁员××ZHAO中文姓名"赵某"在证件有效期内与其护照姓名平等的法律效力。上述《外国人永久居留证》的有效期间为2013年1月至2023年1月，本案仲裁裁决作出及首席仲裁员××ZHAO签名的时间为2013年7月，在上述有效期内。因此，"赵某"的中文签名合法有效。

七、便利能够为中国作出贡献、与中国有紧密联系人员加入中国国籍

为促进发展，维系与海外族裔的紧密联系，推动无国籍人问题和因国家继承产生的国籍问题的最终解决，中国便利外籍华人高层次人才、无国籍儿童、国家继承涉及人员加入中国国籍。

中国便利外国高层次人才加入中国国籍。2008年12月，科技部、教育部等13个部门联合发布《关于海外高层次引进人才享受特定生活待遇的若干规定》第2条规定：对于愿意放弃外国国籍而申请加入或恢复中国国籍的，公安机关要根据《国籍法》的有关规定优先办理。

中国便利无国籍儿童加入中国国籍。1980年《国籍法》第6条规定："父母无国籍或者国籍不明，定居在中国，本人出生在中国，具有中国国籍。"这减少了出生在中国但父母无国籍或者国籍不明，既不能根据父亲血统原则取得中国国籍，又因父母不明、父母无国籍不能取得外国国籍，而产生的无国籍状态。考虑到父母无国籍或者国籍不明的儿童可能面临的无国籍后果，在这种情况下拒绝加入国籍申请是任意行为。

中国便利国家继承涉及人员加入中国国籍。除非声明选择原来一方的国籍，国家继承涉及人员随领土移交中国而自动取得中国国籍。1960年《中华人民共和国国务院总理周恩来和缅甸联邦总理吴努关于两国边界条约的换文》第1条规定：根据1960年《中华人民共和国和缅甸联邦政府边界条约》第1条、第2条和第3条的规定由一方移交给另一方的地区的居民，在各该地区移交给另一方以后，应该被确认为该地区所属一方的公民；如果该地区的居民中有人不愿意随地区转移到另一方，可以在条约生效后一年内声明选择原来一方的国籍，并可在两年以内迁入原来一方的境内居住。根据1962年《中国政府和缅甸政府关于边民选籍等问题的换文》，边民国籍因领土的转移而变动，如果有相反意思，该边民可在条约生效后一年内声明选择原来一方的国籍。1961年《中国政府和尼泊尔王国政府关于边民选籍、过界耕地和过界放牧等问题的换文签字》第1条规定：根据1960年《中国政府和尼泊尔王国政府边界条约》的规定，由一方划给另一方的地区的居民，在各该地区划入另一方以后,应该被确认为该地区一国所属的公民;如果该地区的居民中,有人不愿意成为本地区所属一国居民,可以在换文所载协议生效后一年内声明保留其原国籍。

八、恢复中国国籍

为保持与前公民的紧密联系,减少无国籍状态,避免前公民面临巨大的不利或者受到巨大的损害,1980年《国籍法》规定了恢复中国国籍。1980年《国籍法》第13条规定:"曾有过中国国籍的外国人,具有正当理由,可以申请恢复中国国籍;被批准恢复中国国籍的,不得再保留外国国籍。"第13条规定了恢复国籍的两个条件:(1)曾有过中国国籍;(2)外国人,具有正当理由,申请恢复国籍。由于不承认中国公民具有双重国籍,所以申请恢复中国国籍,被批准的,不得再保留外国国籍。

有关1980年《国籍法》地方实施文件将恢复国籍的"正当理由"解释为定居。2011年《重庆市公安局国籍管理工作规范(试行)》第10条第2款规定:"恢复中国国籍:定居在重庆并愿意遵守中国宪法和法律、曾具有中国国籍的外国人。"根据2020年广东政务服务网《办理中华人民共和国入籍证书指南》规定的受理条件,"恢复中国国籍:在深圳市定居,遵守中国宪法和法律且曾经具有过中国国籍的外国人或无国籍人"。恢复国籍条件通常比归化国籍条件宽松,主要因为恢复国籍申请人比归化国籍申请人与本国有更紧密的联系。

国籍、户口、身份证件等信息不属于政府信息公开范围,从非常有限的一些省市关于恢复国籍的数据看,恢复国籍的人数极少,占变更国籍总人数的极少数。2015年11月至2017年10月,四川省受理并获公安部批准的恢复国籍申请3人,占受理并获公安部批准的加入、退出、恢复中国国籍总数132人的2%。[①] 2015年1月至2017年9月,根据四川省成都市出入境管理局统计的国籍业务情况,成都市受理并报四川省公安厅出入境管理局复核的恢复国

---

① 刘春华.全国人大外事委调研组来川调研《护照法》《国籍法》执行情况[N].四川日报,2017-11-14.

籍申请1人，占受理的退出国籍、加入国籍和恢复国籍总数197人的0.5%。自1980年9月《国籍法》实施以来，至2017年9月，宁夏回族自治区石嘴山市没有受理加入、退出、恢复中国国籍的业务申请。[①]

福建省等侨务省份由于一直拥有大量外籍华人、一些外籍华人愿意叶落归根等原因，与非侨务省份相比，恢复国籍的人数较多，占变更国籍总人数的比例较高。2008—2017年，福建省受理并获公安部批准的恢复国籍的有10人，占受理并获公安部批准的加入、退出、恢复中国国籍申请总人数94人的11%。[②]

适当限制恢复国籍，前中国公民恢复中国国籍后不能保留外国国籍。1980年《国籍法》第13条规定："曾有过中国国籍的外国人，具有正当理由，可以申请恢复中国国籍；被批准恢复中国国籍的，不得再保留外国国籍。"根据恢复中国国籍人员的实际情况，"不得再保留外国国籍"的具体方式，可以分别采取以下不同的办法：经有关国家批准退出国籍；依照有关国家的法律规定而自动丧失国籍；所持外国国籍、出入境证件逾期无效，本人不再办理延期；本人书面申明放弃原来的国籍，并交出原持有的外国国籍、出入境证件。

第四节 一般情形下的申请加入、退出、恢复中国国籍

一、申请加入、退出、恢复中国国籍

除特殊情况外，申请加入、退出、恢复中国国籍，应由本人亲自办理，不得代为办理。2011年《重庆市公安局国籍管理工作规范（试行）》第13条规定："申请加入、恢复或者退出中国国籍的，必须由本人到定居地的区、县公安机关出入境管理部门申请办理，并接受询问。无民事行为能力人和限制民事行为能力人应当由其监护人代为申请，并提交监护权证明。"

关于申请加入、退出、恢复中国国籍的地域管辖，1980年《国籍法》没

---

① 乔安夏.全国人大外事委员会调研组到石嘴山市调研[EB/OL].(2017-09-15)[2018-04-27].http://www.nxszs.gov.cn/xinwendongtai/cd/387517.htm.

② 《福建省公安厅政府信息公开告知书（2018）第10号》.

有规定,地方公安机关规定不一,为中国国籍近亲属的户口所在地、拟长期居留地、定居地、居住地等。根据2017年广西壮族自治区公安厅《国籍审批》的规定:"加入中国国籍:向中国国籍近亲属的户口所在地或者拟长期居留地提出申请;恢复中国国籍:向本人原户口所在地或者中国国籍近亲属的户口所在地或者拟长期居留地提出申请;退出中国国籍:向本人或者中国国籍父母户口所在地提出申请。未满18周岁的申请人应当由其父母或者其他法定代理人代为提出申请。"根据2011年《重庆市公安局国籍管理工作规范(试行)》第13条,申请加入、恢复或者退出中国国籍的,必须由本人到定居地的区、县公安机关出入境管理部门申请办理。根据2012年内蒙古自治区公安厅《加入、恢复、退出中国国籍办事指南》,申请加入、退出、恢复中国国籍的,由居住地的市、县公安局受理。

申请加入、退出、恢复中国国籍,应按照要求提交材料。2011年《重庆市公安局国籍管理工作规范(试行)》、2012年内蒙古自治区公安厅《加入、恢复、退出中国国籍办事指南》、2012年湖南省公安厅《办理加入、恢复、退出中国国籍指南》、2017年广西壮族自治区公安厅《国籍审批》等地方公安机关发布的1980年《国籍法》地方实施文件详细规定了申请加入、恢复或者退出国籍应提交的材料,各地要求提交的材料略有不同。

2011年《重庆市公安局国籍管理工作规范(试行)》规定了申请加入、恢复或者退出中国国籍,应提交的材料。第11条规定:"申请加入、恢复或者退出中国国籍,(一)应分别填写加入、恢复或者退出中国国籍申请表(书)一式三份,每份申请表(书)贴上两寸近期正面免冠彩色照片一张,并另附一张相同的相片,供签发证件使用。(二)申请人要求加入、恢复或者退出中国国籍的书面申请和自愿退出现国籍的声明。(三)提交其他相关材料。1.申请加入或者恢复中国国籍的:(1)外国护照或者旅行证件复印件;(2)外国人签证或者永久居留证件复印件;(3)如无上述所指的证件时,须提供其他能证明其外国国籍身份及在中国定居的文件复印件。2.申请退出中国国籍的:(1)中国居民身份证复印件;(2)户口簿复印件;(3)申请人已与外国人结婚或者在国外已获永久居留资格的,提交结婚证明或者国外永久居留资格证明复印件；（4）中外通婚所生儿童申请退出中国国籍的，须提交本人出生证明、父母结婚证明、父母双方身份证件和中国国籍父（母）亲的国外定居证明复印件；（5）被外国人收养的中国国籍儿童申请退出中国国籍，须提交领养公证书和养父母双方或者一方身份证件复印件；（6）与申请退出中国国籍条件相应的其他证明文件复印件。（四）公安机关认为有必要提供的其他材料。申请人在提交以上证件、证明复印件的同时须交验原件。"

2017年广西壮族自治区公安厅《国籍审批》规定的申请材料比2011年《重庆市公安局国籍管理工作规范（试行）》规定的申请材料更具体，要求提交申请报告而非申明、经济来源证明、退出外国国籍的书面证明等。加入中国国籍的申请材料是：（一）填写《加入中华人民共和国国籍申请书》三份。（二）符合《出入境证件相片照相指引》标准的2寸正面免冠彩色照片4张。（三）提交自愿加入中国国籍、放弃外国国籍的书面申请报告（中文版、自拟，含个人详细简历、家庭情况、工作表现等，申请人未满18周岁应提供父母双方或者其法定监护人签字同意其加入中国国籍、放弃外国国籍的书面申明）。（四）提交有效护照及签证或者居留许可复印件，侨民未换领《外国人永久居留证》的，提交定居类的《外国人居留证》，如已退出外国国籍，提交外国政府主管部门出具的书面证明。（五）提交国外无犯罪记录证明，或者外国驻华使馆出具的无犯罪记录证明（未满18周岁人员除外），外国侨民未出过国（境）的，可不用提供国外无犯罪记录证明。（六）国内无犯罪记录证明（未满18周岁人员除外）。（七）提交经公证的经济来源证明。（八）申请人是中国人的近亲属（配偶、父母、子女、同胞兄弟姐妹）的，提交申请人与中国籍近亲属的关系证明、中国籍近亲属的身份证件、房屋租赁或者产权证明、生活保障证明、国内近亲属对其加入中国国籍的意见。（九）申请人未满18周岁的，只需提供本人出生证明，父母双方身份证件及中国籍父或者母曾定居国外的证明。（十）申请人有其他正当理由的，提交与申请加入中国国籍事由相应的证明。

根据沈阳市公安局2017年3月在官网发布的《公开事项：对加入、退出、恢复中国国籍申请的受理》。申请加入中国国籍，应提交的材料与重庆市、广西壮族自治区要求提交的材料类似，不包括经济来源证明、退出外国国籍的书面证明。申请加入中国国籍的，填写《加入中华人民共和国国籍申请书》。申请加入中国国籍的，在申请书内注明自愿放弃原国籍字样。申请加入中国国籍，提交的相应证明：（1）外国护照或者旅行证件复印件；（2）外国人永久居留证复印件；（3）定居身份确认表复印件；（4）恢复中国国籍的，提供曾经具有过中国国籍的相关证明；（5）加入中国国籍的，如父母双方或者一方为中国公民所生的子女，须提供本人出生时即具有外国国籍的相关证明；（6）受理机关认为有关的其他材料。

二、申请加入、退出、恢复中国国籍的审批

申请加入、退出、恢复中国国籍的审批程序包括：（1）受理；（2）审查/初审；（3）审核/复核/复审；（4）审批等四个步骤。实行窗口办理，不实行网上办理。申请、退出、恢复国籍历经四级政府机关，分别由（1）市、县公安局/中国外交代表机关和领事机关受理；（2）设区市公安局审查/初审；（3）省级公安机关审核/复核/复审；（4）公安部审批。

1980年《国籍法》规定了申请国籍的受理机关、审批机关。第15条规定："受理国籍申请的机关，在国内为当地市、县公安局，在国外为中国外交代表机关和领事机关。"第16条规定："加入、退出、恢复中国国籍的申请，由中华人民共和国公安部审批。经批准的，由公安部发给证书。"中国驻外国的外交、领事机构可受理加入、退出或恢复国籍申请，但是无权决定当事人是否加入、退出或者恢复中国国籍或发给相应证书。

地方公安部机关在开展加入国籍工作时，除由市、县公安局受理，层报公安部审批外，还明确由设区市公安局审查，省级公安机关审核。1992年《公安部六局关于受理审批国籍申请的程序和注意事项》第2条规定：各省、自治区公安厅，要按照要求对市、县公安局的调查报告和有关申请材料进行认真的复审，核实无误后，提出处理意见，按要求写出复审请示后报公安部审批。复审请示须盖省、自治区公安厅印。

根据2012年内蒙古自治区公安厅《加入、恢复、退出中国国籍办事指南》，申请加入中国国籍：（1）由居住地的市、县公安局受理；（2）各设区市

公安局审查；（3）省公安厅审核；（4）公安部审批。

根据2012年湖南省公安厅《办理加入、恢复、退出中国国籍指南》，申请加入中国国籍：（1）由居住地的市、县公安局受理；（2）省辖市公安出入境管理部门初审；（3）省公安厅出入境管理局复核；（4）公安部审批。县、市公安局受理国籍申请，对申请人情况进行必要调查、核实提出处理意见书面上报省、自治区公安厅。省、自治区公安厅对市县公安局书面报告进行复审，核实无误提出处理意见，写出复审请示，报公安部审批。公安部根据《国籍法》规定进行审批。

黑龙江省调整"加入、退出和恢复中国国籍申请的审核（初审）"行政审批事项的审批程序，压缩审批流程，省公安厅对市、县公安局审核意见只作审批工作的程序性审查，不作实质性审查，是一种行政服务工作。2014年10月，黑龙江省公安厅发布《黑龙江省公安厅关于调整两项行政审批事项审批程序的通知》，"关于加入、退出和恢复中国国籍申请的审核。由省级公安机关初审，变更为市、县公安局受理，并对申请人所提供的有关申请材料进行审核后报省公安厅，省公安厅对市、县公安局审核意见进行汇总、登记、上报，只作审批工作的程序性审查，不作实质性审查，是一种行政服务工作，如国家需要省级盖章，省级公安机关仍要盖章，但只是对材料齐全的证明。"这实际上与1992年《公安部六局关于受理审批国籍申请的程序和注意事项》第2条"各省、自治区公安厅，要按照要求对市、县公安局的调查报告和有关申请材料进行认真的复审，核实无误后，提出处理意见"的规定不符。

在直辖市，将审查/初审、审核/复核/复审合并为初审，由直辖市公安局出入境管理部门负责。2011年《重庆市公安局国籍管理工作规范（试行）》第12条规定：加入、恢复或者退出中国国籍的申请：（1）由定居地的区、县公安机关出入境管理部门负责受理；（2）重庆市公安局出入境管理处负责初审；（3）市公安局负责审核后报公安部审批。

对于在外留学人员申请退出中国国籍的，由中国驻外使领馆受理，报公安部审批。1992年8月，公安部发布《关于执行国务院办公厅〈关于在外留学人员有关问题的通知〉应注意事项的通知》："对持过期因公普通护照或一次性出入境因公普通护照的在外留学人员申请护照延期或换领因私普通护照，以及申请退出中国国籍的，均由驻外使领馆负责受理并办理有关手续。""我国不承认中国公民具有双重国籍。持因私普通护照的留学人员定居在国外并取得或加入了外国国籍的，即自动丧失中国国籍。持用因公护照并已在国外定居者须履行简单退籍手续，向驻外使领馆提出退籍申请，使领馆受理后报公安部审批。"

受理加入、退出、恢复中国国籍申请后，审核申请材料，发现有不符合批准条件等情形的，不予审核通过。当地公安机关受理申请后，对申请人的父母等直系亲属的国籍情况、本人政治历史、现实表现和申请理由，应当认真调查，提出审查意见，报省、市、自治区公安厅、局复审，转报公安部审批、发证。申请人是专家、高级知识分子、著名人士等有特殊身份的，应商有关部门同意。驻外使领馆受理的申请，也参照上述办法报公安部审批和发证。2011年《重庆市公安局国籍管理工作规范（试行）》第15条规定："审核申请材料过程中，发现有下列情形之一的，不予审核通过：（一）申请材料不符合批准条件的；（二）申请材料不齐全且在30个工作日内无法补齐的；（三）有虚构事实、提供虚假证明等弄虚作假行为的。"

三、外国高层次人才申请加入、恢复中国国籍，优先办理

为优化外国高层次人才工作环境，我国给予外国高层次人才一系列政策支持，公安机关根据《国籍法》有关规定优先办理入籍、复籍手续。2008年科技部、教育部等13个部门《关于海外高层次引进人才享受特定生活待遇的若干规定》第2条规定：对于愿意放弃外国国籍而申请加入或恢复中国国籍的，公安机关要根据《国籍法》的有关规定优先办理。但是，没有具体规定外国人才、外国高层次人才入籍、复籍申请"优先办理"的含义。

地方贯彻实施国家关于优先办理外国人才、外国高层次人才入籍、复籍的政策，出台了具体的规定，如果没有规定"优先办理"的含义，可能会导致各地理解、执行不一。2017年《四川省引进海内外高层次人才"千人计划"实施办法》第16条第7款规定，愿意放弃外国国籍、申请加入或恢复中国国

籍并取得入籍或复籍证书,以及取得《批准定居通知书》和《台湾居民定居证》的引进人才,可申请在省内落户。申请办理省内落户的,公安机关应简化手续、优先办理。根据2018年《江西省人民政府办公厅关于依托高校科研平台推动产学研用发展的意见》规定的第5项政策支持,对于其愿意放弃本国国籍、申请加入或恢复中国国籍的高层次人才,由公安机关根据《国籍法》有关规定优先办理入籍手续。根据福建省公安厅出入境管理局2016年1月关于申请加入、恢复或退出中国国籍服务的回答,海外高层次引进人才申请加入、恢复或退出中国国籍的,公安机关优先受理、审核、上报。根据2018年《徐州市高层次人才出入境、居留等服务办法》第1条,"对于愿意放弃外国国籍申请加入或者恢复中国国籍并落户徐州的外籍高层次人才,徐州市公安局出入境管理支队全程协助办理,积极协调公安部、省公安厅尽快办结相关手续,随迁配偶和子女同步办结。"

四、申请加入、退出、恢复中国国籍的审批时限

(一)申请加入、退出、恢复中国国籍的审批时限的规定

1980年《国籍法》没有规定申请加入、退出、恢复中国国籍的审批时限。当事人从提交加入、退出、恢复中国国籍申请到收到公安部审批决定需要等候的时间不定。限时办结制不适用于加入、退出、恢复中国国籍申请。不设定法定期限的法律依据是2003年《行政许可法》第42条:"除可以当场作出行政许可决定的外,行政机关应当自受理行政许可申请之日起20日内作出行政许可决定。20日内不能作出决定的,经本行政机关负责人批准,可以延长10日,并应当将延长期限的理由告知申请人。但是,法律、法规另有规定的,依照其规定。"2017年沈阳市公安局《对加入、退出、恢复中国国籍申请的受理》规定:办理加入、退出、恢复国籍的具体时限由公安部确定。

由于申请、退出、恢复国籍历经四级政府机关,分别由市、县公安局/中国外交代表机关和领事机关受理,设区市公安局审查,省级公安机关审核,公安部审批。2011年4月,上海市公安局出入境管理局受理一位8岁持日本护照儿童的退籍申请,直到2015年3月末,经过4年,才获得公安部出入境管理

局批准。如果公安部授权省级公安机关审批加入、退出、恢复中国国籍申请，那么可以提高工作效率，缩短办理时间。

一些地方公安机关规定了受理、审查/初审、审核/复核/复审的时限，探索缩短地方公安机关办结受理、审查/初审、审核/复核/复审的时间。福建省公安厅出入境管理局《加入、退出、恢复中国国籍审核（仅提供办事指南）》（事项编码：766160120FK02815）规定：无法定承诺时限，审核时限参照外国人永久居留，2个月。2011年《重庆市公安局国籍管理工作规范（试行）》第14条规定："申请人提交齐相关申请材料后，区、县公安机关出入境管理部门应当在15个工作日内完成加入、恢复或者退出中国国籍的受理，重庆市公安局出入境管理处应当在15个工作日内完成初审，市公安局审核后报公安部审批。对于申请材料不齐全的，受理公安机关应告知申请人在30个工作日内补齐相应的材料。"

根据2020年广东政务服务网《办理中华人民共和国入籍证书指南》规定的窗口办理流程，办理加入中国国籍、恢复中国国籍，需要55个工作日再加公安部批准的具体时间：（1）申请：申请人到深圳市行政服务大厅出入境服务厅提出申请，提交申请材料。（2）受理：接件受理人员核验申请材料，5个工作日作出受理决定。申请人符合申请资格，并材料齐全、格式规范、符合法定形式的，予以受理，出具《受理回执》；申请人不符合申请资格或材料不齐全、不符合法定形式的，接件受理人员不予受理，出具《不予受理通知书》。申请人材料不符合要求但可以当场更正的，退回当场更正后予以受理。（3）审核：受理后，审查人员对材料进行审查，20个工作日内将初审意见连同申请材料转报省局审核。（4）审批：省局复核后，30个工作日内作出复核决定转报公安部批准，省局审核通过后公安部作出审批签发决定（公安部批准具体时间以实际审批通过时间为准）。（5）办结：符合审批条件的，公安部出具《中华人民共和国退籍证书》（具体时间以公安部审批时间为准），加盖实施机关印章；不予通过的，出具《不予许可决定书》。审查过程，发现材料需补正的当场向申请人提出补正要求，出具《申请材料补正告知书》，申请人按要求补正后重新受理审查再出具《中华人民共和国退籍证书》。（6）证件送达：申请人按约定的方式到深圳市行政服务大厅出入境服务厅领取结果或邮寄领取结果。

五、申请加入、退出、恢复中国国籍的费用

申请加入、退出、恢复中国国籍，应缴纳申请费。申请被批准的，还应缴纳加入、退出、恢复中国国籍证书的费用。2011年《重庆市公安局国籍管理工作规范（试行）》规定了国籍证书的签发。第17条规定：经公安部批准加入、恢复或者退出中国国籍的，分别由公安部签发相应的入籍、复籍或者退籍证书，由受理公安机关转交申请人。根据1996年《公安部关于调整外国人签证、证件收费标准的通知》[公通字（1996）89号]，国籍申请手续费50元，加入中国国籍证书、退出中国国籍证书、恢复中国国籍证书均为200元。

六、加入、退出、恢复中国国籍的数量限制

我国对加入、退出、恢复国籍没有数量限制。福建省公安厅出入境管理局《加入、退出、恢复中国国籍审核（仅提供办事指南）》（事项编码：766160120FK02815）规定：加入、退出、恢复中国国籍无年度审批数量限制。如果加入、恢复国籍人数过多和过快，考虑到接收和消化归化入籍人员能力有限，可以采取提高申请费、限制数量、入籍考试、入籍宣誓等措施。

为吸引更多外国人入籍，促进融合，很多国家采取积极措施鼓励、支持外国人入籍，没有数量限制。2011年12月，汉堡市市长向符合入籍条件的外国人致信，介绍入籍德国的好处。2019年10月，加拿大自由党提出，对合格的永久居民免收入籍申请费。为增加融合能力，特别是认识拟入籍国、掌握官方语言，很多国家要求外国人入籍，应参加和通过入籍考试。外国人符合条件的，可以豁免入籍考试。为增强入籍者的荣誉感和责任感，很多国家要求外国人入籍，应参加入籍仪式，在入籍仪式上宣誓效忠。外国人符合条件的，可以豁免参加入籍仪式。

七、申请加入、退出、恢复中国国籍审批的性质

政府部门审批申请加入、退出、恢复中国申请的性质审批是行政许可。

根据2017年广西壮族自治区公安厅《国籍审批》，国籍审批是行政许可审批事项。根据2011年《江苏省公安厅外国人加入、退出、恢复中国国籍行政许可（法律规定、办事流程、表格下载）》，办理外国人加入、退出、恢复中国国籍的流程，严格按照2003年《行政许可法》，例如"行政机关对行政许可申请进行审查时，发现行政许可事项直接关系他人重大利益的，应当告知该利害关系人。申请人、利害关系人有权进行陈述和申辩。行政机关应当听取申请人、利害关系人的意见。"

地方公安机关将申请加入、退出、恢复中国国籍审批列为行政许可，但是在受理、审查与决定等审理环节，代理人范围，说明不予许可的理由及告知申请行政复议、提起行政诉讼，公开决定，审理期限，颁发国籍证书期限等方面，与2003年《行政许可法》的相关规定不一致，似乎将其作为特殊的不适用于2003年《行政许可法》（2019年修正）的行政许可。例如，2003年《行政许可法》规定作出行政许可决定的期限是自受理行政许可申请之日起20日，很多地方公安机关没有规定审批时限。2003年《行政许可法》（2019年修正）第7条规定："公民、法人或者其他组织对行政机关实施行政许可，享有陈述权、申辩权；有权依法申请行政复议或者提起行政诉讼；其合法权益因行政机关违法实施行政许可受到损害的，有权依法要求赔偿。"2012年内蒙古自治区公安厅《加入、恢复、退出中国国籍办事指南》、2012年湖南省公安厅《办理加入、恢复、退出中国国籍指南》、2017年广西壮族自治区公安厅《国籍审批》、2011年《重庆市公安局国籍管理工作规范（试行）》、2019年广东政务服务网《办理中华人民共和国入籍证书指南》等地方公安机关的办理加入、恢复、退出中国国籍的规定、说明都没有明确申请行政复议或者提起行政诉讼的权利。2003年《行政许可法》（2019年修正）没有限定代理人的范围，2011年《重庆市公安局国籍管理工作规范（试行）》将代理人限于监护人。

八、加入、恢复、退出中国国籍的法律救济

1980年《国籍法》没有规定取得中国国籍的法律救济。2011年《重庆市公安局国籍管理工作规范（试行）》、2012年内蒙古自治区公安厅《加入、恢

复、退出中国国籍办事指南》、2012年湖南省公安厅《办理加入、恢复、退出中国国籍指南》、2017年广西壮族自治区公安厅《国籍审批》1980年《国籍法》地方实施性文件也没有规定取得中国国籍的法律救济。

一些1980年《国籍法》地方实施文件规定了内容不同的取得中国国籍的法律救济。根据2020年广东政务服务网《办理中华人民共和国入籍证书指南》规定了法律救济，包括行政复议和行政诉讼。根据2017年山东省青州市公安局《加入、退出、恢复中国国籍初审服务指南》，关于加入中国国籍的法律救济限于投诉。"青州市公安局出入境管理科负责人负责行政相对人违纪违法投诉事项的协调处理。市公安局纪委负责对市公安局出入境窗口人员违纪违法投诉事项的协调处理。""投诉时限：对一般投诉要及时办理，并于3日内将办理结果反馈给投诉人。重要投诉在3日内不能办理完毕的，可延长15日，在30日内将办理结果反馈给投诉人。"并设立"青州市公安局出入境窗口电话"。

司法实践中，我国法院不将恢复国籍作为民事案件的受案范围。根据《河南省郑州市金水区人民法院（2015）金民一初字第356号民事判决》，原告毛德章于2014年12月请求判令被告河南省地质矿产勘查开发局、河南省地质矿产勘查开发局第二地质环境调查院，为原告协助办理恢复于1989年8月被注销的户籍和居民身份证。协助原告实现落叶归根，恢复中国国籍，同时放弃孟加拉国国籍。河南省郑州市金水区人民法院判决：关于国籍，不属于法院受理范围，不予受理，原告可另行主张。

第五节 丧失外国国籍情形下的加入、恢复中国国籍

一、前中国公民丧失外国国籍

一些前中国公民的外国国籍被撤销，未恢复中国国籍，处于丧失原国籍没有中国国籍状态，成为无国籍人。中国不承认双重国籍，中国人取得外国国籍时必须放弃中国国籍、注销户口、交回居民身份证。2004—2006年，约400名中国人通过科尔多瓦法院取得阿根廷国籍。《阿根廷公民身份法》（第346号）规定，在阿根廷居住满2年、没有犯罪记录，提交相关材料，可以申请成为阿根廷公民。科尔多瓦一号法院秘书处的一名工作人员在中国人申请

阿根廷国籍时实施了欺诈行为，伪造法官和检察官的签名，篡改材料和提交虚假文件。其妹妹则在外国人入籍宣誓过程中负责策应，帮助蒙混过关，每次收取一定数额的好处费。工作人员被判3年监禁（缓刑）和罚款。2016年，科尔多瓦法院以入籍手续违法为由，取消了这些前中国人的阿根廷国籍。[①]这些被取消阿根廷国籍的前中国公民，在取得阿根廷国籍时根据相关规定放弃了中国国籍。前中国公民丧失外国国籍，不符合恢复中国国籍条件，无法恢复中国国籍。1980年《国籍法》第13条规定："曾有过中国国籍的外国人，具有正当理由，可以申请恢复中国国籍；被批准恢复中国国籍的，不得再保留外国国籍。"第13条规定了恢复国籍的两个条件：（1）曾有过中国国籍；（2）外国人，具有正当理由，申请恢复国籍。曾有过中国国籍主要指中国血统的华人。地方国籍方面的规定将恢复国籍的"正当理由"解释为定居。2011年《重庆市公安局国籍管理工作规范（试行）》第10条第2款规定："恢复中国国籍：定居在重庆并愿意遵守中国宪法和法律、曾具有中国国籍的外国人。"前中国公民丧失外国国籍后华人申请恢复中国国籍，特别是批准退出中国国籍后没有取得外国国籍的，幼年随同父亲或者母亲出籍，成年后自愿复籍的，一般予以批准。

我国建立和不断完善取得外国国籍，丧失中国国籍，注销户口、交回居民身份证联动制度，避免加入或者取得外国国籍的中国公民具有双重国籍。虽然1980年《国籍法》没有规定自动丧失中国国籍时，自动注销或者由户口管理部门强制注销户口和身份证，但是公安部、地方政府及其公安机关开展了户口登记管理专项清理整顿，执行1980年《国籍法》、2018年《上海市常住户口管理规定》等法规和规范性文件，取得了一定的效果。对于曾经具有中国国籍加入外国籍后未注销户口的外国人，如果要保留外国国籍，必须注销户口。对于具有外国国籍的华人申请签证或者居留许可，必须确认未办理户口登记，否则先注销户口。对经批准单程前往香港、澳门、台湾等地区定居的，公安派出所或者户政办证中心凭出入境管理部门签发的《领取出境定

[①] 400名阿根廷华人遭骗被取消国籍，已向阿法院上诉[N].北京青年报2017-11-11.

居证件通知书》和出境定居人的户口簿、身份证为其办理注销户口手续，收缴身份证。

二、外籍新娘及其前婚姻生育未成年子女丧失外国户口

（一）外籍新娘丧失外国户口

外籍新娘是指与中国男性公民办理结婚登记或非婚同居，并在中国境内居住的毗邻国妇女。① 从历史发展看，外籍新娘在中国不是新现象。边境地区因为地理条件便利，人们来往密切，语言和习俗相近，一些边民国家意识淡漠，跨国联姻非常自然。中越两国边境地区相互毗邻的村寨，超过一半的家庭在四代以内都有跨国姻亲关系。现代国家建立之后，跨国联姻虽然受到国家法律的约束，但是依然存在非婚同居现象。近年来，中国经济和社会发展越来越好，贸易往来频繁，中国对周边国家的吸引力越来越大，嫁过来的大湄公河次区域国家妇女越来越多。② 2013年7月，浙江省公安厅下发《关于进一步加强外籍新娘管理工作的通知》，切实加强对外籍新娘的管控。2014年2月，福建省公安厅下发《关于进一步加强外籍新娘管理工作的通知》，对加强外籍新娘管理工作进行了有针对性的安排和部署。2014年5月，福建省漳州市下发《关于进一步加强外籍新娘管理工作的通知》。

一些外籍新娘丢失了来源国的护照、身份证件，外国户口被注销，不符合有关条件不能取得中国国籍。她们时而在境内、时而在境外，给中国外国人管理、婚姻管理带来一系列困难。③ 由于处于丧失外国户口未取得中国国籍状态，这些外籍新娘无法享受中国公民的农村土地承包权、新型农村合作医疗保险、社会基本养老保险、最低生活保障等社会保障待遇。2017年云南省两会期间，农工党云南省委提交了《关于高度重视边民跨境婚姻问题的提案》，指出，边民跨境婚姻中只有很少一部分外国人加入中国国籍，导致许多

---

① 刘国福.反跨境人口贩运法律制度与人口贩运被害人转介机制[M].世界知识出版社，2017，18.
② 鸿鸣.当代中国入境非法移民问题研究[D].北京：中央民族大学，2011博士毕业论文，90-92.
③ 乔长红，王海涛.跨国非法婚姻带来子女上学难等一系列问题，住滇全国政协委员建议完善法规，简化程序[N].都市时报2015-03-13.

与中国人结婚的外国人无户口、无居民身份证。这部分涉外婚姻家庭成员成为事实上的"黑人黑户"。①

认定无国籍人方面，公安机关办理涉外刑事案件、涉外行政案件，对国籍不明的，通过双边警务合作或者国际刑警组织查明，或者由公安机关出入境管理部门协助查明。不能查明国籍的，以无国籍人对待。法院审理涉外刑事案件，对于国籍不明的，根据公安机关或者有关国家驻华使领馆出具的证明确认。查明国籍，要考虑本人及其父母的护照、签证、定居证明，本人的出生证明等材料。

（二）外籍新娘前婚姻生育未成年子女丧失外国户口

外籍新娘前婚姻生育未成年子女不能加入中国国籍。他们往往与外籍新娘一起入境，与中国国籍继父共同生活，不属于可以申请入籍的"近亲属"。如果丢失了来源国的护照、身份证件，来源国政府将其作为失踪人员注销了户口，就会得不到来源国的保护，在一定程度上处于丧失外国户口未取得中国国籍状态。

外籍新娘有的嫁一带一（原有子女），甚至嫁一带二、带三，前婚姻生育未成年子女不符合申报户口条件。②

一些外籍新娘将以前婚姻生育的外籍未成年子女带到中国境内生活，一些外籍未成年子女无外国有效身份证件，无中国有效出入境证件，不能办理中国的户口登记，在中国和毗邻国两地跳跃式居住。在暂住人口管理中，各派出所要做到人来登记，人走注销，增加了流动人口信息采集和居住证办理工作，给社会治安和流动人口工作带来了很大影响。③

外籍新娘前婚姻生育未成年子女不能办理户口登记。国家和地方尚未制定外籍新娘前婚姻生育未成年子女户口政策。外籍新娘前婚姻生育未成年子

---

① 李芳.婚姻跨国界，户籍难过境[EB/OL].(2017-05-24)[2020-12-03].云南政协新闻网. http://www.ynzxb.cn/xwpd/NongGongDang/130676.shtml.

② 李向春，袁春生.云南跨境婚姻管理[J].云南社会科学，2015(1).

③ 陇川县边民通婚管理服务工作现状及相关问题[R].(2015-06-09)[2018-04-22]. http://www.dhzf.gov.cn/content-16-16887-1.html.

女没有中国国籍，不是未登记户口的中国公民。

由于不能加入中国国籍，也不能取得中国永久居留资格，外籍新娘前婚姻生育未成年子女存在现实的家庭团聚、民生问题，难以与中国继父、同母异父兄弟姐妹、亲生母亲在中国合法团聚。他们成长在一个家庭分离、没有合法身份的环境。与其不能加入中国国籍的母亲一样，产生了一些问题。

（三）外籍新娘及其前婚姻生育未成年子女加入中国国籍等

1. 加入中国国籍

国籍是区分外国人和中国公民的标准，是外籍新娘及其前婚姻生育未成年子女出入境和居留的基础。外籍新娘及其前婚姻生育未成年子女与其他外国人一样，加入中国国籍适用1980年《国籍法》。加入中国国籍，可以以"中国人的近亲属"或者"定居在中国"为由提出申请。1980年《国籍法》第7条规定："外国人或者无国籍人，愿意遵守中国的宪法和法律，并具有下列条件之一的，可以经申请批准加入中国国籍：一、中国人的近亲属；二、定居在中国的；三、有其他正当理由。"第15条规定："受理国籍申请的机关，在国内为当地市、县公安局，在国外为中国外交代表机关和领事机关。"第16条规定：加入中国国籍的申请，由公安部审批；经批准的，由公安部发给证书。

一些外籍新娘及其前婚姻生育未成年子女没有取得永久居留资格，不属于"定居在中国"。"定居在中国"是指获得在中国永久居留资格，并在中国居留。地方政府公安机关通常要求外国人以"定居在中国"申请入籍，需要在取得永久居留资格后在中国居留一定期限。选择"定居在中国"申请入籍，通常需要在取得永久居留资格后在中国居留满3年。①

一些外籍新娘与中国男性公民非婚同居，没有办理结婚登记，外籍新娘前婚姻生育未成年子女与中国男性公民是继父母子女关系，不属于"中国人的近亲属"。根据1979年《刑事诉讼法》（2018年修正）第108条第1款第6项的规定，"中国人的近亲属"，是指父母、夫妻、子女和同胞兄弟姐妹。

一些外籍新娘及其前婚姻生育未成年子女非法入境，没有合法身份，难

---

① 龙耀.中越边境跨国婚姻问题的法制新思考[J].广西社会科学，2013(9).

以提供办理加入中国国籍所需材料。申请加入中国国籍，需要提交有效护照及签证或者居留许可等材料。

2. 取得中国永久居留资格

外籍新娘及其前婚姻生育未成年子女与其他外国人一样，在中国永久居留适用2012年《出境入境管理法》、2013年《外国人入境出境管理条例》、2004年《外国人在中国永久居留审批管理办法》和2005年《〈外国人在中国永久居留审批管理办法〉实施规定》等外国人永久居留方面的法律、法规、规章和规范性文件。2004年《外国人在中国永久居留审批管理办法》第2条规定："外国人在中国永久居留是指外国人在中国居留期限不受限制。"第3条规定："《外国人永久居留证》是获得在中国永久居留资格的外国人在中国境内居留的合法身份证件，可以单独使用。"第4条规定："获得在中国永久居留资格的外国人，凭有效护照和外国人永久居留身份证出入中国国境。"2012年《外国人在中国永久居留享有相关待遇的办法》第1条规定："持有中国外国人永久居留身份证的外籍人员除政治权利和法律法规规定不可享有的特定权利和义务外，原则上和中国公民享有相同权利，承担相同义务。"第4条规定："在中国就业，免办《外国人就业证》；符合条件的，可优先办理《外国专家证》《回国（来华）专家证》以及各地人才工作居住证。"

外籍新娘及其前婚姻生育未成年子女永久居留申请的受理、审核和审批分别由设区的市公安机关，省公安厅、局，公安部负责。根据2004年《外国人在中国永久居留审批管理办法》第5条，受理外国人在中国永久居留申请的机关是设区的市级人民政府公安机关，直辖市公安分、县局；审核外国人在中国永久居留申请的机关是各省、自治区、直辖市公安厅、局；审批外国人在中国永久居留申请的机关是公安部。

外籍新娘申请在中国永久居留，根据2004年《外国人在中国永久居留审批管理办法》第6条，应当遵守中国法律，身体健康，无犯罪记录，婚姻关系存续满5年、已在中国连续居留满5年、每年在中国居留不少于9个月，有稳定生活保障和住所。2005年《〈外国人在中国永久居留审批管理办法〉实施规定》解释了中国公民或者在中国获得永久居留资格的外国人的配偶申请在中国永久居留的条件。第1条规定,"遵守中国法律",是指申请时无未了结的刑事案件以及需要追究行政违法责任但尚未处理等情形的;在中国无犯罪记录;无其他情节较重或者性质恶劣的违法行为。"身体健康",是指申请时无精神病和艾滋病、性病、开放性肺结核病等国家法定传染性疾病且生活能够自理;有其他疾患生活不能自理但不会增加社会负担。"无犯罪记录",是指申请人在境外的主要生活地以及在中国国内均没有犯罪行为的记录。主要生活地是指连续居留2年以上的国家或者地区。在国内停(居)留期间的无犯罪记录由受理、审核机关负责核准。申请人曾在多个地区停(居)留1年以上的,由受理、审核机关负责与有关地区公安机关核准。

关于"婚姻关系存续满5年、已在中国连续居留满5年、每年在中国居留不少于9个月",根据2005年《〈外国人在中国永久居留审批管理办法〉实施规定》第2条第5款,中国公民或者在中国获得永久居留资格的外国人的配偶申请在中国永久居留时,应仍存在婚姻关系。申请之前申请人在华合法短期停留或者留学、任职等居留的时间可计入本条规定的居留期限。关于"有稳定生活保障和住所的",需要提交生活保障证明或者经济来源证明。根据2005年《〈外国人在中国永久居留审批管理办法〉实施规定》第3条第4款,"生活保障证明或者经济来源证明"是指按照受理机关所在地每月最低生活保障金数额为标准,有相当于10年以上存款数额的可支配财产或者受理申请后5年内较稳定的每月不低于该标准的个人收入来源证明。夫妻团聚人员既可是申请人一方的财产或者收入,也可是共同财产或者收入。

外籍新娘及其前婚姻生育未成年子女申请在中国永久居留,根据2004年《外国人在中国永久居留审批管理办法》第9条,需如实填写《外国人在中国永久居留申请表》,并提交下列材料:(1)有效的外国护照或者能够代替护照的证件;(2)中国政府指定的卫生检疫部门出具的或者经中国驻外使领馆认证的外国卫生医疗机构签发的健康证明书;(3)经中国驻外使领馆认证的国外无犯罪记录证明;(4)照片;(5)本办法规定的其他有关材料。根据第14条,夫妻团聚人员申请时还需提交其中国籍配偶的常住户口证明或者其外国籍配偶的外国人永久居留身份证、婚姻证明、经公证的生活保障证明及房屋租赁或者产权证明。外国有关机构出具的上述证明需经中国驻该国使领馆认证。

一些外籍新娘及其前婚姻生育未成年子女非法入境,难以提交有效的外国护照或者能够代替护照的证件。来自越南、缅甸、老挝、朝鲜等国家的新娘有不少是非法入境,特别是进入云南省、广西壮族自治区等边境省份。在广西壮族自治区,外籍新娘入境方式主要是经边境便道、小道非法入境。在非边境省份,外籍新娘非法入境、合法入境并存。

一些外籍新娘患有医学上认为不应当结婚的疾病,婚后未治愈,难以提交中国政府指定的卫生检疫部门出具的或者经中国驻外使领馆认证的外国卫生医疗机构签发的健康证明书。存在外籍新娘输入艾滋病等传染性疾病风险。[①]

一些外籍新娘分布在边境县(市、区)和内地的偏远贫穷农村,交通不便,经济拮据,难以回国办理经中国驻外使领馆认证的国外无犯罪记录证明,也难以提交符合标准的经公证的生活保障证明及房屋租赁或者产权证明。

一些外籍新娘不能在中国工作。外籍新娘没有获批外国人永久居留身份证,不能在中国工作,除非按照规定取得工作许可和工作类居留证件。[②]

2012年《外国人在中国永久居留享有相关待遇的办法》第4条规定:持有中国外国人永久居留身份证的外籍人员在中国就业,免办《外国人就业证》;符合条件的,可优先办理《外国专家证》《回国(来华)专家证》以及各地人才工作居住证。一些外籍新娘文化程度偏低,办理外国人永久居留身份证、工作许可和工作类居留证件难。外籍新娘不能合法工作,缺少收入保证,会加剧贫穷,也会造成非法工作。[③]

3. 办理涉外结婚登记

在西南边境地区,一些外籍新娘与中国男性公民非婚同居,无法提交申

[①] 民进漳州市委会.漳州市加强东南亚籍新娘综合管理工作.民进漳州市委会官网.2014年6月4日。

[②] 2017年5月,公安部宣布为进一步提高对永久居留外国人的服务水平,经中央全面深化改革领导小组批准,公安部决定启用2017版外国人永久居留身份证,以此替代外国人永久居留证。

[③] 2017年5月,公安部宣布为进一步提高对永久居留外国人的服务水平,经中央全面深化改革领导小组批准,公安部决定启用2017版外国人永久居留身份证,以此替代外国人永久居留证。

请加入中国国籍、中国永久居留资格所需的婚姻证明。外籍新娘非法入境后，没有有效护照或者其他有效国际旅行证件，因担心被遣返，不敢到民政部门办理涉外结婚登记。这些外籍新娘婚姻没有履行法律规定的婚姻登记手续，非婚同居。外籍新娘不办理涉外结婚登记，除办理程序复杂、材料要求严格等客观原因外，还有文化素质普遍偏低、法律意识淡薄、乐于按本民族婚俗进行等主观原因。①

办理涉外婚姻登记有严格的条件和证件材料要求，非法入境，身体不健康，难以满足条件和提交证件材料。根据2014年《江西省涉外婚姻登记规范化服务细则》第4部分江西居民与外国人、港澳台居民、华侨和出国人员结婚登记条件和材料，受理结婚登记申请的条件是：（1）要求结婚的男女双方共同到婚姻登记机关申请；（2）当事人男年满22周岁，女年满20周岁；（3）当事人双方均无配偶（未婚、离婚、丧偶）；（4）当事人双方没有直系血亲和三代以内旁系血亲关系；（5）当事人未患有医学上认为不应当结婚的疾病；（6）双方自愿结婚；（7）当事人提交3张2寸双方近期半身免冠红底合影照片。外国人需要提交的证件材料：（1）本人的有效护照或者其他有效的国际旅行证件；（2）所在国公证机构或者有权机关出具的、经中华人民共和国驻该国使（领）馆认证或者该国驻华使（领）馆认证的本人无配偶的证明，或者所在国驻华使（领）馆出具的本人无配偶的证明。

三、印支难民丧失原国籍（户口）

（一）印支难民丧失原国籍（户口）

印支难民进入中国约40年，安置印支难民工作取得了举世瞩目的成就，但仍然存在一些遗留问题。② 彻底解决印支难民问题，离不开解决他们的国籍、户口问题。

一些印支难民由于离开了原籍国而丧失了原国籍（户口），在中国避难，

---

① 杨勇.中缅边境地区跨境婚姻法律调适对策[J].时代报告月刊，2012(2X).
② 肖震宇.云南印支难民问题的审视及思考[J].云南大学学报（法学版），2011(7)，151。

未取得中国国籍。印支难民在大规模涌入中国的时候被区分为有中国国籍的难侨和没有中国国籍的难民，难侨的护照、居民户口簿、居民身份证问题得到了解决，而难民的护照、居民户口簿、居民身份证问题悬而未决。印支难民为加入中国国籍，为获得居民户口簿、居民身份证，多次向有关部门反映，由于种种原因一直未能彻底解决。① 护照、居民户口簿、居民身份证是印支难民行使权利的凭证，对彻底解决印支难民问题，促进印支难民融合至关重要。印支难民没有护照、居民户口簿、居民身份证，严重影响生产生活，难以正常出入境、工作、学习、教育、医疗、养老和从事金融、交通、通信等事务。

妥善安置难侨、难民与户口登记密不可分。1986年7月，国务院侨务办公室、劳动人事部等五部门联合发出《关于解决国营华侨农场重新调整安置归侨、难侨的劳动指标及户口、粮食供应关系等问题的通知》，提出各有关华侨农场重新调整安置归难侨人数计划。其中涉及广东13500人，广西、福建、云南、江西、吉林等省区。第4条第2款规定："对跨省（区）调往市、镇安置或者投亲靠友、自谋职业的归侨、难侨，由调出省（区）侨办事先与安置地区侨办联系落实后，凭调入省、自治区侨务办公室（局）出具的证明，当地公安、粮食部门准予办理入户手续和城镇粮食供应关系。"第5条规定："在中发〔1985〕26号文件下发之前，华侨农（林）场的归侨、难侨及农场职工（含其子女）已被全民所有制企、事业单位及中外合资企业录用，但户口及粮食供应关系仍未解决的，凭省、自治区侨务办公室（局）出具的调整安置证明及录用单位所在地市、县以上的劳动人事部门出具的录用证明，当地公安、粮食部门准予办理入户手续和城镇粮食供应关系。"

（二）印支难民取得中国国籍

1. 关于印支难民户口的法律

我国没有全国统一的印支难民户口法律，② 地方户口法规文件不适用于印

---

① 吴喜，梁晋云.难民问题是影响中国边境地区社会稳定的诱因：云南河口县难民问题调研报告[J].云南警官学院学报，2010(1)，99-104。

② 丁补之，徐臻，梁嘉琳.一个已存在30年的沉默群体：30万难民在中国[R].南方周末2009-10-15。

支难民。一些印支难民生活困难，失业率高。① 公安部门为一些印支难民及其子女发放的居民户口簿、居民身份证没有全国联网，② 效力不能与居民身份证或者外国人合法身份证件等同。

2. 取得中国居民户口簿、居民身份证的印支难民

一些印支难民越过加入中国国籍环节直接取得中国居民户口簿、居民身份证，是否可以证明其具有中国公民身份——国籍呢？第一种理解，能够证明印支难民具有中国公民身份——国籍，因为居民户口簿、居民身份证是公民法定身份证件，具有证明公民身份——国籍的法律效力。2016年《公安部、国家发展和改革委员会、教育部关于改进和规范公安派出所出具证明工作的意见》第1条规定：中国居民户口簿、居民身份证、护照是公民法定身份证件，具有证明公民身份的法律效力。2003年《居民身份证法》第9条规定：无国籍人在中国境内定居并被批准加入或者恢复中国国籍的，在办理常住户口登记时，应当依法申请领取居民身份证。

第二种理解，不能证明印支难民具有中国公民身份——国籍，因为取得中国居民户口簿、居民身份证的印支难民没有办理加入中国国籍手续。印支难民没有办理加入中国国籍手续，进而取得《中华人民共和国入籍证书》《中华人民共和国复籍证书》，就不能证明具有中国国籍。1980年《国籍法》没有关于难民入籍的规定，具有难民身份不是外国人申请加入中国国籍的情形之一。联合国难民署认为印支难民没有取得中国国籍，中国没有彻底解决印支难民问题。2007年，联合国难民署驻华代表处官员表示：中国政府已经为大部分印支难民及其子女发放了居民身份证，方便他们的出行与生活，但是并没有给予他们中国国籍，还有一些印支难民没有能取得居民身份证。③ 2014

---

① 广东省人民政府办公厅2001年7月4日《转发省外经贸厅等部门关于解决华侨农场归侨难民青年劳动就业问题意见的通知》指出：妥善解决好华侨农场归侨、难民青年就业问题，对于改善归侨、难民生活，加快其脱贫致富步伐，促进华侨农场的稳定和发展具有重要意义。

② 丁补之，徐臻，梁嘉琳.一个已存在30年的沉默群体：30万难民在中国[R].南方周末2009-10-15.

③ 尹鸿伟.越南难民的中国命运[J].南风窗，2007(6)上，54.

年，联合国难民署驻华代表处将促进在华印支难民入籍作为工作目标之一。[①] 根据联合国难民署统计，截至2019年12月，中国庇护了304041名联合国难民署关注人群，其中303381名是难民，另外660名是寻求庇护者。联合国难民署提出，这303381名难民实际上很好地融入了中国、获得了中国政府的保护（well integrated and in practice receive protection from the Government of China），但是又认为，他们都是印支难民。[②]

（三）解决印支难民国籍问题

很多印支难民已经融入当地社会，部分印支难民取得了居民户口簿、居民身份证。云南省实施了《为部分印支（越南）难民发放居民户口簿工作实施方案》等印支难民户口方面的地方行政规范性文件，为印支难民发放居民户口簿、居民身份证，实行一事一申请一办理，解决了一些印支难民的户口问题。[③]

2004年开始，经过云南省难民办七年多的协调汇报，云南省公安厅根据公安部的批示，对辖区内的印支难民进行了一次全面的清理核对，下文解决了一些印支难民居民身份证件问题。[④]

2008年，全国人大华侨委员会召开第四次全体会议，在听取公安部介绍涉侨出入境管理情况时提出建议：要重视研究涌入中国居住的难（侨）的户口和身份证问题，使他们与国内公民一样享有平等的权益等。公安部高度重视这些建议，积极推进涉侨工作取得新进展。全国人大华侨委员会联合国务院侨务办公室等部门组成调研组赴云南调研，解决了20世纪70年代末被迫到云南边境地区居住的4.1万多名难（侨）民的户口和身份证这一历史遗留问题。[⑤] 截至2009年底，云南省红河州向3359名印支难民签发了第二代居民身份证。

[①] UNHCR.*Fact Sheet: UNHCR Regional Representation for China and Mongolia*[R].March 2014.

[②] Statistics and Demographics Section, UNHCR Global Data Service. *Global Trends: Forced Displacement in 2019*[R]. UNHCR. P72,77.

[③] 云南省民政厅对外合作处2009年工作总结和2010年工作计划[R].云南民政官方网站.

[④] 王树芬.民政三十年 云南卷[G].北京：中国社会出版社，2008，168.

[⑤] 毛起雄.中国涉侨出境入境管理法治建设的重大举措[A].出入境管理法与国际移民[G].北京：法律出版社，2013，6-7.

2009年,根据云南省委、省政府领导批示和公安部相关要求,云南省公安厅、云南省民政厅共同研究制定了《为部分印支(越南)印支难民发放居民户口簿工作实施方案》,陆续为印支难民发放居民户口簿、居民身份证。持有居民户口簿、居民身份证,给印支难民的生产生活带来极大的便利,为他们在体制上融入地方、管理上融入社会、经济上融入市场创造了条件。①

2011年12月,中国驻日内瓦代表团何亚非大使在纪念《关于难民地位的公约》通过60周年部长级会议上表示,继续为在华印支难民的发展提供良好条件,尽快最终解决在华印支难民问题。②

2013年,国务院接待安置印支难民领导小组办公室在2013年度在华印支难民工作会议上要求:广东、广西、云南、福建、江西、海南等六省(区)接待安置印支难民办公室及部分华侨(农垦)农场要继续进一步加大工作力度,认真谋划,重点稳妥推动永久安置。

2014年,国务院接待安置印支难民领导小组办公室在2014年在华印支难民工作会议上进一步指出:积极稳妥推进在华印支难民问题的永久解决。

四、其他丧失外国国籍,恢复、加入中国国籍的情形

有的儿童持外国护照,获取中国签证回国后,由于种种原因,被外国护照签发国注销其护照,在一定程度上处于丧失原国籍未取得中国国籍状态。

跨国非婚子女国籍归属问题难以解决。改革开放以来,跨国婚姻数量明显上升,与此同时,非婚同居,人工授精单亲生育,出生证明上只有母亲、没有父亲的孩子越来越多,还出现无法提供孩子医学出生证明、亲子鉴定证明的情况,造成国籍归属问题难以解决。有些非婚子女的父亲或母亲为中国公民,他们往往不回国,孩子由其亲友照管。其中,个别孩子的父母在境外下落不明或死亡,子女申报户口不符合相关规定,造成丧失外国国籍未取得中国国籍。

---

① 云南民政网,http://yunnan.mca.gov.cn.
② 何亚非大使在纪念《关于难民地位的公约》通过60周年部长级会议上的讲话[R].外交部官方网站2011-12-08.

第六节 中国国籍证明和公证

一、中国国籍证明

具有中国国籍的证明有中国护照、居民户口簿、居民身份证和国籍证书。

中国护照是中国公民在国外证明国籍的证件。2006年《护照法》第2条规定:"中华人民共和国护照是中华人民共和国公民出入国境和在国外证明国籍和身份的证件。"持有中国护照的人员具有中国国籍,是中国公民。2000年4月,司法部商公安部有关部门,发布《关于办理居民户口簿影印件与原件相符公证的通知》,中国公民向外国驻华使领馆申请办理签证手续时,可凭公安机关制发的护照、居民身份证、居民户口簿证明公民身份。

居民户口簿是中国公民在国内证明国籍的证件。1958年《户口登记条例》第2条规定:"中华人民共和国公民,都应当依照本条例的规定履行户口登记。现役军人的户口登记,由军事机关按照管理现役军人的有关规定办理。居留在中华人民共和国境内的外国人和无国籍的人的户口登记,除法令另有规定外,适用本条例。"按照1958年《户口登记条例》进行户口登记、持有居民户口簿的人员是中国公民、具有中国国籍。

除居民户口簿外,居民身份证也是中国公民在国内证明国籍的证件。证明公民身份是2003年《居民身份证法》(2011年修正)的直接立法目的。通过居民身份证证明公民身份,有利于保障合法权益、便利社会活动,维护社会秩序。2003年《居民身份证法》(2011年修正)第1条规定:"为了证明居住在中华人民共和国境内的公民的身份,保障公民的合法权益,便利公民进行社会活动,维护社会秩序,制定本法。"只有中国公民才有资格申请领取居民身份证,持有居民身份证的人员一定是中国公民。第2条规定:"居住在中华人民共和国境内的年满16周岁的中国公民,应当依照本法的规定申请领取居民身份证;未满16周岁的中国公民,可以依照本法的规定申请领取居民身份证。"居民身份证上的公民身份号码可以反映持证人具有中国公民身份,也使居民身份证具备公民身份证明效力。[①] 第3条规定："居民身份证登记的项目包括：姓名、性别、民族、出生日期、常住户口所在地住址、公民身份号码、本人相片、指纹信息、证件的有效期和签发机关。公民身份号码是每个公民唯一的、终身不变的身份代码，由公安机关按照公民身份号码国家标准编制。公民申请领取、换领、补领居民身份证，应当登记指纹信息。"

经公安部批准加入、恢复中国国籍的，分别由公安部签发相应的入籍证书、复籍证书。1980年《国籍法》第16条规定："加入、退出、恢复中国国籍的申请，由中华人民共和国公安部审批。经批准的，由公安部发给证书。"有关1980年《国籍法》地方实施性文件具体规定了国籍证书的签发和领取。2011年《重庆市公安局国籍管理工作规范（试行）》第17条规定：经公安部批准加入、恢复或退出中国国籍的，分别由公安部签发相应的入籍、复籍或退籍证书，由受理公安机关转交申请人。在申请人获得加入或恢复中国国籍批准时，由受理公安机关开具其已加入或恢复中国国籍的证明，申请人持该证明前往原国籍国驻中国使领馆办理退籍证明，凭退籍证明到受理公安机关换领《中华人民共和国入籍证书》或《中华人民共和国复籍证书》和《批准加入（恢复）中国国籍公民入户通知书》。

二、中国国籍公证

中国国籍公证是指公证机构根据当事人（或监护人）的申请，依法证明自然人中国国籍的法律事实的真实性的活动。虽然中国护照、居民户口簿、居民身份证、国籍证书都可以证明具有中国国籍，但是，公证机关往往要求申请人提交中国护照、居民户口簿、居民身份证、入籍证书或者复籍证书（外国人加入中国国籍的）所有材料及公安机关出具的户籍证明。

[①] 杭州市公安局.解读《居民身份证法》[EB/OL].(2014-)[2020-03-25]. http://www.hzpolice.gov.cn/html/201401/27/7b50dcad-78e5-48f0-94e3-90044bccbe91.html.

办理国籍公证必须提交公安机关出具的户籍证明可能源自1981年9月司法部公证律师司发布的《复关于公证证明国籍问题的请示》。该复函澄清1980年《国籍法》第15条"受理国籍申请的机关，在国内为当地市、县公安局，在国外为中国外交代表机关和领事机关"规定的是受理国籍申请的机关，而不是公证证明国籍的机关。"公证机关直接证明申请人的国籍，是在申请人获得公安机关批准其为中国籍的前提下，对这一事实的证明。不能因此就理解成公证机关是受理国籍申请机关。今后公证机关可根据公安部门的书面介绍，直接受理有关国籍问题的公证。"1983年2月，司法部公证律师司、公安部六局联合下发《关于办理国籍公证证明的复函》，放宽了办理国籍工作提交公安局书面证明的要求，允许只提交护照或户口簿。"凡中国公民因与外籍人通婚，而要求办理中国国籍证明的，公证处可以根据申请人所持的护照或户口簿，没有户口簿的公民（指非城镇户口的人）可由县公安局出具书面证明，给予办理国籍证明。"

目前，公证机关办理国籍公证，要求申请人提交的材料包括：中国护照、居民户口簿、居民身份证、入籍证书或者复籍证书（外国人加入中国国籍的）等所有材料，而1981年《司法部公证律师司复关于公证证明国籍问题的请示》只要求提交"公安部门书面介绍"，1983年《司法部公证律师司、公安部六局关于办理国籍公证证明的复函》要求提交"护照或户口簿"或者"公安局出具书面证明"。根据长安公证处的《国籍公证》，申请人符合以下情形之一的，可以受理其申请：1.申请人的户籍在本处所在地；2.非本地户籍的需提供在本地（一年以上）居住/工作证明。但是，申请国籍公证，仅具有户籍是不够的，还应提交以下材料：1.申请人的身份证、户口簿、护照；2.公安机关出具的户籍证明；3.外国人加入中国国籍的，提供中国国籍证书。

三、加入、恢复中国国籍的，办理户口登记

我国建立了加入、恢复中国国籍者办理户口登记制度，加入、恢复中国国籍的外国人在受理公安机关领取《中华人民共和国入籍证书》或者《中华人民共和国复籍证书》和《批准加入（恢复）中国国籍公民入户通知书》后，注销原来的外国人居留、户口登记，收缴外国人居留证，在原户口所在地或者落户地派出所办理户口登记（入户）。地方公安机关出入境管理部门规定了严谨的办理加入、恢复中国国籍手续。

2011年《重庆市公安局国籍管理工作规范（试行）》第17条第2款规定："对已批准加入中国国籍的申请人，定居地派出所凭《中华人民共和国入籍证书》和《批准加入（恢复）中国国籍公民入户通知书》为其办理入户手续；对因退出中国国籍而注销了中国户籍的申请人，在获准恢复中国国籍后，在原户口所在地恢复户口的，派出所凭《中华人民共和国复籍证书》和《批准加入（恢复）中国国籍公民入户通知书》，依据原户口注销登记直接办理恢复户口手续；不在原户口所在地恢复户口的，落户地派出所凭《中华人民共和国复籍证书》《批准加入（恢复）中国国籍公民入户通知书》及原户口所在地派出所出具的《户口注销证明》办理入户手续，申领居民身份证。"

2013年《厦门市户籍管理规定》第20条规定："外籍华人以及其他外国人申请在本市落户，可向公安机关出入境管理部门提出申请，按国家有关规定核准后，可落户本市。""国家有关规定"即关于加入、恢复中国国籍外国人不得再保留外国国籍的规定。

2020年广东政务服务网《加入国籍登记户口指南》规定了入户地选择，

申请人根据自身情况按以下顺序依次选择入户地：（1）配偶家庭户。所需材料：配偶户口簿。（2）本人或亲友的房产立户。所需材料：拟入户地派出所出具的标准地址单。（3）挂靠亲友家庭户。所需材料：户主户口簿。（4）本人单位集体户。所需材料：加盖用人单位公章的集体户口簿扉页复印件。（5）配偶单位集体户。所需材料：加盖配偶单位公章及同意入户意见的集体户口簿扉页复印件。（6）派出所代管户。无以上入户地选择条件的，迁入单位营业执照经营场所登记所在地派出所代管户。

我国保护公民依法确定民族成分的权利，便利加入中国籍的外国人及其后裔，或中国人同外国人结婚所生子女办理户口登记时确定民族成份。1990年5月，国家民族事务委员会、公安部联合发布《关于中国公民确定民族成份的规定》，规定了加入中国籍的外国人及其后裔，或中国人同外国人结婚所生子女确定民族成份的规则。"加入中国籍的外国人，其民族成份如与我国现有某一民族成份相同或特征相近的，可以申请填报为与我国相同或特征相近的某一民族，但须在入籍后的2年内申请办理。""加入中国籍的外国人自愿申请填报为我国某一民族成份的，持所在单位出具的证明，报省、自治区、直辖市民族工作部门批准。""父母一方为中国人，或父母一方加入中国籍后已申请填报为我国某一民族成份的，其具有中国国籍的子女应填报中国一方的民族成份。凡按照本规定填报为我国某一少数民族成份的，按少数民族对待。"

四、加入、恢复中国国籍的，申领居民身份证

已批准加入中国国籍的人员，应当依法申领居民身份证，这有助于证明居民身份，便利进行社会活动，维护社会秩序，保障作为公民的合法权益。2003年《居民身份证法》（2011年修正）第9条规定：外国人、无国籍人在中国境内定居并被批准加入或者恢复中国国籍的，在办理常住户口登记时，应当依照本法规定申请领取居民身份证。"根据本法规定"是指对于年满16周岁的公民，应当向常住户口所在地的公安机关申请领取居民身份证，未满16周岁的公民，可以申请领取居民身份证，但应当由其监护人代为申请领取居民身份证。

已批准加入中国国籍的人员在居民身份证上的姓名，全部用汉字，不能使用汉字加英文字母或拼音字母，例如法文、德文、俄罗斯文、西班牙文、葡萄牙文等。已批准加入中国国籍的人员办理居民身份证时，应起中文姓名。[①] 2003年《关于姓名命名的规定》，中国公民取名全部用汉字，不能用汉字加英文字母或拼音字母。居民身份证登记项目使用全国通用的文字填写，不使用英文字母或拼音字母，但是，可以同时使用实行区域自治的民族的文字或者选用一种当地通用的文字。居民身份证制度是在全国范围内普遍实行的制度，居民身份证使用"规范汉字"填写，能够有效地发挥其识别和证明居民身份的作用，也便于身份证的使用与管理。2003年《居民身份证法》（2011年修正）第4条规定："居民身份证使用规范汉字和符合国家标准的数字符号填写。民族自治地方的自治机关根据本地区的实际情况，对居民身份证用汉字登记的内容，可以决定同时使用实行区域自治的民族的文字或者选用一种当地通用的文字。"根据2000年《国家通用语言文字法》第2条、第6条，国家通用语言文字为规范汉字，规范汉字的标准由国家颁布。

已批准加入中国国籍的人员在居民身份证上的民族，可以填写原民族。1986年《公安部、国家民族事务委员会关于居民身份证使用民族文字和民族成分填写问题的通知》第3点规定："对于外国人加入中国籍的，如本人的民族名称与我国某一民族名称相同，就填写某一民族，如'朝鲜族'；如没有相同民族的，本人是什么民族就填写什么民族，但应在民族名称后加注'入籍'二字，如'乌克兰（入籍）'。""对于上述问题，既要考虑到证件法律效力的严肃性，又要注意认真执行党和国家的民族政策。各级公安机关，特别是民族自治地方和少数民族聚居地方的公安机关，要在人民政府领导下，在民族事务委员会等有关部门的支持配合下，维护和加强平等、团结、互助的社会主义民族关系，做好深入细致的思想工作，保证颁发居民身份证工作的顺利进行。"

[①] 吴潇，周俊朗. 名字中有英文字母不能办二代身份证[N]. 温州都市报2006-05-15.

五、为非法移民补、换发护照

补、换发中国护照是中国公民的权利，也是证明中国国籍的重要手段。中国对非法移民补、换发护照实施严格于其他公民补、换发护照的措施。一些中国公民非法进入或滞留在世界一些国家，成为非法移民。除偷渡者外，他们大多持有护照或其他代替护照的证件。为隐瞒身份，一些非法移民故意将护照藏匿、污损或销毁，有的护照则被"蛇头"收走。他们向驻外使领馆申请补发或换发护照，以作申办居留之用。

1992年10月，为维护国家利益，保护公民出入境权，公安部等联合发布《关于为非法移民补、换发护照的通知》，规定了为非法移民补、换发护照的规则。持有效因私普通护照及前往国有效签证合法出境前往他国，但在签证逾期后仍滞留前往国者，如申请换发护照，可根据当地实际情况，凭当事人提供的已在当地取得居留权，或确有把握办妥定居手续，或已取得工作许可的凭证和原持用护照，为其办理。如原照遗失，应要求当事人提出护照遗失报告，说明原发照机关、发照时间、护照号码等，并向警方报失证明及登报声明件，报有关主管部门核实后予以补发。

持有效因私普通护照出境或无证件偷渡出境，然后偷渡或持假护照、假旅行证件非法进入他国的人员申请补、换发护照，必须慎重对待，严格审查。有关当事人必须提供已取得的居留权的凭证，或办理定居手续通知书之类的证件，或已取得工作许可；写出偷渡的详细报告和国内详细情况，使领馆方可受理护照申请，并报有关部门核实后再补、换发护照。

持因公普通护照以"劳务"为名出国后非法进入他国的人员申请换领因私普通护照，如申请人已经取得居住国的合法居留权，或者换领护照后确能获得居留权，或者已经有了固定工作，在他们写出自己办理出国手续详细过程的书面材料后，可以审批换发因私普通护照，并将有关情况连同他们写的书面材料报、抄送有关主管部门。如本人要求回国或因非法居留被外国遣返的，可发给中华人民共和国旅行证。颁发护照或旅行证后，应同时收回因公护照，予以注销。

以"难民"身份获得外国居留权的非法移民,情况比较复杂。各国对1951年《关于难民地位的公约》和1967年纽约《难民地位议定书》的解释宽严不一,对"难民"的处理不尽相同,对此类人员申领护照,应注意审查。根据有关规定,已取得"难民"身份的持因公护照的人员申请补、换发因私普通护照,将当事人有关情况有关主管部门。

携带海员证出走的船员,申请延期或换领护照,以及无证件出走船员申领护照,使领馆应将其出走情况、原工作单位等情况了解清楚后,报、抄送有关主管部门。

对在国外生活无着落要求回国,或驻在国要求遣返的非法移民,发给一次有效旅行证并收回原护照。其中无护照的,先报有关主管部门核查。

六、侨民登记

我国建立了侨民登记制度,对在他国居住的公民实行登记,确定在外国的中国公民身份,便利保护侨民权益。国际上,使领馆登记侨民信息,属于预防性领事保护中的领事保护预警。外交部门为履行领事职务和保护在外公民权益时启动,在接受国国内法框架内进行。1963年《维也纳领事关系公约》第5条第1款规定:领事职务包括于国际法许可之限度内,在接受国内保护派遣国及其国民——个人与法人——之利益,帮助及协助派遣国国民——个人与法人。第36条第1款规定:领事官员得自由与派遣国国民通讯及会见;领事官员有权探访受监禁、羁押或拘禁之派遣国国民,与之交谈或通讯,并代聘其法律代表。领事官员并有权探访其辖区内依判决而受监禁、羁押或拘禁之派遣国国民。

2004年,外交部领事司领导提出,为防患于未然,减少领事案件的发生,外交部领事司将进一步完善海外侨民登记制度。此后,中国驻外使领馆陆续开展海外侨民登记工作。根据2004年《中国驻里约热内卢总领事馆关于实行侨民登记的通知》、2005年《中国驻日本大使馆关于在日本实行侨民登记的通知》、2005年《中国驻澳大利亚使馆关于在澳大利亚实行侨民登记的通知》、2006年《中国驻丹麦大使馆关于实行侨民登记的通知》等驻外使领馆关于侨民登记的文件，中国驻外大使馆、总领事馆实行侨民登记目的包括：确定在驻在国的中国公民身份并了解其状况；便于使领馆为中国公民颁发护照等有关领事证件；便于在事故、逮捕或受伤等特殊情况下及时向侨胞提供协助；便于在驻在国发生自然灾害或动乱时及时向侨胞提供信息或组织撤离，以减少侨胞的生命和财产损失；便于在特殊情况下协助侨胞与国内亲人进行联系；便于在登记人死亡或家庭发生紧急情况时向当事人亲属提供协助；便于使领馆在需要时与侨胞取得联系。

中国侨民登记制度的对象是所有在外国取得永久或半年以上居留权的具有中国国籍的公民，包括大陆、香港、澳门和台湾同胞。登记人应提交有效护照、永久居留或半年以上临时居留权证明等材料。婴儿出生两个月内，由父母、亲属或抚养人持出生证明向常住地使领馆申请登记。持永久居留证的中国公民登记后，使领馆经核实发给《侨民登记证》，持临时居留以及通过当地侨团和网上进行登记者暂不发证。

中国侨民登记制度根据自愿原则、亲自登记原则进行。公民自愿办理侨民登记。为鼓励公民办理侨民登记，使领馆向办理侨民登记的公民提供护侨、办理出入境证件的便利。2006年《中国驻丹麦大使馆关于实行侨民登记的通知》规定："侨民办理登记手续后，除了前述在护侨方面可享受的便利外，在办理护照补发、换发、延期及加注等有关手续时，因使馆已存有该侨民的基本资料，所以其本人不必亲自到使馆办理，也由此可适当缩短申请时间。"为保证侨民登记内容准确、无误，当事人须亲自到区内中国使领馆办理侨民登记手续。远离使领馆的公民可以通过网上进行侨民登记，但通过网上登记者须经使领馆面见本人并核实相关情况后，才能享受给予登记侨民的便利。

第七节 结 论

1980年9月，第五届全国人大常委会第三次会议通过《国籍法》。全国人民代表大会常务委员会、党中央有关部门、国务院有关部门、有关地方政府等颁布了有关《国籍法》实施的法规、党规、文件等。中国签署的有关双边条约、文件承认、重申不承认双重国籍。1980年《国籍法》保护国籍权，保障取得国籍、变更国籍、保留国籍。

关于取得国籍，1980年《国籍法》在出生国籍方面以血统原则为主，以出生地原则为辅。人人平等地享有取得、退出、恢复和放弃国籍的权利，不受歧视，无国籍人所生的子女可以因出生而取得国籍。中国的出生登记，主要根据是1958年《户口登记条例》和地方的户口登记地方法规、规章和行政规范性文件。

关于变更国籍，1980年《国籍法》不干涉加入外国国籍。公民加入或者取得外国国籍的，应予以披露。自愿加入或者取得外国国籍不得保留中国国籍。1980年《国籍法》允许中国公民有条件退出国籍。丧失国籍的，护照作废，注销户口和居民身份证。取得外国国籍后，原则上不能继续享有中国公民才享有的权益。中国对于无国籍儿童、国家继承涉及人员在入籍方面给予便利。曾有过中国国籍的外国人，具有正当理由，可以申请恢复中国国籍。

关于申请加入、退出、恢复国籍，除特殊情况外，申请加入、退出、恢复中国国籍，应由本人办理。审批加入、退出、恢复中国国籍申请包括受理、审查/初审、审核/复核/复审、审批加入、退出、恢复中国国籍申请等步骤。

具有中国国籍的证明有中国护照、居民户口簿、居民身份证和国籍证书。公证机构根据当事人（或监护人）的申请，可以进行国籍公证，依法证明自然人具有中国国籍。中国建立了侨民登记制度，对在他国居住的公民实行登记，确定在外国的中国公民身份，便利保护侨民权益。

第十一章

中国法上的国籍标准

国籍对于确定公民、外国人的法律身份及与国家的法律关系具有根本重要的意义。[①] 1978年以来,我国实施对外开放国策,出入境活动呈现"大进大出、快进快出"的局面。2019年,全国边检机关检查出入境人员6.7亿人次,同比增长3.8%。全年,内地居民出入境3.5亿人次,香港、澳门、台湾居民来往内地(大陆)分别为1.6亿、5358.7万、1227.8万人次,外国人入出境9767.5万人次。[②] 我国根据国籍赋予公民、外国人权利义务。本章分析中国法上的国籍标准,重点论述我国国籍标准,国籍标准的探索实践,国籍标准的未来发展。

第一节 国籍标准

一、华侨身份认定

公民符合具有外国永久居留资格或者居留资格、在外国居留的事实等条件,可以被认定为华侨。2009年《国务院侨务办公室关于界定华侨外籍华人归侨侨眷身份的规定》第1条规定:"华侨是指定居在国外的中国公民。(一)'定居'是指中国公民已取得住在国长期或者永久居留权,并已在住在国连续居留2年,2年内累计居留不少于18个月。(二)中国公民虽未取得住在国长期或者永久居留权,但已取得住在国连续5年以上(含5年)合法居留资格,

---

[①] 周鲠生.国际法[M].北京:商务印书馆,1976,248.
[②] 付静.2019年出入境人员达6.7亿人次 同比增长3.8% 全年内地居民出入境3.5亿人次[N].人民公安报2020-01-06.

5年内在住在国累计居留不少于30个月，视为华侨。（三）中国公民出国留学（包括公派和自费）在外学习期间，或者因公务出国（包括外派劳务人员）在外工作期间，均不视为华侨。"

目前的认定华侨身份标准缩小了华侨范围。对于符合居留事实要求的"公派出国留学""因公务出国在外工作"公民，由于"公派"或"因公"，尽管"定居在国外"，但是他们与国内联系的紧密度高于与留学目的地国、工作所在地国联系的紧密度，这些人员不是华侨。对于符合居留事实要求的自费出国留学人员、非公务出国在外工作的公民，不认定其为华侨，不能体现他们与国内联系的紧密度低于与留学目的地国、工作所在地国联系的紧密度，缩小了华侨范围，似不利于统一服务和管理，更有效地发挥他们的才智。

我国出国留学人员众多，是侨务部门的统计范围和工作对象。2019年，我国出国留学人员总数为70.35万人，较2018年增加4.14万人，增长6.25%，持续保持世界最大留学生生源国地位。同年留学人员回国人数58.03万人，较2018年增加6.09万人，增长11.73%。1978—2019年度，各类出国留学人员累计达656.06万人，其中165.62万人正在国外进行相关阶段的学习或研究；490.44万人已完成学业，423.17万人在完成学业后选择回国发展，占已完成学业群体的86.28%。[1] 2012年，上海市进行第三次侨情调查，将居住在海外的留学生、归国留学人员和留学生眷属都纳入了调查范围。全市108万归侨、侨眷、港澳居民眷属、归国留学人员和留学生眷属中，留学生眷属占20.13%，归国留学人员占4.84%。102万海外华侨华人、港澳居民和留学生中，留学生占15.57%。[2]

如果将出国留学人员扩展入华侨的范畴，是否也可以将在外劳务人员扩展入华侨的范畴？因为两者都具有外国居留资格、在外国居留的事实。2019年，我国对外劳务合作派出各类劳务人员48.7万人，较上年同期减少0.5万

---

[1] 教育部.2019年度出国留学人员情况统计.(2020-12-14)[2020-03-14]. http://www.moe.gov.cn/jyb_xwfb/gzdt_gzdt/s5987/202012/t20201214_505447.html.

[2] 吴宇.上海完成第三次侨情调查："走出去"与"回归"人数七年大幅增长约五成[EB/OL]. (2012-08-03)［2020-03-16］.news.cntv.cn/20120803/106663.shtml.

人；其中承包工程项下派出21.1万人，劳务合作项下派出27.6万人。2019年末在外各类劳务人员99.2万人，较上年同期减少0.4万人。①

地方政府侨务、涉侨主管部门及海外侨胞社团等希望扩展华侨的范畴。根据2015年江苏省、浙江省华侨权益保护立法调研，江苏省人民政府侨务办公室建议，在海外接受4年以上高等教育的留学生可以考虑认定其为华侨。南京市人民政府侨务办公室、苏州市人民政府侨务办公室提出：将留学生、劳务人员扩大认定为华侨，有利于团结大多数，发挥他们的才智，服务国家经济社会建设。全美中国作家联谊会会长提出，留学生一概认定不属于华侨不尽合理，建议将留学超过一定年限的留学生（如5年）认定为华侨。

二、外籍华人身份认定

华人一词多出现在政治性、宣传性文件和社会、人口、历史学论著中。2009年4月，国务院侨务办公室印发《国务院侨务办公室关于界定华侨外籍华人归侨侨眷身份的规定》。第2条规定："外籍华人是指已加入外国国籍的原中国公民及其外国籍后裔；中国公民的外国籍后裔。""后裔"是理解"外籍华人"概念的关键之一，"后裔"有"后人、后代"之意。2009年《国务院侨务办公室关于界定华侨外籍华人归侨侨眷身份的规定》没有解释"后裔"的具体含义。外籍华人是外国人，可以适用针对外国人的法律。有关各方对外籍华人的具体含义没有取得一致意见。模糊确认"后裔"没有对外籍华人服务和管理产生严重影响。除模糊确认外籍华人身份的上述规定外，我国没有制定关于办理外籍华人身份证明和审发"华裔卡""华人卡"方面的法律。

需要重视外籍华人认定标准"后裔"的具体含义。"后裔"具体含义不清将导致很难实施有关外籍华人优惠待遇的规定。根据现行的外籍华人身份政策，广义上理解，外籍华人包括所有已加入外国国籍的原中国公民的外国籍后代子孙，和中国公民的所有外国籍后代子孙，不论延续多少代和有多少我

---

① 商务部对外投资和经济合作司.2019年我国对外劳务合作业务简明统计[EB/OL]. (2020-01-22)[2020-03-15].http://hzs.mofcom.gov.cn/article/date/202001/20200102932444.shtml.

国血统。赋予"外籍华人"签证、居留、永久居留、国籍、投资经商等方面优惠待遇时,会因为适用群体过宽,面临实施压力。如果外国人被优惠待遇吸引或者出于其他考虑自称"后裔",那么会因为"后裔"具体含义不明无法对其进行准确甄别。假"外籍华人"现象会损害有关外籍华人优惠待遇规定的实施效果。

三、华侨、归侨、侨眷的权利

华侨、归侨、侨眷具有中国国籍,不仅享有宪法、法律和政策文件规定的所有公民享有的权利,而且享有作为华侨、归侨、侨眷的权利。1982年《宪法》(2018年修正)第33—56条规定了公民权利。1982年《宪法》(2018年修正)第50条特别规定了华侨、归侨、侨眷的权益,"中华人民共和国保护华侨的正当权利和利益,保护归侨和侨眷的合法的权利和利益"。1990年《归侨侨眷权益保护法》(2000年修正)第2条第1款、第2款规定:归侨是指回国定居的华侨。华侨是指定居在国外的中国公民。侨眷是指华侨、归侨在国内的眷属。2014年《中共中央关于全面推进依法治国若干重大问题的决定》提出,依法维护海外侨胞权益。

华侨、归侨、侨眷的权利有别于其他公民的权利。需要厘清1982年《宪法》(2018年修正)第50条特别规定的华侨、归侨、侨眷的"权利和利益"与第33—56条一般规定的公民权利和利益的关系。赋予华侨、归侨和侨眷不同于其他公民权利和利益的法律基础是什么?根据权利义务相一致原则,只有华侨、归侨和侨眷履行的义务不同于其他公民履行的义务,华侨、归侨、侨眷的权利才有别于其他公民的权利。实践中,华侨定居在国外,归侨回国定居,华侨、归侨比其他公民在境内居留期间短,比其他公民与我国的联系松散,比其他公民对我国履行义务少的可能性大于多的可能性。侨眷的"眷"是一种亲属关系,不能证明其比其他公民履行了更多义务。因为华侨、归侨、侨眷具有国际迁徙的特点,赋予不同于其他公民的权利和利益?

四、在国外、境外定居人员注销户口

我国注销在国外、境外定居的公民的户口,华侨及有关出国人员是无户口公民。1985年《公民出境入境管理法实施细则》(2013年废止)第7条规定:"住在国内的公民办妥前往国家的签证或者入境许可证件后,应当在出境前办理户口手续,出境定居的,须到当地公安派出所或者户籍办公室注销户口。短期出境的,办理临时外出的户口登记,返回后凭护照在原居住地恢复常住户口。"1994年《公安部关于办理出国留学人员户口登记问题的通知》第4条规定:出国留学人员出国1年以上,应向常住地户口登记机关办理注销户口手续。2003年,公安部实行户籍管理便民利民措施,取消出国、出境1年以上的人员注销户口的规定,但在国外、境外定居的除外。

无户口公民回国后,符合条件的,可以转为有户口公民。1958年《户口登记条例》第13条规定:从国外回来的华侨和留学生,凭我国护照或者入境证件到迁入地的户口登记机关申报迁入登记。1994年《公安部关于办理出国留学人员户口登记问题的通知》第1条规定:出国留学人员回国后要求在原户口所在地恢复户口的,派出所可以凭归国留学人员的出国护照,依据原户口注销登记直接办理恢复户口手续。2003年《居民身份证法》第9条规定:"香港同胞、澳门同胞、台湾同胞迁入内地定居的,华侨回国定居的,以及外国人、无国籍人在中华人民共和国境内定居并被批准加入或者恢复中华人民共和国国籍的,在办理常住户口登记时,应当依照本法规定申请领取居民身份证。"2013年《华侨回国定居办理工作规定》第11条规定:《华侨回国定居证》的有效期为签发之日起6个月。华侨本人应当在《华侨回国定居证》有效期内到拟定居地县级公安机关,办理常住户口登记手续。

关于注销户口的最重要条件——"国外""境外定居"的含义阙如,是定居资格还是定居事实,或者两者兼具?是否包括在境内居住的有国外、境外定居资格的公民,出境后从临居转为定居的公民,出境后从定居转为临居的公民?这不利于在国外、境外的人员遵守执行注销户口的规定,及限制户籍部门自由裁量权。

关于被注销户口者——无户口公民的权利阙如。不限制无户口公民的权利，会削弱注销户口的法律意义。限制无户口公民的权利，则挑战公民权利的固有性。在缺乏法律规定的情况下，不能直接推定被注销户口的公民不享有公民权利。户口与就业、教育、医疗、投资、福利、选举等权利密切相关。注销户口的华侨回国后，因不符合恢复或者初次登记户籍的条件，不能领取户口簿和居民身份证，在没有法律依据的情况下，一些部门限制其行使这些权利。例如，华侨只有中国护照而没有居民身份证，回国从事专业技术工作的，不能参加专业技术人员考试或专业技术资格的评审等。海外华侨难以参加人大代表选举和列席人大会议。公民权是作为公民共同体中的一分子、国家的公民所享有的一种权利，国家规定的本国公民在国家和社会中所处地位的法律表现。2000年《立法法》（2015年修正）第80条规定：没有法律或者国务院的行政法规、决定、命令的依据，部门规章不得设定减损公民、法人和其他组织权利或者增加其义务的规范，不得增加本部门的权力或者减少本部门的法定职责。

关于户籍部门与边检部门在注销户口方面行政协助阙如。缺少边检部门的行政协助，难以实施注销户口的规定，可能引发应注销而未注销的现象。虽然在国外、境外定居的须注销户口，但是，根据1995年《出入境边防检查条例》第8条[①]和1995年《公安部关于在出入境边防检查条例中实施出入境检

[①] 1995年《出入境边防检查条例》第8条规定："出境、入境的人员有下列情形之一的，边防检查站有权阻止其出境、入境：（一）未持出境、入境证件的；（二）持有无效出境、入境证件的；（三）持用他人出境、入境证件的；（四）持用伪造或者涂改的出境、入境证件的；（五）拒绝接受边防检查的；（六）未在限定口岸通行的；（七）国务院公安部门、国家安全部门通知不准出境、入境的；（八）法律、行政法规规定不准出境、入境的。出境、入境的人员有前款第（三）项、第（四）项或者我国公民有前款第（七）项、第（八）项所列情形之一的，边防检查站可以扣留或者收缴其出境、入境证件。"

查、监控和预防若干问题处理方法的通知》第3条第3款,^① 户口注销情况不是边防检查机关检查公民出境的内容,阻止其出境、入境的情形,公民出境前应注销而未注销户口成为可能。

五、在中国长期居留的外国人的权利

我国宪法、法律及政策文件一般性规定了境内的外国人的合法权益及其保护。1982年《宪法》(2018年修正)第32条规定:"中华人民共和国保护在中国境内的外国人的合法权利和利益,在中国境内的外国人必须遵守中华人民共和国的法律。中华人民共和国对于因为政治原因要求避难的外国人,可以给予受庇护的权利。"2012年《出境入境管理法》第3条第2款规定:"在中国境内的外国人的合法权益受法律保护。在中国境内的外国人应当遵守中国法律,不得危害我国国家安全、损害社会公共利益、破坏社会公共秩序。"2014年《中共中央关于全面推进依法治国若干重大问题的决定》提出,加强涉外法律工作,维护外国公民、法人在我国的正当权益。

我国法律和政策文件特别地规定了在境内就业的外国人的权利义务。2011年9月,为了维护在中国境内就业的外国人依法参加社会保险和享受社会保险待遇的合法权益,加强社会保险管理,人力资源和社会保障部发布《在中国境内就业的外国人参加社会保险暂行办法》。第3条规定:"在中国境内依法注册或者登记的企业、事业单位、社会团体、民办非企业单位、基金会、律师事务所、会计师事务所等组织依法招用的外国人,应当依法参加职工基本养老保险、职工基本医疗保险、工伤保险、失业保险和生育保险,由用人单位和本人按照规定缴纳社会保险费。"

---

① 1995年《公安部关于在出入境边防检查条例中实施出入境检查、监控和预防若干问题处理方法的通知》第3条第3款规定:"我国公民因私事首次出境,凭本人的有效护照、发照机关签发的两张出境卡及前往国签证或者规定的入境许可函(证)件放行。需经第三国通行的,还应按照过境国的规定办妥过境签证。为防止非法出入境活动,我国公民因私事首次出境的,前往国入境及过境签证原则上应在前往国驻华使领馆办理。前往国在华未设使领馆或者在华使领馆不办理所需签证的,可以在境外办理签证。我国公民因私事再次出境,凭本人的有效护照、前往国签证或者规定的入境许可函(证)件放行,需经第三国通行的,应按照规定办妥过境签证。"

如果在境内居留外国人不持有外国人永久居留身份证、不在境内就业，那么就不能享有这两类外国人的权利，只能适用"合法权益受法律保护"、维护外国公民在我国的正当权益等一般规定。截至2017年7月，在华居留外国人（在中国境内居住三个月以上或者能够确定将居住三个月以上）67.2万。"合法权益受法律保护"笼统和原则，可以进一步细化。

第二节 国籍标准的探索实践

一、保护华侨权利

我国有华侨600多万，分布在近200个国家和地区。我国保护华侨，不因华侨注销了户籍、居民身份证而减少其权利，便利华侨使用护照证明公民身份办理日常事务。1982年《宪法》（2018年修正）第50条规定："中华人民共和国保护华侨的正当的权利和利益"。《国家侨务工作发展纲要（2016—2020年）》要求：加强侨务工作法治化建设，以法治思维和法治方式推动侨务工作。华侨权益是海外侨胞权益的重要组成部分。海外侨胞包括华侨和外籍华人。保护具有公民身份的华侨的权益，相对于保护具有外国国籍身份的外籍华人的权益，更可行和可操作。

我国尚无针对华侨权益保护的专门法律，一定程度上制约了华侨权益保护工作的全面深入开展。2015年、2016年国务院立法工作计划将制订《华侨权益保护法》列为研究项目，国务院侨务办公室等部门开展了调研论证等基础性工作，国务院有关部门先后草拟了数稿《华侨权益保护法》，为制定《华侨权益保护法》积累了经验。2018年4月，国务院侨办主任许又声在《国务院关于华侨权益保护工作情况的报告》中建议："抓紧研究制定华侨权益保护法，适时列入全国人大常委会立法规划，国务院及有关部门将积极做好相关工作。"

按照党中央、国务院推动形成全面开放新格局的战略部署，持续深化"放管服"改革，深入推进"互联网+政务服务"，努力为华侨等持用出入境证件/护照办理个人事务提供更多便利，更好地吸引境外人才融入国家经济社会发展大局，2019年3月，国家移民管理局、教育部、工业和信息化部等16个部门研究制定了《关于推动出入境证件便利化应用的工作方案》。及时准确提供出入境证件身份认证服务,满足华侨办理政务服务、公共服务和互联网服务相关事项的"实名""实人""实证"认证需求。加快推进出入境证件在政务服务领域的便利应用,各相关部门及时对接使用出入境证件认证服务平台,将出入境证件纳入网上服务平台注册登记和认可使用的身份证件选项,在政务部门现场办事窗口、自助服务设备和网上服务平台为华侨办理相关事务提供便利。全面实现出入境证件在公共服务领域的便利应用,将出入境证件纳入交通运输、金融、通信、医疗、住宿等领域认可使用的身份证件选项,提供自助办理、网上办理等便捷服务。大力拓展出入境证件在互联网企业服务平台的便利应用,推动各类互联网企业对接出入境证件身份认证服务平台,将出入境证件纳入用户注册的有效身份证件选项,实现即时注册并按规定开通网络支付、共享单车等互联网应用功能,使华侨更多地享有互联网便利服务。

地方在保护华侨权益方面先行先试,取得了重大进展。浙江省2006年由省政府公布的《浙江省华侨权益保障暂行规定》,广东省2015年由省人大常委会公布的《广东省华侨权益保护条例》,分别是省级层面华侨权益保护的第一部地方规章、地方法规。福建省2015年,上海市、湖北省2016年,浙江省2018年分别由省(市)人大常委会公布了《福建省华侨权益保护条例》《上海市华侨权益保护条例》《湖北省华侨权益保护条例》《浙江省华侨权益保护条例》。苏州市2013年由市政府、扬州市2013年由市政府、南京市2015年由市人大常委会分别公布了《苏州市华侨、归侨侨眷权益保护办法》《扬州市华侨、归侨侨眷权益保护办法》《南京市华侨权益保护条例》。2019年6月,大连市人大常委会公布《大连市华侨权益保护条例》。此外,为鼓励和促进华侨在本地投资和创新创业,保障华侨投资权益,福建省1998年、四川省2000年、江苏省2016年分别由省人大常委会公布了《福建省保护华侨投资权益若干规定》《四川省华侨投资权益保护条例》《江苏省保护和促进华侨投资条例》。为加强侨捐管理,保护华侨捐赠权益,已有半数省份出台了侨捐地方法规规章。天津市、江西省、四川省等省市正在积极开展华侨权益保护地方立法工作。这些地方立法实践为制定华侨权益保护地方法规提供了可参考和借鉴的立法经验。

二、限制是外国永久居民的中国公民、非接受国公民的外国人担任领事官员

我国参考国际习惯，不以国籍，而以国籍+永久居留标准确定担任领事官员，不允许中国公民取得外国永久居留资格后担任我国驻该国领事官员。中国公民取得外国永久居留资格，在外国定居，成为外国永久居民，与永久居留国的联系比与我国的联系更紧密，不宜在我国驻该国领事馆担任领事官员。1982年《中华人民共和国和美利坚合众国领事条约》第4条第2款、1987年《中华人民共和国和保加利亚人民共和国领事条约》第6条、1996年《中华人民共和国和克罗地亚共和国领事条约》第7条第1款等我国与外国领事条约的领事馆成员国籍条款都规定："领事官员只能是派遣国的国民，且不得是接受国的永久居民。"

我国参考国际习惯，不以开放式国籍，而以特定国籍标准确定担任我国驻外国领事馆行政技术人员、领馆服务人员和私人服务人员，不允许非领事馆接受国公民的外国人担任在接受国的领事馆的行政技术人员、领馆服务人员和私人服务人员。非领事馆接受国公民的外国人，与领事馆接受国公民、中国公民相比，与领事馆接受国的联系比较松散，不宜担任领事馆的行政技术人员、领馆服务人员和私人服务人员。1992年《中华人民共和国和玻利维亚共和国领事条约》第7条第2款、1996年《中华人民共和国和克罗地亚共和国领事条约》第7条第2款、2002年《中华人民共和国和俄罗斯联邦领事条约》第7条第2款等部分我国与外国的领事条约的领事馆成员国籍条款都规定："领馆行政技术人员、领馆服务人员和私人服务人员应是派遣国国民或者接受国国民。"

三、保障永久居留外国人的合法权益

我国参考国际习惯，不以国籍，而以国籍+永久居留资格保障外国人的合法权益，赋予其准国民待遇。为服务国家人才战略、吸引海外投资、涵养

侨务资源，2004年8月，公安部和外交部联合发布《外国人在中国永久居留审批管理办法》，规范外国人在中国永久居留审批管理工作。截至2016年10月，公安部共批准10269名外国人取得永久居留资格。[①]

为切实保障外籍人才在我国永久居留的合法权益和各项待遇，2012年9月，中共中央组织部、人力资源和社会保障部等25个部门联合下发《外国人在中国永久居留享有相关待遇的办法》。第1条规定："凡持有中国《外国人永久居留证》的外籍人员，除政治权利和法律法规规定不可享有的特定权利义务外，原则上和中国公民享有相同权利，承担相同义务。"

为服务我国经济社会发展大局，2015年12月，中共中央办公厅、国务院办公厅联合印发《关于加强外国人永久居留服务管理的意见》，明确要求"明确和落实永久居留资格待遇"。第16条规定："明确外国人永久居留证功能作用。永久居留证是外国人在中国境内居留的身份证件，可以单独使用。外国人可持证在中国境内办理金融、教育、医疗、交通、通信、就业和社会保险、财产登记、诉讼等事务。持证人在我国居留期限不受限制，可以凭本人护照和永久居留证出境入境。"第17条规定："完善工作生活相关待遇。永久居留外国人在中国境内工作免办外国人工作许可，可按规定参加技术职务任职资格和职业资格考试；在购房、办理金融业务、申领驾照、子女入学、交通出行、住宿登记等方面依法享受中国公民同等待遇；在中国境内工作的，依法参加相应社会保险，缴存和使用公积金；在中国境内居住但未工作，且符合统筹地区规定的，可参照国内城乡居民参加居住地城镇居民基本医疗保险和城乡居民基本养老保险，享受社会保险待遇；在海关通关时，携带的自用物品按照海关规定办理相关手续。"第18条规定："落实资格待遇。有关部门应当明确本部门职责范围内永久居留外国人享有国民待遇的事项范围，并对外公布。推动外国人永久居留资格待遇规定入法，强化其法律效力。各地区各有关部门应当将永久居留外国人资格待遇纳入政策范围，制定相应配套措施并加强实施监督，推动政策落地。"

[①] 公安部关于《中华人民共和国外国人永久居留管理条例（送审稿）》的起草说明，2016年6月7日。

为规范外国人在中国境内永久居留的审批和管理，保障永久居留外国人的合法权益，2016年7月，公安部在前期调研论证的基础上，起草了《外国人永久居留管理条例（草案）》，第4章专章规定了在中国境内永久居留外国人的待遇。

为解决外国人永久居留证可识验和便利化问题，推动永久居留外国人在华资格待遇落实，2017年2月，中央全面深化改革领导小组第32次会议审议通过的《外国人永久居留证件便利化改革方案》，指出实施外国人永久居留证件便利化改革，要围绕服务国家人才发展战略，回应社会关切，在优化证件设计、改造信息系统等方面推进改革。

为向永久居留外国人提供良好的社会服务，切实增强永久居留外国人的获得感，2017年6月，公安部对经批准取得在华永久居留资格的外国人签发2017版外国人永久居留身份证，同时停止签发现行外国人永久居留证。将现行证件名称"外国人永久居留证"更名为"外国人永久居留身份证"，进一步突出身份证明功能；调整样式向身份证靠拢，便于社会接纳和认知；参照第二代居民身份证技术标准，在外国人永久居留身份证中嵌入芯片，实现通过第二代居民身份证阅读机进行机读识别。

为进一步扩大对外开放，规范外国人在中国境内永久居留管理，保障取得永久居留资格外国人的合法权益，2020年2月，司法部公布《外国人永久居留管理条例》（征求意见稿），向社会公开征求意见。第四章专章规定永久居留外国人的服务和待遇，在2012年25个部委联合印发的《外国人在中国永久居留享有的相关待遇的办法》的基础上，将该政策规定上升为法规，提高永久居留外国人资格待遇的落实力度。第36—44条强化了永久居留身份证在身份证明、出入境和海关、工作和专业资格、税收和外汇、购房和公积金、投资、金融合社会保险、子女入学、机动车驾驶和登记、旅行住宿等方面的功能作用。

四、赋予外籍华人出入境等便利

我国不以国籍，而以国籍＋血统／出生地／祖籍地赋予华人出入境、停留、居留、永久居留便利，增强其作为中华儿女的自豪感，吸引和推动华人回国创新创业。

为解决制约北京创新发展中吸引聚集各类外籍人才的政策瓶颈，提供优待政策，广聚各类英才，2016年1月，公安部推出支持北京创新发展20项出入境政策措施。针对外籍华人推出居留便利政策，激发外籍华人回国创新创业热情。创新发展对国外创新技术和投资具有强烈的引进需求，而外籍华人是这些因素的重要载体。在中关村创业的华人（不受60周岁年龄限制）可凭工作许可和雇主担保函件直接申请5年有效的工作类居留许可，也可凭创业计划直接申请5年有效的私人事务类居留许可（加注"创业"）。对华人申请永久居留实施优待政策。华人具有博士研究生以上学历或在中关村企业连续工作满4年、每年在中国境内实际居住累计不少于6个月，可以直接申请在华永久居留。

为支持广东省大力推进自贸区建设和全面创新改革试验，促进广东经济社会发展，公安部批复同意广东省自2016年8月起实施支持广东自贸区建设和创新驱动发展的16项出入境政策措施，为外籍高层次人才和创新创业人才提供出入境和停居留便利。"政策4"为广东自贸区外籍华人申请在华永久居留，具有博士研究生以上学历且持工作类居留许可在广东自贸区工作的外籍华人，或在广东自贸区企业连续工作满4年、每年在中国境内实际居住累计不少于6个月的外籍华人，可以申请在华永久居留。"政策5"为在广东自贸区创业的外籍华人申请居留证件，在广东自贸区创业的外籍华人（不受60周岁年龄限制）可凭工作许可证明和雇主担保函件直接申请5年有效的工作类居留许可，也可凭创业计划直接申请5年有效的私人事务类居留许可（加注"创业"）。"政策12"为在广东出生或原户籍为广东的外籍华人申请外国人签证证件，对在广东出生或原户籍为广东的外籍华人，凭探望亲属、洽谈商务、科教文卫交流活动及处理私人事务的相应证明或担保，可以签发5年以内多次入出境有效签证；对在广东工作、学习、探亲以及处理私人事务需长期居留的，可以按规定签发有效期5年以内的居留许可。

为推进国家全方位开放战略，构建更高水平、更高质量的对外开放格局，

2019年7月，国家移民管理局在全国范围内推广复制促进服务自贸区建设12条移民与出入境便利政策。第3条规定：在中国境内工作的外籍华人，具有博士研究生学历或在国家重点发展区域连续工作满4年、每年实际居住不少于6个月，可向公安机关出入境管理部门申请在华永久居留。其外籍配偶和未成年子女可随同申请。

我国探索外籍华人，特别是其中"后裔"的具体含义，解决外籍华人认定标准模糊，各地、有关部门和单位外籍华人认定标准不一等问题。根据2009年《北京市人民政府侨务办公室关于转发国务院侨务办公室〈关于界定华侨外籍华人归侨侨眷身份的规定〉的通知》、2016年《中关村创新创业外籍华人服务工作须知（试行）》、2016年《中关村创新创业外籍华人服务工作规范》、2017年《北京市服务业扩大开放综合试点示范区创新创业外籍华人服务工作规范（试行）》等北京市认定外籍华人身份的行政规范性文件，证明外籍华人必须提交"我国大陆祖籍地县级及以上政府侨务部门出具的外籍华人证明材料；我国大陆政府部门、人民团体或者事业单位出具的外籍华人证明材料"。办理外籍华人身份证明，签发身份证明信而不是外籍华人证，具有临时性、个别性的特点，增加了确认外籍华人身份的成本。

根据2016年《上海市政府人民政府侨务办公室关于外籍华人身份认定的办法》，上海市除像北京市一样接受"祖籍地县级及以上政府侨务部门出具的外籍华人证明材料"外，还接受"经认定部门核准的海外华侨华人社团出具的证明材料"，"申请人所在国政府部门出具的有关证明材料"，以及"证明申请人的父母或者其他亲属前辈具有中国国籍的材料（包括有关亲属关系的证明材料）"。"证明申请人的父母或者其他亲属前辈具有中国国籍的材料（包括有关亲属关系的证明材料）"，将外籍华人标准从第一代（本人具有中国国籍）扩展到第二代（申请人的父母具有中国国籍），甚至第三代或者更多代（其他亲属前辈具有中国国籍），"其他亲属前辈"的具体含义需进一步厘清。

根据广东省自贸区建设及创新驱动发展出入境政策措施第4项"广东自贸区外籍华人申请在华永久居留"、第5项"在广东自贸区创业的外籍华人申请居留证件"、第12项"在广东出生或者原户籍为广东的外籍华人申请外国人签证证件",申请材料中证明外籍华人身份的是：本人曾经在广东出生或者原户籍地为广东的证明（我国护照、身份证、户籍证明、户籍注销证明、我国退籍证书等），或者广东省县级以上侨务部门出具的外籍华人证明函件。

五、便利海外华侨华人寄养外籍儿童

近年来，一些海外华侨、外籍华人把自己的年幼外籍子女送回国内寄养在亲属家中。他们当中，有的由于没有精力照顾子女，有的让子女回来学习中文，培养热爱国籍国、祖籍国意识。1988年10月，公安部发布了《关于受理、审批寄养外籍儿童问题的通知》，适用于海外华侨、外籍华人，明确他们在中国寄养外籍儿童申请的受理和审批，不适用于其他外国人。

公安机关认真审查寄养儿童国籍。按照1980年《国籍法》及有关规定审查确定寄养儿童的国籍。对于经确认具有外国国籍的，方能受理。应为中国国籍的，要按照中国人寄养规定到当地派出所申请，其所持外国护照由寄养人保存，如护照内有我国签证，应予以注销。

申请寄养时，申请人要提供足以证明寄养儿童确系外国籍的证件和证明材料。除出示寄养儿童的有效护照外，其父母双方或一方为外国人的，须提供外国护照、证件的影印件；其父母双方或一方为中国公民的，须提供在国外定居证件的影印件。

寄养儿童的父母要提出书面寄养外籍儿童申请。申请内容包括寄养理由，指定抚养、监护人，寄养年限及寄养儿童父母的简历（含国籍、职业或身份、何时何因出国、何时获得所在国居留权、何时加入外国籍）等。该书面申请可以由其父母本人呈交，也可以由抚养、监护人转交。

有可靠的抚养、监护人。承担寄养者须与被寄养者有亲属关系；需朋友关系的应从严掌握。承担寄养者要出具保证书，保证对被寄养者担负抚养和监护的责任。承担寄养者的保证书包括下列内容：1.承担人的基本情况（包括姓名、工作单位、职业、家庭住址、与被寄养人的关系等）；2.被寄养者的基本情况（包括姓名、出生日期及出生地点）；3.接受被寄养人父母委托，承担抚养与监护责任；4.保证被寄养者如没有不可抗拒的原因按期出境。承担

寄养者的保证书要经公证机关公证。

寄养外籍儿童申请由所在地市、县公安局受理审批。经审查批准的，可发给1—3年有效的外国人居留证，不足一年的发给外国人临时居留证。居留证件期满前可申请延期。外国人居留证中身份栏内可注明"寄养儿童"字样。寄养外籍儿童来华可申请L字签证，准许在华居留后不必变更签证种类。16周岁以上的外籍儿童不得在中国寄养。

第三节 国籍标准的未来发展

一、扩展华侨范围

探索附条件地将在海外留学生、外派劳务人员等纳入华侨范围。界定华侨的核心要素是与外国保持密切联系，与外国保持密切联系强调事实而非原因，区别于境内居民和其他海外中国公民。"定居在国外"，即同时符合具有外国定居资格、在外国定居事实。定居资格是指永久居留资格、长期居留资格或者连续的居留资格，排除了非法。定居事实是指在国外较长的总居留、申请前居留，排除了短期和最近不在外国居留。

《国务院侨务办公室关于界定华侨外籍华人归侨侨眷身份的规定》（国侨发〔2009〕5号）第3款规定："中国公民出国留学（包括公派和自费）在外学习期间，或者因公务出国（包括外派劳务人员）在外工作期间，均不视为华侨。"参考国际移民法居留国籍标准，海外留学生、外派劳务人员符合与"定居在国外"以及与国外保持密切联系的特点，似应视其为华侨。

"定居是指已取得外国的居留许可，并在外国累计居留不少于12个月"，考虑到获得华侨身份的中国公民必须与国外保持密切联系，"在外国累计居留不少于12个月"不足以证明与国外保持密切联系，较难得出"定居在国外"的结论。

探索在界定华侨身份工作中，从总居留时间、最近居留时间确定时限。总居留时间表现与外国的整体联系，最近居留时间表现与外国的最新联系，两者互补。根据持有的永久居留资格、长期居留资格、居留资格，对其要求的总居留时间、最近居留时间递增。以"外国累计居留时间"取代"住在国连续居留时间",外国累计居留时间包括了住在国连续居留时间,适应人员不断迁徙的特点。"最近2年累计居留"取代"2年内累计居留",更准确。

探索华侨身份证明有效期2年。中国公民获得华侨身份证明后,存在回国居留的可能性。回国居留的华侨是归侨,不再是华侨。不放弃华侨身份,不能获得归侨身份。丧失外国定居权的"华侨"在我国越来越长的居留时间,越来越紧密的联系,适时调整其身份,不实施"华侨身份终身制",有利于其获得公民待遇和融入国内主流社会。

二、平等保护华侨

以平等保护原则保护华侨权益。"平等"是指以平等而不是以特别的方式保护华侨权益,以实质平等的措施解决华侨由于没有户籍和居民身份证、定居国外、国际迁徙等原因,不便、不易,甚至不能行使作为中国公民应享有的身份证明、回国定居、教育等权益保护的问题。"保护"是指保护华侨的正当而不是所有的权益,鼓励支持华侨投资创新创业,着力保护华侨面临挑战较多的创新创业、侨资企业、就业、侨汇等权益,未来期待较强的选举、参政议政、海外、海外等权益,及保护华侨权益的职能、法律救济等体制机制方面的问题。

在华侨权益保护中,应重点保护拥有却不便于行使、有利于与我国保持联系的权利。政治权利方面,证明华侨身份、选举权和被选举权、参政议政权、结社权等权利。证明华侨身份便于华侨主张和维护法律规定的权益,以及有关部门知悉华侨和支持华侨维护权益。目前,我国确认申请人的华侨身份,但是不审发华侨证件,只办理华侨身份证明。华侨具有选举权和被选举权,其选举权不应因居住地受到限制。为了保护华侨的选举权和被选举权,可以为在外国的华侨行使选举权和被选举权提供便利,例如允许通过网上投票,到驻外使领馆现场投票等。

经济方面的权利包括:征收房屋、农村宅基地使用权、祖墓迁徙补偿、侨汇保护、继承权等。可以增加"征收华侨房屋应当依法公告,并书面通知华侨,与华侨协商签订补偿协议。未签订补偿协议或者未经法定程序的,不得非法侵占、拆除",因为华侨具有国际迁徙性,"定居在国外",与外国保持密切联系,难以像居住和定居在国内的其他中国公民一样知悉征收房屋公告。探索"书面通知华侨,与华侨协商签订补偿协议。未签订补偿协议或者未经法定程序的,不得非法侵占、拆除"。为全面保护华侨的农村宅基地使用权,华侨持《华侨回国定居证》回国在农村定居,探索可以申请宅基地。探索经定居地村民委员会或者村集体经济组织同意,也可以申请建房。回国定居华侨的宅基地面积标准与村民同等对待。迁徙华侨祖墓与征收其国内房屋类似,面临与华侨有效沟通、协商、补偿的问题。华侨具有国际迁徙性,"定居在国外",与国外保持密切联系,难以像居住和定居在国内的其他中国公民一样知悉迁坟信息,与国内居民一样在很短时间内完成迁坟。探索书面通知华侨,与华侨协商签订补偿协议。未签订补偿协议或者未经法定程序的,不得非法迁坟。贯彻保护侨汇政策,探索明确华侨继承或者接受遗赠、赠予获得的境内的遗产适用的法律,增加关于华侨继承境内遗产的规定。

出入境方面的权利包括外籍亲属团聚权。外籍华人是我国国际迁徙人员的重要组成部分,与中国公民有着共同的中华民族根、中华文化魂、中华民族伟大复兴梦,有着不同于其他外国人的出入境(国际移民)需求。探索建立华侨外国国籍配偶和直系亲属出入境和国籍便利制度,根据特点和合理需求,对华侨外国国籍配偶和直系亲属的入境、停留、居留、工作、永久居留。

三、明确华人认定标准

海外侨胞社会已经从华侨社会转变为华人社会。华人融通中外、心系中华,在推进中华民族伟大复兴进程中具有提供资金、人才、成果、商机和经验等独特优势,同时能够发挥不可替代的重要作用。华人是外国人,我国保护外国人权益法律政策都适用于华人。华人是特殊外国人,我国保护华侨、归侨、留学回国人员、海外人才、侨眷的法律政策适用于符合条件的外籍华人及其眷属。

参考韩国、土耳其、德国、印度、澳大利亚等国家界定海外族裔的经验。韩国、土耳其、德国、印度、澳大利亚等国家实施海外族裔出入境(国际移民）政策时，将海外族裔限定在三代以内，将出生在本国列为认定海外族裔的重要因素。适当区分东南亚国家、非东南亚国家外籍华人，分别给予适当的权益。三代以内海外族裔能够较好地传承本国文化，保持与本国较紧密的联系。出生在本国的族裔具有与本国天然的割舍不断的联系。

四、依居留和国籍赋予公民和外国人相应权利

探讨采用居留国籍标准，放弃形式国籍标准，以居留国籍标准赋予公民和外国人相应权利。

不因具有中国国籍而赋予归化国籍公民所有公民权利，建立归化国籍权利等候期制度，根据在中国境内居留期限，动态赋予归化国籍公民权利。归化取得中国国籍者在中国境内居留满一定期间后才可以，而不是取得中国国籍后立即享有有户籍公民的全部权利。归化国籍公民在境内居留期限越长，与中国联系越紧密，享有国籍权利越丰富，反映归化国籍公民与中国联系的紧密度。例如，归化国籍公民在中国境内居住满2年才可以享有医疗、失业、住房公积金待遇，在中国境内居住满5年、15年才可以担任公职、高级公职，在中国境内居住满20年才可以享有居民养老金待遇。归化国籍公民在中国境内居留不满相应期间的，只能依法申请突发疾病、丧失劳动能力、无生活来源、意外事件等社会救助，各级人民政府有关部门按照公开、公平、公正、及时的原则对符合条件的归化国籍公民进行社会救助。

不以国籍作为享有国籍权利的唯一依据，区分有户籍公民，根据出境期限，动态减少出境居留的有户籍公民的权利。公民在中国境内居留期间越短，与中国联系越松散，享有的国籍权利越少。例如，有户籍公民在境外居住满2年，丧失已有户籍，而不是出国前丧失已有户籍。有户籍公民在境外居住满20年，停止发放居民养老金。原中国公民取得中国永久居留资格并在境内居留满3年，递交入籍申请前1年在中国境内居留满6个月，可以申请恢复中国国籍，而不是取得中国永久居留资格后可以立即恢复中国国籍。

不因没有中国国籍而绝对没有选举权利，赋予取得居留资格、永久居留资格，并在中国境内居留一定年限的外国人部分选举权利。符合条件的外国

人，外国人，于区、乡、民族乡、镇人民代表大会代表选举期间在中国的，可以在居住地进行选民登记，参加选举。区、乡、民族乡、镇人民代表大会代表选举期间，选举委员会应当依法做好符合条件的外国人选民登记工作。各级人民代表大会可以邀请外国人列席会议。居民委员会选举期间，正在中国境内，并承诺继续居留至少一定年限的外国人可以参加居住地的居民委员会选举。村民委员会选举期间，外国人在农村，在农村居住或者工作一定年限以上，经本人申请，并经村民会议或者村民代表会议同意，可以参加居住地的村民委员会选举。外国人依法享有参政议政的权利，各级人民政府和有关部门应当为外国人参政议政提供保障。探索邀请符合条件的外国人作为政协特别邀请人士列席政协会议。

第四节 结 论

我国根据国籍赋予公民、外国人权利义务。华侨是指定居在国外的中国公民。华人是指已加入外国国籍的原中国公民及其外国籍后裔；中国公民的外国籍后裔。华侨享有宪法、法律和政策文件规定的所有公民享有的权利，及作为华侨、归侨、侨眷的权利。我国注销在国外、境外定居的公民的户口，华侨及有关出国人员是无户口公民。我国宪法、法律及政策文件一般性规定了境内的外国人的合法权益，特别规定了在境内就业的外国人的权利义务。

我国探索突破形式国籍标准，取得了实际成效，积累了经验。包括平等保护华侨，限制是外国永久居民的中国公民、非接受国公民的外国人担任领事官员，保障永久居留外国人的合法权益，赋予外籍华人便利等。展望国籍标准的未来发展，需要扬弃形式国籍标准，确立居留国籍标准，科学赋予公民、外国人权利义务。包括扩展华侨范围，保护华侨权利，建立公民自动丧失户口、新公民居留期和外国人居留期等制度，明确华人认定标准等。

第十二章

中国法上的户口登记

依法登记户口是证明国籍的重要方式,法律赋予公民的一项基本权利,是公民参与社会事务、行使各项权利义务的前提,事关社会公平正义与社会和谐稳定。由于自知或者不自知、有意或者无意等原因,一些人员注销户口未恢复,出生、回流时未办理户口登记,没有居民户口簿、居民身份证,难以与其他公民一样行使公民权利,在生活、工作等方面面临问题。本章论证出生登记,注销、恢复户口,无户口人员登记户口,我国大力解决这些问题取得的显著成效。

第一节 出生登记

我国的出生登记,主要根据1958年《户口登记条例》和地方的户口登记地方法规、规章和行政规范性文件。1958年《户口登记条例》第7条规定:"婴儿出生后一个月以内,由户主、亲属、抚养人或者邻居向婴儿常住地户口登记机关申报出生登记。弃婴由收养人或者育婴机关向户口登记机关申报出生登记。"第9条规定:"婴儿出生后,在申报出生登记前死亡的,应当同时申报出生、死亡两项登记。"

地方政府颁布了户口登记的法规、规章和行政规范性文件,明确婴儿办理出生登记的具体条件和程序。例如,2015年《江西省常住户口登记管理规定》第19条规定:"婴儿(包括违反计划生育政策出生的婴儿)出生后应在一个月内,持以下证明材料向婴儿父亲或者母亲常住户口所在地公安派出所申报出生登记:(一)《出生医学证明》;(二)父母一方的居民户口簿;(三)父母的《结婚证》（非婚生育的提供非婚生育说明）；（四）申请随父落户的非婚生育人员，需同时提供具有资质的鉴定机构出具的亲子鉴定证明。未办理《出生医学证明》的人员，在助产机构出生的，本人或者其监护人可以在该助产机构申领《出生医学证明》；在助产机构外出生的，本人或者其监护人需提供具有资质的鉴定机构出具的亲子鉴定证明，向拟落户地县级卫生计生行政部门指定机构申领《出生医学证明》。"第20条规定："中国公民与外国人、无国籍人在国内非婚生育、未取得其他国家国籍的人员，本人或者其具有中国国籍的监护人可以凭《出生医学证明》、父母的非婚生育说明、中国公民一方的居民户口簿，申请办理常住户口登记。未办理《出生医学证明》的，需提供具有资质的鉴定机构出具的亲子鉴定证明。"

我国不断完善有关出生登记的法规文件，逐步健全出生登记制度，建立了自上而下的出生登记管理网络，提高出生登记管理水平。我国的出生登记工作由公安机关主管。从中央到各省、自治区、直辖市及市、县均在相应的公安机关设立了专门的户口管理部门，负责婴儿出生登记的管理工作。公安派出所和未设公安派出所的乡镇人民政府为户口登记机关，负责婴儿出生登记的具体办理工作。我国还在居民生活社区设立了居民事务委员会或者村民事务委员会，这些委员会均设置了专门的户政协管员，协助户口登记机关办理婴儿出生登记工作。我国每年投入大量的人力、物力、财力，以确保上述出生登记管理网络的正常运转，为婴儿出生后能得到及时登记提供了保障。

为不断提高出生登记工作的管理水平，我国的出生登记管理部门采用现代化的管理手段，自1986年开始人口信息管理系统的建设工作，经过努力，已建成并发展迅速，出生登记是业务功能之一，儿童登记全被纳入了该系统。人口信息管理系统是以户籍管理为基础，以人口管理为核心，以计算机及其网络为环境。

地方政府根据国家关于出生登记的法规文件，允许婴儿在其父或者母的所在地进行出生登记，并且对非婚生子女、超计划生育子女均给予出生登记。2000年第五次全国人口普查、2010年第六次全国人口普查都执行上述规定，对非婚生子女、超计划生育子女全部进行人口登记。

户口登记是公民的一项基本权利，从属于出生登记权。2015年《国务院办公厅关于解决无户口人员登记户口问题的意见》前言规定："依法登记户口是法律赋予公民的一项基本权利，事关社会公平正义，事关社会和谐稳定。"1958年《户口登记条例》第1条规定："为维持社会秩序，保护公民的权利和利益，服务于社会主义建设，制定本条例。"

户口登记是公民的一项义务，实现了权利义务融合。1958年《户口登记条例》第2条第1款规定："中华人民共和国公民，都应当依照本条例的规定履行户口登记。"第7条规定："婴儿出生后一个月以内，由户主、亲属、抚养人或者邻居向婴儿常住地户口登记机关申报出生登记。弃婴，由收养人或者育婴机关向户口登记机关申报出生登记。"户口登记权利义务融合是指户口登记的一面为权利，另一面为义务。出生婴儿既享有户口登记的权利，又负担户口登记的义务。户口登记的对象不是孤立的公民个体，而是具有社会连带属性的公民体及作为集体成员的公民个体。政府面对的公民是一群人，公民本身其实也是一群人。从成员对集体的依附，就推演出义务。集体权利蕴涵的常常只是利益而非绝对自由，当利益落实到成员个体时，又往往以义务为载体实现。国家通过户口登记立法将利益与义务结合在一起，给予公民整体性扶助。

公民不履行户口登记义务，应承担法律责任。1958年《户口登记条例》第20条规定：有下列情形之一的，根据情节轻重，依法给予治安管理处罚或者追究刑事责任：（1）不按照本条例的规定申请办理常住户口登记的；（2）假报户口的；（3）伪造、涂改、转让、出借、出卖户口证件的；（4）冒名顶替他人户口的。要求公民强制履行户口登记义务的行动在性质上为集体利公行动。依法办理户口登记，不仅是政府设计的法定义务，反衬出公民的法定权利，也同时是为全体公民，相对于政府而言，设计的法定义务。只有如此，才能竖起法律屏障阻却公民或迫于无奈、或为自己算计谋利而宽免政府义务，造成包括自己在内的公民集体脱离法律的强力保护。

第二节　注销、恢复户口

一、华侨注销、恢复户口

（一）华侨注销户口

1. 华侨身份证件和证明身份

户口注销人员主要是华侨，他们没有户口和居民身份证，只有中国护照。尽管2003年公安部取消出国、出境一年以上人员注销户口和交回居民身份证的规定，但是以定居原因出国的除外，仍应注销户口和交回居民身份证。如果华侨回国，没有办理回国定居手续，就不能满足2003年《居民身份证法》（2001年修正）第2条，2013年国务院侨务办公室、公安部、外交部《华侨回国定居办理工作规定》规定的恢复户口和申领居民身份证的条件，无法获得户口、居民身份证，给投资、工作、生活带来困难。2019年国家移民管理局、国务院侨务办公室等16部门、单位《关于推动出入境证件便利化应用的工作方案》规定：华侨使用的护照是华侨在中国境内的身份证明文件，2019年12月前全面实现华侨护照在交通运输、金融、通讯、教育、医疗、社保、工商、税务、住宿等领域的便利化应用。

2. 华侨劳动和社会保障权益

根据2001年《劳动和社会保障部关于取得国外永久性居民身份证回国工作人员在国内工作期间有关社会保险问题的复函》、2009年《人力资源和社会保障部关于进一步做好在国内就业的华侨参加社会保险有关工作的通知》，同国内企业建立劳动关系、灵活就业的华侨可以凭居民身份证、护照等证明材料按照职工身份、个体身份办理参保缴费手续，不包括在国内居住的华侨、华侨的子女。

早期出国的华侨，难以基于出国前在国内工作的工龄补缴基本养老金和享受养老保险待遇。一些早期人员未达到法定退休年龄，办理了辞职、离职、退职手续或者被原单位除名后出国定居。这部分人员达到退休年龄后，希望将出国前在国内工作的工龄视为其缴费年限，不够基本缴费年限的采取补缴方式，以享受国内养老保障待遇。根据2011年《实施〈社会保险法〉若干规定》可以补缴，第2条规定："参加职工基本养老保险的个人达到法定退休年龄时，累计缴费不足15年的，可以延长缴费至满15年。社会保险法实施前参保、延长缴费5年后仍不足15年的，可以一次性缴费至满15年。"

根据1997年《劳动部办公厅关于印发〈职工基本养老保险个人账户管理暂行办法〉的通知》等文件，职工在实行企业和职工个人共同缴纳基本养老保险费制度之前，按国家规定计算为连续工龄的时间，都可以作为"视同缴费年限"，并且可以与实际"缴费年限"合并计发养老保险金。机关事业单位正式职工调入企业后，应参加企业职工基本养老保险，其原有的工作年限视同缴费年限；复员退伍军人、城镇下乡知识青年被招为合同制工人，参加了基本养老保险的，其军龄及下乡期间按国家规定计算为连续工龄的年限。前述可视同缴费年限，不包括在国外工作年限。

3. 华侨捐赠权益

侨务部门管理华侨捐赠职责有限。1999年《公益事业捐赠法》第15条规定："侨务部门可以协助办理有关入境手续，为捐赠人实施捐赠项目提供帮助。"第20条规定："侨务部门可以参与对华侨向境内捐赠财产使用与管理的监督。"实践中，绝大多数华侨捐赠没有通过侨务部门或者在侨务部门备案，使侨务部门不掌握涉侨捐赠整体情况，难以进行准确统计和分析。华侨捐赠完成后，侨务部门难以参与使用和管理的监督。

华侨向国内捐赠的用于扶贫、慈善公益事业的物资享受免征进口税收待遇。2001年《扶贫、慈善性捐赠物资免征进口税收暂行办法》第2条规定："对境外捐赠人无偿向受赠人捐赠的直接用于扶贫、慈善事业的物资，免征进口关税和进口环节增值税。"华侨向国内捐赠的助听器、净水器、医疗设备等物资用于助残、教育、卫生等民生事业，但是不属于2001年《扶贫、慈善性捐赠物资免征进口税收暂行办法》第6条规定的"用于扶贫、慈善公益性事业的物资"，难以免征进口税收待遇。

4. 华侨选举和参政议政

华侨参加人大代表选举和列席人大会议。1984年《北京市区、乡、民族乡、镇人大代表选举实施细则》（2016年修正）第32条规定了华侨选举，"原籍在我市或者出国前在我市居住的旅居国外的中国公民,选举期间在我市的,可以参加我市的选举。"需要进一步细化,拓宽华侨的知情知政权、知情监督权,增进华侨对人大工作的理解,促进人大会议审议质量和议事决策的华侨民意针对性。

华侨参政议政、邀请华侨作为政协特别邀请人士列席政协会议。北京市第十三届政协特别邀请人士116名,占其他31个界别共643名的18%。政协特别邀请人士一般由在社会中有一定影响的公众人物组成,由政协聘任,在政协会议期间特别邀请人士单组成特邀界别,特邀界别容纳了通常界别以外需要团结的华侨等代表人士,起到补充作用,弥补了涵盖不全的不足。

(二)华侨恢复户口

1. 国外出生的华侨办理户口登记和申领居民身份证

国外出生的华侨不能办理户口登记和申领居民身份证,没有公民身份号码。2003年《居民身份证法》第2条规定,"居住在中国境内的年满16周岁的中国公民,应当依照本法的规定申请领取居民身份证;未满16周岁的中国公民,可以依照本法的规定申请领取居民身份证。"这未涉及居住在境外的中国公民,包括国外出生的华侨。该法第3条规定,公民身份号码是居民身份证登记项目之一,是每个公民唯一的、终身不变的身份代码。1999年《国务院关于实行公民身份号码制度的决定》第2条、第3条规定,公民身份号码将在中国公民办理涉及政治、经济、社会生活等权益事务方面广泛使用,劳动和社会保障、教育、民政、司法、人事、信息产业、卫生、工商、税务、金融、证券、保险、民航等公民身份号码使用部门和单位,要密切配合公安机关做好公民身份号码的编制和推广使用工作。由于居民身份证和公民身份号码在证明身份和办理权益事务方面的不可替代的作用,在国外出生的华侨回国后申请领取居民身份证和获得公民身份号码,才便于办理政治、经济、社会生活等事务。

2. 出国定居公民注销常住户口和交回居民身份证

公民出国定居前,注销户口和交回居民身份证,失去了公民身份号码。1994年《公安部关于办理出国留学人员户口登记问题的通知》规定,公派或自费出国留学人员，出国1年以上的，由本人或单位指定专人向常住地户口登记机关办理注销户口手续和缴交居民身份证。此后，有关规定明确，其他出国1年以上的人员参照出国留学人员的规定，办理注销户口的手续。注销户口给出国人员带来了许多不便。公安部2003年8月出台便民措施，取消出国、出境1年以上的人员注销户口的规定。但是，出国定居的，依然需要注销户口。如果出国定居公民在办理出境过程中没有注销户口，而护照需要延期，出入境管理部门的外事民警在审查护照延期过程中发现了户口没有注销的情况，将要求护照持有人先到当地派出所注销户口，然后才能办理护照延期。①

一些出国定居人员规避法律，在出国前没有按照有关规定注销户口，其持有的居民户口簿和居民身份证是非法和应予注销的，不是有效的国内身份证件。边防和出入境管理部门对于不依法注销户口的行为，采取了一些清理措施。凡是加入外国国籍没有注销户口，在入境后依然不补办注销手续的，一律不予护照延期或者不准出境。2009年3月，中国驻多伦多总领事馆答复取得外国国籍的原中国公民回国需注销户口问题。中国不承认双重国籍，凡取得外国国籍的原中国公民，不应再持用中国护照，也不应保留中国常住户口。公安机关出入境管理部门在工作中如发现外籍华人保留常住户口的，将要求其予以注销。对持中国护照入境，又持外国护照出境的人员，边防检查站有权阻止其出境，并告知当事人到当地公安机关出入境管理部门办理相关出境手续后方可出境。②

3. 华侨回国定居和恢复户口

华侨回国定居和恢复户口，必须满足已在国内连续居住一定时间、有稳定生活保障和合法固定住所等条件。2013年6月，为保障华侨的合法权益，规范华侨回国定居工作，国务院侨务办公室、公安部、外交部联合印发《华侨回国定居办理工作规定》。第4条规定："华侨申请回国定居，拟定居地为原户籍注销地的，应当同时符合下列条件：（一）已在国内连续居住一定时间；

---

① 侯晓云.护照办理可加急 丢失补办需仨月[N].半岛晨报，2006-09-18.
② 杨梅.出境只带一本护照[N].环球华报（加西版），2009-03-06.

(二)有稳定生活保障和合法固定住所。拟定居地为非原户籍注销地的,除符合第一款规定的条件外,还应当符合拟定居地所属省、市级人民政府侨务部门和公安机关联合制定的有关规定。"2017年《华侨来闽定居办理工作办法》第2条规定:"申请条件:(一)华侨申请来闽定居的,应在申请之日起前一年内在国内累计住满15天。(二)有稳定的生活保障。稳定的生活保障是指有保障申请人正常生活的经济收入(境内工资收入证明或养老金领取证明或不低于3万元存款证明等)。(三)有合法稳定的住所。合法稳定的住所是指申请人或直系亲属(依次申请定居顺序为:配偶、父母、子女、祖父母、外祖父母、孙子女、外孙子女)在拟定居地有能够提供房屋产权证明的住房。"

华侨恢复北京户口,必须满足具有自有合法产权住宅等条件。根据2015年《北京市华侨回国定居办理工作实施办法》第5条,自有合法产权住宅是原户口注销地为北京市的华侨申请回国定居和恢复北京户口应符合的条件之一。自有合法产权住宅是指华侨本人在北京市拥有自有合法产权住宅或者拟投靠的具有北京市户口直系亲属(配偶、父母、子女)在北京市拥有自有合法产权住宅。

4. 护照不能在国内证明华侨的身份

护照是在国外证明国籍和身份的证件。2000年《司法部关于办理居民户口簿影印件与原件相符公证的通知》规定,证明中国公民身份的文件有护照、居民身份证、居民户口簿,但是根据2006年《护照法》第2条,护照是公民出入国境和在国外证明国籍和身份的证件,根据2003年《居民身份证法》第1条,居民身份证是证明居住在中国境内的公民的身份的证件。这两部法律的立法目的说明了护照和居民身份证内外有别的功能设计,2006年《护照法》第1条规定,为了规范中华人民共和国护照的申请、签发和管理,保障中国公民出入中国国境的权益,促进对外交往……2003年《居民身份证法》第1条规定,为了保障公民的合法权益,便利公民进行社会活动,维护社会秩序……将护照设定为国外身份证明证件局限了护照在国内的使用,将居民身份证设定为国内身份证明证件明确了居民身份证在国内证明公民身份的突出地位。1999年《国务院关于实行公民身份号码制度的决定》第3条规定,劳动和社会保障、教育、民政、司法、人事、信息产业、卫生、工商、税务、金融、证券、保险、民航等公民身份号码使用部门和单位,要密切配合公安机关做好公民身份号码的编制和推广使用工作。有学者甚至建议,赋予身份证作为证明公民身份的权威性和唯一性。①

由于护照和居民身份证记载的内容不同,护照难以代替居民身份证。2003年《居民身份证法》第3条规定,"居民身份证登记的项目包括:姓名、性别、民族、出生日期、常住户口所在地住址、公民身份号码、本人相片、证件的有效期和签发机关。"公民身份号码是每个公民唯一的、终身不变的身份代码。房产、社保等政府登记部门和银行、电信等社会经济单位通过核对公民身份号码来确定当事人。护照上没有登记公民身份号码,不便于用来办理政治、经济、社会生活等权益事务方面业务。2006年《护照法》第7条规定,"普通护照的登记项目包括:护照持有人的姓名、性别、出生日期、出生地,护照的签发日期、有效期、签发地点和签发机关。"2007年1月,《护照法》实施前签发的护照上登记有公民身份号码,考虑到在国外出生并居住的中国公民没有公民身份号码,为避免居住国内外中国公民持有护照格式的不一致,新版护照不再登记公民身份号码。由于护照上没有登记公民身份号码,即使有关部门和单位接受护照作为在国内证明华侨公民身份的证件,华侨在办理涉及政治、经济、社会生活等权益事务方面的业务存在一定的障碍。②

5. 华侨短期回国补办护照

华侨短期回国后丢失护照补办,面临"先补户口,才给办护照,而先补护照,才给办户口"情况。2007年《普通护照和出入境通行证签发管理办法》

---

① 陈雪娇.身份证:证明身份与彰显权利——兼论我国身份证法的完善[J].法制与经济,2008(4).8-9.

② 出国人员持护照办理房产登记手续的,主要有两种情况:第一种情况,申请人使用的是出国时在国内办理的护照。这类护照上有公民身份证号码,房产登记部门可以通过核对身份证号码来确定当事人,所以这类护照通常可以直接使用。第二种情况,出国人员因证件超过了有效期或遗失,在驻外使领馆换发、补发了护照。这时的护照上已没有了公民身份证号码。在这种情况下,办理房产登记时不能直接采用护照。见侯锦阳、方市兴:房管部门人士再谈"按揭贷款担保开发商免责"——出国人员可凭护照办理房产登记[N].南京日报,2009-05-22.

第3条、第10条规定,公民申请或补发护照时,提交居民身份证和户口本及复印件。华侨属于出境定居人员,其居民身份证和户口本已经在出国前被交回、注销。华侨要恢复居民户口簿、居民身份证,根据2007年《普通护照和出入境通行证签发管理办法》第10条、第12条规定,须持公安机关核发的回国定居证明。华侨办理回国定居证明,必须出示护照。如果丢失了护照,就要到先补办护照,或者提供户籍注销证明和出入境记录。

(三)解决华侨注销、恢复户口的探索实践

为满足海外侨胞在华工作生活的实际需要,以海外侨胞切身关注的重点权益为着力点,不断制定和完善政策保障措施[①]。一些部门采取措施解决华侨在国内办理事务以护照证明身份。在金融方面,2000年中国人民银行《关于〈个人存款账户实名制规定〉施行后有关问题处置意见的通知》规定:居住在境内或境外的中国籍的华侨在有关金融机构开立个人存款账户或在原账户上办理第一笔存款时,其实名身份证件可以是中国护照。在社会保险方面,经国务院侨务办公室推动,2009年9月,人力资源和社会保障部办公厅印发《关于进一步做好在国内就业的华侨参加社会保险有关工作的通知》,规定了华侨可以以护照作为参加社会保险的身份证件,并规定了华侨以护照号码编排社会保障号码。公安部2008年5月修订的《机动车登记规定》和2009年12月修订的《机动车驾驶证申领和使用规定》,都规定了规章适用的机动车所有人和机动车驾驶人包括华侨,华侨的身份证明是护照和公安机关核发的居住、暂住证明。

从2008年2月开始,国务院侨务办公室主动与公安部、国务院法制办公室等部门进行沟通协调,研究解决华侨在国内的身份证件问题。在出境入境管理法立法过程中,国务院侨务办公室邀请全国人大常委会法制工作委员会、全国人大华侨委员会、国务院法制办等部门召开座谈会,达成在出境入境管

---

① 许又声(国务院侨办主任).国务院关于华侨权益保护工作情况的报告:2018年4月25日在第十三届全国人民代表大会常务委员会第二次会议上(EB/OL).(2018-04-25)[2020-01-05]. http://www.npc.gov.cn/zgrdw/npc/cwhhy/13jcwh/2018-04/25/content_2053558.htm.

理法中对华侨在国内办理事务以护照证明身份进行表述的共识。① 2012年《出境入境管理法》第14条规定："定居国外的中国公民在中国境内办理金融、教育、医疗、交通、电信、社会保险、财产登记等事务需要提供身份证明的，可以凭本人的护照证明其身份。"这明确了华侨在国内办理事务可以凭护照证明身份，解决了华侨身份证件在法律衔接上的问题。

2019年6月，为侨务等持用出入境证件办理个人事务提供更多便利，更好地吸引境外人才融入国家经济社会发展大局，国家移民管理局、教育部、工业和信息化部、公安部等16个部门联合印发《关于推动出入境证件便利化应用的工作方案》。加强"互联网+政务服务"应用，建设出入境证件身份认证服务平台，提供互联网出入境证件身份认证服务，实现华侨护照在交通运输、金融、通讯、教育、医疗、社保、工商、税务、住宿等领域的便利化应用。

2019年9月，为进一步提升华侨等的获得感、幸福感、安全感，吸引更多境外人才参与经济、科技、教育、社会等领域创新创业，有力服务和促进国家经济社会发展，国家移民管理局发布《出入境证件身份认证管理办法（试行）》。国家移民管理局授权所属出入境管理信息技术研究所免费提供出入境证件身份认证服务。依法依规应当查验个人身份信息的经营者，可按照办法规定对需要实名认证、实人认证、证件电子信息识读业务等在认证平台进行认证。②

2019年12月起，国家移民管理局为华侨持用护照提供如下便利服务：有关办事服务机构可通过接入国家移民管理局出入境证件身份认证平台的应用系统进行联网在线查询并获取结果；华侨个人可通过国家移民管理局政务服务平台"定居国外的中国公民护照查询"模块进行查询，并自动获取查询结

---

① 谢萍.我国立法规定华侨回国办理事务可凭护照证明身份[EB/OL].(2012-07-03)[2020-01-05]. http://www.chinanews.com/zgqj/2012/07-03/4004307.shtml.
② 王传宗.《出入境证件身份认证管理办法（试行）》发布[EB/OL].(2019-09-12)[2020-01-05]. http://www.gov.cn/xinwen/2019-09/12/content_5429373.htm.

果电子文件用于相关业务办理。① 这部分解决了护照不能在境内证明公民身份问题。

我国保障华侨回国定居、教育、社会保险、婚姻收养、捐赠等权益。国务院侨务办公室、公安部等联合印发《华侨回国定居办理工作规定》，规范华侨回国定居办理工作程序。《出境入境管理法》自2013年7月实施以来至2017年12月，地方政府侨务部门共办理华侨回国定居68772人。国务院侨务办公室、教育部等部门印发华侨子女接受义务教育、华侨学生接受高中阶段教育、普通高等学校招收华侨学生及收费标准等政策文件。暨南大学、华侨大学是招收海外侨胞及港澳台学生为主的两所高等学校，目前在校港澳台侨学生达1.7万人，占全国高校录取港澳台侨学生总数的50%以上。人力资源和社会保障部门认真落实华侨参保有关政策，将符合参保条件的华侨纳入社会保险覆盖范围，明确了办理退休手续后出国定居或者加入外国国籍的，享受社会保险待遇的有关规定。民政部门依法为华侨办理婚姻登记和收养登记，2017年办理华侨婚姻登记4616件，2009—2017年办理华侨收养登记342件。改革开放以来，海外侨胞和港澳同胞捐赠超过1000亿元人民币，为中国经济社会发展作出了重要贡献。

实施便利外籍华人入出境政策。公安部在支持北京、上海、广东等地创新发展的有关出入境政策措施中，试点实施对外籍华人申请永久居留和长期居留、多次签证的便利政策。2019年2月，在全国范围内为在华工作、学习、生活的外籍华人实施5年以内多次签证和居留许可便利政策。

二、归侨注销、恢复户口

（一）归侨注销户口

一些中国公民出国定居成为华侨，注销了户口，不在国外定居了，回国难以恢复注销的户口，俗称黑户归侨。黑户归侨生活困境主要表现在：年龄

---

① 胡志法，吴美月.华侨护照查询服务开通 可以凭护照证明身份[EB/OL].(2020-01-02)[2020-01-05]. http://news.ijjnews.com/system/2020/01/02/030004310.shtml.

偏大，没有劳动能力和劳动技术，没有生活来源，没有城乡困难家庭生活最低生活保障，没有居民身份证，无法外出和远行等。江门市是广东省黑户归侨问题最多的地区之一。2014年7—8月，江门市侨务局开展的华侨回国定居"两证过期"人员摸查数据显示，黑户归侨200人左右。"两证过期"的人群大多散居在农村，统计工作很难开展，实际黑户归侨更多。①

（二）归侨恢复户口

归侨恢复户口，必须先办理回国定居手续。二三代以上的华侨回国定居遇到困难，主要原因是其父辈以上亲属均是建国早期出国的华侨，受各种因素影响，出国前在国内没有户口，其在境外出生的子女、孙子女在办理回国定居手续时无法提供本人户口注销证明，也无法提供其祖辈曾经具有国内户口的证明，受理此类华侨的回国定居给基层侨务部门认定应归属何地受理申请带来困难。根据2012年《出境入境管理法》第13条，"定居国外的中国公民要求回国定居的，应当在入境前向中华人民共和国驻外使馆、领馆或者外交部委托的其他驻外机构提出申请，也可以由本人或者经由国内亲属向拟定居地的县级以上地方人民政府侨务部门提出申请"。

2016年以前，原籍为当地的华侨恢复户口，直接到拟落户地派出所办理手续。目前需要先到政府侨务部门办理华侨回国定居证，再去派出所恢复户口。以北京市为例，2015年《北京市华侨回国定居办理工作规定》第8条规定："原本市注销户口的华侨，持北京市人民政府侨务办公室签发的《华侨回国定居证》《护照》及拟入户地户主的户口簿（非原址入户的，提供注销户口证明），在拟入户地户口派出所办理户口登记。国境外出生的华侨需按要求提交相关材料，并在拟入户地户口派出所办理户口登记。"

2016年以前，华侨持户口注销证明和护照即可到派出所恢复户口。目前办理华侨回国定居证需提交更多的材料。以北京市为例，2015年《北京市华侨回国定居办理工作规定》第6条规定："符合申请回国定居条件的向北京市人民政府侨务办公室提交相应材料：（1）《华侨回国定居申请表》；（2）自愿放

---

① 蒋臻，罗韵姿.出国多年户口注销 华侨归国变"黑户"[N].南方都市报，2015-05-21.

弃国外居留资格声明书;(3)出入境管理部门出具的出入境记录;(4)申请人护照、原住在国长期居留证件的原件、复印件;(5)经驻外使领馆认证或者公证的华侨在国外的居留证明原件、复印件;(6)户口注销证明(境外出生的华侨须提交出生证明的原件复印件及翻译件);(7)拟定居地户主同意接纳入户的书面报告及户口簿原件、复印件;(8)申请人与拟定居地具有北京市户口直系亲属(配偶、父母、子女)的关系证明(需公证)原件、复印件;(9)其他需要证明的材料。"

在一些传统侨乡,归侨比较多,基数比较大,产生的恢复户口问题较多。如果去的国家,例如委内瑞拉,移民身份管理不严,很多人打"黑工",没有永久居留身份,这部分人一旦被注销国内户口,很难以华侨回国定居恢复被注销的户口。

三、回流边民注销、恢复户口

(一)回流边民注销户口

2012年8月,云南省怒江州人民代表大会牵头,联合州外事办、公安局等部门对全州无户口回流边民进行调研。调研报告把从缅甸回流的无户口人口称为"归侨侨眷"。报告显示,怒江全州共有类似的"归侨侨眷"19605人,四县均有分布,其中福贡县有13695人,泸水县2745人,兰坪县2700人,贡山县465人,主要集中在福贡县上帕镇、架科底乡、鹿马登乡以及泸水县的片马和洛本卓乡。上帕镇又以木古甲村最多,达190人。[①]

边民回流后难以恢复外流时被注销的户口。20世纪50年代末期云南省怒江州发生了大批边民外流入缅甸现象,有些地方政府部门在处理外流群众时,按反革命罪行进行追捕打击,引起群众的恐慌,造成大量跑人。怒江州傈僳族迁居缅甸的历史已有几百年。每当发生饥荒、病疫时,他们就会翻越高黎贡山,偷越边境,进入缅甸居住。[②]

[①] 万丽.云南上万人1958年逃往缅甸27年后返回失去国籍[N].都市时报,2012-10-29.
[②] 曹维盟.中缅边界少数民族无国籍人口问题研究:以建国初期云南省福贡县外流边民群体为中心[J].八桂侨刊,2013(3).

20世纪80年代以来，在云南省等西南沿边省份，因国内经济社会不断发展，一些原来从国内迁居越南、老挝、缅甸等周边国家的人通过不同渠道返回国内居住。这些回流边民的户口在偷越边境出国时被注销，回国时不能或者未按照有关规定办理出入境等手续，无法恢复户口。

（二）回流边民恢复户口

2017年《云南省人民政府办公厅关于解决无户口人员登记户口问题的实施意见》第2条第10款规定："因长期外流越南、老挝、缅甸三国被注销常住户口，现本人或者其子女回流国内并有长期居住生活意愿的人员，取得外国身份证件但未取得外国护照等国籍证明，符合《云南省华侨回国定居办理工作实施办法》华侨认定标准的，凭《华侨回国定居证》等有关材料，经居住地公安机关审批后办理常住户口登记；取得外国身份证件但未取得外国护照等国籍证明，不符合华侨认定标准的，由本人持有关材料向居住地州市公安局出入境管理部门申请国籍认定，凭《国籍认定证明》、个人申请书（含陈述情况说明）、其他能够证明其曾经在国内居住生活的证明材料、村（居）委会证明等，经居住地公安机关审批后办理常住户口登记；经调查未取得外国签发的国籍或者身份证件且其本人或者其父母曾有中国户口的，可依法认定中国国籍，凭能够证明本人或者其直系血亲具有的历史户口证明材料、个人申请书（含陈述情况说明）、其他能够证明其曾经在国内居住生活的证明材料、村（居）委会证明等，经居住地公安机关审批后办理常住户口登记。"

德宏州进一步细化了云南省解决无户口回流边民问题的措施，可以由本人说明境外居留情况并声明未申报外国国籍，结合派出所调查结论出具《国籍认定证明》，到定居地公安派出所申报常住户口登记。2017年《德宏州人民政府办公室关于解决无户口人员登记户口问题的实施意见》第2条第10款规定：因长期外流缅甸、越南、老挝三国被注销常住户口，现本人或者其子女回流国内，已形成定居事实并有长期居住生活意愿的人员，申请恢复户口或者登记户口的，按以下方法分类受理：

（1）取得外国合法居留权但未取得外国国籍，符合国务院侨务办公室《关于界定华侨外籍华人归侨侨眷身份的规定》华侨认定标准的，按照《云南省华侨回国定居办理工作实施办法》，向国内拟定居地县级人民政府侨务部门申请回国定居，凭《华侨回国定居证》到定居地公安派出所申报常住户口登记。

（2）不符合华侨认定标准，也未取得外国国籍的，由本人持能够证明境外居留身份的证件及有关材料、回流境内定居时间和定居地点的材料向州公安局出入境管理部门申请国籍认定，凭《国籍认定证明》、个人申请书（含陈述情况说明）、其他能够证明其曾经在国内居住生活的证明材料、村（居）委会关于其现居住地及共同居住人员的证明等，到定居地公安派出所申报常住户口登记。

（3）无法提交关于境外居留身份的证件或者证明材料，或者提交材料无法判断境外居留身份及国籍归属的，由本人说明境外居留情况并声明未申报外国国籍，结合派出所调查结论出具《国籍认定证明》。本人陈述和声明无明显疑点，派出所调查其出入境情况、境内居住情况未发现其取得外国国籍，且其本人或者其父母曾有中国户口，或者曾经属于应当登记户口人员的，可依法认定中国国籍。申请人凭《国籍认定证明》、个人申请书（含陈述情况说明）、能够证明本人或者其直系血亲具有的历史户口证明材料、村（居）委会关于其现居住地及共同居住人员的证明等，到定居地公安派出所申报常住户口登记。

第三节 无户口人员登记户口

一、不符合计划生育政策无户口人员登记户口

（一）不符合计划生育政策无户口人员

自1982年党的十二大把计划生育确定为基本国策以来，在一些地区，受传统观念的影响，计划外超生现象开始存在，不符合计划生育政策出生婴儿不登记户口的现象开始出现，影响户口管理制度的实施和人口统计数字的准确性。由于没有户口，不符合计划生育政策出生婴儿不能证明公民身份。

1988年12月，公安部、国家计划生育委员会联合下发《关于加强出生登记工作的通知》（[1988]公治字106号），客观地分析了不符合计划生育政策出生婴儿不登记户口现象。"近年来，出生婴儿不登记户口的现象日趋严重，特

别是农村地区,已成为户口管理和人口统计工作中的一个突出问题。""据统计,每年不符合计划生育政策生育的婴儿未落常住户口的约有一百万人左右。有些地方为降低出生率,无视户口管理规定,弄虚作假,对新生儿不作出生登记,而作为迁入人口进行登记,这是近几年每年末全国人口统计中总人口增长数比人口自然增长数多约二百万人左右的主要原因之一,这种情况极不正常。"

(二)产生不符合计划生育政策无户口人员的原因

不符合计划生育政策出生婴儿不登记户口,给生活、学习、工作等带来很多困难。1988年12月,公安部、国家计划生育委员会在《关于加强出生登记工作的通知》中中肯地分析了不符合计划生育政策出生婴儿不能登记户口的两个原因:"1. 有些地方违反国家户口管理规定,搞'土政策',不给不符合计划生育政策生育的婴儿办理户口登记。2. 一些群众法制观念淡薄,认为履行不履行出生登记,对个人无所谓,因而不主动申报、登记出生。"

2002年10月,广东省公安厅与广东省计划生育委员会在《广东省公安厅、广东省计划生育委员会关于切实解决出生小孩入户问题的意见》中,除公安部、国家计划生育委员会在《关于加强出生登记工作的通知》中指出的搞"土政策""法制观念淡薄"外,还指出了逃避各类税费及统筹款、逃避各类分摊任务、搭车收费及乱收费等方面的原因。

1999年《乌鲁木齐市人民政府关于贯彻执行国务院及自治区人民政府对解决当前户口管理工作中几个突出问题的若干规定的通知》第1条第1款规定:"对1998年7月22日以后出生,尚未办理户口登记、现要求来我市落户的婴儿,可凭出生医学证明书、母亲户口所在地计划生育部门的证明准予落户,纳入人口自然增长管理。"一些地方政策擅自对出生登记设定前置条件的规定已经被纠正和废止。

(三)不符合计划生育政策无户口人员登记户口

1. 有权登记户口

依法登记户口是法律赋予公民的一项基本权利。公民生育的子女,即使是非婚生育、不符合计划生育政策生育,都可以申报户口。1988年《公安部、国家计划生育委员会关于加强出生登记工作的通知》指出：有些地方违反国家户口管理规定，搞"土政策"，不给不符合计划生育政策生育的婴儿申报户口。第2条规定：任何地方都不得自立限制不符合计划生育政策生育的婴儿落户的法规。对未办理独生子女证、没施行节育手术、不符合计划生育政策生育婴儿的人，以及早婚、非婚生育婴儿的人，应当给予批评教育直至进行行政和经济处罚，但对婴儿都应当给予落户。第5条规定："要严格依法办事，对经教育仍不登记新生儿户口的户主及阻止登记户口的人，应根据《户口登记条例》和《治安管理处罚条例》的有关规定予以处罚。同时要加强法制宣传，使群众增强申报户口的自觉性，增强依法履行公民义务的责任感。"

一些地方政府重申公民生育子女，无论是婚内生育、符合计划生育政策生育，还是非婚生育、不符合计划生育政策生育，都可以申报户口。2015年2月，广东省公安厅、省卫生和计划生育委员会联合印发《关于进一步加强出生小孩户口登记管理工作的通知》。根据《通知》，广东省各级公安机关在办理新生婴儿户口登记手续时，要进一步简化手续，凭出生小孩的《出生医学证明》、父母（或者监护人）的居民身份证（或者军官证）、结婚证及居民户口簿办理，不得将持有计划生育证明等作为办理出生入户的前置条件。各级公安机关应积极协助卫生计划生育部门查验计划生育证明或者证件，发现不符合计划生育政策生育又未经计划生育部门处理的，应在办理小孩户口登记后及时通知当地卫生计划生育部门，但不得将持有计划生育证明作为办理出生入户的前置条件。

2. 落户随父随母自愿

公民生育的子女，包括不符合计划生育政策生育子女、非婚生育子女，婴儿落户随父随母自愿，可以在父亲、母亲常住户口所在地户口登记机关申报户口。1998年7月，我国实行婴儿落户随父或者随母自愿政策。1998年《关于贯彻落实〈国务院批转公安部关于解决当前户口管理工作中几个突出问题意见的通知〉有关问题的通知》第2条规定：各地在制定具体户口政策时，要注意把握好以下几个问题：关于婴儿落户随父随母自愿的问题。自1998年7月22日《通知》下发之日起，在全国范围内实行新生婴儿落户随父或者随母自愿的政策。凡新生婴儿包括非婚生育的、不符合计划生育政策生育的,既可以在父亲也可以在母亲常住户口所在地户口登记机关申报常住户口。任何地方不得在新生婴儿落户随父随母自愿政策上增加任何限制条件。

地方政府贯彻实施婴儿落户随父或者随母自愿政策,对不符合计划生育政策生育子女、非婚子女,也实施婴儿落户随父或者随母自愿政策。选择在父亲或者母亲一方登记入户。1999年《甘肃省公安厅关于贯彻落实国务院通知精神解决当前户口管理工作中几个突出问题的意见》第1条第1款规定:自1998年7月22日国务院《通知》下发之日起,在全省范围内实行婴儿落户随父或者随母自愿的政策。1999年《乌鲁木齐市人民政府关于贯彻执行国务院及自治区人民政府对解决当前户口管理工作中几个突出问题的若干规定的通知》第3条规定:对1998年7月22日以后出生的不符合计划生育政策生育和非婚生育的婴儿,凭出生医学证明书、母亲户口所在地计划生育相关证明(如无此证明须由父亲或者母亲出具书面申请),派出所准予落户,纳入人口自然增长管理,并及时通知街道计划生育管理部门备案。2003年《广东省公安厅关于非婚生育子女入户问题的批复》[广公(户)字(2003)100号]指出,根据1998年《广东省公安厅关于贯彻落实国务院、省政府、公安部解决当前户口管理工作中几个突出问题意见的通知》[粤公通字(1998)262号]要求,对不符合计划生育政策生育出生的子女(含非婚生子女),也应当按照出生婴儿随父或者随母自愿的原则,任意在父亲或者母亲一方登记入户。

3. 禁止将不符合计划生育政策与户口登记挂钩

(1)国家禁止将不符合计划生育政策生育与户口登记挂钩

国家出台文件,明确禁止将不符合计划生育政策生育与户口登记挂钩。公民生育的子女办理户口登记,提交《出生医学证明》、父母的结婚证、居民户口簿,不需要计划生育相关证明。

1980年,公安部下发《关于解决无户口人员落户问题的通知》,明确指出,"对无家可归的,民政部门把他们安置在哪里,就在哪里登记户口"。不符合计划生育政策生育小孩,应进行教育,但不能不予落户。

1988年12月,公安部和国家人口计划生育委员会联合下发《关于加强出生登记工作的通知》，要求任何地方都不得自立限制不符合计划生育政策生育的婴儿落户的法规，对未办理独生子女证、没施行节育手术、不符合计划生育政策生育婴儿的人，以及早婚、非婚生育婴儿的人，应当给予批评教育直至进行行政处罚和经济处罚，但对婴儿都应当给予落户。此后多次重申该要求。

2008年，公安部下发《关于进一步严密户口登记和居民身份证件管理若干问题的通知》，第1条规定：对公民申报出生登记，公安派出所要认真查验新生婴儿的《出生医学证明》及其监护人的居民户口簿、居民身份证，申报材料真实、齐全、有效的予以办理。2013年3月，国家卫生和计划生育委员会组建后，多次要求各地禁止将计划生育与落户、入学、最低生活保障等捆绑，并开展督查。

2015年12月，国务院办公厅下发《关于解决无户口人员登记户口问题的意见》，提出了解决不符合计划生育政策的无户口人员的措施。不符合计划生育政策生育、非婚生育的无户口人员，本人或者其监护人可以凭《出生医学证明》和父母一方的居民户口簿、结婚证或者非婚生育说明，按照随父随母落户自愿的政策，申请办理常住户口登记。申请随父落户的非婚生育无户口人员，需一并提供具有资质的鉴定机构出具的亲子鉴定证明。

2016年1月，国家卫生和计划生育委员会印发了《关于贯彻落实中共中央国务院关于实施全面两孩政策改革完善计划生育服务管理决定的通知》，再次强调严禁将落实计划生育政策与落户、入托、入学等相挂钩。

（2）地方禁止将不符合计划生育政策生育与户口登记挂钩

2003年，广东省在全国较早贯彻实施禁止将不符合计划生育政策生育与户口登记挂钩政策，解决本地区不符合计划生育政策生育、非婚生育无户口人员问题。《广东省公安厅、广东省计划生育委员会印发关于切实解决出生小孩入户问题的意见的通知》[粤公通字（2003）23号]第1条规定：各级公安机关在办理新生婴儿户口登记手续时，要进一步简化手续，凭婴儿的《出生医学证明》及其父母的结婚证、居民户口簿即可予以办理。任何地方和部门都不得擅自订立限制新生婴儿落户的规定。

2014年以后，越来越多的地方禁止将不符合计划生育政策生育与户口登记挂钩。2014年2月，山东省公安厅下发《关于进一步规范出生登记管理有关问题的通知》，要求"特别是对未婚生育、计划外生育、超计划生育等不符合计划生育政策的出生人口，绝不允许随意设立任何前置程序和附加条件，绝不允许推诿扯皮、久拖不决甚至拒绝受理，绝不允许造成'黑人、黑户'"。2014年7月，江西省公安厅和卫生和计划生育委员会联合下发《关于进一步加强出生登记管理工作的通知》，要求"各地不得自立限制新生儿落户规定，坚决反对出生登记与计划生育工作绑定。特别是对未婚生育、超计划生育等不符合计划生育政策生育政策出生的人口申报户口登记，严谨设立任何前置程序和附加条件，不得将户籍登记与社会抚养费征收、落实长效节育措施相挂钩"。2015年《广东省公安厅、广东省卫生和计划生育委员会关于进一步加强出生小孩户口登记管理工作的通知》第1条重申：凭出生小孩的《出生医学证明》、父母（或者监护人）的居民身份证（或者军官证）、结婚证及居民户口簿办理户口登记。

2016年1月，国务院办公厅发布《关于解决无户口人员登记户口问题的意见》要求各地方制定细则，进一步解决不符合计划生育政策无户口人员问题，禁止将不符合计划生育政策生育与户口登记挂钩。2016年《福建省人民政府办公厅关于解决无户口人员登记户口问题的实施意见》第1条第1款、2016年《广西壮族自治区人民政府办公厅关于做好无户口人员登记户口工作的通知》第1条第1款、2016年《河南省人民政府办公厅关于解决无户口人员登记户口问题的实施意见》第2条第2款、2016年《浙江省人民政府办公厅关于解决无户口人员登记户口问题的实施意见》第2条第3款、2017年《江西省公安机关解决无户口人员登记户口问题操作规范（试行）》第4条、2017年《云南省人民政府办公厅关于解决无户口人员登记户口问题的实施意见》第2条第1款都规定：政策外生育、非婚生育的无户口人员，本人或者其监护人可以凭《出生医学证明》和父母一方的居民户口簿、结婚证或者非婚生育说明，按照随父随母落户自愿的政策，申请办理常住户口登记。

4. 先办理户口登记，后接受缴纳社会抚养费等处理

不符合计划生育政策生育子女，办理户口登记手续后，再接受缴纳社会抚养费等处理。2001年《计划生育法》（2015年修正）第41条第1款规定：不符合规定生育子女的公民，应当依法缴纳社会抚养费。第42条规定：缴纳社会抚养费的人员是国家工作人员的，应当依法给予行政处分；其他人员还应当由其所在单位或者组织给予纪律处分。

在广东省，1980年《广东省人口与计划生育条例》（2016年修正）第39条第1款规定："对不符合法律、法规规定生育子女的，应当征收社会抚养费。社会抚养费由县级或者不设区的地级市人民政府卫生和计划生育行政部门委托乡镇人民政府，街道办事处或者县级以上直属农林场作出征收决定，具体工作由所属卫生和计划生育工作机构执行，村（居）民委员会和有关单位应当协助执行。"2003年《广东省公安厅、广东省计划生育委员会印发关于切实解决出生小孩入户问题的意见的通知》第2条规定："对违反计划生育的人，公安机关要密切配合计划生育部门，依照《人口与计划生育法》和《广东省人口与计划生育条例》等有关规定对其进行相应的征收社会抚养费及有关处理。公安派出所在户口登记过程中，发现有不符合计划生育政策生育的出生人口，应在10日内将名单通报当地计划生育部门，由计划生育部门按规定给予处理。"根据2003年《关于对解决出生小孩入户工作中碰到有关问题的请示的批复》[广公〈户〉字（2003）062号]，"对政策外生育，尚未缴交社会抚养费的，公安机关在给予户口登记后，要迅速将有关情况通报当地计划生育部门，由计划生育部门按照规定予以处理"。

经过努力，除个别情况外，我国解决了不符合计划生育政策无户口人员问题。截至2016年1月，全国公安机关共为1000余万无户口人员办理了户口登记。① 2016年，全国有143.5万无户口人员登记上了户口。②

---

① 切实保障每个公民依法登记户口：公安部等五部门有关负责人就无户口人员登记户口答记者问[EB/OL].(2016-01-14)[2018-04-23].http://www.xinhuanet.com/politics/2016/01/14/c_1117773987.htm.

② 刘奕湛.中国无户口人员登记上户工作稳步推进[D].新华每日电讯，2017-02-13.

二、未办理《出生医学证明》无户口人员登记户口

（一）未办理《出生医学证明》、亲子鉴定证明无户口人员

与不符合计划生育政策无户口人员相比，未办理《出生医学证明》无户口人员较少，多数为在助产机构出生、不能提供母亲准确信息，以及不在助产机构出生，又不能提供母亲准确信息、亲子鉴定证明等材料的人员。他们无法提供《出生医学证明》、亲子鉴定证明，无法申报出生登记，成为无户口人员。例如，2016年，广西壮族自治区玉林市博白县人大代表针对2015年《国务院办公厅关于解决无户口人员登记户口问题的意见》后出现的贫困户小孩不办理户口登记的新现象，提交了《关于协调解决贫困户小孩入户问题的建议》，认为博白县存在着未办理《出生医学证明》的贫困户小孩不办理户口登记的问题。

（二）产生未办理《出生医学证明》、亲子鉴定证明无户口人员的原因

在助产机构出生、不能提供母亲准确信息的婴儿，不能办理《出生医学证明》。助产机构不向母亲信息不清的婴儿发放《出生医学证明》。2013年《国家卫生和计划生育委员会、公安部关于启用和规范管理新版〈出生医学证明〉的通知》第3条第1款规定：无法核定新生儿母亲信息的新生儿，不能办《出生医学证明》。"无法核定新生儿母亲信息的新生儿"，通常指无法提供合法有效身份证件原件、亲子鉴定证明。2013年《新版〈出生医学证明〉（第五版）首次签发情形与要求》第2条规定了首次签发要求，"签发机构审验新生儿父母有效身份证件原件并留存复印件后，按照《〈出生医学证明〉首次签发登记表》内容签发"。

2015年《贵州省卫生和计划生育委员会、贵州省公安厅关于进一步规范〈出生医学证明〉管理及发放的通知》第6条规定："有下列情形之一的，属无法核定母亲信息的新生儿，不能办理《出生医学证明》，出生地卫生计划生育行政部门或者授权签发机构应出具《无法签发〈出生医学证明〉的证明》。（一）无法提供新生儿母亲合法有效身份证件原件的；（二）新生儿母亲有效身份证件原件与住院分娩登记的姓名等相关信息不一致，且无法提供法定亲子鉴定

证明的。"2015年《上海市〈出生医学证明〉管理办法》第15条规定:"有下列情形之一的,属无法核定母亲信息的新生儿,不能办理《出生医学证明》。签发机构应出具《无法签发〈出生医学证明〉的证明》。(一)无法提供新生儿母亲合法有效身份证件原件的;(二)新生儿母亲有效身份证件原件与住院分娩登记的姓名等相关信息不一致,且无法提供户口登记机关的相关证明等文件。"

具备中国国籍可以申请入户,与办理户口登记需按要求提交《出生医学证明》一致。根据《曾某与广州市公安局海珠区分局公安行政管理——其他二审行政判决书》[(2016)粤71行终327号],被上诉人海珠区公安分局在审查上诉人申请户口登记时提交的医疗机构出具的《出生医学证明》时,发现原告的生母身份信息存疑,经查证其出入境记录与该医学证明的生育情况不符,上诉人的父亲亦承认上诉人在办理首次签发《出生医学证明》时生母提供虚假身份证明的事实,虽在此后提供了上诉人与亲生父母的亲权《鉴定意见书》,但该意见书不能代替《出生医学证明》作为上诉人登记入户的证明材料。按照《卫生部关于进一步加强出生医学证明管理的通知》[卫妇社发(2009)96号]有关规定:"……(二)换发是指原签发机构为因当事人或者签发机构责任导致原《出生医学证明》无效,或者具有下列情形之一的新生儿更换《出生医学证明》。……2.当事人提供法定鉴定机构有关亲子鉴定的证明,要求变更父亲或者母亲信息的。"上诉人现有的《出生医学证明》与查明事实不符,应按规定进行更换。据此,被上诉人海珠区公安分局暂时停止为上诉人办理户口登记,指引其到相关主管部门对现有《出生医学证明》更换后再办理入户登记的处理符合上述规定,广州市海珠区人民法院一审判决认定被上诉人已依法履行了职责并无不当,广州铁路运输中级法院予以维持。

不在助产机构出生的婴儿,又不能提供母亲准确信息、亲子鉴定证明等材料,不能办理《出生医学证明》。助产机构不向在助产机构外分娩、不能提供母亲准确信息、具有资质的亲子鉴定机构出具的亲子鉴定证明的婴儿发放《出生医学证明》。2016年《广西壮族自治区〈出生医学证明〉管理办法(修订)》第17条规定:在助产机构外分娩的,《出生医学证明》由拟落户地的卫生计划生育行政部门指定的管理机构出具。申领《出生医学证明》时，须提供新生儿父母及领证人的有效身份证件原件、亲子关系声明和本自治区内具有资质的鉴定机构出具的亲子鉴定证明。2015年《深圳市〈出生医学证明〉管理办法》第28条规定：为助产机构外出生的新生儿申请办理《出生医学证明》，原则上应在新生儿出生之日起90日内提出，并提交有资质的鉴定机构出具的亲子鉴定结论、新生儿父母有效身份证件、新生儿父母或者监护人出具的《亲子关系声明》、接生人员出具的分娩信息材料等接生情况证明、新生儿出生地居委会或者派出所出具的说明其助产机构外出生情况的证明等材料。2016年《黑龙江省公安厅关于解决户口登记若干疑难问题的意见》第1条第1款规定：对于1995年以前出生或者卫生医疗部门以各种理由不予补发出生证明的无户口人员，各地公安机关户籍管理部门可以为他们出具《办理户口迁徙落户亲权鉴定委托书》，凭有资质的鉴定机构出具的亲权鉴定结果证明办理落户手续。

没有《出生医学证明》、亲子鉴定证明，不能办理出生登记，取得国籍、户籍、公民身份号码。1995年《卫生部、公安部关于统一规范〈出生医学证明〉的通知》第3条规定：新生儿父母或者监护人凭《出生医学证明》到新生儿常住地户口登记机关申报出生登记。1999年《甘肃省公安厅关于贯彻落实国务院通知精神解决当前户口管理工作中几个突出问题的意见》第1条第1款规定：凡新生婴儿（包括非婚所生、不符合计划生育政策生育的）均可凭《出生医学证明》在父亲或者母亲常住户口所在地户口登记机关申报常住户口。2001年《卫生部、公安部关于印发〈出生医学证明〉管理补充规定的通知》第3条规定："新生儿父亲或者母亲或者其监护人凭《出生医学证明》，到所在地户口登记机关办理出生人口登记手续。"第4条规定："非父母户籍所在地出生的婴儿，持出生地医疗保健机构出具的《出生医学证明》回父母户籍所在地的户口登记机关办理出生登记手续。"2003年《居民身份证法》第3条第2款规定："公民身份号码是每个公民唯一的、终身不变的身份代码，由公安机关按照公民身份号码国家标准编制。"

（三）未办理《出生医学证明》、亲子鉴定证明无户口人员登记户口

1. 出生医学证明

依据有关规定，《出生医学证明》是证明婴儿出生状态、血亲关系，申报国籍、户籍，取得公民身份的法定医学证明，具有法律效力。2015年《深圳市〈出生医学证明〉管理办法》第3条规定：《出生医学证明》是依据《中华人民共和国母婴保健法》出具的，证明婴儿出生时状态、血亲关系以及申报国籍、户籍取得公民身份的法定医学证明。2015年《上海市〈出生医学证明〉管理办法》第2条规定：《出生医学证明》是证明新生儿出生状态、血亲关系以及申报出生登记的法定医学证明。2016年《广西壮族自治区〈出生医学证明〉管理办法（修订）》第2条规定："《出生医学证明》是依据《中华人民共和国母婴保健法》发放，是证明婴儿出生地点、出生日期、出生健康状况、血亲关系的法定医学证明文书，是户口登记机关办理出生落户登记的重要依据。"

依法统一制作《出生医学证明》，由具有助产技术服务资质的助产机构签发，其他机构不得签发。1995年《母婴保健法》（2017年修正）第23条规定：医疗保健机构和从事家庭接生的人员按照国务院卫生行政部门的规定，出具统一制发的新生儿出生医学证明。2015年《深圳市〈出生医学证明〉管理办法》第10条第3款规定：具有助产技术服务资质的医疗保健机构（以下简称"助产机构"）可向辖区卫生行政部门或者其委托管理机构申请领取《深圳市出生医学证明领发证》，并凭领发证领取空白《出生医学证明》。2015年《上海市〈出生医学证明〉管理办法》第9条规定：各助产机构应严格执行本市《出生医学证明》管理的各项要求，由医务处（科）统一负责《出生医学证明》的管理工作，落实由专人分别管理《出生医学证明》及"出生医学证明专用章"的管理要求。2016年《广西壮族自治区〈出生医学证明〉管理办法（修订）》第7条规定：取得《母婴保健技术服务执业许可证》的助产机构为《出生医学证明》签发机构。

在助产机构内出生婴儿有权申领《出生医学证明》，无论新生儿父母是否为当地户籍人口，助产机构应采取措施便利出生婴儿申领。2015年《贵州省

卫生和计划生育委员会、贵州省公安厅关于进一步规范〈出生医学证明〉管理及发放的通知》第1条规定:"在具有助产技术服务资质的医疗保健机构内出生的新生儿,原则上在出生30日内由新生儿父母或者监护人持有效身份证件向该'助产机构'首次申领《出生医学证明》,'助产机构'应及时将办理《出生医学证明》有关事项告知当事人并办理。婴儿出生30日后首次申领《出生医学证明》的,领证人应当提交未按时申请领取《出生医学证明》的情况说明。"2016年《广西壮族自治区〈出生医学证明〉管理办法(修订)》第15条规定:"《出生医学证明》签发机构负责本机构内出生新生儿的《出生医学证明》首次签发工作。机构内出生是指本机构住院分娩、在家中或者途中分娩24小时内母婴均送到该机构住院处置的新生儿。无论新生儿父母是否为当地户籍人口,签发机构均要按照首次签发要求,规范出具《出生医学证明》,并做好签发登记。"

在助产机构内出生的无户口人员有权申领《出生医学证明》。2015年12月,国务院办公厅下发《关于解决无户口人员登记户口问题的意见》第2条第2款规定:在助产机构内出生的无户口人员,本人或者其监护人可以向该助产机构申领《出生医学证明》。2016年《北京市人民政府办公厅关于解决本市无户口人员登记户口问题的实施意见》第2条第2款规定:在助产机构内出生的,父母双方或者一方为本市户籍人员且未办理《出生医学证明》的无户口人员,本人或者其监护人可以向该助产机构申领《出生医学证明》。2016年《福建省人民政府办公厅关于解决无户口人员登记户口问题的实施意见》第1条第1款第1项规定:未办理《出生医学证明》的无户口人员,在助产机构内出生的,本人或者其监护人先向该助产机构申领《出生医学证明》。

2. 亲子鉴定证明

亲子鉴定,根据司法部司法鉴定管理局2016年发布的《亲权鉴定技术规范》(SF/Z JD0105001-2016《亲权鉴定技术规范》)第3条第1—3款,是法医物证鉴定、法医鉴定、亲权鉴定的一种,通过对人类遗传标记的检测,根据遗传规律分析,被检测男子和或者孩子生母与孩子的亲子之间血缘关系的鉴定。亲子鉴定包括三联体亲子鉴定和二联体亲子鉴定,前者指被检测男子、孩子生母与孩子的亲子鉴定，后者指被检测男子、女子与孩子的亲子关系鉴定。

亲子鉴定证明是证明被检测男子、孩子生母与孩子的亲子关系，申报《出生医学证明》、国籍、户籍，取得公民身份的法医类司法鉴定证明。2015年12月，国务院办公厅下发《关于解决无户口人员登记户口问题的意见》，提出了解决未办理《出生医学证明》的无户口人员问题的措施。第2条第2款规定：在助产机构外出生的无户口人员，本人或者其监护人需提供具有资质的鉴定机构出具的亲子鉴定证明，向拟落户地县级卫生计划生育行政部门委托机构申领《出生医学证明》。无户口人员或者其监护人凭《出生医学证明》和父母一方的居民户口簿、结婚证或者非婚生育说明，申请办理常住户口登记。

国家对从事法医类鉴定业务（亲子鉴定）的鉴定人和鉴定机构实行登记管理制度，未经审核批准的，任何个人、法人或者其他组织不得从事法医类鉴定业务（亲子鉴定）业务。2005年《全国人民代表大会常务委员会关于司法鉴定管理问题的决定》第2条规定：国家对从事法医类鉴定、物证类鉴定、声像资料鉴定等业务的鉴定人和鉴定机构实行登记管理制度。第6条规定："申请从事司法鉴定业务的个人、法人或者其他组织，由省级人民政府司法行政部门审核，对符合条件的予以登记，编入鉴定人和鉴定机构名册并公告。"2005年《司法鉴定机构登记管理办法》第3条第2款规定："司法鉴定机构是司法鉴定人的执业机构，应当具备本办法规定的条件，经省级司法行政机关审核登记，取得《司法鉴定许可证》，在登记的司法鉴定业务范围内，开展司法鉴定活动。"

3. 凭《出生医学证明》、亲子鉴定证明等办理出生登记与取得国籍、户籍、公民身份号码的关系

户口登记机关凭《出生医学证明》等材料办理出生登记手续，出生人员取得国籍、户籍、公民身份号码。1995年《卫生部、公安部关于统一规范〈出生医学证明〉的通知》第3条规定：户口登记机关凭《出生医学证明》办理出生登记手续，并保留《出生医学证明》副页作为新生儿进行出生登记的原始凭证。2013年《国家卫生和计划生育委员会、公安部关于启用和规范管理新

版〈出生医学证明〉的通知》第3条第1款规定：对持有《出生医学证明》的新生儿，户口登记机关审验《出生医学证明》等材料后为其办理出生登记。

户口登记机关，对于没有《出生医学证明》的，凭亲子鉴定证明等材料办理出生登记手续，出生人员取得户籍、公民身份号码以及国籍。2016年《黑龙江省公安厅关于解决户口登记若干疑难问题的意见》第1条第1款规定：对于1995年以前出生或者卫生医疗部门因各种原因不予补发出生证明的无户口人员，各地公安机关户籍管理部门可以为他们出具《办理户口迁徙落户亲权鉴定委托书》，凭有资质的鉴定机构出具的亲权鉴定结果证明办理落户手续。2016年《广西壮族自治区〈出生医学证明〉管理办法（修订）》第27条第2款规定："对不属于《出生医学证明》签发对象的、因特殊情况无法提供有效亲子鉴定证明而未能取得《出生医学证明》的人员，由户口登记机关调查核实后依照有关规定为其办理落户登记。"

4. 灵活处理不能办理《出生医学证明》、亲子鉴定证明，进而不能办理户口登记的问题

有些地方针对不能办理《出生医学证明》、亲子鉴定证明，进而不能办理户口登记的，创新以共同生活情况说明、无户口人员出生情况证明替代、免除亲子鉴定费用。2017年，联合国人权理事会通过第34号决议《出生登记和人人在任何地方被承认在法律前的人格的权利》，在第9段中吁请各国确保免费办理出生登记，包括免费或者低收费补办出生登记，登记手续普及、便捷、简单、迅速、有效而且一视同仁。

在江西省，对于不能办理《出生医学证明》的无户口人员，提交以下材料办理户口登记：（1）监护人或者近亲属书写的共同生活情况说明；（2）父母双方死亡证明，法院宣告死亡或者失踪的法律证明（没有的，可以不提供）；（3）近亲属关系户籍证明或者人事档案等原始规范性凭证（没有的，可以不提供）；（4）监护人或者近亲属《户口簿》的，可以办理户口登记。

2017年《江西省公安机关解决无户口人员登记户口问题操作规范（试行）》第6条第2款第2项规定了不能办理《收养登记证》或者《收养公证书》的无户口人员的办理户口登记程序：（1）留存法律性证明、规范性凭证、监护人或

者近亲属《户口簿》《身份证》、申报人《身份证》等复印件;(2)对不能提供无户口人员父母死亡或者失踪法律性证明的,开展无户口人员父母死亡或者失踪情况调查,制作相关关系人、知情人询问笔录;(3)对不能提供近亲属关系户籍证明或者人事档案等原始规范性凭证的,开展近亲属关系情况调查,制作相关关系人、知情人询问笔录;(4)调查确定无户口人员姓名、年龄等登记项目。组织对无户口人员出生、居住、就医、就学、家庭等情况的成长轨迹调查,18周岁以上已经就业人员的缴纳社会保险、享受社会待遇、工资档案、农村土地承包等情况的生活、就业轨迹调查,重点收集证明无户口人员出生、年龄等相关证据材料、制作相关知情人询问笔录;(5)填写公民身份证编码本、补录(登)登记簿;(6)在《常住人口登记表》《户口簿》中,与户主关系填写祖(外祖)父母、兄弟姐妹或者其他亲属。

在浙江省,对于不能办理《出生医学证明》无户口人员,户口登记手续更为简便,可以凭村(社区)出具的无户口人员出生情况证明等材料办理户口登记。

2016年《浙江省人民政府办公厅关于解决无户口人员登记户口问题的实施意见》第3条第2款规定:因父母双方均死亡、失踪等原因确实无法申领《出生医学证明》的无户口人员,本人或者其监护人可以凭村(社区)出具的无户口人员出生情况证明等材料,向其祖父母、外祖父母或者其他监护人户口所在地公安派出所申请办理常住户口登记;经公安派出所调查核实,县级公安机关审批后,办理常住户口登记。

南宁市、崇左市为解决因为经济困难,负担不起无户口人员亲子鉴定费用,因而无法凭亲子鉴定证明办理户口登记问题,免除亲子鉴定费用,为贫困无户口人员办理户口登记。[①] 2016年,南宁市邕宁区政府组织下乡扶贫干部开展调查摸底工作,其间发现贫困户家庭中,需要做亲子鉴定却受制于经费的无户口人员高达500余人。扶贫干部与邕宁公安分局了解情况后,向邕宁

---

① 刘文杰.广西崇左想方设法为无户口孩子落户[N].人民公安报,2016-08-24.

区政府申请，由政府出资60多万元为这些无户口人员进行亲子鉴定。① 崇左市公安局为特困人员减免了41万余元DNA检测费用，并在市局DNA实验室为贫困无户口人员开辟了绿色通道，通过上门采集生物检材和预约检测等办法，为困难群众优先进行DNA检测；扶绥县公安局与县扶贫办协同配合开展"百企济百村"活动，由爱心企业出资15.54万元，为79名困难群众解决了亲子鉴定费用问题。② 扶绥县公安局东门派出所了解到文某某独自抚养3个孩子，家境窘迫，实在无法承担高昂的鉴定费用的困难后，将情况上报到扶绥县公安局和崇左市公安局户政管理部门。市、县两级户政部门决定全部减免他们的鉴定费用。龙州县扶贫办组织驻村第一书记以及贫困户帮扶责任人等力量，积极配合公安机关开展贫困无户口人员摸排，并专门抽出11.63万元扶贫专项资金，为60名困难群众解决了亲子鉴定费用；天等县公安局主动作为，在全面摸排的基础上，积极向县委县政府争取到了100万元经费，专门用于为困难无户口人员进行亲子鉴定。③ 天等县公安局开展专项为民服务行动，拨100万元专款为全县391名特困的无户口人员作DNA鉴定，并为他们办理了户口入户手续。④

三、事实收养无户口人员登记户口

（一）事实收养无户口人员

一些弃婴未办理收养手续，不能办理户口登记，成为事实收养无户口人员，影响教育、工作、生活等基本权益。⑤ 弃婴是全社会最弱势群体之一。2013年，民政部、国家发展和改革委员会、公安部、司法部、财政部、国家卫生和计划生育委员会、国家宗教事务局在《关于进一步做好弃婴相关工作

---

① 劳艳燕，钟涓涓.南宁落实无户口人员落户，五千无户口人员圆户[N].南宁日报，2017-07-28.
② 凌敏.崇左市公安机关户籍改革助力精准扶贫[N].左江日报，2017-11-06.
③ 同上。
④ 刘文杰.天等警方拨百万专款为391名特困户圆了户口梦[EB/OL].(2008-01-12)[2018-04-27]. http://www.gx.xinhuanet.com/2018-01/12/c_1122250059.htm.
⑤ 2013年《民政部、国家发展和改革委员会、公安部、司法部、财政部、国家卫生和计划生育委员会、国家宗教事务局关于进一步做好弃婴相关工作的通知》序言。

的通知》中指出:"弃婴现象屡禁不止,弃婴安置和救治保障体系仍不健全,保障弃婴的基本生活和生命安全仍需要做大量艰苦细致的工作。"各地区各部门、社会各界在弃婴救助和保护方面做了许多卓有成效的工作,绝大多数弃婴得到了妥善安置和生活保障。

无户口是弃婴问题之一。2014年,福建省三明市公安局、三明市民政局在《关于解决我市群众私自收养子女落户问题的工作意见》中具体地分析了弃婴无户口问题:"近年来,私自收养弃婴(儿童)未落户问题已成为我市群众诉求的热点,也是我市解决历年出生人口未落户问题工作的难点。"在广东省东莞市的领养小孩中,真正通过法律途径收养的约占50%。根据初步调查和统计,截至2013年底,东莞市有300多名弃婴(童)由个人、机构私自收留,没有办理户口登记。① 2016年8月至2017年3月,浙江省金华市婺城公安分局的在户口清理整顿工作中,处理无户口人员331人,其中涉及收养的有16人。②

(二)产生事实收养无户口人员的原因

产生事实收养无户口人员的原因主要有以下方面:(1)没有弃婴生母身份信息或者弃婴生母已经死亡,助产机构不出具《出生医学证明》;(2)收养较久后才向公安机关申请弃婴捡拾证明,公安机关不出具弃婴捡拾证明;(3)不能提供办理户口登记所需的亲生父母的不符合计划生育政策生育规定协议、生父母同意送养的书面证明等材料;(4)不缴纳或者无力交纳供办理户口登记前置的不符合计划生育政策生育社会抚养费;(5)不能提交办理事实收养公证所需的送养人身份证件、户口簿、婚姻状况证明;(6)不能办理和提交《收养事实证明》《捡拾弃婴(儿童)报案证明》《抚养捡拾弃婴(儿童)情况证明》等证明材料;(7)不能提交办理事实抚养公证所需的《抚养事实证明》《捡拾弃婴(儿童)报案证明》《抚养捡拾弃婴(儿童)情况证明》等证明材料。

事实收养人没有弃婴生母身份信息或者弃婴生母已经死亡的,不能申请

---

① 梁清.中国式收养:私自收养子女,户口难以办理[N].南方都市报,2014-11-03.
② 张黎明,康婷.无户口人员登记户口工作收官,金华1340名"黑户"圆了户口梦[N].金华日报,2017-05-02.

《出生医学证明》，进而不能办理出生户口登记。助产机构不向母亲信息不清的婴儿发放《出生医学证明》。《出生医学证明》是在公安机关办理弃婴户口登记必须提供的材料。2013年《国家卫生和计划生育委员会、公安部关于启用和规范管理新版〈出生医学证明〉的通知》第3条第1款规定：无法核定新生儿母亲信息的新生儿，不能获得《出生医学证明》。

事实收养人在收养时没有，收养较久后才向公安机关申请弃婴捡拾证明的，公安机关无法核实捡拾弃婴（儿童）具体情况，查不清弃婴来源记录，不出具弃婴捡拾证明。社会福利机构不接受事实收养人转送的没有公安机关弃婴捡拾证明的弃婴，不会为弃婴办理户口登记。事实收养人无法再从社会福利机构领回弃婴来寄养，也不能为弃婴办理出生户口登记。

收养由亲生父母送养的子女，申请户口登记，需要按照规定提交不违反计划生育规定的协议、亲生父母同意送养的书面证明等材料，否则不能为被收养人办理出生户口登记。父母双方送养的，亲生父母签署的不违反计划生育规定的协议；丧偶、父母一方下落不明或者由父母一方送养的，还应当提交由人民法院出具的配偶下落不明的证明，下落不明一方的亲生父母同意送养的书面证明；被收养人是残疾儿童的，还应当提交县级以上医疗机构出具的该儿童的残疾证明。

事实收养人的收养行为形成不符合计划生育政策的，需要交纳社会抚养费，不缴纳或者无力交纳社会抚养费的，不能办理户口登记。

事实收养人办理事实收养公证，由于收养较久联系不到送养人、难以证实捡拾弃婴（儿童）当时情况，不能提交送养人身份证件、户口簿、婚姻状况证明，不能办理和提交《收养事实证明》《捡拾弃婴（儿童）报案证明》《抚养捡拾弃婴（儿童）情况证明》等证明材料，不能办理事实收养公证的，不能办理户口登记。

事实抚养人办理事实抚养公证，由于没有有意留存有关抚养证据、难以证实捡拾弃婴（儿童）当时情况，不能办理和提交《抚养事实证明》《捡拾弃婴（儿童）报案证明》《抚养捡拾弃婴（儿童）情况证明》等证明材料，不能办理事实抚养公证的，不能办理户口登记。

（三）事实收养无户口人员登记户口

1. 禁止个人、机构私自收留弃婴

禁止个人、机构私自收留弃婴，保障弃婴的基本生活和生命安全。2013年《民政部、国家发展和改革委员会、公安部、司法部、财政部、国家卫生和计划生育委员会、国家宗教事务局关于进一步做好弃婴相关工作的通知》第1条第1款规定："公民发现弃婴后，要第一时间向所辖社区居民委员会或者村民委员会通报，及时依法向当地公安机关报案，不得自行收留和擅自处理。"第4条规定：自2013年5月14日起，社会力量兴办以孤儿、弃婴为服务对象的社会福利机构，必须与当地县级以上人民政府民政部门共同举办。严禁任何机构和个人私自收留弃婴。

2. 国内公民2009年4月前私自收养子女，凭事实收养关系公证等材料办理户口登记

我国重视解决个人、机构私自收养子女落户问题。2008年，民政部、公安部、司法部、卫生部、国家人口计划生育委员会联合下发《关于解决国内公民私自收养子女有关问题的通知》，要求各地集中处理2009年4月1日之前发生的国内公民私自收养。第1条第1款规定："1999年4月1日，《收养法》修改决定施行前国内公民私自收养子女的，依据司法部《关于办理收养法实施前建立的事实收养关系公证的通知》[司发通（1993）125号]、《关于贯彻执行〈收养法〉若干问题的意见》[司发通（2000）33号]和公安部《关于国内公民收养弃婴等落户问题的通知》[公通字（1997）54号]的有关规定办理。依据司法部《关于贯彻执行〈收养法〉若干问题的意见》[司发通（2000）33号]的规定，对当事人之间抚养的事实已办理公证的，抚养人可持公证书、本人的合法有效身份证件及相关证明材料，向其常住户口所在地的户口登记机关提出落户申请，经县、市公安机关审批同意后，办理落户手续。"

3. 国内公民1999年4月后私自收养子女，社会福利机构办理集体户口登记

1999年4月，《收养法》修改决定施行后国内公民私自收养子女的，根据2008年《民政部、公安部、司法部、卫生部、国家人口计划生育委员会关于

解决国内公民私自收养子女有关问题的通知》第2条第2款,"收养人具备抚养教育能力,身体健康,年满30周岁,先有子女,后又私自收养非社会福利机构抚养的查找不到生父母的弃婴和儿童,或者先私自收养非社会福利机构抚养的查找不到生父母的弃婴和儿童,后又生育子女的,由收养人提出申请,到弃婴和儿童发现地的县(市)人民政府民政部门领取并填写《捡拾弃婴(儿童)情况证明》,发现地公安部门出具《捡拾弃婴(儿童)报案证明》。弃婴和儿童发现地的县(市)人民政府民政部门应公告查找其生父母,并由发现地的社会福利机构办理入院登记手续,登记集体户口。""收养人不满30周岁,但符合收养人的其他条件,私自收养非社会福利机构抚养的查找不到生父母的弃婴和儿童且愿意继续抚养的,可向弃婴和儿童发现地的县(市)人民政府民政部门或者社会福利机构提出助养申请,登记集体户口后签订义务助养协议。"

2013年5月,民政部、国家发展和改革委员会、公安部、司法部、财政部、国家卫生和计划生育委员会、国家宗教事务局联合下发《关于进一步做好弃婴相关工作的通知》,切实做好弃婴户口登记工作,从自己收养、送福利机构抚养、家庭寄养等三个方面着力解决2013年5月前民办机构和个人收留弃婴及其户口的问题。第1条第3款规定:"儿童福利机构应持弃婴入院登记表、公安机关出具的弃婴捡拾证明等相关材料,及时到当地公安机关办理户籍登记。"第2条第2款规定:"已私自收留弃婴的个人,收留人有收养意愿且符合《收养法》及相关法律政策规定的,依法办理收养登记。收留人有收养意愿但不符合相关法律政策规定的,收留人常住户口所在地的乡(镇)人民政府、街道办事处应当动员其将弃婴送交当地儿童福利机构抚养,同时为收留人看望弃婴、奉献爱心、开展志愿服务提供优先和便利条件;若收留人坚持自行抚养又符合家庭寄养条件的,当地儿童福利机构可与其签订家庭寄养协议,并参照《家庭寄养管理暂行办法》指导和监管。"

4. 未办理收养登记的事实收养无户口人员,凭事实收养公证书、事实抚养公证书等办理户口登记

根据收养证明办理未办理收养登记的事实收养无户口人员户口问题。

2015年12月，国务院办公厅下发《关于解决无户口人员登记户口问题的意见》，重点解决未办理收养登记的事实收养无户口人员等问题。第2条第3款规定："未办理收养登记的事实收养无户口人员，当事人可以向民政部门申请按照规定办理收养登记，凭申领的《收养登记证》、收养人的居民户口簿，申请办理常住户口登记。1999年4月1日《全国人民代表大会常务委员会关于修改〈收养法〉的决定》施行前，国内公民私自收养子女未办理收养登记的，当事人可以按照规定向公证机构申请办理事实收养公证，经公安机关调查核实尚未办理户口登记的，可以凭事实收养公证书、收养人的居民户口簿，申请办理常住户口登记。"

地方贯彻执行根据收养证明办理未办理收养登记的事实收养无户口人员户口问题政策，将收养证明细分为收养证、收养公证、抚养公证。如，2016年《河南省人民政府办公厅关于解决无户口人员登记户口问题的实施意见》第2条第3款，2016年《浙江省人民政府办公厅关于解决无户口人员登记户口问题的实施意见》第2条第2款都作了具体规定。

地方公证团体制定无户口人员登记户口有关公证事项的办证指引，以收养时间为界，为事实收养人办理事实收养公证、事实抚养公证，参照办理事实抚养公证，用于办理户口登记。如2017年福建省公证协会颁布了《福建省公证协会关于解决无户口人员登记户口有关公证事项的若干指引》。办理事实收养公证，需要提交收养人、送养人身份证件、户口簿、婚姻状况证明，《收养事实证明》《捡拾弃婴（儿童）报案证明》《抚养捡拾弃婴（儿童）情况证明》等证明材料。

5. 灵活处理不能办理事实收养公证、事实抚养公证，不能办理户口登记的问题

有些地方针对不能提交送养人身份证件、户口簿、婚姻状况证明，不能办理和提交《收养事实证明》《捡拾弃婴（儿童）报案证明》《抚养捡拾弃婴（儿童）情况证明》等证明材料，不能办理事实收养公证、事实抚养公证，进而不能办理户口登记的问题，创新民政部门指定落户地址、随抚养人落户等方法予以解决。

在云南省德宏州,国内公民私自收养子女且不符合收养登记、收养公证办理条件的,履行规定程序后,在社会福利机构集体户登记户口,或者登记在抚养人家庭户。2017年《德宏州人民政府办公室关于解决无户口人员登记户口问题的实施意见》第2条第3款规定:国内公民私自收养子女且不符合收养登记、收养公证办理条件的,公安机关采集被收养人DNA录入全国打拐DNA信息库内进行比对,民政部门向社会发布寻亲公告,公告期满仍查找不到其父母或者其他监护人的,在社会福利机构集体户登记户口。但是已形成事实抚养关系,且私自收养人愿意继续抚养,申请将被抚养人户口登记在抚养人家庭户上的,可以登记在抚养人家庭户,家庭关系登记为非亲属关系。是否形成事实抚养关系由县市公安、民政部门共同认定。未办收养手续但与抚养人共同生活多年,现已年满14周岁的弃婴,要求随抚养人落户的,经查证并检测确定不系被拐卖儿童、未落常住户口的,可随抚养人落户,户口关系登记为非亲属。

在湖南省,湖南省公安厅确定了解决不能依法办理收养登记或者事实收养公证的无户口人员问题的具体政策措施。公安机关对于因不符合收养规定,不能依法办理收养登记或者事实收养公证的无户口人员,可在履行DNA信息比对、向社会发布寻亲公告等程序后,为其办理户口登记,将其户口登记在社会福利机构集体户、社区公共集体户上,或者登记在抚养人家庭户上但家庭关系应登记为非亲属关系。

四、中国公民与外国人、无国籍人生育的无户口人员登记户口

(一)中国公民与外国人、无国籍人生育的无户口人员

我国重视中国公民与外国人、无国籍人生育子女登记户口。2012年,云南省西双版纳州一位政协委员在"解决边民涉外婚姻中存在问题的提案"中提出:"大量的农村女青年进城务工,导致了一些农村男青年难成家,只能找境外女青年结婚。境外女青年没有入境手续,落不了户,更不能办理结婚证、准生证等。她们生育子女,在计划生育工作上,属于无证生育,违反了我国计划生育基本国策。子女落不了户,进学校读书后,不能与其他同学一样享

受我国相关优惠政策，很多小学没毕业就辍学回家。"在云南省，因不能按要求提供医学《出生医学证明》相关材料和交不起社会抚养费而无法落户的情况明显，约1/3中国公民与外国人、无国籍人非婚生育子女未落户。①

中国公民与外国人、无国籍人生育的无户口人员引发生活、工作、教育、出行、计划生育等社会问题，易成为遭社会歧视的群体，成家立业困难，造成严重的家庭负担。部分子女因而发生盗窃、贩毒、抢劫等犯罪行为，成为社会治安的隐患。②中国公民与外国人、无国籍人生育子女不能申报户口，还会出现人口管理漏洞和人员流动不可控性，以及人口监管无法到位，给社会治安带来压力。例如，出现治安案件时，公安部门找不到人，找到人也无法确定其身份。

早期边民通婚生育子女已延续到第二代、第三代。6岁以上子女享受义务教育阶段政策，基本纳入义务教育的学习。九年义务制教育结束后，部分子女因未落户，高中阶段就学困难。年满16周岁的青少年按法律规定，具有民事行为能力，可以就业，因没有居民户口簿、居民身份证，难以出行和就业。年满20周岁达到法定婚龄，成家立业的现实让他们面临更大的困境。③

开展与中国公民通婚的外国人、无国籍人妇女计划生育工作。一些与中国公民通婚的外国人、无国籍人妇女非婚同居，不办理生育服务证，持生育服务证生育率低。一些与中国公民通婚的外国人、无国籍人妇女未达到我国结婚法定年龄，早婚早育。一些边境地区与中国公民通婚的外国人、无国籍人妇女流动性大，时而在境内时而在境外，难以采取节育措施，生育3个、4个甚至5个小孩的情况时有发生。一些合法与中国公民通婚的外国人、无国籍人妇女家庭跑到境外偷生、躲生和抢生。非婚生育使得干预婴儿出生缺陷困难，难以保障优生优育。④

---

① 李向春，袁春生.云南跨境婚姻管理[J].云南社会科学，2015（1）.
② 雷明光，吴保同.中国边民跨境婚姻家庭的困境与思考：以云南、广西边境地区为例[J].中央民族大学学报（哲学社会科学版），2016(2).
③ 李向春，袁春生.云南跨境婚姻管理[J].云南社会科学，2015(1).
④ 李向春，袁春生.云南跨境婚姻管理[J].云南社会科学，2015(1).

中国公民与外国人、无国籍人非婚生育子女成为留守儿童中困难群体。除与其他留守儿童一样，面临与父母长期分离，缺乏亲情关爱和有效监护，易出现心理健康问题外，还往往由于母亲来自毗邻国家，并非法入境、非法居留、非法工作，面临同伴歧视、社会孤立、认同模糊等困难，进而形成孤僻、自卑、不愿与他人沟通交流的性格。他们对别人的评价和看法敏感且戒备，不愿意在公众场合提起自己的母亲，为亲子关系、社会关系的良好发展埋下了隐患。①

（二）产生中国公民与外国人、无国籍人生育的无户口人员的原因

云南省文山州公安局结合本地情况，2014年，在《关于云南省文山州第十三届人民代表大会第四次会议代表邓丽男〈关于协调解决本地无户籍子女落户问题的建议（132号）〉建议的答复》中客观地分析了中国公民与外国人、无国籍人生育的无户口人员问题的原因，在全国具有一定代表意义。(1)父母不了解、不重视子女的户口问题。由于家长不了解户籍管理政策，对子女落户问题认识不足，没有按照要求在子女出生后1个月内到当地派出所办理子女户口登记。(2)非婚生育和不符合计划生育政策生育子女未能及时落户。(3)领养手续不完备和派出所漏登影响未成年人落户。

与中国公民通婚的外国人、无国籍人丢失或者没有护照、身份证件，又没有取得我国的签证、居留证、永久居留身份证，就无法提供新生儿母亲合法有效身份证件原件，不能在生育子女时办理《出生医学证明》，进而无法办理户口登记。2013年《国家卫生和计划生育委员会、公安部关于启用和规范管理新版〈出生医学证明〉的通知》第3条第1款规定：对持有《出生医学证明》的新生儿，户口登记机关审验《出生医学证明》等材料后为其办理出生登记。无法核定新生儿母亲信息的新生儿，不能办理《出生医学证明》。2013年《新版〈出生医学证明〉(第五版)首次签发情形与要求》第2条规定了首次签发要求："签发机构审验新生儿父母有效身份证件原件并留存复印件后，按照《〈出生医学证明〉首次签发登记表》内容签发。"

---

① 梅英.中缅边境地区跨境婚姻家庭关系调研[J].云南行政学院学报，2016(1).

（三）中国公民与外国人、无国籍人生育的无户口人员登记户口

1. 允许中国公民与外国人、无国籍人生育的子女申报户口

中国公民与外国人、无国籍人生育子女是外国人、无国籍人的子女，也是中国公民的子女，适用关于中国公民生育子女申报户口的一般规定，也适用关于中国公民与外国人、无国籍人生育子女申报户口的特别规定。中国公民与外国人、无国籍人生育子女，按照目前的出生登记方面的政策，即使非婚生育、不符合计划生育政策生育、未办理《出生医学证明》，也都具有中国国籍，可以办理户口登记。

为加强户口登记管理，全面解决无户口人员登记户口问题，切实保障每个公民依法登记一个常住户口，努力实现全国户口和公民身份号码准确性、唯一性、权威性，2015年12月，国务院办公厅发布《关于解决无户口人员登记户口问题的意见》，进一步完善户口登记政策，禁止设立不符合户口登记规定的任何前置条件，要求全国各地依法为包括中国公民与外国人、无国籍人生育子女在内的无户口人员登记常住户口。坚持综合配套，将解决无户口人员登记户口问题与健全完善计划生育、国籍管理等相关领域政策统筹考虑、协同推进。

2. 国家关于中国公民与外国人、无国籍人生育的无户口人员登记户口的有关规定

绝大多数中国公民与外国人、无国籍人生育的无户口人员是非婚生育，这些非婚生育无户口人员与中国公民之间生育子女一样，即使非婚生育、不符合计划生育政策生育，都具有中国国籍，可以凭《出生医学证明》等材料，没有《出生医学证明》的，提供亲子鉴定证明，办理户口登记。

2015年12月，《国务院办公厅关于解决无户口人员登记户口问题的意见》针对中国公民与外国人、无国籍人非婚生育的无户口人员问题，实施凭《出生医学证明》或者亲子鉴定证明办理户口登记政策。第2条第7款规定：中国公民与外国人、无国籍人在国内非婚生育、未取得其他国家国籍的无户口人员，本人或者其具有中国国籍的监护人可以凭《出生医学证明》、父母的非婚生育说明、中国公民一方的居民户口簿，申请办理常住户口登记。未办理《出

生医学证明》的,需提供具有资质的鉴定机构出具的亲子鉴定证明。

3. 广东省关于中国公民与外国人、无国籍人生育的无户口人员登记户口的有关规定

一些地方政府,特别是广东省、云南省、广西壮族自治区、福建省等中国公民与外国人、无国籍人非婚生育子女问题比较突出的省区,贯彻实施国家凭《出生医学证明》或者亲子鉴定证明办理中国公民与外国人、无国籍人非婚生育无户口人员户口登记政策,分类规范中国公民与外国人、无国籍人非婚生育子女的户口登记。

2010年以来,广东省在解决中国公民与外国人、无国籍人非婚生育子女的户口申报问题方面走在了全国前列。2010年广东省公安厅在《关于对外国人非法入境生育小孩入户问题意见的通知》序言中指出:"近年来,少数外国人非法入境后流入我省,其中,有些外国妇女与我省居民非婚同居并生育子女,违反了中国国籍法、涉外婚姻法和中国人管理规定,也影响公安机关户口登记和计划生育工作,但这部分小孩均为我国籍人,依照现行的法规,坚持以人为本,其入户问题应妥善解决。"

2010年《广东省公安厅关于对中国人非法入境生育小孩入户问题意见的通知》第1条规定:"外国妇女与广东省城乡居民非法结婚所生育的子女,应按照《省人民政府转发国务院批转公安部关于解决当前户口管理工作中几个突出问题意见的通知》(粤府[1998]68号)规定精神,出生未落户的小孩,一律在父亲常住户口所在地户口登记机关申报常住户口。"

中国公民与外国人、无国籍人在国内未婚生育子女办理户口登记,应提交《出生医学证明》、亲子鉴定证明等材料。2010年,广东省公安厅在《关于对中国人非法入境生育小孩入户问题意见的通知》中指出,《出生医学证明》是中国公民与外国人、无国籍人在国内未婚生育子女办理户口登记的必要材料。第2条规定:"外国妇女与广东省城乡居民非法结婚所生育子女办理登记落户,应凭父亲户口簿、居民身份证、《出生医学证明》及村(居)委会证明材料。"2016年,广东省公安厅、广东省民政厅、广东省司法厅、广东省卫生和计划生育委员会在《关于贯彻落实〈广东省人民政府办公厅关于解决

无户口人员登记户口问题的实施意见〉的通知》中，不再要求《出生医学证明》为办理户口登记必要材料，可以由亲子鉴定证明替代。第2条第7款第1项规定："中国公民与外国人、无国籍人在国内非婚生育，未取得他国国籍的无户口人员，公安机关户口登记部门凭本人或者监护人书面申请、《出生医学证明》或者亲子鉴定证明、中国公民依法的居民户口簿和居民身份证、非婚生育情况说明、派出所调查3名以上证人证言以及调查情况报告办理常住户口登记。派出所调查情况报告应特别说明非我国籍父母身份情况以及父母生育时的情况。"

除细化中国公民与外国人、无国籍人在国内未婚生育子女办理户口登记外，广东省还规范中国公民与外国人、无国籍人在国外未婚生育子女办理户口登记，这是2015年《国务院办公厅关于解决无户口人员登记户口问题的意见》没有针对性规范的无户口人员群体。2016年《广东省公安厅、广东省民政厅、广东省司法厅、广东省卫生和计划生育委员会关于贯彻落实〈广东省人民政府办公厅关于解决无户口人员登记户口问题的实施意见〉的通知》规定，出生证明、国籍认定证明是中国公民与外国人、无国籍人在国外未婚生育子女办理户口登记必要材料。第2条第7款第2项规定："中国公民与外国人、无国籍人在国外生育的，未取得他国国籍的未成年子女入境，可以随我国居民一方办理户口登记。公安机关户口登记部门凭本人或者监护人书面申请、出生地开具的出生证明、出入境管理部门出具的国籍认定证明或者办理户口通知书、中国公民一方的居民户口簿和居民身份证办理常住户口登记。因国外出生地开具的出生证明不能识别的，申请人应提供翻译文本，并经本地区公证机构出具翻译公证。"

根据2010年《广东省公安厅关于对中国人非法入境生育小孩入户问题意见的通知》第3条等规定，中国公民与外国人、无国籍人不符合计划生育政策生育子女办理户口登记，应接受征收社会抚养费等处理。

4. 云南省关于中国公民与外国人、无国籍人生育的无户口人员登记户口的有关规定

云南省贯彻实施国家凭《出生医学证明》或者亲子鉴定证明办理中国公

民与外国人、无国籍人非婚生育无户口人员户口登记政策，分类规范中国公民与外国人、无国籍人在国内、在国外非婚生育子女的户口登记。对于中国公民与外国人、无国籍人在国内非婚生育、未取得其他国家国籍的无户口人员，2017年《云南省人民政府办公厅关于解决无户口人员登记户口问题的实施意见》第2条第8款第1项规定："本人或者其具有中国国籍的监护人可凭《出生医学证明》、父母的非婚生育说明、中国公民一方的居民户口簿，申请办理常住户口登记。未办理《出生医学证明》的，需提供具有资质的鉴定机构出具的亲子鉴定证明。"对于中国公民与外国人、无国籍人在境外生育（含非婚生育）的子女，第2条第8款第2项规定："如中国公民一方及其子女在国内定居，可申请为子女办理常住户口登记。居住地州市公安局出入境管理部门应当为其出具具有中国国籍的证明，由本人（未满18周岁的由其监护人）出具申明不具备或者放弃中国国籍的书面材料、国外出生子女的出生证明或者具有资质的鉴定机构出具的亲子鉴定证明，经居住地公安机关审批后办理常住户口登记。"

文山州针对中国公民与外国人、无国籍人非婚生育无户口人员不能提供《出生医学证明》和父母《结婚证》问题，允许以所在单位或者社区、村（居）委会签署意见并出具的出生情况证明替代，办理户口登记。根据2014年《云南省文山州公安局关于云南省文山州第十三届人民代表大会第四次会议代表邓丽男〈关于协调解决本地无户籍子女落户问题的建议（132号）〉建议的答复》，对非婚生育、早婚早育和超计划生育的小孩落户问题，如不能提供《出生医学证明》和父母《结婚证》，由父母亲一方（涉外的由父母亲中为我国籍一方）提出申请，父母亲一方（父母亲中为我国籍一方）所在单位或者社区、村（居）委会签署意见并出具出生情况证明，由社区（驻村）民警核查后，报派出所所长审批同意后，即可办理入户手续。对超过3周岁的人员落户，按补录遗漏人员规定办理入户或者立户手续。

德宏州针对中国公民与外国人、无国籍人非婚生育无户口人员无法提交未取得出生地国籍的证明材料问题，允许用本人的不能提交未取得中国国籍的说明和放弃中国国籍的申明替代，办理户口登记。2017年《德宏州人民政府办公室关于解决无户口人员登记户口问题的实施意见》第2条第8款规定：中国公民与外国人、无国籍人在境外生育（含非婚生育）的子女，申请人应持国外出生子女的出生证明或者具有资质的鉴定机构出具的亲子鉴定证明、出生地相关机构出具的未取得该国国籍的证明材料，向州公安局出入境管理部门申请出具具有中国国籍的证明，持该证明向中国公民一方户口所在地派出所申报落户。特殊原因无法提交未取得出生地国籍的证明材料的，由本人（未满18周岁的由其监护人）出具不能提交该材料的原因说明和申明不具备或者放弃中国国籍的书面材料，结合定居地派出所的调查材料出具具有中国国籍的证明。

5. 广西壮族自治区关于中国公民与外国人、无国籍人生育的无户口人员登记户口的有关规定

广西壮族自治区贯彻实施国家凭《出生医学证明》或者亲子鉴定证明办理中国公民与外国人、无国籍人非婚生育无户口人员户口登记政策，更多考虑当事人的处境，人性化规定办理户口登记所需材料。要求提供《出生医学证明》、父母的非婚生育说明，未办理《出生医学证明》的，需提供亲子鉴定证明，无法提供有效亲子鉴定证明的，需由公安机关调查核实排除被拐卖（盗、抢）情形。2016年《广西壮族自治区人民政府办公厅关于做好无户口人员登记户口工作的通知》第2条第7款规定：中国公民与外国人、无国籍人在国内非婚生育、未取得其他国家国籍的无户口人员，本人或者其具有中国国籍的监护人可以凭《出生医学证明》、父母的非婚生育说明、中国公民一方的居民户口簿，申请办理常住户口登记。其中，中国公民一方为男性，申请随父落户的，需一并提供具有资质的鉴定机构出具的父子（女）亲子鉴定证明。无户口人员未办理《出生医学证明》的，需提供具有资质的鉴定机构出具的亲子鉴定证明。无户口人员母亲为中国人或者无国籍人，其本人在我国出生但父亲身份不详或者已故的，需提供具有资质的鉴定机构出具的母子（女）亲子鉴定证明。因特殊情况无法提供有效亲子鉴定证明的，由本人或者与其共同生活的中国公民或者现居住地居（村）委会提出申请，经公安机关调查核实，排除被拐卖（盗、抢）情形的，可办理常住户口登记。

钦州市、云林市等地方更具体地规定了无法提供有效亲子鉴定证明的,由公安机关调查核实排除被拐卖(盗、抢)情形,然后以漏报补录办理户口登记。2016年《钦州市人民政府办公室关于做好无户口人员登记户口工作的通知》第2条第3款第7项规定:中国公民与外国人、无国籍人非婚生育的无户口人员,因特殊情况无法提供有效亲子鉴定证明的,由本人或者与其共同生活的中国公民或者现居住地村(居)委会提出申请,经派出所采集无户口人员生物检材,逐级上报自治区公安厅检测DNA并将数据录入"全国公安机关查找被拐卖/失踪儿童信息系统"进行比对,排除被拐卖(盗、抢)情形的,由民警如实填写意见,派出所负责人签字后报县级公安(分)局户政部门审批。2016年《玉林市公安机关解决无户口人员登记户口操作办法》第2条第6款第2项规定:母亲为中国人或者无国籍人,其本人在我国出生但父母亲身份不祥或者已故,因特殊情况无法提供具有资质的鉴定机构出具的父母子(女)亲子鉴定证明的,由本人或者与其共同生活的中国公民或者现居住地单位、居(村)委会提出申请,受理地派出所经调查核实后,以"漏报补录"为申请理由报县级公安机关审批,其居民户口簿"与户主关系"栏填写"非亲属"。10周岁以上人员需采集人像信息进行人像比对排除重复户口。受理地派出所需采集此类人员生物检材,检测DNA并将DNA数据录入"全国公安机关查找被拐卖/失踪儿童信息系统"进行比对,排除被拐卖(盗、抢)情形。

第四节 结 论

依法登记户口是证明国籍的重要方式,也是法律赋予公民的一项基本权利,是公民参与社会事务、行使各项权利义务的前提,事关社会公平正义与社会和谐稳定。[1] 我国的出生登记,主要根据1958年《户口登记条例》和户口登记地方法规、规章和行政规范性文件。我国不断完善有关出生登记的法规文件,逐步健全出生登记制度,建立了自上而下的出生登记管理网络,提高出生登记管理水平。

---

[1] 《国务院办公厅关于解决无户口人员登记户口问题的意见》(国办发〔2015〕96号)序言。

户口注销未恢复人员主要是华侨,他们没有户口和居民身份证,只有中国护照。国外出生的华侨不能办理户口登记和申领居民身份证,没有公民身份号码。公民出国定居前,注销常住户口和交回居民身份证,失去了公民身份号码。华侨回国定居和恢复户口,必须满足已在国内连续居住一定时间、有稳定生活保障和合法固定住所等条件。护照不能在国内证明华侨的身份。一些部门采取措施解决华侨在国内办理事务以护照证明身份问题。

一些中国公民出国定居成为华侨,注销了户口,不在国外定居了,回国后难以恢复注销的户口。归侨恢复户口,必须先办理回国定居手续。无户口回流边民问题主要存在于西南沿边省份。一些边民的户口在偷越边境时被注销,回国时不能或未按照有关规定办理出入境等手续,无法恢复户口。对于无户口回流边民问题,区分取得外国合法居留权、未取得外国国籍,不符合华侨认定标准、未取得外国国籍,无法提交关于境外居留身份证明材料等情况,分别通过华侨回国定居、认定中国国籍等方法解决。

有些地方搞"土政策",擅自对出生登记设定前置条件,在历史上形成了一批无户口人员。包括不符合计划生育政策无户口人员,未办理《出生医学证明》无户口人员,事实收养无户口人员,中国公民与外国人、无国籍人生育的无户口人员等。国家和地方出台政策文件明确禁止对出生登记设定前置条件,允许登记户口,地方坚决贯彻实施,努力解决这些人员的无户口问题,已取得重要成效。

第 十 三 章

中国法上的双重国籍：1909—1979年

我国法律中没有关于双重国籍的定义，学者关于双重国籍人定义的观点与国际文件关于双重国籍人的阐述一致。有学者认为：具有两国国籍的人称为双重国籍人，双重国籍是指一个人同时具有两个国家的国籍。[①] 广义的双重国籍是指同时具有两个及以上国籍。本章梳理从清末到1979年中国法上双重国籍的历史发展，聚焦清朝、中华民国、中华人民共和国等三个时期的九个阶段，准确把握我国双重国籍法律制度的历史发展规律，科学认识双重国籍法律制度历史发展的影响，深入理解依法解决双重国籍问题的复杂性。

第一节 1909年《大清国籍条例》

一、该法关于双重国籍的考虑因素

1909年3月，清政府颁布《大清国籍条例》，这是中国历史上第一部国籍法，具有视臣民为国家资源、国家财富，国籍管理为行使主权的思想，将更多的人视为臣民，即使在具有中国国籍的同时具有其他国家国籍。1909年《大清国籍条例》虽然没有明确承认双重国籍，但是由于没有规定出生时只具有一国国籍，取得外国国籍时丧失中国国籍，取得中国国籍时丧失外国国籍，恢复中国国籍时丧失外国国籍，事实上承认——默许双重国籍。清政府在1909年《大清国籍条例》中默许双重国籍，主要原因是争夺海外侨胞、对抗领事裁判权和维护海外侨胞权益等。

[①] 王铁崖，魏敏.国际法[G].北京：法律出版社,1981,250.

清政府1909年制定《大清国籍条例》的直接原因是与荷兰争夺海外侨胞，抵制荷兰将出生在荷属东印度（今印度尼西亚）的华侨定为荷兰臣民。1892年《荷兰国籍与居住条例》第2条规定："称为荷兰人者：帝国居民（或者父或者母）之子女。其父或者母生于在帝国居住之母者。"第13条规定："称帝国之居民者，谓在帝国或者其殖民地领地，连续居住18个月以上，现在继续居住该地之人。"1907年，荷兰修订1892年《荷兰国籍与居住条例》，坚持出生地原则。1910年，荷属东印度殖民政府制定《荷属东印度籍民条例》，坚持出生地原则，出生和居住在荷属东印度的华侨为荷兰臣民。中国驻德国公使许景澄代表中国政府致荷兰外交大臣照会："所有贵国属地之华民，为本地华人所生，概作荷兰子民，中国国家不能允认。特此陈明。"①

1909年《大清国籍条例》限制了领事裁判权的适用范围，减损了领事裁判权的效力。西方列强在中国的领事裁判权破坏了中国司法权的独立自主和完整统一，伤害了清政府的自尊，又威胁清政府的统治地位。在清政府官员看来，取得外国国籍的中国人，取得外国国籍前是一条虫，取得外国国籍后是一条龙，不服从清政府管辖。晚晴重臣薛福成认为："间有以善贾至者，不称英人，则称荷人，反依势挟威，干犯法纪。"② 1909年《大清国籍条例》不承认自动丧失中国国籍，未经批准不丧失中国国籍（第11条、第13条），有未经批准丧失中国国籍而取得外国国籍的，非经申请并经外国驻华使领馆与中国地方官相互照会，或者在境内居住营业、购置承受不动产、担任官职，不认定丧失中国国籍（1909年《大清国籍条例施行细则》第1条、第2条第4款和第5条），中国人不得以取得外国国籍规避清政府管辖。③

清政府面对列强挑战，在江河日下的被动形势下，不甘"天朝上国"的衰亡，通过默许双重国籍，尽力维护海外侨胞权益，抗争性宣示大国地位，

---

① 原载《外务部档》，转引自袁丁.晚晴侨务与中外交涉[M].西安：西北大学出版社，1994，96.
② 薛福成.庸庵海外文编·卷一[M].19.
③ 刘华.华侨国籍问题与我国国籍立法[M].广州：广东人民出版社，2004，85-86.

本能反映和表现民族主义意识。①1909年《大清国籍条例》，根据宪政编查馆奏折，是在"列国并争，日以辟土，殖民互相雄长"之际，本着"怀保流移为贵"的主旨订立的，重要性在于"上系国权之得失，下关民志之从违"。由于中国人传统的血统宗亲和族群乡梓观点，敬宗法祖和宗祧继承思想，以及即使取得外国国籍也不能获得与外国人同等的地位，海外侨胞无法接受成为住在国人，而不再是中国人，请求清政府颁布血统原则国籍法，将海外侨胞纳入中国人范围，维护他们的权益，使1740年（印度尼西亚）红溪惨案不再重演。②

南洋群岛荷属商务总会致电中国总理衙门："速设领事，以资保护也，国籍法必采取血统原则者，盖以血统为重，无论去国几百年，距国几万里，凡为其国人之血系，即皆为本国之民。此尤不单关系荷属华侨，即统计世界人口计，华人最占多数；统中华全国计，外人侨居中间者，万万不能当中国人侨居他国之数，且入我籍者由少其人。采此主义，则所有本国人皆受范围于其内，此外绝少不利之处，实于国家大有关系。故速请颁国籍法，而国籍法必采血统原则。"③

二、形成双重国籍的情形

（一）出生时具有中国国籍、其他国家国籍

1909年《大清国籍条例》没有规定出生时只具有一国国籍，形成双重国籍。1909年《大清国籍条例》第1条规定："凡左列人者，不论是否出生于中国地方，均属中国国籍：（一）生而父为中国人者。（二）生于父死后，其父死时为中国人者。（三）母为中国人而父无可考或者无国籍者。"坚持父系单系血统原则，如果出生地国家实行出生地原则，出生时父亲是中国人，出生婴儿

---

① 程希.侨务与外交关系研究：我国放弃"双重国籍"的回顾与反思[M].北京：我国华侨出版社，2005，41.

② 1740年10月，荷兰殖民者以搜查军火为名，命令巴达维亚城内（今雅加达）华侨交出一切利器，荷军挨户搜捕华侨，对华侨进行血腥洗劫。巴达维亚城西有一条河，名红溪，是肇事地点之一，故称为"红溪惨案"。城外华侨在黄班指挥下，与荷军激战，伤亡千余人，后转战中爪哇，斗争持续到1743年。

③ 原载《外务部档》，转引自袁丁.晚晴侨务与中外交涉[M].西安：西北大学出版社，1994，96.

除具有中国国籍外，还具有出生地国家国籍。

（二）取得外国国籍时不丧失中国国籍

1909年《大清国籍条例》没有规定取得外国国籍时丧失中国国籍，形成双重国籍。1909年《大清国籍条例》严格限制出籍权。第11条规定："凡中国人愿入外国国籍者，应先呈请出籍。"第13条第2款规定：自批准牌示之日起始作为出籍之证，其未经呈请批准者，不问情形如何仍属中国国籍。不承认自动丧失中国国籍，未经批准不丧失中国国籍。取得外国国籍后，不申请丧失，或者虽然申请，但是没有被国籍主管部门批准，仍然保留中国国籍，形成双重国籍。

1868年《蒲安臣条约》（《〈中国美国天津条约〉续增条约》）已经允许中国人加入美国国籍，可能形成双重国籍。第5条规定：大清国与大美国切念民人前往各国，或者愿常住入籍，或者随时来往，总听其自便，不得禁阻。

（三）未经批准退出中国国籍不丧失中国国籍

对于1909年《大清国籍条例》实施前，有未经批准丧失中国国籍而取得外国国籍的，非经申请并经外国驻华使领馆与中国地方官相互照会，或者在境内居住营业、购置承受不动产、担任官职，不认定丧失中国国籍，形成双重国籍。

1909年《大清国籍条例施行细则》详细规定取得外国国籍，未被批准出籍仍属中国国籍的情形。第1条规定："本条例施行以前，中国人有并未批准出籍而入外国籍者，若向居外国，嗣后至中国时，应于所至第一口岸呈明该国领事，由该管国领事具呈照会中国地方官，申明于某年月日已入该国国籍，始作为出籍之证。"第2条规定："本条例施行以前，中国人有并未批准出籍而入外国籍者，若向居中国通商口岸租借内者，应于一年以内呈明中国地方官，照会该管国领事查明于某年月日已入该国国籍，始作为出籍之证。"第3条规定："凡不照前两条（第1条、第2条）所载呈明出籍之证者，则在中国一体视为仍属中国国籍。"第4条规定："本条例施行以前，中国人有并未批准出籍而入外国籍者，仍在内地居住营业或者购置及承受不动产并享有一切中国人特有之权益，即视为仍属中国国籍。"第5条规定："本条例施行以前，中国人有并未批准出籍而入外国籍者,仍列中国官职即视为仍属中国国籍。"

(四)豁免取得中国国籍时放弃原国籍

1909年《大清国籍条例》没有规定外国人归化取得中国国籍时丧失外国国籍,形成双重国籍。虽然外国人一般归化取得中国国籍,应放弃原国籍,但是外国人特别归化取得中国国籍,则豁免放弃原国籍,形成双重国籍。1909年《大清国籍条例》第4条规定:凡外国人或者无国籍人有殊勋于中国者,虽不具备(一)寄居中国连续至十年以上者;(二)年满二十岁以上照该国法律为有能力者;(三)品行端正者;(四)有相当之资产或者艺能足以自立者;(五)照该国法律于入籍后即应销本国国籍者,得由外务部、民政部会奏请旨,特准入籍。

(五)恢复中国国籍时不丧失外国国籍

1909年《大清国籍条例》没有规定恢复中国国籍,必须放弃外国国籍,形成双重国籍。对于恢复中国国籍的,不要求放弃外国国籍,恢复中国国籍后依然保留外国国籍。

1909年《大清国籍条例》第19条规定:"凡因出嫁外国人而出籍者若离婚或者夫死后准其呈请复籍。"第20条规定:"凡出籍者之妻于离婚或者夫死后未成年之子已达成年后均准呈请复籍。"第21条规定:凡呈请出籍后如仍寄居中国接续至三年以上,并合"品行端正者""有相当之资产或者艺能足以自立者",准其呈请复籍。第22条规定:"反呈请复籍者,应由原照同省公正绅商二人出具保结,呈请领事申由出使大臣或者迳呈出使大臣咨部办理。自批准牌示之日起始作为复籍之证。"1909年《大清国籍条例施行细则》规定已入外国国籍的可以申请恢复中国国籍,但未规定丧失中国国籍。第7条规定:"本条例实行以前中国人有已入外国国籍者,准其随时遵照本条例第22条呈请复籍,毋庸照第21条及第23条办理。"

第二节 1912年《中华民国国籍法》

一、该法关于双重国籍的考虑因素

1912年11月,中华民国元年,北京中华民国政府颁布《中华民国国籍法》，1914年11月修正，这是中国自共和国以来第一部国籍法，也是北京中华民国政府时期唯一一部国籍法，沿袭1909年《大清国籍条例》的视国民为国家资源、国家财富，国籍管理为行使主权的思想，将更多的人视为本国人。1912年《中华民国国籍法》（1914年修正）继承1909年《大清国籍条例》的默许双重国籍的原则，但有所严格并尽力避免双重国籍。北京中华民国政府在1912年《中华民国国籍法》（1914年修正）中默许双重国籍，主要原因是维护海外侨胞权益，争取海外侨胞认同和支持等。

认定海外侨胞的中国国籍，为维护海外侨胞权益奠定法律基础。由于海外侨胞给予孙中山领导的革命党及其武装反清革命事业极大支持等原因，孙中山领导的南京临时政府空前尊重和重视海外侨胞，坚定地维护海外侨胞权益。孙中山认为："我海外同志昔与文艰苦相共，或者输财以充军费，或者奋袂而杀国贼，其对革命之奋斗历十余年如一日，故革命史上，无不有华侨二字以长留国人之脑海。""华侨为革命之母"。①

北京中华民国政府继承了南京临时政府的维护海外侨胞政策，颁布《中华民国国籍法》，继承《大清国籍条例》的默许双重国籍原则，认定有中国血统的海外侨胞即使有外国国籍，也有中国国籍，是中国的海外国民，纳入中国政府的属人管辖权范围，维护其权益。1912年7月、11月，北京中华民国政府颁布《袁大总统通令各省保护侨民》《袁大总统布告保护归国侨民》，保护侨民和归国侨民的权益。1913年1月，派遣徐勤、姚梓芳为"华侨宣慰使"赴南洋群岛宣慰侨胞。

北京中华民国政府争取海外侨胞的认同、支持。1912年《中华民国国籍法》（1914年修正）默许双重国籍，允许海外侨胞拥有外国国籍的同时拥有中国国籍，将其作为国民、中华民族的重要组成部分，保障海外侨胞回国行使选举权、被选举权等政治权利，在外国排华、反华时，保护其人身权利和财产权利。海外侨胞出于对中华民国认定其拥有中国国籍的回馈等原因，认可中华民国是自己的国家，在政治上积极回国参政议政，当选华侨参议员。在

---

① 丘正欧.华侨问题研究[M].台湾："国防研究院"，1965，123.

外交上配合北京中华民国政府在巴黎和会上的废约斗争，废除《中日旅大租地条约》《中日通商行船条约》《中比通商条约》等不平等条约。在经济上，捐钱捐物投资兴业。

二、形成双重国籍的情形

（一）出生时具有中国国籍、其他国家国籍

1912年《中华民国国籍法》（1914年修正）除删去1909年《大清国籍条例》强调的"不论是否出生于中国地方"，还继承了父亲单系血统原则，没有规定婴儿出生时只能具有一国国籍，形成双重国籍。如果出生地国家施行出生地原则，出生时父亲是中国人，出生婴儿除具有中国国籍外，还具有出生地国家国籍，形成双重国籍。1912年《中华民国国籍法》（1914年修正）第1条第1款第1项、第2项规定：左列各人属中华民国国籍：（一）生而父为中国人者。（二）生于父死后，其父死时为中国人者。

（二）取得外国国籍时不丧失中国国籍

1912年《中华民国国籍法》（1914年修正）没有规定中国人取得外国国籍时丧失中国国籍，形成双重国籍。不承认自动丧失中国国籍，未经批准不丧失中国国籍。取得外国国籍后，不申请丧失，或者虽然申请，但是没有被国籍主管部门批准，仍然保留中国国籍。1912年《中华民国国籍法》（1914年修正）继承1909年《大清国籍条例》对出籍权的严格限制，有所松动。第12条规定：因"父为外国人，经其父认知者"，"父无可考或者未认知，母为外国人，经其母认知者"丧失中国国籍，以年满20岁以上，依中国法有能力，并经内务部许可者为限。第13条规定：因"自愿归化外国，取得外国国籍者"，须经内务部，无左列各款情事者，始丧失国籍：（一）届服兵役年龄，未免除服兵役义务，尚未服兵役者；（二）现服兵役者；（三）现在中国文武官职、立法院议员或者地方自治者。1913年《中华民国国籍法实行细则》（1915年修正）第8条规定："依修正国籍法之规定而丧失中华民国国籍者，须禀由现住地方之该管官署，转报内务部，经其许可。"

(三)恢复中国国籍时不丧失外国国籍

1912年《中华民国国籍法》(1914年修正)没有规定外国人恢复中国国籍时丧失外国国籍,形成双重国籍。1912年《中华民国国籍法》(1914年修正)除删去"出籍后如仍寄居中国接续至三年以上"准其呈请复籍等外,与1909年《大清国籍条例》一样,都不要求外国人恢复中国国籍时,放弃外国国籍,使得外国人恢复中国国籍后,可能依然保留外国国籍。1912年《中华民国国籍法》(1914年修正)第19条规定:中国人因婚姻丧失国籍者,婚姻关系消灭后,如于中国有住所,并具备"品行端正""有相当之财产或者艺能,足以自立",经内务部许可,得恢复中华民国国籍。

除形成双重国籍的情形外,1912年《国籍法》(1914年修正)删去了1909年《大清国籍条例》关于外国人特别归化取得中国国籍,豁免放弃原国籍的条件的规定,避免双重国籍。外国人取得中国国籍时须丧失原国籍,中国人取得外国国籍而丧失中国国籍时,其妻子、未成年子女一同丧失中国国籍,避免双重国籍。1912年《国籍法》第4条第1款第5项规定:外国人申请归化时,必须本无国籍或者因取得中国国籍即丧失本国国籍。1912年《国籍法》(1914年修正)第15条规定:丧失国籍人之妻及未成年子若随同取得外国国籍时,丧失中国国籍。

第三节 1929年《中华民国国籍法》

一、该法关于双重国籍的考虑因素

1929年2月,南京国民政府颁布《国籍法》,这是南京国民政府的第一部国籍法,沿袭1912年《中华民国国籍法》(1914年修正)的视国民为国家资源、国家财富,国籍管理为行使主权的思想,将更多的人视为本国人,继承1912年《中华民国国籍法》(1914年修正)、1909年《大清国籍条例》的默许双重国籍的原则。[①] 南京国民政府默许双重国籍的主要原因是肯定海外侨胞重要贡献,重视和关心海外侨胞与中国的联系;维护海外侨胞权益,赋予海外

---

① 这部国籍法直至2000年才由台湾当局作出修订。

侨胞立法、司法、监察等方面的政治权利，兴办实业、投资等方面的经济权利，以及回国就学等方面的教育权利；争取海外侨胞认同、支持南京国民政府等。

肯定海外侨胞重要贡献，重视和关心海外侨胞与中国的联系。南京国民政府，由于重视华侨的地位与力量，采取双重国籍。① 内政部认为："规定国籍最应注意者为民族精神，而最足以保持此种民族精神者，即为血统，万不能因其偶然出生于异域即其本国之国籍。吾国华侨遍居全球，而尤以南洋为数最多，彼辈在外所生儿童之心思及志趣，与中国内地儿童相当，岂能否认为中国人乎？"② 默许双重国籍使南京国民政府对海外侨胞的重视以法律形式规定下来，增强了海外侨胞对中国的向心力和叶落归根的民族意识，对传播中华文化，发扬海外侨胞的民族主义精神，促进侨胞社会的团结，起到了巨大的作用。

赋予海外侨胞立法、司法、监察等方面的政治权利，兴办实业、投资等方面的经济权利，以及回国就学等方面的教育权利。华侨在南京国民政府时代享有较多政治权利。侨居国外的国民可选出立法委员16名、监察委员8名、国民大会代表65名。1930年，受世界性经济危机影响，旅日华侨大量失业，生路断绝。南京国民政府外交部商榷日本外务省嘱邮轮公司挂账资送多批华侨回国，资费由政府支出。1933年，墨西哥顺省地方发生排华风潮，迫令华商停业，华侨离境，致使旅墨华侨数千人失业。中国驻墨西哥公使照会墨西哥外交部，申明所有骚扰事件应由墨西哥政府负其全责，并保留要求赔偿损失权利。③

争取海外侨胞的认同、支持。默许双重国籍使海外侨胞不丧失中国国籍，将海外侨胞看成中国人的组成部分、向海外的拓展部分，夯实了争取海外侨胞认同、支持的法律基础。海外侨胞一般都认定自己是中国人，侨居国只是谋生地，一定会叶落归根。海外侨胞认可中华民国是自己的国家，在政治上

---

① 陈烈甫.东南亚洲的华侨、华人与华裔[M].台北：正中书局，1979，6-7.
② 王崇本.国籍法概论[M].中华民国内政部，1942，3.
③ 薛典曾.保护侨民论[M].上海：商务印书馆，1937，101，121.

积极回国参政议政，在外交上声援废除不平等条约，在经济上捐钱捐物投资兴业。抗战时期全世界有华侨约800万人，一半以上都为祖国捐款。①

二、形成双重国籍的情形

（一）出生时具有中国国籍、其他国家国籍

1929年《中华民国国籍法》继承1909年《大清国籍条例》、1912年《中华民国国籍法》（1914年修正）的父亲单系血统原则，没有规定婴儿出生时只有一国国籍，形成双重国籍。如果出生地国家施行出生地原则，出生时父亲是中国人，出生婴儿除具有中国国籍外，还具有出生地国家国籍，会形成双重国籍。1929年《中华民国国籍法》第1条第1款规定："中华民国国籍之生来取得"。第1条第2款第1项、第2项规定：左列各人属中华民国国籍：（一）生时父为中国人者。（二）生于父死后，其父死时为中国人者。

（二）取得外国国籍时不丧失中国国籍

1929年《中华民国国籍法》继承1909年《大清国籍条例》、1912年《中华民国国籍法》（1914年修正）的出籍从严，没有规定中国人取得外国国籍时丧失中国国籍，形成双重国籍。不承认自动丧失中国国籍，未经批准不丧失中国国籍。取得外国国籍后，不申请丧失，或者虽然申请，但是没有被国籍主管部门批准，仍然保留中国国籍。1929年《国籍法》第10条第1款规定：中国人为外国人妻者，自请脱离国籍，经内政部许可者，丧失国籍。第11条规定：自愿取得外国国籍者，经内政部许可之，得丧失国籍。

（三）取得中国国籍时不丧失原国籍

1929年《国籍法》删去了避免双重国籍的1909年《大清国籍条例》第3条第1款第5项，1912年《国籍法》（1914年修正）第4条第1款第5项，外国人申请归化取得中国国籍应消除本国国籍、丧失本国国籍，允许此种情形下的双重国籍。外国人取得中国国籍时不丧失外国国籍，形成双重国籍。

---

① 刘华.华侨国籍问题与我国国籍立法[M].广州：广东人民出版社，2004，85-143.

（四）丧失中国国籍人的妻子、未成年子女随同取得外国国籍时，不丧失中国国籍

1929年《国籍法》删去了1912年《国籍法》（1914年修正）避免双重国籍的第15条，"丧失国籍人之妻及未成年子若随同取得外国国籍时，丧失中国国籍"，不再规定丧失中国国籍人的妻子、未成年子女随同取得外国国籍时，丧失中国国籍，形成双重国籍。

（五）恢复中国国籍时不丧失外国国籍

1929年《中华民国国籍法》与1909年《大清国籍条例》、1912年《中华民国国籍法》（1914年修正）相比，进一步放宽恢复国籍的条件，不要求外国人恢复中国国籍时放弃外国国籍。没有规定外国人恢复中国国籍时丧失外国国籍，外国人恢复中国国籍后保留外国国籍的可能性增强，形成双重国籍。（1）1929年《国籍法》第15条规定：因婚姻丧失国籍者，婚姻关系消灭后，经内政部许可，得恢复国籍。不对因婚姻丧失国籍者恢复国籍设定除批准外的任何条件，删去1912年《中华民国国籍法》（1914年修正）要求的在境内有住所、归化国允许丧失国籍。（2）自愿丧失国籍的，符合有住所、品行端正、足以自立等条件的，经内政部许可，可以恢复国籍。1929年《国籍法》第16条规定：自愿丧失国籍者，若于我国有住所，品行端正，有相当之财产或者艺能，足以自立，得恢复国籍。（3）妻子、子女随同丈夫、父亲一起恢复国籍。1929年《国籍法》第17条规定：归化人之妻，及依其本国法未成年之子，随同恢复国籍。

第四节 1980年《国籍法》前中国法上的双重国籍

一、新中国初期承认海外华侨双重国籍

1949年10月1日，中华人民共和国中央人民政府成立。成立前夕，中国人民政治协商会议于1949年9月29日在北京召开。中国人民政治协商会议通过了《共同纲领》，宣布废除国民党政府时期的《六法全书》，国民党时期制

定的国籍法不再有效。①1949年10月至1980年9月，我国与世界各国的华侨国籍问题、与周边国家之间的边民国籍问题，在坚持和平共处五项原则的基础上，采用友好协商的方式，通过缔结双边条约的方式调整。

1949—1953年，新中国成立初期，我国承认海外华侨双重国籍，视海外华侨为侨民，将他们广泛地团结在祖国的周围，赋予担任全国人大代表等政治权利，不要求他们在双重国籍中选其一，支持他们放弃中国国籍，鼓励他们融入住在国。

1949年6月，中国共产党在北平主持召开了新政协筹备会第一次全体会议，通过了《新政治协商会议筹备会议组织条例》，将海外华侨民主人士列为参加新政协筹备会的23个单位之一，陈嘉庚、司徒美堂、陈其瑗、戴子良、费振东、庄明理等7位为海外华侨民主人士代表。1949年9月，中国人民政治协商会议第一届全体会议将原来的"海外华侨民主人士"改名为"国外华侨民主人士"，选举陈嘉庚、司徒美堂、戴子良、蚁美厚、庄明理、费振东6人为政协委员。

1951年5月，中共中央针对印度尼西亚华侨国籍问题作出三点批示——海外华侨国籍问题三原则：（1）凡父母双方或者一方具有中国国籍者，出生时具有中国国籍；（2）华侨根据本人自愿变更国籍；（3）出籍华侨有要求复籍的权利。以上三种情况，都可能导致海外华侨具有双重国籍。

1953年2月，中央人民政府委员会通过《全国人民代表大会及地方各级人民代表大会选举法》，安排海外华侨担任人大代表，不论海外华侨是否具有双重国籍。第7条规定："人民武装部队和国外华侨得单独进行选举，其选举

---

① 1949年10月1日，马海德登上天安门城楼参加中华人民共和国开国大典。同日，周恩来在马海德的中国国籍证明书上签字，马海德成为加入中国国籍的第一个外国人。马海德原名乔治·海德姆，1910年出生于纽约州布法罗市。1933年毕业于日内瓦医科大学并获得博士学位。同年来到中国上海。在上海，马海德结识了美国女作家史沫特莱，通过她了解解放区。在中央进驻延安时加入了中国共产党。1946年，马海德作为中共代表参加了国、共、美三方组成的军事调查小组，担任中共中央代表团医疗顾问及英文翻译及解放区善后救济总署顾问。新中国成立后，马海德任皮肤病性病研究所顾问和副所长、卫生部顾问等职，为防治和消灭麻风病、性病等疾病作出了重大贡献，1988年被授予"新中国卫生事业的先驱"荣誉称号。1988年10月，马海德在北京因病逝世，享年78岁。

办法另订之。"第23条规定:"国外华侨应选全国人民代表大会代表30人。"

1953年4月,中共中央作出《关于处理华侨国籍问题的指示》,重申1951年5月海外华侨国籍问题三原则,仍然承认海外华侨双重国籍,还对回国华侨国籍问题作了四项暂时规定。[①]

1954年3月,中共中央批转中央人民政府华侨事务委员会(以下简称中侨委)党组1953年8月发布的《关于资本主义体系内华侨统一战线工作与社团工作的若干意见》。该《若干意见》指出:"国外华侨工作的主要内容是:如何从最大多数华侨的切身利益出发,团结自救,求得长期生存,巩固爱国团结,使国外华侨广泛地团结在祖国的周围。"这与廖承志在1953年中侨委侨务扩大会议上的指示一脉相承,"国外华侨兴办的报纸的中心任务,应该是首重报道祖国的消息。换言之,它只应是我们国外侨民的报纸,而不应该附加任何其他内容或者性质。国外的华侨学校应该是侨民学校性质,主要内容是教会华侨子弟懂得祖国语言文字,长期培养华侨后代。"

1954年9月,30名来自海外和国内的华侨参加了第一届全国人民代表大会,比1949年9月参加第一届中国人民政治协商会议的代表名额增加了一倍。周恩来总理在政府工作报告中指出:中国政府准备首先同已建交的东南亚国家解决华侨的国籍问题。

二、从承认到不承认东北朝鲜族居民双重国籍

(一)承认东北朝鲜族居民双重国籍

新中国成立初期处理东北朝鲜族居民双重国籍问题时,实现了从国内解放战争时期承认双重国籍向新中国成立初期不承认双重国籍的转变,主要考虑政治和外交因素,同时尊重朝鲜意愿,在国际斗争中支持朝鲜,在对外关系中加强中朝团结。

国内解放战争时期,考虑到东北朝鲜族居民的观念和感情,并出于革命斗争的需要,采取模糊的国籍政策,承认东北朝鲜族居民拥有双重国籍。

---

① 程希.1954年前后中国解决与印尼"双重国籍"问题的外交形势[J].南洋问题研究,2004(3).

1948年12月，中共延边地委书记刘俊秀讲到民族政策时，允许东北朝鲜族居民拥有双重国籍，既可以作为中国公民参加解放战争，又可以以朝鲜公民身份回国参加革命斗争。他指出："凡是过去居住在延边地区并在土改中已向当地民主政府正式（申请）加入户籍者，为中国之公民（包括城镇在内）；凡未正式加入户籍或者新由朝鲜临时来居者，为朝鲜侨民。公民与侨民在权利和义务上应有明确的区别，并按此区别来确定在中国境内入籍的朝鲜人民与朝鲜民主共和国的关系是同一民族居住在两个国家——中国与朝鲜之友邻关系。因此，凡是在中国境内入籍的朝鲜人民，均以中国公民待遇，不能以朝鲜侨民看待。"刘俊秀还指出：由于朝鲜民族的人民有自己特殊的民族传统，有长期的革命斗争历史，加之中朝两国地理上数百里毗邻，必须承认中国境内的朝鲜人民有原先自己的祖国——朝鲜民主共和国。当他们的祖国受到侵略或者威胁时，中国境内的朝鲜人民就有责任去保卫祖国。①

（二）不承认东北朝鲜族居民双重国籍

在新中国成立初期，特别是1950年6月朝鲜战争爆发后，东北朝鲜族居民迁徙情况复杂，为稳定新生政权和营造抗美援朝的良好环境，需要解决朝鲜族居民双重国籍问题，东北人民政府在这方面进行了探索，不承认双重国籍。1950年11月，东北人民政府公安部规定了朝鲜族加入中国国籍的条件："八一五"前在东北居住者；"八一五"后曾回朝鲜后又来东北，并在东北有房屋、土地、商业经营或者有直系亲属者；"八一五"后分得土地、房屋而从事农业生产者。② 1953年4月，中共东北局向中央报告：鉴于基层选举即将开始，需要进行人口普查和选民登记，大量在我国的朝鲜族居民的国籍问题迫切需要解决。朝鲜处于战争环境，很多朝鲜人要求加入中国国籍，如按照自愿的原则处理，可能引起朝鲜友方误会。

中共中央在东北局探索不承认朝鲜族居民双重国籍政策经验的基础上，明确朝鲜族居民只有一个国籍，批准放弃中国国籍加入朝鲜国籍，限制放弃

---

① 刘俊秀.关于民族政策中的几个问题（草案）(1948年12月9日).中共延边吉东吉敦地委延边专署重要文件汇编（1）.392.

② 韩哲石.长白朝鲜族自治县志[G].北京：中华书局，1993，287.

朝鲜国籍加入中国国籍。1953年7月，中共中央复电东北局，发布《中央关于中国籍朝鲜民族与朝鲜侨民问题的指示》，同意以1949年10月1日为时间界线区分来华朝鲜人国籍归属的基本原则，为照顾朝鲜利益，具体情况，分别按下列原则处理：（1）家庭久居东北，已加入中国籍，后去朝鲜但未领有朝鲜公民证者，仍是中国籍朝鲜族；家住朝鲜，本人来东北经商或者居住者，应算作朝鲜侨民。（2）一家分住两国者，主要成员在朝鲜居住者应当作朝鲜侨民，主要成员久居东北，其居住我国的成员，则为中国籍朝鲜族；如划分不清者，应根据自愿原则处理。（3）中国籍朝鲜族人与1949年10月1日以后来我国的朝鲜侨民结婚，如本人未提出改变国籍，暂时不予变更；具有朝鲜国籍的男方或者女方，要求加入中国国籍者，应暂不予处理。如果具有中国国籍之男方或者女方自愿于朝鲜停战后随其具有朝鲜国籍之男方或者女方前往朝鲜参加建设者，应加鼓励；愿脱离中国国籍加入朝鲜国籍者，应予批准。4.凡父母双方俱有中国国籍，无论其在中国境内或者朝鲜境内所生子女，即为中国籍朝鲜族。凡父或者母一方为朝鲜国籍，其所生之子女生在朝鲜而现来中国者，应当做朝鲜侨民；生在中国者，应为中国籍朝鲜族，当其年满18岁愿变更国籍时，应按自愿原则办理。①1953年7月《中央关于中国籍朝鲜民族与朝鲜侨民问题的指示》成为各级政府处理在华朝鲜人国籍问题的依据。

1954年1月，中央民族事务委员会致函外交部称：北京、上海、天津很多过去已登记为朝侨的居民迫切要求解决国籍问题，朝鲜大使馆曾表示他们目前解决不了朝侨问题，等着中国政府按东北办法处理。②1954年4月，内务部在处理一般国籍问题的指示中称：东北中国籍朝鲜民族与朝鲜侨民国籍的划分，按1953年7月中共中央的指示办理，"不受本指示所规定的限制"③。

1956年8月《关于识别国籍及处理华侨和中国籍朝鲜族人回国等内部问题工作暂行办法》，在解决我国朝鲜族居民的国籍问题方面，重申1953年7月中共中央指示的原则和处理意见。同时，增加了有关在朝华侨和中国籍朝鲜

---

① 《中共中央指示》（1953年7月18日）.外交部档案馆.108-00018-02.第13—15页.
② 《亚洲司一科：案情节略》（1954年2月9日）.外交部档案馆.118-00249-15.第104—107页.
③ 《内务部关于处理国籍问题的指示》（1954年4月15日）.外交部档案馆.118-00506-02.第3-6页.

族人申请回到我国的处理办法。其中规定，可予批准回国的，是老弱病残者、回国结婚者、生活困难者以及其他朝方难以安排或者给朝方造成困难者。对下列人员不宜批准回国：有劳动能力者，尽量动员其留朝工作；因一时失业者，应请华侨联合会设法解决其生活和职业等问题；申请回国读书升学者，应劝其继续在朝学习，将来参加住在国的建设。①

1972年12月，财政部与有关部门研究，按照不承认东北朝鲜族居民双重国籍政策，答复辽宁省革命委员会民政局关于革命残废军人加入朝鲜国籍以后的换证和抚恤问题。1973年《财政部关于革命残废军人加入朝鲜国籍后的换证和抚恤问题的复函》规定："现持有《革命残废军人抚恤证》的残废军人，经批准加入朝鲜国籍以后，仍侨居我国的，对他们的换证和抚恤问题，我们意见：已经享受朝鲜政府抚恤的，我国即不再换证和抚恤，但要向本人解释清楚；对没有享受朝鲜政府抚恤的，仍由我国给予换证，继续抚恤。"

1973年，公安部等（1973）第86号《关于处理我朝鲜族公民私自领得〈海外公民证〉的通知》规定：如果是好人和劳动人民，在指出其错误并承认了错误后，仍愿改入朝鲜籍的，可通融办理，受理其退出中国籍申请，报公安部批准发给退籍证件，然后才能改按朝侨登记管理，对其中犯有极大罪恶的人，可将材料报公安部等，待研究后再处理。

1975年，最高人民法院与公安部等研究后，批复《青海省高级人民法院关于对南风吉可否依法处理的请示报告》，南风吉没有退出中国籍，私自领得朝鲜的《海外公民证》是错误的，非法的，按中国籍罪犯依法处理。南风吉1960年在北京市大栅栏电机厂当工人，1961年11月因冒充侨民套购物资，进行投机倒把，被宣武区人民法院判缓刑2年。1968年至1972年6月，在西宁市城中区五金厂当工人期间，又勾结他人贪污盗窃，投机倒把，非法获利9700余元。于1972年6月依法逮捕。

我国在新中国成立初期制定朝鲜族居民国籍政策，充分考虑朝鲜利益，

---

① 《关于识别国籍及处理华侨和我国籍朝鲜族人回国等问题工作暂行办法》（1956年8月1日）．外交部档案馆．118-00671-08．第97-98页。

例如1953年"很多朝鲜人要求加入中国国籍,如按照自愿的原则处理,可能引起朝鲜友方误会",1953年"区分来华朝鲜人国籍归属的基本原则,为照顾朝鲜利益",1956年"可予批准回国的,是老弱病残者、回国结婚者、生活困难者以及其他朝方难以安排或者给朝方造成困难者",这对于稳定新生政权和营造抗美援朝的良好环境发挥了积极作用。

三、不承认外国人的双重国籍

新中国成立初期,不承认外国人双重国籍,此做法为1980年《国籍法》沿袭。根据1953年《中央人民政府内务部(公函)内户(53)字第124号》,内务部指示上海市人民政府,为避免双重国籍,外国侨民申请入籍,应办理退出原国籍手续。对于办理退出原国籍手续有困难者,按登报声明放弃原国籍的办法处理。1954年4月,内务部发布《关于处理国籍问题的指示》,凡欲申请加入中国国籍的外国人,必须是已经退出其原有国籍的,才可以申请。

1980年以前,除1953年《中央人民政府内务部(公函)内户(53)字第124号》外,新中国发布了一些文件,有关或者涉及不承认双重国籍。主要有:1954年《公安部对中外婚生混血儿国籍问题的说明》,1956年《公安部关于处理国籍问题的通知》,1960年《公安部、外交部、华侨事务委员会关于解决福建省外侨国籍问题的批复》,1961年《公安部、华侨事务委员会关于国内处理同时具有中华人民共和国和印度尼西亚共和国国籍的人选籍问题的通知》,1961年《公安部三局、外交部领事司关于中国籍朝鲜人民复员军人和中国籍朝鲜族去朝参加建设人员回国后的国籍处理问题》,1963年6月,公安部发布《关于迅速给印度归国难侨的外籍眷属办理申请加入中国国籍手续的通知》等。

四、不承认海外华侨双重国籍

(一)不承认海外华侨双重国籍政策的国际背景

1955年,我国不承认海外华侨双重国籍政策,这与当时所处的复杂严峻的国际环境密切相关,是我国打开外交局面,争取印度尼西亚等国家承认新中国的一个突破口，实践和平共处五项原则的示范。

新中国成立到20世纪50年代中期，毛泽东主席、周恩来总理从当时资本主义、社会主义两个阵营严重对峙的实际情况出发，作出了"另起炉灶"，"打扫干净屋子再请客"，"一边倒"的重大外交决策，彻底清除帝国主义在华特权和势力，同社会主义国家和其他友好国家建立外交关系。1950年2月，中国同苏联签订《中苏友好同盟互助条约》。

1950—1953年抗美援朝战争是对我国有着重大影响的事件。抗美援朝战争，打出了军威和国威，奠定了我国开展独立自主外交的政治基础。抗美援朝战争后，美国及其盟国不甘心自己的失败，竭力孤立与遏制我国。我国长期被排斥在联合国之外，直至1971年恢复在联合国的合法席位。在东面、东南面处于美国及其盟国的包围圈，直接面临核威胁，受到美国及其盟国的贸易、禁运的制裁，对我国对外政策的制定产生了深刻影响。

（二）不承认海外华侨双重国籍政策的必要性

我国实施不承认海外华侨双重国籍政策，放弃清政府、中华民国政府实施的海外华侨双重国籍政策，主要原因是打开外交局面，避免海外华侨成为意识形态、国家争斗的牺牲品，维护海外华侨权益，谋求地缘政治安全和大国地位等。

为打开外交局面，开展东南、西南方向的睦邻外交，稳定周边，打破美国及其盟国的孤立与遏制，改变我国在国际上的地位和发挥政治大国的作用，新中国进行了外交战略和策略上的调整，开展亚非拉外交，参加具有历史意义的万隆会议。同印度和缅甸共同倡导和平共处五项原则，争取印度尼西亚的支持是当时我国睦邻外交的重点之一，妥善解决印度尼西亚华侨双重国籍问题，成为争取印度尼西亚支持的关键问题之一。1954年，我国筹备第一届全国人民代表大会，准备从海外华侨中选举30名代表参加。印度尼西亚对此表示了极大的关注和忧虑，并请印度总理尼赫鲁向中国政府转达。[①] 1954年7

---

① Willmott, Donald E.. *The National Status of the Chinese in Indonesia (1900-1958)*[C], New York: Cornell University, 1961, P45.

月，中国和印度尼西亚开展双重国籍谈判的筹备工作。印度尼西亚希望，为借周恩来总理出席万隆亚非拉会议的机会，更为向参加会议的其他国家证明和平共处原则的可行性，双重国籍谈判应在周恩来总理1955年4月参加在万隆举行的亚非拉会议时签订。① 1955年《中华人民共和国与印度尼西亚共和国关于双重国籍问题的条约》序言规定：中国政府和印度尼西亚政府，根据平等互利和互不干涉内政的原则，在友好合作的基础上，为合理解决同时具有中国国籍和印度尼西亚国籍的人的国籍问题，同意缔结本条约。

避免海外华侨成为意识形态、国家争斗的牺牲品。由于1909年《大清国籍条例》、1912年《中华民国国籍法》（1914年修正）、1929年《中华民国国籍法》的默许双重国籍原则，都没有使海外华侨双重国籍成为我国外交的突出问题，一些人士质疑"华侨问题有碍邦交"，"把华人问题当作两国关系中的问题来处理"。② 第二次世界大战以后，东南亚民族国家纷纷独立，资本主义和社会主义两个阵营严峻对立，海外华侨成为民族主义和意识形态的双重攻击目标。当时印度尼西亚右派散布的敌视言论包括：华侨经济是"殖民主义经济的残余"、华侨是"第五纵队"，中国政府"干涉内政"等。1954年12月，毛泽东主席接见缅甸总理吴努时指出："在华侨多的国家，这一关系还要搞好。因为这些国家的政府怀疑我们要利用华侨捣乱。""国籍问题也要搞清楚，到底是中国籍还是外国籍，不应该有双重国籍。"周恩来总理曾就放弃双重国籍政策与避免海外华侨成为意识形态、国家争斗牺牲品的关系，向印度尼西亚华侨作出说明："这是一个涉及国与国之间关系的问题"，"过去我国弱，那时虽也存在着双重国籍问题，但没有人拿这个来制造国际间纠纷。现在我国强起来了，有的国家就从中挑拨，说你们这样的大国，有一千多万华侨待在海外，是不是想搞颠覆活动。""无论从我们国家的对外政策上，还是消除

---

① 《章汉夫副外长就我国印尼举行华侨双重国籍问题谈判时的时间等问题与印尼驻华大使莫诺努图谈话记录》.外交部档案馆.105-00051-03.

② 周恩来.在全国人大常委会89次会议上的讲话[R].国务院侨务办公室.党和国家领导人论侨务工作[G].12.

误会，解除怀疑，改善我们两国的关系上，都须解决这个问题。"①

维护海外华侨权益。不承认海外华侨双重国籍，有利于与海外华侨住在国建立和发展外交关系，有利于通过与住在国协商，甚至通过提交照会、抗议、制裁等方式施压，维护其权益。1957年12月，周恩来总理在全国人大常委会第89次会议上提出：海外华侨只有加入当地国籍，才能参加当地的政治活动，更好地争取和维护自己的权益。中国人到外国去，就是婚出，结亲戚，与周围国家结成亲戚姻缘，和平共处这一条增加了积极因素。1959年10月，周恩来总理会见印度尼西亚外长苏班德里约时指出："1955年，我们和印度尼西亚政府缔结了华侨双重国籍条约，就是为帮助印度尼西亚政府解决这个问题。华侨问题是历史遗留下来的问题，应当寻求适当的方法解决，这样既有利于印度尼西亚经济的发展，又有利于华侨的正当权益。这两种利益并不矛盾，可以结合起来解决。"②

谋求地缘政治安全和大国地位。不承认海外华侨双重国籍，有利于防范海外华侨被帝国主义和敌对势力利用从事颠覆与破坏活动，通过发展同第三世界国家关系务实地谋求大国地位。我国以双边谈判缔约的形式不承认海外华侨双重国籍，放弃清政府、中华民国政府借助海外华侨"以利外交，以维国势"的地缘政治和经济之谋，体现了在世界体系中重新建立大国地位和国际政治经济新秩序的新思维。

（三）不承认海外华侨双重国籍政策的历史发展

实施不承认海外华侨双重国籍政策是我国自近代以来，在国籍领域最为重大的历史事件之一，是新中国在权衡周边安全环境和国家利益得失后，进行外交（侨务）战略和策略调整的重大举措和重要佐证。通过条约确立的不承认海外华侨双重国籍政策本应是两国的双方行为，但更多地表现为我国的愿望。印度尼西亚方面不重视、不完全执行《中华人民共和国与印度尼西亚共和国关于双重国籍问题的条约》，一些海外华侨不能取得印度尼西亚国籍。

---

① 外交部，中共中央文献研究室.周恩来外交文选[C].北京：中央文献出版社，1990，136.
② 周恩来.在全国人大常委会89次会议上的讲话.国务院侨务办公室.党和国家领导人论侨务工作[G].12.

1955年4月，中国与印度尼西亚通过谈判，签订《中华人民共和国与印度尼西亚共和国关于双重国籍问题的条约》，宣布不承认印度尼西亚华侨双重国籍。

1955年6月，中国总理和印度尼西亚总理就《中华人民共和国与印度尼西亚共和国关于双重国籍问题的条约》的目的和实施办法充分交换意见，并达成谅解，达成《中国与印度尼西亚关于双重国籍问题的条约的目的和实施办法的换文》。

1956年9月，廖承志在党的八大上系统阐述了解决海外华侨双重国籍问题的原则和立场。主要内容如下：(1)海外华侨双重国籍问题，是牵连到千百万人的切身利益的问题，也是两国之间的关系问题。应通过正常的外交途径，由我国政府与有关国家政府之间经过谈判达成协议，才能获得较为合理的解决。任何单方面的决定，强制执行的办法，都是违反广大华侨、华裔的意志，无视国家之间通过协商方式解决双方有关的法律问题的原则，是难以解决问题的。(2)解决海外华侨双重国籍问题，必须严格按照本人自愿的原则。华侨可以根据本人意愿选择侨居国国籍，或保留中国国籍。保留中国国籍的人，不能具有侨居国国籍。未成年的华裔子女的国籍跟随父母的国籍，待成年后再由本人自愿选择国籍。任何人都不能强迫已经保留或愿意参加我国国籍的人，去参加当地或外国的国籍。既不能是简单的血统原则，也不能是简单的出生地原则，以免造成强迫的恶果。(3)华侨要选择侨居国的国籍或保留中国国籍，任何方面不应加以人为的限制、干涉和阻止，而应予以谅解和赞同。我们绝不会干涉和阻止有中国血统的现在有中国国籍而要求加入侨居国籍的人去加入侨居国籍。对自愿选择侨居国籍的华侨或华裔，我们也希望侨居国政府不设任何人为的限制去延搁他们取得公民权。(4)选择了国籍的华侨和华裔，如果要求变更国籍，那么，在履行正常脱籍手续后，有权利这样做，不应加以拒绝。

1958年1月、2月，印度尼西亚代总统和中国国家主席分别批准《中华人民共和国与印度尼西亚共和国关于双重国籍问题的条约》。

1960年1月，中国与印度尼西亚互换《中华人民共和国与印度尼西亚共和国关于双重国籍问题的条约》批准书,《中华人民共和国与印度尼西亚共和国关于双重国籍问题的条约》自互换批准书之日起生效。《中国与印度尼西亚关于双重国籍问题的条约的目的和实施办法的换文》与《中华人民共和国与印度尼西亚共和国关于双重国籍问题的条约》同时生效。

1960年12月,中国与印度尼西亚公布《中华人民共和国与印度尼西亚共和国关于双重国籍问题的条约》。

1960年12月,中国与印度尼西亚联合委员会中国方面首席代表、印度尼西亚方面首席代表签署《中国政府和印度尼西亚政府关于双重国籍问题的条约的实施办法》,实施关于双重国籍问题的条约。

1966年5月,印度尼西亚宣布暂停允许华侨入籍,冻结华侨入籍申请。

1966年11月,苏哈托政府宣布停止根据《中华人民共和国与印度尼西亚共和国关于双重国籍问题的条约》及《实施办法》办理1962年以前出生的人的入籍申请。

1967年10月,中国与印度尼西亚中断外交关系。

1969年4月,苏哈托政府公布第4号法令,单方面废除《中华人民共和国与印度尼西亚共和国关于双重国籍问题的条约》。

(四)不承认海外华侨双重国籍政策的主要内容

不承认海外华侨双重国籍政策主要源于1955年《中华人民共和国与印度尼西亚共和国关于双重国籍问题的条约》、1955年《中华人民共和国与印度尼西亚共和国关于双重国籍问题的条约的目的和实施办法的换文》、1960年《中国政府和印度尼西亚政府关于双重国籍问题的条约的实施办法》和1961年《公安部关于同时具有中华人民共和国和印度尼西亚国籍的人宣告选择中国国籍手续的规定》等条约和文件,主要内容包括以下六个方面。

中国与印度尼西亚不承认、避免双重国籍。1955年《中华人民共和国与印度尼西亚共和国关于双重国籍问题的条约的目的和实施办法的换文》第1条规定:"上述双重国籍条约的目的是为消除存在于中华人民共和国和印度尼西亚共和国之间的双重国籍问题。这是一个历史遗留下来的问题。这个问题的解决是符合于我们两国人民的利益的。为达到上述目的,两国政府同意,在实施上述条约时，采取一切必要的措施和提供各种便利条件，使每一个具有双重国籍的人，都能够自愿地选择他们的国籍。"1955年《中华人民共和国与印度尼西亚共和国关于双重国籍问题的条约》第1条第1款规定："缔约双方同意：凡属同时具有中国国籍和印度尼西亚国籍的人，都应根据本人自愿的原则，就中国国籍和印度尼西亚国籍中选择一种国籍。"

参加选举的华裔默认为具有印度尼西亚国籍，避免华裔印度尼西亚公民人数减少。1955年《中华人民共和国与印度尼西亚共和国关于双重国籍问题的条约的目的和实施办法的换文》第2条规定："中华人民共和国政府和印度尼西亚共和国政府同意：在同时具有印度尼西亚国籍和中国国籍的人当中，有一类人，根据印度尼西亚共和国政府的意见，由于他们的社会地位和政治地位，证明他们已经不言而喻地放弃了中华人民共和国的国籍，可以被认为只具有一种国籍，而不具有双重国籍。属于上述一类的人，既然只具有一种国籍，就不需要按照双重国籍条约的规定选择国籍。对于这一类人，如果他们有此要求，可以发给他们一项证件，以资证明。"1960年《中国政府和印度尼西亚政府关于双重国籍问题的条约的实施办法》第2条第3款规定："在规定谁被认为不言而喻地只具有印度尼西亚国籍的印度尼西亚共和国法律中，应增加根据印度尼西亚选举委员会的证件或者其他证据证明在印度尼西亚人民代表议会或者地方人民代表议会选举中参加选举的华裔印度尼西亚公民。"

具有中国与印度尼西亚双重国籍的人在条约生效后2年之内选择其中一个国籍。1955年《中华人民共和国与印度尼西亚共和国关于双重国籍问题的条约》第2条第1款规定：凡属具有两种国籍的人，如在本条约生效时已经成年，应在本条约生效后2年的期限内选择他们的国籍。1955年《中华人民共和国与印度尼西亚共和国关于双重国籍问题的条约的目的和实施办法的换文》第5条规定：在选择国籍的2年期限内，具有双重国籍的人，在他或者她按照上述条约的规定进行选择国籍之前，他或者她所处的现地位不变。

具有中国与印度尼西亚双重国籍的人选择其中一个国籍的，应到两国规定的有关机关宣告。两国采取措施便利国籍宣告。1955年《中华人民共和国与印度尼西亚共和国关于双重国籍问题的条约》第3条第1款规定：凡属具有两种国籍的人，如愿意保留中国国籍，必须向我国的有关当局宣告放弃印度尼西亚国籍，宣告后即被视为自愿选择中国国籍。1960年《中国政府和印度尼西亚政府关于双重国籍问题的条约的实施办法》第3条规定：如果愿意保留中国国籍，必须向以下机关宣告放弃印度尼西亚国籍：（1）在我国：宣告人居住地的县（市）公安局；（2）在印度尼西亚：我国驻印度尼西亚的大使馆、总领事馆、领事馆和上述大使馆、总领事馆、领事馆派员设立的临时办事处；（3）在中国与印度尼西亚两国国境之外的地方：当地或者附近的我国的外交代表机关或者领事机关。1961年《公安部关于同时具有中华人民共和国和印度尼西亚国籍的人宣告选择中国国籍手续的规定》第2条规定：宣告人须填写《具有中华人民共和国和印度尼西亚国籍的人宣告选择中国国籍声明表》。1960年《中国政府和印度尼西亚政府关于双重国籍问题的条约的实施办法》第7条规定：进行选择国籍的宣告可以用口头或者书面的方式。宣告人可以亲自到受理宣告机关办理宣告手续；可以通过邮政的方式办理；也可以在办理选择国籍的宣告手续中接受当地有关的社会团体的协助。

具有中国与印度尼西亚双重国籍的人选择其中一个国籍的，丧失另一个国籍。1955年《中华人民共和国与印度尼西亚共和国关于双重国籍问题的条约》第4条规定："缔约双方同意：凡属具有第1条所述两种国籍的人，按照本条约的规定选择了中国国籍，即当然丧失印度尼西亚国籍；凡属具有第1条所述两种国籍的人，按照本条约的规定选择了印度尼西亚国籍，即当然丧失中国国籍。"

对于不选择对方国籍的本国侨民，鼓励他们尊重侨居国政府的法律和社会习惯，要求对方政府保护其正当权利和利益。1955年《中华人民共和国与印度尼西亚共和国关于双重国籍问题的条约》第11条规定："为改善两国公民互相侨居的情况，缔约双方同意勉励本国侨民，即侨居中华人民共和国的印度尼西亚公民和侨居印度尼西亚共和国的中国公民，尊重侨居国政府的法律和社会习惯，不参加侨居国的政治活动。缔约双方愿意各自依照本国政府的法律，互相保护对方侨民的正当权利和利益。"

（五）关于1955年《中华人民共和国与印度尼西亚共和国关于双重国籍问题的条约》的谈话

1. 何香凝关于1955年《中华人民共和国与印度尼西亚共和国关于双重国籍问题的条约》的谈话

中华人民共和国政府和印度尼西亚共和国政府关于双重国籍问题的谈判达成协议，于1955年4月26日公布了由缔约双方全权代表签字的《中华人民共和国和印度尼西亚共和国关于双重国籍问题的条约》。1955年4月28日，中华人民共和国华侨事务委员会何香凝主任在《人民日报》发表关于双重国籍问题的条约的谈话，全面评价该《条约》是一篇重要的历史文献，发挥了积极的作用，值得认真学习。

何香凝在谈话中指出，该《条约》是我国和印度尼西亚共和国政府根据平等互利和互不干涉当地内政的原则，经过充分的协商之后签订的。谈判的过程和条约的精神与内容，体现了我国真诚地与印度尼西亚共和国在求同的基础上通过协商的途径解决国际问题，我国和印度尼西亚共和国日益增进的友好合作关系，体现了我国保护华侨正当权利与利益和不干涉当地内政的一贯政策，我国深切照顾华侨切身利益和自愿选择国籍的民主精神。由此可见，该条约的签订，将有助于和平共处五项原则的推广，为我国与有关国家解决同类性质的问题创造了范例。

谈话指出，我们热切希望生活在中国和印尼而持有双重国籍的人们，都来欢迎和拥护该条约，共同为实现该条约的各项规定而努力。根据条约的规定，原来具有双重国籍而年满18岁或未满18岁但已结婚的人，应在条约生效2年期限内，根据本人自愿的原则，就中国国籍和印尼国籍中选择一种国籍，作为中国公民或是印尼公民。对于未成年或超过条约生效2年期限而未选择国籍的人的国籍以及退出国籍等问题，也有详细的规定，充分表现了自愿和民主的精神。我国对选择中国国籍的人，固然表示欢迎，对选择印度尼西亚国籍的人，也同样表示真诚的友谊态度。大家知道，我国侨胞背井离乡，远涉重洋，在印度尼西亚世代相传地辛勤劳动，披荆斩棘，对当地的经济生活和文化建树都有重大的贡献，他们由于生活环境的关系，和当地人民结有深厚的友谊，也习惯于当地的社会风俗，因此，有一部分人根据本身的实际情况，选择印度尼西亚国籍，这是自然的，我国政府和人民，将尊重他们的自愿选择，并将对他们保持真诚的友谊。对于一部分选择中国国籍的人，祖国政府当然也是和过去一样地关怀和保护他们的正当权利和利益。

谈话指出，我们希望具有双重国籍的人们，应当真诚地执行条约的规定，在限期内认真地选择自己的国籍。在选择不同国籍之后，不应在彼此之间有任何的歧视。不论是选择中国国籍或是选择印尼国籍，都要本着友好团结的精神，互相谅解，互助互济，为促进两国友好睦邻关系共同努力。并期望选择中国国籍的人，在这方面要更加努力。蒋介石卖国集团在我们解决双重国籍的过程中，必然秉承其主子的意旨，肆意进行挑拨与破坏，我们更要时刻警惕和揭露蒋介石卖国集团特务分子乘机制造纠纷，破坏华侨和当地人民的友谊团结。

何香凝指出，条约规定双方同意勉励本国侨民尊重侨居国政府的法律和社会习惯，不参加侨居国的政治活动。应该指出，条约的这项规定，是和我国既定的侨务政策一致的，我国政府向来就以这种精神来勉励海外侨胞。现在我特根据条约的规定，号召侨居于印度尼西亚的侨胞，在双重国籍解决后，不论原是中国单一国籍的或根据条约规定而选择中国国籍的侨胞，都要为实现这项规定和贯彻我国既定政策而努力。必须注意和揭露蒋介石卖国集团在某些帝国主义的指挥下，在东南亚华侨侨居国所进行的颠覆活动，他们想借此以实现其主子所进行的颠覆当地政府，同时又可以破坏中国和印尼两国友好关系的"一石二鸟"的阴谋计划。如在印度尼西亚所发生的蒋介石卖国集团特务爪牙章勋义和朱昌东的颠覆活动，即是一例。蒋介石卖国集团现在在印度尼西亚所设立的报馆以及其他特务机构，各种事实都已经证明了，是专为进行颠覆活动和反对中国的特务组织。对于印度尼西亚政府拘捕蒋特章勋义、朱昌东等，印度尼西亚国会许多议员和社会舆论提出要求取缔在印尼的蒋介石的特务机构和蒋介石特务报馆的意见，我们认为这对于促进中国和印尼之间的友好关系，是大有裨益的。这些蒋特分子，只有弃暗投明，脱离蒋介石卖国集团才有出路。

条约还规定了缔约双方愿意各自依照本国的法律互相保护对方侨民的正当权利和利益。这是缔约双方应尽的义务，更表现了我们缔约双方平等互利的精神。

我国和印度尼西亚共和国签订了解决双重国籍问题的条约，受到其他地区具有双重国籍的侨民的密切关怀和有关国家的注意，这是完全可以理解的。去年我国第一届全国人民代表大会第一次会议上，周恩来总理在他所作的报告中，就曾经说明我国准备解决华侨的国籍问题，并且准备首先同已经建交的东南亚国家解决这个问题。这次我国和印度尼西亚共和国政府签订这项条约，就是我国和有关国家解决双重国籍问题的一个良好的开端，是一个范例。根据周恩来总理的指示，我国是注意和其他国家首先是东南亚建交国家，通过外交途径，本着友好协商的精神，共同解决这一问题的。

何香凝指出，目前仍然有一些人，他们一方面不断地用各种残暴的手段，迫害我国侨民，如拘捕、枪杀、集体监禁、大批驱逐，在经济上进行各种各样的迫害，掠夺我国侨民的财产，强迫服兵役，妄图消灭我国侨民受祖国语文教育的权利，等等；另一方面，他们又设想我中国放弃保护我们国外侨民的正当权利和利益的责任，而可以任由他们对华侨去肆无忌惮地进行迫害与奴役，这种要用片面的强制的手段，来解决双重国籍问题的不义的作为和想法，自然是不可能解决任何问题的，当然也是我们国外广大的侨民所不能接受的，我们希望他们能改变这种想法及其政策，以利于这一问题的解决。

2. 周恩来总理关于1955年《中华人民共和国与印度尼西亚共和国关于双重国籍问题的条约》的谈话

1956年6月，周恩来总理在印度尼西亚雅加达对华侨发表讲话，全面回答关于印度尼西亚华侨双重国籍的问题，讲话发挥了非常积极的作用，是一篇非常重要的历史文献，被收入公开出版的《周恩来外交文选》，很值得认真学习。[①]

周恩来总理指出，华侨的双重国籍问题，是侨胞感到困难的一个问题。

---

① 外交部，中共中央文献研究室.周恩来外交文选[C].中央文献出版社，1990.

但是侨胞们应该懂得，今天的中国是一个新的中国，一个已经逐步强大起来的中国，我们在国际关系上不能不解决这个问题。过去侨胞所在的国家，如印度尼西亚、菲律宾、缅甸、印度，都还不是独立的国家，都遭受着殖民主义国家的压迫，那时这个问题还可以马马虎虎。现在，我们彼此都是独立的国家，而且是友好的、平等相处的国家，我们怎么能够不妥善解决这个问题呢？

大家可以想一想，如果在我们国内，有几百万外国侨民，他们也是双重国籍，我们政府好不好办事呢？凡事都要推己及人。中国有一句老话叫作"己所不欲，勿施于人"。我们如果遇到这个情形，也不愿意，那么，我们在国外怎么能要求人家承认双重国籍呢？今天中国政府执行和平的、平等的外交政策，所以不能不解决这个问题。解决好这个问题，对双方都有利，也会提高我们国家在国际上的信誉。而且还要看到，过去中国弱，那时虽然也存在着双重国籍，但没有人拿这个问题来制造国际间的纠纷。现在中国强起来了，有的国家就会从中挑拨，说你们这样的大国，有一千多万华侨待在海外，是不是想搞颠覆活动？当然你们诸位可以证明，这是毫无根据的。我代表政府也可以说明，我们绝不会干这种事情。可是，双重国籍问题如果不解决，人家还会感到有些不放心。

所以，这是一个涉及国家同国家之间关系的问题。不论从我们国家的对外政策上，还是从消除误会、解除怀疑、改善我们两国的关系上，都应该解决这个问题。这是大道理，要跟侨胞们讲清楚。这就是我们缔结关于解决双重国籍问题条约的根据。当然，这个条约实行的时候，还要作深入的宣传和解释，希望我们侨胞的领袖们好好地研究和推动这个事情。

周恩来总理指出，在选择国籍时，最重要的一点就是要尊重本人的意愿。但是，具有双重国籍的人总是只能选一个国籍，要么选印度尼西亚国籍，要么选中华人民共和国国籍。这样，侨胞可能会发生一些波动和不安。我们应该注意到这一点，需要侨胞的领袖们去解释。特别是对年老的或者是在外地的，在农村的或者在工厂的，他们消息知道得晚，更需要侨胞领袖们到各地去宣传，在报纸上作解释。对于不识字的人，还需要别人读给他听，解释给他听。我们认为,快一点解释,快一点选择,有好处。

侨胞如果根据自己本身的利益,选择了印度尼西亚国籍,中国大使馆、领事馆将无保留地予以支持,不会有一点为难。有些侨胞可能会担心,选择了印度尼西亚国籍,华侨就看不起他了,说他忘掉祖国了。不,不应该采取那样的态度。我们应该采取赞助和友好的态度。选择了别的国籍,朋友仍然是朋友,兄弟仍然是兄弟。我们这两个国家可以说是亲戚的国家嘛!哥哥是印度尼西亚国籍,弟弟是中华人民共和国国籍,可以嘛,有什么不可以呀?有些人说,这样一家子分成了两个国籍,也不能来玩了。玩还是可以来玩,当朋友来玩。华侨总会,绍兴会馆,厦门、福建会馆,你可以作为印度尼西亚朋友,作为亲戚来玩。做朋友走亲戚照样可以,就是要把界限分清楚。这样,便于他工作。我今天跟印度尼西亚外交部长说,在印度尼西亚做部长的,做议员的,当然是印度尼西亚国籍,中华人民共和国绝不承认他还是双重国籍。都做了人家政府的部长,都当选了国会议员,还是双重国籍,道理就讲不过去。如果还承认双重国籍,那就是不尊重印度尼西亚的国家、政府和人民。今天的新中国不能这样,要讲道理。

我们尊重人家,划清界限,是为了便于工作。因为他作为一个印度尼西亚公民,就要根据印度尼西亚的宪法办事。双重国籍到底根据那一个宪法办事呢?把界限划清楚,就便于他的生活、工作和学习,便于他的一切。我告诉我们的大使馆和领事馆,对已经选择或将要选择印度尼西亚国籍的人,我们照样友好,尊重他们。只是一条,他到大使馆、领事馆来,我们以朋友相待,亲戚相待。

周恩来总理指出,选择中华人民共和国国籍的,属于中国的侨民。他们要尊重所在国的法律,不参加所在国的政治活动,保持一个华侨的地位。这样,便于我们华侨同所在国人民友好相处。

我们先友好地伸出手去,人家一定也会对我们友好的。中国有一句成语,叫作:投桃报李。就是说礼尚往来。我们对人家友好,一定也会得到友好的回答。所以这个问题虽然困难,但我们把它说透了就会很好地解决的。

如果华侨有很多人选择了印度尼西亚国籍,我们中华人民共和国大使馆、领事馆不会说一个"不"字或者跟他们为难,不会的。可是反过来我们也要说明,我们不能向我们侨胞说,我们不要他们了,绝对不能说出这个话来。选择国籍是个人的自由,选择印度尼西亚国籍,或者选择中华人民共和国国籍,条约上都许可。所以,愿意选择印度尼西亚国籍的,我们赞助他,愿意选择中华人民共和国国籍的,我们欢迎他。

侨胞本身有许多事情,常常要找大使馆、领事馆,我们应该尽力帮助诸位解决困难。有的愿意回国参观,有的愿意回国学习,凡是我们能够做的,我们都要做。但是,新中国的建设刚刚开始,要赶上世界工业发达的国家,大约还需要半个世纪。我们人口多,困难也不少,建设的任务是艰巨的。国家的财力,现在首先用于建设重工业,这是为长远建设打基础。新中国成立以后,学校虽然增加了很多,但一时还不能完全满足需要,有些事情要办得慢一点。我们这个民族能够忍受和克服艰难困苦。我们遭受了帝国主义一百多年的压迫,奋斗了一百多年,经过近三十年的努力,中国革命才取得了胜利。我们搞建设也要有这个耐心。所以,诸位侨胞对祖国的要求,一下子还不能完全满足,要逐步地实现。将来国内的条件好了,你们的子女回祖国去念书,还是有机会的,还可以学现代化的最新的科学,连原子能都可以学习嘛。

周恩来总理指出,希望诸位在海外要注意团结。不仅要团结侨胞,还要跟所在国家的人民团结在一起,跟他们友好相处。要尊重他们。要得到人家尊重,首先要尊重人家。我们丝毫不要骄傲。每个国家和民族都有自己的优点和长处。我们要善于学习。要提倡互相学习,互相尊重。如果发生了一些困难和纠纷,我们应该首先批评自己,这样就会更加团结,就会得到所在国政府和人民的尊重。

五、不承认边民双重国籍

我国在与缅甸、尼泊尔进行边界条约、边民选籍问题换文时,申明不承认边民双重国籍,解决划界后遗留的边民国籍问题,促进两国关系的良好发展。

1960年，中国与缅甸签订边界条约——新中国第一个边界条约，及关于边界条约的换文，申明不承认边民双重国籍，被移交领土的居民不愿随领土转移的，应选择原来一方的国籍，避免因交换领土或者按条约规定迁徙居民时产生双重国籍。1960年《中华人民共和国国务院总理周恩来和缅甸联邦总理吴努关于两国边界条约的换文》第1条规定：根据1960年《中华人民共和国和缅甸联邦政府边界条约》第1—3条的规定由一方移交给另一方的地区的居民，在各该地区移交给另一方以后，应该被确认为该地区所属一方的公民；如果该地区的居民中有人不愿意随地区转移到另一方，可以在条约生效后一年内声明选择原来一方的国籍，并可在2年以内迁入原来一方的境内居住。

1962年，中国与缅甸签订《中国政府和缅甸政府关于边民选籍等问题的换文》，重申不承认边民双重国籍，防止因中国、缅甸领土发生变动而产生双重国籍。按其规定，边民国籍因领土的转移而变动，如果有相反意思，该边民可在条约生效后一年内声明选择原来一方的国籍。

1961年，中国与尼泊尔签订边界条约时，重申不承认双重国籍，被移交领土的居民不愿随领土转移变更国籍的，应选择保留原国籍，避免因交换领土或者按条约规定迁徙居民时产生双重国籍。1961年《中国政府和尼泊尔王国政府关于边民选籍、过界耕地和过界放牧等问题的换文签字》第1条规定：根据1960年《中国政府和尼泊尔王国政府边界条约》的规定，由一方划给另一方的地区的居民，在各该地区划入另一方以后，应该被确认为该地区一国所属的公民；如果该地区的居民中，有人不愿意成为本地区所属一国的公民，可以在换文所载协议生效后一年内声明保留其原国籍。作上述声明者，可在原地侨居，也可以随时迁入本国境内。

六、不承认海外华侨双重国籍从国别政策发展为国家政策

（一）不承认海外华侨双重国籍从国别政策发展为国家政策

20世纪50—70年代，不承认双重国籍政策从适用于印度尼西亚的国别政策，发展为普遍适用的国家政策，成为我国在国籍方面的基本政策。除1955年《中华人民共和国与印度尼西亚共和国关于双重国籍问题的条约》外，中

国与尼泊尔、马来西亚、菲律宾、泰国、加拿大、澳大利亚等华侨双重国籍问题比较突出的国家建交、划定边界、互设总领事馆时，在建交报告、边界条约、接见外宾讲话中都重申不承认双重国籍政策。在国内工作中，也都明确实施不承认双重国籍政策。

1956年，中国与尼泊尔签订《中华人民共和国和尼泊尔王国保持友好关系以及关于我国西藏地方和尼泊尔之间的通商和交通的协定》，在关于该协定的换文中明确规定不承认双重国籍，选择中国国籍的自动丧失尼泊尔国籍。1956年《中国、尼泊尔关于两国关系中的若干有关事项的换文》规定：凡居住中国西藏地方并且由分别具有中国国籍和尼泊尔国籍的父母所生的个人，在年满18岁后，可以根据本人自愿为其自己及其未满18岁的子女选择中国国籍。取得中国国籍后即自动丧失尼泊尔国籍。

1971年8月，周恩来总理会见缅甸总理奈温时指出，不承认双重国籍是中国国家政策，适用于印度尼西亚的不承认双重国籍政策也适用于其他国家。"我们尊重所在国的法令，我们的原则是不赞成双重国籍。我们同印度尼西亚签订了华侨选择国籍的条约，由侨民自己选择参加什么国籍。虽然我们没有签订第二个这样的条约，但在我们政府报告中，把它宣布为我们的政策，而且跟其他国家也提过，适用于其他国家。"[1]

1973年，周恩来总理在外交部《关于中国和加拿大商谈互设总领事馆及其他领事事务的报告》上批示："应公开严肃地阐明，凡自愿加入或者已取得加拿大公民国籍的华侨或者华裔后代，中国政府均认为他（或者他们）已自动地失去中国国籍，而他（或者他们）在我国尚有家属关系的，只能认为是亲戚关系，并非具有双重国籍。"

1973年，周恩来总理会见澳大利亚惠特拉姆总理时指出："我们反对国民党的双重国籍政策，主张华侨加入侨居国国籍。"

1974年，中国与马来西亚签订建交公报时，申明不承认双重国籍政策，

---

[1] 周恩来.1971年8月10日与缅甸总理奈温的谈话.国务院侨办《侨务工作研究》编辑部，秘书行政司档案室.党和国家领导人论侨务工作[G].1992（16）.

取得马来西亚国籍的中国血统的人，自动失去中国国籍。1974年《中华人民共和国政府和马来西亚政府联合公报》第5条规定："中华人民共和国政府注意到马来西亚是由马来血统、中国血统和其他血统的人构成的多民族国家。中华人民共和国政府和马来西亚政府声明，它们都不承认双重国籍。根据这一原则，中国政府认为，凡已自愿加入或者已取得马来西亚国籍的中国血统的人，都自动失去了中国国籍。至于那些自愿保留中国国籍的侨民，中国政府根据其一贯的政策，要求他们遵守马来西亚政府的法律，尊重当地人民的风俗习惯，与当地人民友好相处。他们的正当权利和权益将得到中国政府的保护，并将受到马来西亚政府的尊重。"

1975年，中国与菲律宾签订建交公报时，申明不承认双重国籍政策，取得菲律宾共和国政府国籍的中国公民，自动失去中国国籍。1975年《中华人民共和国政府和菲律宾共和国政府建交联合公报》第4条规定："中华人民共和国政府和菲律宾共和国政府认为，凡已取得对方国籍的本国公民，都自动失去了原有国籍。"

1975年，中国与泰国签订建交公报时，申明不承认双重国籍政策，取得泰国国籍的中国国籍或者血统的人，自动失去中国国籍。1975年《中华人民共和国政府和泰王国政府关于建立外交关系的联合公报》第8条规定："中华人民共和国政府注意到，几个世纪以来侨居在泰国的中国人能遵循泰国的法律和泰国人民的风俗习惯，同泰国人民和谐友好相处。中华人民共和国政府宣布他们不承认双重国籍。双方政府认为任何中国籍或者中国血统的人在取得泰国国籍后都自动失去了中国国籍。对自愿选择保留中国国籍的在泰国的我国侨民，中国政府按照其一贯政策要求他们遵守泰王国法律，尊重泰国人民的风俗习惯，并与泰国人民友好相处。他们的正当权利和利益将得到中国政府的保护，并将受到泰王国政府的尊重。"

1974年1月，国务院重申不承认双重国籍政策。凡自愿加入或者取得当地国籍的华侨、华裔，就是外国人，就自动失去中国国籍。

1974年6月，最高人民法院、外交部针对有的人民法院或者公证处办理的涉外公证文件中不正确称呼中国血统外国籍人一事，向各省、市、自治区高级人民法院发文，重申不承认双重国籍政策，要求以后在公证文件中对中国血统外国籍人应使用"现住×国"，不得使用错误的"侨居×国"。20世纪70年代初，一些人民法院或者公证处办理的涉外公证文件中，对已加入或者取得外国国籍的中国血统的外国人仍称"华侨"。例如："×××侨居×国，持×国护照×号"，"×国归侨，持×国护照×号"，"侨居×国的华侨"等。1974年《最高人民法院办公室、外交部领事司关于公证文件中对中国血统外国籍人的提法事》规定："为执行国务院文件的统一规定和体现中国政府有关国籍问题的政策，各地人民法院或者公证处，今后在办理公证文件中，对已加入或者取得外国国籍的中国血统的外国人，不再称其为华侨或者归侨，不再使用'侨居'等容易混淆国籍界限的词汇。如对关系人的国籍状况不清楚，在公证文件中可写'现住×国'而不写'侨居×国'。"

（二）不承认海外华侨双重国籍政策的影响

有华侨学者提出，海外华侨问题的实质不是国籍，也不是如何与当地人相处，而是一些国家敌对中国，当地原住民排斥、迫害华侨的问题。[①]

1954年4月，缅甸向中国政府提出华侨双重国籍问题。1967年10月，中国与印度尼西亚中断外交关系，迟至1990年才恢复外交关系。1955年，缅甸改变采纳中国印度尼西亚解决双重国籍问题的双边做法，坚持根据本国国内法单方面解决。1956年，缅甸表示，解决两国边界问题后，再解决华侨双重国籍问题。虽然我国一再向新加坡表示解决华侨双重国籍做法适用于新加坡，但新加坡并没有加快与我国建交的步伐，是与我国最晚建交的东南亚国家。1956年10月，周恩来总理接见新加坡劳工阵线主席、前首席部长马歇尔时表示："中国政府愿意看到新加坡的中国人取得他们自愿取得的新加坡的公民资格，完全效忠于他们所在的国家。""任何居住在新加坡的中国人，只要他们自愿地取得新加坡公民资格，不再具有中国公民资格。""任何取得新加坡公民资格的中国人，如果他们愿意的话，可以根据新加坡法律放弃新加坡公民资格以后，取得中国公民的资格。""中国政府将乐于在新加坡取得完全独立

---

① 庄国土.华侨华人与我国的关系[M].广州：广东高等教育出版社，2001，261.

后，同新加坡政府经过谈判途径，把以上原则用法律形式固定下来。"

随着东南亚国家独立，民族主义情绪高涨，对华侨的排斥，比殖民地时代政权有增无减。1959年，《中华人民共和国与印度尼西亚共和国关于双重国籍问题的条约》还未批准生效，印度尼西亚政府颁布了违背条约精神的《监督外侨居住和旅行条例》以及《第十号总统令》，使数十万印度尼西亚华侨生计无着。第二次世界大战以后，海外华侨未能享有与住在国公民平等的待遇，是东南亚国家的普遍现象。[①] 有学者认为，由于东南亚国家对华侨采取排斥政策，华侨即使加入住在国国籍，也未能完全获得平等的公民权，在政治、文化上认同住在国遇到很大障碍，通过不承认双重国籍鼓励华侨在当地长期生存的政策未能完全收到预期效果。[②]

中华人民共和国中央人民政府自1949年10月成立以来，20世纪50年代、60年代、70年代、80年代均有大规模华人华侨因为受迫害返回我国。新中国成立初的4年间，侨务部门接待从马来亚回国的归难侨17013人。另外，还接待了从泰国回国的归难侨500余人，从缅甸回国的归难侨700余人。1953—1958年，旅日归国华侨接待站先后接待旅日难侨14批3719人。[③] 到1956年，归难侨达到了20余万人。[④] 广东省到1958年已经安置归难侨25万人，福建省到1959年安置归难侨7万多人。[⑤] 20世纪60年代，因为印度尼西亚排华、中印边境冲突及中缅关系紧张而回国的印度尼西亚、印度、缅甸归难侨合计约有30万人，以印度尼西亚为最多，约12.6万人。1960—1961年，福建省安置印度尼西亚归难侨3.1万多名，广东省安置印度尼西亚归难侨5.4万多人。1964—1966年，广东省、福建省陆续安置缅甸、印度尼西亚、印度归难侨近2万人。[⑥] 据原广西接待安置印支难民办公室有关人士介绍，1978—1988年，进入我国的东南亚难民约有28.3万多人。当印度尼西亚等国家排华时，难以采

---

① 廖小健.战后各国华侨华人政策[M].广州：暨南大学出版社，1995.
② 任贵祥.海外华侨华人与中国改革开放[M].北京：中共党史出版社，2009.77.
③ 黄小坚.归国华侨的历史与现状[M].香港：香港社会科学出版社有限公司，2005，49.
④ 贾海涛.石沧金.海外印度人与海外华人国际影响力比较研究[G].山东人民出版社，2007，166.
⑤ 庄国土.华侨华人与我国的关系[M].广州：广东高等教育出版社，2001，278.
⑥ 庄国土.华侨华人与我国的关系[M].广州：广东高等教育出版社，2001，278.

取直接措施保护被迫害的华人。

1955年《中华人民共和国与印度尼西亚共和国关于双重国籍问题的条约》有效期20年。第14条第2款规定:"本条约有效期20年,期满后继续有效。在期满后,如一方要求废除本条约,必须在一年之前书面通知另一方,在发出上述通知一年之后,本条约即行废除。"为澄清20年有效期的含义,1955年《中、印度尼西亚关于双重国籍问题的条约的目的和实施办法的换文》第3条规定:"为消除对上述双重国籍条约第14条关于二十年有效期的规定的误解,两国政府同意下列解释:即在二十年期限满后,根据上述条约已经选择了国籍的人,不再进行选择国籍。"有效期20年会使人理解,中国与印度尼西亚签订《中华人民共和国与印度尼西亚共和国关于双重国籍问题的条约》时,未就永久性不承认双重国籍达成一致意见。

中国政府与印度尼西亚政府签订《中华人民共和国与印度尼西亚共和国关于双重国籍问题的条约》后,台湾当局"侨委会"以"粉碎中共出卖侨胞国籍的阴谋"为题向印度尼西亚华侨发表广播讲话,在印度尼西亚华侨社会中具有蛊惑性。印度尼西亚华侨社会中部分人员为台湾当局掌握,客观上便宜台湾当局"国际生存空间",直到1971年我国恢复联合国合法席位后外交局面不断打开才开始改变。

第五节 结 论

清政府、北京中华民国政府、南京国民政府、中华人民共和国政府都重视双重国籍问题,将其作为国籍法要解决的重要问题,发展对外关系,争取海外侨民、维护海外侨民权益、谋求地缘政治安全和大国地位的重要手段之一。

1909年3月,清政府颁布《大清国籍条例》,考虑争夺海外侨胞、对抗领事裁判权和维护海外侨胞权益等因素,虽然没有明确承认双重国籍,但是,由于没有规定出生时只具有一国国籍,取得外国国籍时丧失中国国籍,取得中国国籍时丧失外国国籍,恢复中国国籍时丧失外国国籍,事实上承认——默许双重国籍。

第十三章　中国法上的双重国籍：1909—1979年

1912年11月，北京中华民国政府颁布《中华民国国籍法》，考虑维护海外侨胞权益，争取海外侨胞认同和支持等因素，继承1909年《大清国籍条例》的默许双重国籍的原则，有所严格，允许出生时具有中国国籍外其他国家国籍、取得外国国籍时不丧失中国国籍、恢复中国国籍时不丧失外国国籍，形成双重国籍。删去了1909年《大清国籍条例》关于外国人特别归化取得中国国籍，豁免放弃原国籍的条件的规定，尽力避免双重国籍。

1929年2月，南京国民政府颁布《国籍法》，考虑海外侨胞重要贡献，重视和关心海外侨胞与我国的联系，维护海外侨胞权益等因素，继承1912年《中华民国国籍法》（1914年修正）、1909年《大清国籍条例》的默许双重国籍的原则，并进一步发展，成为我国历部国籍法中默许双重国籍最为宽松的一部。

新中国成立初期，我国承认海外华侨双重国籍，视海外华侨为侨民，不承认外国人双重国籍。在处理东北朝鲜族居民双重国籍问题时，主要考虑政治和外交因素，实现了从国内解放战争时期承认双重国籍向不承认双重国籍的转变。实施不承认海外华侨双重国籍政策是我国自近代以来，在国籍领域最为重大的历史事件之一，主要是考虑打开外交局面，避免海外华侨成为意识形态、国家争斗的牺牲品，维护海外华侨权益等因素。不承认印度尼西亚华侨双重国籍政策的内容主要是不承认、避免双重国籍，选择国籍的期限为条约生效后2年内，选择国籍必须到两国规定的有关机关宣告等。

我国在与缅甸、尼泊尔进行边界条约、边民选籍问题换文时，申明不承认边民双重国籍，解决划界后遗留的边民国籍问题，促进两国关系的良好发展。20世纪50—70年代，除1955年《中华人民共和国与印度尼西亚共和国关于双重国籍问题的条约》外，中国与尼泊尔、马来西亚、菲律宾、泰国、加拿大、澳大利亚等华侨双重国籍问题比较突出的国家建交、划定边界、互设总领事馆时，在建交报告、边界条约、接见外宾讲话中都重申不承认双重国籍政策，不承认双重国籍政策从适用于印度尼西亚的国别政策，发展为普遍适用的国家政策，成为我国在国籍方面的基本政策。

第十四章

中国法上的双重国籍：1980年至今

双重国籍问题是我国国籍法的重要问题，事关海外华侨华人和引进外国人才，及国家关系和外交关系。本章分析1980年《国籍法》不承认双重国籍，事实双重国籍，依法解决双重国籍问题，尽力呈现1980年至今中国法上的双重国籍的全貌。

第一节 1980年《国籍法》不承认双重国籍

一、不承认双重国籍的考虑因素

（一）总结解决海外华侨双重国籍的经验

1980年《国籍法》不承认双重国籍是对解决与有关国家海外华侨双重国籍问题的经验的总结。1999年《公安部对政协九届全国委员会第二次会议第2172号提案（撤销"不承认中国公民具有双重国籍"的规定）的答复》、2004年《公安部对政协十届全国委员会第二次会议第0320号提案（弹性处理国籍问题，促进海外留学人员为国服务）的答复》、2004年《公安部对政协十届全国委员会第二次会议第0222号提案（修改〈国籍法〉有关条款，有选择对应承认双重国籍）的答复》都指出：《国籍法》确定了不承认中国公民具有双重国籍的法律原则，这是中国与有关国家特别是东南亚国家在解决华侨双重国籍问题上成功经验的总结。1999年《公安部对政协九届全国委员会第二次会议第2172号提案（撤销"不承认中国公民具有双重国籍"的规定）的答复》还指出：《国籍法》颁布实施近20年的实践证明，中国不承认双重国籍的原则在处理国籍冲突问题上发挥了重要作用，这一原则符合中国目前的国情和国家根本利益。2004年《公安部对政协十届全国委员会第二次会议第0320号提案（弹性处理国籍问题，促进海外留学人员为国服务）的答复》指出：不承认中国公民具有双重国籍的基本原则至今并未过时，应当继续予以坚持和遵循。

（二）消除有关国家对中国的疑虑

1980年《国籍法》不承认双重国籍有利于处理和发展与有关国家的关系。1999年《公安部对政协九届全国委员会第二次会议第2172号提案（撤销"不承认中国公民具有双重国籍"的规定）的答复》指出：不承认双重国籍有利于促进中国的对外交往，有利于消除华侨住在国对中国的疑虑。2004年《公安部对政协十届全国委员会第二次会议第0320号提案（弹性处理国籍问题，促进海外留学人员为国服务）的答复》指出：不承认双重国籍有利于中国处理和发展与有关国家的关系。国籍政策服从并服务于外交政策。开展睦邻外交，处理和发展与有关国家，特别是东南亚国家的关系，需要不承认双重国籍。

双重国籍问题一直是中国与有关国家的一个重要问题，中国和东南亚国家对此高度重视。1990年8月，中国外交部长与印度尼西亚外交部长分别代表本国政府签订《中华人民共和国政府和印度尼西亚共和国政府关于恢复外交关系的谅解备忘录》，内容只有"印度尼西亚一贯坚持一个中国的政策"和"两国政府重申不承认本国公民具有双重国籍的立场"两方面。2004年8月，马来西亚前首相马哈蒂尔接受新华社记者专访，提出邓小平20世纪70年代、80年代访问马来西亚时宣布和重申不承认东南亚地区华侨双重国籍，为中国与东南亚国家友好合作关系发展创造了有利条件。

邓小平、江泽民、李鹏等党和国家领导人指出不承认双重国籍有利于消除有关国家，特别是东南亚国家对中国的疑虑和戒心。1982年12月，邓小平同志考虑到亚洲国家，特别是东南亚国家华侨华人比较多，这些国家的政府对中国还存有戒心，需要耐心地坚持正确的政策来消除它们的顾虑，指示"对外籍华人的政策和讲话，要十分郑重，这是一个非常敏感的问题，特别是东南亚"①。1993年2月，江泽民总书记在与国务院侨务工作会议部分代表座谈时指出：为改善中国与华侨华人所在国的关系，有利于华侨华人在当地的生存和发展，中国政府从20世纪50年代起就严格区分华侨华人的国籍界限。三十多年来的实践证明，这一政策是十分必要和完全正确的。1989年国务院侨务工作会议所确定的对外籍华人工作的基本方针，重申了这一政策，应该继续贯彻执行。尽管近年来我国与东南亚国家的关系有了较大改善，但是，决不能以为，这些国家的政府对华人与中国的关系已不再存有疑虑和戒心。华人问题仍然是中国同一些国家，特别是东南亚国家关系中，长期存在的比较敏感的问题。我们必须保持冷静的头脑，坚定不移地贯彻不搞双重国籍的原则和既定的华人工作方针。②2002年9月，李鹏委员长访问泰国、印度尼西亚、菲律宾时全面准确地阐述了中国的华人华侨政策，他说，东盟三国尤其印度尼西亚是华人华侨聚居的国家，广大华人已加入当地国籍，住在国是他们的祖国，中国是他们的故土。对住在国，他们应尽公民义务，也应享受应得的权利。对中国，他们是亲戚，欢迎多走动，多交往。华侨是中国公民，但在住在国，他们同样应该遵守当地法律，与其他居民和睦相处。他们的合法权益也应受到保护。李鹏委员长赞赏和鼓励东盟三国政府在华人华侨问题上采取开明政策，强调中国的华人华侨政策是明确的，我们不会利用华人华侨谋取自己的私利和势力范围，而是希望和鼓励华人华侨为住在国经济和社会发展多作贡献，并成为联结与中国的友谊桥梁和合作纽带。③

（三）维护海外侨胞权益

1980年《国籍法》不承认双重国籍有利于维护海外侨胞权益。1999年《公

---

① 范如松.邓小平侨务思想是邓小平理论重要组成部分[EB/OL].(2004-12-17)[2020-03-16]. http://www.gqb.gov.cn/news/2004/1217/1/931.shtml.

② 江泽民.侨务工作要为改革开放和现代化建设事业作出更大贡献.1993-02-26.中央统一战线工作部,中共中央文献研究室.新时期统一战线文献选编(续编)[G].北京：中中央党校出版社,1997,459-460.

③ 全国人大常委会办公厅.李鹏委员长访问泰国、印度尼西亚、菲律宾和澳大利亚四国情况的书面报告[EB/OL].(2002-10-21)[2020-03-16]. http://www.npc.gov.cn/wxzl/gongbao/2002-12/03/content_5303274.htm.

安部对政协九届全国委员会第二次会议第2172号提案（撤销"不承认中国公民具有双重国籍"的规定）的答复》指出：不承认双重国籍"有利于维护海外华侨在侨居国的切身利益，符合海外华侨本身愿望"。2004年《公安部对政协十届全国委员会第二次会议第0222号提案（修改〈国籍法〉有关条款，有选择对应承认双重国籍）的答复》指出：中国不承认中国公民具有双重国籍的原则符合海外华侨的切身利益。2004年《公安部对政协十届全国委员会第二次会议第0320号提案（弹性处理国籍问题，促进海外留学人员为国服务）的答复》指出：不承认双重国籍"是为海外华侨的长远利益着想，便于他们在国外工作和生活，有利于维护他们的切身利益"。

李鹏等党和国家领导人及侨务部门领导指出，划清华侨、外籍华人界限有利于外籍华人为住在国作贡献，在当地发展。2002年9月，李鹏委员长对泰国、印度尼西亚、菲律宾进行了正式友好访问，全面准确地阐述了我国的华人华侨政策。他说，东盟三国尤其印尼是华人华侨聚居的国家，广大华人已加入当地国籍，驻在国是他们的祖国，中国是他们的故土。对驻在国，他们应尽公民义务，也应享受应得的权利。对中国，他们是亲戚，欢迎多走动，多交往。华侨是中国公民，但在驻在国，他们同样应该遵守当地法律，与其他居民和睦相处。他们的合法权益也应受到保护。[①] 2005年6月，国务院侨务办公室有关领导在欧洲探访华侨时表示，国家"不承认双重国籍是因为国家关心的是大部分华人的利益"。[②] 不承认双重国籍，服务于保障海外华侨权益政策，推动华侨融入当地社会，促进他们在当地的生存和发展。

（四）符合单一国籍原则

1980年《国籍法》不承认双重国籍符合国际法关于人人只有一个国籍的原则和国际社会减少双重国籍努力的方向。1999年《公安部对政协九届全国

[①] 全国人大常委会办公厅.李鹏委员长访问泰国、印度尼西亚、菲律宾和澳大利亚四国情况的书面报告[EB/OL].(2002-10-21)[2020-03-16]. http://www.npc.gov.cn/wxzl/gongbao/2002-12/03/content_5303274.htm.

[②] 广东侨网.陈玉杰：不承认双重国籍是为多数侨胞着想[EB/OL].(2008-03-25)[2018-05-04].http://gocn.southcn.com/qwxw/200506080046.htm.

委员会第二次会议第2172号提案（撤销"不承认中国公民具有双重国籍"的规定）的答复》指出：不承认中国公民具有双重国籍，鼓励居住在外国的华侨自愿加入或者取得住在国国籍，有利于减少国籍冲突。同时，减少双重国籍和多重国籍是国际社会努力的方向。2004年《公安部对政协十届全国委员会第二次会议第0222号提案（修改〈国籍法〉有关条款，有选择对应承认双重国籍）的答复》指出：中国不承认中国公民具有双重国籍的原则，有利于消除和防止中国与有关国家之间的法律冲突。2004年《公安部对政协十届全国委员会第二次会议第0320号提案（弹性处理国籍问题，促进海外留学人员为国服务）的答复》指出：中国不承认中国公民具有双重国籍的法律原则，"符合'人人都有国籍，而且应只有一个国籍'的国际法原则。"世界上绝大多数国家，如日本、美国、韩国、越南等国家国籍法均不承认本国公民具有双重国籍。

二、不承认双重国籍的内容

（一）不承认中国公民具有双重国籍

1980年《国籍法》将不承认双重国籍政策，用法律形式肯定下来，为处理双重国籍问题，提供了法律依据。[①] 1980年《国籍法》第3条规定，"中华人民共和国不承认中国公民具有双重国籍"，避免双重国籍。在国外，任何中国籍或者中国血统的人取得住在国国籍后都自动丧失中国国籍。他们和中国的联系，只是亲戚关系，不再享有和履行中国宪法、法律规定的公民权利和义务。在国内，根据自愿的原则，外国人取得中国国籍后丧失原来公民身份，不能保留原国籍。中国在处理与印度尼西亚、尼泊尔、马来西亚、菲律宾、泰国等国家的双重国籍问题时，一贯坚持不承认双重国籍政策，通过平等协商解决双重国籍问题。

（二）避免双重国籍，实现一人一国籍

双重国籍是一个涉及各国国籍法和国际关系的复杂问题，没有各国共同

---

① 金默生，柴发邦.中华人民共和国国籍法讲话[G].北京：群众出版社，1981.10.

努力，没有国际间关于彻底消除双重国籍的协议，并付诸实施，难以在国际间普遍避免双重国籍。为贯彻"不承认中国公民具有双重国籍"精神，1980年《国籍法》避免双重国籍，实现一人一国籍，从取得国籍到丧失国籍，再到恢复国籍，作出了具体规定。

1. 避免外国人在中国所生子女具有双重国籍

1980年《国籍法》第4条规定："父母双方或者一方为中国公民，本人出生在中国，具有中国国籍。"外国人在中国所生的子女，除非父母双方或者一方为中国公民，否则只能根据血统取得外国国籍，不能根据出生地取得中国国籍，避免所生子女具有双重国籍。

2. 避免中国公民在外国所生子女具有双重国籍

1980年《国籍法》第5条规定："父母双方或者一方为中国公民，本人出生在外国，具有中国国籍；但父母双方或者一方为中国公民并定居在外国，本人出生时即具有外国国籍的，不具有中国国籍。"中国公民在外国所生的子女，除非"本人在外国出生时即具有外国国籍，并具有下列情形之一的，不具有中国国籍：一、父母双方为中国公民并均定居在外国；二、父母一方为外国人，另一方为中国公民并定居在外国；三、父母双方为中国公民，其中一方定居在外国"[①]，只能根据血统取得中国国籍，不能根据出生地取得外国国籍，避免他们具有双重国籍。海外华侨坚持要求子女具有中国国籍的，必须先办理退出中国国籍手续，再办理加入中国国籍手续，照顾他们的民族感情。

3. 避免加入中国国籍外国人具有双重国籍

1980年《国籍法》第8条规定："申请加入中国国籍获得批准的，即取得中国国籍；被批准加入中国国籍的，不得再保留外国国籍。"防止外国人申请加入中国国籍，同时保留外国国籍，避免他们具有双重国籍。根据加入中国国籍人员的情况，"不得再保留外国国籍"采取以下不同的办法：经有关国家

---

① 《公安部、外交部关于执行〈中华人民共和国国籍法〉第5条规定有关问题的通知》（公境[2008]2204号）。

批准退出国籍；依照有关国家的法律规定而自动丧失国籍；所持外国国籍、出入境证件逾期无效，本人不再办理延期；本人书面申明放弃原来国籍，并交出原持有的外国国籍、出入境证件。

4. 避免恢复中国国籍的前中国公民具有双重国籍

1980年《国籍法》第13条规定："曾有过中国国籍的外国人，具有正当理由，可以申请恢复中国国籍；被批准恢复中国国籍的，不得再保留外国国籍。"前中国公民不能在保留外国国籍的前提下，恢复中国国籍。根据恢复中国国籍人员的实际情况可以采取以下方式"不得再保留外国国籍"：经有关国家批准退出国籍；依照有关国家的法律规定而自动丧失国籍；所持外国国籍、出入境证件逾期无效，本人不再办理延期；本人书面申明放弃原来的国籍，并交出原持有的外国国籍、出入境证件。

5. 避免加入或者取得外国国籍中国公民具有双重国籍

1980年《国籍法》第9条规定："定居外国的中国公民，自愿加入或者取得外国国籍的，即自动丧失中国国籍。"定居外国的中国公民是指侨居和移居在外国的华侨及其具有中国国籍的后裔。防止中国公民自愿加入或者取得外国国籍，同时保留中国国籍，避免加入或者取得外国国籍中国公民具有双重国籍。这一规定不适用于香港、澳门同胞。定居外国的我国公民，没有加入或取得外国国籍，未经批准退出中国国籍，持有住在国发给的无国籍证件的，如果回国，按照中国国籍对待，不承认持有的无国籍证件。如果要求领取我国护照，按照规定予以颁发，无需办理恢复中国国籍的手续。

（三）加入、恢复中国国籍外国人不得再保留外国国籍

我国建立了加入、恢复中国国籍外国人放弃原国籍制度，并严格执行。为实施1980年《国籍法》第8条"申请加入中国国籍获得批准的，即取得中国国籍；被批准加入中国国籍的，不得再保留外国国籍"，第13条"曾有过中国国籍的外国人，具有正当理由，可以申请恢复中国国籍；被批准恢复中国国籍的，不得再保留外国国籍"，避免加入、恢复中国国籍外国人具有双重国籍。加入、恢复中国国籍外国人必须办理加入、恢复中国国籍的以下手续：（1）提交放弃外国国籍的书面申明；（2）受理公安机关开具加入或者恢复中国

国籍证明；(3) 在原国籍国驻中国使领馆办理退籍证明；(4) 在受理公安机关换领《中华人民共和国入籍证书》或者《中华人民共和国复籍证书》和《批准加入（恢复）中国国籍公民入户通知书》；(5) 在原户口所在地或者落户地派出所办理户口登记（入户）等。地方公安机关出入境管理部门规定了办理加入、恢复中国国籍手续。

（四）取得外国国籍，丧失中国国籍与注销户口、交回居民身份证、注销律师执业证书联动

我国建立和不断完善取得外国国籍，丧失中国国籍，注销户口、交回居民身份证、注销律师执业证书间联动制度，避免加入或者取得外国国籍中国公民具有双重国籍、外国人在中国所生子女具有双重国籍、中国公民在外国所生子女具有双重国籍。居住在中国的中国公民，在他们的出籍申请获得批准后，应即注销其原来的中国户口，按照外国人办理居留、户口登记。批准出籍后，没有取得外国国籍的，按照无国籍人对待。2016年《公安部、国家发展和改革委员会、教育部关于改进和规范公安派出所出具证明工作的意见》第1条规定：中国居民户口簿、居民身份证、护照是公民法定身份证件，具有证明公民身份的法律效力。如果取得外国国籍后不予注销，就会仍然具有而不是丧失中国国籍。

律师执业证书是律师依法获准执业的有效证件，只有中国公民才有资格持有。取得外国国籍后，即丧失中国国籍，不应再持有律师执业证书。2008年《国家司法考试实施办法》第15条规定：报名参加国家司法考试人员，必须具有中华人民共和国国籍。2017年《广东省实施〈中华人民共和国律师法〉办法》第9条规定："律师丧失中华人民共和国国籍的，应当通过地级以上市人民政府司法行政部门向省人民政府司法行政部门提出注销律师执业申请，由省人民政府司法行政部门注销其律师执业证书。出现前款规定情形，律师不主动申请注销律师执业证书的，地级以上市人民政府司法行政部门应当书面告知其三十日内提出注销申请；逾期未申请的，由地级以上市人民政府司法行政部门报省人民政府司法行政部门注销。"

对于曾经具有中国国籍加入外国国籍后未注销户口的外国人，如果要保

留外国国籍,必须注销户口。公安机关开展户口登记管理专项清理整顿,取得了成效。

因加入外国国籍注销户口的,可以由派出所出具证明。2016年《公安部、国家发展和改革委员会、教育部关于改进和规范公安派出所出具证明工作的意见》第2条规定:公民因加入外国国籍注销户口,需要开具注销户口证明的,公安派出所应当出具。

对于未满18周岁经认定具有中国国籍并要求保留已取得外国国籍的,应依次办理以下手续:申请注销入境时所持中国签证——开具签证注销证明——申请退出中国国籍——批准退出中国国籍申请——申请外国人签证,才能保留已取得外国国籍,不再具有中国国籍,实施1980年《国籍法》第5条"父母双方或者一方为中国公民,本人出生在外国,具有中国国籍;但父母双方或者一方为中国公民并定居在外国,本人出生时即具有外国国籍的,不具有中国国籍",避免中国公民在外国所生子女具有双重国籍。2009年2月,根据外交部相关规定,变更国籍的华人办理中国签证时必须交回原中国护照,并由使领馆官员注销。2011年《重庆市公安局国籍管理工作规范(试行)》第8条第3款规定:"凡未满18周岁经认定具有中国国籍并要求保留已取得外国国籍的,要求监护人写出注销入境时所持中国签证的书面申请,并为其开具签证注销证明。告知其到父母户籍地公安出入境管理部门递交退出中国国籍申请,退籍后再申请外国人签证。在退籍申请未获批准前或者不愿意履行退籍手续而要求出境的,可申请办理中华人民共和国出入境通行证。"

对于具有外国国籍的华人申请签证或者居留许可,必须确认未办理户籍登记,否则先注销户口。加强边防部门、出入境管理部门之间的合作,准确把握加入外国国籍但未注销中国户口、交回居民身份证人员的情况。2017年1月,公安部发布《在入境检查时留存外国人指纹等人体生物识别信息》公告,"经国务院批准,公安部决定在入境检查时留存外国人指纹等人体生物识别信息","2017年,中国边检机关分期分批在全国对外开放口岸对入境中国的14(含)至70(含)周岁外国人留存指纹"。理论上,将在入境时采集的外国人指纹,与国内指纹库信息比对,就可以得知外国人是否持有外国护照而没有注销中国户口、交回居民身份证。

第二节　事实双重国籍

一、事实双重国籍的概况

国籍立法是国内法事项，由于历史、政治、经济和文化等差异，国籍法冲突始终存在。在全球化时代，国家日益重视运用国籍争夺人力资源，双重国籍成为一种事实。1981年、1991年、1996年，分别有1.8%、3.4%、2.7%的华裔加拿大人在人口普查、抽查时表示，自己具有双重国籍。[①]事实双重国籍现象为社会所知，并受到质疑。双重国籍越来越多地成为没人管的潜规则现象。[②]

2004年《公安部对政协十届全国委员会第二次会议第0222号提案（修改〈国籍法〉有关条款，有选择对应承认双重国籍）的答复》指出：双重国籍问题涉及两个国家的法律制度，仅靠一个国家的法律规定难以完全解决国籍冲突。虽然《国籍法》为防止中国公民双重国籍问题，在取得和丧失中国国籍方面规定管理相应的条件，但很难完全避免中国公民客观上存在的双重国籍现象。

二、事实双重国籍的情形

（一）中国公民在中国所生子女

尽管1980年《国籍法》第4条规定"父母双方或者一方为中国公民，本人出生在中国，具有中国国籍"，但是父母另一方为外国公民，如该父母国籍国国籍法律采用血统原则，可能使外国人在中国所生子女除根据父母一方中国国籍具有中国国籍外，还根据父母另一方外国国籍具有外国国籍。外国人在中国所生子女的外国国籍不会因为中国不承认无效，而是根据外国法律仍然有效。

[①] 1981年、1991年和1996年加拿大人口普查的20%样本。
[②] 王海亮.政协委员："双重国籍没人管"成潜规则[N].北京晨报，2012-03-09.

公安机关为华侨在国内所生子女办理户口登记。2001年《公安部关于对出国人员所生子女落户问题的批复》第2条规定：夫妇双方均为在国外取得永久居留权的华侨，或者一方为在国外取得永久居留权的华侨，一方为外国人，其在国内出生的子女具有中国国籍，应准予落户。

根据中国签证申请服务中心《华裔人士（含儿童）办理签证要求及特别注意事项》，华裔人士出生在中国（不限年龄），出生时，如果父母双方或者一方为中国国籍，无论是否持有外国永久居留资格，该华裔人士具有中国国籍，应申请《中华人民共和国旅行证》。如申请中国签证，则应先向中国驻外（父母国籍国）使领馆申请退出中国国籍，并凭退籍证明办理签证。这类儿童首次出境时，应以中国公民身份出境。①

我国不承认任何外国使领馆擅自向中国公民发放的任何护照或者公民证。有的儿童父母坚持要求让子女持用中国护照，期望他们的孩子以中国公民身份持用中国护照入境中国，在境外又以外国人身份持用外国护照出入其他国家。有的儿童使用一次性中国入出境通行证出境后，再次入境中国时，不再使用中国入出境证件，以外国人的身份持用外国护照入境，在中国居留一段时间后，其父母要求公安部门为其子女办理国籍审定，根据1980年《国籍法》第4条"父母双方或者一方为中国公民，具有中国国籍"，经公安部门国籍审定后，认定为中国人，申报中国户口。在境外又以外国人的身份持用外国护照出入其他国家。容易造成事实双重国籍。

（二）中国公民在外国所生子女

尽管1980年《国籍法》第5条规定，"父母双方或者一方为中国公民，本人出生在外国，具有中国国籍；但父母双方或者一方为中国公民并定居在外国，本人出生时即具有外国国籍的，不具有中国国籍"，但中国公民在外国所生子女除根据父母一方中国国籍具有中国国籍外，还具有外国国籍，具体情形是：（1）父母一方为外国公民，外国公民父母国籍国国籍法律实施血统原

---

① 我国签证申请服务中心. 华裔人士（含儿童）办理签证要求[EB/OL].[2015-03-30](2018-06-03). http://www.visaforchina.org/YTO_ZH/generalinformation/faq/272496.shtml.

则，取得外国公民父母国籍国国籍；(2)出生地国国籍法律实施出生地原则，取得出生地国国籍。美国、巴西等国对在境内出生取得国籍采取出生地原则，如果父母双方或者一方为中国公民，他们在住在国生的子女，除可以向在中国驻住在国使领馆或者回国后登记户口和取得中国国籍外，还可以申请住在国护照和取得所住国国籍。

2001年《公安部关于对出国人员所生子女落户问题的批复》第1条规定："对出国人员在国外出生子女回国落户问题，应本着简化手续的原则，凭在外出生子女的出生证明、父母及子女回国使用的护照或者《中华人民共和国旅行证》为其办理落户手续。可不再要求申请人提供我驻该国使领馆开具的身份证明及对相关证件的认证。"如果办理户口登记前没有确认不具有、放弃外国国籍，可能在取得中国户口的同时保留外国国籍，产生双重国籍。

我国对中国公民在外国所生子女国籍采取两种做法：一是承认外国国籍，不承认中国国籍，在外国护照上签发中国签证。根据中国签证申请服务中心《华裔人士（含儿童）办理签证要求及特别注意事项》，华裔人士出生在外国（不限年龄）时，如父母双方或者一方为中国籍，且父母中属中国籍者未取得住在国永久居留资格或者其他外国居留权，则该华裔人士应到驻外使领馆申请《中华人民共和国旅行证》。按规定应申请《中华人民共和国旅行证》的，如申请签证，应先向中国驻外使领馆申请退出中国国籍，并凭退籍证明办理签证。[①] 二是承认中国国籍，不承认外国国籍，颁发《中华人民共和国旅行证》。这类儿童回国入境时，以中国人的身份持用《中华人民共和国旅行证》入境，但在境外又以外国人的身份持用外国护照出入其他国家。另外，中国公民在外国所生子女的外国国籍不会因为中国不承认无效，而是根据外国法律仍然有效，造成事实双重国籍。

(三)归化外国国籍中国公民未丧失中国国籍

尽管1980年《国籍法》第9条规定"定居外国的中国公民，自愿加入或

---

① 中国签证申请服务中心.华裔人士（含儿童）办理签证要求[EB/OL].(2015-03-30)[2020-03-16]. http://www.visaforchina.org/YTO_ZH/generalinformation/faq/272496.shtml.

者取得外国国籍的,即自动丧失中国国籍",但是一些中国公民在境内或者境外归化外国国籍时,未丧失中国国籍,仍然保留中国国籍,造成事实双重国籍。

归化外国国籍中国公民未丧失中国国籍的具体情形是:(1)外国国籍法律不要求放弃原国籍,取得外国国籍时仍然保留中国国籍;(2)不是"定居外国",而是在外国短期、长期居留,不自动丧失中国国籍;(3)不是"自愿加入或者取得外国国籍",而是随父母一并加入或者取得外国国籍,不自动丧失中国国籍;(4)自愿加入或者取得的不是"外国(定居国)国籍",而是非外国(定居国)国籍,不自动丧失中国国籍;(5)由于缺少自动丧失国籍制度,应"自动丧失"但未丧失中国国籍;(6)由于缺少撤销国籍制度,没有撤销应"自动丧失"而未丧失的中国国籍。

我国建立了取得外国国籍、丧失中国国籍、不再签发中国护照间联动制度,对于掌握了加入或者取得外国国籍情况的原中国公民,通过不再签发中国护照取消其中国公民身份。由于持护照人只有在护照失效后,才需要申请新护照。在护照有效期内,加入或者取得外国国籍者仍然能持中国护照以中国公民身份出入境,除非放弃中国护照而使用外国护照以外国公民身份出入境。2006年《护照法》第7条第2款规定:"普通护照的有效期为:护照持有人未满十六周岁的五年,十六周岁以上的十年。"

(四)归化外国国籍中国公民未注销户口和交回居民身份证

1980年《国籍法》第9条规定"定居外国的中国公民,自愿加入或者取得外国国籍的,即自动丧失中国国籍",但是一些中国公民在境外取得外国国籍时不主动,也没有被强制注销户口和交回居民身份证,取得外国国籍时,仍然持有中国户籍和居民身份证,造成事实双重国籍。居民身份证是证明中国公民身份的证件之一。2003年《居民身份证法》(2011年修正)第1条规定:"为了证明居住在中华人民共和国境内的公民的身份,保障公民的合法权益,便利公民进行社会活动,维护社会秩序,制定本法。"

驻外使领馆全面掌握申请签证的外籍华人的户籍、居民身份证信息,才能知道他们取得外国国籍时是否注销户口和交回居民身份证,提醒他们及时注销和交回,否则造成一些中国公民取得中国国籍后仍然保留中国户籍和居民身份证。公安机关户政管理部门全面掌握公民出国定居、取得外国国籍的信息,才能实施"未办理注销户口登记的,公安派出所应当及时告知本人、近亲属、户主或者集体户口协管员",否则造成一些中国公民在出国定居、取得外国国籍后,仍然保留中国户籍和居民身份证。公安机关出入境管理部门要求申请延期签证、办理外国人居留证但没有注销户口、交回居民身份证的外籍华人先补办注销户口、交回居民身份证。一些外籍华人难以在短期内准备和提交注销户口、交回居民身份证所需材料,完成注销户口和交回居民身份证手续,常常先出境,再择期入境办理,造成取得外国国籍、丧失中国国籍、注销户口和居民身份证之间联动不及时。

(五)非法持用外国护照的中国公民

由于出入境方便,在国内以外商身份投资经营,享受优惠待遇,便于在其他国家和地区停留,企图随时潜逃出境等原因,极少数中国公民通过合法购买真护照、非法购买真护照、非法购买假护照等不正常方式获得外国护照。有少数国家为吸引资金,获取外汇,规定只要在该国投资一定数额,就可取得该国护照或者公开出售本国护照。这些护照与该国正常颁发的护照有本质不同,不具备一般护照所应有的全部法律效力,发照国能否承认持照人的国籍归属、护照能否得到延期均不肯定。有某国驻香港总领事,因为出卖该国护照被逮捕。一些违法犯罪集团伪造外国护照,非法出售,使许多人上当受骗。甚至还有极个别不法分子同时拥有内地户口、外国护照等,而且"人是名非"。[①]

我国不承认公民非法持用的外国护照。一些居住在国内的我国公民,以父母一方具有外国国籍、出生在外国、与外国人通婚等为由,未经批准出籍取得了外国国籍,不予承认。发现有人利用外国护照进行违法活动,予以收缴,并依法处理。1990年2月,公安部出入境管理局在《人民日报》(海外版)等报纸上声明:"中国公民短期出境买得外国护照,或者是在国内买得外国护

---

① 正视"双重国籍"堵住贪官外逃通道[N].广州日报,2012-04-28.

照,中国政府一律不承认他们具有外国国籍,也不承认双重国籍。《国籍法》第9条关于自动丧失中国国籍的规定,不适用这些中国公民。"1990年6月,公安部等下发《关于中国公民非法持用外国护照有关问题的通知》,重申"根据中国《国籍法》规定,中国不承认双重国籍",规定:"除退出中国国籍或者定居在外国(必须持有足资证明其真正在外国定居的有关证件、证明,并在事实上定居外国),加入或者取得外国国籍的人员外,中国一律不承认中国公民所持有的外国护照。"1993年1月,公安部再次发表声明,重申以上立场和政策。任意取得外国国籍可能导致双重国籍,为潜逃出境、逃避中国法律处罚打开方便之门。不任意取得外国国籍是党员不可触碰的底线,否则就要受到党的纪律处分。由于对这些外国护照只能不承认但不能废止容易使非法持用者具有事实双重国籍。

三、事实双重国籍面临的挑战

(一)国籍、外国人和出入境管理

1980年《国籍法》第3条"中华人民共和国不承认中国公民具有双重国籍"、第9条"定居外国的中国公民,自愿加入或者取得外国国籍的,即自动丧失中国国籍",一定程度上使国籍决定权更宽泛。2016年,李崴全国政协委员在有关中国国籍优先的提案中提出:中国公民取得外国国籍后就丧失中国国籍,使中国公民是否具有中国国籍的认定依据从属于外国法律和外国国籍的授予行为,这将外国法律置于中国法律之上,在海外完全不受中国法律约束,在国内享有外国领事保护,这给外部势力干涉中国内政提供了借口,不利于维护中国国家安全。

外籍华人虽然取得了住在国国籍,但在一些国家里没有完全享受与该国公民同等的权利。外籍华人不同于一般的外国人,大多数人仍保持固有的文化、语言和风俗,对中国有深厚的民族感情和亲戚情谊,与居住在中国内的亲属以及海外华侨保持各种关系。这是历史条件形成的,并将继续存在一个很长的时期。需要尊重他们的民族感情和关怀他们的处境。对他们为反对种族迫害、争取民族平等权利的正义斗争,应根据国际准则给予必要的道义支持。

当有关国家迫害外籍华人时，因受迫害外籍华人不具有中国国籍，部分制约了采取措施进行反制。1998年5月，印度尼西亚发生骚乱，当地华人受到冲击。1998年7月，外交部在例行记者会上指出：中方对于印度尼西亚华人在骚乱中的遭遇表示关注和同情，作为印度尼西亚的友好邻邦，中国政府希望印度尼西亚政府采取有效措施，使得包括华人在内的印度尼西亚各族人民在内的印度尼西亚各族人民能够安居乐业。2007年，印度尼西亚最高检察官表示以普通侵犯案处理98起排华事件，而非以严重侵犯人权案处理。近年来，印度尼西亚政府逐步采取措施，取消了原有部分限制华人的政策。2006年7月和2008年10月，印度尼西亚国会通过新《国籍法》和《消除种族歧视法》，华人从法律上获得了与其他民族平等的权利。

一些腐败官员、违法商人、恐怖分子等犯罪分子通过各种途径取得加拿大等发达国家的护照，而不是玻利维亚、汤加、伯利兹等国籍管理较为宽松国家的护照，在东窗事发时潜逃出国，试图以丧失中国国籍名义逃避中国法律的制裁。1990年《关于中国公民非法持用外国护照有关问题的通知》没有特别针对这些护照的规定，难以处理这类外国护照产生的问题。曾任广东飞龙集团董事长的曾某某被控于1997年10月到1998年8月期间涉嫌一起诈骗案。曾某某使用伪造的银行存款证明和其他文件，与位于四川的成都联益集团签署股权转让合同，获得3500万元。曾某某和家人使用多米尼加共和国护照逃往加拿大。曾某某在加拿大以生命安全、司法公正、人权等理由寻求当地司法庇护。加拿大律师丹尼尔·金韦尔在法庭内外声称，担心曾某某在回国后会面临不公正审判，甚至会被判处死刑。一位加拿大法官理查德·博伊文法官认为，没有足够证据支持这一论断，"申请人的论点是推测性的，并没有证据表明在这一案件中可以预见（曾）会被判处死刑或者遭受酷刑"。最后，加拿大政府进行的遣返前风险评估认定，曾某某回到中国是"安全"的，相关遣返程序才得以启动。2007年4月，新疆乌鲁木齐市中级人民法院对东突分子江某某进行一审公开宣判，以分裂国家罪判处江某某无期徒刑、剥夺政治权利终身；另以组织、领导、参加恐怖组织罪判处有期徒刑10年，最后决定执行无期徒刑，剥夺政治权利终身。此案因对江某某的国籍认定等因素为中加两国的关系蒙上阴影。出生于中国新疆喀什的江某某，2001年前往加拿大，得到加拿大认可的难民身份，2005年11月由加拿大授予其公民身份。江某某为中国公民，涉嫌参与了一系列暴力恐怖组织活动，为国际通缉犯，且因国际刑警组织发出对江某某的通缉令在先，其变更身份后成为难民在后，等于是借改变身份逃脱国际通缉，不认可其加拿大国籍。

（二）引进外国人才

我国允许外国人加入或者前公民恢复中国国籍，鼓励和支持外国引进人才加入或者恢复中国国籍。1980年《国籍法》第7条规定："外国人或者无国籍人，愿意遵守中国宪法和法律，并具有下列条件之一的，可以经申请批准加入中国国籍：一、中国人的近亲属；二、定居在中国的；三、有其他正当理由。"第13条规定："曾有过中国国籍的外国人，具有正当理由，可以申请恢复中国国籍；被批准恢复中国国籍的，不得再保留外国国籍。""中国人的近亲属"，是指父母、夫妻、子女和同胞兄弟姐妹；"其他正当理由"是指对中国革命和建设事业有贡献的、中国公民收养的外籍子女等。对于愿意放弃外国国籍而申请加入或者恢复中国国籍的外国国籍引进人才，公安机关要根据《国籍法》的有关规定优先办理。

除申请加入、恢复国籍的条件较为严格外，不承认双重国籍是外国人很少加入、前公民很少恢复国籍的重要原因。1980年《国籍法》第4条规定："申请加入中国国籍获得批准的，即取得中国国籍；被批准加入中国国籍的，不得再保留外国国籍。"来自发达国家的外国人一般很难愿意放弃原国籍而加入或者恢复中国国籍。很少有发达国家向持中国因私普通护照者提供免签证待遇，这对于需要经常在各国间从事商务活动、探亲和旅游的来自发达国家的外国人、外籍华人而言不便。2016年，全国政协委员李崴在有关中国国籍优先的提案中提出：中国公民取得外国国籍后，因丧失中国国籍，回国需要申请中国签证，给海外华人回国访问和长期居留造成极大不便。取得外国国籍而丧失中国国籍者，无法方便地回流国内。

（三）侨情已发生深刻变化

1980年《国籍法》颁布实施以来，尽管东南亚华侨华人的第一大地区华侨华人规模，以及占世界华侨华人绝对多数的状况没有发生改变，但是东南亚华侨华人占东南亚总人口、占世界华侨华人比例持续下降，东南亚中国新移民增长速度只是其他各地区中国新移民增长速度的近1/2。东南亚各国与中国的关系虽然有所改善，但仍然存在不确定和不稳定因素，东南亚绝大多数国家发达程度不如北美洲、欧洲、大洋洲的一些国家，降低了对中国新移民的吸引力。如果上述原因没有改变，东南亚华侨华人中的老华侨华人比例将继续上升。东南亚华侨华人将呈现以老华侨华人为绝对主体的局面，与北美洲、欧洲、大洋洲华侨华人将呈现以新华侨华人为绝对主体的局面形成鲜明对照。[①]

务实灵活处理双重国籍问题的国家越来越多，防范和解决双重国籍引发问题的措施越来越成熟和制度化。澳大利亚、德国、法国、瑞典、捷克、俄罗斯、墨西哥、印度、哈萨克斯坦、菲律宾等国家根据国际形势的发展与国家利益的要求，在国籍上趋于务实和灵活，不拘泥于单一国籍论，不断修订、改革和完善本国国籍法。有些国家的新国籍法承认双重国籍，以间接承认为主，以渐进式变革为重点，突出国籍权保护原则，淡化形式国籍标准，最大限度地保护国家利益。根据有关研究机构2005年对《世界宪法全书》所列110个国家的宪法的统计，45个国家的宪法承认或者不禁止双重国籍，占41%，14个国家不承认双重国籍，占12%，36个国家对双重国籍问题无明确表述，占33%。对99个国家的国籍法的统计，65个国家承认双重国籍，占66%，34个国家不承认双重国籍，占34%。[②]

[①] 刘国福.侨情变化与侨务政策[M].广州：暨南大学出版社，2013，126.
[②] 周南京.境外华人国籍问题讨论辑[G].香港：香港社会科学出版社有限公司，225.

第三节　依法解决双重国籍问题

一、认定双重国籍人的国籍

（一）法院办理刑事诉讼案件，公安机关办理刑事和行政案件，按照入境时有效证件上表明的国籍认定

法院办理刑事诉讼案件，公安机关办理刑事和行政案件，对于双重国籍人，或者同时持有外国护照、台湾地区居民、华侨来往内地（大陆）证件的境外人员，按照其入境时有效证件上表明的国籍认定其国籍。2012年《最高人民法院关于适用〈中华人民共和国刑事诉讼法〉的解释》第394条第1款规定：外国人的国籍，根据其入境时的有效证件确认。2012年《公安机关办理刑事案件程序规定》（2020年修正）第359条规定：外国国籍犯罪嫌疑人的国籍，以其在入境时持用的有效证件予以确认。2012年《公安机关办理行政案件程序规定》（2020年修正）第239条规定：对外国人国籍的确认，以其入境时有效证件上所表明的国籍为准。

入境时有效证件上表明的国籍是指最近一次入境查验时所持用的加盖有中国边防检查入境验讫章的证件表明的国籍或者地区籍。如果办理了登机、乘车手续，但是尚未入境，则以办理登机、乘车手续时持用的出入境有效证件上表明的国籍认定。例如：张某系台湾地区居民，同时具有×国国籍，并持有×国护照，张某在最近入境时使用台湾居民来往大陆通行证来往内地通行证入境，认定该人身份为台湾地区居民而非外国人；反之，若张某入境时持用×国护照，则认定该人身份为外国人而非台湾地区居民。判断是否使用台湾居民来往大陆通行证入境最简单的方法是查验该人最近一次入境的入境验讫章是否盖在台湾居民来往大陆通行证的签注页上。

（二）民政部门办理婚姻登记，按照入境时有效证件上表明的国籍认定

民政部门办理婚姻登记，对于双重国籍人，按照入境时有效证件上表明的国籍认定。1997年3月，民政部办公厅发布《对具有双重国籍的章某某申请办理结婚登记处理意见的复函》。规定："持有两个以上国家（地区）身份

证件的当事人申请同中国（国内、内地、大陆）公民结婚，其合法入境身份视为当事人身份。即，当事人持外国护照入境，其婚姻登记须按照涉外婚姻有关规定办理；当事人持台湾同胞身份证件入境，其婚姻登记须按照涉台婚姻有关规定办理；当事人持港澳同胞或者华侨身份证件入境，其婚姻登记须按照涉港澳、华侨婚姻有关规定办理。"

在有关司法案例中，办理婚姻登记时，考虑婚姻关系是一种特殊的身份关系，承认具有外国国籍但未依法办理丧失中国国籍手续人员以中国国籍办理婚姻登记的法律效力，认定此种情形下其中国国籍有效。根据《刘某、任某某与长春市朝阳区民政局民政行政登记一审行政判决书》[（2015）朝行初字第50号]，原告任某某于2004年8月加入加拿大国籍，在结婚登记时未注销中国居民身份证及户口登记，被告区民政局在审查核对之后，认定二原告提交的身份材料系真实有效，并据此按内地居民办理婚姻登记规定办理结婚登记，并无不当，符合民政部《关于贯彻执行〈婚姻登记条例〉若干问题的意见》[（2004）76号] 第7条第1款的规定："出国人员办理结婚登记应根据其出具的证件分情况处理：当事人出具身份证、户口簿作为身份证件的，按内地居民婚姻登记规定办理；当事人出具中国护照作为身份证件的，按华侨婚姻登记规定办理。"婚姻关系是一种特殊的身份关系，结婚登记的法律效力主要取决于婚姻法的实体规定。二原告结婚登记后提出原告任某某的身份证件无效，并不直接产生否定婚姻登记的法律后果，故二原告要求撤销被告区民政局于2013年6月作出的婚姻登记，缺乏事实和法律依据，不予支持。

另外，根据《陈某与上海市杨浦区民政局民政一审行政判决书》[（2014）杨行初字第1号]，陈某和张某于2011年10月以各自的中国居民身份证和户口簿材料，前往上海市杨浦区民政局申请办理结婚登记手续。张某于2009年9月加入加拿大国籍，但未注销中国居民户籍及居民身份证。上海市杨浦区法院认定：婚姻关系是一种特殊的身份关系，结婚登记行为的法律效力主要取决于《婚姻法》的实体规定，原告在结婚登记后提出结婚登记时第三人提供的居民身份证无效，不直接产生否定结婚登记的法律后果，不影响原告和第三人自愿缔结的婚姻关系的效力。判决：驳回陈某要求撤销上海市杨浦区民政局2011年10月为原告陈某和第三人张某作出结婚登记具体行政行为的诉讼请求。

（三）法院审理民事案件和行政案件，根据当事人宣称的国籍、入籍证明、护照、出入境记录等认定国籍

在有关司法案例中，当事人以中国国籍行使诉讼权利，没有向法院披露加入外国国籍的情况，认定具有中国国籍，不具有外国国籍。根据《陈某与邹某某股权转让纠纷审判监督民事裁定书》[（2017）沪民申2193号]，上海市高级人民法院查明和认定：再审被申请人邹某某在一审诉讼期间按照法律规定提交了其中国公民身份证明材料，未向法院披露其加入美国国籍的情况，故一审法院依法审查后适用普通程序而不是涉外程序审理本案程序上并无不当。二审程序中，法院虽然查明邹某某的真实身份，但鉴于邹某某在一、二审程序中均委托代理人参加了诉讼，且双方当事人的诉讼权利并未因此受到影响，因此，本案并不存在《民事诉讼法》第170条第1款第4项规定的严重违反法定程序须发回重审的情形，二审法院继续审理本案程序上并无不当。在本案中，当事人以中国国籍行使诉讼权利，没有向法院披露加入外国国籍的情况，认定具有中国国籍，不具有外国国籍。

在有关司法案例中，自愿加入或者取得外国国籍后没有"定居外国"而定居中国，认定丧失中国国籍，具有外国国籍。根据《胡某某与某某有限公司所有权确认纠纷二审民事裁定书》[（2015）民四终字第65号]，被上诉人胡某某持荷兰护照，常年居住在中国。最高人民法院裁定：被上诉人胡某某具有荷兰国籍，有护照为证。上诉人认为胡某某应当被认定为尚属中国公民、不具有原告主体资格，没有事实和法律依据，本院不予采纳。

另外，根据《杨某与上海市司法局、上海市人民政府行政复议案》[（2015）徐行初字第222号]，原告杨某1986年赴美国留学，于1999年11月作为归国留学生回国，并一直定居国内。2001年9月17日，定居北京期间临时赴美国取得美国护照，同年9月29日取得北京市公安局海淀分局签发的居民身份证，同年12月7日取得司法部授予的律师资格证书，从未申请放弃中国国籍。上海市徐汇区人民法院认定原告杨某具有美国国籍，丧失了中国国

籍。再者，根据（2013）甬慈民初字第798号、《施某因诉被上诉人慈溪市民政局婚姻行政登记一案》[（2014）浙甬行终字第51号]，第三人战某于2012年7月取得澳大利亚护照，该护照上的签证及出入境记录均为空白，且在护照取得前后第三人战某在澳大利亚未定居过。战某持有中国的居民户口簿和居民身份证，身份证有效期限为2011年1月至2021年1月，身份信息在公安网上均能有效显示。浙江省宁波市中级人民法院认定战某具有澳大利亚国籍，丧失了中国国籍。

在有关司法案例中，取得外国国籍后持外国护照出入境，未注销的中国户籍、居民身份证不具有证明中国公民身份的效力，认定丧失中国国籍，具有外国国籍。根据《赵某某与何某某、黄某某民间借贷纠纷一审民事裁定书》[（2016）黔0115民初1148号]，原告赵某某虽然提供了居民身份证及户籍，拟证明其仍系中国公民，但是，根据《国籍法》第3条："中华人民共和国不承认中国公民具有双重国籍"，第9条："定居外国的中国公民，自愿加入或者取得外国国籍的，即自动丧失中国国籍"，第14条："中国国籍的取得、丧失和恢复，除第9条规定的以外，必须办理申请手续"，贵州省贵阳市观山湖区人民法院认定：原告赵某某未对其户籍申请注销并不代表其仍为中国公民，赵某某依其已自动丧失的中国国籍身份向本院提起诉讼，并非适格的原告主体。

在有关司法案例中，经过外国公证部门公证和中国驻外使领馆认证的护照是取得外国国籍的证据，即使居住在中国，也认定丧失中国国籍，具有外国国籍。根据《广西某某投资有限公司、王某某合资、合作开发房地产合同纠纷二审民事裁定书》[（2017）最高法民辖终125号]，王某某已提交其加拿大护照（有效期至2024年7月16日），以及该护照于2015年4月经加拿大不列颠哥伦比亚省温哥华市洪露法律公证人公证，并于2015年5月经中国驻温哥华总领事馆领事认证。最高人民法院认定：以上资料足以认定王某某的加拿大国籍身份。关于某某公司提出王某某在2009年曾领取中国身份证及在中国生活、工作的问题，根据《国籍法》第3条"中华人民共和国不承认中国公民具有双重国籍"，第9条"定居外国的中国公民，自愿加入或者取得外国国籍的,即自动丧失中国国籍"的规定,在王某某取得加拿大国籍的同时,其已经自动丧失中国国籍。虽然王某某具有外国国籍身份,但并不影响其在中国国内有固定住所、生活和工作。

在有关司法案例中,只要可以与其他证据核对,即使没有经过中国驻外使领馆认证,也可以作为取得外国国籍的证据。吉林省延边朝鲜族自治州中级人民法院在《原告许某某与被告李某某之间离婚后财产纠纷一案一审民事判决书》[(2015)延中民三初字第498号]中指出:韩国住民登录表一份,证明被告于1998年2月加入韩国国籍,并于该时间丧失中国国籍,故被告以中国身份与原告登记结婚和离婚行为均为无效。该证据虽未经中国大使馆认证,但经与其他证据核对,且鉴于被告已经取得韩国国籍的事实,对该证据予以采信。被告李某某的护照复印件一份,证明被告主体资格适格,被告曾用名是李某某,后加入韩国国籍。经与其他证据核对,该证据未经公证、认证,对该证据的真实性予以采信。

在有关司法案例中,不能与原件核实的外国护照复印件,也没有与其他证据核对,不能作为取得外国国籍证据。根据《观某某、吴某农业承包合同纠纷二审民事判决书》[(2016)粤17民终436号],吴某某在公安机关常住人户口登记信息仍为中国国籍公民,其于2012年由本人申请换领了中国第二代居民身份证。吴某在二审期间提供吴某某加拿大护照身份证明复印件一份,但未能与该证件原件核实,且阳春市公安局常住人口个人信息登记吴某某家庭住址在广东省阳春市马水镇三叶农场十二排分场一队39号,吴某某没有注销中国国籍户口,吴某某居住在加拿大或者已经申请加入加拿大国籍的事实无法查证。广东省阳江市中级人民法院认定:吴某主张吴某某是加拿大公民,但仅能提供"吴某某"的加拿大护照身份证照的复印件,故吴某的主张证据不足,不予采信。

在有关司法案例中,相较常住人口基本信息表和在逃人员登记信息表,外国护照、出入境记录具有较强的证据效力。根据《叶某某与杜某、华某某等合同纠纷一审民事判决书》[(2015)浙衢商外重初字第1号],叶某某在提起本案诉讼时为证明被告杜某的身份,提交了杜某的护照复印件,该护照复印件载明杜某国籍为美国国籍。叶某某又提供了衢州市公安局出入境管理局于2013年12月通过公安部出入境管理信息系统查询的杜某出入境记录查询结果一份,该查询结果载明杜某的相关身份信息与叶某某提供的杜某护照复印件信息一致,故杜某护照复印件的真实性可以确认,即杜某具有美国国籍。湖北省咸宁市公安局温泉分局经济犯罪侦查大队出具常住人口基本信息表和在逃人员登记信息表载明杜某为中国公民。浙江省高级人民法院根据《国籍法》第9条规定:定居外国的中国公民,自愿加入或者取得外国国籍的,即自动丧失中国国籍,认定杜某取得美国国籍后自动丧失中国国籍。

(四)法院审理刑事案件,根据护照、出入境记录、定居地、国家工作人员身份等认定国籍

在有关司法案例中,法院审理刑事案件,认可公安机关出具的国籍认定证明,并综合考虑护照、出入境记录、定居地,特别是定居事实、国家工作人员身份等因素,认定当事人的国籍。虽然取得外国国籍,但是没有在该外国定居的,倾向于不认定自动丧失中国国籍。根据《邝某某受贿、贪污、非法持有、私藏枪支、弹药二审刑事判决书》[(2017)粤07刑终72号],上诉人邝某某于1998年1月在广东省江门市公安局出入境管理部门办理注销户口手续,获得由公安部出入境管理局盖章核发的《出国定居证明》,江门市公安部门取消了邝某某的户籍。2007年,邝某某申请加入美国国籍被批准,取得美国公民身份。邝某某回国时到中国驻美国三藩市领事馆申请回国签证,领事馆要求邝某某交回中国护照。上诉人邝某某提交被剪角的中国护照、美国护照、美国公民证、出国定居证明、中国驻美国旧金山市领事馆文件等。相关材料可以证实,邝某某虽然取得了美国护照,但有从未在美国定居事实,不符合定居国外的条件,因此其不符合定居外国的条件,不属于自动丧失中国国籍的情形;且其属于国家工作人员不得退出中国国籍。综上,上诉人邝某某仍为中国国籍。本案中,在审查上诉人邝某某的身份时,对上诉人是否具有或者丧失中国国籍,应以公安部门的确定为准,公安部门已根据相关法律法定确认其只具有中国国籍,故应以此作为认定上诉人邝某某身份的依据。上诉人邝某某虽持有美国护照入境,但其同时具有明确的中国国籍,又不符

合自动丧失中国国籍的条件,也没有办理退出中国国籍的手续,根据《国籍法》第9条"定居外国的中国公民,自愿加入或者取得外国国籍的,即自动丧失中国国籍",不予承认其具有美国国籍,其不属于外国人。上诉人邝某某在办理出国手续后,仍然在江门市建筑设计院有限公司没有间断地签领相关的奖金福利,从侧面印证了其仍然具有中国国籍的事实。

(五)中国公民利用他人名义在他国取得国籍后不自动丧失中国国籍

关于中国公民利用他人名义在他国取得国籍后,是否自动丧失中国国籍问题,目前相关的法律、行政法规或者司法解释都没有明确的规定。虽然取得外国国籍,但是没有在该外国定居的,在有关司法案例中,倾向于不认定自动丧失中国国籍。根据《延吉市小营镇某某村二组与许某某承包地征收补偿费用分配纠纷二审民事判决书》[(2017)吉24民终982号],被上诉人许某某2000年通过非正当手段冒用黑龙江籍"权某某"的身份信息出国至韩国,并在韩国以"权某某"的名义取得韩国国籍,长期居留于韩国,后多次往返于中国,现回国定居。在全国人口信息档案中无"权某某"的身份信息。现有相关法律、法规对中国公民利用他人名义在别国取得国籍是否自动丧失中国国籍的问题没有进行规定,且许某某通过该种方式取得韩国国籍后,未在韩国定居。吉林省延边朝鲜族自治州中级人民法院认定:一审法院依据许某某的户籍证明及居民身份证,认定许某某属民主村村民,在金某某、金某某均放弃对金某某应分得补偿款主张权利的情况下,按民主村二组已分配的为准,将涉案征地补偿款判予许某某并无不当。

(六)在日常管理、证件签发等工作中,根据本人及其父母的护照、签证等材料认定国籍

公安机关在日常管理、证件签发等工作中,对于双重国籍人,根据本人及其父母的护照、签证、定居证明,本人的出生证明等材料,以及定居事实认定国籍。2011年《重庆市公安局国籍管理工作规范(试行)》第7条规定:公安机关在日常管理、证件签发等工作中发现国籍冲突时,可以要求其提供以下材料进行国籍认定:(一)外国护照或者旅行证件、有效签证、定居证明原件及复印件;(二)出生证明原件及复印件;(三)父母护照、签证、定居证

明原件及复印件;(四)公安机关认为有必要提供的其他材料。

在有关司法案例中,对于持有中国户籍、外国护照、以外国护照出入境的人员,不因应注销但未注销的中国户籍而认定具有中国国籍。上海市第二中级人民法院在《黄某某、孙某某与叶某某、罗某等共有物分割纠纷二审民事判决书》[(2014)沪二中民二(民)终字第1620号]中判决:孙某某虽提供了其原在国内的有关公安机关出具的户籍证明,但未就其仅具有中国国籍递交所在国的相关中国驻外领事机构的相应证据印证,其应承担举证不利的后果。孙某某的上海市户籍目前虽未办理撤销手续,但是基于其持有的外国护照,以及出入境边防登记记录的国籍情况,并鉴于中国有关国籍管理的相关规定,认定孙某某无权享有中国给予中国公民的公房征收安置补偿利益。北京市第二中级人民法院在《邹某与Z某婚约财产纠纷二审民事裁定书》[(2016)京02民辖终33号]中认定:上诉人Z某于1992年加入秘鲁国籍,经常往返于国内和国外,在国内居住期间没有固定住所,中国户籍仍在北京市丰台区,Z某具有秘鲁国籍。

二、不承认香港居民、澳门居民持用外国护照的国籍证明效力

我国不承认香港居民、澳门居民持用外国护照的国籍证明效力,只承认作为旅行证件的效力。一些香港居民、澳门居民出于方便旅行等考虑,持有其他国家的护照。将香港居民、澳门居民持有的外国护照视为旅行证件,允许其去其他国家或者地区旅行时继续使用,但上述证件在香港特别行政区、澳门特别行政区和中国其他地区不具有表明国籍身份的法律效力。这是中国国籍法不承认双重国籍的基本原则在香港特别行政区、澳门特别行政区实施时的具体体现,是为方便香港居民、澳门居民出入境所作的一项灵活务实的规定。这有利于继续保持香港自由港和国际金融、经贸等中心的地位,保持香港社会、澳门社会的稳定繁荣。

我国不承认香港居民持用外国有效旅行证件的国籍证明效力,只承认作为旅行证件的效力。1996年《全国人民代表大会常务委员会关于〈中华人民共和国国籍法〉在香港特别行政区实施的几个问题的解释》第2条规定:自

1997年7月1日起，上述中国公民可继续使用英国政府签发的有效旅行证件去其他国家或者地区旅行，但在香港特别行政区和中国其他地区不得因持有上述英国旅行证件而享有英国的领事保护的权利。第4条规定："在外国有居留权的香港特别行政区的中国公民，可使用外国政府签发的有关证件去其他国家或者地区旅行，但在香港特别行政区和中华人民共和国其他地区不得因持有上述证件而享有外国领事保护的权利。"实际操作中将其持有的外国护照视为旅行证件，允许其去其他国家或者地区旅行时继续使用，但上述证件在香港特别行政区和中国其他地区不具有表明国籍身份的法律效力。2021年1月31日起，中方不再承认英国国民(海外)护照作为有效旅行证件和身份证明。英国国民(海外)护照不能用于在香港出入境，不会在香港获承认为任何形式的身份证明。

我国不承认澳门居民持用外国护照的国籍证明效力，只承认作为旅行证件的效力。1998年《全国人民代表大会常务委员会关于〈中华人民共和国国籍法〉在澳门特别行政区实施的几个问题的解释》第2条规定："凡持有葡萄牙旅行证件的澳门中国公民，在澳门特别行政区成立后，可继续使用该证件去其他国家或者地区旅行，但在澳门特别行政区和中华人民共和国其他地区不得因持有上述葡萄牙旅行证件而享有葡萄牙的领事保护的权利。"第3条规定："在外国有居留权的澳门特别行政区的中国公民，可使用外国政府签发的有关证件去其他国家或者地区旅行，但在澳门特别行政区和中华人民共和国其他地区不得因持有上述证件而享有外国领事保护的权利。"

在有关司法案例中，内地居民取得香港永久居民身份后，在内地居住，没有注销户口的，认定为内地居民。根据《钟某某、陈某某金融借款合同纠纷管辖民事裁定书》[（2016）粤05民辖终152号]，上诉人钟某某、陈某某分别于1997年和1994年定居于香港，并享有香港永久居住权，属于香港永久居民。钟某某的户籍在深圳市罗湖区，上诉人陈某某的户籍地在深圳市宝安区，而且上诉人钟某某、陈某某均居住在汕头市。广东省汕头市中级人民法院裁定，上诉人钟某某的户籍在深圳市罗湖区，上诉人陈某某的户籍在深圳市宝安区，上诉人钟某某、陈某某主张本案系涉港民商事纠纷，理由不能成立。

三、确定双重国籍人的准据法

我国办理涉外民事案件时，依次按照经常居所地、最密切联系确定双重国籍人的准据法。经常居所是指已经连续居住一年以上且作为其生活中心的地方。2011年《涉外民事法律适用法》第19条规定：依照本法适用国籍国法律，自然人具有两个以上国籍的，适用有经常居所的国籍国法律；在所有国籍国均无经常居所的，适用与其有最密切联系的国籍国法律。2012年《最高人民法院关于适用〈中华人民共和国涉外民事关系法律适用法〉若干问题的解释（一）》第15条规定："自然人在涉外民事关系产生或者变更、终止时已经连续居住一年以上且作为其生活中心的地方，人民法院可以认定为涉外民事关系法律适用法规定的自然人的经常居所地，但就医、劳务派遣、公务等情形除外。"

四、便利双重国籍人出入境

我国在不承认中国公民具有双重国籍的前提下，给予双重国籍人出入境便利，并不因给予出入境便利而使双重国籍人丧失中国国籍，或者不承认其外国国籍。1980年《关于中美领事条约的补充换文（美方来照）》第2条规定："两国政府同意给予自称同时具有美利坚合众国国籍和中华人民共和国国籍的人在两国间旅行的便利，但这并不意味着两国政府承认双重国籍。上述人员出境手续和证件将按照住在国的法律处理；入境手续和证件将按照前往国的法律处理。"

五、驱逐双重国籍人

我国法律没有驱逐公民的规定，驱逐出境只适用于不具有中国国籍的外国人，不适用于中国公民。对于认定为外国国籍的人员，可适用驱逐出境。对同时具有两个或者多个外国国籍的人员，一般情况下，以入境中国时所持外国护照认定该人国籍。由于我国不承认中国公民具有双重国籍，但事实双重国籍人是存在的，所以被驱逐的外国人可能是具有中国国籍的事实双重国籍人。中国法律没有将剥夺国籍作为驱逐一个人的一种可能先决条件的规定，从法律上不允许采取这种措施。①

六、完善有关双重国籍规定的提案和建议

（一）全国政协委员关于双重国籍的提案

"大统战"思维是习近平统战思想最鲜明的时代特征。党的十八大以来，以习近平总书记为核心的党中央高度重视统一战线工作，把统一战线放到党的全局和战略问题上来研究、谋划和部署。2015年5月，习近平总书记在中央统战工作会议上指出：要坚持党委统一领导，统战部牵头协调，有关方面各负其责的大统战工作格局，形成工作合力。侨务工作是"大统战"工作的重要组成部分。提案是全国政协委员、民主党派履行参政议政职能的最重要方式。

1999年，陈铎、王馥荔、瞿弦和、杨伟光等12名全国政协委员在全国政协九届二次会议上提交了《关于撤销"不承认中国公民具有双重国籍"规定的建议案》[政治法律（270），全国政协九届二次会议提案第2172号（1999）]提案，建议国务院交公安部研究办理。第2172号提案建议："尽快撤销'不承认中国公民具有双重国籍'的规定，让华人真正感受到祖国、政府是他们漂泊在外时的靠山。"②

2004年，全国政协委员黄因慧在全国政协十届二次会议上提交了《关于建议修改〈中华人民共和国国籍法〉相关条款，有选择对应承认双重国籍的建议》[政治法律（019），全国政协十届二次会议提案第0222号（2004）] 提案，建议国务院交公安部研究办理。第0222号提案建议："一、修改《国籍法》第3条和第9条。二、将第5条改为：凡在中国出生或者其入籍申请获得中国政府批准的人，均具有中国国籍，属于中国公民。中国公民取得他国国籍的，可以根据其本人意愿，保留或者放弃中国国籍。三、鉴于各国国情、侨情不

---

① 《联合国国际法委员会各国政府关于驱逐外国人的评论和资料增编》中国部分，A/CN.4/628/Add.，2010年8月31日。

② 全国政协提案委员会.把握人民的意愿[C].新世界出版社，2003.

同，可以通过国家间的双边协议，采取有选择、有条件对于承认双重国籍的做法，有步骤地实施。"①

2004年，全国政协委员韩方明在全国政协十届二次会议上提交了《关于弹性处理国籍问题，促进海外留学人员为国服务的建议案》[政治法律（031），全国政协十届二次会议提案第0320号（2004）]提案，建议国务院交公安部研究办理。第0320号提案建议："中央政府相关部门着手研究弹性处理国籍问题的可行性及操作方式，并在适当时机由人大立法通过后执行。"

2005年，民建中央在全国政协十届三次会议上提交了党派提案。建议：应修改《国籍法》，对应承认双重国籍。若立即修改《国籍法》有难度，可效仿港澳地区的做法，弹性处理华人国籍问题，如借鉴针对港澳台同胞的《回乡证》制度，给外籍华人颁发《外籍华人回乡证》，也可参照香港特别行政区的做法，向加入外国国籍的居民颁发《中国公民（海外）护照》作为返乡旅行证件。让海外移民涉足政治，以公民身份参加人代会和政协会。②

2010年，全国政协委员朱世增在全国政协十一届五次会议上建议，有条件地承认双重国籍是吸引高层次人才和广大海外华人积极参加中国的经济建设、从法律上保护全世界华人华侨根本利益的有效手段。③

2012年，全国政协委员叶建农在全国政协十一届五次会议小组讨论时提出，双重国籍越来越多地成为没人管的潜规则现象。他建议：针对双重国籍，中国要么使之合法化，要么就要认真监管，按照《国籍法》严格堵死这种现象，以维护法律的严肃性。④

2015年，全国政协委员万安培在全国政协第十二届三次会议上提交《关于"修改〈国籍法〉、促进球员归化、振兴中国足球"的提案》，建议：振兴中国足球，必须突破归化球员禁区，修改《国籍法》，允许中国公民具有双重

---

① 全国政协提案委员会.把握人民的意愿[C].新世界出版社，2005.
② 委员建议承认双重国籍，允许移民参与国内政治[EB/OL].(2005-03-17)[2-18-04-19]. http://news.enorth.com.cn/system/2005/03/13/000982932.shtml.
③ 政协委员朱世增：有条件承认双重国籍有利揽才[EB/OL].(2010-03-12)[2018-04-19]. http://news.sohu.com/20100312/n270763529.shtml.
④ 王海亮.政协委员："双重国籍没人管"成潜规则[N].北京晨报，2012-03-09.

国籍,对归化球员不放弃原国籍而拥有中国国籍打开方便之门,也更有利于高水平足球人才的引进。①

2016年,全国政协常委李崴在全国政协十二届四次会议上提交了有关中国国籍优先的提案。建议:(1)修改1980年《国籍法》,删除第9条"定居外国的中国公民,自愿加入或者取得外国国籍的,即自动丧失中国国籍",让海外华人本人、配偶、父母、祖父母曾拥有中国国籍的,均可自动获得中国国籍;除非本人主动放弃,否则中国国籍永远有效。(2)中国国籍优先,仍具有中国国籍者,在入境中国时应使用中国护照,中国政府对其国籍的认定以中国国籍为优先,不承认其外国护照的有效性。(3)不得享有外国领事保护,中国公民取得外国国籍,只要未放弃中国国籍,在中国境内不得享有外国领事保护。(4)不涉及公民权,即使恢复中国国籍,也不具备公民权和其他政治权利。②

2016年,全国政协委员潘庆林在全国政协十二届四次会议上提交了《关于给海外华人签发"海外华人身份证"的提案》。潘庆林建议:面对海外华人持续增加的回国需求,在不涉及"双重国籍"问题下,研究对海外华人签发"外籍华人身份证",给海外华人发放不具有国籍性质的身份证明,方便其回国交流。首先由全国政协外事委员会对此问题广泛征求海内外意见,进行专题调研和协商;然后由公安部、外交部、国务院侨务办公室和中国侨联根据情况,联合拟定出更为具体和有针对性的方案和举措;最后由国务院颁发有关外籍华人身份的条例,再由全国人大起草并通过相关法律。③

2018年,全国政协委员朱征夫在全国政协十三届一次会议上提交了修改《国籍法》第9条的提案。他提出:1980年《国籍法》第9条制定时,我们的国家实力比较弱,现在情况不一样了,世界各国特别是西方发达国家,都在

---

① 邓琦,贾鹏.国足引归化球员?政协委员建议修改《国籍法》[N].新京报2015-03-06.
② 罗瑞垚.李崴委员:建议允许海外华人保留恢复我国国籍[EB/OL].(2016-03-11)[2018-04-19]. http://topics.caixin.com/2016-03-11/100918957.html.
③ 韩雨亭.政协委员潘庆林提案:研究给海外华人签发"外籍华人身份证"[EB/OL].(2016-03-03)[2018-04-20]. https://www.thepaper.cn/newsDetail_forward_1438720.

争夺人才和资源，国籍已经成为争夺人才资源的重要手段。自动丧失国籍，把人才让给别的国家，不符合国家长远利益。修改1980年《国籍法》第9条，还能使国家保留对公民在司法、税收方面的管辖权。他还提出：不能把取得外国国籍和不爱国画等号，很多中国人取得外国国籍，并非对祖国没有感情，可能是工作需要或者其他原因。他建议：修改1980年《国籍法》第9条，如果中国公民取得外国国籍后，不主动申请放弃中国国籍，则中国只承认该公民中国国籍，对其外国国籍不予承认。①

（二）全国人大代表关于双重国籍的建议

全国人大代表、全国人大常委会委员有权监督国家机关工作。2011年3月，全国人大代表朱永新在全国人大十一届五次会议上提出，鉴于中国国情和巨大的海外华人数量，立即大面积开放双重国籍是有困难的。他建议：先探索在部分海外优秀人才当中建立特殊人才护照的制度，以人才护照替代大部分国籍政策的职能。取得经验后，再研究是否承认双重国籍。特殊人才护照的申请对象可以包括两类：一是愿意长期居留中国的外国人才，以及其家属、未成年子女，如果愿意放弃外国国籍可以直接申请加入中国籍；二是原籍中国的海外高层次留学人才，凡具备硕士学历，或者在国内纳税超过一定额度，或者具备高层次人才标准，或者在边远地区工作且保持一定收入者，都可以直接申请特殊人才护照。②

2012年，出席十一届全国人大常委会第二十六次会议的部分常委会委员，在分组审议出入境管理法草案时表示，中国目前存在着较大数量的双重国籍人士。1980年《国籍法》第9条规定："定居外国的中国公民，自愿加入或者取得外国国籍的，即自动丧失中国国籍。"双重国籍的出现有哪些原因，带来了哪些管理难题，如何才能有效消除？委员们建议要审慎对待。③与全国政协委员、全国政协常委、民主党派近年来提出修改1980年《国籍法》不承认双

---

① 董鑫.全国政协委员朱征夫：建议修改《国籍法》第9条[N].北京青年报，2018-03-05.
② 徐关辉，王瑶，戚阜生.朱永新代表建议建立特殊人才护照制度[EB/OL].(2011-03-09)[2018-04-19].http://finance.ifeng.com/roll/20110309/3613122.shtml.
③ 正视"双重国籍"堵住贪官外逃通道[N].广州日报，2012-04-28.

重国籍的规定、推动实施双重国籍的提案相比，全国人大代表关注双重国籍问题较少。

（三）海外侨胞关于双重国籍的建议

海外侨胞是双重国籍的利益相关者之一，高度关注双重国籍。北美、欧洲的海外侨胞不断呼吁和推动解决双重国籍问题。2000年5—6月，加拿大中国商会与《中华导报》联合举办关于"大陆移民能否恢复双重国籍"的问卷调查，其结果公布于6月9日出版的《中华导报》。此项调查问卷共收到102份传真，100%的答复都是赞同。①

2003年10月，加拿大普通话华人联合会和多伦多信息港进行双重国籍网上民意调查，参加者为1888人，92.6%参与调查的华侨华人认为，应允许中国移民在承认双重国籍的国家入籍后保留中国国籍，即对等承认双重国籍。②

2004年6月，在法国巴黎举办的"21世纪中国，留学人员与中外交流"研讨会上，出席会议的欧洲留学人员代表向出席研讨会的全国人大常委会副委员长韩启德和中华海外联谊会副会长陈喜庆反映双重国籍问题，希望能承认海外学子的中国国籍。③

2004年11月，全国政协副主席、致公党中央主席罗豪才访问新西兰期间，在与当地侨胞的座谈会上，惠灵顿、怀卡托和南岛三家中国和平统一促进会联名向罗豪才先生呈递了"我们热切期盼祖国尽快修改《国籍法》，承认双重国籍"的建言书。惠灵顿新华人联谊会向罗豪才递交了呼吁承认双重国籍的"呼吁书"，表达了新西兰广大侨胞希望承认双重国籍的强烈要求。④

2010年11月，美国华人全国委员会（NCCA）通过媒体向中国政府建言，给外籍华人发放海外华人身份证。2012年3月，美国华人全国委员联合来自美国、德国、法国、丹麦、加拿大、秘鲁、葡萄牙的150多个海外华人团体共

---

① 李安山.国际移民框架下的华侨华人:身份认同与双重国籍之辨析[J].中国国际战略评论,2016(00):156.
② 海外华人为国籍苦恼 华人学者建议实行双重国籍[EB/OL]. (2004-12-02)[2023-02-22]. https://www.chinanews.com/news/2004/2004-12-02/26/512459.shtml.
③ 王辉耀.海归时代[C].中央编译出版社,2004.
④ 《新西兰侨胞陈书呼求双重国籍》,《国际先驱导报》2004年12月2日。

同发表了一封致中国政府的建言信,呼吁两会代表将颁发海外华人身份证一事纳入议题,保留出生在中国的海外华人华侨及其后代的永久居民身份,使他们能享受除了选举和被选举权之外的中国公民的待遇。美国华人全国委员会还进行全球民意调查,就海外华人是否赞同中国政府颁发海外华人身份证征询民意。[①]

2011年3月,加拿大籍华人钟新生以全国政协海外列席代表的身份,在会上口头提出了关于双重国籍的建议,希望放低中国永久居留证的门槛,并同时出台类似海外公民证或者海外华裔卡的政策,以此承担双重国籍的部分职能。2011年9月,他向全国政协港澳台侨委员会委员林嘉提交了一份书面建议书。钟新生在建议书中指出,海外华人入籍他国是基于多种现实原因,例如为取得所在国的居留权、工作许可权和投资保障权等,或者为方便旅行和迎接家人团聚等。如能允许中国移民自愿获得中国居民的身份,不再需要按照外国人入境管理申办签证,有利于吸引海外资金、人才和技术,促进中外贸易和文化交流。他在该份建议书中还表示:我们理解中国不承认双重国籍有其历史原因,主要是为东南亚国家的华侨考虑。为尊重历史和不影响中国与东南亚国家的外交关系,我们不应拘泥于双重国籍的形式,可以采用更务实、更有效快捷的变通方法。[②]

2013年5月,在德国华人向国务院法制办、公安部等递交了《呼吁简化华人入境手续,善待中华子孙,发扬光大中华文化圈的传统向心力》,"呼吁简化华人入境手续,善待中华子孙,发扬光大中华文化圈的传统向心力,出台更人性化的管理办法,从而使广大海外华人能够更便捷和更有滋有味地为祖国效力!""凡持有过中国籍的,一律承认其中国籍,或者对等的长期居

[①] 章涛,杨璐. 海外团体呼吁中国发放"海外华人身份证"[EB/OL].(2012-03-14)[2023-02-22]. https://international.caixin.com/2012-03-14/100368313.html.

[②] 入籍加拿大仍保中国国籍 这些提议北京会接纳吗?[EB/OL].(2017-10-25)[2023-02-22]. https://www.sohu.com/a/200039027_99906546.

留",并附上了具体的签名与建议内容。①

2014年2月,美国华人全国委员会(NCCA)、美国华人专业团体联合会(UCAPO)、中国旅美科技协会(CAST-USA),美国中美联合商会(CAUCC)等社团在华盛顿召开首届海外华人身份证研讨会,向中国政府建言:请恢复或者保留海外华人的永久居民身份。与会者认为:在全球化时代,只有从国家和民族长远发展战略考虑海外侨胞政策,才有可能在制度和法律层面上予以根本改观。任何人在他出生地的居留权应被视为与生俱来的天赋人权。期盼着,在不久的将来,当世界各地的海外华人回国探亲访友、度假旅游、工作创业和居住生活时,能够以中国永久居民的身份自由来往。②

与会者建议:(1)由全国人民代表大会制定有关赋予海外侨胞在参与国内建设和生活中的平等的机会和国民化待遇的法律或者法规,改变中国"绿卡"门槛高不可攀的现象,真正为广大海外侨胞回国服务和定居提供切实的方便。(2)借鉴印度颁发海外印度人卡的做法,并比照颁发给港澳台同胞的"台胞证"或者"回乡证"的做法,给海外侨胞发放类似功能的"海外华人身份证"。使得持证人在符合一定条件的情况下,在签证、出入境、投资、学习、工作、居住等方面,享受到永久居民的待遇。这可在自愿的基础上,经审核认可,采取分阶段、分地区、有重点地进行。例如,先针对改革开放后持中国护照出国的第一代侨胞,在地区上从欧美发达地区的侨胞开始,然后再针对侨胞第二、三代,再扩展至其他适当地区和国家的侨胞等等。(3)借鉴印度的普惠制,让吸引海外人才的政策更具有普适性。构建全覆盖、普适性和普惠性的吸引海外人才制度,是满足为中国经济发展方式转变和经济结构调整的巨大需求,是根本的制度建设。(4)在适当的时机,全国人民代表大会通过决议或者法律形式,充分肯定和认可海外侨胞的历史贡献。③

---

① 呼吁简化华人入境手续,善待中华子孙,发扬光大中华文化圈的传统向心力[EB/OL].(2013-05-18)[2023-02-22]. https://skydrive.live.com/#!/view.aspx?cid=6D9DE4F9A7E296F9&resid=6D9DE4F9A7E296F9%21310&app=WordPdf.

② 华盛顿资讯:首届"海外华人身份证研讨会"在美国大华府成功举办[EB/OL].(2014-03-28)[2023-02-22]. http://www.ccg.org.cn/archives/26210.

③ 首届海外华人身份证研讨会成功举办[N].西班牙欧华报,2014-02-21.

(四)对关于双重国籍提案等的答复和回应

前述提案、建议、意见引起了政府部门,特别是公安机关、侨务机关的重视和社会的关注和回应,推动了涉双重国籍的出入境管理改革和解决双重国籍问题的探索。

1999年,公安部在《对政协九届全国委员会第二次会议第2172号提案(撤销"不承认中国公民具有双重国籍"的规定)的答复》中提出:中国不承认双重国籍的原则在处理国籍冲突问题上发挥了重要作用,这一原则符合中国目前的国情和国家根本利益。中国政府考虑到外籍华人来访探亲、工作、访问等实际需要,在他们入出境、居留、旅行等方面为其提供便利条件。经过批准,他们一次入境最长可在华停留一年,而一般外国旅游者一次入境最长只能停留三个月。外籍华人如需前往非开放地区探亲,凭亲属邀请信即可在公安出入境管理部门办理旅行证件,而一般外国人前往非开放地区必须经过有关部门批准。

2004年,公安部在《对政协十届全国委员会第二次会议第0320号提案(弹性处理国籍问题,促进海外留学人员为国服务)的答复》中提出:不承认中国公民具有双重国籍的基本原则至今并未过时,应当继续予以坚持和遵循。为吸引外国高科技、高层次管理人才以及投资者,公安部单独或者会同有关部委制定了包括简化出入境、居留手续在内的一系列便利措施。《国籍法》在适用中确实存在有关规定比较原则、不易操作等问题,个别条款需要修改或者完善,已将修改和完善《国籍法》列入立法规划。

2004年,公安部在《政协十届全国委员会第二次会议第0222号提案(修改〈国籍法〉有关条款,有选择对应承认双重国籍)的答复》中提出:如何在不违反"不承认双重国籍"这一基本原则的前提下,为他们提供更大的出入境、居留便利也是我们正在研究和解决的问题。如是否可在对等的基础上或者一定条件下,对持有他国护照而又愿意保留中国国籍的人员,根据其身份、取得外国护照方式等不同情况,将其所持外国护照视为一种旅行证件,与其国籍问题区别对待等,但该问题重大敏感、内容复杂,是否可行尚需深入研究和论证。

2005年3月、6月,国务院侨务办公室有关领导在会见海外侨胞时表示:当初国家不承认双重国籍的原因,是因为一旦承认双重国籍,所有移居外国的华人均须面对一个大问题,就是会受当地社会质疑:对中国效忠,还是对现时居住的国家效忠。这对一向以商业为主要从事行业的东南亚华人会造成不利。目前95%的华人均在东南亚居住,因此国家关心的是大部分华人的利益。有鉴于此,国家决定为大多数侨胞的利益着想而不承认双重国籍。作出这一决定是基于对海外侨胞生存和发展的利益考虑。往往只有欧美华人要求双重国籍,而东南亚等地的华人却没有提及,可见两地华人所处的环境有很大不同。理解欧洲华人希望拥有双重国籍,以方便回国与家人团聚的要求。但从长远利益出发,有关的决定是完全符合国际法和世界上绝大部分国家的通行规则的,是合情、合理的决定,因此希望广大华人能够对此予以理解。中国目前的户籍管理制度还是相对单一而严谨的,双重国籍不便于户籍管理,也不符合中国国情。对于一些想到国内发展的侨胞,中国政府会用另外的方法来解决这一问题,比如多次往返、绿卡、子女可回国读书等。现在办这些手续都很方便,特别是多次往返手续,我们的原则是用最简便的方法,来解决这些侨胞的实际问题,满足他们的愿望。①

2008年8月,国务院侨务办公室有关领导在2008北京国际新闻中心举行的华侨华人与北京奥运会新闻发布会上说,中国不承认双重国籍。根据中国相关的法律,我们在海外的侨胞可以根据自愿的原则选择保留中国国籍或者是加入住在国国籍。

2011年6月,人力资源和社会保障部有关领导表示,相关部门正在研究如何吸引海外人才,但双重国籍的问题非常复杂。②

2014年1月,国务院侨务办公室有关司领导提出:针对近年来的双重国籍呼声,可以采取"重点考察、鼓励研究、分类对待、顺其自然、间接解决、部分默认"的做法。可以组织学者对国际问题展开研究、探讨,国家行

---

① 国务院侨办主任称不承认双重国籍为多数侨胞着想[N].人民日报海外版,2005-06-09.
② 人保部副部长:正研究"双重国籍"问题[N].济南日报,2011-07-15.

政管理部门可以就此设定研究课题,对实行双重国籍制度的典型国家进行考察和调研,为决策提供参考。对于特殊群体的外籍侨胞,如知识分子、工商界人士等,可以扩大发放长期居留证。印度给海外侨胞发放海外印裔卡的做法值得借鉴,对于已经有了事实双重国籍的海外侨胞,可以"默认"其享受国民待遇,或者至少享有华侨同等待遇。很多国家的国籍制度都是对某些国家侨民(移民)给予双重国籍,但对另一些国家则保持单一国籍。比较稳妥的做法可以是对等承认,当对方和己方互相承认双重国籍时才承认,否则都不承认。①

2014年3月,全国政协委员、国务院侨办有关领导在接受《今日中国》杂志记者采访时表示,如果要改变双重国籍制度,就涉及重新研究和修订国籍法的问题。虽然有智库和相关的部门在研究这个问题,但是这个问题比较复杂,最终得通过法律的渠道去研究、论证。②

第四节 结 论

1980年《国籍法》是中华人民共和国第一部国籍法,也是唯一一部国籍法,不承认中国公民具有双重国籍,避免双重国籍,坚持一人一国籍原则。1980年《国籍法》不承认双重国籍的考虑因素主要是,总结解决海外华侨双重国籍问题的经验,消除有关国家对中国的疑虑和戒心,维护海外侨胞权益,符合单一国籍原则。

1980年《国籍法》,将中华人民共和国自1949年10月成立以来实行的不承认双重国籍政策,用法律形式肯定下来。1980年《国籍法》避免双重国籍,实现一人一国籍,从取得国籍到丧失国籍,再到恢复国籍,作出了具体规定。中国建立加入、恢复中国国籍外国人放弃原国籍制度,还建立和不断完善取得外国国籍,丧失中国国籍,注销户口、交回居民身份证、注销律师执业证

---

① 丘进,张禹东,骆克任.华侨华人蓝皮书:华侨华人研究报告(2013)[G].北京:社会科学文献出版社,2014.

② 李五洲.裘援平:为华人华侨入出境提供更多便利[EB/OL].(2014-03-09)[2021-05-08]. http://www.chinatoday.com.cn/ctchinese/zhuanti/2014-03/09/content_604240.htm.

书间联动制度，避免双重国籍。

1980年《国籍法》颁布后，存在着中国公民在中国所生子女，中国公民在外国所生子女，归化外国国籍中国公民未丧失中国国籍，归化外国国籍中国公民未注销户口和交回居民身份证、非法持用外国护照的中国公民等事实双重国籍情形。

根据2012年《最高人民法院关于适用〈中华人民共和国刑事诉讼法〉的解释》、1996年《全国人民代表大会常务委员会关于〈中华人民共和国国籍法〉在香港特别行政区实施的几个问题的解释》、2011年《涉外民事关系法律适用法》等涉国籍法律、司法解释解决认定双重国籍人的国籍，不承认香港居民、澳门居民持用外国护照的国籍证明效力，确定双重国籍人的准据法，驱逐双重国籍人等问题。

近年来，一些全国政协委员、全国政协海外列席代表、全国政协常委、民主党派、全国人大代表、全国人大常委会委员、海外侨胞，提出解决双重国籍问题的提案、建议、意见，引起了政府有关部门的重视和社会的关注，一定程度上推动了涉双重国籍的出入境管理改革和进一步解决双重国籍问题的探索。

第 十 五 章

中国法上的无国籍

我国研究无国籍法律问题的学术成果甚少。[①] 学者关于无国籍人定义的观点与国际文件关于无国籍人的定义一致。无国籍人是指不具有任何国籍的人，即不被任何国家根据它的法律认为是它的国民的人。[②] 无国籍人不是法律意义上的外国人，只是把无国籍人视为外国人，给予外国人待遇。[③] 本章梳理中国法上的无国籍的历史发展，聚焦清末、中华民国、中华人民共和国三个时期，准确把握我国无国籍法律制度的历史发展规律，科学认识无国籍法律制度历史发展的影响，深入理解依法解决无国籍问题的复杂性，尽力呈现中国法上无国籍的全貌。

第一节　1909年《大清国籍条例》减少无国籍状态

一、减少无国籍状态的考虑因素

1909年3月，清政府颁布《大清国籍条例》，这是中国第一部国籍法，减少因父亲不明、父亲无国籍、父母不明、父母无国籍、弃儿而产生的无国籍状态的情形。1909年《大清国籍条例》彻底减少无国籍状态，对当时处于封建伦理社会的中国和尚未就减少无国籍状态形成普遍规则的国际社会而言，具有进步和积极意义。

争夺海外侨胞是清政府制定1909年《大清国籍条例》的主要考虑因素之

[①] 王铁崖，陈体强.中国国际法年刊1983[C].北京：中国对外翻译出版公司，1983.
[②] 王铁崖.国际法[G].北京：法律出版社，1981，250.
[③] 梁淑英.国际法[G].北京：中国政法大学出版社，2011，108.

一。华侨对于清政府而言,"中国夺得一助,即外国多树一敌","况本系中国之民,而中国自用之,有不如水之赴壑者乎"。① 洋务运动主要领导者之一薛福成在致总理衙门信中说:"今日海外各国属地,寄寓华民不下三百万,其坟墓眷口均在中国,不愿竟化为异类,亦正斯民不忘本之意,万无拒之之理。"② 1909年《大清国籍条例》关于减少无国籍状态的规定使因父亲不明、父亲无国籍、父母不明、父母无国籍、弃儿等人员具有中国国籍,无国籍人通过一般归化、特殊归化取得中国国籍,由清政府管辖,有利于清政府与其他国家争夺人口,尤其是海外华侨。

二、减少无国籍状态的情形

（一）出生时母为中国人而父无可考或者无国籍者

采取父亲单系血统原则,出生时父亲是中国人,不论是否在中国出生,都因出生取得中国国籍。1909年时期的中国社会是一个用封建宗法伦理建构的等级社会,人人都处在以三纲五常为核心的封建伦理网络中,有着浓厚的血缘宗亲和族群乡梓观点、敬宗法祖和宗祧继承思想。1909年《大清国籍条例》第1条第1款第1项、第2项规定:生而父为中国人者,生于父死以后,而父死时为中国人者,不论是否生于中国地方,均属中国国籍。

除采取父亲单系血统原则外,兼采附条件母亲单系血统原则,出生时母亲为中国人且父亲不明、父亲无国籍,不论是否在中国出生,都因出生取得中国国籍,这减少了父亲不是中国人不能根据父亲单系血统原则取得中国国籍,母亲不是外国人不能取得外国国籍,产生的无国籍状态。1909年《大清国籍条例》第1条第1款第3项规定:母为中国人而父无可考或者无国籍者,不论是否生于中国地方,均属中国国籍。

（二）出生在中国时父母均无可考或者均无国籍

出生时父母不明、父母无国籍,只要在中国出生,都赋予中国国籍,这

---

① 陈翰笙.华工出国史料第1辑第3册[G].北京:中华书局,1985,1012.
② 薛福成.出使公牍[G],卷3.

减少了出生在中国但父母不明、父母无国籍,既不能根据父亲单系血统原则、附条件母亲单系血统原则取得中国国籍,又因父母不明、父母无国籍不能取得外国国籍,产生的无国籍状态。1909年《大清国籍条例》第2条规定:若父母均无可考或者均无国籍,而生于中国地方者,亦属中国国籍。这与1961年《减少无国籍状态公约》第1条"缔约国对于在其领土内出生且非经授予国籍即无国籍者,应授予该国国籍"异曲同工。

(三)出生地未知在中国发现的弃儿

在中国发现的弃儿,出生地未知,都赋予中国国籍,这减少了弃儿既不能根据父亲单系血统原则、附条件母亲单系血统原则取得中国国籍,又因父母不明不能取得外国国籍,而产生的无国籍状态。1909年《大清国籍条例》第2条规定:其生地并无可考,而在中国地方发现之弃儿,属中国国籍。这与1952年《美国移民和国籍法》关于减少弃儿无国籍的规定类似。第301条第f款规定:在美国被发现时未满5岁的小孩,且父母不详,在其不满21岁之前,且条件是在此期间未被证明是出生在美国之外,在出生时即为美国公民和美国国民。

(四)一般归化中国国籍

允许在中国连续居留10年及以上的无国籍人一般归化中国国籍,提供取得中国国籍的机会,减少无国籍状态。1909年《大清国籍条例》第3条规定:凡无国籍人具备左列各款愿入中国国籍者,准其呈请入籍:(一)寄居中国连续至10年以上者。(二)年满25岁以上,照该国法律为有能力者。(三)品行端正者。(四)有相当之资产或者艺能,足以自立者。其本无国籍人愿入中国国籍者以年满20岁以上并具备前条(款)第一第三第四各款者为合格。

(五)特别归化中国国籍

允许有殊勋于中国的无国籍人特别归化中国国籍,提供取得中国国籍的机会,减少无国籍状态。1909年《大清国籍条例》第4条规定:凡外国人或者无国籍人有殊勋于中国者,虽不具备(一)寄居中国连续至10年以上者;(二)年满25岁以上,照该国法律为有能力者;(三)品行端正者;(四)有相当之资产或者艺能足以自立者,得由外务部、民政部会奏请旨,特准入籍。

（六）可以不出籍、不得出籍和不批准出籍

允许男子出籍时妻子、未成年子女不一起出籍，减少妻子、未成年子女因出籍、没有取得外国国籍成为无国籍人。1909年《大清国籍条例》第14条规定："凡男子出籍者其妻及未成年之子一并作为出籍。若其妻自愿留籍或者出籍人愿使其未成年之子留籍者准其呈明仍属中国国籍。"

不允许已婚妇女、未成年人、无民事行为能力人单独出籍，减少已婚妇女、未成年人、无民事行为能力人因出籍、没有取得外国国籍成为无国籍人。1909年《大清国籍条例》第15条规定："凡妇人有夫不得独自呈请出籍。其照中国法律尚未成年及其余无能力者亦不准自行呈请出籍。"

不批准没有取得外国国籍的中国人出籍，减少没有取得外国国籍的中国人出籍后成为无国籍人。1909年《大清国籍条例》第18条规定："凡呈请出籍者，应具呈本籍地方官，详请该管长官，谘请民政部批准牌示；其在外国者，应具呈领事，申由出使大臣，或者迳呈出使大臣，谘部办理。自批准牌示之日起，始作为出籍之证。其未经呈请批准者，不问情形如何，仍属中国国籍。"

（七）不剥夺中国国籍

1909年《大清国籍条例》减少中国人因丧失中国国籍而成为无国籍人。一个人一经具有中国国籍，就一直和永久地具有中国国籍，除非自愿申请放弃，并经批准。

第二节 1912年《中华民国国籍法》减少无国籍状态

一、减少无国籍状态的考虑因素

1912年11月，中华民国元年，《中华民国国籍法》颁布，1914年11月修正，这是中国自共和国以来第一部国籍法。由于制定1912年《中华民国国籍法》（1914年修正）的主要考虑因素是维护海外侨胞权益，争取海外侨胞认同和支持，不是减少无国籍状态，虽然1912年《中华民国国籍法》（1914年修正）继承了1909年《大清国籍条例》减少无国籍状态的规定，但是有所严格，提高了无国籍人取得中国国籍的条件。

二、减少无国籍状态的情形

（一）出生在中国时母为中国人而父无可考或者无国籍人

继承1909年《大清国籍条例》的父亲单系血统原则，出生时父亲是中国人，不论是否在中国出生，都因出生取得中国国籍。1912年《中华民国国籍法》（1914年修正）第1条第1款第1项、第2项规定：生而父为中国人者，生于父死以后，其父死时为中国人者，属中华民国国籍。

严格1909年《大清国籍条例》附条件母亲单系血统原则，出生时母亲为中国人且父亲不明、父亲无国籍，因出生取得中国国籍，将不限定是否在中国出生修改为限定在中国出生，这减少了出生在中国但父亲不是中国人不能根据父亲单系血统原则取得中国国籍，母亲不是外国人不能取得外国国籍，产生的无国籍状态。1912年《中华民国国籍法》（1914年修正）第1条第1款第3项：生于中国地，父无可考或者无国籍者，其母为中国人者，属中华民国国籍。

（二）出生在中国时父母均无可考或者均无国籍

继承1909年《大清国籍条例》关于出生时父母不明、父母无国籍，只要在中国出生，都赋予中国国籍的规定，这减少了出生在中国但出生时父母不明、父母无国籍，既不能根据父亲单系血统原则、附条件母亲单系血统原则取得中国国籍，又因父母不明、父母无国籍不能取得外国国籍，产生的无国籍状态。1912年《中华民国国籍法》（1914年修正）第1条第1款第4项规定：生于中国地，父母均无可考或者均无国籍者，属中华民国国籍。这与1966年《公民权利和政治权利国际公约》第24条第3款规定"每一儿童有权取得一个国籍"类似。

（三）一般归化中国国籍

允许无国籍人一般归化中国国籍，提供取得中国国籍的机会，防止、减少无国籍状态。1912年《中华民国国籍法》（1914年修正）第4条规定：无国籍人经内务部许可得归化：（一）连续五年以上在中国有住所者。（二）品行端正者。（三）有相当之财产或者艺能，足以自立者。（四）归化时年龄，专依中国法定之。

（四）在中国发现的弃儿、无国籍人有殊勋于中国者均不再能取得中国国籍

1912年《中华民国国籍法》（1914年修正）不继承1909年《大清国籍条例》第2条其生地并无可考而在中国地方发现之弃童，属中国国籍，第4条无国籍人有殊勋于中国者，得由外务部、民政部会奏请旨，特准入籍，在中国发现的弃儿、无国籍人有殊勋于中国者均不再能取得中国国籍。

（五）不剥夺中国国籍

1912年《中华民国国籍法》（1914年修正）继承1909年《大清国籍条例》不剥夺国籍，减少中国人因丧失中国国籍而成为无国籍人。一个人一经具有中国国籍，就一直和永久地具有中国国籍，除非自愿申请放弃，并经批准。

第三节 1929年《中华民国国籍法》减少无国籍状态

一、减少无国籍状态的考虑因素

1929年2月，南京国民政府于1928年12月实现全国形式上统一后不久，颁布《国籍法》。制定1929年《中华民国国籍法》的主要考虑因素是肯定海外侨胞重要贡献，重视和关心海外侨胞与中国的联系，维护海外侨胞权益，争取海外侨胞认同、支持南京国民政府。1929年《中华民国国籍法》取消了1912年《中华民国国籍法》（1914年修正）提高的无国籍人取得中国国籍条件的规定，恢复了1909年《大清国籍条例》关于无国籍人取得中国国籍的规定。

二、减少无国籍状态的情形

（一）出生时母为中国人而父无可考或者无国籍者

继承1909年《大清国籍条例》、1912年《中华民国国籍法》（1914年修正）的父亲单系血统原则，出生时父亲是中国人，不论是否在中国出生，都因出生取得中国国籍。1929年《中华民国国籍法》第1条第1款第1项、第2项规定：生时父为中国人，生于父死后，其父死时为中国人者，属中华民国国籍。

取消1912年《中华民国国籍法》（1914年修正）关于出生时母亲为中国

人且父亲不明、父亲无国籍，因出生取得中国国籍，限定在中国出生的规定，恢复和继承1909年《大清国籍条例》关于出生时母亲为中国人且父亲不明、父亲无国籍，因出生取得中国国籍，不限定是否在中国出生的规定。这减少了出生在中国但父亲不是中国人不能根据父亲单系血统原则取得中国国籍，母亲不是外国人不能取得外国国籍，产生的无国籍状态。1929年《中华民国国籍法》第1条第1款第3项规定：父无可考或者无国籍者，其母为中国人者，属中华民国国籍。

（二）出生在中国时父母均无可考或者均无国籍

出生时父母不明、父母无国籍，只要在中国出生，都赋予中国国籍，这减少了出生在中国但父母不明、父母无国籍，既不能根据父亲单系血统原则、附条件母亲单系血统原则取得中国国籍，又因父母不明、父母无国籍不能取得外国国籍，产生的无国籍状态。1929年《中华民国国籍法》第1条第1款第4项规定：生于中国地，父母均无可考或者均无国籍者，中国民国国籍生来取得。这与1961年《减少无国籍状态公约》第1条"缔约国对于在其领土内出生且非经授予国籍即无国籍者，应授予该国国籍"类似。

（三）一般归化中国国籍

允许继续5年以上在中国有住所的无国籍人一般归化中国国籍，提供取得中国国籍的机会，减少无国籍状态。1929年《中华民国国籍法》第3条规定：无国籍人经内务部许可得归化：（一）继续五年以上，在中国有住所者。（二）品行端正者。（三）有相当之财产或者艺能，足以自立者。（四）归化时年龄，专以中国法定之。

（四）不剥夺中国国籍

1929年《中华民国国籍法》继承1909年《大清国籍条例》、1912年《中华民国国籍法》（1914年修正）不剥夺国籍，没有规定剥夺中国国籍，不以任何理由剥夺国民的国籍，减少中国人因丧失中国国籍而成为无国籍人。一个人一经具有中国国籍，就一直和永久地具有中国国籍，除非自愿申请放弃，并经批准。

（五）在中国发现弃儿、无国籍人有殊勋于中国者不再能取得中国国籍

1929年《中华民国国籍法》与1912年《中华民国国籍法》（1914年修正）一样，不继承1909年《大清国籍条例》关于在中国发现弃儿、有殊勋于中国者取得中国国籍的规定，不再赋予在中国发现弃儿中国国籍、允许无国籍人特殊归化取得中国国籍。1909年《大清国籍条例》第2条规定：其生地并无可考而在中国地方发现之弃童，属中国国籍。第4条规定：无国籍人有殊勋于中国者，得由外务部、民政部会奏请旨，特准入籍。

第四节　1980年《国籍法》前减少无国籍状态和无国籍人管理

一、交换领土或者按条约规定迁徙居民

新中国成立后，中国和有关国家进行领土问题谈判，减少因为交换领土或者按条约规定迁徙居民时产生的无国籍状态。1960年《中华人民共和国国务院总理周恩来和缅甸联邦总理吴努关于两国边界条约的换文》第1条规定：根据中缅边界条约第1—3条的规定由一方移交给另一方的地区的居民，在各该地区移交给另一方以后，应该被确认为该地区所属一方的公民；如果该地区的居民中有人不愿意随地区转移到另一方，可以在条约生效后一年内声明选择原来一方的国籍，并可在两年以内迁入原来一方的境内居住。1961年《中国政府和尼泊尔王国政府关于边民选籍、过界耕地和过界放牧等问题的换文签字》第1条规定：根据1960年《中国政府和尼泊尔王国政府边界条约》的规定，由一方划给另一方的地区的居民，在各该地区划入另一方以后，应该被确认为该地区一国所属的公民；如果该地区的居民中，有人不愿意成为本地区所属一国的公民，可以在换文所载协议生效后一年内声明保留其原国籍。

二、解决双重国籍问题

新中国成立后，中国和有关国家进行双重国籍问题谈判，减少因为解决双重国籍问题产生无国籍状态。以"宣告后即被视为自愿选择中华人民共和国国籍"，"宣告后即被视为自愿选择印度尼西亚共和国国籍"等方法，不因

选择了放弃其中一国国籍，又不能取得另一国国籍，成为无国籍人。1955年《中华人民共和国和印度尼西亚共和国关于双重国籍问题的条约》第3条规定："凡属具有第1条所述两种国籍的人，如愿意保留中华人民共和国国籍，必须向中华人民共和国的有关当局宣告放弃印度尼西亚共和国国籍，宣告后即被视为自愿选择中华人民共和国国籍。凡属具有第1条所述两种国籍的人，如愿意保留印度尼西亚共和国国籍，必须向印度尼西亚共和国的有关当局宣告放弃中华人民共和国国籍，宣告后即被视为自愿选择印度尼西亚共和国国籍。"

特定群体已经不言而喻地放弃了中国国籍而只具有印度尼西亚国籍，避免不具有任何国籍。1960年《中华人民共和国政府和印度尼西亚共和国政府关于双重国籍问题的条约的实施办法》第2条规定："在同时具有中华人民共和国国籍和印度尼西亚共和国国籍的人当中，有一类人被认为已经不言而喻地放弃了中华人民共和国国籍而只具有印度尼西亚共和国国籍。（2）上述第（1）款所指的这一类人的范围由印度尼西亚共和国政府决定，并将这类人的名单一分送交中华人民共和国政府以便知悉。（3）在规定谁被认为不言而喻地只具有印度尼西亚共和国国籍的印度尼西亚共和国法律中，应增加根据印度尼西亚选举委员会的证件或其他证据证明在印度尼西亚人民代表议会或地方人民代表议会选举中参加选举的华裔印度尼西亚共和国公民。"

三、丧失外国国籍未恢复、取得中国国籍

1980年以前，新中国发布文件，减少因为丧失外国国籍未恢复、取得中国国籍产生无国籍状态。主要有：1963年《公安部关于迅速给印度归国难侨的外籍眷属办理申请加入中国国籍手续的通知》，1964年《公安部等关于处理无国籍四教派分子出境问题的意见书》，1964年《公安部一局复同意处理日本孤儿养子国籍问题的意见》，1964年《公安部关于原缅甸籍人的国籍确认问题》，1965年《公安部等关于对苏方批准退出苏联国籍的人的管理意见》，1965年《公安部等关于中越混血儿要求退出中国国籍问题的意见》。

四、准事实无国籍人

一些国家在某些历史阶段以民族主义为名推行排华政策，使该国华人处于准事实无国籍人状态。第二次世界大战前，除泰国外，东南亚国家均受西方国家殖民统治。东南亚国家在二战后面临的首要和最重要问题是国家独立，实现和保持国家独立离不开国家的统一性和正统性。第二次世界大战后，海外华人未能享有与住在国公民平等的待遇，是东南亚国家的普遍现象。[①] 1959年，《中华人民共和国与印度尼西亚共和国关于双重国籍问题的条约》还未批准生效，印度尼西亚政府就先后颁布了违背条约精神的《监督外侨居住和旅行条例》以及《第十号总统令》，使数十万印度尼西亚华侨生计无着。

东南亚国家独立后为了突出和强调国家的统一性和正统性，普遍推行民族主义，扶持土著民族的发展，抑制当地华侨华人族群的发展。主要表现为：淡化和消除当地华侨华人的华裔文化和族裔特点，削弱和降低当地华侨华人的政治和社会地位。政治上，出台一系列照顾土著权益、打压华族权益的政策。经济上，出台了一系列族群经济政策和经济领域排华政策。文化上，实施一系列当地文化政策，打压华族文化，关闭华文学校，停办华文报刊。李光耀提出"马来西亚统一民族"的政治口号，要非马来族获得均等利益，遭到马来人极端民族主义者的激烈抨击，以新马分离而告终。[②]

不同东南亚国家和在同一个东南亚国家的不同时期，由于具体情况有所区别，当地政府推行民族化措施限制和排斥华侨华人的轻重缓急存在差异，[③] 但基本是对华人政策的调整，不改变土著人较华人享有特权造成的族群地位的结构性矛盾。由于东南亚国家对华侨采取排斥政策，华侨即使加入住在国国籍，也没有获得平等的公民权，在政治、文化上认同住在国遇到障碍，通

---

① 廖小健. 战后各国华侨华人政策[M]. 广州：暨南大学出版社，1995.
② 刘国福. 侨情变化与侨务政策[M]. 广州：暨南大学出版社，2013.100-102.
③ 朱东芹. 东南亚华侨华人社团的历史与现状[A]. 丘进. 华侨华人研究报告[C]. 北京：社会科学文献出版社，2011，178.

过不承认双重国籍鼓励华侨在当地长期生存的政策未完全收到预期效果。① 当有些国家排华时，由于被迫害华人不具有中国国籍，不是中国公民，我国一定程度上难以主动采取保护措施。

五、无国籍人管理

（一）无国籍人户口登记

建国初期，我国在户口登记方面，坚持无国籍人一般外国人待遇原则，无国籍人在境内居住的，与外国人一样，进行户口登记。1958年《户口登记条例》第2条第3款规定："居留在中华人民共和国境内的外国人和无国籍的人的户口登记，除法令另有规定外，适用本条例。"根据1958年《公安部三局关于执行户口登记条例的初步意见》第1条第2款，"法令另有规定"是指1951年11月28日原政务院公布的《外国侨民出入及居留暂行规则》和1954年8月10日公安部公布的《外国侨民居留登记及居留签证暂行办法》《外国侨民旅行暂行办法》三个文件，这几个文件，主要是解决外国侨民的居留、旅行、迁徙问题。除此，凡出生、死亡、户口事项的变更、更正等登记，原则上均适用户口登记条例的规定。

（二）无国籍人在出入境、公共安全、涉外民事和国籍管理方面的法律地位

建国初期，我国在出入境管理方面，坚持无国籍人一般外国人待遇原则，给予无国籍人外国人待遇。1951年11月，政务院制定《外国侨民出入及居留暂行规则》，规定了外国侨民在中国境内出入和居留，"外国侨民"即外国人。第11条规定："无国籍侨民依本规则办理。"1954年《外国侨民居留登记及居留证签发暂行办法》、1954年《外国侨民出境暂行办法》、1954年《外国侨民旅行暂行办法》分别根据1951年《外国侨民出入及居留暂行规则》第3条、第6条和第7条制定，因而适用无国籍人一般外国人待遇原则。1964年4月，国务院制定《外国人入境出境过境居留旅行管理条例》，同时废止1951年《外

---

① 任贵祥.海外华侨华人与中国改革开放[M].北京：中共党史出版社，2009，77.

国侨民出入及居留暂行规则》、1954年《外国侨民居留登记及居留证签发暂行办法》、1954年《外国侨民出境暂行办法》、1954年《外国侨民旅行暂行办法》，沿袭无国籍人一般外国人待遇原则，给予无国籍人外国人待遇。第1条规定："外国人入、出、通过中华人民共和国国境和在中国居留、旅行，都依照本条例的规定办理。本条例的规定也适用于无国籍人。"

我国在公共安全管理方面，坚持无国籍人一般外国人待遇原则，给予无国籍人外国人待遇。1957年《人民警察条例》第5条规定：人民警察职责包括依照法律管理外国人和无国籍人的居留、旅行等事项。

我国在涉外民事方面，坚持无国籍人一般外国人待遇原则，给予无国籍人外国人待遇。1955年10月，最高人民法院在《关于无国籍人华某某夫人（已死）在美存款如何处理问题的复函》（法研字第15367号）中指出，所询无国籍人华某某夫人（已死）在美存款如何处理问题，我们认为，北京市人民委员会外事处向你部所提的意见是可以同意的。至于法院指定遗产代管人的办法，如能达到索回在美国存款的目的，是可以考虑的，但即使这样做也并不能达到这个目的，所以还不如按照北京市人民委员会外事处的意见，美国银行方面暂不予理会。

我国驻外领馆可以接受无国籍人加入中国国籍的申请，便利无国籍人加入中国国籍，减少无国籍状态。1959年《中华人民共和国和德意志民主共和国领事条约》第13条规定："领事在遵守驻在国法令的条件下，可以接受外国公民和无国籍人提出的加入派遣国国籍的申请。"

我国驻外领馆可以向无国籍人签发签证、居留证，允许无国籍人入境、停留居留。1959年《中华人民共和国和苏维埃社会主义共和国联盟领事条约》第15条第2款规定："领事可以发给本国公民、外国公民和无国籍人出入派遣国所必需的签证。"

第五节 1980年《国籍法》减少无国籍状态

一、出生在中国时父母定居在中国、无国籍或国籍不明,具有中国国籍

父母无国籍或者国籍不明,定居在中国,在中国出生,具有中国国籍,这减少了出生在中国但父母无国籍或者国籍不明,既不能根据父亲血统原则取得中国国籍,又因父母不明、父母无国籍不能取得外国国籍,而产生的无国籍状态。1980年《国籍法》第6条规定:"父母无国籍或者国籍不明,定居在中国,本人出生在中国,具有中国国籍。"父母国籍不明是指无法查明父母国籍。

无国籍人所生的子女不是如其父母一样无国籍,而是可以因出生而取得中国国籍。国家在给予国籍方面有自由裁量权,但在拒绝国籍方面不能任意。考虑到父母无国籍或者国籍不明的儿童可能面临的无国籍后果,在这种情况下拒绝加入国籍申请是任意行为。任意拒绝加入国籍申请和任意剥夺国籍一样严重。国家应确保与本国有相关联系者不因任意地拒绝国籍成为无国籍人。减少无国籍状态是国际国籍法的基本原则之一,减少无国籍状态的重要方法是出生即具有国籍。儿童在某国领土出生而其父母为无国籍人或者儿童为弃婴都应具有国籍。

二、允许无国籍人归化中国国籍

允许中国人的近亲属、定居在中国、有其他正当理由的无国籍人归化中国国籍,提供依申请取得中国国籍的机会,减少无国籍状态。1980年《国籍法》第7条规定:"外国人或者无国籍人,愿意遵守中国宪法和法律,并具有下列条件之一的,可以经申请批准加入中国国籍:一、中国人的近亲属;二、定居在中国的;三、有其他正当理由。"2011年《重庆市公安局国籍管理工作规范(试行)》第10条第1款规定:无国籍人愿意遵守中国宪法和法律,并具有下列条件之一的,可以经申请批准加入中国国籍:1.中国人的近亲属;2.定居在中国的;3.有其他正当理由。"中国人的近亲属",是指父母、夫妻、子女

和同胞兄弟姐妹；"其他正当理由"是指对中国革命和建设事业有贡献的、中国公民收养的外籍子女等。

1980年《国籍法》设定的无国籍人归化中国国籍条件宽松。1909年《大清国籍条例》只允许"寄居中国连续至十年以上者"，"有殊勋于中国者"无国籍人归化中国国籍，没有规定中国人近亲属无国籍人归化中国国籍。1912年《中华民国国籍法》（1914年修正）和1929年《中华民国国籍法》都只允许无国籍人"连续五年以上在中国有住所者"归化取得中国国籍，没有规定中国人近亲属，及有其他正当理由，例如有殊勋于中国者，归化中国国籍。

三、不剥夺公民的中国国籍

1980年《国籍法》没有规定剥夺中国国籍，不以任何理由剥夺公民的国籍，防止、减少中国人因丧失中国国籍而成为无国籍人。一个人一经具有中国国籍，就一直和永久地具有中国国籍，除非自动丧失，自愿申请放弃并经批准。1909年《大清国籍条例》、1912年《中华民国国籍法》（1914年修正）、1929年《中华民国国籍法》都没有规定剥夺中国国籍。不剥夺公民的中国国籍，表现在不仅在形式上不使中国国籍失效，而且在实质上不任意注销、拒绝延期中国护照，及不以任何理由拒绝入境。

四、允许无国籍前公民恢复中国国籍

允许无国籍前公民恢复中国国籍，提供取得中国国籍的机会，减少无国籍状态。1980年《国籍法》第13条规定"曾有过中国国籍的外国人，具有正当理由，可以申请恢复中国国籍；被批准恢复中国国籍的，不得再保留外国国籍"，允许外国人恢复中国国籍。地方公安机关出入境管理部门实施1980年《国籍法》，允许无国籍人恢复中国国籍。2011年《重庆市公安局国籍管理工作规范（试行）》第9条规定：恢复中国国籍对象是曾经具有中国国籍和重庆户籍的外国人或者无国籍人。2015年湖南省公安厅《办理加入、恢复、退出中国国籍指南》第1条规定：恢复中国国籍对象是曾经具有中国国籍的外国人或者无国籍人。2012年内蒙古自治区公安厅《加入、恢复、退出中国国籍

办事指南》第1条规定：恢复中国国籍对象是曾经具有过中国国籍的外籍华人、华裔和无国籍华人。2017年广东省佛山市公安局南海分局《加入、恢复、退出中国国籍申请审核》规定：恢复中国国籍对象是在佛山市定居，遵守中国宪法和法律且曾经具有过中国国籍的外国人或者无国籍人。

第六节　1980年《国籍法》后无国籍人管理

一、认定无国籍人

公安机关办理涉外行政案件，对国籍不明的，由公安机关出入境管理部门协助查明。不能查明国籍的，以无国籍人对待。2012年《公安机关办理行政案件程序规定》（2020年修正）第239条规定：国籍有疑问或者国籍不明的，由公安机关出入境管理部门协助查明。2011年《重庆市公安局国籍管理工作规范（试行）》第6条第2款第1项规定：重庆市公安局出入境管理局对自称是外国人的无证件人员，了解本人有无任何能证明其外国人身份的证件复印件和个人情况（包括姓名、出生日期、所属国籍、原持证件名称、种类和号码、入境日期、入境口岸、家庭住址、联系电话、家庭成员等），然后由重庆市公安局照会其所述国驻华使领馆核实身份。2012年《公安机关办理行政案件程序规定》（2020年修正）第239条规定："对无法查明国籍、身份不明的外国人，按照其自报的国籍或者无国籍人对待。"

公安机关办理涉外刑事案件，对国籍不明的，由公安机关出入境管理部门协助，通过双边警务合作或者国际刑警组织查明。无法查明国籍的，以无国籍人对待。如果中国与国籍不明人员所称的国籍国签订的有关司法协助条约或者共同缔结、参加的国际公约有规定，也可以按照有关司法协助条约或者国际公约的规定，请求该国协助查明其身份。如果没有规定，可以通过外交途径办理。2012年《公安机关办理刑事案件程序规定》（2020年修正）第359条规定：国籍不明的，由出入境管理部门协助予以查明。国籍确实无法查明的，以无国籍人对待。2011年《重庆市公安局国籍管理工作规范（试行）》第6条第2款第2项规定：对于犯罪事实清楚、证据确实的犯罪嫌疑人，其国籍身份一时难以查清的，或者有关国家拒绝协助的，可以先按身份不明采取强制措施，经查实确为外国籍犯罪嫌疑人，再按外籍犯程序补办相关法律手续；无法查明的，以无国籍人对待（在法律文书上写明"国籍不明"），适用涉外刑事诉讼审理程序。

法院审理涉外刑事案件，对于国籍不明的，根据公安机关或者有关国家驻华使领馆出具的证明确认。2012年《最高人民法院关于适用〈中华人民共和国刑事诉讼法〉的解释》（2021年修订）第477条规定：国籍不明的，根据公安机关或者有关国家驻华使领馆出具的证明确认。国籍无法查明的，以无国籍人对待，在裁判文书中写明"国籍不明"。

查明国籍，要考虑本人及其父母的护照、签证、定居证明，本人的出生证明等材料。2011年《重庆市公安局国籍管理工作规范（试行）》第7条规定：公安机关在日常管理、证件签发等工作中发现国籍不明时，可以要求其提供以下材料进行国籍认定：（一）外国护照或者旅行证件、有效签证、定居证明原件及复印件；（二）出生证明原件及复印件；（三）父母护照、签证、定居证明原件及复印件；（四）公安机关认为有必要提供的其他材料。

二、确定无国籍人准据法

（一）民事法律

我国民事法律不以国籍认定民事主体，无国籍人与中国公民、外国人等自然人都是民事主体，除特别规定外，均适用民事法律，法律地位一律平等。2020年《民法典》第4条规定："民事主体在民事活动中的法律地位一律平等。"

（二）刑事法律

我国刑事法律不以国籍区别认定犯罪主体，无国籍人与中国公民、外国人等自然人都是一般主体，除特别规定外，均适用刑事法律。1997年修订的刑法第4条规定："对任何人犯罪，在适用法律上一律平等。不允许任何人有超越法律的特权。"第6条规定："凡在中华人民共和国领域内犯罪的，除法律有特别规定的以外，都适用本法。凡在中华人民共和国船舶或者航空器内犯罪的，也适用本法。犯罪的行为或者结果有一项发生在中华人民共和国领域内的，就认为是在中华人民共和国领域内犯罪。"2021年3月施行的《中华人民共和国刑法修正案（十一）》将刑法第17条修改为："已满十六周岁的人犯罪，应当负刑事责任。已满十四周岁不满十六周岁的人，犯故意杀人、故意伤害致人重伤或者死亡、强奸、抢劫、贩卖毒品、放火、爆炸、投放危险物质的，应当负刑事责任。已满十二周岁不满十四周岁的人，犯故意杀人、故意伤害罪，致人死亡或者以特别残忍手段致人重伤造成严重残疾，情节恶劣，经最高人民检察院核准追诉的，应当负刑事责任。对依照前三款规定追究刑事责任的不满十八周岁的人，应当从轻或者减轻处罚。因不满十六周岁不予刑事处罚的，责令其父母或者其他监护人加以管教；在必要的时候，依法进行专门矫治教育。"

（三）警察法律

我国警察法律不以国籍认定违法犯罪嫌疑人员，无国籍人与中国公民、外国人等自然人都是违法犯罪嫌疑主体，除特别规定外，均适用警察法律。2001年《公安部关于对外国人和无国籍人以及港澳台居民采取留置措施有关问题的批复》第1条规定：《人民警察法》第9条第1款规定的"有违法犯罪嫌疑的人员"既包括中国公民（含港澳台居民），也包括外国人和无国籍人。

（四）复议法律和诉讼法律

我国行政复议、行政诉讼、刑事诉讼、民事诉讼、海事诉讼等法律不以国籍区别认定复议、诉讼主体，无国籍人与中国公民、外国人等自然人都是复议、诉讼主体，除特别规定外，均适用行政复议、行政诉讼、刑事诉讼、民事诉讼等法律。1999年《行政复议法》（2017年修订）第46条规定："外国人、无国籍人、外国组织在中华人民共和国境内申请行政复议，适用本法。"1989年《行政诉讼法》（2017年修正）第98条规定："外国人、无国籍人、外国组织在中华人民共和国进行行政诉讼，适用本法。法律另有规定的除外。"1979年《刑事诉讼法》（2018年修正）第17条规定：对于外国人犯罪应当追究刑事责任的，适用本法的规定。对于享有外交特权和豁免权的外国人犯罪应当追究刑事责任的，通过外交途径解决。2012年《最高人民法院关于适用〈中华人民共和国涉外民事关系法律适用法〉若干问题的解释（一）》（2020年修正）第1条规定：当事人一方或者双方是无国籍人，人民法院可以认定为涉外民事关系。

法院审理涉外民事案件，对于无国籍人，依次按照经常居所地、现在居所地确定其国籍。2011年《涉外民事关系法律适用法》第19条规定：依照本法适用国籍国法律，自然人无国籍或者国籍不明的，适用其经常居所地法律。第20条规定：依照本法适用经常居所地法律，自然人经常居所地不明的，适用其现在居所地法律。2012年《最高人民法院关于适用〈中华人民共和国涉外民事关系法律适用法〉若干问题的解释（一）》（2020年修正）第13条规定："自然人在涉外民事关系产生或者变更、终止时已经连续居住一年以上且作为其生活中心的地方，人民法院可以认定为涉外民事关系法律适用法规定的自然人的经常居所地，但就医、劳务派遣、公务等情形除外。"

法院审理海事案件，无国籍人可以选择中国海事法院管辖，债权人可以向有管辖权法院申请无国籍债务人支付令，贯彻了当事人意思自治的原则，有利于确立中国海事审判在国际司法领域的地位。1999年《海事诉讼特别程序法》第8条规定："海事纠纷的当事人都是外国人、无国籍人、外国企业或者组织，当事人书面协议选择中华人民共和国海事法院管辖的，即使与纠纷有实际联系的地点不在中华人民共和国领域内，中华人民共和国海事法院对该纠纷也具有管辖权。"第99条第2款规定："债务人是外国人、无国籍人、外国企业或者组织，但在中华人民共和国领域内有住所、代表机构或者分支机构并能够送达支付令的，债权人可以向有管辖权的海事法院申请支付令。"

三、驱逐无国籍人

根据国内法律法规、国际条约和协定以及公认的国际惯例，考虑当事人行为的事实、性质、情节等因素作出是否予以驱逐决定。这种决定不应因国籍、种族、肤色、宗教信仰等因素有所歧视。对于长期或者永久居留的外国人，如有下列情况，一般不予驱逐：长期在华工作、纳税、置业，或者其子女均在华，或者如被驱逐可能导致其骨肉分离、倾家荡产、有生之年无以为继等。①

四、外国人的法律地位

外国人法律地位，又称一般外国人法律地位，是指外国人于其居住国享有的权利和承担的义务，包括服从居住国的管辖，遵守关于外国人入境、居留和出境的管理，享有保证其正常生活的待遇等。② 外国人的法律地位，既是一个国际法的问题，又是一个国内法的问题。从国际法看，外国人法律地位是符合国际准则的外国人的管辖、出入境以及居住期间的待遇。从国内法看，外国人法律地位是一国在不违反国家承担的国际义务的前提下在内国法中规定外国人的管辖、出入境以及居住期间的待遇。1982年《宪法》（2018年修订）第32条第1款规定，"中华人民共和国保护在中国境内的外国人的合法权利和利益，在中国境内的外国人必须遵守中华人民共和国的法律。"2014年《中共中央关于全面推进依法治国若干重大问题的决定》指出：维护外国公民、法人在中国的正当权益。中国境内的外国人的合法权利和利益，受国家的保护，任何人不得任意侵犯。在中国境内的外国人必须遵守中国的法律，这是他们应当履行的义务。

五、无国籍人在出入境、住宿和户口管理方面的法律地位

（一）出入境管理

在出入境管理方面，外国人包括无国籍人，无国籍人与外国人有同等的法律地位。2012年《出境入境管理法》第89条第3款规定："外国人是指不具有中国国籍的人。"公安机关、移民机关向无国籍人签发签证、居留证，允许无国籍人入境、停留和居留。根据辽宁省大连市公安局《外国人（含无国籍人员）来连签证、停居居留证件申请》，申请签证、停留就证件的事项类型是行政许可，签证、停居居留证件申请的审批对象是外国人，含无国籍人。

---

① 联合国国际法委员会各国政府关于驱逐外国人的评论和资料增编.中国部分，A/CN.4/628/Add.，2010年8月31日。

② 梁淑英.国际法[G].我国政法大学出版社，2011，108.

（二）住宿登记

无国籍人在住宿登记方面，适用与外国人一样的规定，具有同等的法律地位。2012年《出境入境管理法》第39条规定："外国人在中国境内旅馆住宿的，旅馆应当按照旅馆业治安管理的有关规定为其办理住宿登记，并向所在地公安机关报送外国人住宿登记信息。外国人在旅馆以外的其他住所居住或者住宿的，应当在入住后24小时内由本人或者留宿人，向居住地的公安机关办理登记。"外国人包括具有外国国籍的人和无国籍人。1987年《旅馆业治安管理办法》（2011年修正）第6条规定："旅馆接待旅客住宿必须登记。登记时，应当查验旅客的身份证件，按规定的项目如实登记。接待境外旅客住宿，还应当在24小时内向当地公安机关报送住宿登记表。"

旅馆接受境外人员办理入住登记的有效身份证件不包括护照、通行证、旅行证等证件。根据2014年《境外人员临时住宿登记管理工作规范（宾馆版）》，可以办理入住登记的有效出入境证件包括：外交护照、官员或者公务护照、普通护照、港澳居民来往内地通行证、台湾居民来往内地通行证、中国旅行证、中国入出境通行证、海员护照、外国人永久居留证、外国人入出境证，以及联合国通行证、中国政府部门颁发的外交人员证件，外国政府部门颁发给非本国公民的旅行证、外国政府部门颁发给本国公民的临时性证件、外国人签证证件受理回执、护照报失证明、无有效身份证件境外人员住宿核查单等。

无国籍人信息在公安部出入境信息查询系统，无国籍人可以与外国人一样核实自己身份，向旅馆提供有效身份证件。住宿地公安机关出入境管理部门核实境外人员身份并出具证明，针对未携带有效身份证件的外国人，而不是无国籍人。2015年《全省（湖北省）旅馆业实名登记管理工作规范》第13条第3款：未携带有效身份证件的港澳台居民和外国人，由住宿地公安机关出入境管理部门核实其身份，并出具证明后可以办理住宿登记。2013年《（四川省达州市）通川区旅馆业住宿登记工作规范》第13条规定：派出所对自称是境外人员的申请人核查时，应当用民警数字证书登陆公安部出入境信息查询系统对其身份进行核查，排除违法犯罪嫌疑的，向申请人开具《无有效身份证件境外人员住宿核查单》。

无国籍人出示有效身份证件，旅馆查验其身份，接受其入住。2015年《全省（湖北省）旅馆业实名登记管理工作规范》第10条规定：属地公安机关应督促辖区旅馆按照"实名、实数、实情、实时"要求，逐一查验、采集、上传入住旅客有效身份证件和住宿信息。旅客退房时，应当及时采集、上传旅客退房信息。实名，指验证旅客是否人、证相符，并如实登记旅客姓名、身份证件种类和号码；实数，指根据住宿旅客实际人数，按"一人一证"要求登记；实情，指如实记录住宿旅客入住和退房时间、房号及其他信息；实时，指同步采集、录入、上传旅客住宿信息。

旅馆接受不能提供有效身份证件无国籍人入住，会被行政处罚和刑事处罚。1987年《旅馆业治安管理办法》（2011年修正）第17条规定：旅馆接待旅客住宿未查验旅客的身份证件，按规定的项目如实登记，以及向当地公安机关报送住宿登记表的，依照《治安管理处罚法》有关条款的规定，处罚有关人员；发生重大事故、造成严重后果构成犯罪的，依法追究刑事责任。2005年《治安管理处罚法》（2012年修正）第56条第1款规定："旅馆业的工作人员对住宿的旅客不按规定登记姓名、身份证件种类和号码的，或者明知住宿的旅客将危险物质带入旅馆，不予制止的，处200元以上500元以下罚款。"

（三）户口管理

无国籍人在加入或者恢复中国国籍申请领取居民身份证、申请领取《出生医学证明》、非婚生育子女办理户口登记等户口管理方面，适用与外国人一样的规定，享有同等的法律地位。

无国籍人加入或者恢复中国国籍，应当像外国人一样申请领取居民身份证。2003年《居民身份证法》第9条规定：外国人、无国籍人在中国境内定居并被批准加入或者恢复中国国籍的，在办理常住户口登记时，应当依法申请领取居民身份证。

在申请领取《出生医学证明》方面，无国籍人与中国公民、外国人在国内非婚生育，享有与中国公民之间非婚生育一样的法律地位。2016年《广西壮族自治区〈出生医学证明〉管理办法（修订）》第18条规定："与外籍、无国籍人员在国内非婚生育，在助产机构内分娩申请领取《出生医学证明》按第16条规定办理；在助产机构外分娩申请领取《出生医学证明》按第17条规定办理。"第16条第1款规定："在助产机构分娩的新生儿，签发人员在签发《出生医学证明》时，要认真查验新生儿父母有效身份证件并留存复印件，根据住院分娩记录或者相应的住院病历资料审核新生儿及其父母相关信息一致后，填写《出生医学证明》首次签发登记表，规范出具《出生医学证明》。"第17条规定："在助产机构外分娩的，《出生医学证明》由拟落户地的卫生计生行政部门指定的管理机构出具。申请领取《出生医学证明》时，须提供新生儿父母及领证人的有效身份证件原件、亲子关系声明和本自治区内具有资质的鉴定机构出具的亲子鉴定证明。对无法核实父亲或者母亲身份信息的，还须提供书面说明并签字捺印，《出生医学证明》上父亲或者母亲信息的相应栏目处填写'/'。"

无国籍人与中国公民在国内非婚生育，可以提交《出生医学证明》、亲子鉴定证明等材料，办理户口登记。2015年国务院办公厅《关于解决无户口人员登记户口问题的意见》第2条第7款规定："中国公民与外国人、无国籍人在国内非婚生育、未取得其他国家国籍的无户口人员，本人或者其具有中国国籍的监护人可以凭《出生医学证明》、父母的非婚生育说明、中国公民一方的居民户口簿，申请办理常住户口登记。未办理《出生医学证明》的，需提供具有资质的鉴定机构出具的亲子鉴定证明。"

六、无国籍人在社会保障和著作权保护方面的法律地位

（一）社会保险

我国社会保险制度面向公民，也面向在中国就业、取得永久居留资格的外国人。2010年《社会保险法》（2018年修正）第1条规定："为了规范社会保险关系，维护公民参加社会保险和享受社会保险待遇的合法权益，使公民共享发展成果，促进社会和谐稳定，根据宪法，制定本法。"2011年《在中国境内就业的外国人参加社会保险暂行办法》第1条规定："为了维护在中国境内就业的外国人依法参加社会保险和享受社会保险待遇的合法权益，加强社会保险管理，根据《社会保险法》，制定本办法。"2012年《外国人在中国永久居留享有相关待遇的办法》第9条规定："可以《外国人永久居留证》作为有效身份证件办理参加社会保险各项手续。在中国境内就业的，按照《社会保险法》有关规定参加各项社会保险；在中国境内居住但未就业，且符合统筹地区规定的，可参照国内城镇居民参加城镇居民基本医疗保险和城镇居民社会养老保险，享受社会保险待遇。办理社会保险关系转移接续、终止等手续，社会保险经办机构按照有关规定简化流程、提供方便。"

中国公民丧失中国国籍后成为无国籍人的，可以申请终止职工基本养老关系，一次性领取个人账户储存额。2011年《实施〈中华人民共和国社会保险法〉若干规定》第6条规定："丧失中华人民共和国国籍的，可以在其离境时或者离境后书面申请终止职工基本养老保险关系。社会保险经办机构收到申请后，应当书面告知其保留个人账户的权利以及终止职工基本养老保险关系的后果，经本人书面确认后，终止其职工基本养老保险关系，并将个人账户储存额一次性支付给本人。""丧失中华人民共和国国籍的"，可能取得外国国籍成为外国人，也可能没有取得外国国籍成为无国籍人。

（二）社会福利和救助

中国的社会福利和救助制度面向公民。2008年《民政部办公厅关于无国籍人员符某某安置问题的复函》规定：中国的社会福利制度面向中国公民，当事人作为无国籍人员，不具备安排进福利机构由国家供养的基本条件。2007年《伤残抚恤管理办法》（2013年修正）第2条规定：本办法适用对象为下列中国公民。对于已经变更为无国籍的人员，其原由中国有关部门发给的伤残人员证件自然失效（可注明作废留作纪念），有关伤残待遇也不再享受。

经认定的困难的无国籍人可以获得医疗救助。2020年3月，北京市人民政府新闻办公室在新冠肺炎疫情防控新闻发布会上，针对记者提出的境外人员新冠肺炎就诊费用问题作出回应。未参加基本医疗保险的人员，在入境过程之中被确诊为输入型的新冠肺炎病例或疑似病例的，所发生的医疗费用，原则上由患者个人负担。参加了商业保险的人员，可以按照商业保险的合同规定支付相应的费用。经认定的困难人员,所发生的医疗费用,按照传染病防治法等法律法规的相关规定,给予医疗救助。1989年《传染病防治法》(2013年修正)第62条规定:"国家对患有特定传染病的困难人群实行医疗救助,减免医疗费用。具体办法由国务院卫生行政部门会同国务院财政部门等部门制定。"

(三)著作权保护

无国籍人是著作权主体,中国著作权法律不以国籍认定主体,无国籍人享有与中国公民、外国人一样的法律地位。2001年10月,中国修改《著作权法》,扩大享有著作权的主体的范围,从中国公民、中国法人扩展至无国籍人、外国人。1997年《著作权法》(2020年修正)第2条第2—4款规定:外国人、无国籍人的作品根据其作者所属国或者经常居住地国同中国签订的协议或者共同参加的国际条约享有的著作权,受本法保护。外国人、无国籍人的作品首先在中国境内出版的,依照本法享有著作权。未与中国签订协议或者共同参加国际条约的国家的作者以及无国籍人的作品首次在中国参加的国际条约的成员国出版的,或者在成员国和非成员国同时出版的,受本法保护。

七、无国籍人在刑事案件、行政案件、复议、诉讼方面的法律地位

(一)刑事案件

公安机关办理无国籍人犯罪案件与办理外国人犯罪案件,适用一样的办理刑事案件程序,无国籍人与外国人享有一样的法律地位。2012年《公安机关办理刑事案件程序规定》(2020年修正)第373条规定:"办理无国籍人犯罪案件,适用本章(第12章外国人犯罪案件的办理)的规定。"

(二)刑事诉讼

法院审理无国籍人刑事案件与审理外国人、中国公民刑事案件,适用一样的刑事诉讼程序,除特别规定外,无国籍人与外国人、中国公民享有同等的刑事诉讼法律地位。2021年《最高人民法院关于适用〈中华人民共和国刑事诉讼法〉的解释》第477条第2款规定:国籍无法查明的,以无国籍人对待,适用第20章涉外刑事案件的审理和司法协助的有关规定。第478条规定:"在

刑事诉讼中,外国籍当事人享有我国法律规定的诉讼权利并承担相应义务。"

(三) 罪犯

外国籍、无国籍罪犯的管理工作是一项政策性强、涉及面广、十分重要的工作。2002年10月,司法部办公厅印发《外国籍罪犯管理工作研讨会纪要》,规定了外国籍罪犯的入监通知、会见、通讯、假释、暂予监外执行、移管、死亡后的处理和释放,适用于无国籍人。2003年1月,司法部发布《外国籍罪犯会见通讯规定》。这两部文件都规定:"外国籍罪犯是指经我国人民法院依法判处刑罚、在我国监狱内服刑的外国公民。在监狱内服刑的无国籍罪犯,以外国籍罪犯论。"

无国籍罪犯享有国民待遇。对无国籍罪犯的管理,适用平等对待、适当照顾原则。2002年《外国籍罪犯管理工作研讨会纪要》规定:"对外国籍罪犯的管理,遵循法律面前人人平等的原则,给予外国籍罪犯平等的国民待遇。"2003年《外国籍罪犯会见通讯规定》第16条规定:"会见时应当遵守中国籍罪犯会见的有关规定。"第25条规定:"经监狱批准,外国籍罪犯可以与所属国驻华使领馆外交、领事官员或者亲属、监护人拨打电话。通话时应当遵守中国籍罪犯通话的有关规定。通话费用由本人承担。"

2002年《外国籍罪犯管理工作研讨会纪要》规定:"考虑到外国籍罪犯文化、生活等方面的差异,各地可结合本地区实际,参照1955年联合国《囚犯待遇最低限度标准规则》,在居住、饮食、劳动、学习等方面给予适当的照顾。随着国家社会经济的发展及人民生活的改善,应逐步将外国籍罪犯同我国罪犯的管理统一起来。""各省(区、市)监狱管理局应选择交通便利、条件较好的监狱相对集中关押外国籍罪犯,并选派政治强、业务精、懂外文的干警负责对外国籍罪犯的管理教育。""为了进一步加强对外国籍罪犯的管理工作,方便驻华外交、领事官员的探视活动,今后可考虑选择地处直辖市、省会、自治区首府的监狱,或者交通便利并设有外国驻华领馆(办)的大城市的监狱,相对集中收押外国籍罪犯。""适当的照顾""交通便利、条件较好""方便驻华外交、领事官员的探视活动"等赋予了无国籍罪犯比中国公民罪犯更好的待遇。

(四)留置

公安机关对无国籍人采取留置措施,与对外国人采取留置措施,适用一样的程序。1995年《人民警察法》(2012年修正)第9条第2款规定:"对被盘问人的留置时间自带至公安机关之时起不超过二十四小时,在特殊情况下,经县级以上公安机关批准,可以延长至四十八小时,并应当留有盘问记录。对于批准继续盘问的,应当立即通知其家属或者其所在单位。对于不批准继续盘问的,应当立即释放被盘问人。"2001年《公安部关于对外国人和无国籍人以及港澳台居民采取留置措施有关问题的批复》第1条规定:对于不享有外交特权和豁免权的外国人,无国籍人符合留置条件的,可以依法采取留置措施,但必须报地市级以上公安机关批准,并严格遵守法定条件和时限。第3条规定:对外国人、无国籍人采取留置措施的,有关省级公安机关应当在采取留置措施后的48小时以内将有关案情、处理情况等报告公安部,同时通报同级人民政府外事办公室。

2001年《公安部关于对外国人和无国籍人以及港澳台居民采取留置措施有关问题的批复》第2条规定:对外国人、无国籍人采取留置措施,应当贯彻慎用的原则,原则上不用。不得已采取时,应当在设施较好的留置室进行。"设施较好的留置室"与设施一般的留置室是相对的。

(五)行政复议

行政复议部门审理无国籍人行政复议案件与审理外国人、中国公民行政复议案件,适用一样的行政复议程序,除特别规定外,无国籍人与外国人享有同等的行政复议法律地位。1999年《行政复议法》(2017年修订)第46条规定:"外国人、无国籍人、外国组织在中华人民共和国境内申请行政复议,适用本法。"1999年《行政复议法》(2017年修订)没有区分无国籍人同外国人、中国公民在行政复议方面的权利和义务,换而言之,无国籍人与外国人、中国公民享有同等的行政复议法律地位。

(六)行政诉讼

法院审理无国籍人行政案件与审理外国人、中国公民行政案件,适用一样的行政诉讼程序,除特别规定外,无国籍人与外国人、中国公民享有同等的行政诉讼法律地位,适用一样的办理代理行政诉讼的委托手续。1989年《行政诉讼法》(2017年修正)第99条第1款规定:"外国人、无国籍人、外国组织在中华人民共和国进行行政诉讼,同中华人民共和国公民、组织有同等的诉讼权利和义务。"1989年《行政诉讼法》(2017年修正)第100条规定:"外国人、无国籍人、外国组织在中华人民共和国进行行政诉讼,委托律师代理诉讼的,应当委托中华人民共和国律师机构的律师。"

(七)民事诉讼

法院审理无国籍人民事案件与审理外国人、中国公民民事案件,适用一样的民事诉讼程序,除特别规定外,无国籍人与外国人、中国公民享有同等的民事诉讼法律地位,适用一样的办理代理民事诉讼的委托手续。1991年《民事诉讼法》(2017年修正)第5条第1款规定:"外国人、无国籍人、外国企业和组织在人民法院起诉、应诉,同中华人民共和国公民、法人和其他组织有同等的诉讼法律地位。"1991年《民事诉讼法》(2017年修正)第239条规定:"外国人、无国籍人、外国企业和组织在人民法院起诉、应诉,需要委托律师代理诉讼的,必须委托中华人民共和国的律师。"第240条规定:"在中华人民共和国领域内没有住所的外国人、无国籍人、外国企业和组织委托中华人民共和国律师或者其他人代理诉讼,从中华人民共和国领域外寄交或者托交的授权委托书,应当经所在国公证机关证明,并经中华人民共和国驻该国使领馆认证,或者履行中华人民共和国与该所在国订立的有关条约中规定的证明手续后,才具有效力。"

(八)海事特别诉讼

法院审理无国籍人海事案件与审理外国人、中国公民海事案件,适用一样的海事诉讼特别程序,除特别规定外,无国籍人与外国人、中国公民享有同等的海事诉讼特别程序法律地位。1999年《海事诉讼特别程序法》第2条规定:"在中华人民共和国领域内进行海事诉讼,适用《中华人民共和国民事诉讼法》和本法。本法有规定的,依照其规定。"由于1999年《海事诉讼特别程序法》没有规定无国籍人当事人法律地位与外国人、中国公民当事人法律地位的关系,应适用1991年《民事诉讼法》(2017年修正)的相关规定。

1991年《民事诉讼法》（2017年修正）第5条第1款规定："外国人、无国籍人、外国企业和组织在人民法院起诉、应诉，同中华人民共和国公民、法人和其他组织有同等的诉讼法律地位。"

第七节 结 论

我国没有关于无国籍的法律定义，学者关于无国籍人定义的观点与国际文件关于无国籍人的定义一致，普遍认为外国人包括无国籍人。1909年《大清国籍条例》在减少无国籍状态方面较为彻底。1912年《中华民国国籍法》（1914年修正）继承1909年《大清国籍条例》的减少无国籍状态的规定，但是有所严格，提高了无国籍人取得中国国籍的条件。1929年《中华民国国籍法》取消了1912年《中华民国国籍法》（1914年修正）提高的无国籍人取得中国国籍条件的规定，恢复了1909年《大清国籍条例》关于无国籍人取得中国国籍的规定。

新中国成立后，我国重视减少无国籍状态。主要情形包括：因为交换领土或者按条约规定迁徙居民；解决双重国籍问题；因为丧失外国国籍未恢复、取得中国国籍；一些国家华人处于准事实无国籍人状态等。我国在户口登记、出入境、公共安全和民事方面，坚持无国籍人一般外国人待遇原则，无国籍人在境内居住的，应像外国人一样，进行户口登记。我国驻外使领馆可以接受无国籍人加入中国国籍的申请，向无国籍人签发签证、居留证，允许无国籍人入境、停留居留。

1980年《国籍法》减少无国籍状态严格。主要情形包括：出生在中国时父母定居在中国、无国籍或者国籍不明，归化中国国籍，不剥夺中国国籍，恢复中国国籍等。我国规范开展无国籍人管理。在认定无国籍人方面，公安机关办理刑事、行政案件，不能查明国籍的，以无国籍人对待。法院审理刑事案件，对于国籍不明的，根据公安机关或者有关国家驻华使、领馆出具的证明确认。在确定无国籍人准据法方面，刑事、警察、民事、复议、诉讼等法律，都不以国籍认定行为主体，无国籍人与中国公民、外国人等都是行为主体，均适用有关法律。中国对于在华长期或者永久居留的无国籍人，一般不予驱逐。

无国籍人在出入境、住宿、户口、社会保障、著作权、刑事案件、行政案件、复议、诉讼等方面，享有与外国人享有同等的法律地位。在出入境管理中，可以向无国籍人签发签证、居留证，允许无国籍人入境、停留和居留。在住宿登记方面，无国籍人出示有效身份证件，旅馆查验身份，接受其入住。在户口方面，无国籍人加入或者恢复中国国籍可以申请领取居民身份证、出生时可以申请领取《出生医学证明》、非婚生育子女可以办理户口登记。我国社会保险制度面向公民，也面向在中国就业、取得永久居留资格的外国人。经认定的困难的无国籍人可以获得医疗救助。办理刑事、行政、复议、诉讼案件，给予无国籍人与外国人一样的法律地位。

第十六章

中国国籍法的未来发展

1980年《国籍法》总结了三十多年来处理国籍问题的经验，把行之有效的国籍政策法律化，并借鉴国际国籍法、外国国籍法的有益规定，既具有中国特色，又在出生国籍等方面与国际上的有关规定保持一致，在巩固国家统一，保护侨胞正当权益，正确处理国籍问题等方面发挥了重要作用。四十多年过去了，需要发展国籍法。发展国籍法，应以习近平法治思想为指导，进一步巩固国家统一，维护民族团结，保护侨胞正当权益，满足外国人合理需求，正确处理国籍问题。本章剖析国籍法的重要规定，论述发展1980年《国籍法》的意义，展望中国国籍法的未来发展。

第一节 发展国籍法的意义

一、落实宪法关于国籍的规定

发展国籍法，有利于落实宪法关于国籍的规定，维护宪法的权威。1980年《国籍法》是落实宪法的国籍方面规定的最重要法律，是除宪法外，国籍法律渊源中的最高位阶法律，确定了国籍、公民、权利之间的递进式因果关系，具有中国国籍才是中国公民，只有中国公民才享有宪法和法律规定的公民权利。1982年《宪法》（2018年修订）第33条规定："凡具有中华人民共和国国籍的人都是中华人民共和国公民。中华人民共和国公民在法律面前一律平等。国家尊重和保障人权。任何公民享有宪法和法律规定的权利，同时必须履行宪法和法律规定的义务。"国籍是公民权利的基础，没有中国国籍不享有中国公民权利。发展国籍法，可在上述宪法规定的基础上，填补有关规定的空白，整合被证明行之有效的实施文件的国籍规定，修改不合时宜的国籍规定，制定更系统、具体的规定。

二、实施有关法律关于国籍的规定

发展国籍法，有利于实施有关法律关于国籍的规定。有关国籍的法律包括1990年《归侨侨眷权益保护法》（2000年修正），2003年《居民身份证法》（2011年修正），2006年《护照法》，2010年《涉外民事关系法律适用法》，2012年《出境入境管理法》，2004年《〈归侨侨眷权益保护法实施办法〉》，2013年《外国人入境出境管理条例》，以及1996年第八届全国人民代表大会常务委员会《全国人民代表大会常务委员会关于〈中华人民共和国国籍法〉在香港特别行政区实施的几个问题的解释》、1998年第九届全国人民代表大会常务委员会《全国人民代表大会常务委员会关于〈中华人民共和国国籍法〉在澳门特别行政区实施的几个问题的解释》等。

实施出境入境管理法的涉国籍规定，需要明确公民的出入境权，认定双重国籍人的国籍、无国籍人。2012年《出境入境管理法》第3条第1款规定："国家保护中国公民出境入境合法权益。"第89条第1款第3项规定："外国人，是指不具有中国国籍的人。"

实施涉外民事法律适用法的涉国籍规定，需要明确在两个以上国家有"经常居所"及"最密切联系"规则。2010年《涉外民事法律适用法》第19条规定：依照本法适用国籍国法律，自然人具有两个以上国籍的，适用有经常居所的国籍国法律；在所有国籍国均无经常居所的，适用与其有最密切联系的国籍国法律。

实施护照法的涉国籍规定，需要明确护照以外证件在国外证明国籍、护照在国外证明国籍的属性。2006年《护照法》第2条规定：中华人民共和国护照是中华人民共和国公民出入国境和在国外证明国籍和身份的证件。

实施居民身份证法的涉国籍规定，需要明确港澳台侨作为中国公民，回国定居，领取居民身份证。港澳台侨回国定居，外国人、无国籍人加入、恢复中国国籍，办理常住户口登记时，应当申请领取居民身份证。2003年《居民身份证法》第9条规定:"香港同胞、澳门同胞、台湾同胞迁入内地定居的,华侨回国定居的,以及外国人、无国籍人在中华人民共和国境内定居并被批准加入或者恢复中华人民共和国国籍的,在办理常住户口登记时,应当依照本法规定申请领取居民身份证。"

实施侨法的涉国籍规定,需要进一步明确华侨、外籍华人,特别是"定居""后裔"的含义。华侨回国后办理定居手续成为归侨,不办理定居手续依然是华侨。1990年《归侨侨眷权益保护法》(2000年修正)第2条规定:华侨是指定居在国外的中国公民。2009年《国务院侨务办公室关于界定华侨外籍华人归侨侨眷身份的规定》第2条规定:"外籍华人是指已加入外国国籍的原中国公民及其外国籍后裔;中国公民的外国籍后裔。"

三、法定化有关国籍的规章、行政规范性文件、党规等

发展国籍法,有利于整合散见在相关规章、规范性文件、党规中涉及国籍的内容,在中国特色社会主义法律体系下统筹进行制度设计,形成国籍管理的整体制度和机制保障。

1980年以来,公安部、司法部、国务院侨务办公室等国务院部门发布了有关国籍的部门规章、行政规范性文件。例如,1981年《司法部公证律师司复关于公证证明国籍问题的请示》,1992年公安部等《关于为非法移民补、换发护照的通知》,2000年公安部《关于启用新版国籍证的通知》,2009年国务院侨务办公室《关于界定华侨外籍华人归侨侨眷身份的规定》,2011年人力资源和社会保障部《实施〈中华人民共和国社会保险法〉若干规定》,2012年公安部《公安机关办理刑事案件程序规定》,2012年公安部《公安机关办理行政案件程序规定》(2020年修正),2013年国务院侨务办公室等《华侨回国定居办理工作规定》,2014年《公安部、省级公安机关户口问题(线索)举报投诉方式》,2017年公安部《在入境检查时留存外国人指纹等人体生物识别信息》等。

1980年以来,中共中央组织部等中央部门发布了有关国籍的党规。例如,2008年中央组织部等13个部门《关于海外高层次引进人才享受特定生活待遇

的若干规定》，2010年中共中央办公厅、国务院办公厅《关于对配偶子女均已移居国（境）外的国家工作人员加强管理的暂行规定》，2012年中共中央组织部等25个部门《外国人在中国永久居留享有相关待遇的办法》，2019年中共中央《党政领导干部选拔任用工作条例》等。

1980年以来，地方国家机关及其部门发布了有关国籍的法规、规章、行政规范性文件。例如，2011年《重庆市公安局国籍管理工作规范（试行）》，2009年北京市人民政府《北京市鼓励海外高层次人才来京创业和工作暂行办法》，2017年上海市监狱管理局《外国籍罪犯会见通讯管理规定》，2017年广东省人大常委会《广东省实施〈中华人民共和国律师法〉办法》，2017年西安市教育局办公室《关于加强外籍人员适龄子女就学管理工作的通知》等。

国务院部委办、地方政府及其部门制定了有关国籍的规章、行政规范性文件，中央及其部门发布了有关国籍的党规，地方国家机关及其部门发布的地方法规、规章、行政规范性文件，为发展国籍法积累了实践经验。应把行之有效的国籍规定法定化，及时上升为法律，健全保障国家国籍主权与保护国籍权有机统一的制度规范。主要包括：优先办理海外高层次人才加入或恢复中国国籍申请。永久居留外国人原则上和中国公民享有相同权利、承担相同义务，以"除政治权利和法律法规规定不可享有的特定权利义务外"为前提。参加司法考试必须具有中国国籍，丧失中国国籍应注销律师执业证书。外国人的国籍以其在入境时持用的有效证件予以认定等。

四、推进国籍法立法计划

发展国籍法，有利于推进国籍法立法计划，修改有关规定，顺应侨情、移情、国情、世情新形势，发挥国籍法在巩固国家统一、维护民族团结、保护侨胞权益、正确处理国籍问题方面的重要作用。

截至2021年，1980年《国籍法》已经41年未作正式修正，这在一定程度上制约了国籍工作的全面深入开展。2012年以来，全国人大、公安部开展了调研论证等基础性工作，围绕完善1980年《国籍法》开展了多方面、多层次的调研工作，提供立法决策参考。2016年11月，"中国《国籍法》和无国籍保护"研讨会在北京举办。[①] 2017年，由全国人大外事委员会率领的全国人大外事委调研组一行在四川省、陕西省、宁夏回族自治区，就《国籍法》执行情况进行调研，了解执行过程遇到的问题和解决建议。[②] 其他有关部门也进行了《国籍法》调研。

五、国内法化我国加入的国籍方面的国际文件

发展国籍法，有利于国内法化我国加入的国籍方面的国际文件，履行有关国际义务。1958年，中国成为联合国难民署方案执行委员会成员国。1982年，中国批准了1954年《关于无国籍人地位的公约》。中国还批准了与无国籍人保护相关的保护人权方面的国际文件。例如，1948年《世界人权宣言》（1948年签署），1951年《关于难民地位的公约》（1982年批准），1966年《经济、社会和文化权利国际公约》（2001年批准），1966年《公民权利和政治权利国际公约》（1998年签署），1966年《消除一切种族歧视国际公约》（1981年批准），1967年《关于难民地位的议定书》（1982年批准），1979年《消除对妇女一切形式歧视公约》（1980年批准），1984年《禁止酷刑和其他残忍、不人道或有辱人格的待遇和处罚的公约》（1988年批准），1989年《儿童权利公约》（1991年批准），2006年《残疾人权利公约》（2008年批准）等。联合国难民署驻华代表处关注中国发展国籍法，多次在华举办专题研讨会和培训班。2019年5月，联合国难民署东南亚地区办公室在曼谷举办2019年执行委员会年度会议无国籍问题高级别单元亚太地区预备会议，邀请亚太地区20多个国家的官员分享各自国家实施消除无国籍全球行动"我归属"（#IBelong）开展五年来的情况，邀请有关学者介绍我国解决无国籍人问题的做法和进展。

[①] 联合国难民署合作项目."我国《国籍法》和无国籍保护"研讨会成功举行［EB/OL］.［2020-01-02］.http://humanrights.ruc.edu.cn/article/?126.html.

[②] 刘春华.全国人大外事委调研组来川调研《护照法》《国籍法》执行情况［N］.四川日报2017-11-04.02.延安市行政审批服务局.全国人大外事委员会调研组来我市为民服务大厅出入境窗口调研［EB/OL］.（2017-12-22）［2020-12-04］.http://www.yanan.gov.cn/xwzx/bmdtt/sgc/317573.htm.吴彩虹.全国人大外事委员会来宁调研［J］.宁夏人大.2017（9）3.

六、顺应有关国籍的新形势

国籍法既是国内法，又涉及国家关系和外交关系，是一部重要法律。发展国籍法，有利于顺应有关国籍的新形势，更有效地处理新的国家关系和外交关系，考虑海外新侨情和在华外国人新形势，加强国籍法律操作性。随着世界进入动荡变革期，我国国际形势错综复杂，国家安全挑战加剧。《国籍法》要解决香港特区存在的外国人任立法会议员、公务员和法官，港人持有"英国属土公民护照""英国国民（海外）护照"等国籍问题，促进香港特区融入国家发展大战略，增强中华民族共同体意识。随着国际迁徙常态化，侨胞出现新情况，不少公民移居西方国家，国籍需求复杂多样。《国籍法》应采取新措施，适应新形势。1980—2020年，东南亚国家、西方国家侨胞数量占海外侨胞总数从91%下降到65%、从7%上升到30%，海外高层次人才几乎都来自西方国家侨胞。

随着国际化程度加深，在华外国人出现新形势，数量增多、构成多样，国籍需求不断增长。《国籍法》采取新措施，会有更大作为。目前，双重国籍、外籍配偶国籍、国籍与权益联系等问题日趋凸显。随着国籍事务日常化，有关条款比较原则、不易操作等挑战更突出。应修改或者完善《国籍法》有关条款。《国籍法》有关条件和程序指引性很强，操作性较弱。细化有关条款，符合当事人正当权益，体现国家主权和利益。

发展国籍法，有利于进一步巩固国家统一和维护民族团结，保护海外侨胞正当权益，正确处理国籍问题，维护国籍主权，保护国籍权。少数港人以及个别"疆独"、"藏独"分子，缺少中国国籍、公民意识，未形成对中国的认同和效忠。通过研究，助力修订《国籍法》，彻底铲除"港独""疆独""藏独"势力生存和成长的国籍土壤。制定《国籍法》时，东南亚侨情突出，西方国家侨情很弱。目前，东南亚、西方国家侨情趋于反转，侨胞资源一升一降。通过研究，助力修订《国籍法》，细化和完善取得、丧失、退出、恢复、保留国籍制度，满足侨胞关于国籍的正当需求。制定《国籍法》时，我国国际化程度较低，面临的国籍问题相对较少，对一些国籍问题没有作出规定。

通过研究，助力修订《国籍法》，妥善解决双重国籍、外籍配偶国籍、国籍与权益联系等问题，满足外国人关于国籍的合理需求。制定《国籍法》时，政治站位高，借鉴和运用相关学术理论相对少。通过研究，深入论证国籍主权与国籍权，既坚决维护国籍主权，国籍独立和自主；又确保人人享有国籍权，取得、变更和保留国籍。保持国籍主权与国籍权的互动平衡。

七、回应国际社会对发展中国国籍法的期待

发展国籍法，有利于回应国际社会的有关期待。2012年12月，联合国难民署驻华代表处在北京举办关于无国籍人士的保护问题研讨会，公安部、联合国儿童基金会等单位派员出席。联合国难民署高级官员介绍了无国籍人保护，联合国儿童基金会新闻通信官介绍出生登记，北京理工大学等单位的学者应邀参加和介绍有关情况。

2014年3月，联合国难民署驻华代表处在北京召开消除无国籍人培训班，有关学者应邀参加和介绍了有关情况。国际无国籍人问题专家学者介绍了国际法上的无国籍人、认定无国籍人、保护无国籍人及有关国家减少和消除无国籍人的实践，邀请国家和有关省市的公安、民政等部门官员参加培训。

2015年12月，联合国难民署和澳大利亚墨尔本大学联合举办亚太地区无国籍人研究培训班，有关学者应邀参加和介绍了有关情况。亚太地区的无国籍人专家学者分享了研究无国籍人取得的成功和面临的挑战，包括国际法上的无国籍人的定义、确定无国籍人数量和特点的方法、无国籍人保护、研究对国籍法律政策的影响等，并进行了研讨。

2016年11月，联合国难民署驻华代表处等主办"中国《国籍法》和无国籍保护"研讨会，联合国难民署、全国人大法工委国家法室等单位的官员、专家和学者与会。联合国难民署驻华代表处介绍了对无国籍人保护的职责，希望通过研讨发现更多解决无国籍保护问题的方案。[①]

---

① 中国人民大学，"我国《国籍法》和无国籍保护"研讨会举行[N].民主与法制时报，2016-12-08.

八、维护社会稳定，弘扬人道主义

发展国籍法，有利于减少无国籍状态。国际上，减少无国籍状态的措施主要包括：便利在境内出生或者公民境外所生不入籍即无国籍的儿童取得国籍；变更国籍的条件是事先取得国籍或者取得另一国籍的保证；公民在取得另一国籍或者取得另一国籍的保证之前，不能放弃国籍；剥夺国籍以不使被剥夺者成为无国籍人为前提；如果个人丧失或者没有取得另一国籍，那么允许其恢复国籍；对于不承认双重国籍的国家，当放弃或者丧失另一国籍是不可能的时候，放弃或者丧失另一国籍不是取得或者保留国籍的条件；确保无人因国家继承成为无国籍人；为无国籍人取得国籍提供便利等。

减少无国籍状态，有利于维护社会稳定。消除社会对无国籍人的歧视，减轻因社会排斥而造成的不稳定和不安全因素，便利其参与政治和经济活动，提高受影响人的生活水平。如果不减少无国籍状态，特别是事实上无国籍状态，就会产生和增加无国籍人。如不能正常享有作为公民应享有的权利，处于社会边缘，会直接影响国家新型户籍制度的建立和完善。无国籍人往往非法居留和非法工作，扰乱社会秩序和出入境管理秩序，并且将非法身份传给子女。一些无国籍人可能会因为种族、宗教、政治观点等因素与当地其他居民发生冲突，易形成社会矛盾，破坏社会稳定。

减少无国籍状态，有利于弘扬人道主义。对内增强民族凝聚力和向心力，对外增强国家亲和力和影响力。对外争取新的合作伙伴，密切和强化合作关系，争取有关国家的尊重和支持。中国积极评价联合国难民署为无国籍人国际保护和缓解国际人道主义危机所发挥的重要作用，曾经与联合国难民署等国际组织在人道主义事务中密切合作。中国坚持和弘扬人道主义，符合改革开放的总体需要和互利共赢的开放战略。无国籍状态使无国籍人遭遇各种巨大艰辛，可能连续几代影响个人及其家人，难以正常享有各项人权。人道主义源于人道、人文思想，主张超越人种、国家、宗教等所有差别，承认人人平等的人格，互相尊重，互相扶助，以谋人类全体之安宁幸福为理想。一个国家的利益不是道义的制高点，只有全人类的利益才是道义的制高点。

减少无国籍状态，有利于提高国际地位。展现负责任大国的担当和良好国际形象，表明与国际社会合作减少无国籍状态的决心，改善国际关系和促进国际社会稳定，扩大对国际事务的影响。世界上很多国家特别是大国都在争夺国际道义制高点，参与无国籍人事务、阐明立场、提出方案、积极争取国际话语权。虽然中国不是发达国家，但是可以承担力所能及的无国籍人国际责任和义务。适当增加解决无国籍问题费用，不会过多增加国家国际支出，反而会在提高国际地位方面事半功倍。为联合国难民署等国际机构开展减少无国籍人状态工作提供更多支持，通过与联合国难民署等国际组织的合作，按照有关国际文件减少无国籍状态，会赢得国际社会的赞誉。

第二节 减少双重国籍状态的未来发展

一、维护国籍主权，保护国籍权

国籍主权是国家主权之一，国家有权制定国籍法律和管理国籍，决定谁具有、如何具有，具有什么国籍，非任意剥夺国籍。国家根据血统、出生地、血统和出生地相结合、归化等原则赋予个人国籍。双重国籍是国籍法积极冲突的结果。国家国籍主权不可撼动，关于某人是否具有某一特定国家的国籍，应依照该国的法律决定。具有两个以上国籍的人，被具有国籍的每个国家视为公民。国籍积极冲突出现在出生、婚姻、被收养、归化、国家继承等方面，这些情形一直存在。一个人成为双重国籍人可能自知或者不自知、有意或者无意。双重国籍会产生担任公职、服兵役、纳税、领事保护与协助和外交保护、向国家求偿、国籍国与住在国分离而产生的权利和义务相背离等方面冲突，给国家国籍管理带来困难，甚至导致国家间争端，但另一方面，也会促进和方便人口国际迁徙、合法定居外国人归化住在国、实现移民深度融合。国籍权是一项基本人权，有权取得、变更和保留国籍的权利，对个人的生存和发展必不可少。妇女、儿童等弱势群体的国籍权应得到特别保护。

我国1980年《国籍法》不承认双重国籍。1980年《国籍法》第3条规定，"中华人民共和国不承认中国公民具有双重国籍。"建国初期，中国国际环境险恶，部分东南亚国家怀疑中国输出革命，反华排华风潮此起彼伏。不承认双重国籍,有利于缓和紧张的国际关系,消除东南亚国家对中国输出革命的猜疑,创造当地华侨生存和发展的良好环境。东南亚国家对海外华侨的排斥迫害源于对中国的担忧和忌惮,海外华侨与中国的密切联系和对中国的高度认同。海外华侨具有中国国籍只是被排斥迫害的诱因而不是根本原因。第二次世界大战以后,海外华侨未能享有与住在国公民平等的待遇,是东南亚国家的普遍现象。① 很长一段时期,东南亚华侨加入住在国国籍也不能享有与其他住在国公民一样的权利,融入住在国面临政治、经济、文化、教育等方面的障碍。②

国籍是国家主权事务,国家有权制定国籍法律和管理国籍。1930年《关于国籍法冲突的若干问题的公约》反映了国家的国籍主权。该《公约》第1条规定:"每一国家依照其本国法律断定谁是它的国民。"第2条规定:"关于某人是否具有某一特定国家国籍的问题,应依照该国的法律予以断定。"1993年《关于减少多重国籍与多重国籍下兵役义务公约》第二议定书和1997年《欧洲国籍公约》反对长期存在的避免多重国籍的原则,标志着对以往排外性单一国籍法律的背离。2008年2月,联合国人权理事会少数群体问题独立专家盖伊·麦克杜格尔在《增进和保护所有人权,公民、政治、经济、社会和文化权利,包括发展权》中,促请缔约国允许双重或者多重国籍。③ 全球化是机遇,也是挑战,各国都积极思考在国际化进程中,如何合理地运用国籍,增强国家竞争力,谋求国家利益最大化,加速经济社会发展。

有学者专家认为,恢复双重国籍的主张是非常错误的,④ 承认双重国籍不利于中国与友好国家的关系,不利于海外华人在居住国的生存,并容易产生外交纠纷。⑤ 还有学者专家认为,如果现在承认中国公民可以拥有双重国籍,不仅推翻了1980年《国籍法》的一项基本原则,实际上否定了中华人民共和

---

① 廖小健.战后各国华侨华人政策[M].广州:暨南大学出版社,1995.
② 任贵祥.海外华侨华人与中国改革开放[M].北京:中共党史出版社,2009,77.
③ 《联合国人权理事会少数群体问题独立专家盖伊·麦克杜格尔的报告:增进和保护所有人权,公民、政治、经济、社会和文化权利,包括发展权》,第86段,A/HRC/7/23,2008年2月28日.
④ 周南京.华人华侨概论[M].香港:香港社会科学出版社有限公司,2003,17-18.
⑤ 李安山.华人华侨国籍问题刍议[J].国际政治研究,2005(2),108.

国成立以来中国政府处理双重国籍问题的政策、实践及其历史意义,损害了中国政府的形象,并容易被国际敌对势力利用作为反华的一个借口。[①]

虽然散居在西方国家的新海外华人华侨与集中居住在东南亚地区的老海外华人华侨相比较,人口数量少,但是,制定国籍政策时需要平衡考虑居住在东南亚地区、欧美澳地区的海外华人华侨利益。世情,特别是双重国籍的国际情况已发生深刻变化,务实灵活处理双重国籍问题的国家越来越多,防范和解决双重国籍引发问题的措施也越来越成熟和制度化。

近年来,一些全国政协委员、全国政协海外列席代表、常委及民主党派、全国人大代表及海外侨胞,从引进海外人才、维护海外侨胞权益、加强国籍管理等角度,相继提出解决国籍问题的提案、建议、意见。

二、不承认双重国籍政策在港澳地区的实施

根据1990年《香港特别行政区基本法》第18条和附件三的规定,1980年《国籍法》自1997年7月1日起在香港实施。考虑到香港的历史背景和现实情况,中国不承认在香港的中国公民因"居英权计划"而获得的英国公民身份。[②] 1996年《全国人大常委会关于〈中华人民共和国国籍法〉在香港实施的几个问题的解释》第2条规定:"所有香港中国同胞,不论其是否持有《英国属土公民护照》或者《英国国民(海外)护照》,都是中国公民。自1997年7月1日起,上述中国公民可继续使用英国政府签发的有效旅行证件去其他国家或者地区旅行,但在香港特别行政区和中华人民共和国其他地区不得因持有上述英国旅行证件而享有英国的领事保护的权利。"中国为方便香港居民出入境作出了灵活务实的规定,以继续保持香港自由港和国际金融、经贸等中心的地位,保持香港社会的稳定繁荣。1996年《全国人大常委会关于〈中华人民共和国国籍法〉在香港实施的几个问题的解释》第4条规定:"在外国有居留权的香港特别行政区的中国公民,可使用外国政府签发的有关证件去其他

[①] 两会资料:建议修改《国籍法》 承认双重国籍 [EB/OL].(2008-03-25)[2020-03-30]. http://news.163.com/07/0225/15/386IUF5F000127AV.html.

[②] 张勇,陈玉田.香港居民的国籍问题[M].北京:法律出版社2001,74.

国家或地区旅行，但在香港特别行政区和中华人民共和国其他地区不得因持有上述证件而享有外国领事保护的权利。"

对于澳门特别行政区和香港特别行政区来说，1980年《国籍法》是作为一部全国性的法律在这两个特别行政区实施的，除两个特别行政区因本身特殊情况所形成的特殊问题外，1980年《国籍法》确定的基本原则对于处理两个特别行政区居民国籍问题是一致的。全国人大常委会对1980年《国籍法》在澳门实施所采用的形式，与在香港实施一致。为使澳门回归祖国后继续保持稳定和繁荣，1980年《国籍法》于1999年12月20日在澳门特别行政区实施时，以实事求是的态度，在不违反1980年《国籍法》基本原则的前提下，采取灵活宽松的方式解决澳门居民的国籍问题。中国不承认双重国籍，但在外国有居留权的澳门特别行政区的中国公民，可以使用外国政府签发的旅行证件去其他国家或者地区旅行。

根据1993年《澳门特别行政区基本法》第18条和附件三的规定，1980年《国籍法》自1999年12月20日起在澳门实施。由于历史的原因，澳门居民的国籍问题比较复杂，尤其是葡萄牙后裔居民的国籍问题具有其特殊性，中国允许原持有葡萄牙旅行证件的澳门居民中的中国公民在澳门特别行政区成立后，可继续持葡萄牙旅行证件到其他国家或者地区旅行，以不影响这部分人在澳门回归后能继续自由出入澳门从事求学、商务等活动。他们在澳门特别行政区和中国其他地区不得享有葡萄牙的领事保护的权利。1998年《全国人大常委会关于〈中华人民共和国国籍法〉在澳门特别行政区实施的几个问题的解释》第2条规定："凡持有葡萄牙旅行证件的澳门中国公民，在澳门特别行政区成立后，可继续使用该证件去其他国家或者地区旅行，但在澳门特别行政区和中华人民共和国其他地区不得因持有上述葡萄牙旅行证件而享有葡萄牙的领事保护的权利。"除了持有葡萄牙旅行证件的以外，澳门居民中的中国公民中还有在外国有居留权的，1998年《全国人大常委会关于〈中华人民共和国国籍法〉在澳门特别行政区实施的几个问题的解释》第3条规定："在外国有居留权的澳门特别行政区的中国公民，可使用外国政府签发的有关证件去其他国家或地区旅行，但在澳门特别行政区和中华人民共和国其他地区不得因持有上述证件而享有外国领事保护的权利。"

三、解决双重国籍产生的冲突[①]

（一）解决担任公职冲突

由于担任公职产生的效忠冲突，只存在于担任公职的双重国籍人，而担任公职的双重国籍人与从事其他职业的双重国籍人相比，只占极少数，因此，因国籍产生的担任公职效忠冲突发生的概率较低。

双重国籍人不得担任中国公职。如果担任中国公职，必须在任职前放弃外国国籍。对于已经担任中国公职的双重国籍人，撤销其本国公职。

双重国籍人不得担任外国公职。如果担任外国公职，自动丧失中国国籍，注销户口，交回居民身份证。丧失中国国籍日后可担任外国公职。

限制归化国籍人担任公职、高级公职。归化国籍公民在中国境内居住满5年、15年，才可以担任公职、高级公职，并宣誓效忠中国，不得保留外国国籍。在我国，公职，即公共职务，主要指国家立法机关、司法机关、行政机关、中国共产党和各个民主党派的党务机关、各人民团体、国有企业、事业单位的职位，主要对国家或集体的公共利益负责。

（二）解决服兵役冲突

完善自动丧失国籍等制度，将因双重国籍产生的服兵役义务冲突降至最低。依他国法律取得他国国籍，而当他国与我国发生战争时，于他国军队中服役、为他国军队服务、从事明知有助于他国的商业行为，自动丧失中国国籍。通过协商与有关国家签订双边条约，解决因双重国籍产生的服兵役义务冲突。

（三）解决领事保护与协助冲突和外交保护冲突

建议拥有外国国籍的中国公民，可以使用外国政府签发的有关国际旅行证件去其他国家或者地区旅行，但在中国不得因持有上述国际旅行证件而享

[①] 刘国福，梁家全.国际国籍法的新发展与我国国籍法的渐进改革[J].华侨大学学报（哲学社会科学版），2009(1). 刘国福.华侨华人国籍法律问题新论[J].东南亚研究，2010(4).

有外国领事保护与协助和外交保护的权利。中国政府及驻外使领馆不向持他国护照或者任何非中国护照入境的双重国籍人提供领事保护与协助和外交保护。中国公民具有双重国籍，当他在另一国籍所属国时，如果该国要求其履行有关义务，中国政府及驻外使领馆不向其提供领事保护与协助和外交保护。

（四）解决向国家求偿冲突

如果我国在该人受害时和正式提出求偿之日都是主要国籍国或者有效国籍国，可以为双重国籍公民针对另一国籍国提起诉讼和求偿。美国—英国索赔委员、英国—墨西哥索赔委员会、英国—委内瑞拉混合索赔委员会、美国—奥地利—匈牙利三方索赔委员会、伊朗—美国索赔法庭、海牙国际法院、国籍法委员会等机构的双重国籍人国家求偿判决，联合国及其机构的意见，支持一国籍国为有双重国籍的公民针对另一国籍国提出求偿的立场。"有效国籍国""主要国籍国"是指多个国籍国中，与个人有更紧密联系的国籍国。确定时必须考虑的因素包括：经常居所、在每一国籍国居住的期间、归化日期；受教育的地点、修习的课程和教学的语言；就业和财务利益；家庭生活的地点；每一国籍国的家庭联系；对社会和公共生活的参与；语言的掌握；纳税、银行账户、社会保险；对其他国籍国的访问；持有和使用其他国家护照的情况；服兵役的情况等。

（五）推进灵活国籍政策

建议本着渐进的原则与务实的精神适时调整相关规定，平衡国籍主权与国籍权，用发展、国际竞争的视野解决国籍问题。渐进推进灵活国籍政策，减少事实双重国籍状态。

近期，建议认可中国公民被动取得其他国籍。一个具有中国国籍的人取得另外一个国籍，如果该国籍不是自己主动申请取得的，而是由于出生、结婚、收养等原因被动取得的，可保留中国国籍，允许持有中国护照。例如，父母双方或一方为中国公民，本人出生在外国，具有中国国籍，如果依出生还具有其他国家国籍，可以具有双重国籍。具有双重国籍的中国公民，允许他们成年即18岁后选择其一，不选择外国国籍，视其自动放弃外国国籍，选择中国国籍。

中期，建议认可中国公民主动取得发达国家国籍并保留中国国籍，认可发达国家的公民依申请经批准具有中国国籍并保留外国国籍。考虑与中国关系、经济社会发展水平、侨情等因素，商外交、侨务、商务、外国人才等部门，由国籍主管部门公布发达国家清单。凡来自这些国家的公民，申请经批准加入中国国籍的，可以保留外国国籍。凡主动取得这些国家国籍，不自动丧失中国国籍，可以保留中国国籍。大多数发达国家都承认双重国籍，这些国家的公民、旅居这些国家的中国公民通常教育背景较高，经济基础较好，具有为中国作出突出贡献的较大可能。

第三节 减少无国籍状态的未来发展

一、无国籍人的定义和适用

减少无国籍状态，需要规定无国籍人的定义。以1954年《关于无国籍人地位的公约》规定的无国籍人定义为定义，进而明确认定无国籍人的条件、程序、证据和主体。中国1982年加入了1954年《关于无国籍人地位的公约》，1954年《关于无国籍人地位的公约》第1条第1款规定了法律无国籍人的定义，"本公约所称无国籍人是指任何国家根据它的法律不认为是它的国民的人。"我国法律规定外国人包括无国籍人，给予无国籍人外国人法律地位，对于无法查明国籍的，按照无国籍人对待，没有规定无国籍人的定义，不承认事实无国籍人。

减少无国籍状态，对于没有居民户口簿、居民身份证但有中国护照的中国公民，以及没有但是应具有居民户口簿、居民身份证、中国护照的人，需要采取措施使具有的中国国籍发挥实效，及时签发居民户口簿、居民身份证、中国护照，不因为没有居民户口簿、居民身份证、中国护照而不能享有公民权利。1954年《关于无国籍人地位的公约》的《公约最后文件》通过无约束力建议提到了事实无国籍人的问题："当缔约国认为某一个人拥有合理的理由来拒绝身为某国国民的保护，可以根据公约的规定，同情地考虑给予这个人无国籍人待遇。"[①] 联合国难民署认为，事实无国籍人是指不能证明为法律无国籍人，而且由于没有有效国籍，所以不能享受国籍保护的人。

减少无国籍状态，对于国籍不明的，需要制定"查明国籍"的标准和程序，使有关管理部门依职权对"无法查明国籍、身份不明的外国人"按照无国籍人对待更具有操作性。对于国籍不明的，赋予当事人申请无国籍人身份的权利，制定无国籍人身份申请的条件和程序，允许当事人提交无国籍人身份申请和在等待申请审理结果过程中在中国合法居留。事实无国籍人从技术上讲仍然拥有国籍，但没有得到与该国籍有关的任何利益，尤其是国家保护的利益。全面和准确认定无国籍人是界定无国籍人范围和解决无国籍人问题的前提。当相关国家的政府部门拒绝提供一个人不具有本国国籍的文件，或者对于相关要求不予答复时，该拒绝本身就是一种证明无国籍的形式。进行无国籍人认定时，向申请人提供停留许可，给予申请人在审理期间的合法身份。

二、出生后取得至少一国国籍

人人享有出生后取得至少一国国籍权。解决出生无国籍儿童取得国籍问题，重在儿童无国籍，而不是父母无国籍，也不是父母定居在出生国。保护出生后取得至少一国国籍权，弃儿取得国籍权。需要采取以下措施：在境内出生、如果不能取得其他国家国籍，具有中国国籍，直接解决而不通过"父母无国籍或者国籍不明"间接解决出生儿童无国籍问题。在中国国籍船舶和飞机上出生的儿童，具有中国国籍；使在境内出生的弃儿出生后能够不延迟地取得中国国籍；在境内出生的弃儿出生后取得中国国籍不以父母定居在中国为条件，明确"定居在中国"含义是指父母一方定居在中国，而不是父母双方。

[①] 玛丽琳·阿奇隆.国籍和无国籍：议员手册[R].联合国难民署，议会联盟，2005.11.

三、出生登记

人人享有出生登记权。出生登记权是指出生时进行登记和获得身份的权利，是享有取得国籍权的前提。保护出生登记权，需要完善出生登记方面的规定，允许以共同生活情况说明、无户口人员出生情况证明替代《出生医学证明》，减免亲子鉴定费用等。确保登记每名儿童的出生情况，无论这名儿童或者其父母的国籍如何或者有无国籍，或者法律身份如何，确保所有儿童在须提供身份证明时均能拿到相关证明，包括出生登记证明。缺乏出生登记会导致无国籍状态。在助产机构内出生婴儿有权申领《出生医学证明》，无论新生儿父母是否为当地户籍人口，助产机构应采取措施便利出生婴儿申领。在助产机构内出生的无户口人员有权申领《出生医学证明》。户口登记机关凭《出生医学证明》等材料办理出生登记手续，出生人员取得户籍、公民身份号码和国籍。对于没有《出生医学证明》的，凭亲子鉴定证明等材料办理出生登记手续，出生人员取得户籍、公民身份号码和国籍。因父母双方均死亡、失踪等原因确实无法申领《出生医学证明》的无户口人员，允许本人或者其监护人可以凭村（社区）出具的无户口人员出生情况证明等材料，向其祖父母、外祖父母或者其他监护人户口所在地公安派出所申请办理常住户口登记。因为经济困难负担不起无户口人员亲子鉴定费用，路途遥远不能到制定医疗机构办理亲子鉴定证，无法凭亲子鉴定证明办理户口登记的，可以减少或者免除亲子鉴定费用，或者通过上门采集生物检材和预约检测。

四、户口登记

（一）户口登记权

户口登记权是公民的一项基本权利，从属于出生登记权。户口登记是公民的一项义务，实现了权利义务融合。国家通过户口登记立法强制将利益与义务结合在一起，给予公民整体性扶助。公民不能办理户口登记，就没有居民户口簿和居民身份证，难以证明具有中国国籍，及行使公民权利和享有相关待遇。

保护户口登记权,需要制定户籍法,查明并排除阻碍办理户口登记的设施、行政、程序及其他方面的障碍。将保护户口登记权的2015年《国务院办公厅关于解决无户口人员登记户口问题的意见》相关内容转变为法律。查明并排除针对妇女的障碍,适当注意与贫穷、年龄、残疾、性别、流离失所、文盲和被拘留状况及属于弱势群体成员等情况有关的障碍,并消除对未婚母亲的歧视给户口登记造成的障碍。及时纠正本人或家庭成员户口簿、身份证登记内容存在的差错。

保护户口登记权,需要完善治安管理处罚法、刑法,设立公民不办理户口登记的行政责任和刑事责任。行政责任为罚款和行政拘留。刑事责任为1年以下有期徒刑、拘役或者管制,可以并处罚金。罚款、罚金数额按照逾期办理户口登记天数累计。尽管1958年《户口登记条例》第20条规定不依法办理户口登记的,根据情节轻重,依法给予治安管理处罚或者追究刑事责任,但是2005年《治安管理处罚法》(2012年修正)、1979年《刑法》(2017年修正)都没有规定不办理户口登记的法律责任。

(二)非婚生育、政策外生育、仅有母亲子女的平等户口登记

保护非婚生育、政策外生育、仅有母亲子女的户口登记权,需要给予公民生育子女平等的户口登记权,无论是婚内生育、计划生育,还是非婚生育、政策外生育,有母亲和父亲,仅有母亲,都可以申请办理常住户口登记。简化申请办理常住户口登记手续,凭出生小孩的《出生医学证明》、父母(或者监护人)的居民身份证(或者军官证)、结婚证及居民户口簿办理,不能将持有计划生育证明或者缴纳社会抚养费证明等作为办理出生入户的前置条件。公民生育的子女落户随父随母自愿,可以在父亲或者母亲常住户口所在地户口登记机关申请办理常住户口登记。不能在婴儿户口登记方面附加任何限制条件,如先缴纳社会抚养费,后办理户口登记;婴儿落户随父不随母;对政策外生育子女、非婚子女,不实施婴儿落户随父随母自愿政策等。

(三)父母一方为中国公民子女的平等户口登记

保护父母一方为中国公民子女的户口登记权,需要确认父母双方与父母一方为中国公民子女出生取得国籍平等,户口登记平等,都具有中国国籍并

可以申请办理常住户口登记。中国公民与外国人、无国籍人生育子女是外国人、无国籍人的子女，也是中国公民的子女，即使非婚生育、政策外生育、未办理《出生医学证明》，都可以凭《出生医学证明》等材料，没有《出生医学证明》的，提供亲子鉴定证明，在父亲或者母亲常住户口所在地户口登记机关申请办理常住户口登记。因特殊情况无法提供有效亲子鉴定证明的，由本人或者与其共同生活的中国公民或者现居住地居（村）委提出申请，经公安机关调查核实，排除被拐卖（盗、抢）情形的，可申请办理常住户口登记。

严格执行2015年《关于解决无户口人员登记户口问题的意见》（国办发〔2015〕96号）实施细则第2.7部分关于中国公民与外国人、无国籍人非婚生育的无户口人员申请办理常住户口登记的规定，明确依法登记户口是法律赋予与中国公民通婚的外国人、无国籍人与中国公民共同生育的子女的一项基本权利。着力解决中国公民与外国人、无国籍人非婚生育的无户口人员申请办理常住户口登记问题。

清理与中国公民与外国人、无国籍人非婚生育子女有关的行政规范性文件，解决与中国公民与外国人、无国籍人非婚生育子女有关的行政规范性文件与1980年《国籍法》、2015年《关于解决无户口人员申请办理常住户口登记的意见》（国办发〔2015〕96号）等法律、法规、规章及其他行政规范性文件之间的不一致。有关的行政规范性文件的立、改、废应与中国公民通婚的外国人、无国籍人妇女情况以及经济社会发展进程相适应。将子女户口从计划生育、教育、社会保障等各种关联和附加功能中剥离出来，向中国公民与外国人、无国籍人非婚生育子女提供充分的教育、医疗等社会保障。

（四）便利弃儿办理户口登记

弃儿面临无父母、捡拾材料不全、收养手续不齐等挑战，难以办理户口，可以采取措施，便利弃儿办理户口登记。未办理收养登记的事实收养无户口人员，当事人可以向民政部门申请按照规定办理收养登记，凭申领的《收养登记证》、收养人的居民户口簿，申请办理常住户口登记。公民私自收养子女未办理收养登记的，收养人应按照规定向公证机构申请办理事实收养公证，申领事实收养公证书。当事人可以向常住户口所在地县级民政部门提出收养登记申请，并提交《捡拾弃婴（儿童）情况证明》《子女情况证明》《捡拾弃婴（儿童）报案证明》，村（社区）出具的事实收养情况证明等材料。经县级民政部门审核，符合收养登记条件的，应办理收养登记，签发《收养登记证》。

对于不能办理《收养登记证》或者《收养公证书》的无户口人员，提交以下材料的，可以办理户口登记：（1）实际共同生活人或者已成年无户口人员书写的共同生活情况说明，共同生活人同意落户意见；（2）民政部门指定落户地址通知书；（3）实际共同生活人《户口簿》《身份证》。公安机关对于因不符合收养规定，不能依法办理收养登记或者事实收养公证的无户口人员，可在履行DNA信息比对、向社会发布寻亲公告等程序后，为其办理户口登记，将其户口登记在社会福利机构集体户、社区公共集体户上，或者登记在抚养人家庭户上，但家庭关系应登记为非亲属关系。

（五）转移户口

转移户口与户口登记互为补充。继续坚持2014年《国务院关于进一步推进户籍制度改革的意见》确立的转移户口登记自由的基本原则，赋予迁徙人员转移、不转移户口的权利。2014年《国务院关于进一步推进户籍制度改革的意见》第1.2基本原则部分规定："坚持以人为本、尊重群众意愿。尊重城乡居民自主定居意愿，依法保障农业转移人口及其他常住人口合法权益，不得采取强迫做法办理落户。"

探索将2014年《国务院关于进一步推进户籍制度改革的意见》、2019年中央办公厅和国务院办公厅《关于促进劳动力和人才社会性流动体制机制改革的意见》等政策性文件的相关内容转化法律，落实1958年《户口登记条例》关于在经常居住的地方登记为常住人口的规定。查明并排除阻碍转移户口的设施、行政、程序及其他任何方面的障碍。1958年《户口登记条例》第6条规定："公民应当在经常居住的地方登记为常住人口，一个公民只能在一个地方登记为常住人口。"监督履行居住登记义务。转移户口与居住登记并行不悖，转移户口是权利，居住登记是义务。2019年《上海市户籍人户分离人员居住登记办法》第4条第1款规定："本市户籍人员中户籍地与居住地不一致的人户分离人员，应当办理居住登记；有多个居住地的，应当选择一个经常居住地，作为办理居住登记的实际地址。"

（六）推动出入境证件便利化应用[①]

2019年3月，国家移民管理局会同国务院侨务办公室等16部门联合印发《关于推动出入境证件便利化应用的工作方案》，明确提出要建设出入境证件身份认证服务平台，提供互联网出入境证件身份认证服务，力争2019年12月31日前全面实现港澳居民来往内地通行证、华侨护照在交通运输、金融、通讯、教育、医疗、社保、工商、税务、住宿等领域的便利化应用。

及时准确提供出入境证件身份认证服务。国家移民管理局按照2018年《国务院关于加快推进全国一体化在线政务服务平台建设的指导意见》，建立出入境证件身份认证服务平台，对接国家政务服务平台，制定认证服务平台接口服务规范和平台使用准入规则，加强网络应用的安全防护，向政府部门、企事业单位、社会服务机构等部门提供互联网出入境证件身份认证服务，满足港澳居民、华侨办理政务服务、公共服务和互联网相关事项的"实名""实人""实证"认证需求。

加快推进出入境证件在政务服务领域的便利应用。各相关部门及时对接使用出入境证件认证服务平台，将出入境证件纳入网上服务平台注册登记和认可使用的身份证件选项，在政务部门现场办事窗口、自助服务设备和网上服务平台为港澳居民、华侨办理相关事务提供便利。

全面实现出入境证件在公共服务领域的便利应用。将出入境证件纳入交通运输、金融、通讯、医疗、住宿等领域认可使用的身份证件选项，提供自助办理、网上办理等便捷服务。在交通运输领域，将出入境证件纳入实名购票和实名查验的有效身份证件，在实现网上购票的基础上，逐步实现乘飞机、火车以及有条件的道路水路客运等使用出入境证件自助购票和自助验证；在银行、证券、保险以及电信服务业、旅店业等行业，可通过出入境证件身份

[①] 国家移民管理局召开新闻发布会通报出入境证件便利化应用推进情况[EB/OL].(2020-01-21)[2020-03-31]. https://www.nia.gov.cn/n741435/n741517/c1211409/content.html.

认证服务平台核验身份，快速办理银行开户、住宿登记等相关业务，试点网上办理手机电话卡、证券开户、购买保险等业务；在卫生系统和医疗机构的网上预约挂号平台，可办理网上预约；在各类人事人才网站，可提供网上投递求职简历、网上报名参加考试等服务。

大力拓展出入境证件在互联网企业服务平台的便利应用。推动各类互联网企业对接出入境证件身份认证服务平台，将出入境证件纳入用户注册的有效身份证件选项，实现即时注册并按规定开通网络支付、共享单车等互联网应用功能，使港澳居民、华侨更多地享有互联网便利服务。

（七）便利无户口归侨办理户口登记

无户口归侨是指因出国定居注销了中国户口和居民身份证，后来回中国定居，但是，由于护照、外国定居证件过期、丢失等原因不能确认为中国国籍，没有恢复户口和居民身份证的人。消除无户口归侨需要依据中国护照，无论是否过期、丢失，结合现实情况，认定无户口归侨具有中国国籍。证明中国公民身份最重要的文件是中国护照，中国护照虽然因各种原因过期、丢失，但不改变具有中国国籍的事实，不丧失中国国籍。需要依据外国定居、长期居留证明，无论是否过期、丢失，认定具有华侨身份。如果不承认外国定居、长期居留证明过期、丢失的中国公民的华侨身份，就难以办理华侨回国定居，进而无法办理户口登记。中国公民的外国定居、居留证明丢失、过期，虽然不能说明目前，但是可以说明曾经是华侨。需要保护无户口归侨的户口登记权，允许无户口归侨办理回国定居和户口登记手续。探索根据真实有效联系地确定受理回国定居申请的基层侨务部门。无户口华侨申请回国定居，中国护照失效或者丢失，不能提供注销户口证明的，可提供与当地有住房、存款、工作、住宿、学习等证明材料，替代作为与当地有真实有效联系的证据。需要优化华侨回国定居申请、恢复户口申请审理程序，缩短审理时限，简化提交材料。

五、法律救济

探索建立国籍法律救济制度，重点保护出生登记、户口登记、转移户口、取得国籍、保留国籍等权利。在出生登记法律救济方面，允许当事人就有关单位不出具、不及时出具《出生医学证明》提起行政复议和行政诉讼。1994年《母婴保健法》（2017年修正）规定，凡在中国境内出生的新生儿，应当依法获得卫生部统一制发的《出生医学证明》，但是没有规定对有关单位不出具、不及时出具的处罚，及对出生登记缺失的法律救济。1995年《卫生部与公安部关于统一规范〈出生医学证明〉的通知》、2001年《卫生部关于〈出生医学证明〉管理的补充规定》重申《出生医学证明》是《母婴保健法》规定的法律证件，但也没有规定对有关单位不出具、不及时出具的处罚，对出生登记缺失的法律救济。1999年《行政复议法》（2017年修正）、1989年《行政诉讼法》（2017年修正）没有明确规定，受案范围包括不出具、不及时出具《出生医学证明》的行为。

在户口登记、转移户口法律救济方面，探索允许当事人就有关部门、单位不办理、不及时办理出生户口登记、回国定居登记户口、加入国籍登记户口、恢复中国国籍人员定居入户、转移户口，提起行政诉讼或者行政诉讼。1958年《户口登记条例》没有规定户口登记、转移户口缺失的法律救济。根据广东政务服务网等地方政府政务服务网《国外出生儿童申请〈办理户口通知〉》《华侨回国定居登记户口》《办理国籍登记户口》《恢复中国国籍人员定居入户》，加入国籍登记户口、恢复中国国籍人员定居入户已被列为公共服务事项，允许当事人对公安机关户籍管理部门不办理、不及时办理与拒绝申请，向受理部门投诉，提起行政复议和行政诉讼。1999年《行政复议法》（2017年修正）、1989年《行政诉讼法》（2017年修正）没有规定受案范围包括不办理、不及时办理出生户口登记、回国定居登记户口、加入国籍登记户口、恢复中国国籍人员定居入户的行为。2014年《国务院关于进一步推进户籍制度改革的意见》、2019年中央办公厅和国务院办公厅《关于促进劳动力和人才社会性流动体制机制改革的意见》等有关转移户口的政策性文件没有规定转移户口法律救济。

在取得国籍法律救济方面，探索允许当事人就拒绝加入中国国籍申请、恢复中国国籍申请、退出中国国籍申请，提起行政诉讼或者行政诉讼。1980

年《国籍法》没有规定取得国籍法律救济。根据广东政务服务网等地方政府政务服务网《办理中华人民共和国入籍证书》《办理中华人民共和国退籍证书》，审批加入中国国籍申请、恢复中国国籍申请、退出中国国籍申请已被列为其他行政权力，允许当事人向受理部门投诉，对有关单位出入境管理部门拒绝、不办理、不及时办理，提起行政复议和行政诉讼。1999年《行政复议法》（2017年修正）、1989年《行政诉讼法》（2017年修正）没有规定，受案范围包括不办理、不及时办理加入中国国籍申请、恢复中国国籍申请、退出中国国籍申请，与拒绝申请的行为。

在退出国籍补救方面，探索允许退出中国国籍后没有取得另一国籍的恢复中国国籍。国际公约和有关国家和地区法律规定，公民丧失本国国籍后未取得外国国籍的，退出国籍失效，撤销丧失的本国国籍。1930年《关于国籍法冲突的若干问题的公约》第7条规定："一国的法律规定发给出籍许可证书者，除非领得证书的人具有另一国籍或者取得另一国籍，并且在取得另一国籍以前，此项证书对之不发生丧失出给证书国家国籍的效果。如果领得出籍许可证的人在发给证书国家所规定的时间内不取得另一国籍，则证书丧失其效力，但领得出籍许可证书时已具有除发给证书国家以外另一国的国籍者，不在此限。领得出籍许可证书的人取得新国籍的这一国家应将该人取得国籍的事实通知发给证书的国家。"

六、保护无国籍人

保护无国籍人，探索坚持善意履行国际义务的基本原则。国际法的有效性和国际法律秩序的稳定性，在很大程度上取决于各国认真遵守国际法规范，善意履行其承担的国际义务。善意履行国际义务原则在很大程度上构成了国际法律制度存在的基础。1954年《关于无国籍人地位的公约》是根据1945年《联合国宪章》和1948年《世界人权宣言》制定的，对无国籍人人权作出了较为清晰的规定，1982年12月对我国生效。1954年《关于无国籍人地位的公约》确立了不受歧视、给予无国籍人外国人一般待遇、从有利无国籍人角度给予难民权利、免除适用外国人特殊措施等原则，并且赋予无国籍人个人身份、结社、向法院起诉等市民和政治权利,动产和不动产、知识产权、就业等经济权利,以及公共教育、公共救助、社会保障等民事、社会和文化权利。

1954年《关于无国籍人地位的公约》列举的给予无国籍人外国人的权利包括:就业(第17—19条),住房(第21条),公共教育(第22条),行动自由(第26条)。1954年《关于无国籍人地位的公约》鼓励缔约国给予无国籍人国民待遇,特别是参加宗教(第4条),从事艺术的权利和工业财产(第14条),向法院申诉(第16条),公共救济(第23条),劳动和社会保障(第24条)等。

由于1954年《关于无国籍人地位的公约》的原则性和转至性,成员国需要根据本国情况,制定和修订相关的法律法规,采取相应的必要措施,使无国籍人享有的权利具体化,以便具体实施。1954年《关于无国籍人地位的公约》规定成员国应给予无国籍人各种权利的待遇原则,没有规定成员国应给予无国籍人权利的内容。成员国给予无国籍人权利内容主要取决于该国经济和社会发展水平,本国公民、在本国外国人享有的权利。就不任意驱逐出境而言,1954年《关于无国籍人地位的公约》第31条第1款规定,"缔约各国除因国家安全或公共秩序理由外,不得将合法在其领土内的无国籍人驱逐出境"。如何解释"国家安全""公共秩序",应遵守国内法的规定。

保护无国籍人,探索不基于其无国籍状态或者以其他任何理由加以歧视,允许无国籍人充分享有身份、受教育、健康、适足生活水准、家庭生活和迁徙自由等权利,特别保护无国籍人免受剥削、贩卖、酷刑或者其他残忍、不人道或者有辱人格的待遇和任意剥夺自由等侵权行为。无国籍人因为没有国籍,其权利无法得到国籍国的保护,比其他人员更容易被侵犯权利。有关法律规定享有身份权、受教育权、健康权、适足生活水准权、家庭生活权和迁徙自由等,应当满足实体性和程序性条件。除非有特定条件,在华外国人享有的权利适用于无国籍人。

探索为与中国公民通婚的外国人、无国籍人留守子女关爱保护工作提供法律保障,健全未成年人保护法律法规和制度体系。进一步明确权利义务和各方职责,强化家庭监护主体责任,落实县、乡镇人民政府和村(居)民委员会关爱保护职责，加大教育部门和学校关爱保护力度，发挥群团组织关爱服务优势，推动社会力量积极参与。将与中国公民通婚的外国人、无国籍人留守子女关爱服务纳入农村留守儿童关爱服务体系，作为农村留守儿童关爱保护工作的内容之一。《国家中长期教育改革和发展规划纲要（2010—2020年）》《中国儿童发展纲要（2011—2020年）》、2014年《国务院关于进一步做好农民工服务工作的意见》、2016年《国务院关于加强农村留守儿童关爱保护工作的意见》都提出，建立健全农村留守儿童关爱服务体系。与中国公民通婚的外国人、无国籍人妇女留守子女应是农村留守儿童的一部分。

探索解决与中国公民通婚的外国人、无国籍人妇女计划生育问题提供法制保障，健全无国籍人生育管理制度，确保与中国公民通婚的外国人、无国籍人妇女节育，避免增加人口压力，降低人口素质。在2001年《人口与计划生育法》（2015年修订）中增加有关与中国公民通婚的外国人、无国籍人妇女计划生育的内容。中国公民与外籍人员结婚，子女加入中国国籍的，也要实行计划生育。国家支持与中国公民结婚的外籍人员采取避孕节育措施。向与中国公民结婚的外籍人员免费提供计划生育技术服务。

探索协同推进解决与中国公民通婚的外国人、无国籍人计划生育问题，完善工作、居留、永久居留、国籍等移民制度问题。与中国公民通婚的外国人、无国籍人妇女申请外国人就业证（境外边民务工登记证）、外国人居留证件（边民入境通婚备案登记证）、外国人永久居留身份证、加入中国国籍，必须接受怀孕检查。已经怀孕，符合规定的生育条件，未办理有关生育手续的，补办有关生育手续后予以审批。已经怀孕，不符合规定的生育条件，可另作处理。一些国家对怀孕的外国妇女采取遣送措施，新加坡、马来西亚要求移民劳工每6个月必须接受怀孕检查，一旦怀孕就会面临被遣送出境的风险。

第四节 国籍法重要规定的未来发展

一、出生国籍

1980年《国籍法》第5条规定了出生国籍："父母双方或一方为中国公民，本人出生在外国，具有中国国籍；但父母双方或一方为中国公民并定居在外国，本人出生时即具有外国国籍的，不具有中国国籍。"

给予父母双方或者一方为中国公民、本人在境外出生儿童中国国籍主动性不足。这些儿童能否取得中国国籍，不是完全根据中国法律，而是基本根据住在国法律。住在国法律规定这些儿童不取得外国国籍的，具有中国国籍，反之，则不具有中国国籍。住在国根据本国利益制定关于出生儿童取得国籍的法律，与我国利益不尽一致。

"本人出生时即具有外国国籍"含义模糊，使在不同国家出生儿童取得中国国籍的待遇不同，自动取得外国国籍的儿童取得中国国籍的难度大于申请取得外国国籍的儿童取得中国国籍的难度。根据加拿大、美国、澳大利亚、新西兰等国家国籍法律，父母双方或者一方为本国公民或者永久居民，另一方为中国公民的儿童，出生就"自动"具有住在国国籍。1980年《国籍法》第7条规定：中国人的近亲属愿意遵守中国宪法和法律的，可以申请加入中国国籍。严格按照条文理解，在加拿大、美国、澳大利亚、新西兰等国家出生的父母双方或者一方为该国公民或者永久居民，另一方为中国公民的儿童，不"自动"具有中国国籍，而是退出住在国国籍后，根据父母一方的中国国籍申请加入中国国籍。

"定居在外国"含义模糊，给准确判断"父母双方或者一方为中国公民并定居在外国，本人出生时即具有外国国籍的，不具有中国国籍"的调查工作带来难度。在国外定居，是指因私出境的中国公民通过合法途径取得了外国的永久居留权，并将该国作为永久居留地，且实际上在该国长住。因探亲、留学等短期在外国居住不能视为定居。"长住"含义模糊。有的国家签发永久居留证，有的国家不签发。

对儿童国籍审查有出入。有的部门将持有外国护照的儿童，只要其父母一方为中国国籍，界定为具有中国国籍，有的部门，则界定为具有外国国籍，这造成了同样的父母一方为中国国籍，但是子女国籍不同的情况，可能造成这些"跨国儿童"出入境困难,产生事实双重国籍。[①]

掌握父母双方或者一方为中国公民并定居在外国,本人出生在外国,出生儿童中国国籍的主动,维护出生儿童国籍方面的国家利益。探索修改"父母双方或一方为中国公民并定居在外国,本人出生时即具有外国国籍的,不具有中国国籍"为:"父母双方或一方为中国公民并定居在外国,本人出生时即具有外国国籍的,如果未表示保留中国国籍意愿,不具有中国国籍。"

探索明确"本人出生时即具有外国国籍"含义,统一在不同国家出生儿童取得中国国籍的待遇,实现自动取得、申请取得外国国籍的儿童取得中国国籍法律效果的一致。

探索明确"定居在外国"含义,便利执法部门开展"父母双方或者一方为中国公民并定居在外国,本人出生时即具有外国国籍的,不具有中国国籍"准确判断的调查工作。借鉴国务院侨务办公室关于"定居"的规定,并将"外国"界定为中国以外的国家,不限于住在国。2009年国务院侨务办公室《关于界定华侨外籍华人归侨侨眷身份的规定》第1条规定:"定居"是指中国公民已取得住在国长期或者永久居留权,并已在住在国连续居留2年,2年内累计居留不少于18个月。

探索统一全国各地出入境管理部门对在境外出生儿童国籍的认定及有关1980年《国籍法》解释、说明、适用等文件,不得进行扩展性、限缩性解释。国际国籍法上的定居,又称永久居留,是指具有永久居留资格,并在永久居留资格国家居住一定期间,两者分别体现了外国人加入国籍的能力、意愿。在国际人口迁徙常态化的背景下,具有永久居留资格、居住在永久居留资格国家不合二为一,而是两者分离的情形并不鲜见。

二、出生登记

1980年《国籍法》没有规定出生取得国籍与出生登记之间的关联。我国

[①] 马振东等.我国《国籍法》主要内容的解读及相关问题的思考[J].上海公安高等专科学校学报,2004(6).

出生登记的主要根据是1958年《户口登记条例》。出生登记工作地区发展不平衡。经济发达地区的工作好于经济不发达地区，东部沿海地区好于西部内陆地区。由于自然地理条件恶劣、交通不便、信息不畅、工作人员少等原因，存在不能及时办理出生登记的问题。① 少数公民的出生登记意识淡薄，不积极履行法定的出生登记义务。

公民不能办理户口登记，就没有居民户口簿和居民身份证，难以证明具有中国国籍，及行使公民权利和享有相关待遇。公民不去办理户口登记，国家无法全面、真实掌握人口情况，不利于国家新型户籍制度的建立完善，推进公安改革、创新人口服务管理和构建新型户籍制度，也不利于更好地服务和保障民生、促进社会公平正义、推进国家治理体系和治理能力现代化建设。

探索增加《国籍法》的内容，规定出生取得国籍与出生登记之间的关联。探索明确户口登记是公民义务，也是公民权利。增强公民的出生登记意识，监督履行法定的出生登记义务，平衡各地区出生登记工作。克服自然地理条件恶劣、交通不便、信息不畅、工作人员少等因素，及时办理出生登记。增加规定公民不履行户口登记义务的法律责任。

三、无国籍

1980年《国籍法》第6条规定了无国籍儿童依出生取得中国国籍："父母无国籍或者国籍不明，定居在中国，本人出生在中国，具有中国国籍。"第7条规定了无国籍人依申请加入中国国籍："外国人或无国籍人，愿意遵守中国宪法和法律，并具有下列条件之一的，可以经申请批准加入中国国籍：一、中国人的近亲属；二、定居在中国的；三、有其他正当理由。"

第6条除"出生在中国"外，还要求"父母无国籍或者国籍不明，定居在中国"，条件严格，含义模糊。1961年《减少无国籍状态公约》、1997年《欧洲国籍条约》等世界和区域国际文件规定了减少因出生产生的无国籍状态，

---

① 《儿童权利委员会审议中国〈儿童权利公约〉第44条提交的报告》第58段，CRC/C/83/Add.9，2005年7月15日。

只要求"在该领土出生",没有要求父母在本国定居。父母双方还是一方定居在中国不明确,给实施减少因出生产生无国籍状态的规定带来困难。将"父母无国籍或者国籍不明"而不是"本人无国籍"作为出生无国籍儿童取得中国国籍的条件,使得解决出生无国籍儿童国籍问题增加环节。"父母无国籍或者国籍不明"是证明"本人无国籍"的重要证据,两者不等同。无国籍人远比外国人弱势,无国籍人与外国人适用同样的依申请加入中国国籍的条件,无国籍人依申请加入中国国籍难度更大。

四、申请加入中国国籍

1980年《国籍法》第7条规定了申请加入中国国籍:"外国人或者无国籍人,愿意遵守中国宪法和法律,并具有下列条件之一的,可以经申请批准加入中国国籍:一、中国人的近亲属;二、定居在中国的;三、有其他正当理由。"

(一)目前现状

申请加入中国国籍的"中国人的近亲属""有其他正当理由"条件与申请中国永久居留资格的有关条件没有区别,从永久居留资格向国籍转换通道不明确,削弱国籍的永久居留资格出口和移民最终法律身份的作用。1980年《国籍法》第7条"对中国有重大、突出贡献以及国家特别需要的"与2004年《外国人在中国永久居留审批管理办法》第6条第1款第3项"对中国有重大、突出贡献以及国家特别需要的"相仿。1980年《国籍法》第7条"中国人的近亲属"与2004年《外国人在中国永久居留审批管理办法》第6条第1款第5—7项及2005年《〈外国人在中国永久居留审批管理办法〉实施规定》第7条规定的配偶移民、子女移民、父母移民、同胞兄弟姐妹移民相仿。广东政务服务网对加入中国人的外籍配偶申请加入中国国籍的回答"婚姻关系应存续满5年,已在中国连续居留满5年,每年在中国居留不少于9个月且有稳定生活保障和住所"与2004年《外国人在中国永久居留审批管理办法》第6条第1款第5项一致。

"近亲属"范围模糊。即使"近亲属"是指"父母、夫妻、子女和同胞兄弟姐妹"，范围依然模糊。"父母""子女"是否包括继、养父母、子女，"同胞兄弟姐妹"是否包括同父异母或者同母异父兄弟姐妹。

"近亲属"之"夫妻"认定方面，依婚姻法从形式上而不是依移民法从实质上认定"夫妻"，不利于防范依虚假婚姻申请加入中国国籍。根据广东政务服务网对加入中国国籍问题的回答，"中国人的外籍配偶申请加入中国国籍的，婚姻关系应存续满5年，已在我国连续居留满5年，每年在我国居留不少于9个月且有稳定生活保障和住所。"关于加入中国国籍条件之一的"中国人的近亲属"中的"夫妻"是指有法律婚姻关系而非事实婚姻关系，且婚姻关系存续、在我国连续居留都满一定年限的外籍配偶。

近亲属关系方面，没有法律上近亲属关系证明文件，但是事实上具有近亲属关系人员，很难以事实亲属关系申请加入中国国籍。根据广东政务服务网等文件关于加入中国国籍问题的规定和回答，申请加入中国国籍，应提交"经公证的近亲属关系证明（在同一户口本中有注明的除外）和身份证件，如身份证、户口本。申请人未满18周岁的，需提交本人出生证明、父母双方的身份证件以及中国籍父或者母曾定居国外的证明。"

依定居中国申请加入中国国籍，"定居在中国"含义模糊，没有区别外国高端人才、外国专业人才、外国投资经商人才与其他外国人在"定居在中国"方面的适用差异。

自愿放弃外国国籍书面声明的法律效力存疑，在法律上对于外国没有约束力，难以使当事人丧失外国国籍。自愿退出现国籍的声明，又称放弃外国国籍的书面申请报告，是申请加入中国国籍、恢复中国国籍需要提交的材料，有利于减少双重国籍。根据2017年广西壮族自治区公安厅《国籍审批》，加入中国国籍的，"提交自愿加入中国国籍、放弃外国国籍的书面申请报告（中文版、自拟，含个人详细简历、家庭情况、工作表现等，申请人未满18周岁应提供父母双方或者其法定监护人签字同意其加入中国国籍、放弃外国国籍的书面申明）"。恢复中国国籍的，"提交自愿恢复中国国籍、放弃外国国籍的书面申请报告（中文版、自拟，含个人详细简历、家庭情况、工作表现等，申请人未满18周岁应提供父母双方或者其法定监护人签字同意其加入中国国籍、放弃外国国籍的书面申明）。"

"经济来源证明"将经济能力作为申请加入中国国籍的条件，外国人申请加入中国国籍，应有房产、资产等。"经济来源证明"是申请加入中国国籍、恢复中国国籍需要提交的材料，保证申请人具有经济能力，避免损害公共利益。根据2017年广西壮族自治区公安厅《国籍审批》，加入中国国籍的，"提交经公证的经济来源证明"，"申请人是中国人的近亲属（配偶、父母、子女、同胞兄弟姐妹）的，提交申请人与中国籍近亲属的关系证明、中国籍近亲属的身份证件、房屋租赁或者产权证明、生活保障证明、国内近亲属对其加入中国国籍的意见"。广东政务服务网规定了申请加入、恢复中国国籍者的经济能力，"经公证的《房产证明》"，"经公证的本人不低于20万元的《存款证明》"，"经公证的近亲属经济担保声明书、对申请人加入中国国籍的意见"。没有经济能力的外国人申请加入中国国籍困难。

（二）修订和完善建议

申请加入中国国籍的条件方面，探索差异化申请加入中国国籍的"中国人的近亲属""有其他正当理由"条件与申请中国永久居留资格的有关条件。发挥国籍作为永久居留资格出口和移民最终法律身份的作用。

依亲属关系申请加入中国国籍方面，探索明确和扩展"近亲属"范围。"近亲属"之"夫妻"依移民法从实质上认定，而不是依婚姻法从形式上认定。近亲属包括有法律上近亲属关系证明文件的，事实上具有近亲属关系的。依定居中国申请加入中国国籍方面，探索明确"定居在中国"的含义为具有定居资格和在中国居住，建立从定居（永久居留）转国籍制度。解释"定居在中国"。区别外国人才与其他外国人在"定居在中国"条件方面的适用差异，外国人才依定居中国申请加入中国国籍的在中国居住期限条件比其他外国人的宽松。依有其他正当理由申请加入中国国籍方面，探索明确"有其他正当理由"含义，在有关1980年《国籍法》实施性文件对"有其他正当理由"进行具体解释。

探索增加有关"不得再保留外国国籍"例外的规定，差异化外国人才与其他外国人"不得再保留外国国籍"。探索允许外国人才、华人人才申请加入中国国籍、申请恢复中国国籍获得批准的，申请"不得再保留外国国籍"豁免，不再提供"放弃外国国籍的书面声明"，增强中国对外国人才、华人人才的吸引力。引进用好外国人才是中国人才工作的重要组成部分，是党和国家长期坚持的重要战略方针，对于加快建设人才强国，深入实施人才优先发展战略和创新驱动发展战略，促进中国经济社会持续健康发展，提高中国对外开放水平，增强中外文明交流互鉴，具有重大意义。

探索灵活地将经济因素作为申请加入中国国籍的条件。取消外国人才申请入籍，华人人才申请复籍的经济能力条件——"有稳定生活保障和住所"。外国人才申请加入中国国籍，华人人才申请恢复中国国籍，不需要提供有稳定生活保障和住所的经济来源证明材料，"经公证的《房产证明》"，"经公证的本人不低于20万元的《存款证明》"。经济能力条件——"有稳定生活保障和住所"对于确保没有技能、具有低技能的入籍、复籍申请人入籍后凭资产独立生活，不形成经济、社会负担有重要意义，对于具有高技能的外国人才、华人人才则意义甚小。如果没有资产确保独立生活，可以通过借贷提供"经公证的《房产证明》"，"经公证的本人不低于20万元的《存款证》"，虚置"有稳定生活保障和住所"，徒增申请和审理人负担。技能、信用都是入籍、复籍申请人入籍后能独立生活，不对中国形成经济、社会负担的基础，不必拘泥于资产。

五、便利能够为中国作出贡献、与中国有紧密联系等人员加入中国国籍

1980年《国籍法》第7条规定："外国人或无国籍人，愿意遵守中国宪法和法律，并具有下列条件之一的，可以经申请批准加入中国国籍：一、中国人的近亲属；二、定居在中国的；三、有其他正当理由。"

依有其他正当理由申请加入中国国籍，"其他正当理由"含义模糊。2011年《重庆市公安局国籍管理工作规范（试行）》、2020年广东政务服务网《办理中华人民共和国入籍证书指南》、2017年山东省青州市《加入、退出、恢复中国国籍初审服务指南》等未解释"其他正当理由"。

将"其他正当理由"解释为对中国革命和建设事业有贡献,与中国有紧密联系,则需要明确对中国革命和建设事业有贡献的含义,评估标准、主体和程序等,及与中国有紧密联系人员的范围。目前,与中国有紧密联系人员包括外国高层次人才、无国籍儿童、国家继承涉及人员,不包括外籍配偶、外籍子女、长期合法居住本国的外国人、境内难民、海外族裔等人员。2008年科技部、教育部等13个部门《关于海外高层次引进人才享受特定生活待遇的若干规定》规定的"对于愿意放弃外国国籍而申请加入或恢复中国国籍的""优先办理",是程序上便利,不是实质上便利,海外高层次人才申请加入或恢复中国国籍的实质条件未变。

探索扩展便利外国人加入中国国籍的范围。有其他正当理由通常指能够为中国作出贡献、与中国有紧密联系等。将能够为中国作出贡献、与中国有紧密联系等人员的范围从外国高层次人才、无国籍儿童、国家继承涉及人员,扩展至外国人才、本国公民的配偶、本国公民的子女、长期合法居住在本国的人员、境内难民、海外族裔等人员。

探索便利外国人才加入中国国籍从程序转向实体,优先办理,放宽条件。2008年科技部、教育部等13个部门《关于海外高层次引进人才享受特定生活待遇的若干规定》第2条规定:对于愿意放弃外国国籍而申请加入或恢复中国国籍的,公安机关要根据《国籍法》的有关规定优先办理。与其他外国人相比,外国人才申请加入中国国籍的在中国居住期限条件宽松。外国人才申请加入中国国籍,应在递交入籍申请前2年,持《外国人永久居留身份证》在中国居住满1年;在递交入籍申请前1年,持《外国人永久居留身份证》在中国居住满6个月,比其他外国人申请加入中国国籍应满足的在递交入籍申请前5年持《外国人永久居留身份证》在中国居住满3年宽松。

探索完善外籍配偶入籍制度。外国人作为中国公民的配偶,可以根据1980年《国籍法》第7条"中国人的近亲属",直接申请加入中国国籍,不须先取得外国人永久居留资格。外籍新娘嫁入中国家庭,成为中国公民的妻子和中国孩子的母亲,长期定居在中国,成为"事实中国公民"。如果她们的权益得不到保护、生老病死得不到社会保障、就业得不到支持,这些问题的后果事实上由中国公民、中国孩子，乃至中国社会来承受。为解决外籍新娘丧失外国户口未取得中国国籍引发的社会问题、维护家庭稳定，需要积极考虑外籍新娘入籍问题。根据婚姻状况，将作为中国公民配偶的外国人分为事实婚姻（非婚同居）配偶、法律婚姻配偶，分别制定条件相对严格、宽松的加入中国国籍条件。

探索允许法律婚姻外籍新娘依居留申请加入中国国籍，条件是遵守中国法律，身体健康，无犯罪记录，婚姻关系存续满10年、已在中国连续居留满10年、每年在中国居留不少于9个月，有稳定生活保障和住所。探索允许事实婚姻（非婚同居）外籍新娘依居留申请加入中国国籍，条件是遵守中国法律，身体健康，无犯罪记录，事实婚姻关系存续满15年、已在中国连续居留满15年、每年在中国居留不少于9个月，有稳定生活保障和住所。这有利于引导外籍新娘遵守中国法律，保持身体健康，不从事违法犯罪活动，以及勤奋工作、发家致富，纳入中国的实有人口和网络化社会管理，促进家庭和睦和社会稳定。如果外籍新娘能满足以上入籍条件，事实上都已基本融入中国，成为中国社会的一分子。

探索建立保护弱势外籍配偶权益制度。允许外籍配偶有公安机关、法院、检察院、妇联的家暴证明，即使婚姻和居留期限不满一定期限，也可以申请加入中国国籍，防止因遭遇家庭暴力而不得不与中国公民离婚，从而无法取得中国国籍，促进家庭关系和谐。

探索完善配偶移民居留期制度。探索缩短2004年《外国人在中国永久居留审批管理办法》要求的申请永久居留的外籍配偶与中国公民的婚姻关系存续期、在中国连续居留期，促进外籍配偶融合。外籍新娘在结婚后、获批外国人永久居留身份证前，原则上不能和中国公民享有相同权利，只能依据持有的签证、外国人居留证件在中国停留或者居留，不享有在中国工作、办理参加社会保险各项手续等待遇，一家两种身份现象突出。

探索允许外籍配偶在婚姻关系存续满2年、在中国连续居留满2年、每年在中国居留不少于9个月后，在中国工作，不再要求其满足工作许可和工作类居留证等条件。如果不能合法工作，外籍配偶可能转入地下，非法工作，更加难以管理。不允许外籍配偶工作使其处于一种闲散无奈的状态，加剧了其不能获取工作收入的沮丧。一些外籍配偶教育程度偏低，很难满足申请工作许可条件。外籍配偶在中国工作后，适用1994年《劳动法》(2018年修正)与2007年《劳动合同法》(2012年修正)等劳动方面的法律，保护合法权益。

探索建立配偶移民保证制度。要求外籍配偶提供担保人，担保申请人不给中国带来经济和社会负担。如果外籍配偶在获批外国人永久居留身份证2年后获得了社会保障，那么担保人偿还产生的费用。外籍配偶申请在中国永久居留，根据2004年《外国人在中国永久居留审批管理办法》第6条，应当有稳定的生活保障和住所。外籍配偶在中国有稳定的生活保障和住所，是定居、融入中国的重要保障。探索明确配偶移民担保人范围，担保人可以是中国配偶，也可以是具有受理机关所在地常住户口的中国公民、永久居民。灵活处理有稳定生活保障和住所要求，使贫穷外籍配偶也能够实现家庭团聚。

探索建立配偶移民配额制度。探索建立配偶移民配额制度，确定和调整一定时间内外籍配偶移入数量。如果缩短申请永久居留的外籍配偶与中国公民的婚姻关系存续期、已在中国连续居留期，可能会有比缩短期限前更多的外籍配偶符合永久居留条件。中国是一个发展中人口大国，尚未形成移民文化，不宜使外籍配偶移入中国过多和过快。根据每年与中国结婚的外籍配偶数量和中国社会经济发展水平，确立外籍配偶移民配额，保护本国发展不因外籍配偶移入过多受到损害，控制外籍配偶移民的规模和节奏。

探索完善外籍配偶移民融合制度，避免外籍配偶提供虚假"生活保障证明"或者"经济来源证明"，申请人可支配财产不能为个人、家庭的贷款，稳定的每月个人收入中用于偿还贷款的份额不能超过30%。增加外籍配偶汉语能力要求。外籍配偶申请永久居留、加入中国国籍，应具备一定的语言能力，以减少融合困难。掌握当地语言是在移居国生活的基本技能之一。接受当地的生活方式，理解当地人的理念，学习当地人的文化，都离不开掌握当地语言。

探索进行婚姻真实有效测试、限定中国公民担保外国人申请永久居留次数，避免中国公民以与外国人结婚，帮助其申请而获利。外籍配偶和中国公民必须共同证明两人之间的婚姻是真实有效的,而且在获得永久居留资格之后继续保持。中国公民一生只能担保两位外籍配偶申请永久居留,两次担保之间间隔不短于5年。

六、被批准加入中国国籍的,不得再保留外国国籍

1980年《国籍法》第8条规定了不得再保留外国国籍:"申请加入中国国籍获得批准的,即取得中国国籍;被批准加入中国国籍的,不得再保留外国国籍。"

"不得再保留外国国籍"含义模糊,自愿放弃外国国籍书面声明的法律效力存疑,不能使之实际丧失外国国籍。自愿放弃外国国籍书面声明是加入中国国籍人员根据中国国籍主管部门要求作出的自我声明,不一定向外国国籍国报送,即使报送,在法律上对于外国国籍国没有约束力,外国国籍国不需要认可根据其他国家法律要求作出的丧失本国国籍申明的效力。重庆市、广东省、广西壮族自治区有关1980年《国籍法》实施性文件只规定申请加入中国国籍,应提交"要求加入中国国籍的书面申请和自愿退出现国籍的声明"方式,没有规定可以"不得再保留外国国籍"的其他方式。北京市、湖南省、福建省、内蒙古自治区等地方的《加入、恢复、退出中国国籍办事指南》及类似文件没有规定如何"不得再保留外国国籍"。

"不得再保留外国国籍"缺失例外。中国目前的经济社会发展水平、护照国际旅行便利程度很难吸引发达国家人才为加入中国国籍,而不保留本国国籍。任何被批准加入中国国籍的外国人,都不得再保留外国国籍。

探索明确"不得再保留外国国籍"的含义,当事人不再保留外国国籍的方式,增强有关自愿放弃外国国籍书面声明法律效力的规定。除书面声明外,交出持有的外国国籍证书、护照等国籍、出入境证件,并承诺不补办。经有关国家批准,退出国籍的提交退出国籍证明。根据有关国家的法律规定,自动丧失国籍的,提交丧失国籍证明等。增加"不得再保留外国国籍"例外,吸引发达国家和其他国家人才。

七、定居外国的中国公民自愿加入或者取得外国国籍的，自动丧失中国国籍

1980年《国籍法》第9条规定了自动丧失中国国籍："定居外国的中国公民自愿加入或者取得外国国籍的，自动丧失中国国籍。"

（一）目前现状

"定居外国的中国公民自愿加入或者取得外国国籍的，自动丧失中国国籍"，非定居在外国的中国公民自愿加入或者取得外国国籍，不自动丧失中国国籍，同为中国公民却因为"定居外国"与否形成反差。"定居外国的中国公民自愿加入或者取得外国国籍的，自动丧失中国国籍"的适用对象是"定居外国的中国公民"，不是在外国的中国公民。制定1980年《国籍法》时，定居在外国的中国公民人数远多于非定居在外国的中国公民人数，解决前者的国籍问题迫切。

"定居外国""自动丧失国籍"含义模糊。执法部门准确判断"中国公民自愿加入或者取得外国国籍的，自动丧失中国国籍"的调查工作难。1980年《国籍法》没有规定，广东政务服务网等地方政府政务服务网《办理中华人民共和国入籍证书》《加入我国国籍》等实施性文件没有解释"自动丧失国籍"的含义。从字面上看，"自动丧失国籍"意味着我国公民自愿加入或者取得外国国籍，不需要主动向公安机关注销户口和交回居民身份证，产生事实双重国籍。

"自愿加入或者取得外国国籍"申报/披露义务以及不履行义务的处罚不明。如果不向中国国籍相关部门申报/披露"自愿加入或者取得外国国籍"情况，由于外国国籍管理的主权性和复杂性，我国有关部门很难知悉。

"自动丧失中国国籍"日期、溯及力不明。确定"自动丧失中国国籍"日期，能够划界丧失中国国籍者何时不能以中国公民身份行使权利，弥补"自动丧失中国国籍"法律效果不明的不足。设定"自动丧失中国国籍"的溯及力，能够增强向有关部门申报/披露"自愿加入或者取得外国国籍"义务的约束力。1997年《韩国国籍法》（2004年修正）第15条规定：如果韩国公民在取得外

国国籍后6个月内，没有向司法部长申报保留韩国国籍的意愿，韩国公民可追溯至取得外国国籍期间，丧失韩国国籍。

"自动丧失中国国籍"情形仅限于"定居外国的中国公民自愿加入或者取得外国国籍"，不涵盖服务于外国武装力量、反中国的国家或组织，从事恐怖活动等情形。服务于外国武装力量、反中国的国家或组织，从事恐怖活动，以实际行动表明不再效忠中国，并且反中国及其人民，不履行作为公民的最基本义务——效忠。1913年《德国国籍法》（2011年修正）第28条规定：德国公民基于自愿，加入其具有国籍的外国的武装力量或者类似武装部队，丧失德国国籍。

公证机关不办理外国国籍公证。定居外国的中国公民自愿加入或者取得外国国籍，自动丧失中国国籍。由于核查、管辖权等原因，公证机关不对中国公民加入或者取得的外国国籍进行公证。1991年10月，司法部公证司发布《关于不办理蔡某某日本国籍公证的复函》，"关于蔡某某申办日本国籍公证"，经商公安部主管部门认为，我公证处不能为当事人办理外国国籍公证。

"自动丧失中国国籍"法律效果不明。司法实践中，各地法院对"定居外国的中国公民，自愿加入或者取得外国国籍的，自动丧失中国国籍"的法律效果理解不尽一致，相关判决有差异。取得外国国籍时没有注销我国户口、交回居民身份证，自动丧失中国国籍，中国国籍无效而外国国籍有效，以中国国籍进行的结婚登记无效。根据《施某某因诉被上诉人慈溪市民政局婚姻行政登记一案》[（2014）浙甬行终字第51号]，原审第三人战某与上诉人施某某办理结婚登记时，已经取得澳大利亚国籍并丧失中国国籍，其办理结婚登记应当向省一级民政部门或者其确定的机关提出申请，并提交所在国公证机构或者有权机关出具的、经我国驻该国使领馆认证或者该国驻华使领馆认证的本人无配偶的证明，或者所在国驻华使领馆出具的本人无配偶的证明等材料。原审第三人战某在进行婚姻登记时未提供符合法律规定的其本人无配偶证明，在缺少证明其婚姻符合实质性要件的重要证据的情况下，不能确定其婚姻登记符合婚姻法的实体性规定。因此，被上诉人慈溪市民政局于2012年9月为上诉人施某某和原审第三人战某办理结婚登记并颁发结婚证的行为错误，应予撤销。

取得外国国籍时没有注销户口、交回居民身份证，不自动丧失中国国籍，中国国籍有效，以中国国籍进行的结婚登记有效。根据《陈某与上海市杨浦区民政局民政一审行政判决书》（（2014）杨行初字第1号），第三人张某（××Zhang）于2009年9月加入加拿大国籍，与2011年10月与原告陈某以各自的中国居民身份证和户口簿材料，前往被告上海市杨浦区民政局申请办理结婚登记手续。两人分别填写了申请结婚登记声明书，两份声明书中对被告的国籍均表述为中国。被告对原告和第三人的申请予以结婚登记，并向两人颁发了结婚证。后原告陈某认为被告的具体行政行为违法，请求撤销被告2011年10月为原告和第三人作出的结婚登记行为。上海市杨浦区人民法院认为：第三人虽于2009年9月加入加拿大国籍，但在结婚登记时并未注销中国户口、居民身份证，因此，被告在审查核对之后，认定第三人提交的身份材料系真实有效，并据此按照内地居民办理结婚登记规定为双方办理结婚登记，亦无不当。原告在结婚登记后提出结婚登记时第三人提供的居民身份证无效，并不直接产生否定结婚登记的法律后果，也不影响原告和第三人自愿缔结的婚姻关系的效力。驳回原告陈某要求撤销被告上海市杨浦区民政局为原告陈某和第三人张某作出结婚登记具体行政行为的诉讼请求。

取得外国国籍时没有注销中国国籍，不自动丧失中国国籍，中国国籍有效，不能以外国人确定法院管辖权。根据《郑某某、廖某某民间借贷纠纷管辖民事裁定书》（（2017）粤05民辖终7号），2002年3月，上诉人郑某某、廖某某主张，"定居法国巴黎市的被上诉人周某某取得法国国籍，依《国籍法》第9条的规定，被上诉人于2002年3月自动丧失中国国籍。取得法国国籍后，被上诉人没有注销其中国国籍，于2008年8月以'从法国迁来'的名义将其中国国籍从法国巴黎迁回浙江省温州市，继续维持其双重国籍的身份。我国不承认双重国籍。既然被上诉人不拥有中国国籍，其就不能以中国公民周某某的身份提起诉讼。相应地，广东省汕头市龙湖区人民法院对本案也就没有管辖权。"广东省汕头市中级人民法院裁定："两上诉人主张被上诉人为法国公民，但其提供的证据不足以证明该主张，且被上诉人已提供相关证据证明其经常居住地在汕头市龙湖区。原审法院裁定驳回两上诉人对本案管辖权提出的异议，认定事实清楚，适用法律正确，依法应予维持。"

（二）修订和完善建议

探索从海外华侨丧失中国国籍向海外中国公民丧失中国国籍发展。"定居外国的中国公民自愿加入或者取得外国国籍的，自动丧失中国国籍"是关于海外华侨而不是海外中国公民丧失中国国籍的规定。所有在外国的中国公民自愿加入或者取得外国国籍的，都自动丧失中国国籍。消除同为中国公民却因为"定居"、不定居在自愿加入或者取得外国国籍方面，形成的自动丧失、不丧失中国国籍的反差。

探索明确"定居外国"的含义。根据国际移民组织关于人口变化和发展的报告称：迁徙的标志是"社区的改变"，即社会经济行为主体比较长期的迁居到一定距离之外，从而引起常驻地发生变更的人口行为。从这个定义上看，定居的两个基本条件是：空间的移动和时间的延续。各国国籍法对时间限制作了不同的规定，但一般至少需要1年以上。判断"中国公民定居国外"必须具备时空两个限制，仅凭借护照或居留证，在外国居住或停留一段时间，并不符合自动丧失中国国籍的条件。永久居留资格与定居具有一定的联系，但取得永久居留资格与定居不可等同。永久居留资格期限届满的，需要申请延期。如果延期申请被拒绝，则不能继续合法稳定地在该国居留，不属于"定居外国"。从社会角度，定居不仅包括时空的限制，而且还包含心理的转变。取得永久居留资格不意味着成为该国的永久居民，还必须长期居住。取得永久居留资格但没有定居的行为，不属于"定居外国"。

探索明确"自动丧失国籍"的含义，有关"自愿加入或者取得外国国籍"不履行申报/披露义务、不履行义务的处罚。中国公民自愿加入或者取得外国国籍后，向有关部门申报/披露，不申报/披露的，处以罚款、行政拘留等行政处罚，罚款数额按照不申报/披露天数累计。中国公民向驻外使领馆申明自愿加入或者取得外国国籍，交回中国护照，并向原户口所在地公安机关申请注销户口和交回居民身份证。驻外使领馆收到自愿加入或者取得外国国籍申明的，承认其外国国籍。原户口所在地公安机关向定居外国的自愿加入或者取得外国国籍的中国公民发放退籍证明。在境外取得外国国籍的，中国驻外使领馆可将退出中国国籍申明、发放退籍证明等信息交换至国内公安机关，实现国籍资源共享，建立统一中国公民在境外加入外国国籍信息平台，便利国内掌握境外公民情况，及时注销户口和居民身份证，减少双重国籍。

探索明确"自动丧失中国国籍"的日期、溯及力。设定"自动丧失中国国籍"日期为自愿加入或者取得外国国籍的日期，弥补"自动丧失中国国籍"法律效果不清的不足。确定"自动丧失中国国籍"日期，有助于划界能否以中国公民身份行使权利。设定"自动丧失中国国籍"的溯及力为自愿加入或者取得外国国籍的日期，弥补申报/披露"自愿加入或者取得外国国籍"约束力不强的不足。定居外国的中国公民，自愿加入或者取得外国国籍的，可追溯至取得外国国籍期间，丧失中国国籍，持有的中国护照、居民户口簿、居民身份证无效。确定"自动丧失中国国籍"溯及力，对不申报/披露"自愿加入或者取得外国国籍"人员形成压力。

探索丰富自动丧失中国国籍的情形，包括服务于外国武装力量、反中国的国家或组织，从事恐怖活动等。依他国法律取得他国国籍，而当他国与中国发生战争时，于他国军队中服役、为他国军队服务、从事明知有助于敌国的商业行为，自动丧失中国国籍。服务于外国武装力量、反中国的国家或组织，从事恐怖活动，以实际行动表明不再效忠中国，并且反中国及其人民，不履行作为公民的最基本义务——效忠，自动丧失中国国籍，避免成为国家利益的危害。

探索明确"自动丧失中国国籍"的法律效果。实现各地行政机关、法院对"定居外国的中国公民，自愿加入或者取得外国国籍的，自动丧失中国国籍"的法律效果理解一致，判决统一。

八、经申请批准退出中国国籍

1980年《国籍法》第10条规定了经批准退出中国国籍："中国公民具有下列条件之一的，可以经申请批准退出中国国籍：一、外国人的近亲属；二、定居在外国的；三、有其他正当理由。"

1980年《国籍法》对于中国公民实行申请经批准退出国籍，不允许经申明退出国籍。具有外国人的近亲属、定居在外国、有其他正当理由等原因之一，可以申请退出国籍。不符合这三种情形之一的，不能申请退出中国国籍。国际上，申请放弃国籍，又称申请退出国籍、有条件放弃（退出）国籍，是指提出放弃（退出）国籍申请，经批准后，丧失国籍。通常适用于担任公职、军职，正在服刑、被刑事侦查，未缴纳税款等国家安全情形。经申请、批准才能放弃国籍。申明放弃国籍，又称申明退出国籍，是指提出放弃（退出）国籍申明，明确表示愿意放弃（退出）国籍，自主管部门收到申明时丧失国籍。通常适用于在未成年时取得双重国籍、依申请取得本国国籍等非国家安全情形。

探索允许经申明退出中国国籍。退出国籍，又称放弃国籍，简称出籍，是指当事人在不违背法律、不损害国家利益的情况下，放弃具有的国籍的权利。这有利于人人选择最有利于自己的国籍，促进国际迁徙，便利国际移民融入住在国。1948年《世界人权宣言》第15条第2款规定：不得否认任何人变更国籍的权利。1969年《美洲人权公约》第20条第3款规定：不得任意剥夺任何人变更国籍的权利。申明放弃国籍，又称申明退出国籍，适用于在未成年时取得双重国籍、依申请取得本国国籍等非国家安全情形。双重国籍人可以申明放弃一个国籍，而保留其他国籍，防止、减少国籍积极冲突。

九、自动丧失中国国籍、经申请批准退出中国国籍而交回、注销国籍证明证件

1980年《国籍法》第10条规定："中国公民具有下列条件之一的，可以经申请批准退出中国国籍：一、外国人的近亲属；二、定居在外国的；三、有其他正当理由。"第11条规定："申请退出中国国籍获得批准的，即丧失中国国籍。"

自动丧失中国国籍、经申请批准退出中国国籍与交回、注销国籍证明证件之间关联模糊。具有中国国籍的证明证件有中国护照、居民户口簿、居民身份证和国籍证书。2006年《护照法》第2条规定："中华人民共和国护照是

中华人民共和国公民出入国境和在国外证明国籍和身份的证件。"1958年《户口登记条例》第2条第1款规定："中华人民共和国公民，都应当依照本条例的规定履行户口登记。"2003年《居民身份证法》（2011年修正）第1条规定："为了证明居住在中华人民共和国境内的公民的身份，保障公民的合法权益，便利公民进行社会活动，维护社会秩序，制定本法。"1980年《国籍法》第16条规定："加入、退出、恢复中国国籍的申请，由中华人民共和国公安部审批。经批准的，由公安部发给证书。"如果自动丧失中国国籍、经申请批准退出中国国籍，却不注销、交回持有的国籍证明证件，那么丧失、退出中国国籍后事实上具有中国国籍，仍然可以凭国籍证明证件证明中国公民身份，行使中国公民权利。

设立对自动丧失中国国籍、经申请批准退出中国国籍而应交回、未交回国籍证明证件的处罚缺少。需要明确自动丧失中国国籍、经申请批准退出中国国籍，应注销未注销国籍证明证件的，违法者承担的法律责任。

探索建立自动丧失中国国籍、经申请批准退出中国国籍与交回、注销国籍证明证件之间的有效关联。自动丧失中国国籍，经申请批准退出中国国籍，都应交回持有的国籍证明证件，避免丧失、退出中国国籍后事实上具有中国国籍，仍然可以凭国籍证明证件证明中国公民身份，行使中国公民权利。设立对自动丧失中国国籍、经申请批准退出中国国籍后应交回、未交回国籍证明证件的注销和处罚。自动丧失中国国籍、经申请批准退出中国国籍未交回持有的国籍证明证件的，予以注销，处以罚款和行政拘留等行政处罚。罚款数额按照不交回天数累计。法院受理关于自动丧失中国国籍、经申请批准退出中国国籍导致的国籍证明证件交回、注销，以及政府部门未履行注销国籍证明证件义务导致有关人员、单位损害方面的诉讼，以防止、减少、解决这方面的纠纷。

十、恢复中国国籍

1980年《国籍法》第13条规定："曾有过中国国籍的外国人，具有正当理由，可以申请恢复中国国籍；被批准恢复中国国籍的，不得再保留外国国籍。"

该条对恢复中国国籍作了原则性规定，但"正当理由"含义模糊。"正当理由"适用于前公民高端人才、专业人才、投资经商人才，与适用于其他外国人申请恢复中国国籍，在中国居住期限等方面未见差异。广东政务服务网《恢复中国国籍人员定居入户》等地方实施性文件规定了"正当理由"为"定居我市"，"返回我市定居"。外国人满足下列条件的，可以办理：（1）经公安出入境管理部门批准定居我市的，到国外定居后因种种原因要求返回我市定居的人员。（2）申请人无参加国家禁止的组织或活动的记录。"定居我市"，"返回我市定居"含义依然模糊。广东政务服务网《恢复中国国籍》等地方实施性文件还规定了申请恢复中国国籍的材料："有效中国签证或居留许可"，"《境外人员临时住宿登记表》"，"经公证的《房产证明》"，"经公证的本人不低于20万元的《存款证明》"等。"有效中国签证或居留许可"证明"定居我市"，"返回我市定居"较难。

探索明确"正当理由""定居我市""返回我市定居"的含义。广东政务服务网《恢复中国国籍人员定居入户》等地方实施性文件规定了"正当理由"为"定居我市""返回我市定居"，但是，没有对"定居我市""返回我市定居"作出进一步具体规定。将"具有正当理由"的范围从定居扩展至居留，居留是指有居留资格和在中国长期居住。华人申请恢复中国国籍时可以居留，也可以定居，体现申请恢复中国国籍的华人曾经具有中国国籍，与其他外国人相比，与中国联系更紧密的特点。华人恢复中国国籍的工作是一项经常性的工作，而不是突发事件发生时的临时性措施，华人恢复国籍常态化可以将国内和国际压力分解到各个阶段。

探索增加允许恢复国籍的情形。为减少和避免无国籍人，如果个人丧失国籍、没有取得另一国籍，那么允许恢复国籍。因婚姻而丧失国籍的，婚姻不存在时，可能面临巨大的不利或者受到巨大的损害，可以恢复国籍。因父母国籍变更、被收养等非出于自己本意的原因而丧失国籍的，可以恢复国籍，确保变更国籍的真实意思表示。因回国居住，重新与原国籍国建立了紧密联系，可以恢复国籍，鼓励原本国公民移回。每一个在成年以前丧失国籍的人有权恢复国籍。因不知情丧失国籍，违背了本人意愿，可以恢复国籍。因面临巨大的不利或者受到巨大的损害，处于困境，不得不取得其他国家国籍，而丧失国籍，这违背了本人意愿，可以恢复国籍。

探索增加禁止恢复国籍的情形。外国人申请恢复中国国籍的，应品行良好，身体健康。可能危害中国国家安全和利益、破坏社会公共秩序或者从事其他违法犯罪活动的，不处于刑事诉讼、服刑、假释、服刑刚期满等期间，不曾因犯罪被判处3年以上有期徒刑。

探索便利华人恢复国籍，保持和增进与华人的联系，充分发挥华人在发展中的作用。对直接危害华侨利益的做法，要表示态度，批评当局，不能做过了，否则当地外籍华人的生存条件要受到威胁。从法律角度看，华人作为外国人，中国政府只能从道义和人权角度对排华国予以谴责和抨击，通过非政府组织给予援助。便利华人恢复中国国籍，他们就会成为中国公民，我国就可以采取实际的护侨措施。

探索差异化华人人才与其他华人申请复籍条件，华人人才申请恢复中国国籍的，在中国居住期限条件可以比其他外籍华人的宽松，鼓励华人人才复籍。

十一、加入、退出、恢复中国国籍申请的审理程序

1980年《国籍法》第15条规定："受理国籍申请的机关，在国内为当地市、县公安局，在国外为中国外交代表机关和领事机关。"第16条规定："加入、退出和恢复中国国籍的申请，由中华人民共和国公安部审批。经批准的，由公安部发给证书。"

申请、退出、恢复国籍经四级有关政府部门审理和四个审理环节。（1）市、县公安局/中国外交代表机关和领事机关受理；（2）设区市公安局审查/初审；（3）省级公安机关审核/复核/复审；（4）公安部审批。包括四个审理环节：（1）受理；（2）审查/初审；（3）审核/复核/复审；（4）审批等。

审理时限不适用于加入、退出、恢复中国国籍申请，与2004年《外国人在中国永久居留审批管理办法》限定永久居留申请审批时限180日、有关实施性文件缩短永久居留申请审批时限至90日不同。2004年《外国人在中国永久

居留审批管理办法》第18条规定："公安机关自受理外国人在中国永久居留的申请之日起六个月以内作出批准或者不批准的决定。"根据2016年《广东省自贸区建设及创新驱动发展出入境政策措施》政策，广东自贸区外籍高层次人才及其配偶、未成年子女办理在华永久居留，办理时限为90个工作日。有关1980年《国籍法》地方实施性文件规定的审理时限限于市、县公安局/外交代表机关和领事机关受理，设区市公安局审查/初审，省级公安机关审核/复核/复审，不涉及公安部审批。公安部批准具体时间以实际审批通过时间为准。参考其他国家的实践，限制外国人获得永久居留资格，鼓励外国人加入、恢复国籍，往往不规定申请永久居留审理时限，而规定加入、退出、恢复国籍的审理期限。

申请加入、退出、恢复中国国籍费用低，实行窗口办理，不实行网上办理，不要求外国人加入、恢复中国国籍进行入籍宣誓。申请加入、退出、恢复国籍手续费50元，加入中国国籍证书、退出中国国籍证书、恢复中国国籍证书均为200元。①

探讨减少程序，缩短审理期限。加入、退出、恢复中国国籍经四级有关政府部门审理和四个审理环节。建立地级市公安机关依委托审批加入、退出、恢复中国国籍申请通道或者特殊情况下的直接申报通道，适当简略省级公安机关和/或公安部审批环节。

探索实行窗口办理和网上办理并行，推进国籍申请审理信息化。公安机关除现场受理外，在线受理外国人加入、退出、恢复国籍申请，在线公布审核进展，申请人凭受理号查询加入、退出、恢复国籍申请的办理情况。这既与国际通行的在线受理、审核加入、退出、恢复国籍申请保持一致，又不受地域限制，全球通办，便利加入、退出、恢复中国国籍申请和跟踪申请办理进展。

探索明确外国高层次人才入籍、复籍申请"优先办理"的含义。统一各地对"优先办理"的理解、执行。可以将"优先办理"确定为原审理时间一半。

---

① 参考加拿大、美国的实践，外国人申请加入加拿大国籍的费用是500加元+100加元公民权费，加入美国国籍的费用是640美元申请费+85美元生物信息费。外国人不能在线查询加入、退出、恢复中国国籍申请的进展。

十二、探索增加有关入籍的语言能力、入籍考试、入籍宣誓要求

不要求申请加入中国国籍者具备语言能力。申请人不能熟练地运用汉语或者英语进行交流,将难以与民众和同事沟通、理解和接受我国文化,获取信息和帮助,在本国侨民圈内生活,处于逆融入环境和本国文化孤岛,不利于与我国融合。

不要求申请加入中国国籍者参加入籍考试。美国、德国、韩国等国家建立了入籍考试制度,考察申请人对本国的认知和语言能力。入籍考试的形式有书面考试、面试和提交证明等。书面考试是最重要的入籍考试形式。采用书面考试的国家提供考试手册,从固定题库中抽取考题。申请人符合条件的,可以免试。如果不参加,视为放弃归化国籍申请。

探索要求符合语言条件,具备基本汉语能力或基本英语能力,促进取得中国国籍后的融合。外国人申请加入中国国籍,华人申请恢复中国国籍,必须具有基本汉语能力或基本英语能力。语言能力的标准为"基本"。判定汉语能力、英语能力"基本"的标准是在汉语水平考试(HSK)、雅思、托福等国际公认的语言考试中达到"基本"以上水平,或者在以汉语、英语为官方语言的国家接受教育并获得初等及以上教育毕业证书。具有以下情形之一的,豁免具有基本汉语能力或基本英语能力条件:(1)在递交入籍申请前8年,在中国居住满5年的;(2)18岁以下或65岁及以上;(3)通过了入籍考试。这三种豁免情形分别考虑了居住时间较长,实际上融入了中国,18岁以下和65岁及以上的年龄特点。

探索增加入籍考试,促进加入、恢复中国国籍人员融合。通过入籍考试,考察加入中国国籍、恢复中国国籍申请人对中国的认知。设立中文、英文入籍考试试题库,包括中国历史和文化、政治和法律、社会和公民权利义务等,各有30道题,共90道题。由计算机随机从三部分各抽取10道题,共30道题,入籍申请人答对18道题的,通过入籍考试。具有以下情形之一的,豁免入籍考试:(1)在递交入籍申请前8年,在中国合法居留满5年;(2)年满65岁及以上。(3)在中国接受教育并获得中等及以上教育毕业证书。

探索增加入籍宣誓。为增强入籍者的荣誉感和责任感，外国人参加入籍仪式，在入籍仪式上宣誓效忠。外国人申请加入中国国籍，华人申请恢复中国国籍，除未成年人外，进行入籍宣誓，才能完成入籍申请。入籍宣誓是外国人取得中国国籍的最后程序和成为中国公民的重要仪式。入籍申请人宣读入籍誓词，向中国政府及其人民宣誓效忠，认同社会主义核心价值观："富强、民主、文明、和谐、自由、平等、公正、法治，爱国、敬业、诚信、友善"，公开承诺接受公民权利和义务，拥护和遵守宪法和法律。

第五节 结 论

发展中国国籍法，对于进一步巩固国家统一和维护民族团结，保护海外侨胞正当权益，正确处理国籍问题，维护国籍主权，及保护国籍权具有重要意义，还有利于落实宪法关于国籍的规定，实施有关法律关于国籍的规定，法定化行之有效的有关国籍的规章、行政规范性文件、党规，推进国籍法立法计划，国内法化加入的国籍方面国际文件，顺应有关国籍的新形势，回应国际社会对发展中国国籍法的期待，维护社会稳定，弘扬人道主义。发展国籍法，应以习近平法治思想为指导，进一步巩固国家统一，维护民族团结，保护侨胞正当权益，满足外国人合理需求，正确处理国籍问题。发展我国国籍法，应减少双重国籍状态，减少无国籍状态，完善国籍法的重要规定。

减少双重国籍状态，要维护国籍主权，参考不承认国籍政策在港澳地区的实施经验，解决双重国籍产生的冲突。减少无国籍状态，重点解决无国籍人的定义和适用、出生后取得至少一国国籍、出生登记、户口登记、法律救济、保护无国籍人等方面问题。完善国籍法的重要规定，应着重考虑出生国籍，出生登记，申请加入中国国籍，便利能够为中国作出贡献、与中国有紧密联系等人员加入中国国籍，被批准加入中国国籍的不得再保留外国国籍，定居外国的中国公民自愿加入或者取得外国国籍的自动丧失中国国籍，经批准退出中国国籍，自动丧失中国国籍、经申请批准退出中国国籍而交回、注销国籍证明文件，申请加入、退出、恢复中国国籍的条件，加入、退出、恢复中国国籍申请的审理程序等内容。

主要参考法律、政策文件、司法案例和国际文件

一、中国法律、法规、规章

1. 1909年《大清国籍条例》
2. 1995年《民用航空法》(2018年修正)
3. 1994年《船舶登记条例》
4. 1912年《中华民国国籍法》(1914年修正)
5. 1913年《中华民国国籍法施行细则》(1915年修正)
6. 1929年《中华民国国籍法》(2016年修正)
7. 1931年《户籍法》(2015年修正)
8. 1951年《外国侨民出入及居留暂行规则》
9. 1953年《全国人民代表大会及地方各级人民代表大会选举法》
10. 1957年《人民警察条例》
11. 1958年《户口登记条例》
12. 1964年《外国人入境出境过境居留旅行管理条例》
13. 1979年《刑事诉讼法》(2012年修正)
14. 1979年《刑法》(2017年修订)
15. 1980年《国籍法》
16. 1982年《宪法》(2018年修正)
17. 1986年《外交特权与豁免条例》
18. 1989年《行政诉讼法》(2017年修正)
19. 1990年《领事特权与豁免条例》

20. 1990年《归侨侨眷权益保护法》(2000年修正)
21. 1990年《香港特别行政区基本法》
22. 1991年《民事诉讼法》(2017年修正)
23. 1994年《劳动法》(2018年修正)
24. 1995年《母婴保健法》(2017年修正)
25. 1995年《出入境边防检查条例》
26. 1995年《人民警察法》(2012年修正)
27. 1996年《全国人民代表大会常务委员会关于〈中华人民共和国国籍法〉在香港特别行政区实施的几个问题的解释》
28. 1997年《著作权法》(2020年修正)
29. 1999年《行政复议法》(2017年修订)
30. 1999年《海事诉讼特别程序法》
31. 2001年《计划生育法》(2015年修正)
32. 2001年《人口与计划生育法》(2015年修订)
33. 2003年《居民身份证法》(2011年修正)
34. 2004年《外国人在中国永久居留审批管理办法》
35. 2004年《归侨侨眷权益保护法实施细则》
36. 2005年司法部《司法鉴定机构登记管理办法》
37. 2005年《全国人民代表大会常务委员会关于司法鉴定管理问题的决定》
38. 2006年《护照法》
39. 2007年人力资源和社会保障部《伤残抚恤管理办法》(2013年修正)
40. 2007年《劳动合同法》(2012年修正)
41. 2000年《国家通用语言文字法》
42. 2010年《社会保险法》(2018年修正)
43. 2011年《涉外民事法律适用法》
44. 2011年人力资源和社会保障部《在中国境内就业的外国人参加社会保险暂行办法》
45. 2011年人力资源和社会保障部《实施〈中华人民共和国社会保险法〉若干规定》

46. 2012年公安部《公安机关办理行政案件程序规定》（2020年修正）

47. 2012年公安部《公安机关办理刑事案件程序规定》（2020年修正）

48. 2012年《出境入境管理法》

49. 2013年《外国人入境出境管理条例》

50. 2015年国家民族事务委员会、公安部《中国公民民族成分登记管理办法》

二、中国政策文件

1. 1953年《中共中央关于中国籍朝鲜民族与朝鲜侨民问题的指示》

2. 1953年《中共中央关于处理华侨国籍问题的指示》

3. 2008年中央组织部、教育部等13个部门《关于海外高层次引进人才享受特定生活待遇的若干规定》

4. 2008年《中央组织部关于为海外高层次人才提供相应工作条件的若干规定》

5. 2010年《中共中央办公厅、国务院办公厅关于领导干部报告个人有关事项的规定》

6. 2010年《中共中央办公厅、国务院办公厅关于对配偶子女均已移居国（境）外的国家工作人员加强管理的暂行规定》

7. 2010年《中央办公厅、国务院办公厅关于领导干部报告个人有关事项的规定》

8. 2012年中共中央组织部、人力资源和社会保障部等25个部门《外国人在中国永久居留享有相关待遇的办法》

9. 2014年《中共中央关于全面推进依法治国若干重大问题的决定》

10. 2014年《国务院关于进一步做好农民工服务工作的意见》

11. 2015年中共中央《中国共产党纪律处分条例》

12. 2015年《国务院办公厅关于解决无户口人员登记户口问题的意见》

13. 2016年《国务院关于加强农村留守儿童关爱保护工作的意见》

14. 2017年中共中央办公厅、国务院办公厅《领导干部报告个人有关事项规定》

15. 2019年中共中央《党政领导干部选拔任用工作条例》

三、中国行政规范性文件

16. 1954年《公安部对中外婚生混血儿国籍问题的说明》
17. 1954年《内务部关于处理国籍问题的指示》
18. 1956年《公安部关于处理国籍问题的通知》
19. 1958年《公安部三局关于执行户口登记条例的初步意见》
20. 1960年《公安部、外交部、华侨事务委员会关于解决福建省外侨国籍问题的批复》
21. 1961年《公安部关于同时具有中华人民共和国和印度尼西亚共和国国籍的人宣告选择中华人民共和国国籍手续的规定》
22. 1961年《公安部三局、外交部领事司关于中国籍朝鲜人民复员军人和中国籍朝鲜族去朝参加建设人员回国后的国籍处理问题》
23. 1963年《公安部关于迅速给印度归国难侨的外籍眷属办理申请加入中国国籍手续的通知》
24. 1964年《外交部、公安部关于处理无国籍四教派分子出境问题的意见书》
25. 1964年《公安部一局复同意处理日本孤儿养子国籍问题的意见》
26. 1964年《公安部关于原缅甸籍人的国籍确认问题》
27. 1965年《公安部、外交部关于对苏方批准退出苏联国籍的人的管理意见》
28. 1965年《公安部、外交部关于中越混血儿要求退出中国国籍问题》
29. 1973年《财政部关于革命残废军人加入朝鲜国籍后的换证和抚恤问题的复函》
30. 1973年《公安部、外交部关于处理我朝鲜族公民私自领得〈海外公民证〉的通知》
31. 1978年《公安部四局对外轮船员名单上香港海员的国籍问题的处理意见》
32. 1981年《公安部关于执行国籍法第7条有关问题的通知》
33. 1981年《司法部公证律师司复关于公证证明国籍问题的请示》
34. 1980年《公安部关于解决无户口人员落户问题的通知》
35. 1981年《司法部公证律师司复关于公证证明国籍问题的请示》
36. 1983年《司法部公证律师司、公安部六局关于办理国籍公证证明的复函》
37. 1985年国务院侨务办公室侨政司、劳动人事部保险福利局《关于获准出国定居的

退休人员加入外国籍后可享受退休待遇的规定》

38. 1986年《国务院侨务办公室、劳动人事部关于解决国营华侨农（林）场重新调整安置归侨、难侨的劳动指标及户口、粮食供应关系等问题的通知》

39. 1986年《公安部、国家民委关于居民身份证使用民族文字和民族成份填写问题的通知》

40. 1987年《公安部出入境管理局复有关国籍问题的函》

41. 1988年《公安部、国家计划生育委员会关于加强出生登记工作的通知》

42. 1988年《国家人口和计划生育委员会、公安部关于加强出生登记工作的通知》

43. 1990年《公安部、外交部关于中国公民非法持用外国护照有关问题的通知》

44. 1990年《国家民委、国务院第四次人口普查领导小组、公安部关于中国公民确定民族成份的规定》

45. 1990年《公安部、外交部关于中国公民非法持用外国护照有关问题的通知》

46. 1990年《司法部公证司关于不能办理"同意入籍"公证的复函》

47. 1991年《司法部公证司关于不办理蔡天赐日本国籍公证的复函》

48. 1992年《公安部六局关于受理审批国籍申请的程序和注意事项》

49. 1992年《公安部出入境管理局关于受理审批国籍申请的程序和注意事项》

50. 1992年《外交部、公安部关于为非法移民补、换发护照的通知》

51. 1994年《公安部关于办理出国留学人员户口登记问题的通知》

52. 1995年《卫生部、公安部关于统一规范〈出生医学证明〉的通知》

53. 1995年《公安部关于在出入境边防检查条例中实施出入境检查、监控和预防若干问题处理方法的通知》

54. 1996年《公安部关于调整外国人签证、证件收费标准的通知》

55. 1997年《民政部办公厅对具有双重国籍的章某某财申请办理结婚登记处理意见的复函》

56. 1997年《公安部关于有关国籍认定问题的复函》

57. 1998年《公安部关于贯彻落实〈国务院批转公安部关于解决当前户口管理工作中几个突出问题意见的通知〉有关问题的通知》

58. 1999年《公安部对政协九届全国委员会第二次会议第2172号提案（撤销"不承

认中国公民具有双重国籍"的规定）的答复》

59. 2000年《公安部关于启用新版国籍证的通知》
60. 2000年《司法部关于办理居民户口簿影印件与原件相符公证的通知》
61. 2001年《公安部关于对出国人员所生子女落户问题的批复》
62. 2001年《公安部关于对外国人和无国籍人以及港澳台居民采取留置措施有关问题的批复》
63. 2001年《卫生部、公安部关于印发〈出生医学证明〉管理补充规定的通知》
64. 2001年《公安部关于对外国人和无国籍人以及港澳台居民采取留置措施有关问题的批复》
65. 2002年司法部办公厅《外国籍罪犯管理工作研讨会纪要》
66. 2003年司法部《外国籍罪犯会见通讯规定》
67. 2004年《公安部对政协十届全国委员会第二次会议第0222号提案（修改〈国籍法〉有关条款，有选择对应承认双重国籍）的答复》
68. 2004年《民政部关于贯彻执行〈婚姻登记条例〉若干问题的意见》
69. 2004年《中国驻里约热内卢总领事馆关于实行侨民登记的通知》
70. 2005年公安部《〈外国人在中国永久居留审批管理办法〉实施规定》
71. 2005年《中国驻日本大使馆关于在日本实行侨民登记的通知》
72. 2005年《中国驻澳大利亚使馆关于在澳大利亚实行侨民登记的通知》
73. 2006年《中国驻丹麦大使馆关于实行侨民登记的通知》
74. 2008年《公安部关于对居民身份证姓名登记项目能否使用规范汉字以外文字和符号填写问题的批复》
75. 2008年《民政部、公安部、司法部、卫生部、国家人口计生委关于解决国内公民私自收养子女有关问题的通知》
76. 2008年《民政部办公厅关于无国籍人员符某某安置问题的复函》
77. 2008年《公安部关于进一步严密户口登记和居民身份证件管理若干问题的通知》
78. 2008年司法部《国家司法考试实施办法》
79. 2008年《民政部办公厅关于无国籍人员符某某安置问题的复函》
80. 2008年《公安部、外交部关于执行〈中华人民共和国国籍法〉第5条规定有关问

81. 2009年《卫生部关于进一步加强出生医学证明管理的通知》
82. 2009年《国务院侨务办公室关于界定华侨外籍华人归侨侨眷身份的规定》
83. 2009年《民政部关于伤残人员变更国籍后伤残抚恤有关问题的复函》
84. 2013年国务院侨务办公室、公安部、外交部《华侨回国定居办理工作规定》
85. 2013年《国家卫生和计划生育委员会、公安部关于启用和规范管理新版〈出生医学证明〉的通知》
86. 2013年《民政部、国家发展和改革委员会、公安部、司法部、财政部、国家卫生和计划生育委员会、国家宗教事务局关于进一步做好弃婴相关工作的通知》
87. 2013年《新版〈出生医学证明〉（第五版）首次签发情形与要求》
88. 2014年公安部《公安部、省级公安机关户口问题（线索）举报投诉方式》
89. 2016年《公安部、国家发展和改革委员会、教育部关于改进和规范公安派出所出具证明工作的意见》
90. 2016年《国家卫生和计划生育委员会关于贯彻落实中共中央国务院关于实施全面两孩政策改革完善计划生育服务管理决定的通知》
91. 2016年司法部司法鉴定管理局《亲权鉴定技术规范》
92. 2017年公安部《在入境检查时留存外国人指纹等人体生物识别信息》
93. 2018年《国务院关于华侨权益保护工作情况的报告》
94. 2019年《国家移民管理局全国范围内推广复制促进服务自贸区建设12条移民与出入境便利政策》

四、中国司法解释、司法案例

1. 1974年《最高人民法院办公室、外交部领事司关于公证文件中对中国血统外国籍人的提法事》
2. 1975年《最高人民法院关于青海省高级人民法院关于对南某某可否依法处理的请示报告的批复》
3. 1987年《最高人民法院关于贯彻执行〈中华人民共和国民法通则〉若干问题的意见（试行）》

4. 2012年《最高人民法院关于适用〈中华人民共和国刑事诉讼法〉的解释》

5. 2012年《最高人民法院关于适用〈中华人民共和国涉外民事关系法律适用法〉若干问题的解释（一）》

6. 2015年《最高人民法院关于适用〈中华人民共和国民事诉讼法〉的解释》

7. 2015年《最高人民法院关于执行〈中华人民共和国行政诉讼法〉若干问题的解释》

8. 2013年《周某某与宿迁市人民政府二审行政判决书》[（2013）苏行终字第0089号]

9. 2013年《北京住总集团有限责任公司某部与北京市朝阳某某建筑集团公司申请撤销仲裁裁决一审民事裁定书》[（2013）二中民特字第13852号]

10. 2014年《徐某某与上海电气集团某公司、上海某某有限公司等用益物权纠纷二审民事判决书》[（2014）沪二中民二（民）终字第871号]

11. 2014年《上诉人崔某某与被上诉人李某某，原审第三人延吉市朝阳川镇某村第四村民小组、延吉市朝阳川镇某某村村民委员会土地承包经营权确认纠纷二审民事裁定书》[（2014）延中民四终字第378号]

12. 2014年《广州市越秀区第二土地房屋管理所与蔡某某租赁合同纠纷一审民事判决书》[（2014）穗越法民三初字第2238号]

13. 2014年《黄某某、孙某某与叶某某、罗某等共有物分割纠纷二审民事判决书》[（2014）沪二中民二（民）终字第20号]

14. 2014年《陈某与上海市杨浦区民政局民政一审行政判决书》[（2014）杨行初字第1号]

15. 2014年《董某与董某某、董某某、上海某某有限公司房屋买卖合同纠纷再审案》[（2014）沪二中民二（民）再终字第9号]

16. 2014年《施某某因诉被上诉人慈溪市民政局婚姻行政登记一案》[（2014）浙甬行终字第51号]

17. 2015年《原告许某某与被告李某某之间离婚后财产纠纷一案一审民事判决书》[（2015）延中民三初字第498号]

18. 2015年《杨某与上海市司法局、上海市人民政府行政复议案》[（2015）徐行初字第222号]

19. 2015年《R某与邢某变更抚养关系纠纷二审民事判决书》[（2015）青少民终字第175号]

20. 2015年《刘某、任某某与长春市朝阳区民政局民政行政登记一审行政判决书》[（2015）朝行初字第50号]

21. 2015年《胡某某与某某有限公司所有权确认纠纷二审民事裁定书》[（2015）民四终字第65号]

22. 2016年《汪某某与杭州市上城区住房和城市建设局行政登记、行政确认一审行政判决书》[（2016)浙0102行初90号]

23. 2016年《钟某某、陈某某金融借款合同纠纷管辖民事裁定书》[（2016）粤05民辖终152号]

24. 2016年《观某某、吴某农业承包合同纠纷二审民事判决书》[（2016）粤17民终436号]

25. 2016年《曾某与广州市公安局海珠区分局公安行政管理——其他二审行政判决书》[（2016）粤71行终327号]

26. 2016年《邹某与Z某婚约财产纠纷二审民事裁定书》[（2016）京02民辖终33号]

27. 2016年《林某某与福州市公安局再审行政裁定书》[（2016）闽行申177号]

28. 2016年《冯某某、蔡某某与青岛市国土资源和房屋管理局不履行法定职责二审行政判决书》[（2016）鲁02行终242号]

29. 2016年《赵某某与何某某、黄某某民间借贷纠纷一审民事裁定书》[（2016）黔0115民初1148号]

30. 2017年《荣某与邹某某股权转让纠纷审判监督民事裁定书》[（2017）沪民申2193号]

31. 2017年《广西某某投资有限公司、王某某合资、合作开发房地产合同纠纷二审民事裁定书》[（2017）最高法民辖终125号]

32. 2017年《延吉市小营镇某村二组与许某某承包地征收补偿费用分配纠纷二审民事判决书》[（2017）吉24民终982号]

33. 2017年《邝某某受贿、贪污、非法持有、私藏枪支、弹药二审刑事判决书》[（2017）粤07刑终72号]

五、中国地方法规、规章和行政规范性文件

1. 1980年《广东省人口与计划生育条例》（2016年修正）
2. 1991年《青岛市城市公有房产管理暂行办法实施细则》
3. 1999年《乌鲁木齐市人民政府关于贯彻执行国务院及自治区人民政府对解决当前户口管理工作中几个突出问题的若干规定的通知》
4. 1999年《甘肃省公安厅关于贯彻落实国务院通知精神解决当前户口管理工作中几个突出问题的意见》
5. 2002年《广东省公安厅、广东省计划生育委员会关于切实解决出生小孩入户问题的意见》
6. 2003年《广东省公安厅关于对解决出生小孩入户工作中碰到有关问题的请示的批复》
7. 2003年《广东省公安厅关于非婚生育子女入户问题的批复》
8. 2003年《广东省公安厅、广东省计划生育委员会印发关于切实解决出生小孩入户问题的意见的通知》
9. 2004年《佛山市户口登记、迁徙、准入条件》
10. 2009年《云南省为部分印支（越南）印支难民发放居民户口簿工作实施方案》
11. 2009年北京市人民政府《北京市鼓励海外高层次人才来京创业和工作暂行办法》
12. 2010年《广东省公安厅关于对外国人非法入境生育小孩入户问题意见的通知》
13. 2011年《重庆市公安局国籍管理工作规范（试行）》
14. 2011年《江苏省公安厅外国人加入、退出和恢复中国国籍行政许可（法律规定、办事流程、表格下载）》
15. 2011年《重庆市公安局国籍管理工作规范（试行）》
16. 2012年内蒙古自治区公安厅《加入、恢复、退出中国国籍办事指南》
17. 2012年湖南省公安厅《办理加入、恢复、退出中国国籍指南》
18. 2013年《厦门市户籍管理规定》
19. 2014年《山东省公安厅关于进一步规范出生登记管理有关问题的通知》
20. 2014年《江西省公安厅、江西省卫生和计划生育委员会关于进一步加强出生登记

管理工作的通知》

21. 2014年《三明市公安局、三明市民政局关于解决我市群众私自收养子女落户问题的工作意见》

22. 2015年《广东省公安厅、广东省卫生和计划生育委员会关于进一步加强出生小孩户口登记管理工作的通知》

23. 2015年《湖北省公安厅、湖北省卫生计生委关于依法加强全省出生人口登记管理的十二条规定》

24. 2015年《江西省常住户口登记管理规定》

25. 2015年湖南省公安厅《办理加入、恢复、退出中国国籍指南》

26. 2015年《湖北省公安厅与计生委关于依法加强全省出生人口登记管理的十二条规定》

27. 2015年《北京市华侨回国定居办理工作规定》

28. 2015年《贵州省卫生和计划生育委员会、贵州省公安厅关于进一步规范〈出生医学证明〉管理及发放的通知》

29. 2015年《上海市〈出生医学证明〉管理办法》

30. 2015年《深圳市〈出生医学证明〉管理办法》

31. 2016年《广东省公安厅、广东省民政厅、广东省司法厅、广东省卫生和计划生育委员会关于贯彻落实〈广东省人民政府办公厅关于解决无户口人员登记户口问题的实施意见〉的通知》

32. 2016年《钦州市人民政府办公室关于做好无户口人员登记户口工作的通知》

33. 2016年《玉林市公安机关解决无户口人员登记户口操作办法》

34. 2016年《福建省人民政府办公厅关于解决无户口人员登记户口问题的实施意见》

35. 2016年《广西壮族自治区人民政府办公厅关于做好无户口人员登记户口工作的通知》

36. 2016年《河南省人民政府办公厅关于解决无户口人员登记户口问题的实施意见》

37. 2016年《浙江省人民政府办公厅关于解决无户口人员登记户口问题的实施意见》

38. 2016年《广西壮族自治区人民政府办公厅关于做好无户口人员登记户口工作的通知》

39. 2016年《广西壮族自治区〈出生医学证明〉管理办法（修订）》

40. 2016年《河南省人民政府办公厅关于解决无户口人员登记户口问题的实施意见》

41. 2016年《浙江省人民政府办公厅关于解决无户口人员登记户口问题的实施意见》

42. 2016年《黑龙江省公安厅关于解决户口登记若干疑难问题的意见》

43. 2016年《北京市人民政府办公厅关于解决本市无户口人员登记户口问题的实施意见》

44. 2017年《江西省公安机关解决无户口人员登记户口问题操作规范（试行）》

45. 2017年《云南省人民政府办公厅关于解决无户口人员登记户口问题的实施意见》

46. 2017年上海市监狱管理局《外国籍罪犯会见通讯管理规定》

47. 2017年广东省人大常委会《广东省实施〈中华人民共和国律师法〉办法》

48. 2017年上海市监狱管理局《外国籍罪犯会见通讯管理规定》

49. 2017年《西安市教育局办公室关于加强外籍人员适龄子女就学管理工作的通知》

50. 2017年《江西省公安机关解决无户口人员登记户口问题操作规范（试行）》

51. 2017年《云南省人民政府办公厅关于解决无户口人员登记户口问题的实施意见》

52. 2017年广西壮族自治区公安厅《国籍审批》

53. 2017年《沈阳市公安局对加入、退出、恢复中国国籍申请的受理》

54. 2017年《广东省实施〈中华人民共和国律师法〉办法》

55. 2017年广东省佛山市公安局南海分局《加入、恢复、退出中国国籍申请审核》

56. 2017年《福建省公证协会关于解决无户口人员登记户口有关公证事项的若干指引》

57. 2017年《德宏州人民政府办公室关于解决无户口人员登记户口问题的实施意见》

58. 2018年《上海市常住户口管理规定》

六、外国宪法

1. 1789年《美国宪法》

2. 1868年《美国宪法第14修正案》

3. 1875年《汤加王国宪法》（2011年修订）

4. 1876年《奥地利联邦宪法》（2009年修正）

5. 1900年《澳大利亚联邦宪法》（1977年修正）

6. 1917年《墨西哥合众国宪法》（2013年修正）

7. 1919年《芬兰宪法》

8. 1921年《列支敦士登公国宪法》（2011年修订）

9. 1922年《拉脱维亚共和国宪法》

10. 1937年《爱尔兰宪法》

11. 1945年《玻利维亚宪法》

12. 1946年《厄瓜多尔宪法》

13. 1946年《日本国宪法》

14. 1947年《意大利宪法》

15. 1948年《以色列基本法》

16. 1949年《德意志联邦共和国基本法》

17. 1949年《哥斯达黎加共和国宪法》（2011年修正）

18. 1949年《印度宪法》（2006年修正）

19. 1952年《约旦哈西姆王国宪法》（1984年修正）

20. 1957年《马来西亚联邦宪法》（2009年修正）

21. 1958年《法国第五共和国宪法》

22. 1960年《塞浦路斯共和国宪法》

23. 1962年《科威特国宪法》

24. 1962年《牙买加宪法》（2011年修正）

25. 1964年《马耳他宪法》（2007年修正）

26. 1966年《巴巴多斯共和国宪法》（2007年修订）

27. 1966年《乌拉圭东岸共和国宪法》（2004年修正）

28. 1971年《阿拉伯联合酋长国宪法》（2004年修正）

29. 1972年《巴拿马宪法》（2004年修正）

30. 1973年《阿拉伯叙利亚共和国宪法》（2000年修正）

31. 1973年《格林纳达宪法》（1992年7月修订）

32. 1975年《安哥拉宪法》

33. 1975年《巴布亚新几内亚独立国宪法》(2006年修订)

34. 1976年《古巴共和国宪法》(2003年修正)

35. 1976年《葡萄牙共和国宪法》

36. 1976年《特立尼达和多巴哥共和国宪法》(2013年修订)

37. 1978年《密克罗尼西亚联邦宪法》(1990年修订)

38. 1978年《所罗门群岛宪法》(2014年修订)

39. 1978年《图鲁瓦宪法》(2010年修订)

40. 1978年《西班牙宪法》

41. 1979年《基里巴斯国宪法》(1995年修订)

42. 1979年《帕劳共和国宪法》

43. 1979年《圣卢西亚宪法法令》

44. 1979年《圣文森特和格林纳丁斯宪法》

45. 1979年《伊朗宪法》

46. 1980年《圭亚那合作共和国宪法》(2007年修正)

47. 1980年《智利共和国宪法》(2014年修正)

48. 1981年《安提瓜和巴布达宪法法令》

49. 1981年《伯利兹宪法》

50. 1982年《洪都拉斯宪法》(2012年修正)

51. 1982年《土耳其共和国宪法》(2010年修正)

52. 1983年《萨尔瓦多宪法》(2014年修订)

53. 1983年《圣克里斯托弗和尼维斯宪法》

54. 1985年《危地马拉共和国政治宪法》(1993年修正)

55. 1986年《尼加拉瓜共和国宪法》(2014年修正)

56. 1987年《菲律宾共和国宪法》

57. 1987年《海地共和国宪法》(2012年修正)

58. 1987年《苏里南共和国宪法》(2002年修订)

59. 1988年《巴西联邦共和国宪法》(2012年修正)

60. 1988年《大韩民国宪法》

61. 1988年《瓦努阿图共和国宪法》

62. 1991年《保加利亚宪法》(2007年修正)

63. 1991年《哥伦比亚共和国宪法》(2013年修正)

64. 1991年《罗马尼亚共和国宪法》(2003年修正)

65. 1991年《马其顿宪法》(2011年修正)

66. 1991年《新加坡宪法》

67. 1991年《也门共和国宪法》(2001年修正)

68. 1992年《爱沙尼亚共和国宪法》

69. 1992年《捷克共和国宪法》(2012年修订)

70. 1992年《立陶宛共和国宪法》

71. 1992年《孟加拉共和国宪法》

72. 1992年《斯洛伐克共和国宪法》(2006年修正)

73. 1992年《越南社会主义共和国宪法》(2001年修正)

74. 1993年《安道尔宪法》

75. 1993年《俄罗斯联邦宪法》(2008年修正)

76. 1993年《秘鲁共和国政治宪法》(2009年修正)

77. 1994年《白俄罗斯共和国宪法》(2004年修正)

78. 1994年《摩尔多瓦共和国宪法》(2006年修订)

79. 1994年《塔吉克斯坦共和国宪法》

80. 1995年《阿塞拜疆宪法》(2009年修正)

81. 1995年《格鲁吉亚宪法》

82. 1995年《哈萨克斯坦共和国宪法》

83. 1995年《亚美尼亚共和国宪法》

84. 1996年《阿曼基本法》

85. 1996年《乌克兰宪法》(2004修正)

86. 1997年《波兰共和国宪法》

87. 1999年《芬兰共和国宪法》

88. 1999年《瑞士联邦宪法》(2012年修正)

89. 1999年《委内瑞拉玻利瓦尔共和国宪法》（2009年修正）

90. 2000年《蒙古国宪法》

91. 2001年《也门共和国宪法》

92. 2002年《巴勒斯坦基本法》（2005年修正）

93. 2002年《巴林王国宪法》

94. 2002年《东帝汶共和国宪法》

95. 2003年《卡塔尔王国永久宪法》

96. 2003年《老挝人民民主共和国宪法》

97. 2003年《罗马尼亚共和国宪法》

98. 2004年《阿富汗伊斯兰共和国宪法》

99. 2004年《白俄罗斯共和国宪法》

100. 2004年《黎巴嫩共和国宪法》

101. 2005年《亚美尼亚共和国宪法》

102. 2005年《伊拉克共和国宪法》

103. 2006年《塞尔维亚共和国宪法》

104. 2007年《保加利亚共和国宪法》

105. 2007年《尼泊尔临时宪法》

106. 2007年《泰王国宪法》

107. 2008年《阿尔巴尼亚共和国宪法》

108. 2008年《不丹王国宪法》

109. 2008年《厄瓜多尔共和国宪法》（2011年修正）

110. 2008年《马尔代夫共和国宪法》

111. 2008年《缅甸联邦共和国宪法》

112. 2008年《土库曼斯坦宪法》

113. 2008年《乌兹别克斯坦宪法》

114. 2008年《希腊宪法》

115. 2009年《奥地利联邦宪法》

116. 2009年《朝鲜民主主义人民共和国宪法》

117. 2010年《多米尼加共和国宪法》

118. 2010年《吉尔吉斯共和国宪法》

119. 2010年《斯里兰卡民主社会主义共和国宪法》

120. 2011年《巴拉圭共和国宪法》

121. 2011年《匈牙利基本法》

122. 2012年《克罗地亚共和国宪法》

123. 2013年《斐济共和国宪法》

124. 2013年《瑙鲁共和国宪法》

七、外国法律

1. 1892年《荷兰国籍与居住条例》

2. 1913年《德国国籍法》（2011年修正）

3. 1931年《英国威斯敏斯特法》

4. 1934年《墨西哥国籍法》

5. 1939年《泰国国际私法》

6. 1946年《加拿大公民资格法》（1977年修正）

7. 1948年《澳大利亚公民资格法》

8. 1948年《韩国国籍法》（2011年修正）

9. 1949年《德国基本法》（2006年修订）

10. 1950年《日本国籍法》（1993年修正）

11. 1952年《泰国国籍法》

12. 1952年《英国收养法》

13. 1952年《瑞士获得和丧失瑞士国籍法》

14. 1953年《德国联邦被驱逐者法》

15. 1954年《约旦国籍法》

16. 1957年《加纳国籍和公民籍法》

17. 1958年《澳大利亚移民法》（2003年修订）

18. 1973年《阿联酋移民法》

19. 1975年《埃及国籍法》

20. 1977年《新西兰公民身份法》(2005年修正)

21. 1979年《泰国移民法》

22. 1981年《英国国籍法》

23. 1982年《土耳其国际私法诉讼程序法》

24. 1984年《博茨瓦纳国籍法》(1995年修正)

25. 1985年《加拿大国籍法》(2017年修正)

26. 1986年《德国民法施行法》

27. 1986年《德国国际私法》

28. 1986年《英国与澳大利亚关系法》

29. 1987年《瑞士国际私法》

30. 1988年《越南国籍法》

31. 1990年《美国移民与国籍法》(2003年修订)

32. 1990年《德国移出者接收法》

33. 1990年《德国外国人入境和居留法》(2007年修订)

34. 1991年《印度尼西亚移民法》

35. 1992年《意大利国籍法》

36. 1993年《捷克国籍法》

37. 1994年《澳大利亚移民条例》

38. 1996年《爱尔兰国籍和公民资格法》

39. 1996年《柬埔寨国籍法》

40. 1997年《韩国国籍法》

41. 1998年《法国国籍法》

42. 2000年《越南外国人入境、出境、居留、履行管理法》

43. 2001年《加拿大移民及难民保护法》

44. 2002年《南非移民法》

45. 2004年《德国移民法》

46. 2006年《印度尼西亚国籍法》

47. 2007年《澳大利亚公民身份法》

48. 2007年《澳大利亚公民身份条例》

49. 2012年《韩国外国国籍同胞制度变更、改善案》

50. 2013年《韩国出入境管理法执行令》

八、外国司法案例

1. 1912年Carnevaro案（常设仲裁法庭）

2. 1919年Hein案（英国—德国混合法庭）

3. 1924年Blumenthal案（法国—德国混合法庭）

4. 1925年de Montfort案（法国—德国混合法庭）

5. 1927年Pinson案（法国—墨西哥混合索赔委员会）

6. 1928年Tellech案（美国—奥地利和匈牙利三方索赔委员会）

7. 1952年美国联邦最高法院Mandoli v. Acheson案

8. 1956年Spauding索赔案

9. 1957年Cestra索赔案

10. 1959年Ganapini索赔案

11. 1960年Turri索赔案

12. 1962年Di Cicio索赔案

13. 1967年美国联邦最高法院Afroyim v. Rusk案

14. 1975年英国Oppenheimer v. Cattermole案

15. 1983年Esphahanian v. Tejarat银行案（伊朗—美国索赔法庭）

16. 1987年澳大利亚联邦最高法院Nile v. Wood案

17. 1988年澳大利亚Nolan v. MIEA案

18. 2005年美洲人权法院Dilcia Yean，Violeta Bosico诉多米尼加共和国案

19. 2011年欧洲人权法院在Genovese诉马耳他案

20. 2012年东萨摩亚居民Leneuoti诉美国政府案

九、国际公约、议定书、条约、宣言、契约等国际文件

1. 1928年《关于外国人地位的公约》
2. 1928年《关于各缔约方领土内外侨地位的公约》
3. 1930年《关于国籍法冲突的几个问题的公约》
4. 1930年《关于无国籍的特别议定书》
5. 1930年《关于某种无国籍情况的议定书》
6. 1930年《关于双重国籍某种情况下兵役义务的议定书》
7. 1933年《美洲国家间关于国家权利和义务的公约》
8. 1933年《美洲国家间国籍公约》
9. 1946年《联合国特权和豁免公约》
10. 1947年《美国菲律宾军事基地条约》
11. 1948年《联合国专门机构特权和豁免公约》
12. 1948年《世界人权宣言》
13. 1950年《欧洲人权保护和基本自由公约》
14. 1950年《联合国难民署章程》
15. 1950年《中苏友好同盟互助条约》
16. 1951年《关于难民地位的公约》
17. 1954年《关于无国籍人地位的公约》
18. 1955年《中国、印度尼西亚关于双重国籍问题的条约的目的和实施办法的换文》
19. 1956年《中国、尼泊尔关于两国关系中的若干有关事项的换文》
20. 1957年《已婚妇女国籍公约》
21. 1957年《朝鲜和苏联关于双重国籍人的国籍的条约》
22. 1958年《中国和印度尼西亚关于双重国籍问题的条约》
23. 1958年《公海公约》
24. 1959年《儿童权利宣言》
25. 1959年《以色列和法国关于具有双重国籍人服兵役的条约》
26. 1959年《中华人民共和国和德意志民主共和国领事条约》

27. 1959年《中华人民共和国和苏维埃社会主义共和国联盟领事条约》
28. 1960年《中缅边界条约》
29. 1960年《中华人民共和国国务院总理周恩来和缅甸联邦总理吴努关于两国边界条约的换文》
30. 1961年《中国政府和尼泊尔王国政府关于边民选籍、过界耕地和过界放牧等问题的换文签字》
31. 1961年《减少无国籍状态公约》
32. 1962年《中国政府和缅甸政府关于边民选籍等问题的换文》
33. 1963年《欧洲减少双重国籍和双重国籍下兵役义务公约》
34. 1963年《关于减少多重国籍情况并在多重国籍情况下的兵役义务的(欧洲)公约》
35. 1964年《维亚纳外交关系公约》
36. 1966年《消除一切形式种族歧视国际公约》
37. 1966年《公民权利和政治权利国际公约》
38. 1966年《经济、社会和文化权利国际公约》
39. 1967年《维亚纳领事关系公约》
40. 1967年《关于儿童收养的欧洲公约》
41. 1969年《美洲人权公约》
42. 1974年《中华人民共和国政府和马来西亚政府联合公报》
43. 1975年《中国和菲律宾建交联合公报》
44. 1975年《中华人民共和国和泰王国关于建立外交关系的联合公报》
45. 1979年《消除对妇女一切形式歧视公约》
46. 1981年《非洲人权宣言》
47. 1982年《联合国海洋法公约》
48. 1984年《中英关于香港居民国籍问题的备忘录》
49. 1985年《非居留国公民个人人权宣言》
50. 1989年《儿童权利公约》
51. 1990年《保护所有迁徙劳工及其家庭成员权利国际公约》
52. 1990年《中华人民共和国政府和印度尼西亚共和国政府关于恢复外交关系的谅解

备忘录》

53. 1991年《独立国家联合体人权和基本自由公约》
54. 1992年《欧洲联盟条约》
55. 1992年《在民族或族裔、宗教和语言上属于少数群体的人的权利宣言》
56. 1993年《跨国收养方面保护儿童及合作公约》
57. 1994年《阿拉伯国家人权宪章》
58. 1995年《欧洲保护少数族裔框架公约》
59. 1997年《欧洲国籍公约》
60. 1997年《阿姆斯特丹条约》
61. 国籍和居留权问题的有关政策发表谈话
62. 1999年《非洲儿童权利与福利宪章》
63. 2000年《国家继承涉及的自然人国籍问题》
64. 2000年《联合国打击跨国有组织犯罪公约》
65. 2006年《欧洲关于避免在国家继承方面出现无国籍状态的公约》
66. 2006年《残疾人权利公约》
67. 2007年《欧洲宪法条约》
68. 2018年《全球难民契约》
69. 2018年《安全、有序和正常移民全球契约》

十、联合国等国际组织的决议、建议、结论、计划

1. 1975年联合国大会第3274（29）号决议和第31/36号决议
2. 1984年联合国难民署方案执行委员会第35号《关于难民身份证件的结论》
3. 1989年《维也纳欧洲安全合作理事会会议结论文件》
4. 1994年《消除对妇女歧视委员会关于婚姻和家庭关系中的平等的第21号一般性建议》
5. 1995年联合国大会A/RES/50/152决议
6. 1995年联合国难民署高级专员方案执行委员会《关于无国籍议题的综合指南：避免并防止、减少无国籍状态及保护无国籍人的决议》（第78号决议）

7. 1999年《欧洲防止和减少无国籍人建议》

8. 1999年联合国大会第54/112号决议《关于国家继承涉及的自然人国籍问题》

9. 1999年欧洲理事会部长会议对成员国提出的关于避免和减少无国籍状态的（1999）18号建议

10. 2000年联合国大会第55/153号决议《国家继承涉及的自然人国籍问题》

11. 2004年联合国大会第59/34号决议《关于国家继承涉及的自然人国籍问题》

12. 2005年《消除种族歧视委员会关于对非公民的歧视的第30号一般性建议》

13. 2005年《联合国人权委员会关于人权和任意剥夺国籍的决议》（E/CN.4/2005/L.58）

14. 2005年《儿童权利委员会审议中国〈儿童权利公约〉第44条提交的报告》

15. 2006年联合国难民署高级专员方案执行委员会第106号决议《关于无国籍状态的认定、减少以及对无国籍人的保护决议》

16. 2008年联合国大会第62/67号决议《外交保护》

17. 2008年联合国大会第63/118号决议《关于国家继承涉及的自然人国籍问题》

18. 2011年太平洋岛屿国家和地区《2011—2014年太平洋人口动态统计行动计划》

19. 2011年《联合国难民署高级专员方案执行委员会关于无国籍问题的说明》

20. 2011年联合国难民署《支持政府作出承诺的补充指导性文件》

21. 2012年联合国大会人权理事会第20/4号决议《国籍权：妇女和儿童》

22. 2012年联合国经济及社会理事会亚洲及太平洋改进民事登记和人口动态统计高级别会议《亚洲及太平洋改进民事登记和人口动态统计高级别会议的共识》

23. 2012年消除种族歧视委员会《审议缔约国按照〈消除一切形式种族歧视国际公约〉第9条提交的报告的结论性意见》

24. 2012年联合国大会人权理事会第20/4号决议《国籍权：妇女和儿童》

25. 2012年联合国大会第66/92号决议《关于国家继承涉及的自然人国籍问题》

26. 2013年联合国大会第A/RES/67/14决议

27. 2013年联合国人权事务高级专员办事处《关于在涉及国籍问题上对妇女歧视包括对儿童影响的报告》

28. 2013年《联合国难民署高级专员方案执行委员会关于无国籍问题的说明》

29. 2014年联合国消除对妇女歧视委员会《关于妇女的难民地位、庇护、国籍和无国籍状态与性别相关方面的第32号一般性建议》
30. 2014年《巴西宣言和行动计划》
31. 2014年亚洲及太平洋经济社会委员会亚洲及太平洋民事登记和人口动态统计部长级会议《亚洲及太平洋"统计工作全民覆盖"部长级宣言》
32. 2014年联合国难民署《终止无国籍状态全球行动计划》
33. 2014年《联合国难民署高级专员的报告：关于国际保护的说明》
34. 2016年联合国人权理事会第32/7号决议《国籍权：法律和实践中妇女的平等国籍权》
35. 2016年第134届各国议会联盟大会《有关儿童法律身份的决议》
36. 2016年联合国人权理事会第32/5号决议《人权与任意剥夺国籍》
37. 2016年联合国人权理事会第32/7号决议《国籍权：法律和实践中妇女的平等国籍权》
38. 2017年《西非国家经济共同体关于在西非消除无国籍状态的班珠尔行动计划》
39. 2017年《消除种族歧视委员会关于科威特第21至第24次合并定期报告的结论性意见》
40. 2017年联合国人权理事会第34号决议《出生登记和人人在任何地方被承认在法律面前的人格的权利》
41. 2017年联合国秘书长报告《向非洲境内难民、回返者和流离失所者提供援助》
42. 2017年《联合国秘书长关于妇女、和平与安全的报告》
43. 2017年《联合国人权事务高级专员关于法律和实践中促进妇女平等国籍权方面最佳做法专家讲习班的纪要报告》
44. 2017年《联合国难民事务高级专员关于国际保护的说明的报告》
45. 2019年联合国难民署2019年高级别官员无国籍人会议亚洲预备会议《亚太地区增进国籍权宣言》

主要参考资料

一、中文著作

1. 陈翰笙.华工出国史料第1辑第3册[C].北京：中华书局，1985.
2. 陈烈甫.东南亚洲的华侨、华人与华裔[M].台北：正中书局，1979.
3. 陈永龄.民族辞典[M].上海：上海人民出版社，1987.
4. 程希.侨务与外交关系研究：中国放弃"双重国籍"的回顾与反思[M].北京：中国华侨出版社，2005.
5. 程晓霞.国际法[C].北京：中国人民大学出版社，1999.
6. 董小川.现代欧美国家民族的同化与排斥[G].上海：上海三联书店，2008.
7. 广东、广西、湖南、河南辞源修订组、商务印书馆编辑部.辞源[C].北京：商务印书馆，2010.
8. 国务院法制办公室政法司，中国武警学院.《中华人民共和国出境入境管理法》释义[C].北京：中国人民公安大学出版社，2012.
9. 韩德培.国际私法[C].武汉：武汉大学出版社，1983.
10. 黄河清.近现代辞源[C].上海：上海辞书出版社，2010.
11. 黄进.国际私法[M].北京：法律出版社，2005.
12. 静秋，李泽沛.国籍法浅谈[M].北京：法律出版社，1981.
13. 金默生，蔡发邦.中华人民共和国国籍法[M].北京：群众出版社，1981.
14. 李安山.双重国籍问题与海外侨胞权益保护[G].南京：江苏人民出版社，2019.
15. 李浩培.国籍问题的比较研究[M].北京：商务印书馆，1979.
16. 李明欢.国际移民政策研究[M].厦门：厦门大学出版社，2011.7.

17. 李双元，蒋新苗.现代国籍法[C].武汉：武汉大学出版社，2016.

18. 李双元.国际私法（冲突法篇）[M].武汉：武汉大学出版社，2001.

19. 李双元.国际私法[C].北京：北京大学出版社，1991.

20. 李双元.现代国籍法[G].长沙：湖南人民出版社，1999.

21. 李燕.无国籍人的法律规制研究[D].长春：吉林财经大学，2017.

22. 梁淑英.国际法[C].北京：中国政法大学出版社，2011.

23. 列宁.论国家.列宁选集第4卷[M].北京：人民出版社，1960.

24. 列宁.远方来信.列宁全集第23卷[M].北京：人民出版社，1985.

25. 刘国福，刘宗坤.出入境管理法与国际移民[C].北京：法律出版社，2013.

26. 刘国福.侨情变化与侨务政策[M].广州：暨南大学出版社，2013.

27. 刘国福.移民法：出入境权研究[M].北京：中国经济出版社，2006.

28. 刘国福.侨务法律制度研究[M].北京：法律出版社，2012.

29. 刘国福.移民法[M].北京：中国经济出版社，2010.

30. 刘华.华侨国籍问题与中国国籍立法[M].广州：广东人民出版社，2004.

31. 陆亚东.国际私法[M].台北：正中书局，1982.

32. 马汉宝.国际私法总论[M].台北：自刊本，1977.

33. 马金旗，马勇，吴华.国际移民法律制度比较研究[C].北京：中国人民公安大学出版社，2004.

34. 丘进，张禹东，骆克任.华侨华人蓝皮书：华侨华人研究报告(2013)[C].北京：社会科学文献出版社，2014.

35. 丘正欧.华侨问题研究[M].台湾："国防研究院"，1965.

36. 日本国际学会编.国际法辞典[C].北京：世界知识出版社，1985.

37. 沈宗灵.现代西方法理学[M].北京：北京大学出版社，1992.

38. 孙国华.法学基础理论[C].北京：中国人民大学出版社，1987.

39. 外交部.中共中央文献研究室.周恩来外交文选[C].北京：中央文献出版社，1990.

40. 王崇本.国籍法概论[M].南京：中华民国内政部，1942.

41. 王树芬.民政三十年 云南卷[C].北京：中国社会出版社，2008.

42. 王铁崖.国际法[C].北京：法律出版社，1981.

43. 翁里.国际移民法理论与实践[M].北京：法律出版社，2001.

44. 夏征农，陈至立.辞海[C].上海：上海辞书出版社，2010.

45. 徐显明.国际人权法[G].北京：法律出版社，2004.

46. 薛典曾.保护侨民论[M].北京：商务印书馆，1937.

47. 薛福成.庸庵海外文编·卷一[M].19.

48. 杨国政译.卢梭.社会契约论[M].西安：陕西人民出版社，2004.

49. 袁丁.近代侨政研究[M].香港：香港天马图书有限公司，2002，134.

50. 袁丁.晚清侨务与中外交涉[M].西安：西北大学出版社，1994.

51. 张庆福.宪政论丛（第4卷）[C].北京：法律出版社，2004.

52. 张勇，陈玉田.香港居民的国籍问题[M].北京：法律出版社，2001.

53. 张庆元.国际私法中的国籍问题研究.北京：法律出版社，2010.

54. 中国社会科学院法学研究所《法律辞典》编委会.法律辞典[C].北京：法律出版社，2003.

55. 中国社会科学院语言研究所词典编辑部.现代汉语词典（汉英双语）[C].北京：外语教学与研究出版社，2002.

56. 中央统一战线工作部，中共中央文献研究室.新时期统一战线文献选编（续编）[C].北京：中共中央党校出版社，1997.

57. 周恩来.在全国人大常委会89次会议上的讲话[R].国务院侨务办公室.党和国家领导人论侨务工作[C].12.

58. 周鲠生.国际法[M].北京：商务印书馆，1976.

59. 周南京.境外华人国籍问题讨论辑[C].香港：香港社会科学出版社有限公司，2005.

60. 朱奇武.中国国际法的理论与实践[M].北京：法律出版社，1998.

二、中文论文和报告

1. 不该被遗忘的边缘人介绍《无国籍：我，和那些被国家遗忘的人们》[J].全国新书资讯，2017(3).

2. 曹维盟.中缅边界少数民族无国籍人口问题研究：以建国初期云南省福贡县外流

边民群体为中心[J].八桂侨刊，2013(3).

3. 陈华栋.双重国籍研究[D].济南：山东大学，2007.

4. 陈火清.我国国籍制度[D].大连：大连海事大学，2014.

5. 陈松涛.泰国的无国籍山民问题[J].东南亚研究，2012(3).

6. 程希.试论中国放弃"双重国籍"的历史背景和国际环境[C]."东南亚民族关系"学术研讨会论文汇编，2003.

7. 丁补之，徐臻，梁嘉琳.一个已存在30年的沉默群体：30万难民在中国[R].南方周末，2009.10.15.

8. 杜巧凤.论我国对双重国籍的承认[D].苏州：苏州大学，2016.

9. 段卓廷.新形势下国籍法改革趋势的探析[J].河北青年管理干部学院学报，2016(3).

10. 冯祥武.论赋予外国人、无国籍人同等的法律援助对象资格[J].人权，2010.06（17）.

11. 郝鲁怡.国际移民法律体系构建之初探[J].太平洋学报，2008(2).

12. 何佳芳.论国际私法上属人法之联系因素[D].台北：台北大学，2001.

13. 何亚非大使在纪念《关于难民地位的公约》通过60周年部长级会议上的讲话[R].外交部官方网站，2011.11.8.

14. 何义麟.战后在日台湾人的国籍转换与居留问题[J].师大台湾史学报，2014.12(7).

15. 黄海媛.全球化视野下的国籍权研究[D].北京：中共中央党校，2012.

16. 黄一辰.中国国籍法相关问题研究[D].上海：华东政法大学，2006.

17. 蒋逸晨.从出入境边防检查视角刍议我国国籍管理[D].上海：复旦大学，2013.

18. 雷明光，吴保同.我国边民跨境婚姻家庭的困境与思考：以云南、广西边境地区为例[J].中央民族大学学报（哲学社会科学版），2016(2).

19. 李娟，罗柳宁，龙耀.人类学视野中的"无国籍女人"：以广西大新县A村为例[J].百色学院学报，2017.02(1).

20. 李向春，袁春生.云南跨境婚姻管理[J].云南社会科学，2015(1).

21. 李孝悌.从生理差异与性别角色论性别平等审查[D].新北：辅仁大学，2003.

22. 李艳霞.西方公民身份的历史演进与当代拓展[J].厦门大学学报（哲学社会科学

版），2006(3).

23. 刘国福.移民法的最新发展：兼论中国出入境管理法的改造和重塑[J].河南财经政法大学学报，2008(5).

24. 刘华.国籍立法：华侨国籍问题与中国国家利益[D].广州：暨南大学，2003.

25. 刘少华.论自然人国籍冲突及其解决办法[D].武汉：华中师范大学，2011.

26. 刘甜甜.论自然人国籍冲突的解决：兼论对我国国籍立法的完善[D].上海：上海交通大学，2014.

27. 刘奕湛.我国无户口人员登记上户工作稳步推进[D].新华每日电讯，2017-02-13.

28. 刘颖，吕国民.国籍法的现代发展趋势[J].中南民族大学学报（人文社会科学版），2003(6).

29. 龙耀.中越边境跨国婚姻问题的法制新思考[J].广西社会科学，2013(9).

30. 龙耀，罗柳宁.例论中越边境地区跨国婚姻子女的政治社会化[J].广西民族研究，2007(4).

31. 罗柳宁.例论中越边境跨国婚姻建立的基础——兼论"无国籍女人"的身份[J].广西民族研究，2010(1).

32. 吕秀泓.我国国籍冲突问题解决之探析[D].青岛：中国海洋大学，2012.

33. 马振东等.我国《国籍法》主要内容的解读及相关问题的思考[J].上海公安高等专科学校学报，2004(6).

34. 马振东等.新形势下完善《国籍法》的思考[J].上海公安高等专科学校学报，2007(2).

35. 梅英.中缅边境地区跨境婚姻家庭关系调研[J].云南行政学院学报，2016(1).

36. 任会会.中国双重国籍问题研究[D].北京：外交学院，2010.

37. 宋全成.论德国移民的社会一体化进程[J].德国研究，2006(2).

38. 田年丽.中国国籍法的修订之争：是否承认双重国籍[D].合肥：安徽大学，2015.

39. 王海亮.政协委员："双重国籍没人管"成潜规则[N].北京晨报，2012-03-09.

40. 王晖，黄家信.无国籍女人：在传统与现代之间徘徊的族群[J].百色学院学报，2017.02(1).

41. 王建娥.移民地位和权利：对现代民族国家及其政治制度的严峻挑战[J].民族研

究，2002(5).

42. 吴报定.中华人民共和国国籍法与国籍冲突问题[J].安徽大学学报（哲学社会科学版），1984(3)

43. 吴前进.当代国际移民概念及其全球化特征[J].现代国际关系，2004(8).

44. 吴喜，梁晋云.难民问题是影响中国边境地区社会稳定的诱因：云南河口县难民问题调研报告[J].云南警官学院学报，2010(1).

45. 肖永平，郭明磊.论国籍观念的演进与国籍法的变革[J].法学评论，2007(6).

46. 肖震宇.云南印支难民问题的审视及思考[J].云南大学学报（法学版），2011(7)。

47. 萧成洺.国籍法制与实施现况之研究[D].台北：铭传大学，2005.

48. 谢春河.20世纪60年代黑龙江中上游沿岸地区无国籍俄侨加入中国籍问题初探[J].黑龙江民族丛刊，2016(4).

49. 熊依.中国双重国籍的实践困境与路径选择[D].武汉：湖北大学，2013.

50. 徐彬彬.出入境管理中国籍认定与出入境许可问题研究[D].上海：华东政法大学，2011.

51. 闫行健.美国《1965年外来移民与国籍法修正案》探析[J].美国研究，2016(3).

52. 杨乃乔.简析欧洲移民历史进程及移民类型[J].天津社会科学，2006(4).

53. 姚行之.从出入境管理看中国双重国籍处理制度[D].宁波：宁波大学，2014.

54. 尹鸿伟.越南难民的中国命运[J].南风窗，2007(6)上.

55. 张宬韬.中缅跨境民族跨国婚姻问题治理研究[D].昆明：云南大学，2015.

56. 张高科.我国单一国籍制度的反思[D].南宁：广西大学，2017.

57. 张磊.论对无国籍人和难民实施外交保护的权利——以联合国《外交保护条款草案》为线索[J].山东科技大学学报，2014(4).

58. 张旭明，余浩.近三年在京外国人犯罪情况管窥[J].人民检察，2006.7（上）.

59. 赵淑娟.边民跨境通婚状况调查——以云南中缅边境为例[J].楚雄师范学院学报，2011(10).

60. 周呈思，龚轩.我省已为47万"黑户"人员办理落户[N].湖北日报，2016-07-27.

61. 周平.对民族国家的再认识[J].政治学研究，2009(4).

62. 朱戈夫.关于无性生殖方式生育婴儿的国籍问题[J].科技与法律，1998(3).

三、英文著作、报告

1. Blay, Sam. *Public International Law: An Australian Perspective* [C], Melbourne: Oxford University Press. 2005.

2. Clayton, Gina. *Textbook on Immigration and Asylum Law* [C], New York: Oxford University Press. 2008.

3. DESASD (Department of Economic and Social Affairs Statistics Division, UN). *Recommendation on Statistics of International Migration* [R], Statistical Papers Series M. No. 58, Rev.1, New York: UN. 1998.

4. Faist,Thomas. P. Kivisto. *Dual Citizenship in Global Perspective* [C]. Basingstroke: Palgrave Macmillan UK. 2007.

5. Friedmann, W.G.. *The Changing Structure of International Law* [M]. London: Stevens. 1964.

6. German National Contact Point for the European Migration Network (EMN). *Annual Policy Report 2013*[R]. Berlin: Federal Office for Migration and Refugees. 2014.

7. International Law Association Committee on Feminism and International Law. *Final Report on Women's Equality and Nationality in International* Law [R]. London: International Law Association Committee on Feminism and International Law. 2000.

8. Jung-Eun OH,Kyung-Mi Kim, Kyung-Mi Kim. *Study on the Improvement of Naturalization System of the Republic of Korea: Focusing on the. Naturalization System for Marriage Migrants* [R]. Seoul: IOM MRTC. 2014.

9. Keating, M. *Plurinational Democracies* [M]. New York: Oxford: Oxford University Press. 2001.

10. Manby, Bronwen. *Citizenship Law in Africa* [M]. New York: Open Society Foundations. 2010.

11. McAuliffe, Marie and Martin Ruhs.*World Migration Report 2018* [C]. Geneva: International Organization for Migration. 2018.

12. Spiro, Peter J.. *At Home in Two Countries: The Past and Future of Dual Citizenship* [M].

New York: New York University Press.2016.

13. Suro, R. *Remittance Senders and Receivers: Tracking the Transnational Channels* [R]. Washington, DC: Multilateral Investment Fund and Pew Hispanic Center. 2003.

14. UNHCR. *UNHCR Statistical Yearbook 2012* [R]. Geneva: UNHCR.2013.

15. UNHCR. *Fact Sheet: UNHCR Regional Representation for China and Mongolia* [R]. Geneva: UNHCR. 2014.

16. Waas, Laura van. *The Situation of Stateless Persons in the Middle East and North Africa* [R], Geneva: UNHCR. 2010.

17. Willmott, Donald E.. *The National Status of the Chinese in Indonesia (1900-1958)* [C], New York: Cornell University. 1961.